Die Nachteilsermittlung im Rahmen des § 311 I AktG

Europäische Hochschulschriften
Publications Universitaires Européennes
European University Studies

Reihe II
Rechtswissenschaft

Série II Series II
Droit
Law

Bd./Vol. 4003

PETER LANG
Frankfurt am Main · Berlin · Bern · Bruxelles · New York · Oxford · Wien

Thomas Hogh

Die Nachteilsermittlung im Rahmen des § 311 I AktG

Möglichkeit einer Orientierung an dem Institut der verdeckten Gewinnausschüttung im Sinne des § 8 III 2 KStG

PETER LANG
Europäischer Verlag der Wissenschaften

Bibliografische Information Der Deutschen Bibliothek
Die Deutsche Bibliothek verzeichnet diese Publikation in der Deutschen Nationalbibliografie; detaillierte bibliografische Daten sind im Internet über <http://dnb.ddb.de> abrufbar.

Zugl.: Göttingen, Univ., Diss., 2004

D 7
ISSN 0531-7312
ISBN 3-631-52985-6

www.peterlang.de

Meinen Eltern

Vorwort

Die vorliegende Arbeit wurde im Wintersemester 2003/2004 von der Juristischen Fakultät der Georg-August-Universität zu Göttingen als Dissertation angenommen. Das Manuskript war im Juni 2002 abgeschlossen. Rechtsprechung und Literatur wurden bis zu diesem Zeitpunkt berücksichtigt.

Danken möchte ich Herrn Prof. Dr. Holger Fleischer, der die Untersuchung betreut und mir im Rahmen meiner Arbeit großen Freiraum gewährt hat.

Herrn Prof. Dr. Alexander Bruns danke ich für die Übernahme des Zweitgutachtens.

Weiter schulde ich Dank dem „Arbeitskreis Wirtschaft und Recht“ im Stifterverband für die Deutsche Wissenschaft, der die Anfertigung der Arbeit durch ein Promotionsstipendium gefördert hat.

Besonderer Dank gilt meiner Familie, die mit ihrer ausdauernden Unterstützung die Entstehung dieses Werkes ermöglicht hat. Als Zeichen der Anerkennung und Dankbarkeit für eine langjährige und großzügige Förderung meiner Ausbildung widme ich diese Arbeit meinen Eltern.

Berlin, im Mai 2004 Thomas Hogh

Inhaltsverzeichnis

Abkürzungsverzeichnis

allgM	allgemeine Meinung
BMF	Bundesministerium der Finanzen
HFRAnm	Anmerkung in: Höchstrichterliche Finanzrechtsprechung, Zeitschrift
GS	Gedächtnisschrift
StuB	Steuern und Bilanzen, Zeitschrift
vGA	verdeckte Gewinnausschüttung

Im Übrigen sei auf das „Abkürzungsverzeichnis der Rechtssprache" von Hildebert Kirchner, 4. Auflage, Berlin, New York 1993 verwiesen. Nicht in das Abkürzungsverzeichnis aufgenommen wurden ferner Abkürzungen, die allgemein bekannt sind.

Einführung und Gang der Untersuchung

A. Problemstellung

Der BGH weist in seinem Urteil zu einer gewerbesteuerlichen Konzernumlage vom März 1999[1] der steuerrechtlichen Bewertung eines Geschäftvorfalls als verdeckte Gewinnausschüttung eine Indizwirkung für die aktienrechtliche Nachteilsprüfung im Rahmen der §§ 311, 317 AktG zu. Auch ein Blick auf das aktienrechtliche Schrifttum führt zu dem Ergebnis, dass vorherrschend davon ausgegangen wird, zumindest bei Rechtsgeschäften sei eine weitgehende Orientierung an den Grundsätzen der steuerlichen verdeckten Gewinnausschüttung zur Feststellung und Bemessung eines Nachteils möglich[2]. Das Interesse an einem solchen Rückgriff auf die Erkenntnisse des steuerrechtlichen Instituts der verdeckten Gewinnausschüttung i.S.d. § 8 III 2 KStG erklärt sich dadurch, dass dieses Institut in seiner jahrzehntelangen Entwicklung eine vergleichsweise umfassende Untersuchung seiner Anwendungsvoraussetzungen und Rechtsfolgen erfahren hat. Zur verdeckten Gewinnausschüttung ergingen eine Fülle von Entscheidungen zu den verschiedensten Sachverhaltsgestaltungen. Daneben gibt es eine kaum überschaubare Anzahl wissenschaftlicher Untersuchungen, die sich intensiv der Analyse der einzelnen Tatbestandsmerkmale bzw. der dem Tatbestand unterfallenden Sachverhaltskonstellationen widmen. Dem Regelungskonzepts der §§ 311 – 318 AktG, insbesondere hinsichtlich der Beurteilung der Nachteiligkeit der zahlreichen als nachteilig in Betracht kommenden Lebenssachverhalte, wurde hingegen nicht annähernd ein derartiges Interesse in Wissenschaft und Praxis entgegengebracht, wie dies hinsichtlich der verdeckten Gewinnausschüttung in der Vergangenheit der Fall war und derzeit, auch unter Geltung des neuen Körperschaftsteuergesetzes 1999, der Fall ist. Für das Recht der faktischen Abhängigkeitsverhältnisse wäre es vor diesem Hintergrund von nicht unerheblicher Bedeutung, könnte das umfänglich vorhandene steuerrechtliche Tatsachenmaterial bei der Lösung der aktienrechtlichen Problematik der Nachteilsfeststellung dem Grunde und der Höhe nach eine entscheidende Hilfestellung bieten.

Eine Orientierung an dem steuerrechtlichen Institut der verdeckten Gewinnausschüttung i.S.d. § 8 III 2 KStG erscheint trotz der abweichenden Regelungszwecke von § 8 III 2 KStG und den §§ 311 ff. AktG, woraus sich zwangsläufig teilweise abweichende Tatbestandvoraussetzungen ergeben, naheliegend. Denn beide Regelungen unternehmen den Versuch, ihre jeweiligen Schutzgüter vor Beeinträchtigungen zu bewahren, die drohen, wenn ein Einzelgesellschafter oder

---

[1] BGHZ 141, S. 79 (II ZR 312/97) = WM 1999, S. 850; s. zu diesem Urteil 1. Kapitel B. V. 6. a) bb), 7. b).

[2] S. dazu die Nachweise im 1. Kapitel in der Fn. 409.

eine Gruppe von Gesellschaftern seine bzw. ihre besondere gesellschaftsrechtlich begründete Macht zur Gestaltung seiner bzw. ihrer Beziehungen zur Kapitalgesellschaft einsetzt. Den Regelfall, in welchem sich diese Gefahren verwirklichen, stellen Vereinbarungen zwischen der Kapitalgesellschaft und dem Gesellschafter dar, die sich für erstere als unangemessen darstellen. Das Instrument, mit dem das Institut der verdeckten Gewinnausschüttung den in der Gesellschaftssphäre wurzelnden Gefahren für die zutreffende Ermittlung des steuerlichen Ergebnisses des Körperschaftsteuersubjekts begegnet, bildet regelmäßig die Überprüfung der Angemessenheit der verdächtigen Vereinbarung. Diese Angemessenheitsprüfung erfolgt, übereinstimmend mit § 317 II AktG, anhand des Maßstabs des Verhaltens eines ordentlichen und gewissenhaften Geschäftsleiters.

Bei näherer Betrachtung stellen sich jedoch Zweifel ein, ob diese Übereinstimmungen eine umfangreiche Orientierung an dem Institut der verdeckten Gewinnausschüttung im Rahmen der aktienrechtlichen Nachteilsprüfung rechtfertigen. Ist die Rechtsfigur des ordentlichen und gewissenhaften Geschäftsleiters steuerrechtlich so auszulegen, wie dies im Rahmen der §§ 317 II, 93 AktG zu erfolgen hat? In welchen Fällen muss ein Rückgriff auf die verdeckte Gewinnausschüttung aufgrund der sich aus den unterschiedlichen Regelungszwecken ergebenden Abweichungen in den Tatbestandsvoraussetzungen ausscheiden? Ist den Kriterien der verdeckten Gewinnausschüttung wie der „Ernstlichkeit“ einer Vereinbarung, der „Üblichkeit“ einer Vereinbarung oder der Unangemessenheit einer Vereinbarung aus der Sicht des Geschäftspartners der Körperschaft auch Bedeutung für die aktienrechtliche Nachteilsprüfung beizumessen? Diese und weitere offene Fragen bleiben in den Stellungnahmen der Rechtsprechung und Literatur im Wesentlichen unbeantwortet[3].

Diesen Fragen nachzugehen ist das Anliegen der vorliegenden Arbeit. Es soll der Versuch unternommen werden, im Einzelnen darzulegen, ob und gegebenenfalls in welchem Umfang die Grundsätze des steuerrechtlichen Instituts der verdeckten Gewinnausschüttung i.S.d. § 8 III 2 KStG bei der Ermittlung des nachteiligen Charakters eines Rechtsgeschäfts oder einer Maßnahme im Rahmen des § 311 I AktG herangezogen werden können.

---

[3] Ausführlichere Stellungnahmen enthalten die Arbeiten von Uecker, Der Vorteils- Nachteils-Ausgleich; Döllerer, Verdeckte Gewinnausschüttungen, sowie in gewissem Umfang die Ausführungen von Brezing, AG 1975, S. 225 (227, 231 f.); Koppensteiner in KölnKomm z. AktG, § 311 Rn. 37 sowie MünchKommAktG/Kropff, § 311 Rn. 160 f.. Uecker befasst sich mit der Frage, ob sich die Erkenntnisse der steuerlichen verdeckten Gewinnausschüttung auf das Problem des Vorteils-Nachteils-Ausgleichs im Abhängigkeitsbericht übertragen lassen. Dementsprechend weisen die Untersuchungsgegenstände dieser und der vorliegenden Arbeit in vielen Bereichen Überschneidungen auf. Jedoch setzt Uecker in seiner Arbeit überwiegend andere Schwerpunkte als die vorliegende Untersuchung. Insbesondere bezieht er sich auf die verdeckte Gewinnausschüttung, wie sie sich bis zum Jahr 1972 entwickelt hat. Seither haben sich jedoch wesentliche Änderungen der Rechtsprechung des BFH ergeben. Die Arbeit Ueckers und die vorliegende decken sich aus diesen Gründen nur in einem geringen Umfang.

B. Gang der Untersuchung

Das erste Kapitel der Arbeit befasst sich mit der Analyse der relevanten Tatbestandmerkmale des § 311 I AktG, d.h. der Merkmale Abhängigkeitsverhältnis, Nichtvorliegen von Beherrschungsvertrag und Eingliederung, Veranlassung und nachteiliges Verhalten. Anschließend erfolgt im zweiten Kapitel eine genaue Tatbestandsermittlung hinsichtlich des steuerrechtlichen Instituts der verdeckten Gewinnausschüttung i.S.d. § 8 III 2 KStG. Der Blickwinkel dieser Ausführungen beschränkt sich hierbei im Wesentlichen auf verdeckte Gewinnausschüttungen bei Kapitalgesellschaften. Nach diesen Vorarbeiten werden im dritten Kapitel die für die vorliegende Untersuchung relevanten Tatbestandsmerkmale des § 311 I AktG denen des Instituts der verdeckten Gewinnausschüttung i.S.d. § 8 III 2 KStG gegenübergestellt.

1. Kapitel: Die für die Untersuchung relevanten Tatbestandsmerkmale des § 311 I AktG

A. Grundlagen

I. Entstehungsgeschichte

1. Rechtslage unter dem AktG von 1937

Das Aktiengesetz von 1937 war ausgerichtet auf eine rechtlich und wirtschaftlich selbstständige AG, welche sich in ihrer Geschäftspolitik allein von ihren eigenen Belangen und den im Wesentlichen gleichgerichteten Interessen aller an ihr beteiligten Aktionäre leiten lässt[1]. Die Rechtsverhältnisse verbundener Unternehmen wurden durch das Gesetz in verschiedenen Einzelbestimmungen nur fragmentarisch[2] und nicht ihrem Wesen und ihrer Bedeutung entsprechend geregelt[3]. Die gesetzgeberische Konzeption vom Typus der Publikums-Aktiengesellschaft mit breit gestreuten Anteilen und gleichen Interessen der Aktionäre setzte sich in Widerspruch zu der Wirklichkeit, weil schon zu der damaligen Zeit der Typ der konzernverbundenen Aktiengesellschaft dominierte[4]. Unter Geltung des Aktiengesetzes von 1937 herrschte Streit darüber, ob eine abhängige Konzerngesellschaft im Interesse des herrschenden Unternehmens oder im Konzerninteresse benachteiligt werden dürfte. Zwar bestimmte § 70 AktG 1937, dass der Vorstand die Gesellschaft unter eigener Verantwortung so zu leiten hat, wie das Wohl des Betriebes es fordert, welches uneingeschränkt auch für den Vorstand einer konzernabhängigen Gesellschaft zu gelten schien. Auch war nach § 101 I AktG 1937 derjenige zum Schadensersatz verpflichtet, der zu dem Zweck, für sich oder einen anderen gesellschaftsfremde Sondervorteile zu erlangen, vorsätzlich unter Ausnutzung seines Einflusses auf die Gesellschaft ein Mitglied des Vorstands oder

---

[1] Richardt, Der aktienrechtliche Abhängigkeitsbericht, S. 16; vgl. ferner Kropff, BB 1965, S. 1281 (1281 f.), Schäffer, AG 1959, S. 57 (60 ff.).

[2] Richardt, Der aktienrechtliche Abhängigkeitsbericht, S.16; s. zu einer Zusammenstellung Geßler, DB 1965, S. 1691, 1729 (Fn. 1 f.).

[3] Vgl. Geßler, FS Walter Schmidt, S. 247.

[4] Geßler, FS Walter Schmidt, S. 247 (248), geht von der damaligen wirtschaftlichen Unselbstständigkeit von mehr als der Hälfte der deutschen Aktiengesellschaften aus. Instruktive Darstellung der Verschachtelungstendenzen bei Fischer, AcP 154, S. 85 (115 ff). Fischer (ebenda, S. 117) hält es für realistisch, den damaligen Anteil des aktiv oder passiv konzernmäßig gebundenen Nominalaktienkapitals auf mindestens 70% zu schätzen. Motiviert wurden die Verschachtelungstendenzen einerseits durch die Steuergesetzgebung, andererseits durch die Möglichkeit, mit vergleichsweise niedrigem Aufwand an risikotragenden und damit verantwortlichen Kapital verschiedene Unternehmen zu einem einheitlichen wirtschaftlichen Zweck zusammenzufassen, vgl. Fischer, ebenda, S. 118.

des Aufsichtsrats dazu bestimmte, zum Schaden der Gesellschaft oder ihrer Aktionäre zu handeln. Neben ihm hafteten die Mitglieder der Verwaltung, wenn sie unter Verletzung ihrer Pflichten gehandelt hatten und eventuell auch der begünstigte Dritte. § 101 AktG 1937 enthielt in Absatz 3 jedoch die wichtige Einschränkung, dass die Ersatzpflicht entfiel, wenn der erstrebte Vorteil schutzwürdigen Belangen diente. In der amtlichen Begründung zum Aktiengesetz wurde ausgeführt, dass "aufgrund des § 101 Abs. 3 zum Beispiel auch Konzerninteressen berücksichtigt werden" können[5]. Im Unklaren blieb jedoch, in welchen Fällen nun Konzerninteressen schutzwürdig sein sollten[6]. Teilweise wurde die Verfolgung von Konzerninteressen zum Nachteil der einzelnen Gesellschaft stets für schutzwürdig gehalten, teils wurde auf eine Abwägung der Interessen abgestellt oder ein Ausgleich des Nachteils gefordert[7]. Mehr und mehr wurde jedoch die Ansicht vorherrschend, dass ein Konzerninteresse die Schädigung der außenstehenden Aktionäre und Gläubiger einer abhängigen Gesellschaft nicht rechtfertige und die Verfolgung von Konzerninteressen zum Nachteil abhängiger Gesellschaften ohne Gewährung eines Ausgleichs unzulässig sei[8]. Jedoch war das Erreichen eines wirkungsvollen Schutzes für die außenstehenden Aktionäre und die Gläubiger der abhängigen Gesellschaft zudem abhängig von den Anforderungen, die an die Modalitäten des Ausgleichs zu stellen waren. Dies wurde nicht einheitlich beurteilt[9]. Die Stimmen[10], die eine nur begrenzte Zulässigkeit des Ausgleichs von Vor- und Nachteilen befürworteten, blieben in der Minderheit. Vielmehr wurde überwiegend vertreten, dass die Konzernbeziehungen in ihrer Gesamtheit und Langfristigkeit zu berücksichtigen seien[11]. Insgesamt blieb die Rechtslage bei Benachteiligung einer abhängigen Konzerngesellschaft im Interesse des herrschenden Unternehmens oder im Konzerninteresse ungewiss, was "zu einer Fülle von Beherrschungsverhältnissen im rechtlichen Halbdunkel"[12] führte. Diese Situation begünstigte im Zusammenspiel mit dem Haftungsausschluss bei Einflussnahmen mittels des Stimmrechts nach § 101 Abs. 7 AktG 1937[13] die Ausübung

[5] Deutscher Reichsanzeiger vom 30.1.1937, Nr. 28.
[6] Vgl. Kropff in Geßler/Hefermehl/Eckardt/Kropff, AktG, Vorb §§ 311-318, Rn. 3.
[7] Vgl. die Literaturhinweise bei Geßler, FS Walter Schmidt, S. 247 (256 ff.); Kropff, BB 1965, S. 1281 (1282).
[8] Vgl. die Nachweise bei Duden, BB 1957, S. 1230 (1232); Schäffer, AG 1959, S 57 (62); Kropff, BB 1965, S. 1281 (1282); Luchterhandt, ZHR 133 (1970), S. 1 (8, Fn. 21); Pleyer, AG 1959, S. 8, 39 (40); vgl. ferner Geßler, FS Walter Schmidt, S. 247 (257 ff.) m.w.N.
[9] Vgl. die Darstellung bei Geßler, FS Walter Schmidt, S. 247 (261 ff.) sowie Richardt, Der aktienrechtliche Abhängigkeitsbericht, S. 19 f.
[10] Zu diesen Stimmen gehörte Geßler, FS Walter Schmidt, S. 247 (261 ff.) m.w.N.
[11] Vgl. Luchterhandt, ZHR 133 (1970), S. 1 (8, Fn. 21); Richardt, Der aktienrechtliche Abhängigkeitsbericht, S. 19.
[12] Kropff, NJW 1959, S. 173 (177).
[13] Vgl. Pleyer, AG 1959, S. 8, 39 (40).

risikoloser Leitungsmacht im Rahmen rein faktischer Beherrschungsverhältnisse[14].

2. Entstehung der heutigen Regelung

a) Referentenentwurf eines Aktiengesetzes von 1958

Weder die verschiedentlich laut gewordenen Klagen von Minderheitsaktionären gegen diese Missstände[15], noch zahlreiche Reformvorschläge, sondern wirtschaftsverfassungsrechtliche und sozialpolitische Ziele waren der Anstoß für die Kodifikation des Rechts der verbundenen Unternehmen[16]: Der Gesetzgeber wollte mit der Verringerung des Kleinaktionärsrisikos eine breitere Streuung des Aktieneigentums fördern[17]. Jedoch sollte das Aktiengesetz bloßes Organisationsgesetz ohne wirtschaftspolitische Zielrichtung insofern sein, als die Konzernierung als solche nicht bekämpft und kein Einfluss auf die wettbewerbsmäßigen Auswirkungen der Konzentration genommen werden sollte[18]. Vor diesem Hintergrund bezweckte der Referentenentwurf zum Aktiengesetz[19] aus dem Jahr 1958 nicht, die Ausübung eines Einflusses seitens der herrschenden auf die abhängige Gesellschaft völlig zu unterbinden, sondern erlaubte die Einflussnahme im Konzerninteresse, wenn den außenstehenden Aktionären „durch Vertrag für die möglichen Schädigungen ein angemessener Ausgleich gewährt wird“[20]. Demgegenüber war eine vertragslose Ausübung von Leitungsmacht ebenso wenig vorgesehen wie eine nachträgliche Legalisierung von Weisungen durch einen Nachteilsausgleich für tatsächlich entstandene Schäden. Der Referentenentwurf war bestrebt, faktische Konzernierung möglichst ganz auszuschließen und die rechtspolitisch erwünschtere Form der Beherrschung aufgrund Beherrschungsvertrages mitsamt den besonderen Schutzvorschriften hiergegen abzusichern[21]. § 284 des Referentenentwurfes enthielt zu diesem Zweck eine überaus strenge Sanktionierung illegaler Weisungen. Danach sollte derjenige, der „als gesetzlicher Vertreter oder als Inhaber eines herrschenden Unternehmens oder (...) als Angestellter im Auftrag eines herrschenden Unternehmens eine abhängige Aktiengesellschaft oder Kommanditgesellschaft auf Aktien (...) durch Weisungen zu einer Maßnahme der Geschäftsführung bestimmt, (...) der Gesellschaft zum Ersatz des daraus entstehenden Schadens verpflichtet" sein. Das Prinzip der (verschuldensunabhängigen) Erfolgshaftung stieß auf massive Kritik des Schrift-

[14] Vgl. Haesen, Der Abhängigkeitsbegriff, S. 2.
[15] Kropff, NJW 1959, S. 173 (178).
[16] Vgl. Uecker, Der Vorteils- Nachteils- Ausgleich, S. 17 f.; Wilhelmi, AG 1965, S. 153.
[17] Vgl. Fischer, DB 1958, S. 1263; Girgensohn, AG 1959, S. 29; Haesen, Der Abhängigkeitsbegriff, S. 3; Pleyer, AG 1959, S. 8 f.; Wilhelmi, AG 1965, S. 153.
[18] Vgl. Haesen, Der Abhängigkeitsbegriff, S. 3; Kropff, NJW 1959, S. 173.
[19] Veröffentlicht durch das Bundesjustizministerium
[20] Vgl. Haesen, Der Abhängigkeitsbegriff, S. 3.
[21] Vgl. Kropff, NJW 1959, S. 173 (177).

tums[22]. Diese Regelung wurde zum einen als zu streng empfunden[23], zum anderen wurde bezweifelt, dass diese Haftung vor dem Hintergrund der oftmals schwierigen Beweislage überhaupt jemals erfolgreich durchgesetzt werden könnte[24]. Auch schien der vom Referentenentwurf verwendete Begriff der "Weisung" Umgehungen herauszufordern[25]. Soweit die Ansicht vertreten wurde, der Referentenentwurf habe durch die strenge Haftungsbestimmung versucht, das herrschende Unternehmen zum Abschluss eines Gewinnabführungs- oder Beherrschungsvertrages zu drängen[26], wurde teilweise bezweifelt, dass dieses durch den Referentenentwurf erreicht werden könnte[27].

Unter dem Eindruck dieser Widerstände, wie auch des Gegensatzes zwischen der Rechtswirklichkeit der faktischen Konzerne und der diese praktisch ausschließenden Haftungsregelung des Referentenentwurfs konnte sich die einschneidende Konzeption des Referentenentwurfs nicht vollständig durchsetzen.

b) Regierungsentwurf eines Aktiengesetzes

Der Regierungsentwurf eines Aktiengesetzes aus dem Jahr 1962[28] verzichtete auf die prohibitive Haftung für Konzerneinwirkungen und zielte stattdessen darauf ab, die materielle Angemessenheit der Konzerngeschäfte und Maßnahmen sicherzustellen[29]. Diese gegenüber dem Referentenentwurf veränderte Konzeption ist auf den Vorschlag von Flume, dem die Studienkommission des Deutschen Juristentages für Konzernrecht folgte, zurückzuführen, nach welchem der notwendige Schutz der abhängigen Gesellschaft nicht durch ein Verbot der Ausübung von Konzernleitungsmacht, sondern durch eine Nachprüfung aller Geschäfte zwischen dem abhängigen und dem herrschenden Unternehmen auf ihre Angemessenheit mittels einer besonderen Prüfung sichergestellt werden sollte[30].

Der Regierungsentwurf sah ein umfassendes Verbot vor, die abhängige Gesellschaft zu nachteiligen Rechtsgeschäften oder Maßnahmen zu veranlassen[31], gestattete aber gleichwohl die Nachteilszufügung, wenn die Nachteile durch Vorteile ausgeglichen werden, die auf einem Vertrag beruhen, der mit dem nachteili-

---

[22] Vgl. die Nachweise bei Geßler, FS Walter Schmidt, S. 247 (252).

[23] Flume, DB 1959, S. 190; Rasch, BB 1959, S. 165 (170); s. auch die Nachweise in Kropff, DB 1967, S. 1101 (1102).

[24] So Geßler, FS Walter Schmidt, S. 247 (254).

[25] Flume, DB 1959, S. 190; MünchKommAktG/Kropff, Vor § 311 Rn. 12; Rasch, BB 1959, S. 165 (170).

[26] Vertreten von Rasch, BB 1959, S. 165 (168); Winkhaus, Der Bericht des Vorstandes einer Aktiengesellschaft, S. 15; a.A. insoweit Geßler, FS Walter Schmidt, S. 247 (251).

[27] So Duden, BB 1958, S. 1101 (1102).

[28] Deutscher Bundestag, Drucksache IV/171.

[29] MünchKommAktG/Kropff, Vor § 311 Rn. 13.

[30] Vgl. MünchKommAktG/Kropff, Vor § 311 Rn. 14 f.. S. zu ähnlichen Bestrebungen schon im Rahmen der VO über Aktienrecht vom 19. September 1931 Fischer, AcP 154 (1955), S. 85 (119).

[31] Vgl. Deutscher Bundestag, Drucksache IV/171,§ 300, S. 70, 229.

gen Rechtsgeschäft oder der nachteiligen Maßnahme wirtschaftlich eine Einheit bildet[32]. Zur Kontrolle wurde zugleich erstmals ein Abhängigkeitsbericht[33] vorgesehen. Eine Schadensersatzpflicht nach § 306 RegE-AktG sollte im Ergebnis nur für diejenigen Fälle eintreten, in denen ein als einheitliches Geschäft einzustufender Lebenssachverhalt per Saldo für das beherrschte Unternehmen nachteilig ist. In den Ausschussberatungen wurde zwar die Konzeption des Regierungsentwurfes grundsätzlich beibehalten, jedoch hat der Rechtsausschuss zugunsten des herrschenden Unternehmens auf den Zusammenhang zwischen Vorteil und Nachteil in Form eines einheitlichen Geschäfts verzichtet und den zeitlichen Spielraum des Ausgleichs erweitert[34]. Nach § 311 Abs. 2 AktG genügt es jetzt schon, wenn erst am Ende des Geschäftsjahres, in dem der abhängigen Gesellschaft der Nachteil zugefügt worden ist, bestimmt wird, wann und durch welche Vorteile der Nachteil ausgeglichen wird.

II. Funktionen der §§ 311 ff. AktG

1. Schutzfunktion

Das Regelungssystem der §§ 311 ff. AktG bezieht sich auf die Fälle, in denen eine AG oder KGaA durch ein Unternehmen faktisch, d.h. aufgrund seiner Beteiligung und nicht einer besonderen Rechtsposition, beherrscht wird. Bei einer unabhängigen Gesellschaft ist davon auszugehen, dass das gemeinsame Interesse aller Gesellschafter an Gewinnerzielung die Verfolgung von Sonderinteressen eines Gesellschafters zum Nachteil von Mitgesellschaftern ausreichend erschwert und damit auch den Vermögensinteressen der Gläubiger genügt ist. Dieser in unabhängigen Gesellschaften üblicherweise gegebene Gleichlauf von Gesellschafts- und Gesellschafterinteresse ist innerhalb der abhängigen Gesellschaft nicht mehr gesichert[35]. Hier besteht die Gefahr, dass das herrschende Unternehmen von der Möglichkeit des beherrschenden Einflusses Gebrauch macht und seine außerhalb der Beteiligung an der abhängigen Gesellschaft liegenden unternehmerischen Interessen zu deren Nachteil verfolgt. Vor diesem Hintergrund bedarf es eines besonderen Schutzes der außenstehenden Aktionäre und Gläubiger, im weiteren zusammenfassend als Außenseiter bezeichnet, davor, dass das Vermögen der abhängigen Gesellschaft zu ihrem Nachteil vom herrschendem Unternehmen für

---

[32] § 300 RegE-AktG, Deutscher Bundestag, Drucksache IV/171, § 300, S. 70.

[33] Deutscher Bundestag, Drucksache IV/171, § 301, S. 70.

[34] Dieses Ergebnis ist auf den Widerstand der Spitzenverbände der gewerblichen Wirtschaft zurückzuführen, vgl. die Nachweise bei Kropff, DB 1967, S. 2147 (2150); ders. in MünchKommAktG, Vor § 311 Rn. 15 f.

[35] Vgl. Habersack in Emmerich/Habersack, Aktien- und GmbH-Konzernrecht, § 311 Rn. 1; Schmidt-Hern, Schutz der außenstehenden Aktionäre, kommt hingegen im Rahmen seiner Untersuchung zu dem Ergebnis, dass der außenstehende Aktionär im faktischen Aktienkonzern keines besonderen Schutzes bedürfe und die Regelungen der §§ 311 ff. AktG vor diesem Hintergrund nicht erforderlich seien.

seine eigenen Belange verwendet wird. Das Ziel eines Außenseiterschutzes versucht das Regelungssystem der §§ 311 ff. AktG dadurch zu erreichen, dass es die abhängige Gesellschaft als solche vor einer nachteiligen Ausübung des beherrschenden Einflusses bewahren will, wodurch mittelbar die an ihr bestehenden Vermögensinteressen der außenstehenden Aktionäre und der Gläubiger geschützt werden sollen[36]. Die abhängige Gesellschaft soll vermögensmäßig im Ergebnis so gestellt werden, als ob sie weiterhin unabhängig im gemeinsamen Interesse der Gesellschafter geführt würde[37]. Zu diesem Zweck legt zunächst § 311 AktG fest, dass das herrschende Unternehmen die abhängige Gesellschaft nicht zu einem ihr nachteiligen Verhalten veranlassen darf, es sei denn, dass die Nachteile ausgeglichen werden. Dieses umfassende Verbot reicht weiter als das der allgemeinen Vorschrift des § 117 AktG, das nur bestimmte vorsätzliche Einflussnahmen zum Nachteil der Gesellschaft betrifft. Anders als das Schutzsystem der §§ 300 ff. AktG beinhaltet das der §§ 311 ff. AktG kein pauschales Ausgleichsystem, sondern ein System des Einzelausgleichs. Jedes Rechtsgeschäft und jede Maßnahme muss gesondert darauf untersucht werden, ob eine Benachteiligung der abhängigen Gesellschaft vorliegt und gegebenenfalls, ob dieser Nachteil ausgeglichen wurde. Die in den §§ 312 – 315 AktG normierten Berichts- und Prüfungspflichten sollen gewährleisten, dass jedes Einzelgeschäft für die abhängige Gesellschaft zumindest ausgeglichen ist und dienen daneben der Erleichterung der Geltendmachung von Schadensersatzansprüchen nach § 317 AktG. § 317 AktG knüpft an die Nichterfüllung der Ausgleichspflicht an und statuiert für diesen Fall eine Schadensersatzverpflichtung des herrschenden Unternehmens sowie seiner gesetzlichen Vertreter gegenüber der abhängigen Gesellschaft und den außenstehenden Aktionären. Auch die Mitglieder des Vorstands und des Aufsichtsrates sind nach § 318 AktG bei Verletzung der dem Schutz der abhängigen Gesellschaft dienenden Regeln dieser und den außenstehenden Aktionären zum Schadensersatz verpflichtet.

Das Gesetz lässt es zu, dass das herrschende Unternehmen die Geschäftsführung der abhängigen Gesellschaft beeinflusst, selbst dann, wenn das veranlasste Verhalten für die abhängige Gesellschaft nachteilig ist. Schutzgegenstand der §§ 311 ff. AktG ist daher nicht der Eigenwille der abhängigen Gesellschaft[38]. Da

---

[36] Hommelhoff, Konzernleitungspflicht, S. 124; MünchKommAktG/Kropff, Vor § 311 Rn. 4; Mülbert, Aktiengesellschaft, S. 272 f.

[37] Vgl. dazu Adler/Düring/Schmalz, § 311 Rn. 2; Bommert, Verdeckte Vermögensverlagerungen, S. 169 f.; Koppensteiner in KölnKomm z. AktG, Vorb. § 311 Rn. 4; Luchterhandt, ZHR 133 (1970), S. 1 (12 f.); Mestmäcker, FS Kronstein, S. 129 (146); Mülbert, ZHR 163 (1999), S. 1 (26 f.); Paehler, Zulässigkeit des faktischen Konzerns, S. 41; Uecker, Der Vorteils- Nachteils- Ausgleich, S. 56.

[38] Habersack in Emmerich/Habersack, Aktien- und GmbH-Konzernrecht, § 311 Rn. 2, 5; Koppensteiner in KölnKomm z. AktG, Vorb. § 311 Rn. 4; MünchKommAktG/Kropff, § 311 Rn. 12 f.; Mülbert, Aktiengesellschaft, S. 273; Strohn, Verfassung der AG, S. 17; kritisch Hommelhoff, Konzernleitungspflicht, S. 115.

die Nachteile jedoch vom herrschenden Unternehmen auszugleichen sind, ist das Eigeninteresse der abhängigen Gesellschaft Schutzgegenstand[39].

Uneinigkeit besteht jedoch darüber, ob und in welchem Umfang das Eigeninteresse über das reine Vermögensinteresse[40] hinaus auch einen wirtschaftlich-organisatorischen Aspekt beinhaltet, inwieweit also das Interesse der abhängigen Gesellschaft geschützt ist, von den Interessen eines anderen Unternehmens unbeeinflusst die eigenen Unternehmensziele optimal zu verwirklichen. Wäre von einem zumindest teilweisen Schutz auch dieses „Integritätsinteresses"[41] auszugehen, stellte sich im Rahmen der vorliegenden Untersuchung die Frage, welche Maßnahmen dieses Interesse mit der Folge verletzten, dass sie auch ohne Beeinträchtigung der Vermögensinteressen der abhängigen Gesellschaft als nachteilig im Sinne des § 311 I AktG einzustufen wären[42]. An dieser Stelle ist jedoch folgendes anzumerken: Soweit vertreten wird, ein Schutz in wirtschaftlich-organisatorischer Hinsicht sei jedenfalls dahingehend anzuerkennen, dass die abhängige Gesellschaft jederzeit in der Lage sein müsse, bei Beendigung des Abhängigkeitsverhältnisses als dann unabhängige Gesellschaft selbstständig zu überleben[43], kommt eine Nachteiligkeit der diese Überlebensfähigkeit beeinträchtigenden Maßnahmen schon deswegen in Betracht, weil regelmäßig die Vermögens- und Ertragslage der abhängigen Gesellschaft konkret gefährdet und diese somit in ihren Vermögensinteressen betroffen sein wird[44]. Dessen ungeachtet ist jedoch bisher nicht stichhaltig begründet worden, dass das Regelungssystem der §§ 311 ff. AktG über das reine Vermögensinteresse hinaus in gewissem Umfang auch das Integritätsinteresse schützen will. Vielmehr wurde in überzeugender Weise von Hommelhoff[45] und Mülbert[46] dargelegt, dass die am deutlichsten von Strohn[47] vertretene Auffassung[48] der wirtschaftlich-organisatorischen Zielsetzung

[39] Kleindiek, Strukturvielfalt, S. 19, 47; Koppensteiner in KölnKomm z. AktG, Vorb. § 311 Rn. 4; Semler, Leitung und Überwachung, Rn. 286; vgl. auch Mülbert, Aktiengesellschaft, S. 273.

[40] Der Begriff des reinen Vermögensinteresses ist so zu verstehen, dass auf das Vermögen als eine Rechnungsgröße abgestellt wird, vgl. Strohn, Verfassung der AG, S. 17.

[41] S. zu diesem Begriff Hommelhoff, Konzernleitungspflicht, S. 133 f.; Mülbert, Aktiengesellschaft, S. 274; Strohn, Verfassung der AG, S. 18.

[42] S. zu diesem Problem auch unten B. V. 6. b).

[43] So Strohn, Verfassung der AG, S. 19, 90, 100; ähnlich MünchKommAktG/Kropff, § 311 Rn. 10, § 317 Anh. Rn 94.

[44] Maßnahmen, deren Vornahme die selbstständige Existenzfähigkeit der abhängigen Gesellschaft beseitigt, sind wegen der konkreten Gefährdung der Vermögens- und Ertragslage als nachteilig anzusehen, wenn sie sich auch als pflichtwidrig darstellen, vgl. unten B. V. 6. b).

[45] Hommelhoff, Konzernleitungspflicht, S. 133 ff.

[46] Mülbert, Aktiengesellschaft, S. 277 f.

[47] Strohn, Verfassung der AG, S. 17 ff.

[48] Die wohl h.M. nimmt im Ergebnis einen mehr oder weniger weitgehenden Schutz in wirtschaftlich-organisatorischer Hinsicht an, vgl. dazu Strohn, Verfassung der AG, S. 17 ff.; MünchKommAktG/Kropff, § 311 Rn. 10 ff.

der §§ 311 ff. AktG unzutreffend ist. Die Gefahr der schleichenden Verrentung der abhängigen Gesellschaft[49] ist kein durchgreifendes Argument für eine derartige Ausrichtung des Regelungssystems der §§ 311 ff. AktG. Besteht keine satzungsmäßige Grundlage für die Tätigkeit der abhängigen Gesellschaft auf dem Gebiet der Vermögensverwaltung, handelt der Vorstand der abhängigen Gesellschaft satzungs- und somit pflichtwidrig, wenn er die als Ausgleich geleisteten Beträge endgültig nicht mehr zum Zwecke der Finanzierung von unternehmerischen Aktivitäten einsetzt[50]. Ist jedoch der Unternehmensgegenstand auch die Vermögensverwaltung, darf der Vorstand der abhängigen wie auch der einer unabhängigen Gesellschaft einen neuen Tätigkeitsbereich durch interne Umverteilungen zu Lasten eines bereits bestehenden aufbauen, soweit ein statuarisch vorgesehener Tätigkeitsbereich nicht endgültig aufgegeben wird[51]. Es ist nicht ersichtlich, dass die §§ 311 ff. AktG besondere Regelungen über die Verwendung der im Rahmen des Nachteilausgleichs erhaltenen Mittel unabhängig von einer vermögensmäßigen Relevanz treffen wollen[52]. Die §§ 311 ff. AktG greifen vielmehr dann ein, wenn eine satzungskonforme, aber i.S.d. § 317 II, 93 AktG sorgfaltswidrige oder eine satzungswidrige (und daher ebenfalls eine mit dem Sorgfaltsmaßstab der §§ 317 II, 93 AktG nicht zu vereinbarende) unternehmensinterne Allokation der Mittel vorliegt, die zum einen vom herrschenden Unternehmen veranlasst wurde und zum anderen die Vermögensinteressen der abhängigen Gesellschaft beeinträchtigt. Auch wenn ein Schutz der abhängigen Gesellschaft in wirtschaftlich-organisatorischer Hinsicht über den Schutz vor rein vermögensmäßigen Beeinträchtigungen hinaus erforderlich erscheint[53], so lässt sich daraus nicht folgern, dass die §§ 311 ff. AktG diesen zusätzlichen Schutz gewährleisten müssen[54]. Da sich weder im Gesetz noch in der Begründung zum Aktiengesetz Anhaltspunkte für diesen Schutz finden lassen, ist von einer rein vermögensmäßigen Ausrichtung der §§ 311 ff. AktG auszugehen[55].

2. Privilegierungsfunktion

Neben der dargelegten Schutzfunktion verfolgen die Regelungen der §§ 311 ff. AktG aber auch eine Privilegierung des herrschenden Unternehmens[56]. Nach den

---

[49] S. Strohn, Verfassung der AG, S. 17 f.

[50] Mülbert, Aktiengesellschaft, S. 278.

[51] Mülbert, Aktiengesellschaft, S. 278; ähnlich auch v. Stebut, ZHR 143 (1979), S. 256 (259).

[52] Ähnlich Mülbert, Aktiengesellschaft, S. 278.

[53] S. in diesem Zusammenhang die Ausführungen unter B. V. 6. b).

[54] Hommelhoff, Konzernleitungspflicht, S. 134.

[55] Hommelhoff, Konzernleitungspflicht, S. 134 f. Zu diesem Ergebnis gelangt auch Martens, Existenzielle Wirtschaftsabhängigkeit, S 64 ff.

[56] Habersack in Emmerich/Habersack, Aktien- und GmbH-Konzernrecht, § 311 Rn. 2; Koppensteiner in KölnKomm z. AktG, Vor § 311 Rn. 3; Mülbert, ZHR 163 (1999), S. 1 (23); zur Frage des organisationsrechtlichen Gehalts der §§ 311 ff AktG s. Mülbert, ZHR 163 (1999), S. 1 (20 ff.) m.w.N.; Mülbert, Aktiengesellschaft, S. 49 ff., 280 ff.

§§ 311, 317 AktG wird es dem herrschenden Unternehmen ermöglicht, seine gesellschaftsfremden Interessen zu Lasten der abhängigen Gesellschaft durchzusetzen, wenn es die daraus entstehenden Nachteile ausgleicht. Wird der Nachteil ausgeglichen, ist die Veranlassung zu dem nachteiligen Verhalten als nicht rechtswidrig anzusehen[57]. In einer unabhängigen Gesellschaft stehen die §§ 76, 93, 117 AktG der Einflussnahme auf den Vorstand zum Zwecke der Verfolgung gesellschaftsschädigender Interessen entgegen[58]. Eine weitere Privilegierung ist in der Ermöglichung eines zeitlich gestreckten Ausgleichs, § 311 II AktG, zu sehen[59]. Ohne diese Regelung würde beispielsweise ein für die abhängige Gesellschaft nachteiliges und für das herrschende Unternehmen vorteilhaftes Geschäft regelmäßig gegen das Verbot der Einlagenrückgewähr verstoßen[60].

---

[57] Nach a.A. wird schon die Veranlassung der abhängigen Gesellschaft zu einem nachteiligen Verhalten seitens des herrschenden Unternehmens als rechtswidrig angesehen, womit bereits die Ersatzpflicht des herrschenden Unternehmens begründet sei; so z.B. Brüggemeier, AG 1988, S. 93 (100); Geßler, FS Westermann, 1974, S. 145 (160); Kellmann, ZGR 1974, S. 220 (221 ff.); ders., BB 1969, S. 1509 (1512 ff.); Würdinger in Großkomm, AktG, § 311 Anm. 5; § 317 Anm. 2, 19. Richtigerweise ist eine derartige Veranlassung als schwebend rechtswidrig anzusehen, wobei offen gelassen bleiben soll, ob mit Beuthien, DB 1969, S. 1781 (1783); Gansweid, Gemeinsame Tochtergesellschaften, S. 168; Möhring, FS Schilling, 1973, S. 253 (261 ff.); Strohn, Verfassung der AG, S. 13 sowie Koppensteiner in KölnKomm z. AktG, § 317 Rn. 8 m.w.N. die Veranlassung als rechtswidrig anzusehen ist und ihren Unrechtsgehalt durch den späteren Ausgleich verliert, oder ob mit Habersack in Emmerich/Habersack, Aktien- und GmbH-Konzernrecht, § 311 Rn. 5, § 317 Rn. 9; Hüffer, AktG, § 317 Rn. 6; Luchterhandt, ZHR 133 (1970), S. 1 (36 ff.); Paehler, Zulässigkeit des faktischen Konzerns, S. 63 sowie MünchKommAktG/Kropff, § 317 Rn. 16 ff. m.w.N. davon auszugehen ist, dass erst der Nichtausgleich des Nachteils die bis zu diesem Zeitpunkt schwebende Rechtswidrigkeit endgültig macht.

[58] Strohn, Verfassung der AG, S. 6.

[59] Hommelhoff, Konzernleitungspflicht, S. 114, 125; Strohn, Verfassung der AG, S. 7.

[60] S. zum Spannungsverhältnis zwischen dem Verbot aus den §§ 57, 62 AktG und den §§ 311 ff AktG sowie zu den unterschiedlichen Auffassungen hinsichtlich dessen Auflösung MünchKommAktG/Kropff, § 311 Rn. 315 ff.. Ist der Ausgleich jedoch nicht bis zum Ende des Geschäftsjahres erfolgt, greifen die §§ 311 ff AktG und die Kapitalschutzvorschriften nebeneinander, vgl. Kropff, ebenda, Rn. 341 m.w.N.. Zu dem Verhältnis der §§ 311, 317, 318 AktG zu den allgemeinen Vorschriften s. Adler/Düring/Schmalz, § 311 Rn. 76 ff.; Habersack in Emmerich/Habersack, Aktien- und GmbH-Konzernrecht, § 311 Rn. 78 ff., § 317 Rn. 33 f., § 318 Rn. 10 ff., 15; Koppensteiner in KölnKomm z. AktG, § 311 Rn. 105 ff., § 317 Rn. 39 ff., § 318 Rn. 9 ff.; MünchKommAktG/Kropff, § 311 Rn. 315 ff., § 317 Rn. 106 ff., § 318 Rn. 24 ff., jeweils m.w.N.

3. Auflösung des Spannungsverhältnisses zwischen Schutz- und Privilegierungsfunktion - Auslegungsmaßstab für die §§ 311 ff. AktG

Zwischen der Schutz- und der Privilegierungsfunktion der §§ 311 ff. AktG besteht ein Spannungsverhältnis[61]. Dieses gilt insbesondere vor dem Hintergrund, dass auch die (einfache) faktische Konzernierung gesetzeskonformes Beherrschungsmittel ist[62], wobei hier dahingestellt bleiben soll, ob unter Zulässigkeit lediglich die Duldung faktischer Konzernierung[63] oder deren rechtliche Billigung[64] zu verstehen ist. Verwendet das herrschende Unternehmen seinen beherrschenden Einfluss, um die abhängige Gesellschaft in einen Konzern einzubinden, erschweren die für das Bestehen eines Konzerns konstitutive einheitliche Leitung und die innerhalb eines Konzerns übliche enge wirtschaftliche Verflechtung der Unternehmen sowohl die Feststellung als auch die Verfolgung von nachteiligen Einflussnahmen seitens des herrschenden Unternehmens[65].

Für die Auslegung und Anwendung der §§ 311 ff. AktG ist es von besonderer Bedeutung festzustellen, ob im Konfliktfall den Belangen einer wirtschaftlich zweckmäßigen Konzernleitung oder dem Ziel eines wirksamen Außenseiterschutzes der Vorrang einzuräumen ist. Für eine zumindest punktuelle Überordnung der Verbundsinteressen gegenüber den Interessen der Außenseiter[66] könnte

---

[61] Koppensteiner in KölnKomm z. AktG, § 311 Rn. 5; Strohn, Verfassung der AG, S. 14 f.; Würdinger in Großkomm, AktG, § 311 Anm. 5; vgl. auch MünchKommAktG/Kropff, § 311 Rn. 21.

[62] A.A. Bälz, FS Raiser, S. 287 (312); ders., AG 1992, S. 277 (303 f.); Würdinger in Großkomm, AktG, § 311 Anm. 5; wohl auch Bommert, Verdeckte Vermögensverlagerungen, S. 159 ff.. Die Regelungen der §§ 311 ff. AktG machen auch eine faktische Konzernleitung nicht etwa im Ergebnis unmöglich, so die zutreffende h.M., vgl. Kleindiek, Strukturvielfalt, S. 49 f.; Koppensteiner in KölnKomm z. AktG, § 311 Rn. 103; MünchKommAktG/Kropff, § 311 Rn. 25; Semler, Leitung und Überwachung, Rn. 288, jeweils m.w.N.; vgl. ferner Strohn, Verfassung der AG, S. 133 f.; a.A. etwa Bälz, FS Raiser, S. 287 (312, 321); Immenga, ZGR 1978, 269 (274); Paehler, Zulässigkeit des faktischen Konzerns, S. 164; Reuter, ZHR 146 (1982), S. 1 (13 f., 26).

[63] So Flume, AT I/2, § 4 IV (S. 121); Geßler, FS Westermann, S. 145 (150 ff.); Koppensteiner in KölnKomm z. AktG, Vor § 311 Rn. 7 ff.; Tröger, Treupflicht, S. 171 ff.

[64] So etwa Habersack in Emmerich/Habersack, Aktien- und GmbH-Konzernrecht, § 311 Rn. 2, 8; Hommelhoff, Konzernleitungspflicht, S. 109 ff.; Hüffer, AktG, § 311 Rn. 7; Luchterhandt, ZHR 133 (1970), S. 1 (5 ff., 13); Möhring, FS Schilling, S. 253 (260); MünchKommAktG/Kropff, § 311 Rn. 30; Mülbert, ZHR 163 (1999), S. 1 (23); Strohn, Verfassung der AG, S. 9.

[65] Vgl. MünchKommAktG/Kropff, Vor § 311 Rn. 2.

[66] So Hommelhoff, Konzernleitungspflicht, S. 109 ff., insbesondere S. 137, der zwar dem Außenseiterschutz das Übergewicht gegenüber der Konzernleitungsmacht zugesteht, jedoch Verkürzungen gegenüber einem optimalen Außenseiterschutz insofern hinnehmen will, als diese notwendig sind, um überhaupt einen faktischen Konzern bilden zu können. In diesem Rahmen gebühre den Interessen des Gesamtkonzerns Vorrang vor dem Eigeninteresse der faktisch konzernierten Tochtergesellschaft. In diesem Sinn dürfte auch Hoffmann-Becking, in: Probleme

die Gesetzesgeschichte der §§ 311 ff. AktG als Argument herangezogen werden. Die Entstehungsgeschichte der heute geltenden Regelung ist durch eine Besserstellung des herrschenden Unternehmens gekennzeichnet. Der scharfen Erfolgshaftung des RefE[67] ist eine Regelung gewichen, nach der ein haftungsausschließender Nachteilsausgleich möglich ist. Das dem RefE zugrunde liegende Anliegen, faktische Abhängigkeitsverhältnisse möglichst ganz zu unterbinden, wurde aufgegeben. Darüber hinaus wurden in den Ausschussberatungen die Beschränkung des Nachteilsausgleichs auf einheitliche Geschäfte fallengelassen und ein Ausgleich innerhalb desselben Geschäftsjahres für ausreichend erklärt. Hinsichtlich der Zulassung des Ausgleichs innerhalb eines Geschäftsjahres bemerkte der Berichterstatter des Bundestages, der Abgeordnete Dr. Wilhelmi in der dritten Lesung: „Wir haben uns im Laufe der sieben Jahre, die über das Gesetz nachgedacht worden ist, entschlossen, den faktischen Konzern gleichzubehandeln, nicht zu erschweren, wie es ursprünglich bei Beginn der Beratungen einmal aussah, denn der faktische Konzern hat den Vorteil, dass die einzelne Gesellschaft (...) doch eine größere Selbständigkeit behält. (...) Man sollte es also der Wirtschaft ermöglichen, den sogenannten faktischen Konzern mit relativ selbständigen Untergesellschaften beizubehalten“[68]. Dr. Wilhelmi fährt jedoch fort, dass „wir nun auch erhebliche Sicherheiten eingebaut (haben), daß diese Selbständigkeit eine echte ist“[69]. Dass der Gesetzgeber zwar die Ausübung einheitlicher Leitung ermöglichen wollte, die maßgeblichen Auslegungskriterien der §§ 311 ff. AktG jedoch die Schutzinteressen von abhängiger Gesellschaft und den Außenseitern sind, ergibt sich insbesondere auch aus der Regierungsbegründung: „Bei den Interessen des herrschenden Unternehmens oder des Konzerns handelt es sich, ebenso wie bei den Interessen der Gesellschaft und ihrer Aktionäre, stets um Vermögensinteressen. Sie sind unabhängig von ihrer Größe für das Recht gleichwertig. Kein Gesichtspunkt unserer Rechts- und Wirtschaftsordnung gestattet es, den Vermögensinteressen eines Konzerns nur deswegen den Vorrang einzuräumen, weil sie quantitativ größer sind“[70]. Auch die Erleichterungen im Rahmen der Ausgleichspflicht ergeben kein anderes Bild, denn der Ausschussbericht[71] führt aus, dass „die Interessen, die die §§ 311 ff. AktG wahren wollen“ auch durch die veränderte Regelung genügend geschützt würden. Bei diesen "Interessen" kann

---

des Konzernrechts, S. 68 (76 f.) zu verstehen sein. Noch weiter geht Luchterhandt, ZHR 133 (1970), S. 1 (5 ff., 13), der in den §§ 311 ff. AktG eine Garantie einheitlicher Leitung erblickt, der im Konfliktfall der Vorrang vor dem Schutz der abhängigen Gesellschaft einzuräumen sei.

[67] S. dazu oben A. I. 2. a).

[68] Zitiert nach Kropff, DB 1967, S. 2147 (2150).

[69] Zitiert nach Biedenkopff/Koppensteiner in KölnKomm z. AktG, 1. Auflage, Vorb. § 311 Rn. 9.

[70] Zitiert nach Würdinger in Großkomm, AktG, § 311 Anm. 5.

[71] Zitiert nach Biedenkopff/Koppensteiner in KölnKomm z. AktG, 1. Auflage, Vorb. § 311 Rn. 9.

es sich jedoch nur um die im RegE formulierten handeln[72]. Aus der Entstehungsgeschichte ist nach alledem der Schluss zu ziehen, dass der Primärzweck des Außenseiterschutzes im Rahmen der §§ 311 ff. AktG keiner Relativierung durch mitverfolgte Nebenziele zugänglich ist.

Für dieses Ergebnis spricht daneben in systematischer Hinsicht ein Vergleich mit den Vorschriften über den Vertragskonzern. Durch die §§ 304 f. AktG stellt das Gesetz sicher, dass die außenstehenden Aktionäre eine volle wirtschaftliche Entschädigung für den Verlust der wirtschaftlichen Selbstständigkeit ihrer Gesellschaft erhalten. Da die Konzernbildung prinzipiell unabhängig ist von der Rechtsform der Konzernierung[73], drohten diese Vorschriften leerzulaufen, wenn die Konzernbildung mittels eines faktischen Konzerns das Eingreifen eines weniger effektiven Außenseiterschutzes zur Folge hätte, das herrschende Unternehmen also trotz gleichem wirtschaftlichen Ergebnis weniger finanziell belastet würde als bei einem Vertragskonzern[74]. In den §§ 311 ff AktG sind Ausgleichs- und Abfindungsansprüche nicht vorgesehen. Deshalb muss der Schutzgegenstand des Eigeninteresses der abhängigen Gesellschaft, an dem der Schutz der Außenseiter anknüpft, Zulässigkeitsmaßstab für alle Einwirkungen seitens des herrschenden Unternehmens sein, damit die Stellung der Außenseiter im faktischen Konzern mit der im Vertragskonzern vergleichbar ist[75].

Der Gesetzgeber ging davon aus, die Interessen der Außenseiter und die des Konzerns miteinander in Einklang bringen zu können[76]. Sollte sich demgegenüber jedoch ein Interessenskonflikt feststellen lassen, so sind entsprechend den obigen Ausführungen Auslegungsmaßstab der §§ 311 ff. AktG die Anforderungen eines effektiven Außenseiterschutzes und nicht die Erfordernisse einheitlicher Leitung.

B. Tatbestandliche Voraussetzungen

I. Abhängigkeitsverhältnis

Die §§ 311 ff. AktG finden Anwendung auf Unternehmensverbindungen, bei denen eine inländische[77] AG oder KGaA von einem Unternehmen abhängig ist.

---

[72] Biedenkopff/Koppensteiner in KölnKomm z. AktG, 1. Auflage, Vorb. § 311 Rn. 9.

[73] Vgl. Mestmäcker, FS Kronstein, S. 129 (146); Semler, Leitung und Überwachung, Rn. 280; Strohn, Verfassung der AG, S. 16 sowie ausführlich Richardt, Der aktienrechtliche Abhängigkeitsbericht, S. 184 f.

[74] Vgl. Gansweid, Gemeinsame Tochtergesellschaften, S. 166; Koppensteiner in KölnKomm z. AktG, Vorb. § 311 Rn. 10 ff.; Neuhaus, DB 1970, S. 1913 (1914); Paehler, Zulässigkeit des faktischen Konzerns, S. 30 f., 84 ff.; Strohn, Verfassung der AG, S. 16.

[75] Vgl. Koppensteiner in KölnKomm z. AktG, § 311 Rn. 12.

[76] Richardt, Der aktienrechtliche Abhängigkeitsbericht, S. 39; Stahl, Das Verbot der Benachteiligung, S. 174 f.; Strohn, Verfassung der AG, S. 16.

[77] Zur Beschränkung des Schutzbereichs der §§ 311 ff AktG auf die inländische AG oder KGaA s. Adler/Düring/Schmalz, § 311 Rn. 3; Habersack in Emmerich/Habersack, Aktien- und

1. Beschränkung auf Unternehmen

§ 311 I AktG richtet sich an das herrschende Unternehmen. Geht die Herrschaftsmacht von einem Aktionär ohne Unternehmensqualität aus, kommen nur die deutlich weniger einschneidenden Beschränkungen aus § 117 AktG, der Treuepflicht und den Verbotstatbeständen der unerlaubten Handlungen zur Anwendung[78]. Daher ist zunächst erforderlich, den Unternehmensbegriff i.S.d. §§ 311 ff., 15 ff. AktG zu bestimmen[79].

Der Gesetzgeber blieb mit der Differenzierung zwischen Unternehmen und Nichtunternehmen im AktG 1965 hinter den Forderungen aus der Wissenschaft zurück, den Anwendungsbereich des „Konzernrechts"[80] auf jede herrschende Person ohne Rücksicht auf ihre Unternehmensqualität zu erstrecken[81]. Hintergrund dieser Entscheidung des Gesetzgebers war die Auffassung, allein bei einem Unternehmensgesellschafter bestehe die Gefahr, dass die Rechte aus der Beteiligung zum Nachteil der Gesellschaft für seine sonstigen unternehmerischen Interessen ausgenutzt werden, während dies bei einem Privatgesellschafter nicht in gleicher Weise zu befürchten sei[82]. Angesichts der Tatsache, dass das Gesetz über die Abgrenzung des dem Konzernrecht unterworfenen Unternehmens zum Privatgesellschafter aufgrund „der großen praktischen Schwierigkeiten"[83] schweigt, stellt sich die Frage, anhand welcher Kriterien diese Abgrenzung vorzunehmen ist. Nachdem in den ersten Jahren nach Inkrafttreten des neuen Gesetzes bei der Bestimmung des Unternehmensbegriffs unterschiedliche Ansätze verfolgt wurden, die mit den Stichworten „institutioneller"[84] und „funktionaler"[85] Unterneh-

---

GmbH-Konzernrecht, § 311 Rn. 21; Hüffer, AktG, § 311 Rn. 12; Krieger in MünchHdb.GesR, § 68 Rn. 58.

[78] MünchKommAktG/Kropff, § 311 Rn. 47.

[79] S. zum Unternehmensbegriff etwa Adler/Düring/Schmalz, § 15 Rn. 1 ff.; Emmerich in Emmerich/Habersack, Aktien- und GmbH-Konzernrecht, § 15 Rn. 6 ff.; Emmerich/Sonnenschein/Habersack, Konzernrecht, § 2 II (S. 31 ff.); Hüffer, AktG, § 15 Rn. 8 ff.; Koppensteiner in KölnKomm z. AktG, § 15 Rn 6 ff.; Krieger in MünchHdb.GesR, § 68 Rn. 6; MünchKommAktG/Bayer, § 15 Rn. 7 ff.

[80] Unter „Konzernrecht" ist hier das Recht der verbundenen Unternehmen, also nicht nur das Recht der Konzerne i.S.v. § 18 AktG zu verstehen. Umfasst wird insbesondere auch die bloße Abhängigkeit ohne einheitliche Leitung.

[81] Bommert, Verdeckte Vermögensverlagerungen, S. 154; Emmerich in Emmerich/Habersack, Aktien- und GmbH-Konzernrecht, § 15 Rn. 6; Emmerich/Sonnenschein/Habersack, Konzernrecht, § 2 II 1 (S. 31); Koppensteiner in KölnKomm z. AktG, § 15 Rn. 7.

[82] Vgl. MünchKommAktG/Bayer, § 15 Rn. 7; Emmerich in Emmerich/Habersack, Aktien- und GmbH-Konzernrecht, § 15 Rn. 6; Emmerich/Sonnenschein/Habersack, Konzernrecht, § 2 II 1 (S. 31).

[83] So die Begründung des Regierungsentwurfs, hier zitiert nach MünchKommAktG/Bayer, § 15 Rn. 7.

[84] Zu diesem Ansatz und entsprechenden Literaturnachweisen s. Haesen, Der Abhängigkeitsbegriff, S. 10 ff.; Henze, HRR AktienR, Rn. 1211; Koppensteiner in KölnKomm z. AktG, § 15 Rn. 18; Röhrkasten, Verdeckte Gewinnausschüttung, S. 61.

mensbegriff gekennzeichnet werden, haben Rechtsprechung und Literatur eine weitgehende Übereinstimmung zum Begriff des Unternehmens erzielt. Ausgehend von der Einsicht, dass es keinen allgemeingültigen Unternehmensbegriff gibt, der für alle Gesetze maßgebend ist, sondern der Unternehmensbegriff zweckbezogen (teleologisch) zu interpretieren ist[86], wird als (potentiell herrschendes) Unternehmen jeder Gesellschafter angesehen, bei dem zu seiner Beteiligung an der Gesellschaft wirtschaftliche Interessenbindungen außerhalb der Gesellschaft hinzukommen, die stark genug sind, um die ernsthafte Besorgnis zu begründen, der Gesellschafter könnte um ihretwillen seinen Einfluss zum Nachteil der Gesellschaft geltend machen[87].

Da die Rechtsform des Gesellschafters keine Rolle spielt[88], kommen als Unternehmen i.S.d. Konzernrechts nicht nur die Personenhandelsgesellschaften und die Kapitalgesellschaften, sondern auch Stiftungen[89], Vereine[90], BGB-Gesellschaften[91], die öffentliche Hand[92], als auch Gewerkschaften[93] in Betracht.

---

[85] Hierzu Haesen, Der Abhängigkeitsbegriff, S. 9 f.; Henze, HRR AktienR, Rn. 1210; Koppensteiner in KölnKomm z. AktG, § 15 Rn. 17; Röhrkasten, Verdeckte Gewinnausschüttung, S. 61.

[86] Vgl. Adler/Düring/Schmalz, § 15 Rn. 2; Henze, HRR AktienR, Rn. 1207 f.; Hüffer, AktG, § 15 Rn. 7; MünchKommAktG/Bayer, § 15 Rn. 9 f.

[87] Diese Definition wurde vom BGH erstmals in der „Veba/Gelsenberg"-Entscheidung formuliert, s. BGHZ 69, S. 334 (336) = NJW 1978, S. 104, fortgeführt in BGHZ 74, S. 359 (364 f.) = NJW 1979, S. 2401 („WAZ/Bost und Funke"); BGHZ 80, S. 69 (72) = AG 1981, S. 225 („Süssen"); BGHZ 95, S. 330 (337) = NJW 1986, S. 188 („Autokran"); BGHZ 135, S. 107 (113) = NJW 1997, S. 1855 („Volkswagen"). Dieser Praxis haben sich mittlerweile auch das BAG, das BSG sowie die übrigen Gerichte angeschlossen, vgl. die Nachweise in Emmerich/Sonnenschein/Habersack, Konzernrecht, § 2 II 1 (S. 32); Emmerich in Emmerich/Habersack, Aktien- und GmbH-Konzernrecht, § 15 Rn. 10; zustimmend auch die herrschende Literatur, s. etwa Adler/Düring/Schmalz, § 15 Rn. 15; Emmerich/Sonnenschein/Habersack, Konzernrecht, § 2 II 1 (S. 32); Emmerich in Emmerich/Habersack, Aktien- und GmbH-Konzernrecht, § 15 Rn. 10; Krieger in MünchHdb.GesR, § 68 Rn. 6; MünchKommAktG/Bayer, § 15 Rn. 13, jeweils m.w.N.. Kritisch gegenüber der ausschließlichen Schutzrechtsorientierung des Unternehmensbegriffs Mülbert, ZHR 163 (1999), S. 1 (20 ff., 28 ff.); hiergegen K. Schmidt, FS Lutter, S. 1167 (1181 f.).

[88] Adler/Düring/Schmalz, § 15 Rn. 9; Emmerich in Emmerich/Habersack, Aktien- und GmbH-Konzernrecht, § 15 Rn. 11; Emmerich/Sonnenschein/Habersack, Konzernrecht, § 2 II 1 (S. 32); Hüffer, AktG, § 15 Rn. 11; Koppensteiner in KölnKomm z. AktG, § 15 Rn. 31; MünchKommAktG/Bayer, § 15 Rn. 13, 16.

[89] S. dazu Adler/Düring/Schmalz, § 15 Rn. 9; Emmerich in Emmerich/Habersack, Aktien- und GmbH-Konzernrecht, § 15 Rn. 18; Hüffer, AktG, § 15 Rn. 11; Koppensteiner in KölnKomm z. AktG, § 15 Rn. 32 f.; MünchKommAktG/Bayer, § 15 Rn. 16.

[90] S. dazu die Nachweise in Fn. 89.

[91] S. dazu Adler/Düring/Schmalz, § 15 Rn. 11; Emmerich in Emmerich/Habersack, Aktien- und GmbH-Konzernrecht, § 15 Rn. 11; Henze, HRR AktienR, Rn. 1220 f.; Koppensteiner in KölnKomm z. AktG, § 15 Rn. 32; MünchKommAktG/Bayer, § 15 Rn. 16.

[92] Umstritten, s. zum Meinungsstand Adler/Düring/Schmalz, § 15 Rn. 12 ff.; Emmerich in Emmerich/Habersack, Aktien- und GmbH-Konzernrecht, § 15 Rn. 26 ff.; Henze, HRR Akti-

Das Gleiche gilt für Einzelpersonen, soweit sie sich gewerblich[94] oder freiberuflich[95] betätigen. Schwierige Abgrenzungsprobleme ergeben sich jedoch bei mehrfacher Beteiligung eines Gesellschafters an verschiedenen Gesellschaften. Hier muss die Frage beantwortet werden, ob und gegebenenfalls unter welchen Bedingungen eine derartige Beteiligung an einer anderen Gesellschaft die Qualifikation der Einzelperson als Unternehmen zur Folge hat[96]. Probleme ergeben sich des Weiteren bei BGB- Verwaltungsgesellschaften und Holdinggesellschaften im Hinblick auf die Unternehmenseigenschaft der Gesellschafter bzw. der Gesellschaft[97].

Schließlich kommt es für die Anwendbarkeit der §§ 311 ff. AktG auf die Nationalität des herrschenden Unternehmens nicht an[98].

---

enR, Rn. 1222 ff.; Hüffer, AktG, § 15 Rn. 13 f.; Koppensteiner in KölnKomm z. AktG, § 15 Rn. 39 ff.; MünchKommAktG/Bayer, § 15 Rn. 38 ff., jeweils m.w.N.

[93] S. dazu Adler/Düring/Schmalz, § 15 Rn. 9; Emmerich in Emmerich/Habersack, Aktien- und GmbH-Konzernrecht, § 15 Rn. 23; Hüffer, AktG, § 15 Rn. 13; Koppensteiner in KölnKomm z. AktG, § 15 Rn. 33; MünchKommAktG/Bayer, § 15 Rn. 43.

[94] Vgl. Adler/Düring/Schmalz, § 15 Rn. 10; Koppensteiner in KölnKomm z. AktG, § 15 Rn. 20; Krieger in MünchHdb.GesR, § 68 Rn. 7.

[95] Vgl. Adler/Düring/Schmalz, § 15 Rn. 6; Emmerich in Emmerich/Habersack, Aktien- und GmbH-Konzernrecht, § 15 Rn. 11; Hüffer, AktG, § 15 Rn. 11; Koppensteiner in KölnKomm z. AktG, § 15 Rn. 20; Krieger in MünchHdb.GesR, § 68 Rn. 7, MünchKommAktG/Bayer, § 15 Rn. 15, jeweils m.w.N.; a.A. noch v. Godin/Wilhelmi, AktG, § 15 Anm. 3.

[96] Bei der Beantwortung dieser Frage gehen die Ansichten auseinander, vgl. die Darstellung bei Adler/Düring/Schmalz, § 15 Rn. 7 f.; Henze, HRR AktienR, Rn. 1215 ff.; Koppensteiner in KölnKomm z. AktG, § 15 Rn. 21 ff.: Eine Auffassung lässt schon eine maßgebliche Beteiligung an einem weiteren Unternehmen genügen. Andere verlangen zusätzlich, dass sich der Gesellschafter in zumindest einer der Gesellschaften unternehmerisch beteiligen müsse. Nach einer weiteren Ansicht muss eine leitende Einwirkung auf sämtliche Beteiligungsgesellschaften vorliegen. Schließlich wird für unabdingbar gehalten, dass der Gesellschafter ein Gewerbe betreibt. Vgl. zu diesem Problemkomplex des Weiteren Emmerich in Emmerich/Habersack, Aktien- und GmbH-Konzernrecht, § 15 Rn. 13 f.; Hüffer, AktG, § 15 Rn. 9; Krieger in MünchHdb.GesR, § 68 Rn. 8; MünchKommAktG/Bayer, § 15 Rn. 17 ff., jeweils m.w.N. sowie das BGH-Urteil vom 18.06.2001 (II ZR 212/99, „MLP"), BGHZ 148, S. 123 = ZIP 2001, S. 1323 = WM 2001, S. 1461. Zur Frage, ob hinsichtlich der Haftung des Privatgesellschafters nach §§ 311, 317 AktG eine einschränkende Auslegung des Unternehmensbegriffes vorzunehmen ist s. MünchKommAktG/Kropff, § 311 Rn. 54 ff.

[97] S. dazu Adler/Düring/Schmalz, § 15 Rn. 4, 8; Emmerich in Emmerich/Habersack, Aktien- und GmbH-Konzernrecht, § 15 Rn. 15 ff.; Hüffer, AktG, § 15 Rn. 10; Koppensteiner in KölnKomm z. AktG, § 15 Rn. 35 ff.; Krieger in MünchHdb.GesR, § 68 Rn. 9; MünchKommAktG/Bayer, § 15 Rn. 25 ff., jeweils m.w.N.

[98] Vgl. Adler/Düring/Schmalz, § 311 Rn. 4; Emmerich/Sonnenschein/Habersack, Konzernrecht, § 24 V 4 (S. 397); Habersack in Emmerich/Habersack, Aktien- und GmbH-Konzernrecht, § 311 Rn. 21; Koppensteiner in KölnKomm z. AktG, Vorb. § 311 Rn. 31 sowie Hüffer, AktG, § 311 Rn. 12 m.w.N.

2. Beherrschender Einfluss

Anwendungsvoraussetzung für die §§ 311 ff. AktG ist weiterhin das Bestehen eines Abhängigkeitsverhältnisses. Das Vorliegen eines Konzernverhältnisses ist weder Voraussetzung, noch steht es der Anwendbarkeit der §§ 311 ff. AktG entgegen. Der Begriff des abhängigen Unternehmens ist in § 17 AktG für das gesamte Aktiengesetz im Grundsatz einheitlich[99] definiert. Danach ist ein Abhängigkeitsverhältnis gegeben, wenn zwischen zwei rechtlich selbstständigen Unternehmen das eine mittelbar oder unmittelbar einen beherrschenden Einfluss auf das andere Unternehmen ausüben kann. Diese Definition wird durch die – widerlegbare - Vermutung nach § 17 II AktG ergänzt, dass im Verhältnis zu einem mit einer Mehrheitsbeteiligung nach § 16 AktG ausgestattetem Unternehmen eine Abhängigkeit besteht.

Der Abhängigkeitstatbestand erfordert, dass sich ein rechtlich selbstständiges Unternehmen aus seiner Perspektive[100] in der Lage befindet, dass ein anderes Unternehmen beherrschenden Einfluss ausüben kann. Das herrschende Unternehmen muss über gesicherte rechtliche Möglichkeiten verfügen, dem abhängigen Unternehmen Konsequenzen für den Fall anzudrohen, dass es dem Willen des herrschenden Unternehmens nicht Folge leistet, so dass sich das abhängige Unternehmen letztlich dem Einfluss des herrschenden Unternehmens nicht zu entziehen vermag[101]. Die tatsächliche Ausübung des Einflusses ist nicht erforderlich; es genügt vielmehr bereits die bloße Möglichkeit, Herrschaft auszuüben[102], die jedoch beständig und umfassend sein muss[103].

Zur näheren Bestimmung der Anforderungen an den beherrschenden Einfluss[104] kommt den Rechten aus der Mehrheitsbeteiligung, an die § 17 II AktG

---

[99] Diese Einheitlichkeit des Abhängigkeitsbegriffes ist heute ganz h.M., vgl. nur MünchKommAktG/Bayer, § 17 Rn. 4 m.w.N.

[100] Zur Maßgeblichkeit der Perspektive der abhängigen Gesellschaft vgl. BGHZ 62, S. 193 (197); BGHZ 135, S. 107 (114); OLG Düsseldorf, AG 1994, S. 36 (37); OLG München, AG 1995, S. 383; Adler/Düring/Schmalz, § 17 Rn. 28; Emmerich in Emmerich/Habersack, Aktien- und GmbH-Konzernrecht, § 17 Rn. 10; in diesem Sinne wohl auch MünchKommAktG/Bayer, § 17 Rn. 35, 53 f., der jedoch in Rn. 28 auf die Perspektive eines verständigen Beobachters abstellt; auf eine rein objektive Sichtweise abstellend wohl Koppensteiner in KölnKomm z. AktG, § 17 Rn. 54.; zur Maßgeblichkeit der Perspektive der abhängigen Gesellschaft bei der Frage der Unternehmenseigenschaft s. Hüffer, AktG, § 15 Rn. 12.

[101] BGHZ 121, S. 137 (146) = NJW 1993, S. 2114 („WAZ/IKZ"); OLG Düsseldorf, AG 1994, S. 36 (37) = ZIP 1993, S. 1791 (1793) („Feldmühle Nobel (Feno)").

[102] Dies ist unstr., vgl. etwa Adler/Düring/Schmalz, § 17 Rn. 13; Emmerich in Emmerich/Habersack, Aktien- und GmbH-Konzernrecht, § 17 Rn. 4; Hüffer, AktG, § 17 Rn. 4; MünchKommAktG/Bayer, § 17 Rn. 11 m.w.N.

[103] Vgl. Adler/Düring/Schmalz, § 17 Rn. 16 ff.; Hüffer, AktG, § 17 Rn. 6 f., jeweils m.w.N.; BGHZ 135, S. 107 (114).

[104] Zu Einzelheiten s. insbesondere die Kommentierungen in Adler/Düring/Schmalz; Emmerich/Habersack, Aktien- und GmbH-Konzernrecht; Hüffer, AktG, MünchKommAktG, und KölnKomm z. AktG zu § 17 AktG sowie Henze, HRR AktienR, Rn. 1226 ff.

die Abhängigkeitsvermutung knüpft, entscheidende Bedeutung zu: Der Einfluss ist dann als beherrschend anzusehen, wenn er seiner Art nach dem Einflusspotential einer Mehrheitsbeteiligung entspricht[105]. Anknüpfungspunkt für die Vermutung des beherrschenden Einflusses ist die Personalentscheidungsgewalt[106]. Die Mehrheit in der Hauptversammlung der Aktiengesellschaft verleiht dem herrschenden Unternehmen nach § 101 AktG das Recht, den Aufsichtrat zu wählen und ermöglicht ihm dadurch, mittelbar auch den Vorstand, der gemäß § 84 I 1 AktG durch den Aufsichtsrat bestellt wird, allein nach seinen Vorstellungen zu bestimmen. Dem Mehrheitsaktionär kommt daher ein mittelbarer Einfluss auf die Führung der Geschäfte zu, da sich die Vorstandsmitglieder im Zweifel nach seinen Vorstellungen richten werden.

Schließlich muss die Einflussmöglichkeit gesellschaftsrechtlich vermittelt sein, so dass eine tatsächliche und nicht gesellschaftsrechtlich fundierte Abhängigkeit, etwa als Folge von Kredit- oder Lieferbeziehungen, nicht ausreicht[107]. Tritt jedoch zu einem gesellschaftsrechtlich fundierten, zur Herrschaft jedoch nicht ausreichenden Einfluss ein außergesellschaftsrechtliches Druckmittel hinzu, so dürfte ein i.S.d. § 17 AktG tatbestandlicher beherrschender Einfluss möglich sein[108].

Im Falle mehrstufiger Abhängigkeit[109] greifen die §§ 311 ff. AktG zwischen allen Stufen ein, sofern auf keiner ein Beherrschungsvertrag besteht[110]. Bei mehr-

---

[105] Adler/Düring/Schmalz, § 17 Rn. 25; Hüffer, AktG, § 17 Rn. 5; vgl. ferner Koppensteiner in KölnKomm z. AktG, § 17 Rn. 19; MünchKommAktG/Bayer, § 17 Rn. 25, 28.

[106] Zum Anknüpfungspunkt der Personalentscheidungsgewalt s. Adler/Düring/Schmalz, § 17 Rn. 13; Emmerich in Emmerich/Habersack, Aktien- und GmbH-Konzernrecht, § 17 Rn. 5 f; Koppensteiner in KölnKomm z. AktG, § 17 Rn. 19 f., der Abhängigkeit als Wahrscheinlichkeit einflusskonformen Verhaltens beschreibt.; MünchKommAktG/Bayer, § 17 Rn. 26 f.

[107] So die heute überwiegende Meinung, vgl. etwa Adler/Düring/Schmalz, § 17 Rn. 21 ff.; Emmerich in Emmerich/Habersack, Aktien- und GmbH-Konzernrecht, § 17 Rn. 15; Hüffer, AktG, § 17 Rn. 8; Koppensteiner in KölnKomm z. AktG, § 17 Rn. 50; MünchKommAktG/Bayer, § 17 Rn. 29; s. zur Darstellung des Meinungsstandes auch Tröger, Treupflicht, S. 12 ff.. Zur Frage der organisatorischen Abhängigkeit ohne Beteiligung (Franchising oder Just-In-Time-Lieferverträge) s. MünchKommAktG/Bayer, § 17 Rn. 30.

[108] Die Möglichkeit einer derartigen kombinierten Beherrschung ist nicht unumstritten. Bejahend etwa Krieger in MünchHdb.GesR, § 68 Rn. 42; MünchKommAktG/Bayer, § 17 Rn. 31 ff. m.w.N. auch zur Gegenauffassung; Ulmer, ZGR 1978, S. 457 (472 ff.); a.A. etwa Koppensteiner in KölnKomm z. AktG, § 17 Rn. 56 m.w.N.; Mertens, AG 1996, S. 241 (246); einschränkend auch Adler/Düring/Schmalz, § 17 Rn 92.

[109] Zur mehrstufigen Abhängigkeit s. Adler/Düring/Schmalz, § 17 Rn. 88 ff.; Emmerich in Emmerich/Habersack, Aktien- und GmbH-Konzernrecht, § 17 Rn. 26 f.; MünchKommAktG/Bayer, § 17 Rn. 75; Koppensteiner in KölnKomm z. AktG, § 17 Rn. 27 f.; Krieger in MünchHdb.GesR, § 68 Rn. 48 f.

[110] Adler/Düring/Schmalz, § 311 Rn. 3; Habersack in Emmerich/Habersack, Aktien- und GmbH-Konzernrecht, § 311 Rn. 17; Hüffer, AktG, § 311 Rn. 13; MünchKommAktG/Kropff, § 311 Rn. 60, § 311 Anh. Rn. 5. Für die Fälle des Vorliegens eines Beherrschungsvertrages s. Adler/Düring/Schmalz, § 311 Rn. 12 ff.; Habersack in Emmerich/Habersack, Aktien- und

facher Abhängigkeit[111] der Gesellschaft kommen die §§ 311 ff. AktG gegenüber jedem an der koordinierten Beherrschung beteiligten Unternehmen zur Anwendung[112].

II. Kein Beherrschungsvertrag, keine Eingliederung

Die §§ 311 ff. AktG sind unanwendbar[113], wenn die Gesellschaft auf der Grundlage eines Beherrschungsvertrages beherrscht wird. Dies ergibt sich zum einen schon aus der ausdrücklichen Bestimmung in § 311 I AktG, zum anderen insbesondere aus der Unvereinbarkeit mit der Vorschrift des § 308 AktG, wonach der Abschluss eines Beherrschungsvertrages zu nachteiligen Weisungen im Konzerninteresse auch ohne Einzelausgleich berechtigt. Des Weiteren wird dieser Befugnis zur Konzernleitung in den §§ 300 ff. AktG durch ein von den §§ 311 ff AktG abweichendes Schutzsystem Rechnung getragen. Entsprechendes gilt nach der gesetzlichen Anordnung in § 323 I 3 AktG für den Fall der Eingliederung. Andere Unternehmensverträge i.S.d. § 292 AktG schließen die Anwendbarkeit der §§ 311, 317 AktG nicht aus. Das gilt auch im Falle des Bestehens eines Gewinnabführungsvertrages. Hier sind gemäß § 316 AktG lediglich die §§ 312 bis 315 AktG über den Abhängigkeitsbericht unanwendbar.

III. Veranlassung

1. Begriff der Veranlassung

§ 311 I AktG bezieht sich auf die Fälle, in denen ein herrschendes Unternehmen seinen Einfluss auf die abhängige Gesellschaft dazu einsetzt, diese zu einem ihr nachteiligen Verhalten zu veranlassen. Das Gesetz berücksichtigt mit dieser Regelung, dass in faktischen Abhängigkeitsverhältnissen das herrschende Unternehmen die Möglichkeit besitzt, seine außerhalb der abhängigen Gesellschaft verfolgten unternehmerischen Interessen mittels seiner Machtstellung auch innerhalb dieser Gesellschaft durchzusetzen.

GmbH-Konzernrecht, § 311 Rn. 18 f.; Hüffer, AktG, § 311 Rn. 15; Koppensteiner in KölnKomm z. AktG, Vorb. § 311 Rn. 34 f.; Krieger in MünchHdb.GesR, § 69 Rn. 60; MünchKommAktG/Bayer, § 311 Anh. Rn. 10 ff.

[111] S. zur mehrfachen Abhängigkeit (Gemeinschaftsunternehmen) Adler/Düring/Schmalz, § 17 Rn. 40 ff.; Emmerich in Emmerich/Habersack, Aktien- und GmbH-Konzernrecht, § 17 Rn. 28 ff.; Hüffer, AktG, § 17 Rn. 13 ff.; Koppensteiner in KölnKomm z. AktG, § 17 Rn. 70 ff.; Krieger in MünchHdb.GesR, § 68 Rn. 50 ff.; MünchKommAktG/Bayer, § 17 Rn. 76 ff.

[112] S. im Einzelnen Habersack in Emmerich/Habersack, Aktien- und GmbH-Konzernrecht, § 311 Rn. 14; Koppensteiner in KölnKomm z. AktG, Vorb. § 311 Rn. 31; MünchKommAktG/Kropff, § 311 Rn. 62 ff.

[113] Zu Einzelheiten hinsichtlich der Frage der Anwendbarkeit der § 311 ff AktG bei Beherrschungsvertrag, Eingliederung oder Gewinnabführungsvertrag s. Adler/Düring/Schmalz, § 311 Rn. 5 ff., 16 ff.; Habersack in Emmerich/Habersack, Aktien- und GmbH-Konzernrecht, § 311 Rn. 15 f.; Koppensteiner in KölnKomm z. AktG, Vorb. § 311 Rn. 32 ff.; Krieger in MünchHdb.GesR, § 69 Rn. 58 ff.; MünchKommAktG/Kropff, § 311 Rn. 67 ff.

Um dem herrschenden Unternehmen bestimmte nachteilige Wirkungen von Rechtsgeschäften oder Maßnahmen bei der abhängigen Gesellschaft mit der Folge zurechnen zu können, dass es zum Ausgleich dieser Nachteile (§ 311 I AktG) bzw. zum Schadensersatz (§ 317 AktG) verpflichtet ist, bedarf es eines Zurechnungsgrundes. Dieser besteht in der Veranlassung eines der abhängigen Gesellschaft nachteiligen Verhaltens[114].

Absatz 1 des § 311 AktG setzt die Begriffe "veranlassen" und "Benutzung beherrschenden Einflusses" zueinander in Beziehung[115], so dass vor diesem Hintergrund eine Veranlassung gegeben ist, wenn das herrschende Unternehmen versucht, gestützt auf seinen Einfluss, das Verhalten der abhängigen Gesellschaft zu bestimmen[116].

a) Formen der Veranlassung

Der Gesetzgeber hat den Begriff der Weisung, wie er sich in den §§ 308 ff. AktG findet, in § 311 I AktG nicht übernommen, sondern stellt auf die Benutzung herrschenden Einflusses ab. Diese abweichende Wortwahl erhellt, dass eine bestimmte Form der Einflussnahme nicht erforderlich ist. Vielmehr genügt jede Form der Verlautbarung seitens des herrschenden Unternehmens, durch die deutlich wird, dass ein bestimmtes Verhalten der abhängigen Gesellschaft für "wünschenswert"[117] gehalten wird[118]. Es ist unerheblich, ob dieser Wunsch in Form einer Anregung, eines Ratschlages, einer Erwartung, einer Weisung oder in sonstiger Weise zum Ausdruck kommt[119]. Auch muss die Einflussnahme nicht eine gewisse Nachdrücklichkeit aufweisen[120]. Unabhängig von ihrer konkreten Ausgestaltung ist es jedem Verwaltungsmitglied und Angestellten bewusst, dass seine persönliche Stellung in der Gesellschaft gefährdet sein kann, wenn einer verbindlich

---

114 Vgl. Bommert, Verdeckte Vermögensverlagerungen, S. 177; Emmerich/Sonnenschein/Habersack, Konzernrecht, § 25 I 1 (S. 401).

115 Vgl. Adler/Düring/Schmalz, § 311 Rn. 20; Koppensteiner in KölnKomm z. AktG, § 311 Rn. 2; ähnlich Papagiannis, Der faktische Aktienkonzern, S. 48 m.w.N.

116 Habersack in Emmerich/Habersack, Aktien- und GmbH-Konzernrecht, § 311 Rn. 22.

117 Adler/Düring/Schmalz, § 311 Rn. 20; Habersack in Emmerich/Habersack, Aktien- und GmbH-Konzernrecht, § 311 Rn. 23; Koppensteiner in KölnKomm z. AktG, § 311 Rn. 2; Krieger in MünchHdb.GesR, § 69 Rn. 64; MünchKommAktG/Kropff, § 311 Rn. 73.

118 Diese sehr weite Fassung des Veranlassungsbegriffs entspricht der allg. Auffassung, vgl. neben den in Fn. 117 Genannten z.B. Emmerich/Sonnenschein/Habersack, Konzernrecht, § 25 I 1 (S. 401 f.); Hüffer, AktG, § 311 Rn. 16; weitere Nachweise bei Adler/Düring/Schmalz, § 311 Rn. 20.

119 Vgl. Emmerich/Sonnenschein/Habersack, Konzernrecht, § 25 I 1 (S. 401 f.); Habersack in Emmerich/Habersack, Aktien- und GmbH-Konzernrecht, § 311 Rn. 23; Hüffer, AktG, § 311 Rn. 16; MünchKommAktG/Kropff, § 311 Rn. 73.

120 Heute h.M., vgl. Adler/Düring/Schmalz, § 311 Rn. 28; Habersack in Emmerich/Habersack, Aktien- und GmbH-Konzernrecht, § 311 Rn. 23; Hüffer, AktG, § 311 Rn. 16; Koppensteiner in KölnKomm z. AktG, § 311 Rn. 2; MünchKommAktG/Kropff, § 311 Rn. 73; a.A. Leo, AG 1965, S. 352 (357).

gemeinten Verlautbarung seitens des herrschenden Unternehmens nicht entsprochen wird[121]. In jedem Einzelfall sind jedoch die besonderen Machtverhältnisse und die Art der Zusammenarbeit der Unternehmen, bei faktischen Konzernen der individuelle Führungsstil der Konzernleitung, zu berücksichtigen[122].

Des Weiteren braucht sich die Veranlassung nicht auf ein bestimmtes Rechtsgeschäft oder eine bestimmte Maßnahme zu richten. Ausreichend sind auch allgemeine Anweisungen oder Richtlinien[123], solange diese in der Form hinreichend bestimmt sind, dass die in der abhängigen Gesellschaft von diesen allgemeinen Anweisungen oder Richtlinien betroffene Person in einer bestimmten Situation abgrenzbare Konsequenzen ziehen muss[124] oder deren vernünftige Auslegung ein bestimmtes Verhalten wenigstens nahe legt[125].

Auch schlüssiges Verhalten kann eine Veranlassung darstellen. Jedoch unterfallen Unterlassungen, z.B. die nicht ausreichende Überwachung der abhängigen Gesellschaft, grundsätzlich nicht dem Veranlassungsbegriff[126]. Die Tatbestandsmäßigkeit von Unterlassungen setzt das Bestehen einer Verpflichtung zur Einflussnahme voraus. Eine derartige Pflicht kann nicht aus einer Leitungspflicht des herrschenden Unternehmens hergeleitet werden, da eine solche jedenfalls nicht im Verhältnis des Vorstands des herrschenden Unternehmens zur abhängigen Gesellschaft, sondern allenfalls im Verhältnis zur eigenen Gesellschaft besteht[127]. Auch aus dem Beherrschungsverhältnis ist keine

[121] Koppensteiner in KölnKomm z. AktG, § 311 Rn. 2.

[122] Vgl. MünchKommAktG/Kropff, § 311 Rn. 73; Richardt, Der aktienrechtliche Abhängigkeitsbericht, S. 45.

[123] Adler/Düring/Schmalz, § 311 Rn. 28; Habersack in Emmerich/Habersack, Aktien- und GmbH-Konzernrecht, § 311 Rn. 23; Krieger in MünchHdb.GesR, § 69 Rn. 64; MünchKommAktG/Kropff, § 311 Rn. 73 f. sowie Hüffer, AktG, § 311 Rn. 16 m.w.N.; vgl. ferner die Nachweise in den Fn. 124 f.

[124] So Haesen, Der Abhängigkeitsbegriff, S. 90 bzgl. § 312 I 2 AktG; v Godin/Wilhelmi, AktG, § 311 Anm. 2.

[125] So Koppensteiner in KölnKomm z. AktG, § 311 Rn. 9; ähnlich Paehler, Zulässigkeit des faktischen Konzerns, S. 34.

[126] H.M., vgl. Adler/Düring/Schmalz, § 311 Rn. 20; Hüffer, AktG, § 317 Rn. 14; Marchand, Gemeinschaftsunternehmen, S. 144; MünchKommAktG/Kropff, § 311 Rn. 73; grds. auch Koppensteiner in KölnKomm z. AktG, § 317 Rn. 12, jedoch mit Einschränkungen bei Überwachungsverschulden, vgl. § 311 Rn. 100, § 317 Rn. 33; a.A. Eschenbruch, Konzernhaftung, Rn. 4205.

[127] Eine Leitungspflicht gegenüber der abhängigen Gesellschaft verneinend Hüffer, AktG, § 311 Rn. 8; Krieger in MünchHdb.GesR, § 69 Rn. 21; MünchKommAktG/Kropff, § 311 Rn. 280 sowie Habersack in Emmerich/Habersack, Aktien- und GmbH-Konzernrecht, § 311 Rn. 10 m.w.N.; a.A. Schneider, BB 1981, S. 249 (256 ff.); Semler, Leitung und Überwachung, Rn. 279. Zur Konzerleitungspflicht gegenüber dem eigenen Unternehmen s. Götz, ZGR 1998, S. 524 (525 ff.); Habersack in Emmerich/Habersack, Aktien- und GmbH-Konzernrecht, § 311 Rn. 11; Hommelhoff, Konzernleitungspflicht, S. 43 ff., 165 ff.; Kropff, ZGR 1984, S. 112 (116); Rehbinder, ZHR 147 (1983), S. 464 (467 ff.); Rittner, AcP 183 (1983), S. 295, (301 ff.). Insbesondere kommt dann eine Pflicht der Konzernleitung gegenüber dem eigenen Unternehmen zur Ausübung zulässigen Einflusses in Betracht, wenn die Tochtergesellschaft Haftungsrisiken für

"Garantenpflicht" des herrschenden Unternehmens herzuleiten, die das positive Einsetzen der Herrschaftsmacht zur Verhinderung von Nachteilen verlangt; vielmehr soll nach den §§ 311 ff. AktG die abhängige Gesellschaft nur vor den Folgen der Benutzung des herrschenden Einflusses geschützt werden. Die Nichtausübung der Herrschaftsmacht kann nur im Falle des Bestehens einer sich aus besonderen Umständen ergebenden Garantenpflicht eine tatbestandsmäßige Veranlassung darstellen. Insbesondere kann die Treuepflicht[128] des herrschenden Unternehmens gegenüber der abhängigen Gesellschaft im Einzelfall zu einer Verpflichtung zur Einflussnahme führen, wobei jedoch eine zurückhaltende Beurteilung angebracht ist[129].

b) Kausalität der Einflussnahme

Eine Veranlassung i.S.d. § 311 I AktG setzt des Weiteren voraus, dass das Verhalten des herrschenden Unternehmens für dasjenige der abhängigen Gesellschaft ursächlich war[130]. Hätte die abhängige Gesellschaft also ohne die Einwirkung des herrschenden Unternehmens genauso gehandelt, scheidet eine Veranlassung aus.

In vielen Fällen wird die Situation auftreten, dass die Verlautbarung des herrschenden Unternehmens nicht alleine ursächlich war, sondern das Verhalten der abhängigen Gesellschaft auch durch ihre eigenen Interessen motiviert wurde. Hier wurde früher teilweise vertreten, dass in diesen Konstellationen eine "überwiegende Verursachung" zu verlangen sei[131]. Richtigerweise kommt es jedoch

---

die Mutter begründet. Haftungsrisiken können sich möglicherweise daraus ergeben, dass die Tochtergesellschaft im Rahmen der Werbung bei Gläubigern die konkrete Erwartung erweckt, das Mutterunternehmen werde für ihre Verbindlichkeiten aufkommen, vgl. MünchKommAktG/Kropff, § 311 Rn. 286. Zur Konzernvertrauenshaftung s. Druey, FS Lutter, S. 1069 ff.; Fleischer, NZG 1999, S. 685 ff. mit Darstellung der Entwicklung in der schweizerischen Rechtsprechung; Fleischer, ZHR 163 (1999), S. 461 (463 ff.); Habersack in Emmerich/Habersack, Aktien- und GmbH-Konzernrecht, § 311 Rn. 91; Lutter, GS Knobbe-Keuk, S. 229 ff.; Krieger in Hdb der Konzernfinanzierung, § 4 Rn. 21 f.; Krieger in MünchHdb.GesR, § 69 Rn. 57; MünchKommAktG/Kropff, § 317 Rn. 114; Stein, FS Peltzer, S. 557 ff.

128 Zur Treuepflicht s. Lutter, ZHR 162 (1998), S. 165 ff. m.w.N.. Allgemein zum Verhältnis der Treuepflichten zu den Regelungen der §§ 311 ff. AktG s. Habersack in Emmerich/Habersack, Aktien- und GmbH-Konzernrecht, § 311 Rn. 89 f.; MünchKommAktG/Kropff, § 317 Rn. 100, 111 ff.; Tröger, Treupflicht, S. 210 ff.; Zöllner, ZHR 162 (1998), S. 235 (241 ff.); zur Problematik der Treuepflichten im Rahmen mehrstufiger Unternehmensverbindungen s. Tröger, Treupflicht, S. 37 ff.

129 S. zur Frage einer Verpflichtung zur Einflussnahme MünchKommAktG/Kropff, § 311 Rn. 284.

130 Dies ist unstr., s. nur Adler/Düring/Schmalz, § 311 Rn. 35; Emmerich/Sonnenschein/Habersack, § 25 I 5 (S. 404); Habersack in Emmerich/Habersack, Aktien- und GmbH-Konzernrecht, § 311 Rn. 38; Hüffer, AktG, § 311 Rn. 16; Koppensteiner in Köln-Komm z. AktG, § 311 Rn.4; MünchKommAktG/Kropff, § 311 Rn. 78.

131 Eine überwiegende Verursachung verlangten Neuhaus, DB 1970, S. 1913 (1915); Richardt, Der aktienrechtliche Abhängigkeitsbericht, S. 45.

nicht darauf an, welche Beweggründe überwogen, so dass eine bloße Mitursächlichkeit der Verlautbarung als ausreichend zu betrachten ist[132].

Unerheblich ist des Weiteren, von wessen Seite die Initiative zu dem Verhalten der abhängigen Gesellschaft ausgegangen ist, solange dieses ohne die Einwirkung des herrschenden Unternehmens nicht vorgenommen worden wäre. Dadurch werden von dem Veranlassungsbegriff insbesondere auch die Fälle erfasst, in denen die abhängige Gesellschaft zwar aus eigener Initiative Planungen für Rechtsgeschäfte und Maßnahmen entwickelt, deren Durchführung jedoch von einer Genehmigung des herrschenden Unternehmens abhängig ist[133]. Andernfalls könnte das herrschende Unternehmen durch eine nur in seinem Interesse liegende Auswahl aus verschiedenen, von der abhängigen Gesellschaft erarbeiteten Vorschlägen das Regelungssystem der §§ 311 ff AktG umgehen[134].

c) Kausalität des Einflusses des herrschenden Unternehmens

Eine nur auf die Verlautbarung des herrschenden Unternehmens beschränkte Kausalitätsbetrachtung führt jedoch nicht in allen Fällen zu einer im Hinblick auf den Regelungszweck der §§ 311 ff. AktG sachgerechten Begrenzung der als Veranlassung in Betracht kommenden Sachverhalte. Erkennt die abhängige Gesellschaft, dass das herrschende Unternehmen sie zu einem Verhalten zu bestimmen versucht und verhält sie sich in der gewünschten Form, so ist dennoch die Annahme einer tatbestandlichen Veranlassung nicht gerechtfertigt, wenn das herrschende Unternehmen der abhängigen Gesellschaft eine von letzterer unentdeckt gebliebene Maßnahme aufzeigt und sich die abhängige Gesellschaft allein aufgrund eigener Erwägungen für die Maßnahme entscheidet[135]. Vorauszusetzen ist

---

[132] Adler/Düring/Schmalz, § 311 Rn. 35; Emmerich/Sonnenschein/Habersack, Konzernrecht, § 25 I 5 (S. 404); Eschenbruch, Konzernhaftung, Rn. 3320; Haesen, Der Abhängigkeitsbegriff, S. 86 ff.; Hüffer, AktG, § 311 Rn. 16; Koppensteiner in KölnKomm z. AktG, § 311 Rn. 4; Krieger in MünchHdb.GesR, § 69 Rn. 64; MünchKommAktG/Kropff, § 311 Rn. 78; enger häufig die Konzernpraxis, vgl. Nachweise bzgl. § 312 AktG bei Hommelhoff, ZHR 156 (1992), S. 295 (297 f.).

[133] Diese Abhängigkeit von einer Genehmigung ist jedoch nur eine rein tatsächliche, da in faktischen Abhängigkeitsverhältnissen ein Weisungsrecht und somit auch die rechtliche Grundlage für einen Genehmigungsvorbehalt zugunsten etwa des Vorstands oder Aufsichtsrates des herrschenden Unternehmens gerade nicht besteht. Ein Zustimmungsvorbehalt kann nur zugunsten des eigenen Aufsichtsrates (s. § 111 IV 2 AktG) bestimmt werden, vgl. MünchKommAktG/Kropff, § 311 Rn. 287.

[134] S. zu diesem Problemkomplex die ausführlichere Darstellung bei Haesen, Der Abhängigkeitsbegriff, S. 88 f.

[135] In diesem Sinne auch Neuhaus, DB 1970, S. 1913 (1915); ähnlich Koppensteiner in KölnKomm z. AktG, § 311 Rn. 2; im Ergebnis auch MünchKommAktG/Kropff, § 311 Rn. 78, wenn er verlangt, dass der Wunsch des herrschenden Unternehmens von der abhängigen Gesellschaft erkannt und daraufhin entsprechend gehandelt werden muss, vorausgesetzt jedoch, diese Formulierung ist so zu verstehen, dass im Hinblick auf den Wunsch gehandelt werden muss; a.A. Geßler, NB 1966, S. 198 (201); nicht eindeutig Röhrkasten, Verdeckte Gewinnausschüttung, S. 69.

jedoch, dass die abhängige Gesellschaft völlig frei bleibt, nach dem eigenen geschäftlichen Ermessen zu entscheiden[136]. Das Gleiche hat zu gelten, wenn sich die abhängige Gesellschaft für die von ihr unentdeckt gebliebene Handlungsalternative entscheidet, ohne die Verlautbarung als Wunsch des herrschenden Unternehmens, sie möge sich in einer bestimmten Weise verhalten, zu interpretieren[137].

In beiden Fällen mangelt es an der Kausalität des beherrschenden Einflusses für das Verhalten der abhängigen Gesellschaft[138]. Dass der beherrschende Einfluss zumindest mitursächlich für das betreffende Verhalten geworden sein muss, ergibt sich aus der Auslegung des § 311 I AktG. Wenn der Tatbestand des § 311 I AktG festlegt, dass das herrschende Unternehmen seinen Einfluss nicht zur Veranlassung eines nachteiligen Verhaltens benutzen darf, so macht die Verknüpfung der Benutzung des Einflusses des herrschenden Unternehmens mit der Veranlassung deutlich, dass eine Veranlassung i.S. dieser Vorschrift nicht in Betracht kommt, wenn die Benutzung beherrschenden Einflusses für das Verhalten der abhängigen Gesellschaft keine Rolle spielt[139]. Die abhängige Gesellschaft muss daher die Verlautbarung des herrschenden Unternehmens als einen an sie gerichteten Verhaltenswunsch interpretieren[140] und zumindest auch im Hinblick auf den beherrschenden Einfluss des herrschenden Unternehmens handeln. Das Verhalten der abhängigen Gesellschaft muss durch den beherrschenden Einfluss mitmotiviert sein[141]. Für dieses Ergebnis spricht auch, dass die §§ 311 ff. AktG die ab-

---

136 Vgl. Emmerich/Sonnenschein/Habersack, Konzernrecht, § 25 I 1 (S. 402); Raiser, Kapitalgesellschaften, § 53 Rn. 30 (S. 859).

137 In diesem Sinne wohl auch MünchKommAktG/Kropff, § 311 Rn. 78. Nicht problematisiert werden soll im Rahmen der vorliegenden Arbeit, ob die Verlautbarung des herrschenden Unternehmens in diesen Fällen wegen einer möglichen Maßgeblichkeit der subjektiven Sicht der abhängigen Gesellschaft im Rahmen der Auslegung schon von vornherein nicht als tatbestandliche Veranlassung qualifiziert werden kann.

138 Die Kausalität des beherrschenden Einflusses verlangend Habersack in Emmerich/Habersack, Aktien- und GmbH-Konzernrecht, § 311 Rn. 22; Koppensteiner in KölnKomm z. AktG, § 311 Rn. 2. Ist der abhängigen Gesellschaft die von ihr durchgeführte Handlungsalternative auch ohne die Verlautbarung des herrschenden Unternehmens bekannt und verhält sie sich in der vom herrschenden Unternehmen gewünschten Form, fehlt es sowohl in den Fällen, in denen die abhängige Gesellschaft die Verlautbarung nicht als an sie gerichteten Verhaltenswunsch interpretiert, als auch in den Fällen, in denen sie die Verlautbarung zwar als Verhaltenswunsch interpretiert, sich die abhängige Gesellschaft jedoch allein aufgrund eigener Erwägungen für die Maßnahme entscheidet, neben der Kausalität des beherrschenden Einflusses auch schon an der Kausalität der Verlautbarung, da sich die abhängige Gesellschaft ohnehin so verhalten hätte.

139 Vgl. Koppensteiner in KölnKomm z. AktG, § 311 Rn. 2.

140 Soweit hier und im Folgenden von der subjektiven Sichtweise, dem Willen oder allgemein von subjektiven Voraussetzungen auf Seiten eines Unternehmens oder einer Gesellschaft gesprochen wird, sind diese auf die für das Unternehmen oder die Gesellschaft handelnde Person zu beziehen.

141 So auch MünchKommAktG/Kropff, § 311 Rn. 78 und Neuhaus, DB 1970, S. 1913 (1915).

hängige Gesellschaft und daran anknüpfend die Außenseiter gerade vor der aus der faktischen Abhängigkeit resultierenden Gefahr schützen wollen. Diese Gefahr besteht darin, dass die Möglichkeit der Ausübung beherrschenden Einflusses das herrschende Unternehmen in die Lage versetzt, seine außerhalb der abhängigen Gesellschaft verfolgten unternehmerischen Interessen auch innerhalb dieser Gesellschaft durchzusetzen. Lässt sich die abhängige Gesellschaft von der Herrschaftsposition des herrschenden Unternehmens nicht beeinflussen, verlangt der Schutzzweck der §§ 311 ff AktG auch keine Qualifikation einer Verlautbarung als Veranlassung.

2. Urheber und Adressat der Veranlassung

a) Urheber der Veranlassung

§ 311 I AktG spricht von einer Veranlassung durch das herrschende Unternehmen. Der Wortlaut umfasst zunächst das Tätigwerden der gesetzlichen Vertreter des herrschenden Unternehmens. Um einer Umgehung der §§ 311 ff. AktG entgegenzuwirken, kommen als Urheber der Veranlassung auch sonstige Organe des herrschenden Unternehmens, nachgeordnete Stellen, etwa Angestellte, sowie auch dritte Personen in Betracht[142].

b) Adressat der Veranlassung

Adressat der Veranlassung ist die abhängige Gesellschaft. Schon aus dem Vergleich des Wortlautes des § 311 I AktG mit dem des § 308 I 1 AktG ergibt sich, dass sich die Veranlassung nicht an den Vorstand der abhängigen Gesellschaft

---

142 Adler/Düring/Schmalz, § 311 Rn. 23; Habersack in Emmerich/Habersack, Aktien- und GmbH-Konzernrecht, § 311 Rn. 25, Koppensteiner in KölnKomm z. AktG, § 311 Rn. 10; MünchKommAktG/Kropff, § 311 Rn. 76; zur Frage der Zurechenbarkeit des Verhaltens von Angestellten des herrschenden Unternehmens und teilweise auch zum Problem der Zurechenbarkeit des Verhaltens Dritter s. Adler/Düring/Schmalz § 311 Rn. 23; Habersack in Emmerich/Habersack, Aktien- und GmbH-Konzernrecht, § 311 Rn. 25; Hüffer, AktG, § 311 Rn. 17; Koppensteiner in KölnKomm z. AktG, § 311 Rn. 10; MünchKommAktG/Kropff, § 311 Rn. 76. Zur Veranlassung bei mehrfacher Abhängigkeit (Gemeinschaftsunternehmen) s. Adler/Düring/Schmalz, § 311 Rn. 25; Habersack in Emmerich/Habersack, Aktien- und GmbH-Konzernrecht, § 311 Rn. 26; Hüffer, AktG, § 311 Rn. 18; Koppensteiner in KölnKomm z. AktG, § 311 Rn. 12; Krieger in MünchHdb.GesR, § 69 Rn. 67, 105; MünchKommAktG/Kropff, § 311 Rn. 129 ff.; s. ferner die ausführliche Darstellung bei Marchand, Gemeinschaftsunternehmen, S. 142 ff., 147 ff.. Zur Veranlassung bei mehrstufiger Abhängigkeit s. Adler/Düring/Schmalz, § 311 Rn. 24; Habersack in Emmerich/Habersack, Aktien- und GmbH-Konzernrecht, § 311 Rn. 26; Hüffer, AktG, § 311 Rn. 18; Koppensteiner in KölnKomm z. AktG, § 311 Rn. 11; MünchKommAktG/Kropff, § 311 Rn. 133 ff., § 311 Anh. Rn. 4 ff.; Pentz, Rechtsstellung der Enkel-AG, S. 188 ff.; Rehbinder, ZGR 1977, S. 581 (593 ff.).

richten muss. Tatbestandsmäßig ist vielmehr auch die Einflussnahme auf den Aufsichtsrat oder eine dem Vorstand nachgeordnete Stelle[143].

3. Veranlassungsvermutung

Der durch die Regelungen der §§ 311, 317 AktG bezweckte Schutz der abhängigen Gesellschaft und daran anknüpfend der Schutz ihrer Gläubiger und der außenstehenden Aktionäre würde weitgehend verfehlt, wenn es hinsichtlich des Vorliegens des Tatbestandsmerkmals der Veranlassung bei den allgemeinen Grundsätzen der Beweislastverteilung im Zivilprozess verbliebe. Nach diesen müsste die abhängige Gesellschaft, müssten in den Fällen des § 317 AktG auch die Gläubiger und außenstehenden Aktionäre das Vorliegen der Veranlassung beweisen. Da herrschende Unternehmen oftmals die Ausübung informeller Einflussnahme bevorzugen, das Verhalten der abhängigen Gesellschaft insbesondere durch allgemeine Anweisungen und Richtlinien geprägt sein kann[144], werden vor allem die Gläubiger und außenstehenden Aktionäre oftmals nur feststellen können, dass die abhängige Gesellschaft sich offenkundig in Widerspruch zu ihren eigenen Interessen verhalten hat. Eine Mitwirkung des womöglich pflichtwidrig handelnden Entscheidungsträgers der abhängigen Gesellschaft, auf die sich die Außenseiter stützen könnten, ist wenig wahrscheinlich. Vor diesem Hintergrund ist es nahezu einhellige Meinung, dass zugunsten der abhängigen Gesellschaft, ihren Gläubigern und außenstehenden Aktionären Beweiserleichterungen eingreifen müssen[145]. Umstritten sind jedoch sowohl die Mittel, als auch die tatbestandlichen Voraussetzungen der Beweiserleichterungen.

Als Mittel der Beweiserleichterungen kommt sowohl eine Veranlassungsvermutung[146] als auch ein prima facie-Beweis[147] in Betracht. Überzeugender ist die Annahme einer Veranlassungsvermutung, da gerade in Grenzfällen die ernsthafte Möglichkeit eines atypischen Geschehensablaufs unschwer darzulegen sein wird[148] und es des Weiteren an hinlänglich gesichertem und detailliertem Erfah-

---

[143] AllgM., vgl. Adler/Düring/Schmalz, § 311 Rn. 26; Habersack in Emmerich/Habersack, Aktien- und GmbH-Konzernrecht, § 311 Rn. 27; Hüffer, AktG, § 311 Rn. 19; MünchKommAktG/Kropff, § 311 Rn. 77; Koppensteiner in KölnKomm z. AktG, § 311 Rn. 13 m.w.N.

[144] Habersack in Emmerich/Habersack, Aktien- und GmbH-Konzernrecht, § 311 Rn. 32.

[145] Vgl. die Nachweise in den folgenden Fn.. Beweiserleichterungen ablehnend Haesen, Der Abhängigkeitsbegriff, S. 90 f.; Säcker ZHR 151 (1987), S. 59 (63).

[146] Vertreten von Bachelin, in: Rechtsfragen der Handelsgesellschaften, S. 64 f.; Hüffer, AktG, § 311 Rn. 21; Krieger in MünchHdb.GesR, § 69 Rn. 66; MünchKommAktG/Kropff, § 311 Rn. 84; Strohn, Verfassung der AG, S. 49 ff.; Würdinger in Großkomm, AktG, AktG, § 312 Anm. 3, § 317 Anm. 9.

[147] Vertreten von Emmerich/Sonnenschein/Habersack, Konzernrecht, § 25 I 3 (S. 403 f.); Habersack in Emmerich/Habersack, Aktien- und GmbH-Konzernrecht, § 311 Rn. 33; Koppensteiner in KölnKomm z. AktG, § 311 Rn. 6; einschränkend Eschenbruch, Konzernhaftung, Rn. 3323.

[148] Strohn, Verfassung der AG, S. 50.

rungswissen mangelt[149]. Als gesetzlicher Anhaltspunkt für diese Auffassung kommt § 312 I 2 AktG in Betracht[150].

Weiterhin wird nicht einheitlich beurteilt, ob die Beweiserleichterungen schon bei Vorliegen eines nachteiligen Verhaltens[151] oder erst dann eingreifen sollen, wenn dieses Verhalten dem herrschenden oder einem anderen verbundenen Unternehmen Vorteile brachte[152]. Zwar ist zuzugeben, dass die Anknüpfung der Beweislasterleichterung an einen derartigen Vorteil die Gefahr begründet, diese Erleichterungen wieder zu entwerten[153]; denn der Nachweis eines Vorteils kann gerade für Gläubiger und Minderheitsaktionäre oftmals ähnlich große Schwierigkeiten bereiten wie der Nachweis der Veranlassung. Jedoch ist zu berücksichtigen, dass die Regelungen der §§ 311 ff. AktG anders als die §§ 300 ff. AktG kein pauschales Schutzsystem, sondern ein System des Einzelausgleichs enthalten und dem herrschenden Unternehmen gerade nicht für jede Pflichtverletzung der Organwalter der abhängigen Gesellschaft die Verantwortung zugewiesen ist. Ein nachteiliges Rechtsgeschäft oder eine nachteilige Maßnahme i.S.d. § 311 I AktG kann aber grundsätzlich auch Folge einer eigenständigen Pflichtverletzung des Vorstands der abhängigen Gesellschaft sein, so dass es überzeugender ist, die Beweiserleichterungen einschränkend von dem Vorliegen eines Vorteils für das herrschende oder ein verbundenes Unternehmen abhängig zu machen[154].

Schließlich wird das Eingreifen der Beweiserleichterungen vielfach von dem Vorliegen eines faktischen Konzernverhältnisses abhängig gemacht, da nur die für diese Unternehmensverbindung konstitutive einheitliche Leitung eine Beweiserleichterung rechtfertige[155]. Überzeugender erscheint jedoch, die Beweiserleichterungen auch im Rahmen einfacher Abhängigkeitsverhältnisse anzuwenden.

---

[149] Hüffer, AktG, § 311 Rn. 21; MünchKommAktG/Kropff, § 311 Rn. 84.

[150] Vgl. Leo, AG 1965, S. 352 (356 Fn. 19a); MünchKommAktG/Kropff, § 311 Rn. 86; Paehler, Zulässigkeit des faktischen Konzerns, S. 36; Strohn, Verfassung der AG, S. 51 f.; bezüglich eines prima facie-Beweises s. Koppensteiner in KölnKomm z. AktG, § 311 Rn. 6; zurückhaltender Hüffer, AktG, § 311 Rn. 21. Keinen normativen Anhalt liefert jedoch § 18 I 3 AktG; s. dazu MünchKommAktG/Kropff, § 311 Rn. 85 m.w.N.

[151] Vertreten von Hüffer, AktG, § 311 Rn. 21; Koppensteiner in KölnKomm z. AktG, § 311 Rn. 6; Krieger in MünchHdb.GesR, § 69 Rn. 66; Kronstein, BB 1967, S. 637 (640); Würdinger in Großkomm, AktG, § 312 Anm. 3, § 317 Anm. 9; bzgl. konzerninternen Rechtsgeschäften vertreten von MünchKommAktG/Kropff, § 311 Rn. 86.

[152] Vertreten von Decher, Personelle Verflechtungen, S. 173 f.; Emmerich/Sonnenschein/Habersack, Konzernrecht, § 25 I 3 (S. 404); Habersack in Emmerich/Habersack, Aktien- und GmbH-Konzernrecht, § 311 Rn. 22; ähnlich Eschenbruch, Konzernhaftung, Rn. 3323; bzgl. nicht konzerninternen Rechtsgeschäften sowie bei Maßnahmen vertreten von MünchKommAktG/Kropff, § 311 Rn. 87.

[153] Vgl. Krieger in MünchHdb.GesR, § 69 Rn. 66.

[154] So Habersack in Emmerich/Habersack, Aktien- und GmbH-Konzernrecht, § 311 Rn. 33.

[155] Vertreten von Hüffer, AktG, § 311 Rn. 21; Krieger in MünchHdb.GesR, § 69 Rn. 66; bzgl. konzerninternen Rechtsgeschäften vertreten von MünchKommAktG/Kropff, § 311 Rn. 86;

4. Besondere Formen der Veranlassung

a) Personelle Verflechtungen

Ein wesentliches Mittel zur Durchsetzung des herrschenden Einflusses sind personelle Verflechtungen mit der abhängigen Gesellschaft. Vielfach gehören Organwalter oder leitende Angestellte des herrschenden Unternehmens dem Aufsichtsrat oder dem Vorstand der abhängigen Gesellschaft an. Da diese Personen weiterhin Bindungen gegenüber dem herrschenden Unternehmen unterliegen, die die Wahrnehmung ihrer Aufgaben in der abhängigen Gesellschaft beeinflussen können, verlangt der Schutzzweck der §§ 311 ff AktG, dass auch bei Rechtsgeschäften und Maßnahmen, die die Organe der abhängigen Gesellschaft von sich aus vornehmen, eine Veranlassung vorliegen kann[156]. Zwar ist fraglich, ob in diesen Fällen eine von außen kommende Veranlassung vorliegt; ein anderes Ergebnis würde jedoch die Regelungen der §§ 311 ff. AktG aus den Angeln heben, da bei personellen Verflechtungen „von außen kommende Einflussnahmen" des herrschenden Unternehmens für die Durchsetzung des wirtschaftlichen Fremdinteresses nicht erforderlich sind, die Schutzbedürftigkeit der abhängigen Gesellschaft, seiner Gläubiger und Minderheitsgesellschafter jedoch besonders groß ist[157]. § 311 AktG ist daher zumindest entsprechend anwendbar[158]. Nicht einheitlich beurteilt wird jedoch, ob in den Fällen personeller Verflechtungen über die oben dargelegten allgemeinen Beweiserleichterungen hinausgehend weiterreichende Beweiserleichterungen einzugreifen haben. Hier ist zu unterscheiden: Nehmen Vorstandsmitglieder des herrschenden Unternehmens im Vorstand der abhängigen Gesellschaft (Vorstandsdoppelmandate) ein für diese nachteiliges Verhalten vor, so ist generell eine widerlegliche Veranlassungsvermutung anzunehmen[159]. Anders ist jedoch zu entscheiden, wenn ein Vorstandsmitglied oder

---

ablehnend Habersack in Emmerich/Habersack, Aktien- und GmbH-Konzernrecht, § 311 Rn. 22; Würdinger in Großkomm, AktG, § 312 Anm. 3, § 317 Anm. 9.

[156] Habersack in Emmerich/Habersack, Aktien- und GmbH-Konzernrecht, § 311 Rn. 28; Strohn, Verfassung der AG, S. 47.

[157] S. zu diesem Problemkreis insbesondere Koppensteiner in KölnKomm z. AktG, § 311 Rn. 18 sowie Marchand, Gemeinschaftsunternehmen, S. 151 ff.

[158] Neben den in Fn. 157 Genannten die Möglichkeit einer tatbestandlichen Veranlassung befürwortend Adler/Düring/Schmalz, § 311 Rn. 31; Decher, Personelle Verflechtungen, S. 171 ff.; Eschenbruch, Konzernhaftung, Rn. 3322; Hüffer, AktG, § 311 Rn. 17, 22 f.; Krieger in MünchHdb.GesR, § 69 Rn. 65; MünchKommAktG/Kropff, § 311 Rn. 97.; Raiser, Kapitalgesellschaften, § 53 Rn. 31 (S. 860); Säcker, ZHR 151 (1987), S. 59 (66) sowie Emmerich/Sonnenschein/Habersack, Konzernrecht, § 25 I 2 b) (S. 403) m.w.N.. Personelle Verflechtungen begründen jedoch als solche nicht den Tatbestand des qualifiziert faktischen Konzerns, vgl. Koppensteiner in KölnKomm z. AktG, § 311 Rn. 18; MünchKommAktG/Kropff, § 311 Rn. 96 sowie Habersack in Emmerich/Habersack, Aktien- und GmbH-Konzernrecht, Anh. II § 311 Rn. 18 m.w.N.

[159] So Habersack in Emmerich/Habersack, Aktien- und GmbH-Konzernrecht, § 311 Rn. 35; Paehler, Zulässigkeit des faktischen Konzerns, S. 36 f.; Raiser, Kapitalgesellschaften, § 53 Rn.

ein leitender Angestellter des herrschenden Unternehmens dem Aufsichtsrat der abhängigen Gesellschaft angehört. Hier bleibt es bei den dargestellten allgemeinen Beweiserleichterungen, da die Möglichkeiten der Einflussnahme nicht in einem wesentlichen Maße gesteigert sind und im Gegensatz zu der Situation bei Vorstandsdoppelmandaten eine unmittelbare Umsetzung der Interessen des herrschenden Unternehmens nicht ermöglicht wird[160]. Im gleichen Sinne ist, soweit nicht schon § 100 II 1 Nr. 2 AktG Anwendung findet, auch zu entscheiden, wenn ein Aufsichtsratsmitglied des herrschenden Unternehmens im Vorstand oder als leitender Angestellter der abhängigen Gesellschaft tätig ist[161]. Eine weitergehende Beweiserleichterung ist hier vor dem Hintergrund der mangelnden Geschäftsführungskompetenz in dem herrschenden Unternehmen nicht gerechtfertigt[162].

b) Hauptversammlungsbeschlüsse

§ 311 AktG enthält im Gegensatz zu § 117 VII Nr. 1 AktG keine Ausnahme für eine Veranlassung durch Ausübung des Stimmrechts in der Hauptversammlung, so dass eine Veranlassung bzw. eine Nachteilszufügung auch durch Beschluss der Hauptversammlung erfolgen kann[163]. Dies gilt jedenfalls für Hauptversamm-

---

31 (S. 860); Semler, FS Stiefel, S. 719 (760) sowie MünchKommAktG/Kropff, § 311 Rn. 100 f. mit überzeugender Begründung; eine unwiderlegliche Veranlassungsvermutung wird angenommen von Hüffer, AktG, § 311 Rn. 22; Neuhaus, DB 1970, S. 1913 (1916); Würdinger in Großkomm, AktG, § 311 Anm. 4 sowie Haesen, Der Abhängigkeitsbegriff, S. 92 (bzgl. § 312 I 2 AktG); ebenfalls eine unwiderlegliche Vermutung befürwortend, jedoch zusätzlich einen Vorteil für das herrschende Unternehmen oder ein Handeln in deren Interesse verlangend, Krieger in MünchHdb.GesR, § 69 Rn. 65; Strohn, Verfassung der AG, S. 47 und wohl auch Koppensteiner in KölnKomm z. AktG, § 311 Rn. 18.

[160] Vgl. Habersack in Emmerich/Habersack, Aktien- und GmbH-Konzernrecht, § 311 Rn. 36, der jedoch als Mittel der Beweiserleichterung einen Anscheinsbeweis befürwortet; ebenfalls nur die allgemeinen Beweiserleichterungen für anwendbar erachtend Hüffer, AktG, § 311 Rn. 23, der jedoch ein Konzernverhältnis, sowie keinen Vorteil für das herrschende oder ein verbundenes Unternehmen voraussetzt; sowie grundsätzlich auch MünchKommAktG/Kropff, § 311 Rn. 105, jedoch mit Differenzierungen in Fn. 106 f.; weitergehende Beweiserleichterungen als hier vertreten befürwortend Koppensteiner in KölnKomm z. AktG, § 311 Rn. 18; Strohn, Verfassung der AG, S. 47; Ulmer, FS Stimpel, S. 705 (713 f.); Würdinger in Großkomm, AktG, § 311 Anm. 4; Beweiserleichterungen ausschließend Raiser, Kapitalgesellschaften, § 53 Rn. 31 (S. 860).

[161] Vgl. Adler/Düring/Schmalz, § 311 Rn. 33; vgl. ferner Habersack in Emmerich/Habersack, Aktien- und GmbH-Konzernrecht, § 311 Rn. 36 und Koppensteiner in KölnKomm z. AktG, § 311 Rn. 20, die jedoch als Mittel der zu gewährenden Beweiserleichterung einen Anscheinsbeweis befürworten.

[162] Habersack in Emmerich/Habersack, Aktien- und GmbH-Konzernrecht, § 311 Rn. 36.

[163] Wohl allgM., vgl. Adler/Düring/Schmalz, § 311 Rn. 30; Brachvogel, Leitungsmacht und Verantwortlichkeit, S. 94; Emmerich/Sonnenschein/Habersack, Konzernrecht, § 25 I 2 a) (S. 402); Eschenbruch, Konzernhaftung, Rn. 3322; Habersack in Emmerich/Habersack, Aktien- und GmbH-Konzernrecht, § 311 Rn. 29; Hüffer, AktG, § 311 Rn. 17; Koppensteiner in KölnKomm z. AktG, § 311 Rn. 16; Krieger in MünchHdb.GesR, § 69 Rn. 65; MünchKom-

lungsbeschlüsse, die eine Entscheidung über Fragen der Geschäftsführung zum Gegenstand haben, also Beschlüsse nach § 119 II AktG sowie für die Zustimmung zu Unternehmensverträgen nach § 292 AktG[164]. Auch Verschmelzungs- und vergleichbare Beschlüsse[165] sowie Beschlüsse aufgrund ungeschriebener Zuständigkeit der Hauptversammlung bei der Entscheidung über grundlegende Maßnahmen der Geschäftsführung im Anschluss an die sog. Holzmüller-Entscheidung[166] können ein vom herrschenden Unternehmen veranlasstes nachteiliges Verhalten darstellen[167]. Eine Ausnahme gilt jedoch in den Fällen, in denen die Hauptversammlung der abhängigen Gesellschaft gerade dem Abschluss eines Beherrschungs- oder Gewinnabführungsvertrages[168], der Eingliederung[169] der Gesellschaft oder auch einer formwechselnden Umwandlung[170] zustimmt. In diesen Fällen greifen Spezialregeln zum Schutz der Interessen der Außenseiter ein[171].

Umstritten ist insbesondere, ob auch Gewinnverwendungsbeschlüsse, sowie Beschlüsse über die Auflösung der Gesellschaft oder die Änderung des Unternehmensgegenstandes vom Anwendungsbereich des § 311 AktG erfasst werden. Entsprechend dem Schutzzweck der §§ 311 ff. AktG wird bei Fehlen eines speziellen Außenseiterschutzes die Entscheidung davon abhängig zu machen sein, ob die schützenswerten Interessen der außenstehenden Gesellschafter oder der

---

mAktG/Kropff, § 311 Rn. 110; Neuhaus, DB 1970, S. 1913 (1915); Strohn, Verfassung der AG, S. 36; Uecker, Der Vorteils- Nachteils- Ausgleich, S. 42.

164 Adler/Düring/Schmalz, § 311 Rn. 30; Habersack in Emmerich/Habersack, Aktien- und GmbH-Konzernrecht, § 311 Rn. 29; Hüffer, AktG, § 311 Rn. 17; Koppensteiner in KölnKomm z. AktG, § 311 Rn. 17; MünchKommAktG/Kropff, § 311 Rn. 111.

165 Vgl. Grunewald in Lutter, UmwG, § 28 Rn. 9; Habersack in Emmerich/Habersack, Aktien- und GmbH-Konzernrecht, § 311 Rn. 29 f.; Krieger in MünchHdb.GesR, § 69 Rn. 73; Marsch-Barner in Kallmeyer, UmwG, § 27 Rn. 3; MünchKommAktG/Kropff, § 311 Rn. 111; Stratz in Schmitt/Hörtnagl/Stratz, UmwG, UmwStG, § 27 UmwG Rn. 6 sowie Hüffer, AktG, § 311 Rn. 17 m.w.N.; bzgl. Verschmelzungsbeschlüssen vgl. Koppensteiner in KölnKomm z. AktG, § 311 Rn. 17; a.A. Adler/Düring/Schmalz, § 311 Rn. 30.

166 BGHZ 83, S. 122.

167 Zu Beschlüssen aufgrund ungeschriebener Zuständigkeit vgl. MünchKommAktG/Kropff, § 311 Rn. 112.

168 Adler/Düring/Schmalz, § 311 Rn. 30; Emmerich/Sonnenschein/Habersack, Konzernrecht, § 25 I 2 (S. 402); Habersack in Emmerich/Habersack, Aktien- und GmbH-Konzernrecht, § 311 Rn. 29; MünchKommAktG/Kropff, § 311 Rn. 117 sowie Koppensteiner in KölnKomm z. AktG, § 291 Rn.3 m.w.N.

169 Emmerich/Sonnenschein/Habersack, Konzernrecht, § 25 I 2 (S. 402); Habersack in Emmerich/Habersack, Aktien- und GmbH-Konzernrecht, § 311 Rn. 29; MünchKommAktG/Kropff, § 311 Rn. 117.

170 MünchKommAktG/Kropff, § 311 Rn. 117.

171 MünchKommAktG/Kropff, § 311 Rn. 117.

Gläubiger der abhängigen Gesellschaft durch den Beschluss der Hauptversammlung beeinträchtigt werden[172].

Einer Anwendbarkeit des § 311 AktG bei Ausübung der Stimmrechte im Rahmen eines solchen Beschlusses wird entgegengehalten, dass keine Ungleichbehandlung der Aktionäre vorliege und legitime Gläubigerinteressen nicht verletzt würden[173]. Dem ist zuzugeben, dass eine Ungleichbehandlung der Aktionäre nicht festgestellt werden kann. Aber setzt das herrschende Unternehmen eine im Hinblick auf die Lage der Gesellschaft unvertretbar hohe Gewinnausschüttung durch, durch die etwa die Existenz der Gesellschaft gefährdet wird, können trotz formaler Gleichbehandlung die Interessen der Minderheitsaktionäre tangiert werden[174]. Auch die Interessen der Gläubiger können berührt werden. Haben sie auch keinen Anspruch auf Erhaltung des über das gebundene Kapital hinausgehenden Kapitals, so müssen sie dennoch vor Gewinnausschüttungen geschützt werden, die mit dem Sorgfaltsmaßstab des ordentlichen und gewissenhaften Geschäftsleiters einer unabhängigen Gesellschaft nicht vereinbar sind[175].

Bei der Beurteilung der Einbeziehung von Beschlüssen über die Änderung des Unternehmensgegenstandes in den Anwendungsbereich des § 311 AktG ist vor dem Hintergrund, dass die Gläubiger der abhängigen Gesellschaft die Beibehaltung deren satzungsmäßigen Unternehmensgegenstandes nicht verlangen können, danach zu entscheiden, ob außenstehende Gesellschafter vorhanden sind[176]. Auch auf Auflösungsbeschlüsse wird eine Anwendbarkeit des § 311 AktG im Einzelfall vertreten[177].

---

[172] Vgl. zu dem Ansatz des Abstellens auf eine Beeinträchtigung der Interessen der Außenseiter MünchKommAktG/Kropff, § 311 Rn. 115.

[173] So Adler/Düring/Schmalz, § 311 Rn. 30 sowie Koppensteiner in KölnKomm z. AktG, § 311 Rn. 17 mit weiteren Ausführungen und m.w.N.; im Ergebnis ebenfalls zu einer Nichterfüllung des Tatbestandes des § 311 AktG gelangend Habersack in Emmerich/Habersack, Aktien- und GmbH-Konzernrecht, § 311 Rn. 30, der die Veranlassung bejaht, aber diese Beschlüsse mit der Begründung als grundsätzlich nicht nachteilig einstuft, dass im Rahmen der §§ 58 III, 254 AktG der Aktionär frei über die Verwendung des Bilanzgewinns entscheiden könne; vgl. dazu des Weiteren Koppensteiner in KölnKomm z. AktG, § 311 Rn. 17. Auf die tatsächlichen Schwierigkeiten der Verhinderung „übermäßiger" Gewinnausschüttungen hinweisend Rehbinder, AWD (heute RIW) 1969, S. 346 (348).

[174] MünchKommAktG/Kropff, § 311 Rn. 113; Ebenfalls § 311 AktG bei Gewinnverwendungsbeschlüssen für anwendbar erachtend Prühs, AG 1973, S. 395 (400); Stahl, Das Verbot der Benachteiligung, S. 78; Werner, FS Stimpel, S. 935 (943).

[175] MünchKommAktG/Kropff, § 311 Rn. 113.

[176] Vgl. MünchKommAktG/Kropff, § 311 Rn. 116; für eine Anwendbarkeit des § 311 AktG ferner Emmerich/Sonnenschein/Habersack, Konzernrecht, § 25 I 2 (S. 402); Habersack in Emmerich/Habersack, Aktien- und GmbH-Konzernrecht, § 311 Rn. 30; gegen eine Anwendbarkeit des § 311 AktG Adler/Düring/Schmalz, § 311 Rn. 30; Koppensteiner in KölnKomm z. AktG, § 311 Rn. 17; Krieger in MünchHdb.GesR, § 69 Rn. 73.

[177] Vgl. MünchKommAktG/Kropff, § 311 Rn. 116. Grundsätzlich scheidet jedoch in diesen Fällen eine Anwendung des § 311 AktG aus, vgl. Adler/Düring/Schmalz, § 311 Rn. 30; Koppensteiner in KölnKomm z. AktG, § 311 Rn. 17; a.A. Stahl, Das Verbot der Benachteiligung,

c) Bevollmächtigung des herrschenden Unternehmens

Nimmt das herrschende Unternehmen Maßnahmen selbst, aber aufgrund einer Vollmacht für die abhängige Gesellschaft vor, so sind diese als veranlasst zu qualifizieren[178].

IV. Veranlassungswirkung: Rechtsgeschäfte oder Maßnahmen

Durch die Einflussnahme des herrschenden Unternehmens muss die abhängige Gesellschaft dazu veranlasst worden sein, ein für sie nachteiliges Rechtsgeschäft vorzunehmen oder Maßnahmen zu ihrem Nachteil zu treffen oder zu unterlassen. Der Begriff der Maßnahme bildet hierbei den Oberbegriff, so dass Rechtsgeschäfte nur eine besondere Form der Maßnahme darstellen[179]. Daraus, sowie aus dem Schutzzweck des § 311 AktG folgt trotz eines insoweit nicht ganz eindeutigen Wortlauts, dass auch das Unterlassen eines (vorteilhaften) Rechtsgeschäfts den Gegenstand einer Veranlassung bilden kann[180]. Vor diesem Hintergrund kommt es im Rahmen der §§ 311, 317 AktG nicht auf die Abgrenzung zwischen Rechtsgeschäften und Maßnahmen an[181]. Unter dem Begriff der Maßnahme i.S.d. §§ 311, 317 AktG fällt somit umfassend jeder Akt der Geschäftsführung, der sich auf die Vermögens- oder Ertragslage der abhängigen Gesellschaft auswirken kann[182].

V. Nachteiliger Charakter

1. Beurteilungszeitpunkt für die Feststellung der Nachteiligkeit

Die Beurteilung, ob ein Rechtsgeschäft oder eine Maßnahme nachteilig ist, kann wesentlich davon abhängen, ob als maßgeblicher Beurteilungszeitpunkt der Moment der Vornahme des Rechtsgeschäfts bzw. der Maßnahme anzusehen ist, oder

---

S. 95 f.. Nach Habersack in Emmerich/Habersack, Aktien- und GmbH-Konzernrecht, § 311 Rn. 30 und Krieger in MünchHdb.GesR, § 69 Rn. 73 ist ein Auflösungsbeschluss (grundsätzlich) nicht nachteilig.

[178] Vgl. Adler/Düring/Schmalz, § 311 Rn. 29; Habersack in Emmerich/Habersack, Aktien- und GmbH-Konzernrecht, § 311 Rn. 31; Hüffer, AktG, § 311 Rn. 17; Koppensteiner in KölnKomm z. AktG, § 311 Rn. 15; Krieger in MünchHdb.GesR, § 69 Rn. 65; MünchKommAktG/Kropff, § 311 Rn. 109; Würdinger in Großkomm, AktG, § 311 Anm. 4.

[179] Adler/Düring/Schmalz, § 311 Rn. 34; Emmerich/Sonnenschein/Habersack, Konzernrecht, § 25 I 4 (S. 404); Habersack in Emmerich/Habersack, Aktien- und GmbH-Konzernrecht, § 311 Rn. 37; Hüffer, AktG, § 311 Rn. 24; Koppensteiner in KölnKomm z. AktG, § 311 Rn. 8; MünchKommAktG/Kropff, § 311 Rn. 136 f.

[180] Vgl. die Nachweise in Fn. 179, sowie Bommert, Verdeckte Vermögensverlagerungen, S. 168; Krieger in MünchHdb.GesR, § 69 Rn. 63.

[181] Anders jedoch im Rahmen des § 312 AktG. S. dazu und zur Bestimmung des Begriffs des Rechtsgeschäfts MünchKommAktG/Kropff, § 312 Rn. 77 ff.

[182] Habersack in Emmerich/Habersack, Aktien- und GmbH-Konzernrecht, § 311 Rn. 37; Hüffer, AktG, § 311 Rn. 24; Koppensteiner in KölnKomm z. AktG, § 311 Rn. 8; Krieger in MünchHdb.GesR, § 69 Rn. 63; MünchKommAktG/Kropff, § 311 Rn. 136.

ob auf das Ende des Geschäftsjahres oder den möglicherweise späteren Zeitpunkt der Realisierung des Nachteils abzustellen ist. Gegen die Maßgeblichkeit des ersteren Zeitpunktes, also eine Beurteilung auf der Grundlage einer ex-ante-Prognose, spricht auf den ersten Blick, dass die abhängige Gesellschaft in den Fällen, in denen die Vornahme des maßgeblichen Verhaltens bei sorgfältiger kaufmännischer Beurteilung zu diesem Zeitpunkt als nicht nachteilig zu beurteilen ist, das volle unternehmerische Risiko einer unerwartet negativen Geschäftsentwicklung tragen würde[183]. Eine derartige Risikoverteilung ließe sich nicht dadurch rechtfertigen, dass der abhängigen Gesellschaft auf der anderen Seite im Falle der Feststellung eines Nachteils bei Maßgeblichkeit der ex-ante-Prognose der Vorteil aus einer unerwartet günstigen, d.h. die erwarteten nachteiligen Folgen nicht eintreten lassenden Geschäftsentwicklung verblieben; denn ein möglicher Ausgleich einer unerwartet negativen Geschäftsentwicklung durch eine andere unerwartet positive Geschäftsentwicklung wäre nur rein zufällig[184]. Auch die Aussage, dass das herrschende Unternehmen „grundsätzlich das gleiche Recht auf Irrtum in unternehmerischen Ermessensentscheidungen wie die Organe der AG im allgemeinen“[185] habe, ist, wie Strohn[186] darlegt, nicht überzeugend, da ein Organ im Zweifel die Interessen seiner Gesellschaft wahrnimmt, bei dem herrschenden Unternehmen hingegen die Vermutung nahe liegt, dass es in erster Linie die eigenen unternehmerischen Interessen verfolgt. Des Weiteren läuft ein sich wiederholt irrendes Vorstandsmitglied neben der in der Praxis weniger bedeutenden Möglichkeit der Vorstandshaftung nach § 93 AktG Gefahr, nicht wiedergewählt zu werden. Diese von einer Sorgfaltspflichtverletzung unabhängige Möglichkeit der Aktionäre, auf den Erfolg der Geschäftsführung Einfluss zu nehmen, besteht gegenüber dem herrschenden Unternehmen gerade nicht. Dennoch ist diese Risikoverteilung vom Gesetzgeber in den §§ 311 ff. AktG vorgesehen. Dies folgt jedoch noch nicht zwingend aus § 317 II AktG[187], in dessen Rahmen ein ex-ante-Maßstab zugrunde zu legen ist. Zwar legt § 317 II AktG nahe, dass auch im Rahmen des § 311 I AktG der ex-ante-Maßstab zu gelten hat, da ansonsten ein lediglich bei einer ex-post-Betrachtung nachteiliger Geschäftsakt nur die Ausgleichspflicht, nicht jedoch die Schadensersatzverpflichtung nach

---

[183] Zur Problematik einer derartigen Risikoverteilung s. Bachelin, in: Rechtsfragen der Handelsgesellschaften, S. 54; Bommert, Verdeckte Vermögensverlagerungen, S. 170 f.; Haesen, Der Abhängigkeitsbegriff, S. 103; Hommelhoff, Konzernleitungspflicht, S. 120; Kellmann, BB 1969, S. 1509 (1515); Luchterhand, ZHR 133 (1970), S. 1 (13, 19 ff.); MünchKommAktG/Kropff, § 311 Rn. 87, 230; Paehler, Zulässigkeit des faktischen Konzerns, S. 44; Strohn, Verfassung der AG, S. 68 f.

[184] Vgl. Paehler, Zulässigkeit des faktischen Konzerns, S. 44.

[185] Mestmäcker, FS Kronstein, S. 129 (141).

[186] Strohn, Verfassung der AG, S. 68 f.

[187] An dieser Stelle soll noch unberücksichtigt bleiben, dass § 317 II AktG in den Nachteilsbegriff hineinzulesen ist; s. dazu unten B. V. 3. a).

§ 317 AktG bei fehlendem Ausgleich auslösen würde[188]. Jedoch könnte die Formulierung des 317 II AktG auch in der Weise zu verstehen sein, dass zwischen eigeninteressekonformen Einflussnahmen und nicht voraussehbar nachteiligen fremdinteressemotivierten Einflussnahmen zu differenzieren sei und sich § 317 II AktG nur auf erstere beziehe, bei den letzteren Einflussnahmen § 317 I AktG jedoch uneingeschränkt zur Anwendung käme[189]. So ließe sich trotz § 317 II AktG für die Beurteilung der Nachteiligkeit ein ex-post-Maßstab vertreten. Jedoch bestimmt § 312 III 1 AktG, dass der Vorstand der abhängigen Gesellschaft in der Schlusserklärung des Abhängigkeitsberichts für die Beurteilung der Nachteiligkeit der Rechtsgeschäfte und Maßnahmen die Umstände zugrunde zu legen hat, „die ihm in dem Zeitpunkt bekannt waren, in denen das Rechtsgeschäft vorgenommen oder die Maßnahme getroffen oder unterlassen wurde“. Weiterhin spricht § 313 I 2 AktG hinsichtlich der Rechtsgeschäfte von einer Prüfung "nach den Umständen, die im Zeitpunkt ihrer Vornahme bekannt waren". Diese Vorschriften bringen deutlich zum Ausdruck, dass als maßgeblicher Beurteilungszeitpunkt der Moment der Vornahme des Geschäftsakts anzusehen ist[190]. Denn die Bedeutung des Abhängigkeitsberichts und seiner Prüfung liegt gerade in der Ermöglichung der Feststellung, ob die von § 311 AktG aufgestellten Maßstäbe beachtet worden sind[191]. Es wäre mit der ratio legis der §§ 311 ff. AktG nicht zu vereinbaren, Nachteile auch in Fällen anzunehmen, die keiner Berichtspflicht unterlägen und daher auch einer Überprüfung entzogen wären[192]. Auch sind die §§ 312, 313 AktG für die Funktionsfähigkeit des Regelungssystems der §§ 311, 317 AktG von elementarer Bedeutung, so dass der Einwand, bei diesen Normen handele es sich um "untergeordnete und offenbar anders motivierte Vorschriften"[193], nicht überzeugen kann[194]. Unschädlich ist auch, dass § 313 I Nr. 2 AktG lediglich von Rechtsgeschäften spricht, da nach § 313 I Nr. 3 AktG der Ab-

---

[188] Vgl. dazu Strohn, Verfassung der AG, S. 70 sowie unten B. V. 3. a).

[189] Vgl. zu dieser hier nur angedeuteten Argumentation Strohn, Verfassung der AG, S. 70.

[190] Hommelhoff, Konzernleitungspflicht, S. 119 f.; Koppensteiner in KölnKomm z. AktG, § 311 Rn. 23; MünchKommAktG/Kropff, § 311 Rn. 141; Neuhaus, DB 1970, S. 1913 (1917); Paehler, Zulässigkeit des faktischen Konzerns, S. 43; Richardt, Der aktienrechtliche Abhängigkeitsbericht, S. 64 f.; Röhrkasten, Verdeckte Gewinnausschüttung, S. 77; Strohn, Verfassung der AG, S. 70 f.. Die Maßgeblichkeit dieses Zeitpunktes entspricht der ganz h.M., vgl. neben den obigen Nachweisen des Weiteren Adler/Düring/Schmalz, § 311 Rn. 42; Emmerich/Sonnenschein/Habersack, Konzernrecht, § 25 II 1 c) (S. 406); Habersack in Emmerich/Habersack, Aktien- und GmbH-Konzernrecht, § 311 Rn. 44; Hüffer, AktG, § 311 Rn. 28; Krieger in MünchHdb.GesR, § 69 Rn. 69; Raiser, Kapitalgesellschaften, § 53 Rn. 24 (S. 857 f.); Werner, AG 1967, S. 122 (125 f.); Würdinger in Großkomm, AktG, § 311 Anm. 6; a.A. Kellmann, BB 1969, S. 1509 (1514), ders., ZGR 1974, S. 220 (221 ff.).

[191] Koppensteiner in KölnKomm z. AktG, § 311 Rn. 23.

[192] Koppensteiner in KölnKomm z. AktG, § 311 Rn. 23.

[193] Kellmann, BB 1969, S. 1509 (1514).

[194] Vgl. Koppensteiner in KölnKomm z. AktG, § 311 Rn. 23; vgl. auch Paehler, Zulässigkeit des faktischen Konzerns, S. 45 f.; a.A. Haesen, Der Abhängigkeitsbegriff, S.103 f.

schlussprüfer bei Maßnahmen prüfen muss, ob keine Umstände für eine wesentlich andere Beurteilung als die durch den Vorstand sprechen. Diese Prüfung kann Sinnvollerweise nur unter den gleichen Voraussetzungen erfolgen, wie sie auch bei der Beurteilung durch den Vorstand vorgesehen sind; für diesen ist nach § 312 III 1 AktG aber gerade der Zeitpunkt der Vornahme des Rechtsgeschäfts oder der Maßnahme maßgeblich[195]. Dass sowohl im Rahmen des § 317 I, als auch des 311 I AktG bei der Nachteilsfeststellung der ex-ante-Maßstab anzulegen ist, ergibt sich ferner daraus, dass das Entstehen der in § 317 I AktG normierten Haftung von dem Unterlassen eines Nachteilsausgleichs bis zum Ende des Geschäftsjahres abhängig ist, umgekehrt also ein vorheriger Ausgleich, der die Befreiung von jeglichen weiteren Ersatzpflichten bewirkt, grundsätzlich möglich ist[196]. Geht man des Weiteren, wie noch zu zeigen sein wird[197], richtigerweise davon aus, dass § 317 II AktG in den § 311 I AktG hineinzulesen ist, so folgt schließlich schon hieraus die Maßgeblichkeit der ex-ante-Prognose: Denn auch ein ordentlicher und gewissenhafter Geschäftsleiter einer unabhängigen Gesellschaft kann nur die Informationen berücksichtigen, die im Zeitpunkt der Vornahme des Geschäftsakts bekannt waren oder bei pflichtgemäßer Sorgfalt bekannt sein mussten[198]. Maßgeblicher Beurteilungszeitpunkt ist somit der Moment der Vornahme des Rechtsgeschäfts bzw. der Maßnahme. Die Feststellung eines Nachteils erfolgt aufgrund einer ex-ante-Betrachtung.

Im Hinblick auf den relevanten Zeitpunkt zur Bestimmung des maßgeblichen Gegenstandes der Nachteilsprüfung sind jedoch noch genauere Ausführungen zu machen. Grundsätzlich ist jedes veranlasste Verhalten einer Nachteilsprüfung zu unterziehen. Bei vielen Geschehensabläufen wird jedoch nur ein Verhalten nachteilig i.S.d. § 311 I AktG sein, während spätere Handlungen oder Unterlassungen als bloße Folgewirkung des vorherigen Verhaltens als selbstständig nachteilig ausscheiden. Auch stellt sich bei der Nichtvornahme einer Handlung die Frage, wann von einem Verhalten der Gesellschaft, das einen Untersuchungsgegenstand bilden kann, auszugehen ist.

Ist eine vertragliche Vereinbarung auf ihre Nachteiligkeit hin zu untersuchen, so ist grundsätzlich nur das Verpflichtungsgeschäft, nicht jedoch das Erfüllungsgeschäft der Überprüfung zu unterziehen[199]. Denn nach dem Verpflichtungsge-

---

[195] Vgl. Paehler, Zulässigkeit des faktischen Konzerns, S. 43.

[196] Vgl. Strohn, Verfassung der AG, S. 71.

[197] S. dazu unten B. V. 3. a).

[198] Adler/Düring/Schmalz, § 311 Rn. 42; Bommert, Verdeckte Vermögensverlagerungen, S. 170; Emmerich/Sonnenschein/Habersack, Konzernrecht, § 25 II 1 c) (S. 406); Habersack in Emmerich/Habersack, Aktien- und GmbH-Konzernrecht, § 311 Rn. 44; Koppensteiner in KölnKomm z. AktG, § 311 Rn. 23; Krieger in MünchHdb.GesR, § 69 Rn. 69; MünchKommAktG/Kropff, § 311 Rn. 141; Röhrkasten, Verdeckte Gewinnausschüttung, S. 77.

[199] Vgl. Emmerich/Sonnenschein/Habersack, Konzernrecht, § 26 IV. 2 b) (S. 425); Habersack in Emmerich/Habersack, Aktien- und GmbH-Konzernrecht, § 312 Rn. 26; Hüffer, AktG, § 312

schäft bestimmt sich das Bestehen sowie Art und Umfang einer möglichen vermögensmäßigen Auswirkung. In dem Erfüllungsgeschäft wird lediglich das im Verpflichtungsgeschäft vereinbarte Pflichtenprogramm vollzogen[200]. Maßgeblicher Beurteilungszeitpunkt ist der Zeitpunkt, in welchem die Willensbildung innerhalb der abhängigen Gesellschaft hinsichtlich der Vornahme des Rechtsgeschäfts zu einem Abschluss gekommen ist. Das ist spätestens der Moment, in dem das Verpflichtungsgeschäft wirksam eingegangen wurde und genauer noch der Moment der Abgabe einer die abhängige Gesellschaft bindenden Willenserklärung[201]. Ein früherer Zeitpunkt als der zuvor dargelegte wird jedoch dann anzunehmen sein, wenn die Kapitalgesellschaft aufgrund eines veranlassten Verhaltens schon zu einem früheren Zeitpunkt hinsichtlich des Vertragsabschlusses gebunden wird, sei es, dass diese Bindung auf rechtlichen oder auf tatsächlichen, insbesondere wirtschaftlichen Umständen beruht. In diesen Fällen kann die abhängige Gesellschaft schon zu einem früheren Zeitpunkt nicht mehr frei über die Vornahme des Rechtsgeschäfts entscheiden, so dass auch schon insoweit das Vorliegen einer vorgelagerten nachteiligen Maßnahme zu untersuchen ist. Auf der anderen Seite kommen dann, wenn in dem Verpflichtungsgeschäft noch nicht alle wesentlichen Elemente der Verpflichtung festgelegt sind, etwa bei Rahmenverträgen, als nachteilige Verhaltensweisen auch die erforderlichen späteren Vereinbarungen in Betracht[202]. Auch wenn kein Rahmenvertrag vorliegt, können in besonderen Fällen dem Zeitpunkt des Abschlusses des Verpflichtungsgeschäfts nachfolgende Entwicklungen zu berücksichtigen sein, so dass ein Nachteil in Form einer unterlassenden Maßnahme darin bestehen kann, dass die abhängige Gesellschaft bei ungünstigen Entwicklungen etwa im Rahmen von Sukzessivlieferungsverträgen eine mögliche Kündigung oder die Anpassung des Vertrages nach den Grundsätzen des Wegfalls der Geschäftsgrundlage nicht vornimmt bzw. durchzusetzen versucht.

Hinsichtlich derartiger Fälle des Unterlassens einer Maßnahme stellt sich die Frage, auf welchen Zeitpunkt innerhalb des regelmäßig größeren Zeitrahmens des Unterlassens abzustellen ist. Zunächst lässt sich feststellen, dass jedenfalls spätestens der Zeitpunkt maßgeblich sein muss, in welchem die Willensbildung innerhalb der abhängigen Gesellschaft zu einem Abschluss gekommen ist, der Zeitpunkt also, in dem sich die fragliche Person, deren Verhalten der abhängigen Ge-

---

Rn. 14; Koppensteiner in KölnKomm z. AktG, § 312 Rn. 49; MünchKommAktG/Kropff, § 312 Rn. 86; Uecker, Der Vorteils- Nachteils- Ausgleich, S. 63.

200 Emmerich/Sonnenschein/Habersack, Konzernrecht, § 26 IV 2 b) (S. 425); Habersack in Emmerich/Habersack, Aktien- und GmbH-Konzernrecht, § 312 Rn. 26.

201 MünchKommAktG/Kropff, § 312 Rn. 113 benennt den Zeitpunkt der Abgabe einer bindenden Willenserklärung als für die Berichtspflicht nach § 312 AktG maßgeblichen Zeitpunkt.

202 Vgl. zu Rahmenverträgen im Zusammenhang mit der Berichtspflicht nach § 312 AktG Adler/Düring/Schmalz, § 312 Rn. 58; Habersack in Emmerich/Habersack, Aktien- und GmbH-Konzernrecht, § 312 Rn. 25; Hüffer, AktG, § 312 Rn. 14; MünchKommAktG/Kropff, § 312 Rn. 88.

sellschaft „zurechenbar“ ist, entscheidet, keine Maßnahme zu treffen[203]. Hätte ein ordentlicher und gewissenhafter Geschäftsleiter schon zu einem früheren Zeitpunkt gehandelt, käme an sich die zu diesem Zeitpunkt vorliegende Nichtvornahme einer Maßnahme als nachteiliges Verhalten in Betracht. Aufgrund der subjektiven Anforderungen, die eine i.S.d. § 311 I AktG tatbestandliche Veranlassung an die für die abhängige Gesellschaft handelnde Person stellt - die abhängige Gesellschaft muss die Verlautbarung des herrschenden Unternehmens als einen an sie gerichteten Verhaltenswunsch interpretieren und zumindest auch im Hinblick auf den beherrschenden Einfluss des herrschenden Unternehmens handeln[204] -, scheidet jedoch ein unbewusst passives Verhalten als veranlasstes nachteiliges Verhalten i.S.d. § 311 I AktG aus[205]. Maßgeblich für die zeitliche Fixierung des potentiell i.S.d. § 311 I AktG nachteiligen Unterlassens ist vor diesem Hintergrund der Zeitpunkt der Entscheidung der abhängigen Gesellschaft zur Nichtvornahme der Maßnahme[206].

Auch in den Fällen des Treffens einer Maßnahme kommt es auf den Zeitpunkt an, in welchem die entsprechende Willensbildung innerhalb der abhängigen Gesellschaft zu einem Abschluss gekommen ist[207]. Das ist spätestens der Moment der Vornahme der ersten Ausführungshandlung der Maßnahme[208].

2. Beeinträchtigung der Vermögens- und Ertragslage

Der Begriff des Nachteils ist im Gesetz nicht näher definiert. Eine Bestimmung des Inhalts des Nachteilsbegriffs hat daher von dem Regelungszweck der

---

[203] Vgl. zum Unterlassen von Maßnahmen im Zusammenhang mit der Berichtspflicht nach § 312 AktG Adler/Düring/Schmalz, § 312 Rn. 53 f.; Habersack in Emmerich/Habersack, Aktien- und GmbH-Konzernrecht, § 312 Rn. 33; MünchKommAktG/Kropff, § 312 Rn. 93 ff.

[204] S. dazu oben B. III. 1. b), c).

[205] Auch Koppensteiner in KölnKomm z. AktG, § 312 Rn. 37 definiert den Begriff des Unterlassens i.S.d. §§ 311 ff. AktG als bewusst passives Verhalten.

[206] Hätte jedoch ein ordentlicher und gewissenhafter Geschäftsleiter schon zu einem früheren Zeitpunkt gehandelt und lässt sich die Nachteiligkeit (ohne Berücksichtigung der Veranlassung) eines auf diesen Moment bezogenen Unterlassens darlegen, so besteht jedoch in dem Fall, dass ein Vorteil für das herrschende oder ein verbundenes Unternehmen vorliegt, eine auf diesen früheren Zeitpunkt bezogene Veranlassungsvermutung; s. zu den Beweiserleichterungen im Rahmen des Tatbestandsmerkmals der Veranlassung oben B. II. 3.

[207] Uecker, Der Vorteils- Nachteils- Ausgleich, S. 64 hält bei Maßnahmen den Zeitpunkt der Veranlassung für den maßgeblichen Bewertungszeitpunkt. Soweit Uecker mit diesem Zeitpunkt auf den Zeitpunkt der Einflussnahme des herrschenden Unternehmens abstellen will, kann dieser Ansatz zur Maßgeblichkeit eines früheren Zeitpunktes als hier vertreten führen. Jedoch wird sich der Vorstand der abhängigen Gesellschaft in vielen Fällen schon in dem Zeitpunkt zur Durchführung der fraglichen Maßnahme entschließen, in welchem er die Verlautbarung des herrschenden Unternehmens vernimmt und als einen an ihn gerichteten Verhaltenswunsch interpretiert. Uecker formuliert zutreffend, dass der Vorstand der abhängigen Gesellschaft praktisch mit der Veranlassung zu einer Maßnahme gebunden ist.

[208] S. zum maßgeblichen Zeitpunkt bei der Vornahme von Maßnahmen im Zusammenhang mit der Berichtspflicht nach § 312 AktG MünchKommAktG/Kropff, § 312 Rn. 113.

§§ 311 ff. AktG auszugehen. Dieser besteht darin, die Vermögensinteressen der abhängigen Gesellschaft und die daran anknüpfenden Interessen der außenstehenden Aktionäre und der Gläubiger gegen eine Beeinträchtigung durch das herrschende Unternehmen zu schützen[209]. Vor diesem Hintergrund setzt ein Nachteil voraus, dass der Wert des Gesellschaftsvermögens vermindert ist, wobei in die Bewertung alle Chancen und Risiken einzubeziehen sind[210]. Erforderlich ist eine Minderung oder konkrete Gefährdung der Vermögens- und Ertragslage der abhängigen Gesellschaft[211].

3. Beeinträchtigung der Vermögens- und Ertragslage als Abhängigkeitsfolge - Vergleichsmaßstab des Handelns eines ordentlichen und gewissenhaften Geschäftsleiters einer unabhängigen Gesellschaft

a) Grundlagen

Die Möglichkeit der Feststellung eines Nachteils erfordert einen wertenden Vergleich der in Folge des veranlassten Verhaltens eingetretenen Vermögens- und Ertragslage der abhängigen Gesellschaft mit einer Bezugsgröße.

Einen Hinweis auf die maßgebliche Bezugsgröße könnte den §§ 312 III 1, 313 I 2 Nr. 2 AktG zu entnehmen sein, in denen es bei Rechtsgeschäften für den Bericht des Vorstands bzw. für die Prüfung durch den Abschlussprüfer auf die Angemessenheit der Gegenleistung bzw. die Unangemessenheit der Höhe der Leistung der Gesellschaft ankommt. Für Rechtsgeschäfte könnte demnach die hypothetische Vermögens- und Ertragslage bei angemessener (Gegen-) Leistung als Bezugsgröße anzusehen sein. Die Angemessenheit der (Gegen-) Leistung, oder negativ das Fehlen eines Missverhältnisses zwischen Leistung und Gegenleistung bringt zum Ausdruck, dass das "rechte Maß" beachtet werden muss. Diese Aussage ist jedoch nur dann weiterführend, wenn das rechte Maß positiv bezeichnet wird. Genau daran fehlt es aber in den §§ 312 III 1, 313 I 2 Nr. 2 AktG. Sie sind für das vorliegende Problem unergiebig. Die Bezugsgröße bzw. der Vergleichsmaßstab muss vielmehr aus dem Sinn und Zweck der §§ 311 ff. AktG hergeleitet werden.

Auf den ersten Blick scheint es nahe zu liegen, als Bezugsgröße des anzustellenden Vergleichs die Vermögens- und Ertragslage der abhängigen Gesellschaft heranzuziehen, wie sie sich ohne Veranlassung durch das herrschende Unternehmen, d.h. bei Zugrundelegung des hypothetischen, in dieser Weise unbeeinfluss-

---

209 S. dazu bereits A. II. 1.

210 Vgl. MünchKommAktG/Kropff, § 311 Rn. 138.

211 Vgl. BGHZ 141, S. 79 (84); Adler/Düring/Schmalz, § 311 Rn. 37 f.; Emmerich/Sonnenschein/Habersack, Konzernrecht, § 25 II 1 a) (S. 405); Habersack in Emmerich/Habersack, Aktien- und GmbH-Konzernrecht, § 311 Rn. 39; Hüffer, AktG, § 311 Rn. 25; Koppensteiner in KölnKomm z. AktG, § 311 Rn. 28; MünchKommAktG/Kropff, § 311 Rn. 138; Krieger in MünchHdb.GesR, § 69 Rn. 68.

ten Verhaltens des konkreten Vorstandes darstellen würde. Dieser Ansatz würde dazu führen, dass das herrschende Unternehmen das allgemeine und unvermeidliche unternehmerische Risiko für jedes auf ihrer Veranlassung beruhende Verhalten der abhängigen Gesellschaft tragen müsste. Das herrschende Unternehmen träfe eine volle Erfolgshaftung für jedes von ihm veranlasste Verhalten, abgemildert lediglich durch die Regelung in § 317 II AktG[212]. Dass sich der Gesetzgeber in den §§ 311 ff. AktG für eine andere Risikoverteilung zwischen herrschendem Unternehmen und abhängiger Gesellschaft entschieden hat, wurde bereits im Rahmen der Bestimmung des maßgeblichen Beurteilungszeitpunkts für die Feststellung der Nachteiligkeit angesprochen. Im Folgenden soll auf weitere Gesichtspunkte eingegangen werden, die gegen den oben genannten Ansatz der Zugrundelegung des Vergleichsmaßstabs der hypothetischen Vermögens- und Ertragslage der abhängigen Gesellschaft, wie sie sich ohne Veranlassung durch das herrschende Unternehmen darstellte, sprechen und auf die maßgebliche, im Rahmen des anzustellenden Vergleichs zugrundezulegende Bezugsgröße schließen lassen. Zunächst hätte dieser Ansatz zur Folge, dass zwischen Nachteil und Schaden begrifflich kein Unterschied läge, was jedoch im Widerspruch zu der klaren terminologischen Differenzierung der §§ 311 ff AktG zwischen Nachteilsausgleich und Schadensersatz stünde[213]. Des Weiteren spricht die sich aus dem Gesamtzusammenhang der §§ 311 ff AktG ergebende ratio legis gegen diesen Ansatz. Das Gesetz verfolgt das Ziel, die abhängige Gesellschaft wirtschaftlich im Ergebnis so zu stellen, als wäre sie unabhängig[214]. Die außenstehenden Aktionäre und Gläubiger müssen jedoch auch in einer unabhängigen Gesellschaft am unternehmerischen Risiko teilnehmen. Dieses Risiko besteht gerade auch darin, dass selbst bei sorgfältigster Berücksichtigung aller im Zeitpunkt der Vornahme oder des Unterlassens des Geschäftsakts zur Verfügung stehenden Informationen eine spätere ungünstigere Entwicklung nicht immer verhindert werden kann[215]. Vor diesem Hintergrund erscheint es nicht gerechtfertigt, ihnen dieses Risiko, dass sie auch in einer unabhängigen Gesellschaft tragen müssten, abzunehmen[216]. Eine Beeinträchtigung der Vermögens- und Ertragslage der abhängigen Gesellschaft kann daher nur dann zur Qualifikation eines Verhaltens als nachteilig führen, wenn diese ihre Ursache in der Abhängigkeit hat[217]. Ein gesetz-

---

212 Bommert, Verdeckte Vermögensverlagerungen, S. 169.

213 Bommert, Verdeckte Vermögensverlagerungen, S. 169. S. zum Verhältnis von Nachteil zu Schaden und Verlust unten B. V. 5.

214 Vgl. dazu die Ausführungen zur Schutzfunktion der §§ 311 ff AktG, oben A. II. 1.

215 Vgl. Uecker, Der Vorteils- Nachteils- Ausgleich, S. 64.

216 Vgl. Bommert, Verdeckte Vermögensverlagerungen, S. 170; Koppensteiner in KölnKomm z. AktG, § 311 Rn. 22; ähnlich Adler/Düring/Schmalz, § 311 Rn. 38 und Habersack in Emmerich/Habersack, Aktien- und GmbH-Konzernrecht, § 311 Rn. 40.

217 Ähnlich Adler/Düring/Schmalz, § 311 Rn. 38; Emmerich/Sonnenschein/Habersack, Konzernrecht, § 25 II 1 a) (S. 405); Habersack in Emmerich/Habersack, Aktien- und GmbH-Konzernrecht, § 311 Rn. 40; Hüffer, AktG, § 311 Rn. 27; Koppensteiner in KölnKomm z.

licher Hinweis auf die dargestellte ratio legis der §§ 311 ff AktG und auf den aus dem Regelungszweck zu folgernden maßgeblichen Vergleichsmaßstab findet sich in § 317 II AktG. Danach tritt die Ersatzpflicht des herrschenden Unternehmens nach § 317 I AktG nicht ein, wenn auch ein ordentlicher und gewissenhafter Geschäftsleiter einer unabhängigen Gesellschaft das Rechtsgeschäft vorgenommen oder die Maßnahme getroffen oder unterlassen hätte. Der Gesetzgeber sah offenbar einen Schutz der außenstehenden Aktionäre und Gläubiger in diesen Fällen als nicht erforderlich an, weil sie bei Unabhängigkeit der abhängigen Gesellschaft nicht anders gestanden hätten. Dann muss jedoch auch schon ein ausgleichspflichtiger Nachteil entfallen, denn es würde keinen Sinn machen, einen Nachteil in Fällen anzunehmen, bei denen eine Schadensersatzverpflichtung nach § 317 I AktG nicht in Betracht käme und es daher an einer Sanktion der Nachteilszufügung mangeln würde[218]. § 317 II AktG ist in den § 311 I AktG hineinzulesen und hat trotz des scheinbar entgegenstehenden Wortlautes i.R.d. § 317 AktG nur die Bedeutung einer Beweislastregel. Ein Rechtsgeschäft oder eine Maßnahme ist daher nicht nachteilig, wenn auch ein ordentlicher und gewissenhafter Geschäftsleiter einer unabhängigen Gesellschaft dieses Rechtsgeschäft oder diese Maßnahme bei pflichtgemäßer Beurteilung als im Interesse seiner Gesellschaft liegend angesehen hätte[219]. Dem Nachteilsbegriff ist ein Sorgfaltsverstoß immanent,

---

AktG, § 311 Rn. 22. Anzumerken ist, dass wegen des Erfordernisses der Kausalität des beherrschenden Einflusses im Rahmen des Tatbestandsmerkmals der Veranlassung bereits feststeht, dass sich der Entscheidungsträger in der abhängigen Gesellschaft zumindest auch aufgrund des beherrschenden Einflusses für das veranlasste Verhalten entschied. Im vorliegenden Zusammenhang wird das Erfordernis der Ursächlichkeit des Abhängigkeitsverhältnisses bei der Bewertung des Verhaltens der abhängigen Gesellschaft relevant und dient der Feststellung, ob sich entsprechend dem Schutzzweck der §§ 311 ff. AktG gerade das über das allgemeine Marktrisiko hinausgehende spezifische zusätzliche, aus der Abhängigkeit resultierende Risiko verwirklicht hat.

[218] Koppensteiner in KölnKomm z. AktG, § 311 Rn. 22; Koppensteiner, ZGR 1973, S. 9 (10); vgl. auch Bommert, Verdeckte Vermögensverlagerungen, S. 174; Neuhaus, DB 1970, S. 1913 (1916 f.); Stahl, Das Verbot der Benachteiligung, S. 176; Zeidler, Zentrales Cashmanagement, S. 31.

[219] Das ist die heute allgM., vgl. Adler/Düring/Schmalz, § 311 Rn. 38; Bachelin, in: Rechtsfragen der Handelsgesellschaften, S. 47; Bommert, Verdeckte Vermögensverlagerungen, S. 169; Brezing, AG 1975, S. 225 (227); Döllerer, Verdeckte Gewinnausschüttungen, S. 100 f.; Emmerich/Sonnenschein/Habersack, Konzernrecht, § 25 II 1 a) (S. 405); Eschenbruch, Konzernhaftung, Rn. 3326; Habersack in Emmerich/Habersack, Aktien- und GmbH-Konzernrecht, § 311 Rn. 40; Hommelhoff, Konzernleitungspflicht, S. 118 f.; Hüffer, AktG, § 311 Rn. 27; Koppensteiner in KölnKomm z. AktG, § 311 Rn. 22; Koppensteiner, ZGR 1973, S. 9 (10); MünchKommAktG/Kropff, § 311 Rn. 140; Neuhaus, DB 1970, S. 1913 (1916); Krieger in Hdb der Konzernfinanzierung, § 4 Rn. 32; ders. in MünchHdb.GesR, § 69 Rn. 68; Paehler, Zulässigkeit des faktischen Konzerns, S. 40; Richardt, Der aktienrechtliche Abhängigkeitsbericht, S. 39; Stahl, Das Verbot der Benachteiligung, S. 8, 176; Strohn, Verfassung der AG, S. 72; Wiedemann/Fleischer in Hdb der Konzernfinanzierung, § 29 Rn. 8; Winkhaus, Der Bericht des Vorstandes einer Aktiengesellschaft, S. 82 f.; Zeidler, Zentrales Cashmanagement, S. 30 f.;

wobei das Anforderungsprofil des ordentlichen und gewissenhaften Geschäftsleiters dem Sorgfaltsmaßstab des § 93 AktG entspricht[220]. Das Gesetz bestimmt mit dieser Rechtsfigur des ordentlichen und gewissenhaften Geschäftsleiters einer unabhängigen Gesellschaft eine Idealperson, mit Hilfe derer der Inhalt des von den Regelungen der §§ 311 AktG geschützte Eigeninteresse der abhängigen Gesellschaft zu bestimmen ist[221].

Aus der Einbeziehung des § 317 II AktG in den Nachteilsbegriff des § 311 I AktG und der Maßgeblichkeit der ex-ante-Prognose für die Nachteilsfeststellung folgt, dass nachträgliche, bei pflichtgemäßer Sorgfalt im Rahmen der ex-ante-Prognose nicht voraussehbare negative oder positive Entwicklungen außer Betracht bleiben[222]. Es ist nach dieser gesetzlichen vorgesehenen Risikoverteilung hinzunehmen, dass sich das herrschende Unternehmen in diesem Rahmen auf das Risiko der abhängigen Gesellschaft und insbesondere der außenstehenden Aktionäre unternehmerisch entfalten kann[223].

Auch für die Frage der Höhe des Nachteils sind die Umstände maßgeblich, die ein ordentlicher und gewissenhafter Geschäftsleiter einer unabhängigen Gesellschaft im Zeitpunkt der Vornahme des Geschäftsakts kennen und im Rahmen der Bewertung des Rechtsgeschäfts oder der Maßnahme berücksichtigen musste[224]. Würde an dieser Stelle im Gegensatz zur Frage des „Ob“ einer nachteiligen Handlung auf die spätere Entwicklung abgestellt werden, verstieße das gegen den dargelegten Zweck der §§ 311 ff. AktG, die abhängige Gesellschaft so zu stellen, als wäre sie unabhängig[225].

---

a.A. Haesen, Der Abhängigkeitsbegriff, S. 102 ff., 111 ff.; Kellmann, BB 1969, S. 1509 (1512 ff.); ders., ZGR 1974, S. 220 (222 ff.); Leo, AG 1965, S. 352 (357); Müller, ZGR 1977, S. 1 (14, Fn. 31); Röhrkasten, Verdeckte Gewinnausschüttung, S. 72 ff.; v. Godin/Wilhelmi, AktG, § 311 Anm. 3.

[220] Adler/Düring/Schmalz, § 311 Rn. 38; Habersack in Emmerich/Habersack, Aktien- und GmbH-Konzernrecht, § 311 Rn. 40; Hüffer, AktG, § 311 Rn. 27; Koppensteiner in KölnKomm z. AktG, § 311 Rn. 22, 25; MünchKommAktG/Kropff, § 311 Rn. 140, 152; Strohn, Verfassung der AG, S. 75.

[221] Ziemons, Haftung der Gesellschafter, S. 131.

[222] Vgl. Adler/Düring/Schmalz, § 311 Rn. 42; Bommert, Verdeckte Vermögensverlagerungen, S. 170 f.; Emmerich/Sonnenschein/Habersack, Konzernrecht, § 25 II 1 c) (S. 406); Habersack in Emmerich/Habersack, Aktien- und GmbH-Konzernrecht, § 311 Rn. 44; Hüffer, AktG, § 311 Rn. 28; Koppensteiner in KölnKomm z. AktG, § 311 Rn. 74; Krieger in MünchHdb.GesR, § 69 Rn. 69.

[223] Vgl. dazu Hommelhoff, Konzernleitungspflicht, S. 119; Lieb, FS Lutter, S. 1151 (1162); Strohn, Verfassung der AG, S. 71 f., Uecker, Der Vorteils- Nachteils- Ausgleich, S. 64.

[224] Heute h.M., vgl. nur Adler/Düring/Schmalz, § 311 Rn. 43; Koppensteiner in KölnKomm z. AktG, § 311 Rn. 29, 74; Krieger in MünchHdb.GesR, § 69 Rn. 69; MünchKommAktG/Kropff, § 311 Rn. 142; Strohn, Verfassung der AG, S. 84 f.; a.A. Haesen, Der Abhängigkeitsbegriff, S. 103 f., 109 f.; Würdinger in Großkomm, AktG. § 311 Anm. 11, § 317 Anm. 4 in Widerspruch zu § 311 Anm. 6 f.; Kellmann, ZGR 1974, S. 220 (221 f.)

[225] MünchKommAktG/Kropff, § 311 Rn. 142, Koppensteiner in KölnKomm z. AktG, § 311 Rn. 29.

b) Fiktion der konkreten abhängigen Gesellschaft als unabhängig

Der Formulierung des § 317 II AktG ist jedoch nicht zu entnehmen, ob unter einer "unabhängigen Gesellschaft" eine unabhängig gebliebene fremde, aber über denselben statuarischen Zweck und Unternehmensgegenstand verfügende und sich in derselben wirtschaftlichen Lage befindliche und von daher vergleichbare Gesellschaft zu verstehen ist[226], oder ob auf die konkrete abhängige Gesellschaft bei fingierter Unabhängigkeit abzustellen ist[227]. Wie noch darzulegen sein wird, ist es im Ergebnis unerheblich, welcher der Auffassungen gefolgt wird, soweit im Falle des Abstellens auf eine unabhängig gebliebene fremde Gesellschaft die an die Vergleichbarkeit der Gesellschaften zu stellenden Anforderungen erfüllt sind[228]. Dennoch wird hier der letzteren Auffassung der Vorzug gegeben, da sich mittels der Fiktion der konkreten abhängigen Gesellschaft als unabhängig der ratio legis der §§ 311 ff. AktG entsprechend exakt die Realisierung des spezifischen zusätzlichen Risikos der abhängigen Gesellschaft feststellen lässt, das aus ihrer Abhängigkeit resultiert.

Bei dieser Fiktion der Unabhängigkeit ist nicht darauf abzustellen, wie sich die abhängige Gesellschaft seit dem Zeitpunkt der Begründung des Abhängigkeitsverhältnisses bei unterstellter Unabhängigkeit hypothetisch entwickelt hätte[229]. Dieses ist schon aus dem Grund abzulehnen, dass sich dem Vorstand der abhängigen Gesellschaft aufgrund des Wesens unternehmerischer Planung und Entscheidung im Falle seiner Unabhängigkeit regelmäßig verschiedene, dem Sorgfaltsmaßstab des § 93 AktG entsprechende Handlungsalternativen geboten hätten, zwischen denen eine Auswahl von dem nicht vorausrechenbaren individuellen unternehmerischen Ermessen des konkreten Vorstandes abgehangen hätte[230]. Eine Simulation der Entwicklung der als unabhängig fingierten Gesellschaft

---

[226] So Bommert, Verdeckte Vermögensverlagerungen, S. 169; Eschenbruch, Konzernhaftung, Rn. 3326; Habersack in Emmerich/Habersack, Aktien- und GmbH-Konzernrecht, § 311 Rn. 41; Emmerich/Sonnenschein/Habersack, Konzernrecht, § 25 II 1. a) (S. 405); MünchKommAktG/Kropff, § 311 Rn. 150 ff.; Winkhaus, Der Bericht des Vorstandes einer Aktiengesellschaft, S. 83; wohl auch Hommelhoff, Konzernleitungspflicht, S. 118 f.; Krieger in MünchHdb.GesR, § 69 Rn. 68; Neuhaus, DB 1970, S. 1913 (1918) sowie Zeidler, Zentrales Cashmanagement, S. 30.

[227] So Adler/Düring/Schmalz, § 311 Rn. 40; Koppensteiner in KölnKomm z. AktG, § 311 Rn. 25; Paehler, Zulässigkeit des faktischen Konzerns, S. 42; Richardt, Der aktienrechtliche Abhängigkeitsbericht, S. 39 f.; Strohn, Verfassung der AG, S. 73 ff.; Uecker, Der Vorteils- Nachteils- Ausgleich, S. 58; wohl auch BGH WM 1999, 850 (851) sowie Bachelin, in: Rechtsfragen der Handelsgesellschaften, S. 47 f.; Tröger, Treupflicht, S. 182; vgl. ferner Müller, ZGR 1977, S. 1 (14 f.) bzgl. § 317 II AktG.

[228] S. dazu Fn. 234.

[229] Strohn, Verfassung der AG, S. 73. Schubert, BFuP 1966, S. 223 (226) hält jedoch das Abstellen auf diese hypothetische Entwicklung im Rahmen einer Fiktion der Unabhängigkeit für erforderlich und lehnt daher diese Fiktion ab.

[230] Vgl. Strohn, Verfassung der AG, S. 74. S. ausführlich zu der Frage des unternehmerischen Ermessens unten B. V. 3. d) cc).

vom Zeitpunkt der Herstellung der Abhängigkeitssituation an über Jahre oder Jahrzehnte geriete alsbald zu einer nicht aufzulösenden Gleichung mit lauter Unbekannten. Schließlich bedarf es auch einer Berücksichtigung dieser hypothetischen Entwicklung nicht, denn auch wenn die Begründung des Abhängigkeitsverhältnisses i.S.d. § 17 AktG selbst keinen Nachteil i.S.d. § 311 I AktG darstellen kann[231], ist jedoch jeder einzelne ab diesem Zeitpunkt von der abhängigen Gesellschaft vorgenommene Geschäftsakt an den Regelungen der §§ 311 ff. AktG zu messen, wobei im Rahmen eines möglichen Nachteils gerade auch die in der Zukunft zu erwartenden wirtschaftlichen Folgen zu berücksichtigen sind. Für die Fiktion der Unabhängigkeit ist daher die konkrete augenblickliche Situation der abhängigen Gesellschaft zum Zeitpunkt der Vornahme des zu beurteilenden Geschäftfaktes maßgeblich[232].

c) Fiktion der Unabhängigkeit und wirtschaftliche Abhängigkeit

Nach alledem ist ein Nachteil i.S.d. § 311 I AktG dann gegeben, wenn die in Folge des veranlassten Verhaltens eingetretene Vermögens- und Ertragslage der abhängigen Gesellschaft negativ von der hypothetischen Vermögens- und Ertragslage abweicht, die sich bei gedachter Unabhängigkeit der abhängigen Gesellschaft unter Beachtung der Sorgfaltspflicht aus § 93 AktG durch den Vorstand ergeben würde.

Die vorzunehmende Fiktion der Unabhängigkeit erfordert, dass ausschließlich diejenigen Umstände zu eliminieren sind, die den Abhängigkeitstatbestand i.S.d. § 17 I AktG begründen. Beruht die Abhängigkeitslage i.S.d. § 17 AktG beispielsweise auf einer Mehrheitsbeteiligung des herrschenden Unternehmens, so ist der Umstand der mehrheitlichen Beteiligung und sind die im Rahmen dieser Beteiligung ausgeübten und auf dieser beruhenden Einflussnahmen hinwegzudenken[233]. Eine für die Erfüllung des Tatbestandes des § 17 I AktG nicht ausreichende bloße wirtschaftliche Abhängigkeit ist hingegen nicht wegzudenken; vielmehr ist bei jeder hypothetischen Betrachtung unverändert von der konkreten wirtschaftlichen Situation der abhängigen Gesellschaft auszugehen[234]. Daraus

[231] Dies ergibt sich schon aus dem Wortlaut des § 311 AktG, der auf eine bereits abhängige Gesellschaft abstellt.

[232] S. zur Problematik, ob bei der Durchführung der Fiktion der Unabhängigkeit zur Nachteilsfeststellung das jeweilige aktuelle Konzerninteresse zugrundezulegen ist Lutter, FS Peltzer, S. 241 (246 ff.).

[233] Vgl. Strohn, Verfassung der AG, S. 74.

[234] Adler/Düring/Schmalz, § 311 Rn. 40; Koppensteiner in KölnKomm z. AktG, § 311 Rn. 25; Mülbert, Aktiengesellschaft, S. 277; Strohn, Verfassung der AG, S. 74 f.; vgl. ferner Hüffer, AktG, § 311 Rn. 27. Geht man nicht den hier eingeschlagenen Weg der Fiktion der Unabhängigkeit der abhängigen Gesellschaft, sondern stellt auf eine vergleichbare unabhängige Gesellschaft ab, so muss bei dieser nötigenfalls eine wirtschaftliche Abhängigkeit hinzugedacht werden, da sich das Vergleichsunternehmen mit Ausnahme der Abhängigkeit in der gleichen wirtschaftlichen und rechtlichen Lage wie die abhängige Gesellschaft befinden muss, vgl. hierzu Habersack in Emmerich/Habersack, Aktien- und GmbH-Konzernrecht, § 311 Rn. 41; Krieger

folgt, dass sich das herrschende Unternehmen eines umso größeren Einwirkungsbereiches auf das abhängige Unternehmen bedienen kann, ohne dass das veranlasste Verhalten als nachteilig zu bewerten wäre, je intensiver sich die wirtschaftlichen Verflechtungen beider Unternehmen darstellen und je stärker eine wirtschaftliche Abhängigkeit der abhängigen Gesellschaft ausgeprägt ist; denn im gleichen Umfang verringern sich auch die Handlungsmöglichkeiten des Vorstands der als unabhängig fingierten abhängigen Gesellschaft[235].

d) Rechtsfigur des ordentlichen und gewissenhaften Geschäftsleiters

Im Rahmen der Nachteilsfeststellung kommt es darauf an, wie sich ein ordentlicher und gewissenhafter Geschäftsleiter der als unabhängig fingierten Gesellschaft verhalten hätte. Das Anforderungsprofil eines solchen Geschäftsleiters entspricht dem Sorgfaltsmaßstab des § 93 AktG[236]. § 93 I 1 AktG, nach dem Vorstandsmitglieder bei ihrer Geschäftsführung die Sorgfalt eines ordentlichen und gewissenhaften Geschäftsleiters anzuwenden haben, kommt im Rahmen des § 93 AktG eine Doppelfunktion zu: Zum einen haften Vorstandsmitglieder nach § 93 II AktG, wenn sie ihre durch Gesetz, Satzung und Anstellungsvertrag tatbestandlich ausgeformten Pflichten der Gesellschaft gegenüber verletzen, wobei der Verstoß gegen die Sorgfaltspflicht des § 93 I 1 AktG, als konkretere Fassung der allgemeinen Verhaltensstandards der §§ 276 I 2 BGB, 347 I HGB[237], das für eine Haftung erforderliche Verschulden begründet[238]. Zum anderen bezeichnet § 93 I 1 AktG objektive Verhaltenspflichten in Form einer Generalklausel[239], deren Verletzung den anspruchsbegründenden Rechtswidrigkeitstatbestand einer Haftung nach § 93 II AktG darstellt, wobei im Falle objektiv pflichtwidrigen Verhaltens des Vorstands auch normalerweise der Schuldvorwurf gegeben sein wird. Durch Konkretisierung können sich aus der Generalklausel Einzelpflichten ergeben, soweit sie nicht schon bereits in der oben angesprochenen Weise tatbestandlich ausgeformt sind[240].

---

in MünchHdb.GesR, § 69 Rn. 68; einschränkend MünchKommAktG/Kropff, § 311 Rn. 151. Im Ergebnis ist es vor diesem Hintergrund ohne Auswirkungen, ob die konkrete abhängige Gesellschaft als unabhängig fingiert oder auf eine vergleichbare unabhängige Gesellschaft abgestellt wird.

235 Vgl. dazu Habersack in Emmerich/Habersack, Aktien- und GmbH-Konzernrecht, § 311 Rn. 41; Koppensteiner in KölnKomm z. AktG, § 311 Rn. 25 f.; Krieger in MünchHdb.GesR, § 69 Rn. 68; MünchKommAktG/Kropff, § 311 Rn. 151.

236 Vgl. oben B. V. 3. a).

237 Baumhoff, Verrechnungspreise für Dienstleistungen, S. 120; Hüffer, AktG, § 93 Rn. 4.

238 Hefermehl in Geßler/Hefermehl/Eckardt/Kropff, AktG, § 93 Rn. 9; Hüffer, AktG, § 93 Rn. 3; Hopt, FS Mestmäcker, S. 909 (916); Mertens in KölnKomm z. AktG, § 93 Rn. 7.

239 Hefermehl in Geßler/Hefermehl/Eckardt/Kropff, AktG, § 93 Rn. 9; Hüffer, AktG, § 93 Rn. 3; Mertens in KölnKomm z. AktG, § 93 Rn. 7; vgl. auch Hopt, FS Mestmäcker, S. 909 (916); gegen pflichtbegründenden Charakter des Verhaltensstandards Baumbach/Hueck/Zöllner, GmbHG, § 43 Rn. 11 ff.

240 Vgl. dazu die Nachweise in Fn. 238.

aa) Geschichtliche Entwicklung der Rechtsfigur des ordentlichen und gewissenhaften Geschäftsleiters

Die Entwicklungsgeschichte der Rechtsfigur des ordentlichen und gewissenhaften Geschäftsleiters wurde insbesondere von Becker[241] und Borstell[242] bis in das römische Recht zurückverfolgt[243] und in engen Zusammenhang mit der Beurteilung der Sorgfalt gestellt[244]. Den Leitgedanken stellt die "diligentia des diligens pater familias", d.h. die Rechtschaffenheit eines rechtschaffenen und gewissenhaften Familienvaters dar, wobei dessen Handeln sich immer an den entsprechenden Aufgabenstellungen ausrichtet[245]. Als ein weiterer Bestandteil ist die noch ältere "custodia-Haftung" anzusehen, die, ursprünglich als Bewacherpflicht, nach der Geltung nur für Bewacher von Vermögenswerten später auf andere Gewerbebereiche ausgedehnt wurde und aus der sich in der nachklassischen Zeit die Verschuldenshaftung herausbildete[246]. Schließlich ist auch auf den parallel zur "custodia-Haftung" entstandenen Grundsatz der "bona fides" hinzuweisen, der auch die Anschauungen des redlichen Verkehrs in den Maßstab für das Entstehen einer Verschuldenshaftung einbezog[247]. Die Rechtsfigur des rechtschaffenen Familienvaters hat erstmals mit der Aufnahme in das Preußische Allgemeine Landrecht und danach in den (jedoch nicht verabschiedeten) Entwurf eines Allgemeinen Handelsgesetzbuches für Deutschland 1848/49 Eingang in das deutsche Recht gefunden, wobei in letzterem erstmals von dem "ordentlichen Kaufmann" die Rede war[248]. Dieser Entwurf bildete die Grundlage für das 1861 eingeführte Allgemeine Deutsche Handelsgesetzbuch (ADHGB), über das der "ordentliche Kaufmann" in das heutige HGB seinen Weg fand[249]. Seinen Einzug in das Gesellschaftsrecht fand der "ordentliche Kaufmann" im Jahr 1882 in dem Entwurf eines Gesetzes betreffend die KGaA und AG, in dem in Art. 226 hinsichtlich des

---

241 Becker, StbJb. 1985/86, S. 381 (386 ff.); ders., FS Döllerer, S. 17 (18).

242 Borstell in: Vögele, HdbVerrpr., Rn. E 29 ff.

243 S. zu der historischen Entwicklung dieser Rechtsfigur des Weiteren Scholz, Konzernverrechnungspreise, S. 129; ablehnend Wassermeyer in F/W/B, AStG, § 1 Rn. 104 mit der Aussage, den Ursprung des ordentlichen und gewissenhaften Geschäftsleiters im römischen Recht finden zu wollen, beruhe letztlich nur auf der Erkenntnis, "dass die Rechtsordnungen zu allen Zeiten Verschuldenshaftungstatbestände kannten und jeder Tatbestand dieser Art an einem bestimmten Sorgfaltsmaßstab anknüpft".

244 S. Becker, StbJb. 1985/86, S. 381 (386 f.); ders., FS Döllerer, S. 17 (18); Borstell in: Vögele, HdbVerrpr., Rn. E 29; Scholz, Konzernverrechnungspreise, S. 129.

245 Borstell in: Vögele, HdbVerrpr., Rn. E 29.

246 Becker, StbJb. 1985/86, S. 381 (387); Borstell in: Vögele, HdbVerrpr., Rn. E 29.

247 Becker, StbJb. 1985/86, S. 381 (387); Borstell in: Vögele, HdbVerrpr., Rn. E 29.

248 Becker, StbJb. 1985/86, S. 381 (388); Borstell in: Vögele, HdbVerrpr., Rn. E 29.

249 Becker, StbJb. 1985/86, S. 381 (388 f.); ders., FS Döllerer, S. 17 (18); Borstell in: Vögele, HdbVerrpr., Rn. E 29.

Aufsichtsrats und in Art. 241 S. 2 hinsichtlich des Vorstands von der "Sorgfalt eines ordentlichen Geschäftsmannes" gesprochen wurde[250].

bb) Die Grundregeln ordnungsgemäßer Unternehmensführung als Verhaltensmaßstab

Es stellt sich als schwierig dar, die aus der Sorgfaltspflicht des ordentlichen und gewissenhaften Geschäftsleiters i.S.d. §§ 317 II, 93 I 1 AktG resultierenden Verhaltensanforderungen näher zu bestimmen. Auszugehen ist davon, dass sich diese Anforderungen nicht aus einem einheitlichen und fest vorgegebenen Maßstab ergeben, sondern sich im Einzelfall nach Art, Größe und Funktion des Unternehmens, der Marktsituation, sowie nach der Aufgabenverteilung zwischen mehreren Vorstandsmitgliedern bestimmen[251]. Die Sorgfalt des ordentlichen und gewissenhaften Geschäftsleiters stellt eine Sorgfalt dar, wie sie ein Geschäftsleiter, der unter eigener Verantwortung ein Unternehmen von bestimmter Art und Größe leitet, anzuwenden hat, wobei an die Sorgfaltspflicht eines dem die Leitung der Aktiengesellschaft anvertrauten Vorstandsmitglieds höhere Anforderungen zu stellen sind, als an die eines gewöhnlichen Geschäftsmannes[252]. Es handelt sich hierbei um einen normativen Maßstab[253]. Das Vorliegen einer Pflichtwidrigkeit wird nicht davon beeinflusst, ob das betreffende Vorstandsmitglied bestimmte Kenntnisse oder Fähigkeiten besitzt[254]. Als Grundsatz für ein sorgfaltsgemäßes Vorstandshandeln lässt sich formulieren, dass der Vorstand darauf bedacht sein muss, den Vorteil der Gesellschaft zu wahren und Schaden von ihr abzuwenden[255]. Er nimmt die Unternehmerfunktion in der Gesellschaft war[256] und muss sich dabei von unternehmerischen Maßstäben leiten lassen[257].

---

[250] Becker, StbJb. 1985/86, S. 381 (389 f.); ders., FS Döllerer, S. 17 (18); Borstell in: Vögele, HdbVerrpr., Rn. E 29.

[251] Baumhoff, Verrechnungspreise für Dienstleistungen, S. 121; ders. in F/W/B, AStG, § 1 Rn. 120; Hefermehl in Geßler/Hefermehl/Eckardt/Kropff, AktG, § 93 Rn. 12; Mertens in KölnKomm z. AktG, § 93 Rn. 29; Scholz, Konzernverrechnungspreise, S. 129.

[252] Hefermehl in Geßler/Hefermehl/Eckardt/Kropff, AktG, § 93 Rn. 12; zu den erhöhten Anforderungen an die Sorgfaltspflicht vgl. des Weiteren Schilling in Großkomm, AktG, § 93 Anm. 9; zu weiteren Nachweisen s. Hefermehl, ebenda; bzgl. der GmbH s. Scholz/Schneider, GmbHG, § 43 Rn. 32 m.w.N.

[253] Hüffer, AktG, § 93 Rn. 4.

[254] BGH WM 1971, S. 1548 (1549); Hefermehl in Geßler/Hefermehl/Eckardt/Kropff, AktG, § 93 Rn. 29; Mertens in KölnKomm z. AktG, § 93 Rn. 29; zur GmbH s. Scholz/Schneider, GmbHG, § 43 Rn. 165 m.w.N.

[255] Vgl. BGHZ 21, 354 (357); Baumhoff, Verrechnungspreise für Dienstleistungen, S. 21 f., ders in F/W/B, AStG, § 1 Rn. 121; Borstell in: Vögele, HdbVerrpr., Rn. E 36; Hefermehl in Geßler/Hefermehl/Eckardt/Kropff, AktG, § 93 Rn. 13; Mertens in KölnKomm z. AktG, § 93 Rn. 29; Semler, Leitung und Überwachung, Rn. 73.

[256] S. dazu sogleich unten B. V. 3. d) cc).

[257] Mertens in KölnKomm z. AktG, § 93 Rn. 29.

Da es an operationalen und allgemeinverbindlichen Normen zur Bestimmung des Sorgfaltsmaßstabes des ordentlichen und gewissenhaften Geschäftsleiters mangelt, ist als unternehmerischer Verhaltensmaßstab zur Konkretisierung der Sorgfalt des ordentlichen und gewissenhaften Geschäftsleiters auf die Grundregeln ordnungsgemäßer Unternehmensführung zurückzugreifen[258]. Diese Grundregeln dienen als Verhaltensmaßstab lediglich der Konkretisierung der Generalklausel des § 93 I 1 AktG, indem aus ihnen unverbindliche Handlungsanweisungen zu entnehmen sind[259]. Nur im Ausnahmefall gewinnen diese Regeln normativen Charakter, wie z.B. die Grundsätze ordnungsgemäßer Buchführung (§ 238 HGB) oder die Grundsätze über die Eigenmittel und die Liquidität der Kreditinstitute (§§ 10 ff. KWB)[260].

Im Folgenden sollen einige Grundsätze ordnungsgemäßer Unternehmensführung dargestellt werden[261]. Bestimmend für die Grundregeln ordnungsgemäßer Unternehmensführung ist die Funktion der Unternehmensleitung: Diese Grundregeln sind einerseits an der Leitungs- und Führungsfunktion im Unternehmen, d.h. Planung, Organisation, Personalführung und Kontrolle, andererseits an den Sachfunktionen Einkauf, Produktion, Absatz, Finanzierung usw. ausgerichtet[262]. Eine ordnungsgemäße Geschäftsführung muss an der Erreichung vorgegebener Ziele ausgerichtet sein und die zu treffenden Entscheidungen müssen grundsätzlich geeignet sein, diesen Zielen zu entsprechen[263], wobei sich der ordentliche Geschäftsleiter an den jeweiligen Unternehmenszielen zu orientieren hat[264]. Grundsätzlich ist von dem ordentlichen Geschäftsleiter zu erwarten, dass er die den höchsten Zielerreichungsgrad versprechenden Entscheidungen trifft[265]. Leitungsentscheidungen müssen den Umständen und ihrer Bedeutung entsprechend an-

[258] Vgl. zur Heranziehung der Grundregeln ordnungsgemäßer Unternehmensführung Baumhoff, Verrechnungspreise für Dienstleistungen, S. 121; ders. in F/W/B, AStG, § 1 Rn. 121; Borstell in: Vögele, HdbVerrpr., Rn. E 36; Heermann, ZIP 1998, S. 761 (763); Scholz, Konzernverrechnungspreise, S. 130; v. Werder, DB 1995, 2177 (2178); v. Werder/Maly/Pohle/Wolff, DB 1998, S. 1193; ähnlich Mertens in KölnKomm z. AktG, § 93 Rn. 45; kritisch Schmidt-Hern, Schutz der außenstehenden Aktionäre, S. 98, nach dessen Ansicht es aus betriebswirtschaftlicher Sicht keine Grundsätze ordnungsgemäßer Unternehmensführung gäbe; zur GmbH vgl. Baumbach/Hueck/Zöllner, GmbHG, § 43 Rn. 18; Scholz/Schneider, GmbHG, § 43 Rn. 70; Ziemons, Haftung der Gesellschafter, S. 140 ff.. Zu den Grundregeln ordnungsgemäßer Unternehmensführung s. insbesondere Schneider ebenda, § 43 Rn. 70 ff.

[259] Bzgl. § 43 GmbHG vgl. Scholz/Schneider, GmbHG, § 43 Rn. 71.

[260] Scholz/Schneider, GmbHG, § 43 Rn. 71.

[261] S. ausführlich dazu Scholz/Schneider, GmbHG, § 43 Rn. 70, 72 ff.

[262] Baumhoff, Verrechnungspreise für Dienstleistungen, S. 122; Scholz/Schneider, GmbHG, § 43 Rn. 72.

[263] Baumhoff, Verrechnungspreise für Dienstleistungen, S. 122.

[264] Scholz, Konzernverrechnungspreise, S. 127.

[265] Scholz, Konzernverrechnungspreise, S. 127.

gemessen vorbereitet werden[266]. Insbesondere ist die Einbeziehung aller verfügbaren bzw. mit einem vertretbaren Suchaufwand auffindbaren alternativen Handlungsmöglichkeiten in den Entscheidungsprozeß zum Entscheidungszeitpunkt erforderlich[267]. Die Leitungsentscheidungen und deren Durchführung müssen sich innerhalb der Grenzen der gesicherten Erkenntnisse und bewährten Erfahrungen unternehmerischen Verhaltens bewegen[268]. Der Inhalt der Grundregeln ordnungsgemäßer Unternehmensführung bestimmt sich nach Unternehmensgegenstand, Branche, Größe u.s.w. des Unternehmens sowie der jeweiligen konkreten Entscheidungssituation[269]. Auch risikobehaftete Geschäfte dürfen abgeschlossen werden, soweit die vernünftige kaufmännische Beurteilung im Entscheidungszeitpunkt ergibt, dass deren Durchführung zum Erreichen der langfristigen unternehmerischen Zielsetzung beiträgt[270]. Die Grenze wird jedoch bei unangemessenen Risiken überschritten, insbesondere wenn zu befürchten ist, dass wesentliche Teile des Stammkapitals verloren werden[271]. Die Grundregeln ordnungsgemäßer Unternehmensführung erfordern die Einrichtung eines Risikomanagements, dessen inhaltliche Ausgestaltung sowie dessen erforderlicher Umfang von der Größe des Unternehmens, dem Unternehmensgegenstand, den Risikoarten usw. abhängig zu machen ist[272]. Diese Pflicht zur Einrichtung des Risikomanagements wurde durch das KonTraG in § 91 II AktG ausdrücklich normiert.

cc) Das unternehmerische Ermessen und seine rechtlichen Grenzen

Dem ordentlichen und gewissenhaften Geschäftsleiter steht als Leitungsorgan ein weiter unternehmerischer Ermessensspielraum zu[273]. Diesen Grundsatz unternehmerischen Ermessens hat auch der II. Senat des BGH in der Entscheidung

---

[266] Heermann, ZIP 1998, S. 761 (763); Lutter in VGR, Bd. 1 (1999), S. 87 (98 f.); Scholz/Schneider, GmbHG, § 43 Rn. 70; vgl. dazu auch im Zusammenhang mit den Grenzen des unternehmerischen Handlungsspielraumes BGHZ 135 S. 244 (253).

[267] Baumhoff, Verrechnungspreise für Dienstleistungen, S. 122; ders in F/W/B, AStG, § 1 Rn. 122.

[268] Heermann, ZIP 1998, S. 761 (763); Scholz/Schneider, GmbHG, § 43 Rn. 70, 76.

[269] Scholz/Schneider, GmbHG, § 43 Rn. 77.

[270] Baumhoff, Verrechnungspreise für Dienstleistungen, S. 122; ders. in F/W/B, AStG, § 1 Rn. 122; Scholz, Konzernverrechnungspreise, S. 128.

[271] Scholz/Schneider, GmbHG, § 43 Rn. 77a mit Beispielen; vgl. auch Lutter in VGR, Bd. 1 (1999), S. 87 (97 f.); Mertens in KölnKomm z. AktG, § 93 Rn. 48.

[272] Scholz/Schneider, GmbHG, § 43 Rn. 78a.

[273] Vgl. neben den Nachweisen in Fn. 274 Baumhoff, Verrechnungspreise für Dienstleistungen, S. 121; ders. in F/W/B, AStG, § 1 Rn. 120; Hefermehl in Geßler/Hefermehl/Eckardt/Kropff, AktG, § 93 Rn. 10, § 76 Rn. 14; Hommelhoff, Konzernleitungspflicht, S. 171 ff.; Hüffer, AktG, § 93 Rn. 13a, § 76 Rn. 12 ff.; Mertens in KölnKomm z. AktG, § 93 Rn. 29; § 76 Rn. 10 ff.; Würdinger, Aktienrecht, S. 123 f.; für die GmbH s. Lutter/Hommelhoff, GmbHG, § 43 Rn. 6; Scholz/Schneider, GmbHG, § 43 Rn. 45a m.w.N.; im Hinblick auf die Denkfigur des rechtschaffenen Hausvaters Becker, StbJb. 1985/86, S. 381 (391).

vom 21. April 1997[274] ausformuliert. Dem Vorstand steht danach bei der Geschäftsführung ein "weiter Handlungsspielraum" zu, "ohne den unternehmerisches Handeln schlechterdings nicht denkbar ist"[275]. Dieser Handlungsspielraum umfasst auch das bewusste Eingehen geschäftlicher Risiken und die Gefahr von Fehlbeurteilungen[276]. Innerhalb dieses Handlungsspielraumes stellen Fehlentscheidungen keine Pflichtverletzung i.S.d. § 93 II 1 AktG dar[277].

Als dogmatische Grundlage des unternehmerischen Ermessens des Vorstandes ist dessen in § 76 I AktG geregelte Rechtstellung anzusehen, wonach dieser die Gesellschaft unter eigener Verantwortung zu leiten hat[278]. Aus diesem Auftrag an das Organ Vorstand zur Leitung der Gesellschaft unter eigener Verantwortung, aus dem Umstand, dass es der Vorstand ist, der die Unternehmerfunktion in der Aktiengesellschaft wahrnimmt, folgt, dass dem Geschäftsleiter bei der Entscheidung zwischen verschiedenen Möglichkeiten unternehmerischen Handelns ein Ermessensspielraum zusteht, um die vorgegebenen Unternehmensziele verwirklichen und seine Rechte und Pflichten als Treuhänder des ihm anvertrauten Kapitals im Rahmen seiner Aufgabenstellung wahrnehmen zu können[279]. Die Natur unternehmerischer Entscheidungen erfordert einen Ermessensspielraum, da derartige Entscheidungen regelmäßig unter Zeitdruck erfolgen, hochkomplexe Probleme zu beurteilen sind, bei denen zum einen eine große Menge an Daten zu verarbeiten sind und es zum anderen oftmals an einem ausreichenden Maß relevanter Daten mangelt[280] und im Rahmen der unternehmerischen Entscheidung Annah-

---

[274] BGHZ 135, S. 244 ("ARAG/Garmenbeck") = ZIP 1997, S. 883 = BB 1997, S. 1169; vgl. zu hierzu Busse, JURA 2000, S. 337 (340); Heermann, ZIP 1998, S. 761 (762); ders., AG 1998, S. 201 (204); Henze, NJW 1998, S. 3309 (3310 f.); Horn, ZIP 1997, S. 1129 (1129, 1134); Kindler, ZHR 162 (1998), S. 101 (102 ff.); Lutter in VGR, Bd. 1 (1999), S. 87 (100 ff.); Lutter, FS (Wissenschaft) 50 Jahre BGH, Band II, S. 321 (333 ff.); Ulmer, ZHR 163 (1999), S. 290 (297 ff.).

[275] BGHZ 135, S. 244 (253).

[276] BGHZ 135, S. 244 (253); ähnlich auch schon BGHZ 69, 207 (213) = NJW 1977, S. 2311 (2312).

[277] Der BGH ordnet die Grenzen des Handlungsspielraumes überzeugenderweise dem Merkmal der Pflichtwidrigkeit zu, vgl. BGHZ 135, S. 244 (253 f.): "...oder das Verhalten des Vorstands aus anderen Gründen als pflichtwidrig gelten muss."

[278] Hefermehl in Geßler/Hefermehl/Eckardt/Kropff, AktG, § 93 Rn. 10; Hommelhoff, Konzernleitungspflicht, S. 168 ff.; Horn, ZIP 1997, S. 1129 (1134 f.); Kindler, ZHR 162 (1998) S. 101 (105 f.); Mertens in KölnKomm z. AktG, § 76 Rn. 10 ff.; vgl. auch BGHZ 135, S. 244 (254): "Die unternehmerische Handlungsfreiheit ist Teil und notwendiges Gegenstück der dem Vorstand (...) obliegenden Führungsaufgabe.".

[279] Vgl. Baumhoff, Verrechnungspreise für Dienstleistungen, S. 121; ders. in F/W/B, AStG, § 1 Rn. 120; Hefermehl in Geßler/Hefermehl/Eckardt/Kropff, AktG, § 93 Rn. 10, § 76 Rn. 14; Kindler, ZHR 162 (1998), S. 101 (105); Mertens in KölnKomm z. AktG, § 93 Rn. 29; § 76 Rn. 10; zur GmbH s. Scholz/Schneider, GmbHG, § 43 Rn. 45a ff.

[280] Horn, ZIP 1997, S. 1129 (1133).

men und Prognosen zu treffen sind, die eine zuverlässige und genaue Einschätzung künftiger Entwicklungen nur bedingt oder überhaupt nicht zulassen[281].

Die Generalklausel des § 93 I 1 AktG muss unter Berücksichtigung des § 76 I 1 AktG ausgelegt werden, so dass die Sorgfalt des ordentlichen und gewissenhaften Geschäftsleiters nicht verletzt ist, wenn sich die Entscheidung des Vorstandsmitglieds innerhalb demjenigen unternehmerischen Ermessensspielraum bewegt, der zur Erfüllung der ihm durch § 76 I 1 AktG zugewiesenen Aufgabe, die Gesellschaft eigenverantwortlich zu leiten, unabdingbar notwendig ist[282].

Die Anerkennung eines unternehmerischen Ermessensspielraumes führt jedoch nicht dazu, dass Leitungsentscheidungen dem Belieben des jeweiligen Leitungsorgans preisgegeben sind. Vielmehr sind diesen in unterschiedlichen Rechtsquellen verankerte Grenzen gesetzt, die den unternehmerischen Ermessensspielraum beschränken oder dem Eingreifen eines unternehmerischen Ermessensspielraumes von vornherein entgegenstehen[283]. Das Ermessen des Vorstands wird dadurch begrenzt, dass er die Gesetze[284], die rechtlichen Verpflichtungen und die Satzung der Gesellschaft, vertragliche Pflichten aus dem Anstellungsvertrag, die rechtmäßigen Entscheidungen des Aufsichtsrats und der Hauptversammlung, sowie im Vertragskonzern die rechtmäßigen Weisungen seitens des herrschenden Unternehmens, die Begrenzungen durch den Unternehmensgegenstand und die über den Anstellungsvertrag hinausgehenden Treue- oder Loyalitätspflichten beachten muss und des Weiteren keine Misswirtschaft betreiben darf[285]. Auch aus dem Unternehmensinteresse[286] lassen sich Begrenzungen des unter-

---

[281] Henze, NJW 1998, S. 3309 (3311).

[282] Vgl. Hefermehl in Geßler/Hefermehl/Eckardt/Kropff, AktG, § 93 Rn. 10; vgl. ferner Horn, ZIP 1997, S. 1129 (1134 f.), der jedoch einen Haftungsausnahmetatbestand annimmt; zur Heranziehung des § 76 I AktG für das Verständnis des § 93 AktG vgl. auch Hüffer, AktG, § 93 Rn. 3; Kindler, ZHR 162 (1998), S. 101 (105).

[283] Darauf, dass dem Vorstand oftmals kein unternehmerischer Ermessensspielraum zusteht, wird zutreffend von Lutter in VGR, Bd. 1 (1999), S. 87 (102) sowie ders., FS (Wissenschaft) 50 Jahre BGH, Band II, S. 321 (335) hingewiesen. Er führt aus, dass eine Ermessensentscheidung eine Wahlmöglichkeit zwischen alternativen Handlungsmöglichkeiten voraussetzt. Eine solche Wahlmöglichkeit besteht jedoch in vielen Fällen nicht, so dass beispielsweise ein unternehmerisches Ermessen zur Einhaltung oder Nichteinhaltung der Gesetze nicht in Betracht kommt. Wenn im Folgenden von Grenzen unternehmerischen Ermessens gesprochen wird, sollen vereinfachend auch die Fälle mit angesprochen werden, in denen im Einzelfall ein Ermessensspielraum etwa aufgrund des Entgegenstehens zwingender gesetzlicher Vorschriften nicht besteht.

[284] Zu nennen sind hier beispielsweise die §§ 57, 71-71 e, 76 I, 80, 81, 83, 88, 90, 91, 92, 93 I und III, 131 AktG.

[285] Vgl. Heermann, ZIP 1998, S. 761 (762 f.); Kindler, ZHR 162 (1998), S, 101 (105); Mertens in KölnKomm z. AktG, § 76 Rn. 10.

[286] S. zu dem Begriff des Unternehmensinteresses Scholz/Schneider, GmbHG, § 43 Rn. 60 ff.; Semler, Leitung und Überwachung, Rn. 49 ff., jeweils m.w.N.

nehmerischen Ermessensspielraums ableiten[287], wenn auch der Begriff des Unternehmensinteresses einer Konkretisierung und Ausfüllung bedarf. So ist der Vorstand vordringlich auf die Rentabilität und daher auf die Erzielung eines angemessenen, zur substantiellen Erhaltung von Kapital und Ertragskraft genügenden Gewinnes verpflichtet[288]. Eine Verpflichtung des Vorstands, mit seiner Geschäftspolitik das Ziel eines möglichst hohen Gewinns zu verfolgen, besteht nicht, sondern er darf auch über rechtliche Bindungen hinaus soziale Interessen verfolgen[289]; jedoch hat er seine Leitung primär auf das Wohl der Gesellschaft und ihrer Aktionäre auszurichten und das erwerbswirtschaftliche Interesse der Gesellschaft zu wahren[290]. Das Interesse am Unternehmenserfolg darf ferner nicht in unvertretbarer Weise hinter anderen Interessen zurücktreten; insbesondere darf deren Berücksichtigung nicht den Bestand der Gesellschaft gefährden[291]. Der unternehmerische Ermessensspielraum wird schließlich auch durch die bereits dargelegten Grundregeln ordnungsgemäßer Unternehmensführung begrenzt[292].

Der BGH[293] hat die Voraussetzungen formuliert, unter denen eine Berufung auf unternehmerisches Ermessen statthaft ist. Diese Voraussetzungen zeigen, ohne dass der Senat dies ausdrücklich anspricht, deutliche Übereinstimmungen mit der dreigliedrigen, aus dem US-amerikanischen Gesellschaftsrecht bekannten, "business judgement rule[294]"[295]. Nach dieser scheidet eine Haftung des Vorstands dann aus, wenn er sich vor der Entscheidung hinreichend informiert hat, sich bei der Maßnahme nicht in einem Interessenkonflikt befindet und annimmt und vernünftigerweise annehmen kann, dass seine Entscheidung im besten Interesse der

---

287 S. dazu Heermann, ZIP 1998, S. 761 (763); Hüffer, AktG, § 76 Rn. 13 ff.; Mertens in KölnKomm z. AktG, § 76 Rn. 23 ff.; Raiser, Kapitalgesellschaften, § 14 Rn. 13 (S. 141); Scholz/Schneider, GmbHG, § 43 Rn. 60 ff.; Semler, Leitung und Überwachung, Rn. 57 ff.; ablehnend Schmidt-Hern, Schutz der außenstehenden Aktionäre, S. 104 f.

288 Mertens in KölnKomm z. AktG, § 76 Rn. 22 m.w.N.; vgl. auch Semler, Leitung und Überwachung, Rn. 34 ff. S. zum Ausnahmefall der AG ohne erwerbswirtschaftliche Zielsetzung s. 3. Kapitel B. IV. 6. a) dd).

289 Hefermehl in Geßler/Hefermehl/Eckardt/Kropff, AktG, § 76 Rn. 25 ff.; Mertens in KölnKomm z. AktG, § 76 Rn. 11, 32 ff. m.w.N.. Zu der Problematik von unentgeltlichen Zuwendungen durch Aktiengesellschaften im Hinblick auf das Leitungsermessen des Vorstands s. Fleischer, AG 2001, S. 171 (175 ff.).

290 Hefermehl in Geßler/Hefermehl/Eckardt/Kropff, AktG, § 76 Rn. 22.

291 Heermann, ZIP 1998, S. 761 (765); Mertens in KölnKomm z. AktG, § 76 Rn. 17, § 93 Rn. 50.

292 Heermann, ZIP 1998, S. 761 (763); zur GmbH vgl. Schneider/Scholz, GmbHG, § 43 Rn. 70.

293 BGHZ 135, S. 244.

294 Zur "business judgement rule" s. Heermann, AG 1998, S. 201 (204 ff.) m.w.N.

295 Darauf weisen Heermann, AG 1998, S. 201 (204); Henze, NJW 1998, S. 3309 (3310 f.); Horn, ZIP 1997, S. 1129 (1134); Kindler, ZHR 162 (1998), S. 101 (107); Lutter in VGR, Bd. 1 (1999), S. 87 (105); Schneider/Scholz, GmbHG, § 43 Rn. 45a; Ulmer, ZHR 163 (1999), S. 290 (298) hin.

Gesellschaft liegt[296]. Diese Elemente übernehmend, jedoch berücksichtigend, dass § 93 I 1 AktG die Anwendung der Sorgfalt eines ordentlichen und gewissenhaften Geschäftsleiters verlangt, entfällt nach der Formulierung des Senats eine Schadensersatzpflicht des Vorstandes dann, wenn er die Entscheidungsgrundlagen sorgfältig ermittelt, wenn er sich ausschließlich am Unternehmenswohl orientiert, wenn er die Risikobereitschaft nicht überspannt, wenn er seine Entscheidung in vollem Verantwortungsbewusstsein trifft und wenn das Handeln nicht aus anderen Gründen pflichtwidrig ist[297]. Die Grenzen des Beurteilungsspielraumes, der für unternehmerische Entscheidungen in Anspruch genommen werden kann, müssen "deutlich überschritten" sein, welches dann der Fall sein soll, wenn "die Bereitschaft, unternehmerische Risiken einzugehen, in unverantwortlicher Weise überspannt worden ist"[298]. Die Sorgfaltspflicht des ordentlichen und gewissenhaften Geschäftsleiters ist danach erst bei schlechthin unvertretbarem Vorstandshandeln verletzt[299].

4. Einzelfragen

a) Nicht quantifizierbare Nachteile

Der nachteilige Charakter einer Maßname oder eines Rechtsgeschäfts entfällt nicht dadurch, dass der Nachteil nicht quantifiziert werden kann[300]. Es widerspräche dem Regelungszweck der §§ 311 ff. AktG, das Risiko veranlasster Rechtsgeschäfte oder Maßnahmen mit nicht vorhersehbaren Folgen der abhängigen Gesellschaft aufzubürden[301].

---

[296] Vgl. Henze, NJW 1998, S. 3309 (3310 f.); Horn, ZIP 1997, S. 1129 (1134); Kindler, ZHR 162 (1998), S. 101 (107); Schneider/Scholz, GmbHG, § 43 Rn. 46.

[297] Vgl. BGHZ 135, S. 244 (253 f.).

[298] Vgl. BGHZ 135, S. 244 (253).

[299] Vgl. zu dieser Formulierung des schlechthin unvertretbaren Vorstandshandelns Hüffer, AktG, § 93 Rn. 13a; Kindler, ZHR 162 (1998), S. 101 (103); ähnlich Henze, NJW 1998, S. 3309 (3311); Horn, ZIP 1997, S. 1129 (1133).

[300] Vgl. Emmerich/Sonnenschein/Habersack, Konzernrecht, § 25 II 1 b) (S. 406); Habersack in Emmerich/Habersack, Aktien- und GmbH-Konzernrecht, § 311 Rn. 39, 43; Hommelhoff, Konzernleitungspflicht, S. 126 f.; Hüffer, AktG, § 311 Rn. 25; Koppensteiner in KölnKomm z. AktG, § 311 Rn. 31 f.; Krieger in MünchHdb.GesR, § 69 Rn. 70; Lutter, FS Peltzer, S. 241 (251); MünchKommAktG/Kropff, § 311 Rn. 138; Neuhaus, DB 1970, S. 1913 (1917); K. Schmidt, Gesellschaftsrecht, § 31 IV 2 b (S. 964 f.); Strohn, Verfassung der AG, S. 66, 83 f.; Zeidler, Zentrales Cashmanagement, S. 31; a.A. Haesen, Der Abhängigkeitsbegriff, S. 98 f., 110; Müller, ZGR 1977, S. 1 (13); Luchterhand, ZHR 133 (1970), S. 1 (22, 30 ff.). Lässt sich der Nachteil nicht quantifizieren und ist daher einem Nachteilsausgleich nach § 311 II AktG nicht zugängig, so ist bereits die Veranlassung zu der fraglichen Verhaltensweise rechtswidrig; vgl. nur Lutter, FS Peltzer, S. 241 (251) m.w.N.

[301] Koppensteiner in KölnKomm z. AktG, § 311 Rn. 31 f.; vgl. auch Neuhaus, DB 1970, S. 1913 (1917); a.A. Luchterhand, ZHR 133 (1970), S. 1 (22, 30 ff.).

b) Reflexschäden

Auch Reflexschäden können einen Nachteil begründen, etwa dann, wenn das Tochterunternehmen veranlasst wird, der Enkelgesellschaft einen Nachteil zuzufügen, es daher Ausgleich oder Schadensersatz leisten muss und ihm der Vorteil aus der Einflussnahme gegenüber der Enkelgesellschaft nicht oder kein Vorteil in ausreichendem Umfang zufließt[302].

c) Prinzip der Einzelbewertung

Schließlich ergibt sich aus dem in den §§ 311 ff. AktG verankerten Prinzip der Einzelbewertung, dass bei der Nachteilsprüfung auf den einzelnen Geschäftsakt und nicht etwa auf die Veränderung des Ertragswertes der abhängigen Gesellschaft durch die Gesamtheit der im Geschäftsjahr durchgeführten Handlungen abzustellen ist[303].

d) Passive Konzerneffekte

Der Anwendungsbereich des § 311 I AktG ist begrenzt auf nachteilige Verhaltensweisen der abhängigen Gesellschaft, die vom herrschenden Unternehmen veranlasst wurden. Da eine Veranlassung nur bei einer Einwirkung auf die Willensbildung der bereits abhängigen Gesellschaft vorliegt[304], kann ein i.S.d. § 311 I AktG tatbestandlicher Nachteil nicht in den negativen Auswirkungen gesehen werden, die sich allein aus der Einbeziehung in den Unternehmensverbund ergeben (passive Konzerneffekte)[305].

---

[302] Vgl. dazu Adler/Düring/Schmalz, § 311 Rn. 37; Habersack in Emmerich/Habersack, Aktien- und GmbH-Konzernrecht, § 311 Rn. 51; Koppensteiner in KölnKomm z. AktG, § 311 Rn. 28; Rehbinder, ZGR 1977, S. 581 (595 ff.) m.w.N.

[303] Dies vertritt jedoch Albach, NB 1966, S. 203 (205 ff.); wie hier dagegen die h.M., vgl. nur Bachelin, in: Rechtsfragen der Handelsgesellschaften, S. 45 f; Dornemann, Der Abhängigkeitsbericht, S. 127 ff.; Haesen, Der Abhängigkeitsbegriff, S. 107; Luchterhand, ZHR 133 (1970), S. 1 (23).

[304] Zu den Einzelheiten s. oben B. III. 1., 2.

[305] Adler/Düring/Schmalz, § 311 Rn. 20; Kiehne, DB 1974, S. 321 (323); Koppensteiner in KölnKomm z. AktG, § 311 Rn. 21; Krieger in MünchHdb.GesR, § 69 Rn. 63; MünchKommAktG/Kropff, § 311 Rn. 347; Strohn, Verfassung der AG, S. 81; Uecker, Der Vorteils- Nachteils- Ausgleich, S. 59 f.; dazu ausführlich, auch im Hinblick auf das Problem der Kosten des Abhängigkeitsberichts, Kropff, FS Lutter, S. 1133 (1142 f.), der jedoch im Einzelfall eine Ausgleichspflicht für nachteilige passive Konzerneffekte unter Rückgriff auf Treuepflichten bejaht, vgl. S. 1144 ff.; vgl. des Weiteren Habersack in Emmerich/Habersack, Aktien- und GmbH-Konzernrecht, § 311 Rn. 52 und Hüffer, AktG, § 311 Rn. 26, beide jedoch mit abweichender Beurteilung hinsichtlich der Kosten des Abhängigkeitsberichts, vgl. § 312 Rn. 39 bzw. § 312 Rn. 13. Diese abweichende Beurteilung bei dieser Kostenlast ebenfalls vertretend Bode, AG 1995, S. 261 (269 ff.). Nachteilig können jedoch einzelne Maßnahmen sein, die der Ausrichtung der Geschäftstätigkeit der abhängigen Gesellschaft auf das herrschende Unternehmen oder ein anderes Konzernunternehmen dienen, vgl. dazu unten B. V. 6. b). Hierbei handelt es sich jedoch gerade nicht um passive Konzerneffekte.

5. Verhältnis von Nachteil zu Schaden und Verlust

Aus der Maßgeblichkeit der ex-ante-Prognose bei der Feststellung der Höhe des Nachteils ergibt sich, dass der Begriff des Nachteils i.S.d. § 311 I AktG sich nicht mit dem des Schadens i.S.d. § 317 AktG deckt, denn für den Umfang des Schadens sind auch spätere Entwicklungen zu berücksichtigen, soweit nur der adäquate Kausalzusammenhang gegeben ist[306]. Aus diesem Grund kann ein Nachteil anzunehmen sein, obwohl es nicht oder nicht in der Höhe des festgestellten Nachteils zum Schadenseintritt kommt; andererseits trägt die abhängige Gesellschaft das Risiko, dass ein auf der Grundlage der ex-ante-Prognose nicht voraussehbarer oder die voraussehbaren negativen Auswirkungen übersteigender Schaden entsteht[307].

Abzulehnen ist die Ansicht, eine Ausnahme von diesem Grundsatz mit der Folge des Entfallens der Ausgleichspflicht dann anzuerkennen, wenn sich bei einem zunächst als nachteilig dargestellten Vorgang bereits in dem Zeitraum bis zum Ende des Geschäftsjahres zeigt, dass ein Schaden nicht entstehen wird[308]. Eine solche Ausnahme von der durch das Gesetz geforderten Maßgeblichkeit der ex-ante-Prognose bei der Nachteilsfeststellung erscheint unbillig, solange es auf der anderen Seite zu Lasten der abhängigen Gesellschaft geht, wenn ein aus der ex-ante-Sicht wirtschaftlich neutral oder vorteilhaft erscheinender Geschäftsakt sich im Laufe des Geschäftsjahres als schadenverursachend erweist[309].
In diesem Zusammenhang ist des Weiteren anzumerken, dass in den Fällen, in denen bis zum Ende des Geschäftjahres Entwicklungen eintreten, aufgrund derer es nicht oder nur in einem geringeren Umfang als der festgestellte Nachteil zum Eintritt eines Schadens kommt, der Betrag des Nachteils den Mindestschaden bildet[310].

Für die Nachteilsfeststellung ist als Vergleichsmaßstab das Verhalten eines ordentlichen und gewissenhaften Geschäftsleiters der als unabhängig fingierten

---

[306] Vgl. Adler/Düring/Schmalz, § 311 Rn. 43; Habersack in Emmerich/Habersack, Aktien- und GmbH-Konzernrecht, § 311 Rn. 45; Hüffer, AktG, § 311 Rn. 28; Koppensteiner in KölnKomm z. AktG, § 311 Rn. 30; Krieger in MünchHdb.GesR, § 69 Rn. 69; MünchKommAktG/Kropff, § 311 Rn. 143; Strohn, Verfassung der AG, S. 85; a.A. Haesen, Der Abhängigkeitsbegriff, S. 103 f., 109 f.; Kellmann, BB 1969, S. 1509 (1512 ff.); ders. ZGR 1974, S. 220 (221 ff.); Möhring, FS Schilling, S. 253 (264).

[307] Habersack in Emmerich/Habersack, Aktien- und GmbH-Konzernrecht, § 311 Rn. 45; Koppensteiner in KölnKomm z. AktG, § 311 Rn. 30; MünchKommAktG/Kropff, § 311 Rn. 146; Strohn, Verfassung der AG, S. 85.

[308] Diese Ansicht wird vertreten von Krieger in MünchHdb.GesR, § 69 Rn. 69; Raiser, Kapitalgesellschaften, § 53 Rn. 24 (S. 857 f.); ablehnend MünchKommAktG/Kropff, § 311 Rn. 145.

[309] Vgl. zu ähnlichen Erwägungen MünchKommAktG/Kropff, § 311 Rn. 145.

[310] Dieser Ansicht sind Beuthien, DB 1969, S. 1781 (1783); Habersack in Emmerich/Habersack, Aktien- und GmbH-Konzernrecht, § 317 Rn. 17; Hüffer, AktG, § 317 Rn. 7; Krieger in MünchHdb.GesR, § 69 Rn. 104; MünchKommAktG/Kropff, § 317 Rn. 32 ff; kritisch hingegen Koppensteiner in KölnKomm z. AktG, § 317 Rn. 17.

abhängigen Gesellschaft heranzuziehen. Aus diesem Vergleichsmaßstab ergibt sich der Unterschied zwischen den Begriffen Nachteil und Verlust. Ein Geschäftsakt, der nicht das Entstehen eines Verlustes zur Folge hat, ist dennoch als nachteilig zu qualifizieren, wenn der Vorstand der als unabhängig gedachten abhängigen Gesellschaft unter Beachtung der Sorgfaltspflicht aus § 93 AktG diesen nicht vorgenommen hätte, etwa weil die abhängige Gesellschaft ohne Einflussnahme das gleiche Geschäft zu günstigeren Bedingungen hätte durchführen können[311]. Andererseits ist die Vornahme eines verlustbringenden Geschäftsaktes nicht nachteilig, wenn die abhängige Gesellschaft sich auch bei fingierter Unabhängigkeit sorgfaltsgemäß genauso hätte verhalten können[312]. Schließlich ist das Bestehen eines Nachteils unabhängig von den bilanzmäßigen Auswirkungen des Geschäftsakts[313].

6. Besonderheiten im Rahmen der Nachteilsfeststellung

Es gibt Verhaltensweisen, die bei Anwendung der dargestellten allgemeinen Grundsätze der Nachteilsfeststellung nicht als nachteilig zu qualifizieren sind, jedoch aus besonderen Gründen als nachteilig anzusehen sein könnten. Diese Fälle werden im Folgenden dargestellt.

a) Fehlende Vergleichbarkeit mit der Situation bei fingierter Unabhängigkeit

Der von § 317 II AktG für die Nachteilsfeststellung geforderte Maßstab des Verhaltens des ordentlichen und gewissenhaften Geschäftsleiters einer unabhängigen Gesellschaft stößt an seine Grenzen, wenn sich die abhängige Gesellschaft im Falle ihrer rechtlichen Unabhängigkeit nicht in einer mit der in der Abhängigkeitslage bestehenden vergleichbaren Situation befinden würde. Gleichwohl kann ein Nachteil anzunehmen sein, obwohl er seiner Art nach bei einer unabhängigen Gesellschaft nicht vorkommen würde.

aa) Nachteiligkeit der Nichtgewährung einer Teilhabe an Synergie- und positiven passiven Konzerneffekten

Als eine Besonderheit bei den einem Unternehmensverbund angehörenden Gesellschaften gegenüber unabhängigen Gesellschaften ist das Auftreten von passiven Konzerneffekten zu nennen, d.h. das Auftreten von negativen und positiven Auswirkungen, die sich allein aus der Einbeziehung in den Unternehmensver-

---

311 Adler/Düring/Schmalz, § 311 Rn. 44; Habersack in Emmerich/Habersack, Aktien- und GmbH-Konzernrecht, § 311 Rn. 45; MünchKommAktG/Kropff, § 311 Rn. 147; Uecker, Der Vorteils- Nachteils- Ausgleich, S. 48.

312 Adler/Düring/Schmalz, § 311 Rn. 44; Habersack in Emmerich/Habersack, Aktien- und GmbH-Konzernrecht, § 311 Rn. 45; MünchKommAktG/Kropff, § 311 Rn. 148; Uecker, Der Vorteils- Nachteils- Ausgleich, S. 48.

313 MünchKommAktG/Kropff, § 311 Rn. 149; Uecker, Der Vorteils- Nachteils- Ausgleich, S. 49.

bund ergeben. Es wurde bereits ausgeführt, dass derartige negative Auswirkungen keinen Nachteil i.S.d. § 311 I AktG darstellen[314]. Es stellt sich jedoch auch andererseits die Frage, ob der abhängigen Gesellschaft (bzw. den außenstehenden Gesellschaftern) nicht ein Anspruch auf Teilhabe an den positiven passiven Konzerneffekten zusteht[315], so dass bejahendenfalls die Nachteiligkeit einer veranlassten Vereinbarung damit begründet werden könnte, dass diese Vereinbarung die abhängige Gesellschaft nicht an dem Konzernerfolg teilhaben lässt. Als Grundlage eines derartigen Anspruchs auf Teilhabe am Konzernerfolg käme die Treuepflicht des herrschenden Gesellschafters in Betracht[316]. Wiedemann/Fleischer[317] sprechen sich mit der Begründung für eine Verteilung des Konzernerfolgs aus, dass es dem Gerechtigkeitsgebot des Gleichlaufs von Chancen und Risiken widerspräche, der abhängigen Gesellschaft eine Teilhabe an den positiven Konzernwirkungen zu verwehren, wenn diese einen Ausgleich für negative Konzernwirkungen nicht verlangen kann („aktienkonzernrechtliches Symmetrieargument"). Weiterhin könnten auch die Ausführungen von Tröger[318] genannt werden, wonach die Gesellschafter der abhängigen Aktiengesellschaft dieser ihr Kapital nicht zu dem Zweck der risikobehafteten Erwirtschaftung von bei anderen Unternehmen anfallenden Gewinnen zur Verfügung hätten, selbst wenn sich der abhängigen Gesellschaft die verbundsbedingten Ertragschancen außerhalb des Unternehmensverbunds gar nicht bieten würden[319].

Der Anerkennung eines allgemeinen Anspruchs auf Teilhabe am Konzernerfolg lässt sich jedoch entgegenhalten, dass sich die (positiven) passiven Konzerneffekte regelmäßig weder erfassen, quantifizieren, noch den einzelnen Unternehmen hinreichend genau anteilig zurechnen lassen[320]. Sollte dies im Einzelfall möglich sein[321], so erscheint jedenfalls dann ein aus der Treuepflicht des herr-

---

314 S. dazu oben B. V. 4. d).

315 Ablehnend Kirchner, ZGR 1985, S. 214 (231 f.); Koppensteiner in KölnKomm z. AktG, § 311 Rn. 35, 72 f.; Kübler/Schmidt, Gesellschaftsrecht und Konzentration, S. 23 f., 89; Seydel, Konzernbildungskontrolle, S. 239 f.; Strohn, Verfassung der AG, S. 58 f.

316 Einen derartigen Anspruch auf der Grundlage der Treuepflicht im Grundsatz bejahend Habersack in Emmerich/Habersack, Aktien- und GmbH-Konzernrecht, § 311 Rn. 90; MünchKommAktG/Kropff, § 311 Rn. 344. S. zur Frage des grundsätzlichen Verhältnisses der Treuepflichten und der §§ 311 ff. AktG oben Fn. 128.

317 Wiedemann/Fleischer, JZ 2000, S. 159 (160 f.).

318 Tröger, Treupflicht, S. 148; s. auch dessen Ausführungen auf S. 297, wonach nur bei angemessener Beteiligung der abhängigen Aktiengesellschaft an den positiven Konzerneffekten die Vereinnahmung des Kapitals der außenstehenden Aktionäre zur Erzielung der Zusatzgewinne in Betracht komme („Gesichtspunkt der Verteilungsgerechtigkeit").

319 Vgl. in diesem Zusammenhang auch Reul, Gleichbehandlung der Aktionäre, S. 220 f.

320 Vgl. Kirchner, ZGR 1985, S. 214 (231); MünchKommAktG/Kropff, § 311 Rn. 345; vgl. zur Schwierigkeit der Quantifizierbarkeit passiver positiver Konzerneffekte ferner Kropff, FS Lutter, S. 1133 (1148).

321 S. zu möglichen Maßstäben der Aufteilung der Verbundvorteile Tröger, Treupflicht, S. 298 ff.

schenden Gesellschafters resultierender Anspruch auf Teilhabe am Konzernerfolg sachgerecht, wenn die abhängige Gesellschaft zu diesem im besonderen Maße beigetragen hat[322]. Diese Frage soll hier jedoch nicht beantwortet werden.

Hiervon zu trennen sind die Fälle, in denen durch eine Einflussnahme des herrschenden Unternehmens Synergieeffekte im Unternehmensverbund dadurch erzielt werden, dass unternehmerische Funktionen der abhängigen Gesellschaft bei dem herrschenden Unternehmen oder anderen Unternehmen des Unternehmensverbunds zentralisiert werden. Hier ist ein Vergleich mit der Situation bei gedachter Unabhängigkeit nicht ausgeschlossen, denn auch von unabhängigen Unternehmen werden Gesellschaftsangelegenheiten aus Kostengründen ausgelagert. Da davon auszugehen ist, dass ein ordentlicher und gewissenhafter Geschäftsleiter einer unabhängigen Gesellschaft unternehmerische Funktionen nur dann ausgliedern wird, wenn die dadurch entstehenden Kostenvorteile auch seiner Gesellschaft zugute kommen, ist die Vereinbarung der Zentralisierung von unternehmerischen Funktionen im Unternehmensverbund dann nachteilig, wenn nach dieser die abhängige Gesellschaft nicht an den Synergieeffekten partizipiert[323].

bb) Abweichende gesetzliche Rahmenbedingungen im Falle der Unabhängigkeit

Eine Konstellation, in der die abhängige Gesellschaft bei fingierter Unabhängigkeit auf von der Situation bei Abhängigkeit abweichende rechtliche Rahmenbedingungen treffen würde, lag dem in dem Urteil des BGH vom 1. März 1999[324] zugrundeliegenden Sachverhalt vor: Die beklagte Konzernspitzengesellschaft war über eine Tochter- und eine Enkelgesellschaft mittelbar mehrheitlich an der klagenden, faktisch abhängigen Aktiengesellschaft beteiligt. Als Folge finanzieller, wirtschaftlicher und organisatorischer Einbindung der Klägerin in den Konzern bestand zwischen den Parteien eine gewerbesteuerliche Organschaft gemäß § 2 II 2 GewStG i.V.m. § 14 Nr. 1, 2 KStG. Danach galt die Klägerin gewerbesteuerlich als Betriebsstätte der Beklagten, der als Organträgerin die Steuerpflicht der Klägerin zugerechnet wurde. In dieser Situation veranlasste die Beklagte die Klägerin zur Entrichtung einer Gewerbesteuerumlage, die nicht durch Verteilung der

322 So MünchKommAktG/Kropff, § 311 Rn. 345.

323 Vgl. Emmerich/Sonnenschein/Habersack, Konzernrecht, § 25 II 2 c) (S. 408); Habersack in Emmerich/Habersack, Aktien- und GmbH-Konzernrecht, § 311 Rn. 49; Mülbert, Aktiengesellschaft, S. 470 sowie MünchKommAktG/Kropff, § 311 Rn. 210 m.w.N.; vgl. zu diesem Problemkreis ferner Wiedemann/Fleischer in Hdb der Konzernfinanzierung, § 29 Rn. 44.

324 BGHZ 141, S. 79 = WM 1999, S. 850. Zu Anmerkungen zu diesem Urteil s. Feddersen, ZGR 2000, S. 523 (524 ff.); Habersack in Emmerich/Habersack, Aktien- und GmbH-Konzernrecht, § 311 Rn. 50; Henze, BB 2000, S. 2053 (2060); ders., HRR AktienR, Rz. 1240 ff.; Kiethe, WM 2000, S. 1182 ff.; Kleindiek, DStR 2000, S. 559 S. 559 ff.; Kurzwelly, AG 2000, S. 337 (340 ff.); Maul, NZG 1999, S. 660 (660 f.); MünchKommAktG/Kropff, § 311 Rn. 203 ff.; Pyszka, GmbHR 1999, S. 812; Röhricht in VGR, Bd. 2 (2000), S. 3 (8 ff.); Simon, DStR 2000, S. 431 ff.; ders., DStR 2000, S. 537 ff.; Wiedemann/Fleischer, JZ 2000, S. 159 ff.

tatsächlichen Steuerschuld des Organträgers auf den gesamten Organkreis (sogenannte Verteilungsmethode) ermittelt wurde, sondern der fiktiven Steuerpflicht der Klägerin ohne Bestehen einer Organschaft entsprach (sogenannte Belastungs- oder stand-alone-Methode). Für den Fall einer geringeren oder gänzlich entfallenden Steuerlast wurde kein Ausgleich vorgesehen.

Untersucht man nun die Auferlegung der nach der Belastungsmethode berechneten Gewerbesteuerumlage dahingehend, ob diese Umlage auch von einem ordentlichen und gewissenhaften Geschäftsleiter der als unabhängig fingierten abhängigen Gesellschaft akzeptiert worden wäre, so würde sich nach den allgemeinen Grundsätzen zur Nachteilsermittlung kein Nachteil feststellen lassen: Die abhängige Gesellschaft wurde mit einer Gewerbesteuerumlage in der Höhe belastet, die ihrer hypothetischen Gewerbesteuer im Falle ihrer Unabhängigkeit entsprochen hätte.

Diese „Vergleichsmethode" kann jedoch vorliegend in dieser Form nicht zur Anwendung kommen, da die Situation außerhalb der gewerbesteuerlichen Organschaft mangels gleicher gesetzlicher Rahmenbedingungen keinen tauglichen Vergleichsmaßstab liefert: Die abhängige Gesellschaft wäre im Falle ihrer Unabhängigkeit außerhalb der Organschaft selbst Steuerschuldnerin, so dass sich der Vorstand der dann unabhängigen Gesellschaft nie mit der Frage der Entrichtung einer Gewerbesteuerumlage befassen müsste[325]. Des Weiteren deckt sich der etwa verteilungsfähige Steueraufwand des Organkreises in der Regel nicht mit der Summe der hypothetischen Steuerschulden der einzelnen Organgesellschaften[326]. Die unveränderte Heranziehung des Maßstabes aus § 317 II AktG mit der Folge, dass ein Nachteil i.S.d. § 311 I AktG von vornherein nicht in Betracht käme, wäre nur dann gerechtfertigt, wenn die von der Situation bei gedachter Unabhängigkeit abweichenden gesetzlichen Rahmenbedingungen auf Vorschriften zurückzuführen wären, denen eine Ausstrahlungswirkung in das bürgerliche Recht zuzuerkennen wäre. Dass dies bei den steuerrechtlichen Vorschriften über die gewerbesteuerliche Organschaft vor dem Hintergrund ihres Beruhens auf rein fiskalischen Erwägungen nicht in Betracht kommt, wurde vom BGH schon im Rahmen der Fragestellung entschieden, ob bei Bestehen einer gewerbesteuerlichen Organschaft ein Ausgleichsanspruch entsprechend den Regeln über die Gesamtschuld anzuerkennen ist[327]. Für die Frage der Nachteilsfeststellung im Rahmen des § 311 I AktG kann nichts anderes gelten, da diese steuerrechtlichen Normen keine Aussage zu einer sachgerechten Regelung der Beziehungen einer faktisch abhängigen Aktiengesellschaft zum herrschenden Unternehmen treffen. Ist nun der Vergleichsmaßstab des hypothetischen Handelns der pflichtkonform agierenden Geschäftsleitung einer unabhängigen Gesellschaft, wie er in § 317 II AktG zum

325 Vgl. BGHZ 142, S. 79 (84); Kurzwelly AG 2000, S. 337 (341).
326 BGHZ 142, S. 79 (84).
327 S. zur Anwendung des § 426 BGB im Rahmen einer gewerbesteuerlichen Organschaft BGHZ 120, S. 50 (55 ff.).

Ausdruck kommt, aus diesen Gründen unanwendbar, so muss an seine Stelle ein Vergleichsmaßstab treten, der diejenigen gesetzlichen Rahmenbedingungen zur Grundlage hat, wie sie auch bei der abhängigen (Organ-) Gesellschaft vorliegen[328]. Dementsprechend stellt der BGH[329] fest, dass die Nachteiligkeit allein aus der kraft Gesetzes gemäß §§ 2 II 2 GewStG, 14 Nr. 1, 2 KStG vorgegebenen Situation der gewerbesteuerlichen Organschaft heraus zu ermitteln ist. Als Vergleichsmaßstab, der sich durch die gleichen gesetzlichen Rahmenbedingungen auszeichnet, ist somit das hypothetische Verhalten eines ordentlichen und gewissenhaften Geschäftsleiters der in die Organschaft eingebundenen abhängigen Gesellschaft anzusehen[330].

---

[328] Kleindiek, DStR 2000, S. 559 (561) formuliert hinsichtlich des steuerrechtlichen Rahmens der gewerbesteuerlichen Organschaft zutreffend, dass diese rechtlichen Rahmendaten ähnlich den konkreten wirtschaftlichen Verhältnissen der Gesellschaft der Nachteilsfeststellung „vorgelagert" sind.

[329] BGHZ 142, S. 79 (84).

[330] Im Ergebnis ebenfalls Schneider/Singhof, WuB II A., § 317 AktG 1.99, S. 730; Simon, DStR 2000, S. 431 (432); a.A. Feddersen, ZGR 2000, S. 522 (529 f.). Im vorliegenden Fall bleibt nunmehr festzustellen, ob die Einrichtung dieses Gewerbesteuerumlageverfahrens eine Sorgfaltspflichtverletzung des Vorstands i.S.d. § 93 I 1 AktG darstellt. Auszugehen ist davon, dass der Vorstand zweifellos pflichtgemäß handelt, wenn die Gewerbesteuerumlage die abhängige Gesellschaft in dem Umfang belastet, wie sich Ansprüche des herrschenden Unternehmens aus gesetzlichen Anspruchsgrundlagen ergeben. Wird lediglich ein Anspruch aus unechter Gesamtschuld, § 426 I BGB analog, anerkannt, so umfasst dieser nur eine Verteilung des effektiven Steueraufwands des herrschenden Unternehmens, also einen Ausgleich auf der Grundlage der Verteilungsmethode; vgl. dazu BGHZ 120, S. 50 (59 f.). Die Belastungs- oder stand-alone-Methode wäre mit dieser gesetzlichen Anspruchsgrundlage nicht vereinbar. Zum gleichen Ergebnis würde eine, vorliegend jedoch nicht vertretbare, Anwendung der Regelungen über die Geschäftsführung ohne Auftrag, §§ 677 ff. BGB führen; s. hierzu Müller, FS Beisse, S. 363 (369). Anerkennt man neben § 426 I BGB analog einen Ausgleichsanspruch des herrschenden Unternehmens aus ungerechtfertigter Bereicherung, § 812 I 1 2. Alt. (Nichtleistungskondiktion) auf Abschöpfung des ungerechtfertigten Vermögensvorteils, der sich hier durch die Entlastung von der Gewerbesteuer, die ohne Verlagerung der Steuerschuldnerschaft auf das herrschende Unternehmen hätte entrichtet werden müssen, darstellen würde, so würde auch eine nach der Belastungsmethode (stand-alone-Methode) berechnete Gewerbesteuerumlage durch einen gesetzlichen Ausgleichsanspruch gedeckt sein; ein Ausgleichsanspruch aus § 812 I 1 2. Alt. wird bejaht von Feddersen, ZGR 2000, S. 523 (524 ff.); Pyszka, GmbHR 1999, S. 646 (648 f.); ders., GmbHR 1999, S. 812; Simon, DStR 2000, S. 431 (434 ff.); ders., DStR 2000, S. 538, mit Ausführungen auch zur Erforderlichkeit und Methoden „negativer Steuerumlagen" auf den S. 540 ff.. Wird jedoch ein Anspruch aus § 812 I 1 2.Alt. BGB abgelehnt, wie vertreten von Habersack in Emmerich/Habersack, Aktien- und GmbH-Konzernrecht, § 311 Rn. 50, Fn. 143; Kiethe, WM 2000, S. 1182 (1184); Kleindiek, DStR 2000, S. 559 (563); W. Müller, FS Beisse, S. 363 (369 f.); Röhricht in VGR, Bd. 2 (2000), S. 3 (12); FG Baden-Württemberg, EFG 1978, S. 461, so stellt sich die Frage der Pflichtwidrigkeit der Einrichtung eines Gewerbesteuerumlageverfahrens, das die abhängige Gesellschaft in einem über die gesetzlichen Anspruchsgrundlagen hinausgehenden Umfang belastet (bzw. belasten kann). Hier ist grundsätzlich davon auszugehen, dass sich ein ordentlicher und gewissenhafter Geschäfts-

cc) Fehlen der besonderen Machtverteilung zwischen herrschendem Unternehmen und abhängiger Gesellschaft im Falle der Unabhängigkeit

Im Rahmen der Untersuchung der Nachteiligkeit von veranlassten Verhaltensweisen ist es erforderlich, den genauen Beurteilungsgegenstand festzumachen. § 311 I AktG bestimmt als Beurteilungsgegenstand ein Rechtsgeschäft oder eine Maßnahme bzw. das Unterlassen einer Maßnahme. Im Rahmen der Beurteilung, ob eine Maßnahme nachteilig i.S.d. § 311 I AktG ist, ist grundsätzlich zu berücksichtigen, dass ein ordentlicher und gewissenhafter Geschäftsleiter einer unabhängigen Gesellschaft eine Maßnahme deshalb treffen kann, weil er das spätere Eintreten aus dieser Maßnahme resultierender Vorteile erhofft. Insoweit darf ein ordentlicher und gewissenhafter Geschäftsleiter einer unabhängigen Gesellschaft grundsätzlich auch solche Geschäfte vornehmen, die sich zwar bei isolierter Be-

---

leiter nur auf ein Umlageverfahren einlassen wird, dass sich auf den Ausgleich in der Höhe beschränkt, wie er sich mit der kraft Gesetz gegebenen Ausgleichspflicht der Organgesellschaft gegenüber dem Organträger im Innenverhältnis deckt; so auch Kleindiek, DStR 2000, S. 559 (562). Darüber hinaus ist anzumerken, dass angenommen, es bestünde ein Anspruch der Organgesellschaft gegen den Organträger aus ungerechtfertigter Bereicherung in dem Fall, dass die Organgesellschaft Verluste erleidet, (diesen Anspruch auf eine „negative Steuerumlage“ bejaht Simon, DStR 2000, S. 431 (435 f.); ders., DStR 2000, S. 537 (540)), so wäre auch dieser Anspruch im Rahmen des Umlageverfahrens zu berücksichtigen und andernfalls ein Nachteil i.S.d. 311 I AktG anzunehmen; so Simon, DStR 2000, S. 537 (540). Zudem ist noch eine weitere Überlegung anzustellen: Ein Nachteil der faktisch abhängigen Aktiengesellschaft wäre jedenfalls dann unproblematisch zu bejahen, wenn die steuerlichen Folgen der Organschaft als passive Konzerneffekte einzuordnen wären (in diesem Sinne Emmerich/Sonnenschein/Habersack, Konzernrecht, § 25 II 2 c) (S. 409); Habersack in Emmerich/Habersack, Aktien- und GmbH-Konzernrecht, § 311 Rn. 50; Röhricht in VGR, Bd. 2 (2000), S. 3 (12); Wiedemann/Fleischer, JZ 2000, S. 159 (160 f.)) und sich positiv ein Anspruch dieser Gesellschaft auf Teilhabe an diesen „steuerlichen Verbundvorteilen“ begründen ließe (s. zu der Frage des Bestehens eines Anspruchs auf Teilhabe an den positiven passiven Konzerneffekten oben B. V. 6. a) aa)) und das Umlageverfahren diesen Anspruch nicht berücksichtigen würde. Jedenfalls in Höhe eines solchen Anspruchs auf Teilhabe an den „steuerlichen Verbundsvorteilen“ wäre auch ein ansonsten möglicherweise in Betracht kommender bereicherungsrechtlicher Anspruch des Organträgers auf Abschöpfung des Vermögensvorteils (Entlastung von der Gewerbesteuer, s.o.) ausgeschlossen. Der BFH, der in seinem Urteil vom 07.11.2001 (I R 57/00, GmbHR 2002, S. 448) das Vorliegen einer verdeckten Gewinnausschüttung im Fall der Berechnung der Gewerbesteuerumlage nach der Belastungs- oder stand-alone-Methode zu beurteilen hatte, konnte in dieser Entscheidung die zuvor aufgeworfenen Fragen, die sich auch steuerrechtlich stellten, für das Steuerrecht unbeantwortet lassen. Für die Zeit ab dem Erhebungszeitraum 2002 ist schließlich hinsichtlich der Beurteilung von Gewerbesteuerumlagen auf die Änderungen der Organschaftsbestimmungen durch das Unternehmenssteuerfortentwicklungsgesetz (UntStFG) vom 20.12.2001 (BGBl. I 2001, S. 3858) hinzuweisen.

Die Frage, ob der Einstufung eines Sachverhaltes (hier einer Gewerbesteuerumlage der dem Urteil zugrundeliegenden Ausprägung) als steuerliche verdeckte Gewinnausschüttung eine indizielle Wirkung für die aktienrechtliche Nachteilsprüfung beizumessen ist, wie vom Senat vertreten, wird Gegenstand des dritten Teiles der Untersuchung sein.

trachtung als ungünstig darstellen, er jedoch mit hinreichender Wahrscheinlichkeit davon ausgehen kann, dass dieser "Nachteil" durch zukünftige Vorteile zumindest ausgeglichen wird. Je unsicherer der Eintritt des zukünftigen Vorteils ist, desto mehr wird dieser Vorteil den bei isolierter Betrachtung, d.h. bei Ausklammerung des zukünftigen Vorteils aus der Angemessenheitsprüfung, bestehenden Nachteil übersteigen müssen, um von dem Eingehen eines zumutbaren kaufmännischen Risikos des ordentlichen und gewissenhaften Geschäftsleiters einer unabhängigen Gesellschaft ausgehen zu können.

Handelt es sich bei diesen Vorteilen um solche, die von dem herrschenden Unternehmen zu gewähren wären, so kann jedoch in diesen Fällen im Rahmen der Nachteilsprüfung nicht uneingeschränkt von dem Vergleichsmaßstab des ordentlichen und gewissenhaften Geschäftsleiters einer unabhängigen Gesellschaft ausgegangen werden. Bei bestimmten Sachverhalten ist aufgrund des Abhängigkeitsverhältnisses eine besondere Qualität der Beziehung des erwarteten Vorteils zu der Maßnahme zu verlangen, damit schon der nachteilige Charakter des veranlassten Verhaltens entfällt und nicht nur ein Nachteilsausgleich i.S.d. § 311 AktG bei einem etwaigen späteren Zufluss des Vorteils vorliegt[331].

Eine derartige Sachverhaltskonstellation liegt zunächst bei von der Pflege guter Geschäftsbeziehungen motivierten Geschäftsakten der abhängigen Gesellschaft vor. Dem ordentlichen und gewissenhaften Geschäftsleiter einer unabhängigen Gesellschaft ist es grundsätzlich nicht verwehrt, ein sich bei isolierter Betrachtung als "nachteilig" darstellendes Geschäft abzuschließen, wenn dieses der Pflege der Geschäftsbeziehungen dient und zu erwarten ist, dass langfristig diese "Nachteile" durch vorteilhafte Geschäftsabschlüsse zumindest kompensiert werden[332]. Besteht jedoch ein Abhängigkeitsverhältnis, muss vor dem Hintergrund der besonderen Machtverteilung zwischen herrschendem Unternehmen und abhängiger Gesellschaft eine abweichende Beurteilung gelten. Der Abschluss zukünftiger Geschäfte wird in Abhängigkeitsverhältnissen in den seltensten Fällen von vorangegangenen entgegenkommenden Geschäften seitens der abhängigen Gesellschaft und den guten Beziehungen zwischen den Unternehmen abhängen, sondern von dem Willen des herrschenden Unternehmens, das der abhängigen Gesellschaft nicht die freie Auswahl der Geschäftsbeziehungen lässt[333]. Das herr-

---

[331] Dieser Frage kommt auch im Falle der späteren Zuwendung des bisher nur erwarteten Vorteils dann eine Bedeutung zu, wenn dieser Vorteil der abhängigen Gesellschaft nicht bis zum Ende des Geschäftsjahres zufließt, dem Zeitpunkt also, bis zu welchem der Nachteilsausgleich oder die Gewährung eines Rechtsanspruches auf einen solchen bei Nachteiligkeit des Verhaltens erfolgen muss, damit keine Schadensersatzverpflichtung nach § 317 AktG entsteht.

[332] Vgl. Adler/Düring/Schmalz, § 311 Rn. 41; Koppensteiner in KölnKomm z. AktG, § 311 Rn. 42; MünchKommAktG/Kropff, § 311 Rn. 159; ähnlich Kropff, FS Lutter, S. 1133 (1140); Strohn, Verfassung der AG, S. 82 f.; s. zu diesem Problembereich auch Wiedemann/Fleischer in Hdb der Konzernfinanzierung, § 29 Rn. 10.

[333] Vgl. Adler/Düring/Schmalz, § 311 Rn. 41, Koppensteiner in KölnKomm z. AktG, § 311 Rn. 42; ähnlich auch Wiedemann/Fleischer in Hdb der Konzernfinanzierung, § 29 Rn. 10.

schende Unternehmen ist nicht auf die Vornahme eines Kompensationsgeschäftes angewiesen, um die Geschäftsbeziehungen zur abhängigen Gesellschaft aufrechtzuerhalten[334]. Die Pflege guter Geschäftsbeziehungen kann daher derart entgegenkommende Geschäfte nicht rechtfertigen[335]. In diesen Fällen ist bei der Nachteilsfeststellung eine Ausnahme von der Maßgeblichkeit des Maßstabs des hypothetischen sorgfaltsgemäßen Verhaltens bei fingierter Unabhängigkeit zu machen. Die Nachteiligkeit ergibt sich vielmehr daraus, dass sich ein hypothetischer ordentlicher und gewissenhafter Geschäftsleiter der abhängigen Gesellschaft nicht so verhalten hätte.

Als ähnlich gelagerter Problemfall ist das Vertrauen auf die Gewährung eines zukünftigen Vorteils durch den Geschäftspartner anzusehen. In der Geschäftswelt ist es bei engeren Geschäftsbeziehungen nicht unüblich und im Hinblick auf die Sorgfaltsanforderungen des § 93 AktG auch nicht zwingend als bedenklich anzusehen, wenn ein ungünstiges Geschäft in der Erwartung abgeschlossen wird, dass ein bestimmter, spiegelbildlich mindestens ebenso günstiger Geschäftsabschluss die Folge sein wird und sich die Parteien schon über dessen Abschluss einig sind, ohne dass der Geschäftspartner jedoch rechtlich gebunden ist[336]. Eine derartige "Vorleistung“ im Vertrauen auf ein späteres Entgegenkommen muss daher bei einer unabhängigen Gesellschaft keinen Sorgfaltsverstoß darstellen. Handelt es sich jedoch um Geschäftsabschlüsse mit dem herrschenden Unternehmen, so spricht ebenso wie in dem oben dargestellten Fall die in Abhängigkeitsverhältnissen bestehende besondere Machtverteilung zwischen den Vertragspartnern gegen die ausnahmslose Anwendung des Vergleichsmaßstabs des ordentlichen und gewissenhaften Geschäftsleiters einer unabhängigen Gesellschaft[337]. Das herrschende Unternehmen ist, anders als ein sonstiger Geschäftspartner, zur Fortführung der Geschäftsbeziehungen nicht darauf angewiesen, sich an rechtlich unverbindliche Absprachen, wie im Geschäftsverkehr sonst üblich, zu halten.

Diese in Abhängigkeitsverhältnissen bestehenden Besonderheiten lassen es in den dargestellten Sachverhaltskonstellationen gerechtfertigt erscheinen, dass derartige Vorteile, deren Gewährung die abhängige Gesellschaft von dem herrschenden Unternehmen erwartet, grundsätzlich nur dann im Rahmen der Nach-

---

[334] Habersack in Emmerich/Habersack, Aktien- und GmbH-Konzernrecht, § 311 Rn. 42.

[335] Im Ergebnis auch Kropff, FS Lutter, S. 1133 (1140); zurückhaltender MünchKommAktG/Kropff, § 311 Rn. 159.

[336] Strohn, Verfassung der AG, S. 82.

[337] So auch Koppensteiner in KölnKomm z. AktG, § 311 Rn. 42 und im Ergebnis auch Strohn, Verfassung der AG, S. 83, der jedoch im Rahmen der Nachteilsfeststellung „aus Gründen der Praktikabilität und Klarheit“ das „Kompensationsgeschäft“ unberücksichtigt lassen will, da er in diesen Fällen die Feststellung eines Überschreitens der Grenzen einer ordentlichen Geschäftsführung für oftmals problematisch hält. Diese Begründung kann jedoch ein Abweichen von dem gesetzlich vorgegebenen Vergleichsmaßstab nicht rechtfertigen, da die Nachteilsfeststellung in vielen Fällen durchaus schwierig ist und der Rechtsanwender derartige Probleme nötigenfalls unter Heranziehung von Sachverständigen bewältigen muss.

teilsfeststellung berücksichtigt werden können, wenn das Eintreten der Vorteile hinreichend gesichert ist bzw. die abhängige Gesellschaft bei Nichteintritt der Vorteile den bei Ausklammerung der erwarteten Vorteile aus der Angemessenheitsprüfung bestehenden Nachteil ungeschehen machen kann[338].

b) Aufhebung der Funktionsfähigkeit der §§ 311 ff. AktG als Nachteil? – Außenseiterschutz außerhalb der §§ 311 ff. AktG

Das Gesetz versucht im Wege des Einzelausgleichs der nachteiligen Folgen des vom herrschenden Unternehmen veranlassten Verhaltens die abhängige Gesellschaft vermögensmäßig so zu stellen, als wäre sie unabhängig[339]. Dieses Schutzsystem erfordert zum einen die Feststellung, dass die abhängige Gesellschaft vom herrschenden Unternehmen zu einem Verhalten veranlasst wurde und zum anderen die Feststellung etwaiger aus diesem Verhalten für die abhängige Gesellschaft resultierender Nachteile dem Grunde, als auch der Höhe[340] nach. Ein Nachteil im Sinne des § 311 I AktG ist gegeben, wenn sich der Vorstand der abhängigen Gesellschaft bei fingierter Unabhängigkeit nicht in der veranlassten, die Vermögens- und Ertragslage der Gesellschaft mindernde oder konkret gefährdende Weise hätte verhalten können, ohne gegen die Sorgfalt des ordentlichen und gewissenhaften Geschäftsleiters zu verstoßen. Um einen Nachteil feststellen

[338] Vgl. zu diesen Erwägungen die Ausführungen im 3. Kapitel unter B. IV. 2. a) cc).

[339] S. dazu oben A. II. 1.

[340] Im Rahmen dieser Untersuchung wird nicht auf die Frage eingegangen, welche Rechtsfolgen die Veranlassung zu einem die Vermögensinteressen der abhängigen Gesellschaft beeinträchtigenden Geschäftsakt nach sich zieht, den ein ordentlicher und gewissenhafter Geschäftsleiter der als unabhängig fingierten abhängigen Gesellschaft nicht vorgenommen haben würde, der also nachteilig ist, bei welchem jedoch der Nachteil und insbesondere auch der Schaden nicht quantifiziert werden kann. Denn in diesen Fällen steht die grundsätzliche Nachteiligkeit fest und die Höhe des Nachteils bzw. des Schadens kann gerade nicht festgestellt werden. Es wird daher auf die einschlägige Literatur verwiesen, z.B. Adler/Düring/Schmalz, § 311 Rn. 59; Emmerich/Sonnenschein/Habersack, Konzernrecht, § 25 II 1 a) (S. 406,), 3 b) (S. 413), III (S. 414), § 28 II 1 (S. 439), § 31 III 2 (S. 471 f.); Habersack in Emmerich/Habersack, Aktien- und GmbH-Konzernrecht, Anh. II § 318 Rn. 18 ff., 25, § 311 Rn. 43, 58, 64, § 317 Rn. 16; Koppensteiner in KölnKomm z. AktG, § 311 Rn. 31, 48, 51 ff., 58, 67, 69, 86 ff., 103; Krieger in MünchHdb.GesR, § 69, Rn. 70, 72, 76; MünchKommAktG/Kropff, § 311 Rn. 156 ff., 241, § 317 Rn. 39 f., § 317 Anh Rn. 19 ff.; Paehler, Zulässigkeit des faktischen Konzerns, S. 4 ff.; Papagiannis, Der faktische Aktienkonzern, S. 55; Strohn, Verfassung der AG, S.65 f., 88 ff.; Röhrkasten, Verdeckte Gewinnausschüttung, S. 75 f.. Einen interessanten Fall bildet in diesem Zusammenhang das Geschehen um die Übernahme von Mannesmann durch Vodaphone. In verschiedenen Gutachten wurde die Frage diskutiert, ob Vodaphone ohne den vorherigen Abschluss eines Beherrschungsvertrages Mannesmann zur Weiterveräußerung der kurz zuvor erworbenen Orange plc veranlassen könnte. Hier stellt sich unter anderem die Frage der Quantifizierbarkeit des etwaigen Nachteils der Veräußerung von Orange plc; vgl. dazu Lutter, FS Peltzer, S. 241 (250 ff.) unter Berücksichtigung der verschiedenen gutachterlichen Stellungnahmen.

zu können, muss grundsätzlich[341] der Vergleich mit der Situation bei gedachter Unabhängigkeit möglich sein.

Fraglich ist vor diesem Hintergrund, ob Verhaltensweisen, die zur Folge haben, dass nachfolgende Veranlassungen nicht mehr festgestellt oder wirtschaftlich negative Folgen keiner bestimmten veranlassten Maßnahme zugeordnet werden können oder die Fiktion der Unabhängigkeit undurchführbar wird, generell als nachteilig anzusehen sind. Der Vergleichsmaßstab des fiktiven Verhaltens bei Unabhängigkeit kann schon durch die Vornahme einer einzigen Maßnahme verloren gehen[342]. Gleichermaßen kann eine Einzelmaßnahme die Feststellbarkeit nachfolgender Veranlassungen bzw. die Zuordnung wirtschaftlich negativer Folgen ausschließen. Werden derartige Maßnahmen vorgenommen, so geht mit der diesbezüglichen Beeinträchtigung der Funktionsfähigkeit der §§ 311 ff. AktG die Gefahr einher, dass die Vermögensinteressen der abhängigen Gesellschaft ausgleichs- und entschädigungslos beeinträchtigt werden.

Als Maßnahmen, deren Vornahme die nachfolgende Undurchführbarkeit der Fiktion der Unabhängigkeit zur Folge haben können, kommen vor allem konzernintegrative Maßnahmen in Betracht[343]. Grundsätzlich sind Aus– und Eingliederungen, Änderungen des Unternehmensgegenstandes und die Aufnahme oder Abgabe neuer Tätigkeiten innerhalb des Unternehmensgegenstandes vor dem Hintergrund der Dynamik wirtschaftlicher Entwicklungen auch bei einer abhängigen Gesellschaft möglich und zur Erhaltung der Lebensfähigkeit unter Umständen sogar erforderlich[344]. Bei derartigen Maßnahmen besteht jedoch die Gefahr, dass das herrschende Unternehmen die abhängige Gesellschaft in einem Umfang

---

[341] Wie bereits dargestellt, muss jedoch in einigen Fällen eine Ausnahme von der Maßgeblichkeit des Maßstabs des hypothetischen sorgfaltsgemäßen Verhaltens bei fingierter Unabhängigkeit gemacht werden; s. dazu oben B. V. 6. a). Die Nachteiligkeit ergibt sich in diesen Fällen daraus, dass sich ein hypothetischer ordentlicher und gewissenhafter Geschäftsleiter der abhängigen Gesellschaft nicht in gleicher Weise verhalten hätte.

[342] Hoffmann-Becking, in: Probleme des Konzernrechts, S. 68 (80); Zöllner, GS Knobbe-Keuk, S. 369 (375); Mülbert, DStR 2001, S. 1937 (1945); ders., Aktiengesellschaft, S. 484: Bereits aufgrund eines einzelnen Eingriffs, etwa die Umformung zur reinen Vertriebsgesellschaft für die Produkte des herrschenden Unternehmens, kann das Eigeninteresse der konzernierten Gesellschaft nicht mehr vollziehbar sein. Vgl. zur Frage, ob die der Herstellung einheitlicher Leitung dienenden Maßnahmen aufgrund der Beeinträchtigung des Eigeninteresses der abhängigen Gesellschaft als Maßstab der Nachteilsfeststellung unzulässig sind, Tröger, Treupflicht, S. 190 ff.

[343] S. hierzu die ausführliche Darstellung bei Hommelhoff, Konzernleitungspflicht, S. 129 ff., insbesondere S. 129, 135, 137 f, 141 ff.

[344] MünchKommAktG/Kropff, § 317 Anh. Rn. 91; vgl. auch Habersack in Emmerich/Habersack, Aktien- und GmbH-Konzernrecht, Anh. II § 318 Rn. 19; Krieger in MünchHdb.GesR, § 69 Rn. 118.

in den Konzern[345] integriert, der eine Fiktion der Unabhängigkeit der abhängigen Gesellschaft unmöglich macht[346], die abhängige Gesellschaft also so umgestaltet wird, dass, wie es Mestmäcker[347] formuliert, „das unternehmerische Eigeninteresse als Maßstab für die Begrenzung des beherrschenden Einflusses unvollziehbar" wird[348]. Eine Fiktion der Unabhängigkeit wird für die Zukunft regelmäßig dann undurchführbar sein, wenn das herrschende Unternehmen der abhängigen Gesellschaft eine lediglich seinen außerhalb der abhängigen Gesellschaft liegenden unternehmerischen Interessen dienende Funktion zuweist, sei es rechtlich durch Änderung des Unternehmensgegenstandes oder mittels tatsächlicher Maßnahmen[349].

Anzumerken ist jedoch, dass schon die wesentliche Ausrichtung der Geschäftstätigkeit auf das herrschende Unternehmen oder ein anderes Konzernunternehmen und die damit verbundene Aufgabe der eigenen Marktstellung aufgrund der Gefahr, bei Beendigung der Kooperation in existenzbedrohende wirtschaftliche Schwierigkeiten zu geraten, einen Verstoß gegen die Sorgfaltsanforderungen der §§ 317 II, 93 AktG darstellen und die Vermögens- und Ertragslage der abhängigen Gesellschaft konkret gefährden kann, so dass schon nach den bisher dargestellten Grundsätzen ein Nachteil[350] anzunehmen ist[351]. Unzutreffend ist

---

[345] Gleiches gilt für bloße Abhängigkeitsverhältnisse im Rahmen der Ausrichtung der abhängigen Gesellschaft auf das unternehmerische Interesse des herrschenden Unternehmens. Jedoch sind die dargestellten Verhaltensweisen gerade in Konzernlagen typischerweise vorzufinden.

[346] MünchKommAktG/Kropff, § 311 Rn. 155; § 317 Anh. Rn. 92; vgl. auch Hoffmann-Becking, in: Probleme des Konzernrechts, S. 68 (76, 80); Lutter, ZGR 1982, S. 244 (264 f.); Zöllner, GS Knobbe-Keuk, S. 369 (375).

[347] Mestmäcker, FS Kronstein, S. 129 (147).

[348] Vgl. auch Kleindiek, Strukturvielfalt, S. 51; Mülbert, Aktiengesellschaft, S. 484 ff.; Stahl, Das Verbot der Benachteiligung, S. 113.

[349] Vgl. MünchKommAktG/Kropff, § 311 Rn. 155, § 317 Anh. Rn. 92; s. zu diesen Fällen ferner Emmerich/Sonnenschein/Habersack, Konzernrecht, § 25 II 1 a) (S. 406); Habersack in Emmerich/Habersack, Aktien- und GmbH-Konzernrecht, § 311 Rn. 41; Anh. II § 318 Rn. 17; s. des Weiteren die ausführliche Problematisierung der Ausrichtung der Geschäftstätigkeit der abhängigen Gesellschaft auf das herrschende Unternehmen oder ein anderes Konzernunternehmen bei Strohn, Verfassung der AG, S. 77 ff., 80 ff.

[350] Hinzuweisen ist in dem vorliegenden Zusammenhang auf die besonderen Schwierigkeiten, die der Nachteilsausgleich bei konzernintegrativen Maßnahmen aufwirft: Die komplexen und kaum überschaubaren Auswirkungen schließen bei nachteiligen konzernintegrativen Maßnahmen regelmäßig einen Einzelausgleich aus. Sind diese Verhaltensweisen im Einzelfall umkehrbar, lassen sich also deren Auswirkungen wieder beseitigen, ist ein Nachteilsausgleich möglich. Typischerweise wird es sich jedoch um unumkehrbare strukturändernde Maßnahmen handeln, bei denen ein Nachteilsausgleich nicht in Betracht kommt, vgl. dazu MünchKommAktG/Kropff, § 317 Anh. Rn. 97; s. dazu ferner Emmerich/Sonnenschein/Habersack, Konzernrecht, § 31 III 1, 2 (S. 470 ff.); Tröger, Treupflicht, S. 182 ff.. Lässt sich der Nachteil nicht quantifizieren und ist daher einem Nachteilsausgleich nach § 311 II AktG nicht zugängig, so ist bereits die Veranlassung zu der fraglichen Verhaltensweise rechtswidrig; vgl. nur Lutter, FS Peltzer, S. 241 (251) m.w.N.. Ist der Schaden nicht, auch nicht unter Rückgriff auf die Scha-

es insbesondere, nicht die eine spätere selbstständige Existenzfähigkeit gefährdende Umstrukturierungsmaßnahme, sondern erst die etwaige Auflösung des Abhängigkeitsverhältnisses als nachteilig zu betrachten[352]. Zwar verbessert sich

---

densschätzung nach § 287 ZPO zu erfassen, kommen insbesondere Rechtsfolgen aus dem Tatbestand des "qualifiziert faktischen (Aktien-) Konzerns" in Betracht. (Nur) In dieser Konstellation des nicht quantifizierbaren Schadens vermag die von der wohl herrschenden Meinung vertretene Fassung des Tatbestandes des "qualifiziert faktischen (Aktien-) Konzerns" mit Struktur- und Verhaltenselementen zu überzeugen. Problematisch sind jedoch die Fälle, in denen das Einzelausgleichssystem der §§ 311 ff. AktG nicht (nur) aufgrund eines nicht quantifizierbaren Schadens undurchführbar ist; s. zu diesem Problembereich und zum Tatbestand des "qualifiziert faktischen (Aktien-) Konzerns" die nachfolgenden Ausführungen zu der Frage eines möglichen Außenseiterschutzes außerhalb der Regelungen der §§ 311 ff. AktG.

[351] So im Ergebnis Adler/Düring/Schmalz, § 311 Rn. 56; Emmerich/Sonnenschein/Habersack, Konzernrecht, § 31 III 1 (S. 470); Habersack in Emmerich/Habersack, Aktien- und GmbH-Konzernrecht, § 311 Rn. 57; Koppensteiner in KölnKomm z. AktG, § 311 Rn. 43, 45; Krieger in MünchHdb.GesR, § 69 Rn. 72, 116; MünchKommAktG/Kropff, § 311 Rn. 208; Richardt, Der aktienrechtliche Abhängigkeitsbericht, S. 42 ff.; Strohn, Verfassung der AG, S. 78 f., 80 f. und wohl auch Kiehne, DB 74, S. 321 (322). Jedoch kann auch unabhängig von einer Gefährdung der selbstständigen Existenzfähigkeit eine Ausgliederung wesentlicher, für die Fiktion der Unabhängigkeit unentbehrlicher Unternehmensfunktionen bei der abhängigen Gesellschaft und deren Zentralisierung bei dem herrschenden Unternehmen oder eine weitgehende Ausrichtung von Produktion oder Absatz auf die Bedürfnisse des herrschenden Unternehmens oder eines anderen Konzernunternehmens die Ertragsaussichten der abhängigen Gesellschaft mindern und bei pflichtwidrigem Verhalten einen Nachteil i.S.d. § 311 I AktG begründen. Nicht überzeugend ist es, wie Hommelhoff, Konzernleitungspflicht, S. 132 ff., konzernintegrative Maßnahmen generell aus dem Anwendungsbereich der §§ 311 ff. AktG herauszunehmen, da bei diesen, wie dargelegt, in vielen Fällen durchaus eine Nachteiligkeit i.S.d. § 311 I AktG feststellbar sein wird. Anzumerken ist jedoch, dass Hommelhoff unter konzernintegrativen Maßnahmen solche Maßnahmen versteht, die der Einbeziehung der Gesellschaft in den Konzernverbund dienen und sich in ihren Auswirkungen gerade nicht mit hinreichender Sicherheit als vor- oder nachteilig abschätzen lassen.

Wurden nachteilige konzernintegrative Maßnahmen durchgeführt, so ist es jedoch als Konsequenz der veränderten Ausrichtung der abhängigen Gesellschaft nicht mehr als nachteilig anzusehen, in der Folgezeit im Rahmen der gegebenen wirtschaftlichen Anbindung weitergehende unternehmerisch gebotene Einzelspezifikationen vorzunehmen, da deren Vornahme und die diesbezüglichen Auswirkungen auf die (spätere) Vermögens- und Ertragslage jenem ersten, die wirtschaftliche Verflechtung herbeiführenden, veranlassten Verhalten zuzurechnen ist, vgl. Koppensteiner in KölnKomm z. AktG, § 311 Rn. 46.

[351] Zur Zulässigkeit des einfachen faktischen Konzerns s. oben A. II. 3.

[352] So aber Richardt, Der aktienrechtliche Abhängigkeitsbericht, S. 133 f.; Stahl, Das Verbot der Benachteiligung, S. 123 f., 147 f.. Die Beendigung des Abhängigkeitsverhältnisses, etwa durch Veräußerung der Beteiligung an der abhängigen Gesellschaft, stellt keinen Nachteil dar; vgl. Habersack in Emmerich/Habersack, Aktien- und GmbH-Konzernrecht, Anh. II 318 Rn. 18; Krieger in MünchHdb.GesR, § 69 Rn. 116; Stahl, Das Verbot der Benachteiligung, S. 145 f.; für die GmbH BGH NJW 1997, S. 943 (944). Im Fall der Veräußerung der Beteiligung mangelt es des Weiteren schon an einer Veranlassung der abhängigen Gesellschaft. Eine tat-

oftmals die kurz- und mittelfristige Ergebnissituation abhängiger Gesellschaften nach der Ausrichtung auf das herrschende Unternehmen oder andere Konzernunternehmen, da sich die abhängigen Gesellschaften im Umfang der veränderten Ausrichtung dem freien Konkurrenzkampf auf dem Markt entziehen können[353]. Ausreichend für das Vorliegen eines Nachteiles i.S.d. § 311 I AktG ist jedoch die konkrete Gefährdung der Vermögens- und Ertragslage durch die jederzeit drohende und von der abhängigen Gesellschaft regelmäßig nicht beeinflussbare Beendigung des Abhängigkeitsverhältnisses. Diese Gefährdung entsteht aber gerade schon durch die Veränderung der Ausrichtung der abhängigen Gesellschaft, durch die eine selbstständige Existenz beeinträchtigt oder unmöglich gemacht wird, wenn der Vorstand der abhängigen Gesellschaft die möglichen Auswirkungen dieser Ausrichtung nicht beherrschen kann[354]. Im Einzelfall kann jedoch eine derartige konzernintegrative Maßnahme dann als nicht nachteilig angesehen werden, wenn sich das abhängige Unternehmen in einer existenzbedrohenden wirtschaftlichen Krise befindet und die Veränderung der Ausrichtung die einzige oder jedenfalls erfolgversprechendste Möglichkeit der Sanierung darstellt[355].

Als eine Maßnahme, nach deren Vornahme von dem herrschenden Unternehmen ausgehende Veranlassungen nicht mehr feststellbar sind, kommt die Auslagerung der EDV auf ein anderes Konzernunternehmen und die Einrichtung konzernweiter Datenverbunds- und Informationssysteme in Betracht. So wurde von Stein[356] dargelegt, dass hierdurch eine dauernde, umfassende, nicht erkennbare und nicht kontrollierbare Einflussnahme auf die Führung der abhängigen Gesellschaft ermöglicht wird, also eine Situation entsteht, in der die für die Funktionsfähigkeit der §§ 311 ff. AktG erforderliche Unterscheidung zwischen eigen- und fremdveranlasstem Verhalten nicht mehr durchführbar ist[357].

---

bestandliche Veranlassung kommt lediglich in Bezug auf eine etwa erforderliche Zustimmung der abhängigen Gesellschaft in Betracht (so bei vinkulierten Namensaktien, § 68 II AktG).

353 Vgl. Koppensteiner in KölnKomm z. AktG, § 311 Rn. 31; Richardt, Der aktienrechtliche Abhängigkeitsbericht, S. 42; Strohn, Verfassung der AG, S. 77 f.

354 Ähnlich Strohn, Verfassung der AG, S. 79 f.

355 Vgl. zu diesen Fällen Strohn, Verfassung der AG, S. 79, der darüber hinaus die Umwandlung der abhängigen Gesellschaft in einen unselbstständigen Unternehmensteil nicht als nachteilig ansieht, wenn auf der einen Seite aus der selbstständigen wirtschaftlichen Tätigkeit am Markt nur ein minimaler Gewinn zu erzielen sein wird und auf der anderen Seite die wirtschaftliche Anbindung an das herrschende Unternehmen oder andere Konzernunternehmen einen wesentlich höheren Gewinn erwarten lässt, wobei die aus diesem Gewinn zu bildenden Rücklagen ausreichen müssen, um die bei einer Beendigung der Kooperation entstehenden Verluste auszugleichen. Dieses Verhalten entspricht, wie Strohn überzeugend darstellt, der Sorgfalt des ordentlichen und gewissenhaften Geschäftsleiters.

356 Stein, ZGR 1988, S. 163 (174 ff., 182).

357 Im gleichen Maße ist eine Veranlassung i.S.d. § 311 I AktG nicht mehr feststellbar, wenn der Tochtervorstand ausschließlich in Personalunion mit Vorstandmitgliedern des herrschenden Unternehmens besetzt ist. In diesen Fällen greift jedoch eine widerlegliche Veranlassungs-

Sind jedoch die angesprochenen Maßnahmen nun allein schon deswegen als nachteilig anzusehen, weil deren Vornahme die Funktionsfähigkeit der §§ 311 ff AktG insoweit beeinträchtigen würde, dass die abhängige Gesellschaft nicht mehr als unabhängig zu fingieren, eine Veranlassung nicht mehr feststellbar oder eine wirtschaftlich negative Folge keiner bestimmten veranlassten Maßnahme zuzuordnen wäre? Diese Frage ist zu verneinen[358]. Zwar muss ein ordentlicher und gewissenhafter Geschäftsleiter darauf bedacht sein, dass die Funktionsfähigkeit der Vorschriften, welche die von ihm zu führende faktisch abhängige Gesellschaft schützen, gewährleistet bleibt. Er darf also das herrschende Unternehmen nicht in die Lage versetzen, die abhängige Gesellschaft sanktionslos zu schädigen, da in faktischen Abhängigkeitsverhältnissen die Gefahr besteht, dass das herrschende Unternehmen von dieser Möglichkeit Gebrauch macht. Verhält sich der Vorstand der abhängigen Gesellschaft in der genannten, die Funktionsfähigkeit der §§ 311 ff. AktG aufhebenden Weise, wird dieses Verhalten als sorgfaltswidrig im Sinne der §§ 317 II, 93 AktG anzusehen sein[359]. Problematisch ist jedoch, dass die Beeinträchtigung der Funktionsfähigkeit der §§ 311 ff. AktG allein keine konkrete Gefährdung der Vermögens- und Ertragslage der abhängigen Gesellschaft darstellt, soweit lediglich eine fernliegende Möglichkeit besteht, dass es nachfolgend in der Situation der teilweise aufgehobenen Funktionsfähigkeit des Regelungssystems der §§ 311 ff. AktG zu einer Schädigung im Sinne einer Beeinträchtigung der Vermögens- und Ertragslage kommen wird. Durch die genannten Verhaltensweisen wird zunächst lediglich ein bestimmter Organisationszustand hergestellt, der "nur" eine abstrakte Gefahr für die Vermögens- und Ertragslage der abhängigen Gesellschaft darstellt, die für die Begründung eines Nachteils i.S.d. § 311 I AktG nicht ausreichend ist[360]. Da die §§ 311 ff. AktG darauf ausgerichtet sind, das vermögensmäßige Eigeninteresse der abhängigen Gesellschaft zu schützen[361], muss nach den Umständen des Einzelfalles zumindest die naheliegende Möglichkeit bzw. eine gewisse (hinreichende) Wahrscheinlichkeit bestehen, dass das herrschende Unternehmen den so geschaffenen Orga-

---

vermutung (vgl. oben B. III. 3.), so dass das Ausgleichssystem des § 311 AktG weiterhin funktionsfähig bleiben dürfte.

[358] A.A. MünchKommAktG/Kropff, § 317 Anh. Rn. 92: „In der Tat ist die Abgabe der für den Vergleich mit einer unabhängigen Gesellschaft notwendigen Funktionen unabhängig von ihren ertragsmäßigen Auswirkungen schon deshalb nachteilig, weil sie den Vergleich mit der Handlungsweise des ordentlichen und gewissenhaften Geschäftsleiters einer unabhängigen Gesellschaft unmöglich macht."

[359] In diesem Sinne wohl auch Hommelhoff, Konzernleitungspflicht, S. 146; für den Fall, dass durch das Verhalten die Erkennbarkeit veranlasster Maßnahmen aufgehoben wird, Stein, ZGR 1988, S. 163 (190 f.).

[360] Koppensteiner in KölnKomm z. AktG, § 311 Rn. 28 stellt ebenfalls fest, dass ein Sorgfaltsverstoß allein zu keinem Nachteil i.S.d. § 311 I AktG führt, solange dieser nicht die Vermögens- und Ertragslage der Gesellschaft beeinträchtigt oder zumindest gefährdet. Welche Form der Gefährdung gegeben sein muss, lässt er jedoch offen.

[361] Vgl oben A. II. 1.

nisationszustand zu einer Schädigung der abhängigen Gesellschaft ausnutzen wird. Erst dann wird man von einer Beeinträchtigung der Vermögensinteressen der abhängigen Gesellschaft sprechen können, zu deren Ausgleich die §§ 311 ff AktG zum Schutze der Außenseiter anhalten. Ein Schutz der abhängigen Gesellschaft in wirtschaftlich organisatorischer Hinsicht vor Verhaltensweisen, die das Regelungssystem der §§ 311 ff AktG aus den Angeln heben, ist zwar erforderlich, lässt sich jedoch nicht und soll auch nicht durch das Regelungssystem der §§ 311 ff AktG erreicht werden[362].

Zumindest mangels konkreter Gefährdung der Vermögens- und Ertragslage[363] ist auch die Herbeiführung einer Situation der Unkontrollierbarkeit, wenn die dauernde, breitflächige und umfassende Einwirkung eine Isolierung einzelner Maßnahmen und die Beurteilung ihrer Auswirkungen auf die abhängige Gesellschaft unmöglich macht, als solche nicht als nachteilig anzusehen[364]. Gleiches gilt, wenn eine völlige Intransparenz der geschäftlichen Beziehungen zwischen den verbundenen Unternehmen oder eine unzureichende Dokumentation und Buchführung wegen der damit verbundenen Undurchschaubarkeit eine Feststellung der Veranlassung oder deren Auswirkungen verhindert[365]. Wird die Funktionsfähigkeit des Regelungssystems der §§ 311 ff. AktG durch Einzelmaßnahmen funktionsunfähig gemacht, ohne dass aus den genannten Gründen ein Nachteil angenommen werden kann, muss ein außerhalb der §§ 311 ff AktG eingreifendes Schutzsystem die außenstehenden Aktionäre und Gläubiger sichern[366].

Im Folgenden wird in knapper Form auf einzelne der in Betracht kommenden Anspruchsgrundlagen eingegangen, die in den zuvor problematisierten Sachverhaltsgestaltungen einen Schutz der Interessen der Außenseiter gewährleisten könnten.

Liegt eine Situation vor, in der aufgrund falscher oder unzureichender Buchführung und Dokumentation oder infolge sonstiger der Verschleierung dienender Verhaltensweisen Umfang und Folgen der von dem herrschenden Unternehmen veranlassten Maßnahmen nicht mehr feststellbar sind, sog. „Waschkorblage“[367],

---

[362] S. zu der Frage eines möglichen Schutzes in wirtschaftlich-organisatorischer Hinsicht oben A. II. 1.

[363] An dieser Stelle soll nur das Problem der Beeinträchtigung der Vermögensinteressen der abhängigen Gesellschaft, nicht jedoch auf das der Feststellbarkeit einer einzelnen Maßnahme eingegangen werden.

[364] Mit dem Ergebnis einer Nicht-Nachteiligkeit auch Krieger, ZGR 1994, S. 375 (381 f.); ders. in MünchHdb.GesR, § 69 Rn. 116; MünchKommAktG/Kropff, § 317 Anh. Rn. 69.

[365] Vgl. Krieger, ZGR 1994, S. 375 (382); MünchKommAktG/Kropff, § 317 Anh. Rn. 72; zur nicht ordnungsgemäßen Buchführung vgl. Habersack in Emmerich/Habersack, Aktien- und GmbH-Konzernrecht, Anh. II § 318 Rn. 23 f.

[366] Beruht die teilweise Aufhebung der Funktionsfähigkeit der §§ 311 ff. AktG nicht auf Einzelmaßnahmen, so kommt ein Eingreifen der §§ 311 ff AktG von vornherein nicht in Betracht.

[367] S. zu den plastisch als „Waschkorblage“ bezeichneten Sachverhalten Burgard, WuB C. § 13 GmbHG 1.02, S. 149 (153); Emmerich/Sonnenschein/Habersack, Konzernrecht, Konzernrecht, § 31 III 2 (S. 472); Habersack in Emmerich/Habersack, Aktien- und GmbH-Konzernrecht,

so kommt zunächst eine von dem Bestehen eines Abhängigkeits- oder Konzernverhältnisses unabhängige Durchgriffshaftung wegen Vermögensvermischung in Betracht[368]. Eine „Waschkorblage" ist jedoch zum einen nicht notwendig mit einer Vermögensvermischung verbunden und zum anderen kann ein Haftungsdurchgriff aufgrund Vermögensvermischung, wenn der Begriff des Haftungsdurchgriffs in der Weise verstanden wird, dass ein Aktionär unmittelbar und persönlich neben der Gesellschaft für deren Verbindlichkeiten gegenüber Gesellschaftsgläubigern haftet[369], jedenfalls für etwaige außenstehende Aktionäre keinen angemessenen Schutz ihrer durch die Funktionsunfähigkeit der §§ 311 ff. AktG gefährdeten Interessen bieten[370].

Auch die Möglichkeit, einen der abhängigen Gesellschaft entstandenen Schaden nach § 287 ZPO schätzen zu können, bietet in den Fällen der Vornahme von Maßnahmen, die zur Folge haben, dass nachfolgende Veranlassungen nicht mehr festgestellt oder wirtschaftlich negative Folgen keiner bestimmten veranlassten Maßnahme zugeordnet werden können oder die Fiktion der Unabhängigkeit undurchführbar wird, keine Hilfe. Selbst in den Fällen, in denen ein i.S.d. § 311 I AktG veranlasstes nachteiliges Verhalten angenommen werden kann und sich der nachteiligen Einflussnahme auch bestimmte schädliche Folgen zuordnen lassen, kann es trotz der Möglichkeit der Schadensschätzung nach § 287 ZPO an der Quantifizierbarkeit des Schadens mangeln[371].

Schließlich bleibt neben dem Rückgriff auf das Deliktsrecht die Möglichkeit, die Anwendbarkeit der Grundsätze des sog. „qualifiziert faktischen Aktienkonzerns" oder der „qualifiziert faktischen Unternehmensverbindung" im Aktienrecht auf die dargestellten Sachverhaltskonstellationen zu untersuchen[372]. Die

---

Anh. II § 318 Rn. 23; MünchKommAktG/Kropff, § 317 Anh. Rn. 71; Mülbert, DStR 2001, S. 1937 (1944 f.); Röhricht, FS 50 Jahre BGH, S. 83 (89 f.).

[368] S. zu dem Haftungsdurchgriff aufgrund Vermögensvermischung Hüffer, AktG, § 1 Rn. 20 f.; K. Schmidt, Gesellschaftsrecht, § 9 IV 2 (S. 242 ff.); MünchKommAktG/Heider, § 1 Rn. 65 ff.; zur GmbH Bitter, WM 01, S. 2133 (2139 f.); Burgard, WuB C. § 13 GmbHG 1.02, S. 149 (153); Mülbert, DStR 2001, S. 1937 (1944 f.); Röhricht, FS 50 Jahre BGH, S. 83 (89 f.); K. Schmidt, NJW 2001, S. 3577 (3581).

[369] S. zu dieser Begriffsbestimmung MünchKommAktG/Heider, § 1 Rn. 62.

[370] S. zu diesen Überlegungen betreffend die Rechtslage bei der GmbH Mülbert, DStR 2001, S. 1937 (1945).

[371] S. zu dem Problembereich des nicht quantifizierbaren Schadens, der im Rahmen dieser Arbeit keinen Untersuchungsgegenstand bildet, jedoch für die Frage der Funktionsfähigkeit des Regelungskomplexes der §§ 311 ff. AktG von wesentlicher Bedeutung ist, oben Fn. 340.

[372] Allgemein zu den sowohl hinsichtlich der tatbestandlichen Anforderungen als auch der Rechtsfolgen umstrittenen Grundsätzen des "qualifiziert faktischen (Aktien-) Konzerns" OLG Düsseldorf, AG 2000, S. 567 (568 ff.); Emmerich/Sonnenschein/Habersack, Konzernrecht, §§ 28, 31 (S. 437 ff., 461 ff.); Habersack in Emmerich/Habersack, Aktien- und GmbH-Konzernrecht, Anh. II § 318; Koppensteiner in KölnKomm z. AktG, Vorb. § 311 Rn. 17 ff.; Krieger in MünchHdb.GesR, § 69 Rn.113 ff.; MünchKommAktG/Kropff, § 317 Anh.; Mülbert, Aktiengesellschaft, S. 476 ff.; Zöllner, GS Knobbe-Keuk, S. 369 ff., jeweils m.w.N.

bisher[373] wohl herrschende Meinung, die Rechtsfolgen an einen Tatbestand aus Struktur- und Verhaltenselementen anknüpfen will, gelangt in den oben problematisierten Fällen der nicht als nachteilig zu qualifizierenden Verhaltensweisen, die die Funktionsfähigkeit des Regelungssystems der §§ 311 ff. AktG beeinträchtigen, nur zu unbefriedigenden Ergebnissen. Sieht man als Strukturelement den Abhängigkeitstatbestand an, als Verhaltenselement den Missbrauch der Leitungsmacht, der in Übereinstimmung mit dem Nachteilsbegriff des § 311 I AktG verbunden mit einem fehlenden Ausgleich zu bestimmen ist, und als qualifizierendes Element die fehlende Möglichkeit des Einzelausgleichs an, so besteht der Schwachpunkt dieses Tatbestandes in dem Erfordernis einer Nachteilszufügung i.S.d. § 311 I AktG. Werden Verhaltensweisen vorgenommen, die zur Folge haben, dass eine Fiktion der Unabhängigkeit unmöglich gemacht wird, so muss diese Verhaltenweise, wie dargelegt, nicht als nachteilig anzusehen sein. Nachfolgende Einzelmaßnahmen können jedoch nicht mehr anhand des Vergleichsmaßstabes des Verhaltens bei fingierter Unabhängigkeit auf ihre Nachteiligkeit hin untersucht werden. Es mangelt fortan an einem Schädigungsmaßstab für das Verhaltenselement. Ein Nachteil, wie es der Tatbestand der mit Strukturelementen versehenen Verhaltenshaftung erfordert, kann gerade nicht mehr anhand des in den §§ 317 II, 93 AktG vorgegebenen Maßstabs festgestellt werden. Ähnliche Probleme treten auf, wenn die abhängige Gesellschaft sich zu einer Maßnahme veranlassen lässt, die zwar als solche nicht nachteilig ist, jedoch zur Folge hat, dass nachfolgend ein Verhalten nicht mehr als veranlasst erkennbar oder einzelne schädigende Maßnahmen nicht mehr isolierbar bzw. wirtschaftlich negative Folgen keiner bestimmten veranlassten Maßnahme zuzuordnen sind. Es macht daher jedenfalls für die hier betrachteten Fälle keinen Sinn, Schutzregelungen an das Erfordernis einer Nachteilszufügung i.S.d. § 311 I AktG zu knüpfen, will man nicht das gesamte Schutzkonzept nur auf bloßen Vermutungen aufbauen[374]. Auch erscheint es nur sehr begrenzt denkbar, die aufgezeigte Schutzlücke dadurch zu schließen, den Nachteilsbegriff des § 311 I AktG erweiternd auszulegen[375].

Überzeugender erscheint es, den in den dargestellten Fällen[376] auftretenden Problemen mit dem Ansatz von Mülbert zu entgegnen[377] und Rechtsfolgen zum

373 Abzuwarten bleibt, ob und in welcher Form ein neueres BGH-Urteil zum GmbH-Konzernrecht Auswirkungen auf die Grundsätze der „qualifiziert faktischen Unternehmensverbindung" im Aktienrecht hat; s. dazu die gegen Ende dieses Abschnittes folgenden Ausführungen.

374 Zu Erleichterungen hinsichtlich der Darlegungs- und Beweislast im Rahmen des von der h.M. vertretenen Konzeptes s. Habersack in Emmerich/Habersack, Aktien- und GmbH-Konzernrecht, Anh. II § 318 Rn. 24, 26 ff.; MünchKommAktG/Kropff, § 317 Anh. Rn. 56 ff.

375 A.A. möglicherweise MünchKommAktG/Kropff, § 317 Anh. Rn. 38; s. auch Rn. 92 sowie oben Fn. 358.

376 Wie in Fn. 350 bereits angesprochen, erscheint das Konzept der „qualifiziert faktischen Unternehmensverbindung", wie es von der (bisherigen) h.M. vertreten wird, in den Fällen der Zufügung nicht quantifizierbarer Nachteile hingegen überzeugend.

Schutz der Außenseiter daran anzuknüpfen, dass das herrschende Unternehmen durch eine Einzelmaßnahme oder mittels einer Vielzahl „dauernder und umfassender“ Leitungsmaßnahmen die weitere Funktionsfähigkeit des Einzelausgleichsystems der §§ 311 ff. AktG beseitigt, da nur auf diese Weise ein umfassender Ersatz für die funktionsunfähigen §§ 311, 317 AktG gewährleistet ist. Die dogmatische Grundlage könnte jedenfalls bei Vorhandensein außenstehender Aktionäre die Treuepflicht des herrschenden Gesellschafters bilden[378]. Dem Ansatz Mülberts steht auch Zöllner[379] positiv gegenüber. Gegen das Konzept von Mülbert lässt sich kein Argument daraus herleiten, dass der faktische Konzern als solcher zulässig ist[380]. Denn zum einen ist davon auszugehen, dass auch ohne die Vornahme der genannten, die Funktionsfähigkeit der §§ 311 ff. AktG beeinträchtigenden Verhaltensweisen die Bildung eines faktischen Konzerns möglich ist. Zum anderen folgt aus dem Zulässigkeitsurteil keineswegs, dass die Erfordernisse einheitlicher Leitung eine Einschränkung des Außenseiterschutzes rechtfertigen. Dieses wurde für die Regelungen der §§ 311 ff. AktG bereits dargelegt[381]. Für ein an die Funktionsunfähigkeit dieses Regelungskomplexes anknüpfendes Schutzsystem kann nichts anderes gelten. Insbesondere in dieser Hinsicht ist Hommelhoff[382] nicht zu folgen. Hommelhoff kommt für konzernintegrative Maßnahmen, unter welchen er Maßnahmen versteht, die der Einbeziehung der Gesellschaft in den Konzernverbund dienen und sich in ihren Auswirkungen nicht mit hinreichender Sicherheit als vor- oder nachteilig abschätzen lassen, zu dem Schluss, dass diese nicht darauf zu untersuchen sind, ob sie sich als vor- oder nachteilig i.S.d. § 311 I AktG darstellen[383]. Prüfungsmaßstab sei vielmehr die fortbestehende Funktionsfähigkeit des Ausgleichssystems der §§ 311 ff. AktG insgesamt. Er hält jedoch eine konzernintegrative Maßnahme, die zur Folge hat, dass die abhängige Gesellschaft den Status eines selbstständigen Unternehmensträgers verliert, dennoch für zulässig, wenn die Maßnahme für die Bildung eines faktischen Konzerns unverzichtbar erforderlich ist. Dies ist meines Erachtens nicht zutreffend.

Ob die Rechtsfolgen des in Anschluss an Mülbert formulierten Tatbestandes (nur) in einer Verpflichtung des herrschenden Unternehmens zum Verlustausgleichs bestehen sollten, sei hier dahingestellt.

Schließlich wird ein Augenmerk darauf zu richten sein, welche Auswirkungen die Änderung der Rechtsprechung des BGH zum Haftungssystem des „qualifi-

---

377 Mülbert, Aktiengesellschaft, S. 488; s. zu dem vergleichbaren, jedoch in den Voraussetzungen weiter differenzierenden Ansatz betreffend die GmbH Mülbert, DStR 2001, S. 1937 (1945 f.).

378 Mülbert, Aktiengesellschaft, S. 488 f.

379 Zöllner, GS Knobbe-Keuk, S. 369 (375 f.).

380 S. zur Zulässigkeit des faktischen Konzerns oben A. II. 3.

381 Vgl. oben A. II. 3.

382 Hommelhoff, Konzernleitungspflicht, S. 132 ff.

383 S. hierzu bereits oben Fn. 351.

ziert faktischen Konzerns“ bei der GmbH auf das Haftungssystem der „qualifiziert faktischen Unternehmensverbindung“ im Aktienrecht in der von der bisherigen herrschenden Meinung vertretenen Form haben wird[384]. Der BGH formuliert im ersten Leitsatz des Urteils vom 17.09.2001 („Bremer Vulkan“)[385]: „Der Schutz einer abhängigen GmbH gegen Eingriffe ihres Alleingesellschafters folgt nicht dem Haftungssystem des Konzernrechts des Aktienrechts (§§ 291 ff., 311 ff. AktG), sondern ist auf die Erhaltung ihres Stammkapitals und die Gewährleistung ihres Bestandsschutzes beschränkt, der eine angemessene Rücksichtnahme auf die Eigenbelange der GmbH erfordert. An einer solchen Rücksichtnahme fehlt es, wenn die GmbH infolge der Eingriffe ihres Alleingesellschafters ihren Verbindlichkeiten nicht mehr nachkommen kann.“ Diese, vor dem Hintergrund einer vorherigen kritischen Auseinandersetzung mit der Rechtsfigur des „qualifiziert faktischen GmbH-Konzerns“ durch die Mitglieder des II. Zivilsenats, Goette[386] und insbesondere Röhricht[387], nicht völlig überraschenden Aussagen des II. Zivilsenates wurden überwiegend als Einleitung des endgültigen Abschieds von dem bisherigen Verständnis des Haftungssystems des „qualifiziert faktischen GmbH-Konzerns“ und dem Paradigmenwechsel zu einer anderen, konzernunabhängigen Haftungsstruktur aufgefasst[388]. In seinem Urteil vom 25.02.2002[389] führt der BGH weiter aus: „Die Ausfallhaftung aus dem Gesichtspunkt des existenzvernichtenden Eingriffs (BGH, Urt. v. 17.9.2001 – II ZR 178/99 = ZIP 2001, 1878) trifft auch diejenigen Mitgesellschafter, die, ohne selber etwas empfangen zu haben, durch ihr Einverständnis mit dem Vermögensabzug an der Existenzvernichtung der Gesellschaft mitgewirkt haben.“ Weiter heißt es in diesem Urteil ausdrücklich, dass der Senat die Rechtsprechung zur Haftung aus qualifiziert faktischem Konzern aufgegeben habe[390]. Offen blieb in dem Urteil „Bremer Vulkan“, wie diese „andere“ Haftung wegen Verstoßes gegen das

384 S. dazu Hüffer, AktG, § 302 Rn. 30.
385 BGHZ 149, S. 10.
386 Goette, DStR 2000, S. 1066 ff.
387 Röhricht, FS 50 Jahre BGH, S. 83 ff, im Rahmen seiner Reinterpretation des TBB-Urteils (BGHZ 122, S. 123 ff.). Röhricht verweist zur Begründung einer solchen Haftung auf den Gesamttatbestand gläubigerschützender Regeln in ihrem systematischen Zusammenspiel (S. 97 ff.).
388 Von der Verabschiedung der Rechtsfigur des „qualifiziert faktischen Konzerns“ für die GmbH ausgehend Altmeppen, NJW 2002, S. 321; Bitter, WM 2001, S. 2133 (2135); Burgard, WuB C. § 13 GmbHG 1.02, S. 149 (150); Goette, DStR 2001, S. 1857; Luttermann, BB 2001, S. 2433 (2434); Römermann/Schröder, GmbHR 2001, S. 1015 (1017); Ulmer, ZIP 2001, S. 2021 (2022 ff.); zur mehrgliedrigen abhängigen GmbH s. insbesondere Hoffmann, NZG 2002, S. 68 (72); a.A. Cahn, ZIP 2001, S. 2159 (2160) für die mehrgliedrige GmbH und die AG; K. Schmidt, NJW 2001, S. 3577 (3581) „in Fällen extremer Organisations- und Vermögensvermischung“; s. in diesem Zusammenhang auch die Ausführungen von Mülbert zu dem oben angedeuteten Haftungskonzept, DStR 2001, S. 1937 (1943 ff.).
389 BGHZ 150, S. 61.
390 BGHZ 150, S. 61 (68).

Verbot der Existenzgefährdung[391] bzw. Existenzvernichtung dogmatisch zu begründen ist und damit zusammenhängend, ob diese Haftung eine Binnenhaftung des Gesellschafters gegenüber der GmbH oder eine Durchgriffshaftung im Außenverhältnis gegenüber den Gesellschaftsgläubigern darstellen soll[392]. Da es sich bei den hier betrachteten Sachverhalten um solche handelt, in welchen nur ein Gesellschafter an der GmbH beteiligt ist oder die Gesellschaftergesamtheit übereinstimmend handelt, greifen all diejenigen Regelungen nicht, die das Vermögen der Gesellschaft zugunsten der Minderheit vor dem Zugriff der Mehrheit schützen[393]. Als Anspruchsgrundlagen für den fraglichen Anspruch wurden § 117 AktG analog[394], §§ 43 GmbHG i.V.m. 93 V 2, 3 AktG analog[395], § 31 GmbHG analog[396] und die Verletzung der Treuepflicht bzw. der Pflichten aus der Sonderverbindung zur GmbH der im Konsens handelnden Gesellschaftergesamtheit oder des Einmann-Gesellschafters[397] vorgeschlagen. Nach einer weiteren Auffassung wurde die Haftung als nunmehr vom BGH ausdrücklich anerkannte Fallgruppe der allgemeinen Durchgriffshaftung angesehen[398]. Unklar blieb auch, ob der Anspruch tatbestandlich das Eintreten des Erfolgs der Existenzvernichtung voraussetzt[399] oder die Existenzgefährdung genügt[400]. In dem Urteil vom 24.06.2002[401] („KBV“) stellt der BGH in den Leitsätzen klar, dass die Gläubiger ihre Ansprüche gegen den oder die Gesellschafter im Wege der Durchgriffshaftung wegen des Missbrauchs der Rechtsform der GmbH verfolgen können: „a) Die Respektierung der Zweckbindung des Gesellschaftsvermögens zur vorrangigen Befriedigung der Gesellschaftsgläubiger während der Lebensdauer der GmbH ist unabdingbare Voraussetzung für die Inanspruchnahme des Haftungsprivilegs des § 13 Abs. 2 GmbHG. Zugriffe der Gesellschafter auf das Gesellschaftsvermögen, welche die aufgrund dieser Zweckbindung gebotene angemessene Rücksichtnahme

---

391 S. zu dieser Bezeichnung Burgard, WuB C. § 13 GmbHG 1.02, S. 149 (151 ff.); kritisch dazu Bitter, WM 2001, S. 2133 (2136).

392 Vgl. zu Letzterem insbesondere Bitter WM 2001, S. 2133 (2137 ff.); Hoffmann, NZG 2002, S. 68 (70).

393 Vgl. Bitter, WM 2001, S. 2133 (2136); Burgard, WuB C. § 13 GmbHG 1.02, S. 149 (153), jeweils m.w.N.; Emmerich/Sonnenschein/Habersack, Konzernrecht, § 30 V. 1. (S. 458).

394 Burgard, WuB C. § 13 GmbHG 1.02, S. 149 (153 f.).

395 Altmeppen, NJW 2002, S. 321 (322 ff.).

396 Mülbert, DStR 2001, S. 1937 (1943 f.).

397 Burgard, WuB C. § 13 GmbHG 1.02, S. 149 (151 f.); Emmerich/Sonnenschein/Habersack, Konzernrecht, § 30 V 2. (S. 459); Mülbert, DStR 2001, S. 1937 (1943); K. Schmidt, NJW 2001, S. 3577 (3580); Ulmer, ZIP 2001, S. 2021 (2026 f.); vgl. ferner schon Wiedemann/Hirte, FS (Wissenschaft) 50 Jahre BGH, Band II, S. 337 (352 f., 361).

398 Hoffmann, NZG 2002, S. 68 (71).

399 So Hoffmann, NZG 2002, S. 68 (69); Röhricht, FS 50 Jahre BGH, S. 83 (109 ff.) im Rahmen seiner Reinterpretation des TBB-Urteils (BGHZ 122, S. 123 ff.); Ulmer, ZIP 2001, S. 2021 (2023 f., 2028); wohl auch K. Schmidt, NJW 2001, S. 3577 (3580).

400 So Mülbert, DStR 2001, S. 1937 (1943).

401 BGHZ 151, S. 181.

auf die Erhaltung der Fähigkeit der Gesellschaft zur Bedienung ihrer Verbindlichkeiten in einem ins Gewicht fallenden Maße vermissen lassen, stellen deshalb einen Mißbrauch der Rechtsform der GmbH dar, der zum Verlust des Haftungsprivilegs führt, soweit nicht der der GmbH durch den Eingriff insgesamt zugefügte Nachteil bereits nach §§ 30, 31 GmbHG ausgeglichen werden kann. b) Bei Vorliegen der unter a genannten Voraussetzungen sind die Gesellschaftsgläubiger deshalb außerhalb des Insolvenzverfahrens grundsätzlich berechtigt, ihre Forderungen unmittelbar gegen die an den Eingriffen in das Gesellschaftsvermögen mitwirkenden Gesellschafter geltend zu machen, soweit sie von der Gesellschaft keine Befriedigung erlangen können (Ergänzung zu BGHZ 149, 10 - Bremer Vulkan - sowie BGH Urt. v. 25. Februar 2002 - II ZR 196/00, ZIP 2002, 848)."

Ob sich diese Grundsätze auf die Einmann-AG oder die mehrgliedrige AG bei einverständlichem Handeln der Aktionäre übertragen lassen, bleibt abzuwarten[402]. Einen angemessenen Schutz der Interessen außenstehender Aktionäre bei fehlendem einverständlichen Handeln der Aktionäre kann jedenfalls dieses Haftungssystem, wie es von dem BGH bei der Einmann-GmbH und bei einverständlichem Handeln der Gesellschafter einer mehrgliedrigen GmbH vertreten wird, nicht leisten.

7. Das steuerrechtliche Institut der verdeckten Gewinnausschüttung i.S.d. § 8 III 2 KStG als möglicher Maßstab der Nachteilsermittlung

a) Problemstellung

Ein veranlasstes Verhalten der abhängigen Gesellschaft ist nachteilig, wenn es die Vermögens- und Ertragslage der abhängigen Gesellschaft vermindert oder konkret gefährdet und sich der Geschäftsleiter der abhängigen Gesellschaft bei fingierter Unabhängigkeit nicht in gleicher Weise hätte verhalten können, ohne gegen die Sorgfaltsanforderungen des § 93 AktG zu verstoßen. Für die Ermittlung der Höhe des Nachteils ist zunächst festzustellen, wie sich die abhängige Gesellschaft im Falle ihrer Unabhängigkeit unter Beachtung der von § 93 AktG geforderten Sorgfalt verhalten hätte. Dann ist der fiktive Erfolg dieses und der Erfolg des tatsächlichen, veranlassten Verhaltens zu ermitteln. Weicht das Ergebnis des veranlassten tatsächlichen Verhaltens negativ von dem des hypothetischen sorgfaltsgemäßen Verhaltens bei Unabhängigkeit ab, liegt in der Differenz der durch das veranlasste Verhalten erlittene Nachteil.

Die besondere Schwierigkeit im Rahmen der Beurteilung, ob und in welcher Höhe ein Nachteil besteht, liegt in der Notwendigkeit der Feststellung, wann sich der Vorstand der als unabhängig fingierten Gesellschaft pflichtwidrig und wie er sich sorgfaltsgemäß verhalten hätte. Denn dem ordentlichen und gewissenhaften

[402] S. in diesem Zusammenhang auch die Ausführungen von Cahn, ZIP 2001, S. 2159 (2160), der davon ausgeht, dass sich aus der „Bremer Vulkan" - Entscheidung des BGH weder für die mehrgliedrige GmbH noch für die AG Folgen ableiten lassen.

Geschäftsleiter einer unabhängigen Gesellschaft steht regelmäßig ein unternehmerischer Ermessensspielraum zu, der innerhalb einer gewissen Bandbreite verschiedene unternehmerische Entscheidungen als pflichtgemäß erscheinen lässt[403]. Ein Nachteil kann erst bei Überschreitung der Grenzen dieses Ermessenspielraumes, d.h. bei pflichtwidriger Ermessensausübung, angenommen werden.

Diese Feststellung kann insbesondere bei Maßnahmen, d.h. bei Akten der Geschäftsführung, die ohne Rechtsgeschäfte[404] darzustellen, geeignet sind, die Vermögens- oder Ertragslage der abhängigen Gesellschaft in irgendeiner Weise zu berühren[405], erhebliche Probleme aufwerfen. Als Maßnahmen sind etwa Investitionsentscheidungen, Maßnahmen der Personalpolitik, Ausgliederung wesentlicher unternehmerischer Funktionen, Intensivierung oder Einschränkung von Forschung und Entwicklung, Aufnahme oder Aufgabe von Aktivitäten auf einem bestimmten Markt zu nennen. Die Problematik insbesondere bei Maßnahmen besteht darin, dass sich deren rechnerische Auswirkungen im Rahmen der anzustellenden ex-ante-Prognose kaum oder nur sehr schwer präzisieren lassen[406]. Das gilt umso mehr, je nachhaltiger und langfristiger ein Geschäftsakt die gesamte Geschäftstätigkeit der abhängigen Gesellschaft beeinflusst[407]. Schließlich wird in vielen Fällen auch die Feststellung kaum möglich sein, welche Investitions-, Personal-, Organisationsentscheidung usw. ein ordentlicher und gewissenhafter Geschäftsleiter einer unabhängigen Gesellschaft getroffen hätte[408].

Vor dem Hintergrund der dargestellten Schwierigkeiten im Rahmen der Nachteilsfeststellung stellt sich die Frage nach Maßstäben, welche die Bandbreite der pflichtgemäßer Ermessensausübung entsprechenden Entscheidungen einengen und es dadurch ermöglichen, das fiktive Verhalten des ordentlichen und gewissenhaften Geschäftsleiters einer unabhängigen Gesellschaft zu konkretisieren.

---

[403] Im Einzelnen zum unternehmerischen Ermessen und seiner rechtlichen Grenzen s oben B. V. 3. d) cc). An dieser Stelle ist insbesondere auf Grundregeln ordnungsgemäßer Unternehmensführung hinzuweisen, die in gewissem Umfang eine Begrenzung des unternehmerischen Ermessensspielraums ermöglichen, s. dazu oben B. V. 3. d) bb), cc).

[404] Der Begriff des Rechtsgeschäfts i.S.d. §§ 311 ff. AktG entspricht dem des allgemeinen Zivilrechts, der dort den Tatbestand einer Willenserklärung bezeichnet, deren rechtlicher Erfolg nach der Rechtsordnung deshalb eintritt, weil er gewollt ist; vgl. Habersack in Emmerich/Habersack, Aktien- und GmbH-Konzernrecht, § 312 Rn. 23 ff.; Hüffer, AktG, § 312 Rn. 13 f.; vgl. zu diesem Begriff ferner MünchKommAktG/Kropff, § 312 Rn. 81 ff.; Emmerich/Sonnenschein/Habersack, Konzernrecht, § 26 IV 2 b) (S. 425).

[405] S. zum Begriff der Maßnahme oben B. IV.

[406] Vgl. Emmerich/Sonnenschein/Habersack, Konzernrecht, § 25 II 3 b) (S. 412); Habersack in Emmerich/Habersack, Aktien- und GmbH-Konzernrecht, § 311 Rn. 58; Koppensteiner in KölnKomm z. AktG, § 311 Rn. 44. Das gilt sowohl für die Auswirkungen der zu untersuchenden Maßnahme, als auch für die des hypothetischen sorgfaltsgemäßen Verhaltens bei fingierter Unabhängigkeit.

[407] MünchKommAktG/Kropff, § 311 Rn. 178.

[408] Emmerich/Sonnenschein/Habersack, Konzernrecht, § 25 II 3 b) (S. 412); ähnlich Habersack in Emmerich/Habersack, Aktien- und GmbH-Konzernrecht, § 311 Rn. 57.

b) Orientierung an dem steuerrechtlichen Institut der verdeckten Gewinnausschüttung

Aufgabe dieser Arbeit soll es sein, zu untersuchen, ob und gegebenenfalls inwieweit die steuerlichen Grundsätze zur Feststellung einer verdeckten Gewinnausschüttung i.S.d. § 8 III 2 KStG eine Orientierungsmöglichkeit zur Feststellung und Bemessung eines Nachteils bieten. Hintergrund dieser Überlegung ist, dass das umfänglich vorhandene steuerrechtliche Tatsachenmaterial bei der Lösung dieser aktienrechtlichen Problematik eine entscheidende Hilfestellung bieten könnte. Die aufgeworfene Frage wird in der Literatur vorherrschend dahingehend beantwortet, dass zumindest für die Nachteilsermittlung bei Rechtsgeschäften die Grundsätze der steuerlichen verdeckten Gewinnausschüttung weitgehend herangezogen werden können[409]. Auf eine ausführliche Auseinandersetzung mit diesem Problemkreis wird im Allgemeinen verzichtet[410]. Auch der BGH stellt in seinem Urteil vom 1. März 1999[411] zur Gewerbesteuerumlage im faktischen Konzern fest, dass das Steuerrecht zwar selbst keine Verbote aufstelle, sondern lediglich die Besteuerungsgrundlagen im Sinne einer Gewinnberichtigung mit entsprechenden Zahllasten korrigiere, sich jedoch aus der steuerlichen Handhabung der Anerkennungsfähigkeit von (in dem dort vorliegenden Fall) Gewerbesteuerumlagen im Organkreis als Betriebsausgaben durch die Finanzverwaltung mit indizieller Wirkung auch für die aktienrechtliche Nachteilsprüfung feststellen lasse, ob die vorliegende Umlage dem steuerlichen Aufwand oder dem Bereich der

---

[409] Hinsichtlich Rechtsgeschäften Emmerich/Sonnenschein/Habersack, Konzernrecht, § 25 II 3 a aa) (S. 410); Habersack in Emmerich/Habersack, Aktien- und GmbH-Konzernrecht, § 311 Rn. 54; Koppensteiner in KölnKomm z. AktG, § 311 Rn. 37; Krieger in Hdb der Konzernfinanzierung, § 4 Rn. 32; ders. in MünchHdb.GesR, § 69 Rn. 71; Neuhaus, DB 1970, S. 1913 (1918); Schnorberger, Verrechnungspreise, S. 259 ff.; Strohn, Verfassung der AG, S. 86; Winkhaus, Der Bericht des Vorstandes einer Aktiengesellschaft, S. 90 ff.; Zeidler, Zentrales Cashmanagement, S. 33; zurückhaltend Koppensteiner, ZGR 1973, S. 9 (18); Papagiannis, Der faktische Aktienkonzern, S. 61 ff. (62 f.); ablehnend Emmerich/Sonnenschein, Konzernrecht, 6. Auflage, § 20 II 3 a cc) (S. 344); Leo, AG 1965, S. 352 (358). Eine weitgehende Orientierungsmöglichkeit ohne Beschränkung auf Rechtsgeschäfte vertretend Döllerer, Verdeckte Gewinnausschüttungen, S. 25, 39 f., 100 ff., 113; ders., BB 1967, S. 1437 (1438 ff.); MünchKommAktG/Kropff, § 311 Rn.160 f.; Rasch, Gutachten G zum 49. Deutschen Juristentag, Bd. I, S 48; Stahl, Das Verbot der Benachteiligung, S. 25; einschränkend Brezing, AG 1975, S. 225 (227, 231 f.); Uecker, Der Vorteils- Nachteils- Ausgleich, S. 97 ff.; zurückhaltend Adler/Düring/Schmalz, § 311 Rn. 47; Feddersen, ZGR 2000, S. 523 (531 f).; Goerdeler, Wpg 1966, S. 124 (125); Koppensteiner, ZGR 1973, S. 9 (18); Richardt, Der aktienrechtliche Abhängigkeitsbericht, S. 100 ff.; ablehnend Bachelin, Der Konzernrechtliche Minderheitenschutz, S. 45; Zeidler, Zentrales Cashmanagement, S. 33.

[410] Ausnahmen bilden hierbei die Arbeiten von Uecker, Der Vorteils- Nachteils- Ausgleich; Döllerer, Verdeckte Gewinnausschüttungen, sowie im gewissen Umfang Brezing, AG 1975, S. 225 (227, 231 f.); Koppensteiner in KölnKomm z. AktG, § 311 Rn. 37; MünchKommAktG/Kropff, § 311 Rn. 160 f.

[411] BGHZ 141, S. 79 (II ZR 312/97) = WM 1999, S. 850.

verdeckten Gewinnausschüttung zuzurechnen ist[412]. Dieses Urteil betrifft den Sonderfall, dass die abhängige Gesellschaft bei fingierter Unabhängigkeit auf von der Situation bei Abhängigkeit abweichende rechtliche Rahmenbedingungen treffen würde, so dass die Nachteilsfeststellung nicht unverändert anhand des in § 317 II AktG festgelegten Maßstabs erfolgen kann.

---

[412] BGHZ 141, S. 79 (85 f.); s. zu diesem Urteil auch oben B. V. 6. a) bb).

2. Kapitel: Die verdeckte Gewinnausschüttung im Sinne des § 8 III 2 KStG

A. Begriff der verdeckten Gewinnausschüttung

I. Grundlagen

Bei einem Einzelgewerbetreibenden stellt die Abgrenzung der betrieblichen und der privaten Sphäre des Unternehmers eines der Kernprobleme der betrieblichen Gewinnermittlung dar[1]. Im Rahmen der Gewinnermittlung sind nur betrieblich veranlasste Aufwendungen abziehbar, nicht jedoch Aufwendungen, die der privaten Lebensführung des Unternehmers zuzurechnen sind[2]. Es handelt sich bei letzteren um Einkommensverwendung. Entnahmen des Unternehmers aus dem Betrieb dürfen, auch wenn sie in verdeckter Form vorgenommen werden, das Ergebnis nicht mindern[3].

Ebenso wie im Einkommenssteuerrecht ist auch bei der Besteuerung von Körperschaften die betriebliche Sphäre der Einkommenserzielung von der nichtbetrieblichen Sphäre der Einkommensverwendung abzugrenzen[4]. Grundlage für die Besteuerung der Körperschaft ist nach § 7 I KStG das Einkommen, wobei die Funktion des Einkommensbegriffs im Körperschaftsteuerrecht grundsätzlich der im Einkommensteuerrecht entspricht[5]: Der Einkommensbegriff dient der Definition der dem Steuerzugriff unterliegenden wirtschaftlichen Leistungsfähigkeit[6]. Die wirtschaftliche Leistungsfähigkeit wird dargestellt durch das Einkommen, welches zur (freien) Verwendung zur Verfügung steht[7]. Diese wirtschaftliche Leistungsfähigkeit und damit das dem steuerlichen Zugriff unterliegende wirtschaftliche Substrat wird daher nicht gemindert durch Aufwendungen, die Einkommensverwendung sind, im Gegensatz zu solchen, die den Zweck haben, diese wirtschaftliche Leistungsfähigkeit erst zu schaffen[8]. Letztere sind als Betriebsausgaben oder Werbungskosten nicht Bestandteil der Einkommensverwen-

[1] Knobbe-Keuk, Bilanz- und Unternehmenssteuerrecht, § 19 I a) (S. 642).
[2] Knobbe-Keuk, Bilanz- und Unternehmenssteuerrecht, § 19 I a) (S. 642).
[3] Knobbe-Keuk, Bilanz- und Unternehmenssteuerrecht, § 19 I a) (S. 642).
[4] Vgl. Frotscher in Widmann, DStJG Bd. 20, S. 205 (210, 213 f.); ders. in Frotscher/Maas, KStG, UmwStG, Anhang vGA zu § 8 Rn. 2, 6 ff.; Pezzer, Verdeckte Gewinnausschüttung, S. 51 f.; vgl. ferner Habammer, verdeckte Gewinnausschüttung, S. 11 m.w.N.
[5] Frotscher in Frotscher/Maas, KStG, Anhang vGA zu § 8 Rn. 6; zu Unterschieden zwischen dem Einkommensbegriff im Einkommens- und Körperschaftsteuerrecht Frotscher in Widmann, DStJG Bd. 20, S. 205 (207 ff.).
[6] Frotscher in Frotscher/Maas, KStG, Anhang vGA zu § 8 Rn. 6 f.
[7] Frotscher in Frotscher/Maas, KStG, Anhang vGA zu § 8 Rn. 6.
[8] Frotscher in Frotscher/Maas, KStG, Anhang vGA zu § 8 Rn. 6.

dung, sondern der Einkommenserzielung[9]. Betriebseinnahmen und –ausgaben entstehen durch Teilnahme des Steuerpflichtigen am Marktgeschehen, wobei es grundsätzlich keinen Unterschied macht, ob der Güter- und Leistungsaustausch mit Fremden oder mit der Körperschaft „nahestehenden Personen" stattfindet, solange der Umschlag am Markt nach Marktgesichtspunkten und damit nach schuldrechtlichen Kriterien abgewickelt wird[10]. Die zu besteuernde wirtschaftliche Leistungsfähigkeit ist das Ergebnis von Vermögensmehrungen oder –minderungen durch Teilnahme am Marktgeschehen, d.h. der Aktivitäten in schuldrechtlichen Formen[11], wovon aus dem außerbetrieblichen Bereich resultierende Vermögensänderungen abzugrenzen sind[12]. Vor diesem Hintergrund ergibt sich die Notwendigkeit, zwischen der Einkommenserzielung, d.h. Vermögensveränderungen aus der Teilnahme am Marktgeschehen, und der Einkommensverwendung, d.h. Vermögensänderungen aus dem nichtbetrieblichen Bereich, zu unterscheiden[13]. Bei einer Körperschaft erfolgen Vermögensabflüsse aus nichtbetrieblichen Gründen durch Vermögensübertragungen auf andere Rechtsträger und stellen, da neben den betrieblichen Gründen nur gesellschaftsrechtliche Gründe für Vermögensänderungen denkbar sind[14], stets solche auf gesellschaftsrechtlicher Grundlage dar[15]. Aufgrund der rechtlichen Selbstständigkeit der Kapitalgesellschaft und des Gesellschafters können die rechtlichen Beziehungen zwischen beiden entweder gesellschaftsrechtlicher Natur sein, sind also mit diesem Inhalt nur zwischen der Kapitalgesellschaft und den Gesellschaftern möglich, oder sie haben schuldrechtlichen Charakter, so dass sie mit dem gleichen Inhalt auch zwischen Kapitalgesellschaft und gesellschaftsfremden Personen bestehen können[16]. Vor dem Hintergrund, dass zwar Kapitalgesellschaft und die Gesellschafter verschiedene Rechtssubjekte sind, die Kapitalgesellschaft ihren Mitgliedern jedoch nur als Gewinnerzielungsinstrument zu dienen pflegt[17], gehen die gesellschafts-

---

[9] Frotscher in Frotscher/Maas, KStG, Anhang vGA zu § 8 Rn. 6.

[10] Frotscher in Frotscher/Maas, KStG, Anhang vGA zu § 8 Rn. 8.

[11] Frotscher in Frotscher/Maas, KStG, Anhang vGA zu § 8 Rn. 8; der Unterscheidung zwischen Aktivitäten auf schuldrechtlicher und solchen auf gesellschaftsrechtlicher Grundlage und dem Rückgriff auf die wirtschaftliche Leistungsfähigkeit kritisch gegenüberstehend Weber-Grellet, DStZ 1998, S. 357 (361).

[12] Vgl. Frotscher in Frotscher/Maas, KStG, Anhang vGA zu § 8 Rn. 8 f.

[13] Frotscher in Frotscher/Maas, KStG, Anhang vGA zu § 8 Rn. 9; vgl. ferner Wassermeyer, StBJb. 1997/98, S. 79 (81 f.).

[14] Der BFH verneinte mit Urteil vom 04.12.1996 (I R 54/95, BFHE 182, S. 123 (127)) die Existenz einer außerbetrieblichen Sphäre bei Kapitalgesellschaften.

[15] Frotscher in Frotscher/Maas, KStG, Anhang vGA zu § 8 Rn. 10; Neumann, VGA, S. 3.

[16] Lange, Verdeckte Gewinnausschüttungen, Rn. 12; vgl. auch Frotscher in Widmann, DStJG Bd. 20, S. 205 (213 f.); Frotscher in Frotscher/Maas, KStG, Anhang vGA zu § 8 Rn. 8 f.

[17] Vgl. Lange, Verdeckte Gewinnausschüttungen, Rn. 12; Wassermeyer, DB 1994, S. 1105 (1106).

rechtlichen und schuldrechtlichen Beziehungen oft ineinander über[18]. Bei der verdeckten Gewinnausschüttung wird die theoretisch eindeutige Grenzlinie zwischen betrieblicher und gesellschaftsrechtlicher Veranlassung missachtet[19]. Für die Ermittlung des zutreffenden steuerlichen Ergebnisses sind jedoch alle Einflüsse auf den Gewinn und damit das Einkommen zu eliminieren, die aus dem Bereich ihrer Mitglieder stammen, und nicht Ausfluss der betrieblichen Tätigkeit der Körperschaft sind, sich also nicht aus der Teilnahme am Marktgeschehen ergeben und somit nicht Ausdruck der wirtschaftlichen Leistungsfähigkeit sind[20]. Gesetzliche Ausprägung findet dieser Grundsatz in § 8 III 2 KStG, wonach verdeckte Gewinnausschüttungen das Einkommen der Gesellschaft nicht mindern dürfen[21].

Seinen Ursprung hatte das Institut der verdeckten Gewinnausschüttung in der Rechtsprechung des Preußischen Oberverwaltungsgerichts in Staatssteuersachen am Ende des 19. Jahrhunderts[22]. Mangels spezieller gesetzlicher Grundlage prüfte das Preußische Oberverwaltungsgericht das Vorliegen einer verdeckten Gewinnausschüttung bei der Einkommensermittlung der Gesellschaften gemäß § 16 des preußischen Einkommenssteuergesetzes[23]. Der Reichsfinanzhof setzte diese Rechtsprechung fort und stützte sich hierbei, da auch er das Problem der verdeckten Gewinnausschüttung zunächst ohne spezielle Rechtsgrundlage lösen musste, auf die §§ 4, 5 AO 1919, die im Steuerrecht eine von den Formen des Zivilrechts abweichende Betrachtungsweise ermöglichten[24]. Erstmals ausdrücklich aufgenommen wurde der Begriff der verdeckten Gewinnausschüttung in § 6 Satz 2 des Körperschaftsteuergesetzes vom 16.10.1934, der bestimmte, dass verdeckte Gewinnausschüttungen bei der Einkommensermittlung zu berücksichtigen sind[25]. Eine Definition der verdeckten Gewinnausschüttung enthielt diese Vorschrift

---

[18] Lange, Verdeckte Gewinnausschüttungen, Rn. 12; vgl. ferner Frotscher in Widmann, DStJG Bd. 20, S. 205 (214); Frotscher in Frotscher/Maas, KStG, Anhang vGA zu § 8 Rn. 12.

[19] Frotscher in Frotscher/Maas, KStG, Anhang vGA zu § 8 Rn. 12.

[20] Vgl. Bilsdorfer, Der steuerliche Fremdvergleich, S. 94 f.; Frotscher in Frotscher/Maas, KStG, Anhang vGA zu § 8 Rn. 11; Knobbe-Keuk, Bilanz- und Unternehmenssteuerrecht, § 19 I 1 a), c) (S. 642 f., 647); Wassermeyer, DB 1994, S. 1105 (1106).

[21] Zur im Rahmen dieser Arbeit unerheblichen Frage, ob § 8 III 2 KStG hinsichtlich der Rechtsfolgen eine Gewinn- oder Einkommenskorrekturvorschrift darstellt, s. Steck, Wettbewerbsverbot, S. 137 f.; Achenbach in Dötsch/Eversberg/Jost/Witt, KStG, Vor § 8 Rn. 20 ff.. Ausführlich zum Problem der Rechtsgrundlage und zum Wesen der verdeckten Gewinnausschüttung Habammer, verdeckte Gewinnausschüttung, S. 2 ff.; Petersen, Unternehmenssteuerrecht , S. 159 ff.

[22] Zur Rechtssprechung des Preußischen Oberverwaltungsgerichts s. Habammer, verdeckte Gewinnausschüttung, S. 5 f.; Röhrkasten, Verdeckte Gewinnausschüttung, S. 145 ff.; Stolze, Verdeckte Gewinnausschüttung, S. 9 ff., 15 ff.

[23] Stolze, Verdeckte Gewinnausschüttung, S. 9.

[24] Vgl. Röhrkasten, Verdeckte Gewinnausschüttung, S. 148 ff.; Stolze, Verdeckte Gewinnausschüttung, S. 10 f., 17 ff.; Tries, Verdeckte Gewinnausschüttungen, S. 22.

[25] Stolze, Verdeckte Gewinnausschüttung, S. 11.

ebenso wenig, wie die ihr nachfolgenden Vorschriften und der derzeit geltende § 8 III 2 des Körperschaftsteuergesetzes 1999 vom 22. April 1999. Vielmehr ist die verdeckte Gewinnausschüttung ein unbestimmter Rechtsbegriff[26], der im Laufe der Jahre von der höchstrichterlichen Rechtsprechung in ständiger Konkretisierung und Weiterentwickelung ausgefüllt worden ist.

II. Definition der verdeckten Gewinnausschüttung durch den BFH

Nach der älteren Rechtsprechung, d.h. bis zu den Urteilen vom 22.02.1989[27], bestimmte der BFH den Tatbestand der verdeckten Gewinnausschüttung in der Weise, dass eine Gesellschaft ihren Gesellschaftern außerhalb der gesellschaftsrechtlichen Gewinnverteilung einen Vermögensvorteil zuwandte, den sie bei Anwendung der Sorgfalt eines ordentlichen und gewissenhaften Geschäftsleiters einem fremden Dritten, der nicht Gesellschafter ist, unter sonst gleichen Umständen nicht zugewandt haben würde[28]. Maßgeblich sollte sein, ob „Leistungen an den Gesellschafter aus betrieblichen Gründen oder mit Rücksicht auf das Gesellschaftsverhältnis (societatis causa) gewährt werden"[29]. Davon unabhängig wurde bei beherrschenden Gesellschaftern eine verdeckte Gewinnausschüttung auch dann angenommen, wenn dem Gesellschafter eine Leistung zugute kam, die nicht auf einer im Voraus getroffenen, klaren und eindeutigen Vereinbarung beruhte[30].

Ob einem Gesellschafter eine solche beherrschende Stellung zukommt, beurteilt sich danach, ob der Gesellschafter den Abschluss des zu beurteilenden Geschäfts erzwingen kann[31]. Das ist gegeben, wenn dieser aufgrund der aus seiner Gesellschafterstellung fließenden Stimmrechte den entscheidenden Beschluss durchsetzen kann[32]. Maßgeblich für die Frage der Beherrschung sind die die Beteiligung gewährenden Stimmrechte sowie die Mehrheitserfordernisse nach der Satzung[33]. Regelmäßig ist für den normalen Geschäftsverkehr eine Beteiligung, die mehr als 50% der Stimmrechte gewährt, zur Beherrschung ausreichend[34]. Ei-

---

[26] BFH 10.06.1987 I R 149/83, BStBl II 1988, S. 25 (26); Frotscher in Frotscher/Maas, KStG, Anhang vGA zu § 8 Rn. 1; Lange, Verdeckte Gewinnausschüttungen, Rn. 15; vgl. ferner Habammer, verdeckte Gewinnausschüttung m.w.N.

[27] BFH 22.02.1989 I R 44/85, BStBl II 1989, S. 475 (476) und BFH 22.02.1989 I R 9/85, BStBl II 1989, S. 631 (632 f.).

[28] Vgl. etwa BFH 16.03.1967 I 261/63, BStBl III 1967, S. 626 (627).

[29] BFH 07.12.1983 I R 70/77, BStBl II 1984, S. 384 (387).

[30] Vgl. etwa BFH 06.04.1979 I R 39/76, BStBl II 1979, S. 687 (688).

[31] Vgl. BFH 01.02.1989 I R 73/85, BStBl II 1989, S. 522 (523). Vgl. im Einzelnen Blümich/Rengers, § 8 KStG Rn. 112 ff.; Frotscher in Frotscher/Maas, KStG, Anhang vGA zu § 8 Rn. 128 ff.; Lange, Verdeckte Gewinnausschüttungen, Rn. 186 ff.; Neumann, VGA, S. 20 ff.; Wochinger, Verdeckte Gewinnausschüttungen, Rn. 52 ff.

[32] Vgl. BFH 01.02.1989 I R 73/85, BStBl II 1989, S. 522 (523) m.w.N.

[33] Blümich/Rengers, § 8 KStG Rn. 113 ff.; Frotscher in Frotscher/Maas, KStG, Anhang vGA zu § 8 Rn. 128; Lange, Verdeckte Gewinnausschüttungen, Rn. 189.

[34] Vgl. BFH 03.11.1976 I R 98/75, BStBl II 1977, S. 172 (173) zur GmbH.

ne Zusammenrechnung der Stimmrechte mehrerer Gesellschafter ist möglich, wenn die Interessen der Gesellschafter für das zu beurteilende Rechtsgeschäft derart gleichgerichtet sind, dass das Rechtsgeschäft als Ausdruck dieser gleichgerichteten Interessen anzusehen ist[35].

Durch die Urteile des BFH vom 22.02.1989[36], aber auch schon im Urteil vom 01.02.1989[37] ist der Begriff der verdeckten Gewinnausschüttung neu definiert worden: Nach der Neudefinition ist eine verdeckte Gewinnausschüttung i.S.d. § 8 III 2 KStG „eine Vermögensminderung oder verhinderte Vermögensmehrung, die durch das Gesellschaftsverhältnis veranlasst ist, sich auf die Höhe des Einkommens auswirkt und in keinem Zusammenhang mit einer offenen Ausschüttung steht“. Bei einem beherrschenden Gesellschafter wird eine Veranlassung durch das Gesellschaftsverhältnis auch dann angenommen, wenn es an einer klaren und von vornherein abgeschlossenen Vereinbarung darüber fehlt, ob und in welcher Höhe ein Entgelt von der Kapitalgesellschaft gezahlt werden soll[38].

Für die in dieser Arbeit vorzunehmende Untersuchung wird ein besonderes Augenmerk darauf gerichtet sein, dass es nach der neuen Definition des I. Senats des Bundesfinanzhofes weder auf das maßstäbliche Handeln des ordentlichen und gewissenhaften Geschäftsführers, noch auf den Zufluss eines Vorteils beim Gesellschafter ankommt. Die Änderung in der Definition zielte darauf ab, die begrifflichen Unterschiede zwischen einer verdeckten Gewinnausschüttung i.S.d. § 8 III 2 KStG und einer anderen Ausschüttung i.S. des § 27 III 2 KStG a.F. zu verdeutlichen[39]. Anders als die Einheitsdefinition der früheren Rechtsprechung bezieht sich die neue Begriffsbestimmung nur auf die Einkommensermittlung der Körperschaft nach § 8 III 2 KStG.

Die Rechtsprechung, dies gilt sowohl für den I. als auch für den XIII. Senat, ist der Auffassung, dass die Neudefinition keine sachliche Änderung darstellt, sondern die bisherigen Erkenntnisse der Rechtsprechung zusammenfasst[40]. In der Literatur hingegen wird diese Frage unterschiedlich beantwortet, wobei jedoch überwiegend davon ausgegangen wird, dass die neue Definition lediglich eine Änderung der Formulierung, aber keine materielle Rechtsänderung beinhaltet[41].

---

[35] BFH 01.02.1989 I R 73/85, BStBl II 1989, S. 522 (523) m.w.N.

[36] S. Fn. 27. Dies ist seitdem ständige Rspr., vgl. die Nachweise in Stolze, Verdeckte Gewinnausschüttung, S. 24 (Fn. 82) und Lange, Verdeckte Gewinnausschüttungen, Rn. 16, Fn. 3.

[37] BFH 01.02.1989 I R 73/85, BStBl II 1989, S. 522 (523).

[38] Vgl. BFH 01.02.1989 I R 73/85, BStBl II 1989, S. 522 (523).

[39] Vgl. Pressemitteilung des Bundesfinanzhofes vom 26.05.1989 in DStZ/E 1989, S. 183.

[40] Für den I. Senat, auf den die neue Definition zurückgeht: BFH 09.08.1989 I R 4/84, BStBl II 1990, S. 237 (240); für den VIII. Senat: BFH 24.07.1990 VIII R 290/84, BFH/NV 1991, S. 191 (192).

[41] Vgl. Habammer, verdeckte Gewinnausschüttung, S. 29 mit reichhaltigen Nachweisen; s. zu dieser Frage ferner Niemann, Beurteilung verdeckter Zuwendungen, S. 55 ff.; Stolze, Verdeckte Gewinnausschüttung, S. 25 ff.; Steck, Wettbewerbsverbot, S. 143 ff; Herrmann/Heuer/Raupach/Wrede, § 8 KStG Rn. 39; Petersen, Unternehmenssteuerrecht , S. 173, jeweils m.w.N..

B. Tatbestandliche Voraussetzungen

Im Folgenden soll, soweit möglich unter Rückgriff auf die Rechtsprechung des Bundesfinanzhofes, versucht werden, den Tatbestand der verdeckten Gewinnausschüttung möglichst genau zu ermitteln, um die Voraussetzungen für die Beantwortung der Frage zu schaffen, ob und gegebenenfalls inwieweit die steuerlichen Grundsätze zur Feststellung einer verdeckten Gewinnausschüttung i.S.d. § 8 III 2 KStG eine Orientierungsmöglichkeit zur Feststellung und Bemessung eines Nachteils i.S.d. § 311 I AktG bieten. Auf eine eingehende, rechtssystematische Untersuchung des Rechtsinstituts der verdeckten Gewinnausschüttung kann vor dem Hintergrund dieses Ziels der vorliegenden Arbeit verzichtet werden.

I. Leistender der verdeckten Gewinnausschüttung

Leistender der verdeckten Gewinnausschüttung kann jedes Körperschaftsteuersubjekt sein, dem ein Handeln in schuldrechtlicher Form möglich ist und mitgliedschaftsrechtliche Beziehungen zu anderen Personen (Anteilsinhabern) unterhält[42]. Als Träger dieser mitgliedschaftsrechtlichen Beziehungen ist jeder geeignet, der über Mitgliedschaftsrechte oder mitgliedschaftsähnliche Rechte Einfluss auf das Körperschaftsteuersubjekt nehmen kann[43]. Eine gesellschaftsrechtliche Beziehung ist nicht erforderlich[44]. Auch muss die Körperschaft keine Gewinneinkünfte haben[45]. Verdeckte Gewinnausschüttungen betreffen in erster Linie den Bereich der Kapitalgesellschaften, insbesondere die GmbHs[46]. Bei Nichtkapitalgesellschaften kommen nach der Rechtsprechung als Leistende einer verdeckten Gewinnausschüttung u.a. Genossenschaften i.S.d. § 1 I Nr. 2 KStG, Versicherungsvereine auf Gegenseitigkeit i.S.d. § 1 I Nr. 3 KStG, rechtsfähige und nichtrechtsfähige Vereine i.S.d. § 1 I Nr. 4, 5 KStG, Betriebe gewerblicher Art von juristischen Personen des öffentlichen Rechts i.S.d. § 1 I Nr. 6 KStG, nicht jedoch etwa rechtsfähige oder nichtrechtsfähige Stiftungen i.S.d. § 1 I Nr. 4, 5 KStG in Betracht[47].

Die Möglichkeit einer verdeckten Gewinnausschüttung besteht ab dem Zeitpunkt, zu dem die Körperschaft als Körperschafsteuersubjekt in Erscheinung tritt und bleibt möglich, solange sie Körperschaftsteuersubjekt ist[48]. Eine verdeckte

---

[42] Frotscher in Frotscher/Maas, KStG, Anhang vGA zu § 8 Rn. 46.

[43] BFH 09.08.1989 I R 4/84, BStBl II 1990, S. 237 (240).

[44] Frotscher in Frotscher/Maas, KStG, Anhang vGA zu § 8 Rn. 47.

[45] Achenbach in Dötsch/Eversberg/Jost/Witt, KStG, Vor § 8 Rn. 19; Frotscher in Frotscher/Maas, KStG, Anhang vGA zu § 8 Rn. 46.

[46] Wochinger, Verdeckte Gewinnausschüttungen, Rn. 5.

[47] Frotscher in Frotscher/Maas, KStG, Anhang vGA zu § 8 Rn. 47 ff.; Wochinger, Verdeckte Gewinnausschüttungen, Rn. 5, jeweils mit Rechtsprechungsnachweisen; vgl. ferner Blümich/Rengers, § 8 KStG Rn. 101.

[48] Frotscher in Frotscher/Maas, KStG, Anhang vGA zu § 8 Rn. 50; vgl. ferner Blümich/Rengers, § 8 KStG Rn. 100.

Gewinnausschüttung ist daher sowohl bei einer Vorgesellschaft[49], als auch bei einer sich in der Liquidationsphase befindlichen Körperschaft möglich[50].

II. Empfänger der verdeckten Gewinnausschüttung

1. Der Inhaber der mitgliedschaftlichen oder mitgliedschaftsähnlichen Stellung als Empfänger der verdeckten Gewinnausschüttung

Der Empfänger der verdeckten Gewinnausschüttung muss auch nach der neuen Definition ein mitgliedschaftliches oder mitgliedschaftsähnliches Verhältnis zu der Körperschaft haben, bei der die Vermögensminderung oder verhinderte Vermögensmehrung eintritt[51]. Bei Fehlen einer mitgliedschaftlichen Struktur des Körperschaftsteuersubjekts tritt an die Stelle eines Inhabers der mitgliedschaftsrechtlichen Stellung die Person, die über mitgliedschaftsähnliche Rechte verfügt, mittels derer sie auf das Körperschaftsteuersubjekt Einfluss ausüben kann[52]. Inhaber der mitgliedschaftsrechtlichen Stellung kann eine natürliche Person, eine juristische Person oder aber auch eine Personengesellschaft sein, wenn die Beteiligung Gesamthandvermögen ist[53]. Auf die Höhe der mitgliedschaftlichen Beteiligung kommt es nicht an[54]. Wer Inhaber der mitgliedschaftsrechtlichen Stellung ist, richtet sich nach dem Zivilrecht, wobei das aus dem Zivilrecht sich ergebende Ergebnis gegebenenfalls nach den steuerrechtlichen Regelungen über das wirtschaftliche Eigentum, § 39 AO, korrigiert werden muss[55]. Dieses kommt etwa bei Bestellung eines Nießbrauchs an den Anteilen einer Körperschaft in Betracht[56].

Eine verdeckte Gewinnausschüttung ist möglich, solange die mitgliedschaftsrechtliche Stellung besteht, wobei maßgeblich der Zeitpunkt ist, in dem die Körperschaft die die Vermögensminderung oder verhinderte Vermögensmehrung verursachende Entscheidung trifft[57]. Jedoch kann eine verdeckte Gewinnaus-

---

49 BFH 14.10.1992 I R 17/92, BStBl II 1993, S. 352 (354); Wochinger, Verdeckte Gewinnausschüttungen, Rn. 24 ff.

50 Frotscher in Frotscher/Maas, KStG, Anhang vGA zu § 8 Rn. 50; Streck, KStG, § 8 Anm. 70.

51 BFH 20.01.1993 I R 55/92, BStBl II 1993, S. 376 (377 f.).

52 Frotscher in Frotscher/Maas, KStG, Anhang vGA zu § 8 Rn. 52.

53 Frotscher in Frotscher/Maas, KStG, Anhang vGA zu § 8 Rn. 52.

54 Blümich/Rengers, § 8 KStG Rn. 105; Frotscher in Frotscher/Maas, KStG, Anhang vGA zu § 8 Rn. 52. Im Rahmen der Feststellung der gesellschaftsrechtlichen Veranlassung kann es jedoch entscheidend auf das Vorliegen einer beherrschenden Gesellschafterstellung ankommen, vgl. unten B. IV. 2. a).

55 Vgl. Blümich/Rengers, § 8 KStG Rn. 102; Frotscher in Frotscher/Maas, KStG, Anhang vGA zu § 8 Rn. 54, jeweils mit Rechtsprechungsnachweisen.

56 BFH 28.01.1992 VIII R 207/85, BStBl II 1992, S. 605 (607); s. zum Nießbrauch Lange, Verdeckte Gewinnausschüttungen, Rn. 95 ff.

57 Frotscher in Frotscher/Maas, KStG, Anhang vGA zu § 8 Rn. 58; vgl. ferner Achenbach in Dötsch/Eversberg/Jost/Witt, KStG, § 8 Rn. 175; Blümich/Rengers, § 8 KStG Rn. 103; s. zum maßgeblichen Beurteilungszeitpunkt für die Feststellung der verdeckten Gewinnausschüttung unten B. VII.

schüttung an einen künftigen Gesellschafter anzunehmen sein, wenn die versprochene Leistung in engem zeitlichen Zusammenhang mit der Begründung des Gesellschaftsverhältnisses erfolgt und das Gesellschaftsverhältnis auch tatsächlich begründet wird[58].

2. Verdeckte Gewinnausschüttungen an nahestehende Personen

Eine verdeckte Gewinnausschüttung kommt nicht nur dann in Betracht, wenn die Leistung, die die Vermögensminderung oder verhinderte Vermögensmehrung beim Körperschaftsteuersubjekt zur Folge hat, unmittelbar an den Gesellschafter erfolgt, sondern auch dann, wenn ein Dritter die Leistung empfängt. Voraussetzung ist jedoch auch hier, dass die Leistung durch das Gesellschaftsverhältnis veranlasst ist[59]. Ist der Dritte eine einem Gesellschafter nahestehende Person, so stellt dieses Nahestehen lediglich ein Indiz für die gesellschaftsrechtliche Veranlassung dar[60]. Aus diesem Grund genügt zur Begründung des Nahestehens jede Beziehung zwischen einem Gesellschafter und dem Dritten, „die den Schluß zulässt, sie habe die Vorteilszuwendung der Kapitalgesellschaft an den Dritten beeinflusst. Derartige Beziehungen können familienrechtlicher, gesellschaftsrechtlicher, schuldrechtlicher oder auch rein tatsächlicher Art sein“[61]. Theoretisch können somit alle Menschen einander in diesem Sinne nahe stehen[62]. Voraussetzung der gesellschaftlichen Veranlassung ist nicht (mehr), dass die Zuwendung an eine nahestehende Person einen Vorteil für den Gesellschafter selbst zur Folge hat, sondern erhöht, wenn dies gegeben ist, nur die Indizwirkung des Nahestehens[63].

---

58 BFH 24.01.1989 VIII R 74/84, BStBl II 1989, S. 419 (420); BFH 13.07.1994 I R 112/93, BStBl II 1995, S. 198 (201); vgl. zu diesem Fall Achenbach in Dötsch/Eversberg/Jost/Witt, KStG, § 8 Rn. 174; Wochinger, Verdeckte Gewinnausschüttungen, Rn. 32 f.

59 BFH 18.12.1996 I R 139/94, BStBl. II 1997, S. 301 (302); Frotscher in Frotscher/Maas, KStG, Anhang vGA zu § 8 Rn. 59, 63 f.; Streck, KStG, § 8 Anm. 72. Zur gesellschaftsrechtlichen Veranlassung s. unten B. IV.

60 Vgl. BFH 18.12.1996 I R 139/94, BStBl. II 1997, S. 301 (302).

61 BFH 18.12.1996 I R 139/94, BStBl. II 1997, S. 301 (302). Auch wenn tatsächliche Umstände ein Nahestehen begründen können, so ist darauf hinzuweisen, dass ein bloßer Interessengleichklang nicht ausreichend ist, vgl. BFH 17.11.1999 I R 4/99, BFH/NV 2000, S. 1502 (1503); „-sch“, DStRE 2000, S. 1091. Zu Einzelheiten s. Achenbach in Dötsch/Eversberg/Jost/Witt, KStG, § 8 Rn. 173; Blümich/Rengers, § 8 KStG Rn. 144 f.; Lange, Verdeckte Gewinnausschüttungen, Rn. 73 ff.

62 Wassermeyer, StBJb. 1997/98, S. 79 (89).

63 Vgl. BFH 18.12.1996 I R 139/94, BStBl. II 1997, S. 301 (302) unter Aufgabe der gegenteiligen bisherigen Rechtsprechung. Wie Stolze, Verdeckte Gewinnausschüttung, S. 52 ff., 65 darlegt, stellte der Vorteil für den Gesellschafter den Grund dar, die Leistung an die nahestehende Person dem Gesellschafter als verdeckte Gewinnausschüttung zuzurechnen. Bis zur Neudefinition der verdeckten Gewinnausschüttung im Jahr 1989 wurde mit dem Vorteil für den Gesellschafter kein zusätzliches Merkmal für die Erscheinungsform der verdeckten Gewinnausschüttung an Nahestehende, sondern, wie noch darzulegen sein wird (s. dazu unten B. IV. 1. c) aa)), (auch) ein Tatbestandsmerkmal der einfachen verdeckten Gewinnausschüttung nach der bis dahin geltenden Definition geprüft. Besonders in den Entscheidungen bis zur Rechtspre-

Welchem Gesellschafter die verdeckte Gewinnausschüttung zuzurechnen ist, spielt im Rahmen des § 8 III 2 KStG keine Rolle[64]. Der nahestehenden Person kann die verdeckte Gewinnausschüttung jedoch nicht zugerechnet werden, da diese nur an Gesellschafter erfolgen kann[65].

Die dargestellten Grundsätze gelten auch entsprechend für Leistungen zwischen Schwestergesellschaften, bei denen im Hinblick auf verdeckte Gewinnausschüttungen zu prüfen ist, ob für die Leistungsbeziehungen zwischen den Schwestergesellschaften die gesellschaftsrechtlichen Beziehungen zu der gemeinsamen Muttergesellschaft ursächlich waren (Veranlassung durch das Gesellschaftsverhältnis)[66]. Wie die Beteiligungsverhältnisse an den beiden Gesellschaften im Einzelnen gestaltet sind, spielt für die Frage des Vorliegens der Veranlassung durch das Gesellschaftsverhältnis keine Rolle[67], sondern nur für die Frage des Beweises derselben[68]. Die nahestehende Person muss jedoch eine „Person" i.S.d. Steuerrechts, d.h. zumindest teilrechtsfähig, sein[69].

III. Vermögensminderung - verhinderte Vermögensmehrung

1. Begriff der Vermögensminderung und verhinderten Vermögensmehrung

Der Tatbestand der verdeckten Gewinnausschüttung verlangt das Vorliegen einer Vermögensminderung oder verhinderten Vermögensmehrung. Eine Vermögensminderung oder verhinderte Vermögensmehrung ist gegeben, wenn ohne Vornahme der fraglichen Handlung bzw. bei Vornahme der unterlassenen Handlung das Vermögen der Körperschaft höher gewesen wäre, als es tatsächlich ist[70]. Diese Definition lässt jedoch offen, was unter „Vermögen" im Sinne der verdeckten Gewinnausschüttung anzusehen ist.

---

chungsänderung im Jahr 1996, in denen in den Fällen der Leistung an Dritte noch nicht auf die Voraussetzung des Vorteils für den Gesellschafter verzichtet wurde, wird jedoch deutlich, dass die Rechtsprechung diese Voraussetzung des Vorteils für den Gesellschafter letztlich der Veranlassung durch das Gesellschaftsverhältnis zuordnete. Die Änderung durch die neue Rechtsprechung besteht nach den Ausführungen von Stolze „lediglich" darin, dass eine gesellschaftliche Veranlassung auch dann vorliegen kann, wenn kein konkreter Vorteil für den Gesellschafter besteht. Darauf wird zu einem späteren Zeitpunkt zurückzukommen sein; s. dazu unten B. IV. 1. c) aa)..

[64] Vgl. Stolze, Verdeckte Gewinnausschüttung, S. 64.

[65] Stolze, Verdeckte Gewinnausschüttung, S. 64.

[66] Vgl. Frotscher in Frotscher/Maas, KStG, Anhang vGA zu § 8 Rn. 66.

[67] Vgl. BFH 18.07.1985 IV R 135/82, BStBl II 1985, S. 635 (636); BFH 01.10.1986. IR 54/83, BStBl II 1987, S. 459 (460).

[68] Vgl. Frotscher in Frotscher/Maas, KStG, UmwStG, Anhang vGA zu § 8 Rn. 67.

[69] Vgl. Frotscher in Frotscher/Maas, KStG, UmwStG, Anhang vGA zu § 8 Rn. 69.

[70] Frotscher in Frotscher/Maas, KStG, Anhang vGA zu § 8 Rn. 70.

Vor dem Hintergrund, dass § 8 III 2 KStG den ertragsteuerlichen Gewinn korrigieren soll[71] und nach § 4 I und § 5 EStG i.V.m. § 8 I KStG bei der Ermittlung des ertragsteuerlichen Gewinns die steuerrechtlich anzusetzenden Werte der Aktiva und Passiva maßgeblich sind, ist der Begriff der Vermögensminderung oder verhinderten Vermögensmehrung im ertragsteuerrechtlichen Sinn[72] und unter „Vermögen" das Eigenkapital der Steuerbilanz[73] zu verstehen. Ob eine Vermögensminderung oder verhinderte Vermögensmehrung eingetreten ist und gegebenenfalls in welcher Höhe, kann danach durch Vergleich des steuerbilanziellen Vermögens der Körperschaft vor und nach der vorgenommenen bzw. unterlassenen Handlung festgestellt werden. In dem Urteil vom 17.10.2001[74] formuliert der BFH, dass eine verdeckte Gewinnausschüttung verkürzt ausgedrückt (nur) eine durch das Gesellschaftsverhältnis veranlasste Minderung (verhinderte Mehrung) des sog. Unterschiedsbetrages i.S. des § 4 I 1 EStG voraussetzt[75].

Bei dem hier zu untersuchenden Tatbestandsmerkmal ist insbesondere die Gleichstellung von Vermögensminderung und verhinderter Vermögensmehrung hervorzuheben. Aus dieser Gleichstellung folgt, dass steuerlich der Körperschaft zuzuordnende Chancen der Vermögensmehrung, die einen wirtschaftlich eigenständigen Wert besitzen, vom Schutzbereich der verdeckten Gewinnausschüttung erfasst sind[76]. Auch der entgangene Gewinn kann Gegenstand einer verdeckten Gewinnausschüttung sein[77]. Eine verhinderte Vermögensmehrung kann insbesondere auch in einer (teil-) unentgeltlichen Übertragung nicht aktivierungsfähiger Wirtschaftsgüter wie z.B. immaterieller Anlagewerte bestehen, da die angemessenerweise zu fordernde Gegenleistung ertragsteuerlich gewinnerhöhend zu berücksichtigen gewesen wäre[78]. Wird von der Körperschaft ein Wirtschaftsgut zu dem unter dem Verkehrswert liegenden Buchwert veräußert, so liegt mangels Minderung des Buchvermögens keine Vermögensminderung, aber eine verhinderte Vermögensmehrung vor, weil das bilanzielle Vermögen der Körperschaft bei Zugrundelegung von angemessenen Bedingungen höher gewesen wäre[79].

---

[71] Vgl. dazu oben A. I.

[72] Vgl. Steck, Wettbewerbsverbot, S. 146 f.

[73] Vgl. Forschungsgruppe Viadrina unter Leitung von Stephan Kudert, BB 1996, S. 2436 (2437); Lange, Verdeckte Gewinnausschüttungen, Rn. 82; Steck, Wettbewerbsverbot, S. 147.

[74] BFH 17.10.2001 I R 103/00, BFH/NV 2002, S. 134 (136).

[75] S. zum genaueren Verständnis die Ausführungen von Wassermeyer, IStR 2001, S. 633 (634 f.).

[76] Frotscher in Frotscher/Maas, KStG, Anhang vGA zu § 8 Rn. 70; vgl. ferner Lademann/Staiger, KStG, § 8 Rn. 185.

[77] Vgl. BFH 23.06.1993 I R 72/92, BStBl II 1993, S. 801 (802); Ahmann, DStZ 1998, S. 495 (497); Frotscher in Frotscher/Maas, KStG, Anhang vGA zu § 8 Rn. 70.

[78] Vgl. Steck, Wettbewerbsverbot, S. 147; vgl. ferner Döllerer, Verdeckte Gewinnausschüttungen, S. 31, 35; Lange, Verdeckte Gewinnausschüttungen, Rn. 91.

[79] Frotscher in Frotscher/Maas, KStG, Anhang vGA zu § 8 Rn. 71.

2. Kompensation der Vermögensminderung bzw. verhinderten Vermögensmehrung durch bei der Körperschaft eintretende Vermögensmehrungen

Führt die Handlung, deren Qualifikation als verdeckte Gewinnausschüttung zu untersuchen ist, zur Aktivierung einer (vollwertigen) Forderung oder eines sonstigen Wirtschaftsguts in der Bilanz der Kapitalgesellschaft, kann insoweit aufgrund der damit verbundenen Erhöhung des Bilanzvermögens eine verdeckte Gewinnausschüttung nicht vorliegen[80].

Dementsprechend geht der BFH davon aus, dass in den Fällen, in denen aufgrund der Handlung, deren Qualifikation als verdeckte Gewinnausschüttung in Frage steht, ein Rückgewähr- oder Ersatzanspruch der Kapitalgesellschaft entsteht und die entsprechende Forderung der Kapitalgesellschaft nach den Grundsätzen ordnungsgemäßer Bilanzierung in der Steuerbilanz in voller Höhe zu aktivieren ist, aufgrund der damit verbundenen Erhöhung des Bilanzvermögens eine verdeckte Gewinnausschüttung nicht angenommen werden kann[81]. Als Rückgewähr- oder Ersatzansprüche kommen Ansprüche der Kapitalgesellschaft insbesondere nach §§ 985, 677 ff., 812 ff., 823 ff. BGB, aufgrund des Instituts des Wegfalls der Geschäftsgrundlage oder der ergänzenden Vertragsauslegung, nach §§ 30, 31 GmbHG bzw. §§ 57, 62 AktG[82], §§ 43, 43 a GmbHG bzw. § 93 AktG, §§ 317 f. AktG[83], aufgrund der Verletzung der gesellschaftsrechtlichen

[80] Vgl. Frotscher in Frotscher/Maas, KStG, Anhang vGA zu § 8 Rn. 72.

[81] Vgl. BFH 14.09.1994 I R 6/94, BStBl II 1997, S. 89 (90); BFH 30.07.1997 I R 65/96, BStBl II 1998, S. 402 (404); BFH 14.07.1998 VIII B 38/98, DB 1998, S. 1994 (1995). Bei Ausgleichsansprüchen gegen beherrschende Gesellschafter oder diesen nahestehenden Personen kommt es zudem nicht darauf an, ob diese klar und eindeutig vereinbart worden sind, da die Rechtsprechung zu beherrschenden Gesellschaftern nicht den Zweck verfolgt, der Kapitalgesellschaft die ihr kraft Gesetzes gegenüber dem Gesellschafter zustehenden Ansprüche zu nehmen, vgl. BFH 30.07.1997 I R 65/96, BStBl II 1998, S. 402 (405). Anzumerken ist jedoch, dass die Ausführungen zur erfolgswirksamen Aktivierung von Rückgewähr- und Ersatzansprüchen für die Gewinn- bzw. Einkommensermittlung bei einer Kapitalgesellschaft nicht entscheidungserheblich sind, da es diesbezüglich keinen Unterschied macht, ob der Gewinn durch eine Forderung oder durch eine verdeckte Gewinnausschüttung zu erhöhen ist. Ferner ist auf die Rechtsprechung des BFH hinzuweisen, wonach die Aktivierung einer Forderung davon abhängt, ob der zum Schadensersatz Verpflichtete den Anspruch anerkennt oder bestreitet, vgl. BFH 26.04.1989 I R 147/84, BStBl II 1991, S. 213 (214 ff.).

[82] Zum Verhältnis von steuerrechtlicher verdeckter Gewinnausschüttung zur handelsrechtlichen „verdeckten Gewinnausschüttung“ s. Habammer, verdeckte Gewinnausschüttung, S. 122 f.; Kaiser, ZGR 1989, S. 71 ff.; Lange, Verdeckte Gewinnausschüttungen, Rn. 312 ff.; W. Müller in Wassermeyer, DStJG Bd. 17, S. 289 (297 ff.); Neumann, VGA, S. 12 ff.; Pezzer, Verdeckte Gewinnausschüttung, S. 190 ff.; Tries, Verdeckte Gewinnausschüttungen, S. 2 ff., 21 ff.; Zacher, DStR 1994, 138 ff.

[83] Bei den Anspruchsgrundlagen der §§ 317, 318 AktG ist jedoch zu beachten, dass ein Schadensersatzanspruch grundsätzlich erst nach dem Ende des Geschäftsjahres geltend gemacht werden kann, in welchem sich die abhängige Aktiengesellschaft in der veranlassten nachteiligen Weise verhalten hat.

Treuepflicht, sowie aufgrund von Steuer- und Satzungsklauseln[84] in Betracht. Solange bzw. soweit also in der Steuerbilanz die Vermögensminderung durch einen entsprechenden Aktivposten ausgeglichen wird, ist der Tatbestand der verdeckten Gewinnausschüttung nicht erfüllt. Der die Vermögensminderung ausschließende Ansatz in der Steuerbilanz hat Vorrang vor der Rechtsfolge der §§ 8 III bzw. 27 III KStG[85].

Eine verdeckte Gewinnausschüttung kann in diesen Fällen nur ein späterer Verzicht der Kapitalgesellschaft auf die Forderung darstellen. Eine verdeckte Gewinnausschüttung kann darin liegen, dass die Kapitalgesellschaft, die an sich zu aktivierende Forderung aufgrund eines abgeschlossenen Erlassvertrages (§ 387 BGB) oder eines in anderer Weise ausgesprochenen „Forderungsverzichts" nicht (mehr) aktivieren darf[86]. Allein die Nichtaktivierung eines erfolgswirksam zu aktivierenden zivilrechtlichen Anspruches gegen einen Gesellschafter löst jedoch nicht die Rechtsfolge des § 8 III 2 KStG aus; vielmehr ist die Steuerbilanz zu berichtigen[87]. Ferner kann eine verdeckte Gewinnausschüttung in Form der verhinderten Vermögensmehrung in dem Unterlassen der Kapitalgesellschaft bestehen, eine Forderung einzuklagen und zu vollstrecken, vorausgesetzt jedoch, dass die Kapitalgesellschaft mutmaßlich ein obsiegendes Urteil erhalten und es beim Schuldner erfolgreich hätte vollstrecken können[88]. Hierbei ist es unerheblich, ob die Kapitalgesellschaft um den Anspruch wusste[89].

Der dargestellte Grundsatz des Nichtvorliegens einer verdeckten Gewinnausschüttung bei erfolgswirksamer Aktivierung von Rückgewähr- und Ersatzansprüchen scheint im Widerspruch zu dem Grundsatz[90] zu stehen, dass ein Anspruch auf Rückgewähr einer verdeckten Gewinnausschüttung steuerrechtlich den Charakter einer Einlageforderung hat und die Annahme einer vorherigen verdeckten

[84] Unter einer Satzungsklausel ist eine gesellschaftsvertragliche Vereinbarung eines Rückgewähranspruches zwischen der Kapitalgesellschaft und den Gesellschaftern für den Fall, dass ein unangemessenes Verhältnis von Leistung und Gegenleistung besteht, zu verstehen. Unter Steuerklausel ist hingegen eine Vereinbarung zu verstehen, nach der ein Rückgewähranspruch dann entstehen soll, wenn die Finanzverwaltung zur Annahme einer verdeckten Gewinnausschüttung gelangt. Vgl. dazu Kotschenreuther in: Vögele, HdbVerrpr., Rn. A 67, sowie Lange, Verdeckte Gewinnausschüttungen, Rn. 282 ff.

[85] BFH 14.09.1994 I R 6/94, BStBl II 1997, S. 89 (90).

[86] Vgl. BFH 14.09.1994 I R 6/94, BStBl II 1997, S. 89 (91).

[87] Vgl. BFH 18.12.1996 I R 26/95, NJW 1997, S. 1804 (1805) sowie BFH 14.09.1994 I R 6/94, BStBl II 1997, S. 89 (91) zum Gesellschafter-Geschäftsführer; s. ferner BMF vom 19.12.1996, BStBl. I 1997, S. 112 (112 f.).

[88] Vgl. BFH 14.09.1994 I R 6/94, BStBl II 1997, S. 89 (91) zur Forderung gegen einen Gesellschafter-Geschäftsführer.

[89] Vgl. Frotscher in Frotscher/Maas, KStG, Anhang zu § 8 Rn. 302 „Verzicht"; vgl. ferner BFH 14.07.1998 VIII B 38/98, DB 1998, S. 1994 (1996).

[90] S. dazu unten B. III. 3.

Gewinnausschüttung nicht ausschließt[91]. Eine Kollision dieser Grundsätze käme bei Sachverhalten in Betracht, in denen die Handlung, die eine Vermögensminderung oder verhinderte Vermögensmehrung[92] zur Folge hat, der Kapitalgesellschaft nach den noch darzustellenden Grundsätzen[93] zuzurechnen ist, somit also schon in dieser Handlung (und nicht erst in einem späteren Forderungsverzicht) eine verdeckte Gewinnausschüttung bestehen kann und diese Handlung des Weiteren Rückgewähr- und Ersatzansprüche der Kapitalgesellschaft begründet.

Nach dem BFH ist die Annahme einer verdeckten Gewinnausschüttung durch einen Anspruch auf Rückgewähr der verdeckten Gewinnausschüttung aus zwei Gründen nicht ausgeschlossen. Ein Ausschluss der verdeckten Gewinnausschüttung würde zum Ersten voraussetzen, dass der Rückgewähranspruch zeitgleich mit der den Gewinn mindernden verdeckten Gewinnausschüttung entstünde, was nicht immer gegeben sein muss, wie der Fall einer unangemessen hohen Pensionszusage gegenüber einem Gesellschafter-Geschäftsführer zeigt, in welchem der Rückgewähranspruch erst mit Auszahlung der Pension entsteht[94]. Zum Zweiten müsste der Rückgewähranspruch in der Steuerbilanz erfolgswirksam anzusetzen sein[95]. Dies ist nach dem BFH nicht der Fall, da der Rückgewähranspruch entsprechend dem als verdeckte Gewinnausschüttung zu wertenden Sachverhalt durch das Gesellschaftsverhältnis veranlasst und daher als Einlage i.S.d. § 4 I 5 EStG zu behandeln ist und für diese §§ 8 I KStG, 4 I 1 EStG einen erfolgswirksamen Ansatz ausschließen[96].

Der letztere Gesichtspunkt ist für die „Auflösung" des scheinbar zu bestehenden Spannungsverhältnisses maßgeblich. Nach den Grundsätzen ordnungsgemäßer Buchführung erfolgswirksam zu aktivierende Rückgewähr- oder Erstattungsansprüche schließen zwar, wie oben dargestellt, aufgrund der damit verbundenen Erhöhung des Bilanzvermögens eine verdeckte Gewinnausschüttung aus. Eine verdeckte Gewinnausschüttung ist jedoch, wie die Formulierung „erfolgswirksam zu aktivierende" Ansprüche verdeutlicht, nur dann ausgeschlossen, wenn es sich bei den Rückgewähr- oder Erstattungsansprüchen nicht um Ansprüche auf Rückgängigmachung einer

91 An dieser bisherigen Rechtsprechung zur Rückgewähr einer verdeckten Gewinnausschüttung hielt der BFH mit dem Urteil vom 29.05.1996 (I R 118/93, BStBl II 1997, S. 92 (93)) fest, vgl. BFH 14.07.1998 VIII B 38/98, DB 1998, S. 1994 (1996).

92 An dieser Stelle sollen bei der Frage der Vermögensminderung oder verhinderten Vermögensmehrung die möglichen Rückgewähr- und Ersatzansprüche außer Betracht bleiben.

93 S. dazu unten B. III. 4.

94 Vgl. BFH 29.05.1996 I R 118/93, BStBl II 1997, S. 92 (93); kritisch zu dieser Argumentation Ahmann, DStZ 1998, S. 495 (496).

95 Vgl. BFH 29.05.1996 I R 118/93, BStBl II 1997, S. 92 (93).

96 Vgl. BFH 29.05.1996 I R 118/93, BStBl II 1997, S. 92 (93 f.).

verdeckten Gewinnausschüttung handelt, die als Einlage und somit gerade erfolgsneutral zu behandeln sind[97].

Neben den erwähnten Rückgewähr- und Ersatzansprüchen stellt sich insbesondere bei (Gegen-) Leistungen des Gesellschafters die Frage, ob eine bei isolierter Betrachtung des von der Kapitalgesellschaft getätigten Aufwandes bzw. der von dieser erbrachten Leistung bestehende Vermögensminderung oder verhinderte Vermögensmehrung durch Vermögensmehrungen, etwa in Form eines gezahlten, wenn auch in der Höhe unangemessenen Kaufpreises oder von Dienstleistungen des Gesellschafters, ganz oder zum Teil kompensiert wird. Eine Verrechnung mit Leistungen des Gesellschafters würde voraussetzen, dass diese in einem ausreichend engen Verhältnis zur Leistung der Kapitalgesellschaft stünden und nicht auf gesellschaftsrechtlicher Grundlage erbracht würden[98]. Für die Bestimmung des Begriffs der Vermögensminderung oder verhinderten Vermögensmehrung könnte dann auf den Steuerbilanzgewinn als rechnerischen Saldo am Bilanzstichtag zurückgegriffen werden[99]. Bei angemessener, nicht auf gesellschaftsrechtlicher Grundlage erbrachter Gegenleistung läge keine Vermögensminderung vor, so dass die Prüfung der verdeckten Gewinnausschüttung an dieser Stelle beendet und insbesondere auf die Frage der gesellschaftsrechtlichen Veranlassung der Vermögensminderung nicht einzugehen wäre[100]. Die Prüfung der Angemessenheit der Gegenleistung hätte bei diesem Vorgehen schon im Rahmen des Tatbestandsmerkmals der Vermögensminderung oder verhinderten Vermögensmehrung zu erfolgen und nicht im Rahmen der gesellschaftsrechtlichen Veranlassung, ohne dass sich hierbei jedoch praktische Auswirkungen ergäben[101].

Gleichermaßen müsste auch bei einer (nicht auf gesellschaftsrechtlicher Grundlage erbrachten) Leistung des Gesellschafters, bei der der Zusammenhang mit der Leistung der Kapitalgesellschaft nicht, wie etwa im Fall der Gegenleistung im Rahmen eines gegenseitigen Vertrages, offensichtlich ist, schon im Rahmen des Merkmals der Vermögensminderung bzw. verhinderten Vermögensmehrung entschieden werden, welche Anforderungen an den Zusammenhang zu der Leistung der Gesellschaft zu stellen wären, damit das Vorliegen der Vermögensminderung bzw. verhinderten Vermögensmehrung in Höhe der Leistung des Gesellschafters ausgeschlossen wäre.

Beide Untersuchungen, d.h. sowohl die Prüfung des Vorliegens einer Gegenleistung, eines Entgelts oder eines sonstigen gegenzurechnenden Vorteils, als auch die Prüfung der Angemessenheit, sollen im Rahmen dieser Arbeit bei dem

---

97 Vgl. Gosch, DStR 1998, S. 1550 (1551); Wassermeyer, DB 1998, S. 1997; vgl. ferner Ahmann, DStZ 1999, S. 233 (235), die in der Argumentationskette des I. Senats jedoch einen Zirkelschluss erkennt.
98 Vgl. dazu Blümich/Rengers, § 8 KStG Rn. 275.
99 Vgl. zu diesem Ansatz die Ausführungen von Ahmann, DStZ 1998, S. 495 (495 ff.).
100 Vgl. Frotscher in Frotscher/Maas, KStG, Anhang vGA zu § 8 Rn. 73.
101 Vgl. Frotscher in Frotscher/Maas, KStG, Anhang vGA zu § 8 Rn. 73.

Tatbestandsmerkmal der gesellschaftsrechtlichen Veranlassung vorgenommen werden[102]. In der Höhe der bei der Körperschaft durch die Gegenleistung, das Entgelt oder den sonstigen gegenzurechnenden Vorteil eintretenden Vermögensmehrung kann es daher nach der hier zugrundegelegten Bestimmung der Tatbestandsmerkmale an der gesellschaftsrechtlichen Veranlassung der Vermögensminderung, nicht jedoch an der Vermögensminderung selbst mangeln[103].

Schließlich ist darauf hinzuweisen, dass bei jeder Leistung der Kapitalgesellschaft an einen Gesellschafter, die von der Gesellschaft als Gegenleistung für die des Gesellschafters erbracht wird, eine Vermögensminderung (oder verhinderte Vermögensmehrung) schon aus dem Grund unabhängig davon anzunehmen ist, ob die Leistung seitens der Kapitalgesellschaft gegen eine angemessene oder unangemessene Gegenleistung erfolgt, weil der Gesellschafter in der Entscheidung frei ist, seine Leistung auf gesellschaftsrechtlicher Grundlage und damit unentgeltlich, ohne Gegenleistung, zu erbringen[104]. Daraus folgt, dass Vergleichsmaßstab zur Feststellung des Vorliegens einer Vermögensminderung oder verhinderten Vermögensmehrung die Situation ist, dass der Gesellschafter auf gesellschaftsrechtlicher Grundlage und somit unentgeltlich leistet, die Kapitalgesellschaft also aus ihrem Vermögen keinen Vermögenswert aufwenden muss[105].

3. Rückabwicklung von verdeckten Gewinnausschüttungen

Verdeckte Gewinnausschüttungen können nach Auffassung des BFH grundsätzlich nicht mit steuerlicher Wirkung rückgängig gemacht werden[106]. Unter Rückgängigmachung[107] oder Rückabwicklung einer verdeckten Gewinnausschüttung ist zu verstehen, dass die Kapitalgesellschaft einen Rückgewähr- oder Ersatzanspruch gegen den Gesellschafter aus der verdeckten Gewinnausschüttung einbucht und geltend macht. Die angestrebte steuerliche Wirkung der Rückabwicklung soll darin bestehen, dass es infolge der erfolgswirksamen Aktivierung dieses

---

[102] S. zur Angemessenheitsprüfung den Maßstab des ordentlichen und gewissenhaften Geschäftsleiters (Angemessenheitsprüfung aus der Sicht der Kapitalgesellschaft), der zur Überprüfung der Angemessenheit der Bedingungen von Geschäften herangezogen wird, die dem Grunde nach auf schuldrechtlicher Basis beruhen, jedoch zu überprüfen ist, ob und gegebenenfalls inwieweit die Höhe der Leistung der Kapitalgesellschaft durch das bestehende Gesellschaftsverhältnis beeinflusst wurde, unten B. IV.2. b); zur Frage des Vorliegens einer Gegenleistung, eines Entgelts oder eines sonstigen gegenzurechnenden Vorteils s. B. IV. 2. b) bb).

[103] So Frotscher in Frotscher/Maas, KStG, Anhang vGA zu § 8 Rn. 73.

[104] Vgl. Frotscher in Frotscher/Maas, KStG, Anhang vGA zu § 8 Rn. 73.

[105] Frotscher in Frotscher/Maas, KStG, Anhang vGA zu § 8 Rn. 73.

[106] Vgl. BFH 29.05.1996 I R 118/93, BStBl II 1997, S. 92 (93 f.) m.w.N.; zu weiteren Rechtsprechungsnachweisen s. Blümich/Rengers, § 8 KStG Rn. 450. S. zu diesem Problemkomplex insbesondere Blümich/Rengers, § 8 KStG Rn. 440 ff.; Frotscher in Frotscher/Maas, KStG, Anhang zu § 8 Rn. 287 ff., 302 „Rückabwicklung"; Lademann/Staiger, KStG, § 8 Rn. 283 ff.; Wochinger, Verdeckte Gewinnausschüttungen, Rn. 130 ff.

[107] Kritisch zu diesem Begriff Frotscher in Frotscher/Maas, KStG, Anhang vGA zu § 8 Rn. 287.

Anspruches an den Voraussetzungen der Vermögens- und Einkommensminderung einer verdeckten Gewinnausschüttung mangelt. Diese Wirkung kann jedoch nicht erzielt werden, da ein Anspruch auf Rückgewähr einer verdeckten Gewinnausschüttung steuerrechtlich den Charakter einer Einlageforderung hat[108]. Das gilt insbesondere auch für Rückforderungsansprüche aufgrund von Steuer- und Satzungsklauseln, die ebenfalls ihre Grundlage im Gesellschaftsverhältnis haben[109].

Im Anschluss an sein Urteil vom 24.06.1957[110] sprach der BFH die Möglichkeit der Rückgängigmachung einer verdeckten Gewinnausschüttung in Härte- und Ausnahmefällen aus, äußerte jedoch seit langem ernstliche Zweifel an der Möglichkeit der Aufrechterhaltung dieser Rechtsprechung[111]. Daher und vor dem Hintergrund, dass die nach dieser Rechtsprechung erforderlichen Voraussetzungen zur Rückgängigmachung einer verdeckten Gewinnausschüttung kaum jemals erfüllt sein werden, soll auf diese Rechtsprechung nicht weiter eingegangen werden[112].

4. Der ausschüttenden Körperschaft zuzurechnende Handlung

Die Vermögensminderung oder verhinderte Vermögensmehrung muss auf einer Handlung beruhen, die der ausschüttenden Körperschaft zurechenbar ist[113]. Der Begriff der „Zurechnung" ist ein steuerrechtlicher Begriff, so dass es nicht darauf ankommt, ob die eine Vermögensminderung oder verhinderte Vermögensmehrung verursachende Handlung die Körperschaft zivilrechtlich verpflichtet oder berechtigt, sondern nur darauf, dass diese Handlung nach der maßgeblichen steuerrechtlichen Wertung der Körperschaft zurechenbar ist[114]. Als zuzurechnende Handlungen kommen sowohl Rechtshandlungen, als auch rein tatsächliche Handlungen in Betracht.

Nach der früheren Rechtsprechung des BFH konnte eine verdeckte Gewinnausschüttung nur angenommen werden, wenn die Vermögensminderung oder verhinderte Vermögensmehrung auf einer Rechtshandlung der Kapitalgesell-

[108] Vgl. BFH 29.05.1996 I R 118/93, BStBl II 1997, S. 92 (93 f.) sowie die Ausführungen von Frotscher in Frotscher/Maas, KStG, Anhang vGA zu § 8 Rn. 295 ff.

[109] S. zu Steuer- und Satzungsklauseln insbesondere Frotscher in Frotscher/Maas, KStG, Anhang vGA zu § 8 Rn. 290; Lademann/Staiger, KStG, § 8 Rn. 284, 290 ff.; Lange, Verdeckte Gewinnausschüttungen, Rn. 281 ff.

[110] BFH I 143/56, BStBl III 1957, S. 400 (400 f.).

[111] BFH 22.06.1967 I 192/64, BStBl II 1968, S. 4 (5); BFH 18.02.1970 I R 12/67, BStBl II 1970, S. 526 (528).

[112] S. zu dieser Rechtsprechung Frotscher in Frotscher/Maas, KStG, Anhang vGA zu § 8 Rn. 300; Lademann/Staiger, KStG, § 8 Rn. 289; Wochinger, Verdeckte Gewinnausschüttungen, Rn. 137.

[113] Blümich/Rengers, § 8 KStG Rn. 262; Frotscher in Frotscher/Maas, KStG, Anhang vGA zu § 8 Rn. 74; Herrmann/Heuer/Raupach/Wrede, § 8 KStG Rn. 41.

[114] Frotscher in Frotscher/Maas, KStG, Anhang vGA zu § 8 Rn. 74.

schaft, also auf einer Rechtshandlung ihrer Organe, beruhte[115]. Der Körperschaft zurechenbar waren danach zunächst Rechtshandlungen der Geschäftsleiter, unabhängig von einer Gesellschafterstellung. Bei der GmbH (nicht bei der AG) gehören vor dem Hintergrund ihrer umfassenden Zuständigkeit und Weisungsbefugnis gegenüber den Geschäftsführern auch die Gesellschafter in ihrer Gesamtheit zu den handlungsbefugten Organen, so dass auch Beschlüsse der Gesellschafterversammlung der GmbH zuzurechnende Rechtshandlungen waren. Schließlich waren Handlungen der nicht geschäftsführenden, beherrschenden Gesellschafter, die diese unter Überschreitung ihrer Kompetenzen für die GmbH vornahmen, der Körperschaft zurechenbar. Zwar ist Willensbildungsorgan nicht der einzelne Gesellschafter, sondern die Gesellschafter in ihrer Gesamtheit[116], und eine Entscheidung des beherrschenden Gesellschafters stellt ohne die nach § 51 I GmbHG vorgeschriebene Einberufung der Versammlung einen nichtigen Beschluss dar[117]. Für das Steuerrecht ist jedoch allein entscheidend, dass der Gesellschafter die Möglichkeit hat, einen für ihn vorteilhaften Gewinnverwendungsbeschluss in der Gesellschafterversammlung herbeizuführen[118]. Nach der früheren Rechtsprechung war hingegen die tatsächliche Ausnutzung einer nicht beherrschenden Gesellschafterstellung oder einer sonstigen Einflussmöglichkeit nicht ausreichend, die entsprechende Handlung der Gesellschaft zuzurechnen, wenn dieser weder die anderen Gesellschafter noch die Geschäftsführer zugestimmt hatten[119].

Diese Grundsätze modifizierte der BFH mit den Urteilen vom 14.10.1992[120] dahingehend, dass die Vermögensminderung oder verhinderte Vermögensmehrung nicht auf einer Rechtshandlung der Kapitalgesellschaft beruhen muss, sondern auch rein tatsächliche Handlungen ausreichend sind. Ferner kommt es für die Annahme einer verdeckten Gewinnausschüttung nicht länger auf Handlungen der Gesellschaftsorgane oder des beherrschenden Gesellschafters an, sondern auch Rechts- oder Realakte eines Gesellschafters oder einer ihm nahestehenden Person sind der Gesellschaft zurechenbar, wenn die Organe ihnen durch Tun oder Unterlassen die Möglichkeit verschafft haben, über Gesellschaftsvermögen zu disponieren[121]. Das ist etwa bei Handlungen eines Gesellschafters einer GmbH

[115] BFH 13.08.1957 I 161/56, HFR 1961, S. 230; BFH 13.09.1989 I R 41/86, BStBl II 1989, S. 1029 (1030); BFH 18.07.1990 I R 32/88, BStBl. II 1991, S. 484.

[116] Die umstrittene Frage , ob „die Gesellschafterversammlung" das Organ darstellt, vertreten etwa von Baumbach/Hueck/Zöllner, GmbHG, § 45 Rn. 3, oder das Organ von der Gesamtheit der Gesellschafter gebildet wird, vertreten etwa von Lutter/Hommelhoff, GmbHG, § 45 Rn. 1, kann hier dahingestellt bleiben.

[117] S. dazu Baumbach/Hueck/Zöllner, GmbHG, § 51 Rn. 24.

[118] Vgl. Habammer, verdeckte Gewinnausschüttung, S. 50.

[119] Vgl. Neumann, VGA, S. 318; vgl. ferner BFH 18.07.1990 I R 32/88, BStBl II 1991, S. 484 (485).

[120] BFH 14.10.1992 I R 14/92, BStBl 1993 II, S. 351 (352) und I R 17/92, BStBl 1993 II, S. 352.

[121] Einschränkend dürfte mit Blümich/Rengers, § 8 KStG Rn. 264 jedoch zu verlangen sein, dass dem Gesellschafter oder der diesem nahestehenden Person faktisch durch diese verschaff-

der Fall, dem eine Generalvollmacht erteilt wurde, selbst wenn diese Vollmacht zivilrechtlich ganz oder teilweise unwirksam ist, da der „Bevollmächtigte“ somit zumindest tatsächlich eine dem Geschäftsführer vergleichbare Stellung erhalten hat[122].

Von dieser Zurechnungsmöglichkeit abgesehen gilt, dass Handlungen, die nicht vom Geschäftsführer und im Fall einer GmbH auch nicht von einem beherrschenden Gesellschafter, sondern ohne sein bzw. deren Wissen und Wollen von einem nicht geschäftsleitenden und nicht vertretungsberechtigten Angestellten vorgenommen werden, der Körperschaft nicht zurechenbar sind, unabhängig davon, ob es sich bei letzterem um einen nicht-beherrschenden Gesellschafter einer GmbH, einen beherrschenden oder nicht-beherrschenden Gesellschafter einer AG oder eine einem Gesellschafter nahestehende Person handelt[123]. Eine Handlung des Geschäftsleiters und damit ein der Kapitalgesellschaft zurechenbares Verhalten liegt jedoch vor, wenn der Geschäftsleiter um das Handeln des Angestellten weiß und dieses duldet[124]. In dem Unterlassen der Unterbindung der Handlungen des Angestellten kann dann eine Vermögensminderung liegen[125]. Bei der GmbH liegt eine der Körperschaft zuzurechnende Handlung auch dann vor, wenn der beherrschende Gesellschafter das Verhalten dieses Angestellten erkennt und duldet[126].

Die Zurechnung wird auch nicht dadurch ausgeschlossen, dass der beherrschende GmbH-Gesellschafter seine Kompetenzen überschreitet[127] oder der Geschäftsleiter unter Verstoß gegen seine Geschäftsleiterpflichten handelt[128], selbst wenn das die Vermögensminderung oder verhinderte Vermögensmehrung verursachende Verhalten einen Straftatbestand erfüllt[129].

Nach diesen Grundsätzen kann eine unberechtigte Entnahme[130] eines nicht vertretungsberechtigten Gesellschafters (und bei der GmbH eines nicht beherrschenden Gesellschafters), der von Organen der Gesellschaft auch nicht zur Disposition über das Gesellschaftsvermögen ermächtigt ist, über ein Wirtschaftsgut

---

te Dispositionsmöglichkeit eine einem handlungsbefugten „Organ“ der Kapitalgesellschaft vergleichbare Stellung zukommt. S. zu dieser BFH-Rechtsprechung ferner Wochinger, Verdeckte Gewinnausschüttungen, Rn. 126 ff.

[122] BFH 14.10.1992 I R 14/92, BStBl 1993 II, S. 351 (352).

[123] Frotscher in Frotscher/Maas, KStG, Anhang vGA zu § 8 Rn. 78.

[124] Vgl. Frotscher in Frotscher/Maas, KStG, Anhang vGA zu § 8 Rn. 78; vgl. auch Wochinger, Verdeckte Gewinnausschüttungen, Rn. 127.

[125] Vgl. Frotscher in Frotscher/Maas, KStG, Anhang vGA zu § 8 Rn. 78.

[126] Vgl. Frotscher in Frotscher/Maas, KStG, Anhang vGA zu § 8 Rn. 78.

[127] Insoweit nahm der BFH in den genannten Urteilen vom 14.10.1992 keine Modifikation seiner Rechtsprechung vor.

[128] Frotscher in Frotscher/Maas, KStG, Anhang vGA zu § 8 Rn. 80.

[129] Vgl. BFH 13.09.1989 I R 41/86, BStBl II 1989, S. 1029 (1030); BFH 14.10.1992 I R 14/92, BStBl 1993 II, S. 351 (352); BFH 13.07.1994 I R 112/93, BStBl II 1995, S. 198 (201).

[130] S. zu unberechtigten Entnahmen Wochinger, Verdeckte Gewinnausschüttungen, Rn. 120 ff.; Streck, KStG, § 8 Anm. 80.

jedoch tatsächlich verfügen kann, wegen des Erfordernisses einer Organentscheidung[131] keine verdeckte Gewinnausschüttung darstellen, wenn der Geschäftsleiter[132] von der Entnahme keine Kenntnis erhält oder sie nach Kenntnisnahme nicht billigt[133]. Diese Nichtbilligung muss ihren Ausdruck in der entsprechenden Verbuchung einer Forderung oder eines Schadensersatzanspruches finden[134]. Eine der Körperschaft zuzurechnende Handlung liegt in diesen Fällen demnach erst dann vor, wenn der Geschäftsleiter die Entnahme billigt oder auf den entstandenen Schadensersatzanspruch gegen den entnehmenden Gesellschafter verzichtet[135]. Nimmt ein Gesellschafter eine unberechtigte Entnahme etwa in Form einer Unterschlagung vor, erhält die Gesellschaft einen Regressanspruch gegen ihren Gesellschafter, der im Zeitpunkt des schädigenden Ereignisses zu aktivieren ist[136]. Ist der Gesellschafter gleichzeitig Geschäftsführer oder bei der GmbH beherrschender Gesellschafter, liegt schon bei der Unterschlagung eine Organhandlung vor[137]. Anderenfalls kann eine der Körperschaft zuzurechnende Handlung nur darin liegen, dass ein handlungsbefugtes Organ von der Unterschlagung Kenntnis hat und diese duldet oder später nach Kenntnisnahme auf eine Rückforderung verzichtet. Allein die Nichtaktivierung eines erfolgswirksam zu aktivierenden zivilrechtlichen Anspruches gegen einen Gesellschafter löst jedoch (mangels Forderungsverzichts) nicht die Rechtsfolge des § 8 III 2 KStG aus; vielmehr ist die Steuerbilanz zu berichtigen[138].

---

[131] Der Begriff der „Organentscheidung" wird von Streck, KStG, § 8 Anm. 80, verwendet.

[132] Dies gilt entsprechend hinsichtlich anderer handlungsbefugter Organe der Gesellschaft.

[133] Vgl. Lange, Verdeckte Gewinnausschüttungen, Rn. 157; Steck, Wettbewerbsverbot, S. 185 f. ist anders als hier dargestellt der Auffassung, dass eine unberechtigte Entnahme des beherrschenden GmbH-Gesellschafters, etwa in Form einer Unterschlagung, keine der Gesellschaft zuzurechnende Handlung darstellt. Dieser Gesellschafter ist zwar, wie Steck zuzugeben ist, kein Organ der Gesellschaft, muss jedoch aus den oben genannten Gründen steuerrechtlich wie ein solches behandelt werden.

[134] Lange, Verdeckte Gewinnausschüttungen, Rn. 157.

[135] Vgl. FG-Rheinland-Pfalz 16.11. 1971 I 42/68, EFG 1972, S. 255 (255 f.); FG Baden-Württenberg 28.10. 1976 III 181/75, EFG 1977, S. 170.

[136] Vgl. FG Baden-Württenberg 28.10. 1976 III 181/75, EFG 1977, S. 170 zu Unterschlagungen eines beherrschenden GmbH-Gesellschafter-Geschäftsführers. Der heutigen Rechtsprechung dürfte jedoch die Aussage, dass hierdurch grundsätzlich eine Gewinnwirkung zu Lasten der Gesellschaft verhindert wird, bei einem beherrschenden GmbH-Gesellschafter, der zudem Geschäftsführer ist, nicht entsprechen.

[137] S. dazu schon die obigen Ausführungen; vgl. ferner Streck, KStG, § 8 Anm. 80. Streck ist jedoch der Auffassung, dass bei einem nicht beherrschenden Gesellschafter-Geschäftsführer die gesellschaftsrechtliche Veranlassung zurücktritt. A.A. wohl FG-Baden-Württenberg 28.10. 1976 III 181/75, EFG 1977, S. 170.

[138] Vgl. BFH 18.12.1996 I R 26/95, NJW 1997, S. 1804 (1805) zum Gesellschafter-Geschäftsführer; BFH 14.09.1994 I R 6/94, BStBl II 1997, S. 89 (91), sowie BMF vom 19.12.1996, BStBl. 1997 I, S. 112 (112 f.).

5. Wettbewerbsverbot und Geschäftschancenlehre

a) Wettbewerbsverbot

aa) Frühere Rechtsprechung

Bei der Frage der verdeckten Gewinnausschüttung bei Konkurrenztätigkeit des beherrschenden Gesellschafter-Geschäftsführers vertrat der BFH früher die Auffassung, dass eine im Voraus getroffene, klare und eindeutige Aufgabenabgrenzung erforderlich sei, wenn dieser oder eine ihm nahestehende Person im gleichen Geschäftsbereich wie die Kapitalgesellschaft tätig ist[139]. Fehlte es an einer solchen klaren Abgrenzung, ging der BFH davon aus, dass der Gesellschafter für die Gesellschaft tätig geworden ist und rechnete dieser daher auch die für die Tätigkeit erhaltene Vergütung zu[140]. Der BFH rückte sodann von dieser Rechtsprechung ab und rechnete nunmehr dem Gesellschafter das Ergebnis seiner eigenwirtschaftlichen Konkurrenztätigkeit selbst zu, sah diesen jedoch nach Zivilrecht zur Herausgabe des aufgrund dieser Tätigkeit erlangten Gewinnes verpflichtet. Eine verdeckte Gewinnausschüttung sollte dann vorliegen, wenn die Gesellschaft einen zivilrechtlichen Anspruch auf Schadensersatz oder Herausgabe des erlangten Gewinnes gegen den (in den den Urteilen zugrungeliegenden Fällen alleinigen oder beherrschenden) Gesellschafter-Geschäftsführer oder dem einem (beherrschenden) Gesellschafter nahestehenden Geschäftsführer aus Verletzung des Wettbewerbsverbots nicht geltend machte oder für die grundsätzlich für zulässig erachtete Befreiung vom Wettbewerbsverbot keine angemessene Gegenleistung verlangte[141]. Der BFH bekannte sich in diesem Zusammenhang zur Maßgeblichkeit des Zivilrechts und stützte sich auf die ständige höchstrichterliche Zivilrechtsprechung zum Wettbewerbsverbot[142]. Bei einer Befreiung vom Wettbewerbsverbot forderte der BFH eine Abgrenzung der Pflichtenbereiche zwischen der Gesellschaft und dem Gesellschafter[143]. Einem Wettbewerbsverbot sollte auch der Alleingesellschafter unterliegen[144]. Die Finanzverwaltung schloss sich dieser Rechtsprechung zum Wettbewerbsverbot und zur Aufgabenabgrenzung an[145].

---

[139] Vgl. BFH 27.01.1971 I R 79/68, BStBl II 1971, S. 352 (353); BFH 01.10.1986 I R 123/85, BFH/NV, S. 242 (242 f.) m.w.N.

[140] Vgl. die Nachweise in Fn. 139.

[141] BFH 11.02.1987 I R 177/83, BStBl II 1987, S. 461 (462); BFH 14.03.1989 I 8/85, BStBl II 1989, S. 633 (635); BFH 12.04.1989 I R 142-143/85, BStBl II 1989, S. 636 (637); BFH 26.04.1989 I R 172/87, BStBl II 1989, S. 673 (674).

[142] BFH 14.03.1989 I R 8/85, BStBl II 1989, S. 633 (635).

[143] Vgl. BFH 12.04.1989 I R 142-143/85, BStBl II 1989, S. 636 (637).

[144] BFH 12.04.1989 I R 142-143/85, BStBl II 1989, S. 636 (637).

[145] Vgl. die Nachweise in Blümich/Rengers, § 8 KStG Rn. 772.

bb) Grundzüge der Rechtsprechung seit 1995

Die Kritik an der BFH-Rechtsprechung bis1990 und an der Ansicht der Finanzverwaltung, sowie die BGH-Rechtsprechung[146] zum Nichtvorliegen eines Wettbewerbsverbots bei einem GmbH-Alleingesellschafter oder einem GmbH-Gesellschafter, der in Übereinstimmung mit allen anderen Gesellschaftern handelt, führte zu einer Rechtsprechungsänderung des BFH in 1995[147].

Eingeleitet wurde diese durch das Urteil vom 30.08.1995[148], in welchem der BFH in einem ersten Schritt seine Rechtsprechung der zivilrechtlichen Rechtslage anglich und unter Hinweis auf die BGH-Rechtsprechung feststellte, dass ein Alleingesellschafter-Geschäftsführer einer GmbH solange keinem Wettbewerbsverbot unterliegt, wie er dieser nicht das zur Deckung des Stammkapitals benötigte Vermögen entzieht. Diese Prüfung des Wettbewerbsverbotes in Übereinstimmung mit dem Zivilrecht wurde in den folgenden Urteilen fortgesetzt[149].

In einem weiteren Schritt grenzte der BFH das zivilrechtliche Wettbewerbsverbot von dem Institut der verdeckten Gewinnausschüttung ab: Der BFH führte aus[150], dass § 8 III 2 KStG keine geeignete Rechtsgrundlage ist, um die von einem Gesellschafter im eigenen Namen und für eigene Rechnung ausgeübte Tätigkeit der Körperschaft nur deshalb zuzurechnen, weil sie auch unter den Unternehmensgegenstand fällt. Eine verdeckte Gewinnausschüttung kann nach der neuen Rechtsprechung nicht schon deshalb angenommen werden, weil der Gesellschafter bzw. Geschäftsleiter mit seinem Verhalten gegen ein zivilrechtliches Wettbewerbsverbot verstößt. Besteht ein zivilrechtliches Wettbewerbsverbot und verstößt der Gesellschafter bzw. Geschäftsleiter gegen dieses, steht der Körperschaft ein Herausgabe- oder Schadensersatzanspruch zu. Dieser Vorgang bewegt sich nur auf schuldrechtlicher Ebene[151]. Die Existenz des Herausgabe- oder Schadensersatzanspruchs richtet sich allein nach dem Zivilrecht[152]. Die entste-

---

[146] S. BGHZ 122, S. 333 (336).

[147] Vgl. Blümich/Rengers, § 8 KStG Rn. 773; Frotscher in Frotscher/Maas, KStG, Anhang vGA zu § 8 Rn. 85.

[148] BFH 30.08.1995 I R 155/94, DStR 1995, S. 1873.

[149] Vgl. die Nachweise bei Blümich/Rengers, § 8 KStG Rn. 775 f.; Frotscher in Frotscher/Maas, KStG, Anhang zu § 8 Rn. 85; Neumann, VGA, S. 550 ff.; Steck, Wettbewerbsverbot, S. 28 ff.. Zu den rechtlichen Grundlagen und den Voraussetzungen des Wettbewerbsverbots im GmbH-Recht s. etwa Fleischer DStR 1999, S. 1249 (1250 ff.); Neumann, VGA, S. 551 ff.; Scholz/Emmerich, GmbHG, § 3 Rn. 50 ff.; Scholz/Winter, GmbHG, § 14 Rn. 59; Scholz/Schneider, GmbHG, § 43 Rn. 126 ff.; Steck, Wettbewerbsverbot, S. 38 ff, jeweils m.w.N.; zum Aktienrecht s. etwa Hüffer, AktG, Kommentierung zu § 88 AktG; Mertens in KölnKomm z. AktG, Kommentierung zu § 88 AktG.

[150] BFH 30.08.1995 I R 155/94, DStR 1995, S. 1873 (1874); BFH 22.11.1995 I R 45/95, BFH NV 1996, S. 645 (646); vgl. auch BFH 12.10.1995 I R 127/94, DStR 1996, S. 337; BFH 13.11.1996 I R 149/94, BB 1997, S. 508 (509).

[151] Frotscher in Frotscher/Maas, KStG, Anhang zu § 8 KStG Rn. 86.

[152] BFH 30.08.1995 I R 155/94, DStR 1995, S. 1873 (1874); BFH 22.11.1995 I R 45/95, BFH NV 1996, S. 645 (646). In diesen Urteilen führt der BFH vor diesem Hintergrund auch aus,

hende Forderung ist steuerlich wie jede andere Forderung gegen einen Gesellschafter bzw. Geschäftsleiter zu behandeln[153]. Das bedeutet nach den vorgenommenen[154] Ausführungen zu den Auswirkungen von Rückgewähr- bzw. Ersatzansprüchen, dass, wie alle anderen, auch diese zivilrechtlichen Ansprüche, wenn sie, gegebenenfalls im Wege der Bilanzberichtigung, in der Steuerbilanz erfolgswirksam zu aktivieren sind, aufgrund der damit verbundenen Erhöhung des Bilanzvermögens den Tatbestand der verdeckten Gewinnausschüttung ausschließen[155]. Erst dann, wenn diese Ansprüche aus gesellschaftsrechtlichen Gründen nicht geltend gemacht werden, kann eine verdeckte Gewinnausschüttung vorliegen.

b) Geschäftschancenlehre

Der durch den Verstoß gegen ein Wettbewerbsverbot ausgelöste Herausgabe- oder Schadensersatzanspruch ist jedoch dann nicht erfolgswirksam zu aktivieren, wenn es sich bei diesem um einen Anspruch auf Rückgängigmachung einer verdeckten Gewinnausschüttung handelt, der als Einlage und somit gerade erfolgsneutral zu behandeln ist[156]. Das kommt dann in Betracht, wenn im Zusammenhang mit dem als Verstoß gegen ein Wettbewerbsverbot zu bewertenden Verhalten das Vermögen der Körperschaft gemindert bzw. eine Vermögensmehrung verhindert wird und eine der Körperschaft nach den obigen Grundsätzen zuzurechnende Handlung gegeben ist, so dass schon zu diesem Zeitpunkt eine verdeckte Gewinnausschüttung gegeben sein kann. Eine verdeckte Gewinnausschüttung kommt jedoch gleichermaßen auch dann in Frage, wenn ein zivilrechtliches Wettbewerbsverbot nicht besteht.

Angesprochen ist hier die „Geschäftschancenlehre"[157] des BFH, die eine eigene steuerliche Lösung des Problems der Tätigkeit des Gesellschafters bzw. Ge-

---

dass entsprechende Ansprüche nicht allein deshalb angenommen werden können, weil es an einer klaren und von vornherein abgeschlossenen Vereinbarung zwischen Gesellschaft und ihrem beherrschenden Gesellschafter im Hinblick auf die Aufhebung eines vertraglich vereinbarten Wettbewerbsverbotes mangelt. Es handelt sich insoweit um ein rein steuerliches Kriterium, ist also für die Beurteilung der Existenz zivilrechtlicher Ansprüche irrelevant.

[153] Vgl. auch Steck, Wettbewerbsverbot, S. 36.

[154] S. oben B. III. 2., 3.

[155] Vgl. auch BFH 13.11.1996 I R 149/94, BB 1997, S. 508 (509).

[156] Vgl. oben B. III. 3.

[157] S. dazu Frotscher in Frotscher/Maas, KStG, Anhang vGA zu § 8 Rn. 87 ff, 302 „Geschäftschancen"; s. ferner Achenbach in Dötsch/Eversberg/Jost/Witt, KStG, § 8 Rn. 4 ff.; Blümich/Rengers, § 8 KStG Rn. 776 ff.; Baumhoff in F/W/B, AStG, § 1 Rn. 595 ff.; Buyer, GmbHR 1996, S. 98 (106 ff.); Fleischer DStR 1999, S. 1249 ff.; Gosch, DStR 1997, S. 442 ff.; Kaminski, SteuerStud 1998, S. 318 (320 f.); Lange, Verdeckte Gewinnausschüttungen, Rn. 942 ff.; Lawall, NJW 1997, S. 1742 ff.; Steck, Wettbewerbsverbot, S. 31 ff.; Wassermeyer, DStR 1997, S. 681 (683 f.); Weisser, GmbHR 1997, S. 429 ff.; zu Problemfällen verdeckter Gewinnausschüttungen im Konzern s. Haarmann, IDW-Steuerfachtagung 1996, S. 59 (62 ff.); ders., JbFSt 1997/98, S. 590 ff.; Rödder, StbJb. 1997/98, S. 115 ff.

sellschafter-Geschäftsführers für eigene Rechnung darstellt und für welche das Bestehen eines zivilrechtlichen Wettbewerbsverbotes keine Rolle spielt[158]. Auf die Grundsätze der steuerlichen Geschäftschancenlehre soll im Folgenden ausführlicher eingegangen werden, da diesen im Rahmen der im dritten Kapitel dieser Arbeit vorzunehmenden Untersuchung eine wesentliche Bedeutung zukommen wird. Nach der Geschäftschancenlehre des BFH kann eine verdeckte Gewinnausschüttung darin bestehen, dass die Gesellschaft eine ihr offen stehende Geschäftschance zugunsten eines Gesellschafter- Geschäftsführers bzw. Gesellschafters nicht ausnutzt, sondern es diesem überlässt, das Geschäft für eigene Rechnung abzuschließen, oder wenn der Gesellschafter-Geschäftsführer bzw. Gesellschafter Informationen benutzt, die die Gesellschaft einem Dritten nicht unentgeltlich überlassen hätte[159]. Für den Fall, dass sich anknüpfend an diesen Sachverhalt aus den Grundsätzen der gesellschaftsrechtlichen Geschäftschancenlehre, die auf der gesellschaftsrechtlichen Treuepflicht beruhen, oder aufgrund anderer Anspruchsgrundlagen, etwa aus dem Bereich des Deliktsrechts, Ansprüche der Kapitalgesellschaft ergeben, gelten die obigen Ausführungen zum Verstoß gegen das Wettbewerbsverbot entsprechend. Schließlich ist hinsichtlich der steuerlichen Geschäftschancenlehre anzumerken, dass diese nicht die Fälle betrifft, in denen die Gesellschaft lediglich auf die Wahrnehmung einer Geschäftschance verzichtet, ohne dass diese dem Gesellschafter oder einer ihm nahestehenden Person (teil-) unentgeltlich überlassen wird[160].

aa) Begriff der Geschäftschance und Vorliegen einer vermögenswerten Position

Eine Geschäftschance kann mit einer Erwerbsaussicht, einer Gewinnchance oder der Möglichkeit der Erzielung eines künftigen Vermögensvorteils gleichgesetzt oder beschrieben werden. In der Regel entzieht sich diese Möglichkeit, in Zukunft einen Vermögensvorteil zu erzielen, nach der Verkehrsauffassung einer besonderen Bewertung und ist daher noch nicht als Wirtschaftsgut anzusehen[161]. Im Einzelfall ist es jedoch denkbar, dass eine Geschäftschance ein immaterielles

---

[158] Vgl. Frotscher in Frotscher/Maas, KStG, Anhang vGA zu § 8 Rn. 87; Steck, Wettbewerbsverbot, S. 31. Zur gesellschaftsrechtlichen Geschäftschancenlehre und ihrer Grundlage in der Treuepflicht s. betreffend die GmbH Mechnig, Wettbewerbsverbot, S. 80 ff.; Steck, Wettbewerbsverbot, S. 78 ff.; Wagner, Verdeckte Gewinnausschüttungen, S. 120 ff. m.w.N.; betreffend die AG s. Schmidt-Hern, Schutz der außenstehenden Aktionäre, S.147 ff. m.w.N.

[159] Vgl. BFH 30.08.1995 I R 155/94, DStR 1995, S. 1873 (1875); Blümich/Rengers, § 8 KStG Rn. 776.

[160] Ob in diesen Fällen, die sich auf eine „Schädigung" der Kapitalgesellschaft beschränken, eine verdeckte Gewinnausschüttung angenommen werden kann, wird davon abhängig sein, ob und in welcher Form die Vermögensminderung oder verhinderte Vermögensmehrung mit einen Vorteil für den Gesellschafter zusammenhängen muss; s. dazu unten B. IV. 1. c).

[161] Vgl. Baumhoff in F/W/B, AStG, § 1 Rn. 595.1; Rödder, StbJb. 1997/98, S. 115 (124); Wassermeyer, GmbHR 1993, S. 329 (332).

Wirtschaftsgut darstellt[162]. Dann dürfte sich das Vorliegen einer verdeckten Gewinnausschüttung jedoch schon nach den allgemeinen Grundsätzen feststellen lassen[163].

Eine Vermögensminderung oder verhinderte Vermögensmehrung setzt voraus, dass der Geschäftschance ein Vermögenswert zukommt[164]. Der Geschäftsverkehr müsste, genauer, zwei ordentliche und gewissenhafte Geschäftsleiter müssten bei Vereinbarung der Übertragung oder Überlassung der Geschäftschance zu einer Bewertung der Geschäftschance gelangen, ihr also überhaupt einen Vermögenswert beimessen[165]. Das setzt voraus, dass die Erwerbsaussicht bereits hinreichend konkretisiert ist[166]. Weiterhin müssen die Möglichkeiten der zukünftigen Gewinnerzielung nach kaufmännischer Betrachtung die mit dem Geschäft verbundenen Risiken deutlich überwiegen[167]. Zumindest ist Voraussetzung einer Geschäftschance, dass sie ihrem Inhaber bei gleichem Mitteleinsatz und gleichem Risiko die Erzielung eines wesentlich höheren Gewinnes ermöglicht als demjenigen, der über diese „Geschäftschance" nicht verfügt[168].

bb) Verdeckte Gewinnausschüttung in Form der verhinderten Vermögensmehrung

Im Rahmen der steuerlichen Geschäftschancenlehre stellt sich die Frage, worin die verdeckte Gewinnausschüttung zu sehen ist. Auszugehen ist davon, dass § 8 III 2 KStG keine geeignete Rechtsgrundlage ist, die von einem Gesellschafter im eigenen Namen und für eigene Rechnung ausgeübte Tätigkeit der Körperschaft zuzurechnen[169]. Abzustellen ist vielmehr darauf, dass die Kapitalgesell-

---

[162] Vgl. Wassermeyer, GmbHR 1993, S. 329 (332). Der BFH ließ diese Frage in seiner Entscheidung vom 06.12.1995 (I R 40/95, BStBl II 1997, S. 118 (119 f.)) offen. Vgl. zu dieser Frage auch Fleischer, DStR 1999, S. 1249 (1256); Rödder, StbJb. 1997/98, S. 115 (124).

[163] In diesem Sinne wohl Rödder, StbJb. 1997/98, S. 115 (124).

[164] Einen Vermögenswert ebenfalls voraussetzend Baumhoff in F/W/B, AStG, § 1 Rn. 595.1; Döllerer, Verdeckte Gewinnausschüttungen, S. 35; Frotscher in Frotscher/Maas, KStG, Anhang vGA zu § 8 Rn 302 „Geschäftschancen"; Rödder, StbJb. 1997/98, S. 115 (124 f.); Wagner, Verdeckte Gewinnausschüttungen, S. 127 f.; Wassermeyer, DStR 1997, S. 681 (683); Weber-Grellet, DStZ 1998, S. 357 (365); Uecker, Der Vorteils- Nachteils- Ausgleich, S. 68 f.

[165] Vgl. Rödder, StbJb. 1997/98, S. 115 (125); ähnlich Steck, Wettbewerbsverbot, S. 131.

[166] Vgl. Rödder, StbJb. 1997/98, S. 115 (125); ähnlich Fleischer, DStR 1999, S. 1249 (1256) zu tatsächlichen Erwerbsaussichten; vgl. ferner Blümich/Rengers, § 8 KStG Rn. 795; Baumhoff in F/W/B, AStG, § 1 Rn. 595.2; Haarmann, JbFSt 1997/98, S. 590 (591); auch der BFH spricht von eigenen konkreten Geschäftschancen, vgl. BFH 18.12.1996 I R 26/95, NJW 1997, S. 1804 (1805); vgl. auch Weber-Grellet, DStZ 1998, S. 357 (365 f.).

[167] Vgl. Rödder, StbJb. 1997/98, S. 115 (124 f., 127 f.); Fleischer, DStR 1999, S. 1249 (1256) zu vertraglichen Rechtspositionen.

[168] Vgl. Baumhoff in F/W/B, AStG, § 1 Rn. 595.3; Rödder, StbJb. 1997/98, S. 115 (125, 128).

[169] Vgl. BFH 30.08.1995 I R 155/94, DStR 1995, S. 1873; BFH 12.10.1995 I R 127/94, DStR 1996, S. 337;
BFH 13.11.1996 I R 149/94, BB 1997, S. 508 (509); BFH 22.11.1995 I R 45/95, BFH NV 1996, S. 645 (646).

schaft die ihr zuzuordnende Geschäftschance nicht selbst ausnutzt, sondern diese Geschäftschance dem Gesellschafter aus gesellschaftsrechtlichen Gründen (teil-) unentgeltlich überlässt[170]. Die (teil-) unentgeltliche Übertragung der Geschäftchance bzw. das (teil-) unentgeltliche Dulden der Verwertung der Geschäftschance durch den Gesellschafter muss der Kapitalgesellschaft hierbei nach den allgemeinen Grundsätzen zuzurechnen sein. Das bedeutet, dass in der bloßen Wahrnehmung der Geschäftschance durch den Gesellschafter (noch) keine verdeckte Gewinnausschüttung liegen kann, solange die Kapitalgesellschaft von diesem Sachverhalt keine Kenntnis hat, es sei denn, das Verhalten des Gesellschafters ist der Kapitalgesellschaft zurechenbar. Nur dann kann die maßgebliche Handlung - das Unterlassen, ein (angemessenes) Entgelt zu verlangen - der Kapitalgesellschaft zuzurechnen sein. Die (teil-) unentgeltliche Überlassung einer Geschäftchance, bzw. der Verzicht auf ein Entgelt, welches ein fremder Dritter der Kapitalgesellschaft für das Unterlassen der Wahrnehmung einer Geschäftschance gezahlt hätte, stellt eine verhinderte Vermögensmehrung in Höhe des entgangenen Gewinnes dar. Entsprechendes gilt bei Nutzung von Wissen und Erkenntnissen der Körperschaft, das Geschäftschancen für diese begründet. Hier kann eine verdeckte Gewinnausschüttung in Höhe des Entgelts vorliegen, welches diese von einem fremden Dritten für die Überlassung hätte erzielen können[171].

cc) Zuordnung der Geschäftschance

Eine verdeckte Gewinnausschüttung setzt in den vorliegenden Fällen des Weiteren voraus, dass sich die Geschäftschance dem Vermögensbereich der Kapitalgesellschaft zuordnen lässt[172]. Der BFH sieht in seinem Urteil vom 13.11.1996[173] ausdrücklich davon ab, die genauen Voraussetzungen festzustellen, nach denen eine Zuordnung einer Geschäftschance zur Kapitalgesellschaft möglich ist. Er führt jedoch aus, dass für diese Zuordnung zur Kapitalgesellschaft konkrete Anhaltspunkte feststellbar sein müssen; eine Zuordnung nach formalen Kriterien, etwa dem Unternehmensgegenstand, ist nicht möglich[174]. Daher ist nicht alles, was in den Tätigkeitskreis der Kapitalgesellschaft fällt, eine ihr zuzuordnende Geschäftschance und auf der anderen Seite können sich dieser auch Geschäfts-

---

[170] Vgl. BFH 18.12.1996 I R 26/95, NJW 1997, S. 1804 (1805); BFH 12.06.1997 I R 14/96, BB 1997, S. 1829 (1830 f.). Bei der Prüfung der gesellschaftsrechtlichen Veranlassung, die nach den noch darzustellenden allgemeinen Grundsätzen zu prüfen ist, ist zu berücksichtigen, dass die Feststellung, dass eine Geschäftschance der Kapitalgesellschaft zuzuordnen ist, noch nicht bedeutet, dass sie von der Gesellschaft auch ausgeübt werden muss. Denn „das Rechtsinstitut der vGA rechtfertigt es nicht, einer Kapitalgesellschaft ein Rechtsgeschäft „aufzudrängen", was sie gemessen am Fremdvergleich unter keinen Umständen abgeschlossen hätte", BFH 12.06.1997 I R 14/96, BB 1997, S. 1829 (1830).

[171] Vgl. BFH 30.08.1995 I R 155/94, DStR 1995, S. 1873 (1875); BFH 11.06.1996 I R 97/95, DStR 1996, S. 1769; Frotscher in Frotscher/Maas, KStG, Anhang vGA zu § 8 Rn. 87.

[172] Vgl. Haarmann, JbFSt 1997/98, S. 590 (591).

[173] BFH 13.11.1996 I R 149/94, BB 1997, S. 508 (509).

[174] Vgl. BFH 13.11.1996 I R 149/94, BB 1997, S. 508 (509).

chancen außerhalb ihres Unternehmensgegenstandes bieten[175], was jedoch nur gilt, wenn es sich um eine Einmalchance handelt, die von der Kapitalgesellschaft mehr oder weniger risikolos wahrgenommen werden kann[176]. Auch besteht kein Gebot der klaren und eindeutigen Aufgabenabgrenzung[177]. Der Unternehmensgegenstand der Kapitalgesellschaft nach der Satzung bzw. der tatsächlichen Betätigung der Gesellschaft und gegebenenfalls der des die Geschäftschance wahrnehmenden Unternehmens des Gesellschafters oder eine getroffene Aufgabenabgrenzung bzw. ein vertragliches Wettbewerbsverbot können jedoch eine indizielle Wirkung für oder gegen die Zuordnung einer Geschäftschance zur Kapitalgesellschaft zukommen[178]. Hinsichtlich der Konkretisierung der eine Zuordnung ermöglichenden Kriterien zeigt der BFH Sympathie für die Ausführungen von Thiel[179], die „einen ersten Anhaltspunkt geben können, jedoch in der Praxis möglicherweise noch eine weitere Differenzierung und Konkretisierung erfahren müssen“[180].

Im Folgenden sollen die wesentlichen in der Rechtsprechung, aber vor allem in der Lehre angeführten Zuordnungskriterien genannt werden, wobei nach der Grundlage der in Betracht kommenden vermögenswerten Position differenziert wird[181]:

(1) Geschäftschancen der Gesellschaft aufgrund eines absoluten oder relativen Rechtes

Die Zuordnung einer Geschäftschance zur Kapitalgesellschaft kann sich daraus ergeben, dass diese im Zusammenhang mit einem der Kapitalgesellschaft zustehenden absoluten oder relativen Recht steht. So kann der Kapitalgesellschaft eine Geschäftschance eindeutig zugeordnet werden, wenn die Rechtsordnung bereits eine eindeutige Zuordnung getroffen hat und sich Geschäftschancen aus Sachen oder Rechten ergeben, deren Eigentümer oder Inhaber die Kapitalgesellschaft ist[182]. Eine Übertragung einer in dieser Weise der Gesellschaft zuzuordnenden Geschäftschance liegt beispielsweise vor, wenn ein Grundstück einem Gesellschafter zur unentgeltlichen Nutzung und Fruchtziehung zum eigenen Vorteil

[175] Vgl. BFH 11.06.1996 I R 97/95, DStR 1996, S. 1769; Frotscher in Frotscher/Maas, KStG, Anhang vGA zu § 8 Rn. 87; kritisch Wagner, Verdeckte Gewinnausschüttungen, S. 129 f.

[176] BFH 12.06.1997 I R 14/96, BB 1997, S. 1829 (1831).

[177] BFH 13.11.1996 I R 149/94, BB 1997, S. 508 (509).

[178] Vgl. BFH 13.11.1996 I R 149/94, BB 1997, S. 508 (509); Blümich/Rengers, § 8 KStG Rn. 798.

[179] Thiel, DStR 1993, S. 1801.

[180] BFH 13.11.1996 I R 149/94, BB 1997, S. 508 (509).

[181] Vgl. zur Auffächerung nach der Art der vermögenswerten Position Fleischer, DStR 1999, S. 1249 (1255 ff.).

[182] Vgl. Lawall, NJW 1997, S. 1742 (1744). Zu Geschäftschancen, die Ausfluss einer Eigentumsposition der Kapitalgesellschaft sind, vgl. insbesondere die Ausführungen von Fleischer, DStR 1999, S. 1249 (1255); vgl. dazu ferner Frotscher in Frotscher/Maas, KStG, Anhang vGA zu § 8 Rn. 88; Thiel, DStR 1993, S. 1801 (1803).

überlassen wird[183]. Eine eindeutige Zuordnung ist gleichermaßen möglich, wenn sich Geschäftchancen aus Verträgen der Gesellschaft ergeben, die diese mit Dritten abgeschlossen hat[184].

Ist eine Geschäftschance der Kapitalgesellschaft zuzuordnen, weil sie aus einem mit einem Dritten abgeschlossenen Vertrag herrührt, so bedeutet das nicht, dass die Kapitalgesellschaft zur Durchführung des Vertrages nicht auf Subunternehmer zurückgreifen darf: Die Wahrnehmung der Geschäftschance erfordert den Einsatz personeller und sachlicher Mittel. Die Kapitalgesellschaft kann nach ihrem freien unternehmerischen Ermessen entscheiden, ob sie eigene Mittel der Gesellschaft, gegebenenfalls unter Einstellung zusätzlichen Personals, einsetzt, oder aber einen Subunternehmer beauftragt[185]. Beauftragt die Kapitalgesellschaft einen Subunternehmer, z.B. einen Gesellschafter, so kann eine verdeckte Gewinnausschüttung nur vorliegen, wenn diese Entscheidung durch Umstände beeinflusst wurde, die ihre Veranlassung im Gesellschaftsverhältnis haben[186]. Dies bestimmt sich nach den allgemeinen, noch darzustellenden Grundsätzen[187].

Soweit die Einschaltung des Gesellschafters als Subunternehmer aus gesellschaftsrechtlichen Gründen erfolgte, besteht eine verdeckte Gewinnausschüttung in der Höhe des der Kapitalgesellschaft entgangenen Gewinns (verhinderte Vermögensmehrung).

---

[183] Vgl. Fleischer, DStR 1999, S. 1249 (1255); Thiel, DStR 1993, S. 1801 (1803).

[184] In diesem Sinn BFH 13.11.1996 I R 149/94, BB 1997, S. 508 (509); vgl. im Einzelnen Fleischer, DStR 1999, S. 1249 (1255); ferner Frotscher in Frotscher/Maas, KStG, Anhang vGA zu § 8 Rn. 88; Lawall, NJW 1997, S. 1742 (1744); Steck, Wettbewerbsverbot, S. 81; Wassermeyer, DStR 1997, S. 681 (684).

[185] Vgl. BFH 13.11.1996 I R 149/94, BB 1997, S. 508 (509); BFH 12.10.1995 I R 127/94, DStR 1996, S. 337 (338)

[186] BFH 12.10.1995 I R 127/94, DStR 1996, S. 337 (338).

[187] Nach BFH 12.10.1995 I R 127/94, DStR 1996, S. 337 (338) ist im Hinblick auf den maßgeblichen Verhaltensmaßstab des ordentlichen und gewissenhaften Geschäftsleiters davon auszugehen, dass dieser Geschäftsleiter i.d.R. alle sich der Kapitalgesellschaft bietenden Chancen nutzen wird und nach den Umständen des Einzelfalles entscheidet, ob es sich für die Kapitalgesellschaft als günstiger darstellt, die Geschäftschance durch den Einsatz eigener oder fremder personeller und sachlicher Mittel zu nutzen. Diese Entscheidung wird er an Hand des Aufwandes und der Risiken treffen, die der Kapitalgesellschaft in der jeweiligen Alternative mutmaßlich entstehen. Entspricht die Einschaltung des Gesellschafters als Subunternehmer dem Maßstab des ordentlichen und gewissenhaften Geschäftsleiters, so hat der Gesellschafter nicht nur Anspruch auf Kostenerstattung, sondern kann einen angemessenen Gewinnaufschlag fordern. Nach BFH 13.11.1996 I R 149/94, BB 1997, S. 508 (509) ist der Geschäftsführer einer Kapitalgesellschaft im Zweifel zu einer Handlung in dieser Funktion verpflichtet, was indiziell jedenfalls solange gilt, als es für eine Tätigkeit des Geschäftsführers außerhalb seiner Geschäftsführeraufgaben an einer klaren und von vornherein abgeschlossenen Vereinbarung fehlt. Zu weiteren Einzelheiten s. Blümich/Rengers, § 8 KStG Rn. 790 f.; Frotscher in Frotscher/Maas, KStG, Anhang vGA zu § 8 Rn. 87; Neumann, VGA, S. 556.

(2) Geschäftschancen, die nicht durch ein absolutes oder relatives Recht vermittelt werden

Anhand welcher Kriterien eine Zuordnung von Geschäftschancen erfolgen soll, wenn sich diese Zuordnung nicht aus einem Zusammenhang der Geschäftschance mit einem absoluten oder relativen Recht der Kapitalgesellschaft ergibt, ist in vielen Einzelheiten noch unklar. Die Rechtsprechung steht hier erst am Anfang einer Entwicklung.

Nach dem BFH ist der Kapitalgesellschaft im Verhältnis zu ihrem Gesellschafter eine Geschäftschance zuzuordnen, wenn diese auf Wissen und Erkenntnissen der Gesellschaft beruht, die der Gesellschafter als Gesellschafter oder Geschäftsführer der Kapitalgesellschaft erworben hat[188]. Handelt es sich um Wissen und Erkenntnisse eines Gesellschafter-Geschäftsführers mehrerer Kapitalgesellschaften, der kein Einzelunternehmen betreibt, ist die Geschäftschance im Zweifel den Kapitalgesellschaften entsprechend den Unternehmensgegenständen zuzuordnen[189].

Als weitere Kriterien, die Anhaltspunkte für die Zuordnung einer Geschäftschance liefern können, werden unter anderem[190] die folgenden Kriterien genannt: Die Kapitalgesellschaft hat bereits nachvollziehbare Vorbereitungshandlungen zur Abwicklung des Geschäfts getroffen[191], z.B., indem es sich um Bereiche handelt, für die die Kapitalgesellschaft Produkte oder Konzepte entwickelt hat[192], bei Geschäftschancen, die auf im Namen der Kapitalgesellschaft geführter Korrespondenz oder Verhandlung beruhen[193] oder wenn die Kapitalgesellschaft zur Erlangung oder Abwicklung des Geschäfts bereits Aufwendungen gemacht hat[194];

---

[188] Vgl. BFH 30.08.1995 I R 155/94, DStR 1995, S. 1873 (1875); BFH 11.06.1996 I R 97/95, DStR 1996, S. 1769; Hieran anknüpfend ein eigenständiges Konzept zur Zuordnung von Geschäftschancen entwickelnd Steck, Wettbewerbsverbot, S. 84 ff.

[189] Vgl. BFH 11.06.1996 I R 97/95, DStR 1996, S. 1769 (1770). Nach diesem Urteil ist dann, wenn der Gesellschafter das Wissen für sich persönlich ausnutzt, unter dem Gesichtspunkt des Fremdvergleichs davon auszugehen, dass sich die in Betracht kommenden Gesellschaften zur gemeinsamen Nutzung ihrer Geschäftschancen zusammengeschlossen und das Entgelt nach einem angemessenen Schlüssel geteilt hätten.

[190] Vgl. im Einzelnen Blümich/Rengers, § 8 KStG Rn. 799 ff.; Frotscher in Frotscher/Maas, KStG, Anhang vGA zu § 8 Rn. 88 ff.; Thiel, DStR 1993, S. 1801 (1804).

[191] Neumann, VGA, S. 557; vgl. auch Lawall, NJW 1997, S. 1742 (1744); Thiel, DStR 1993, S. 1801 (1804).

[192] Frotscher in Frotscher/Maas, KStG, Anhang vGA zu § 8 Rn. 88.

[193] Frotscher in Frotscher/Maas, KStG, Anhang vGA zu § 8 Rn. 88; Neumann, VGA, S. 557; vgl. auch Fleischer, DStR 1999, S. 1249 (1256); Lawall, NJW 1997, S. 1742 (1744); Rödder, StbJb. 1997/98, S. 115 (125).

[194] Ausführlich dazu Blümich/Rengers, § 8 KStG Rn. 801; vgl. ferner Fleischer, DStR 1999, S. 1249 (1256); Frotscher in Frotscher/Maas, KStG, Anhang vGA zu § 8 Rn. 88; Lawall, NJW 1997, S. 1742 (1744); Neumann, VGA, S. 557; Rödder, StbJb. 1997/98, S. 115 (125); Wassermeyer, DStR 1997, S. 681 (684); kritisch Steck, Wettbewerbsverbot, S. 81.

es handelt sich um an die Kapitalgesellschaft gerichtete Anfragen[195] und/oder um Anfragen von Geschäftspartnern der Kapitalgesellschaft; die Geschäftschancen stehen im Zusammenhang mit ständigen Geschäftsbeziehungen, Rahmenverträgen, Folgeaufträgen, Beziehungen zu bestehenden Lieferanten und Kunden[196]; die Geschäfte beruhen auf Werbung, Katalogen, Preislisten, Ausstellungen, Messeteilnahmen etc. der Kapitalgesellschaft[197]. Weiterhin wird als Kriterium angeführt, dass der Gesellschafter fachlich und/oder organisatorisch nicht in der Lage ist, den Auftrag in Eigenregie abzuwickeln und diesen unter Einsatz der Infrastruktur der Kapitalgesellschaft durchführt[198].

Zweifelhaft ist, ob aus der besonderen Bedeutung des Geschäfts für die Kapitalgesellschaft[199] oder aus dem Umstand, dass die Kapitalgesellschaft als erste mit dem Geschäft in Berührung gekommen ist[200], die Zuordnung einer Geschäftschance zur Kapitalgesellschaft zu folgern ist.

Schließlich ist auch der Wille des Vertragspartners zu beachten, wenn erkennbar ist, dass dieser das Geschäft nicht mit der Kapitalgesellschaft abschließen wollte[201].

dd) Weitere Voraussetzungen auf Seiten der Kapitalgesellschaft und gesellschaftsrechtliche Veranlassung

Fraglich ist, ob die Zuordnung einer Geschäftschance zur Kapitalgesellschaft oder das Vorliegen der „Überlassung" einer Geschäftschance seitens der Kapitalgesellschaft voraussetzt, dass diese die Geschäftschance selbst hätte nutzen können[202] und/oder voraussichtlich genutzt hätte[203].

---

[195] Frotscher in Frotscher/Maas, KStG, Anhang vGA zu § 8 Rn. 88; vgl. ferner Fleischer, DStR 1999, S. 1249 (1256); Lawall, NJW 1997, S. 1742 (1744); Rödder, StbJb. 1997/98, S. 115 (125).

[196] Vgl. Blümich/Rengers, § 8 KStG Rn. 800; Frotscher in Frotscher/Maas, KStG, Anhang vGA zu § 8 Rn. 88.

[197] Frotscher in Frotscher/Maas, KStG, Anhang vGA zu § 8 Rn. 88.

[198] Blümich/Rengers, § 8 KStG Rn. 804; Neumann, VGA, S. 557; vgl. ferner Lawall, NJW 1997, S. 1742 (1744); Thiel, DStR 1993, S. 1801 (1804); zurückhaltend Rödder, StbJb. 1997/98, S. 115 (125); differenzierend Baumhoff in F/W/B, AStG, § 1 Rn. 595.2; ablehnend Steck, Wettbewerbsverbot, S. 83 f.

[199] Differenzierend Blümich/Rengers, § 8 KStG Rn. 804; bejahend Lawall, NJW 1997, S. 1742 (1745); Neumann, VGA, S. 557; ablehnend Steck, Wettbewerbsverbot, S. 82 f.

[200] Bejahend Lawall, NJW 1997, S. 1742 (1744); Thiel DStR 1993, S. 1801 (1804); zweifelnd Rödder, StbJb. 1997/98, S. 115 (125); ablehnend Neumann, VGA, S. 558; Steck, Wettbewerbsverbot, S. 82.

[201] Vgl. Blümich/Rengers, § 8 KStG Rn. 799; Thiel, DStR 1993, S. 1801 (1804).

[202] Nach Ansicht von Rödder, StbJb. 1997/98, S. 115 (128 f.) und Haarmann, IDW-Steuerfachtagung 1996, S. 59 (66, 69) ist eine Geschäftschance nur unter dieser Voraussetzung übertragbar. Auch Blümich/Rengers, § 8 KStG Rn. 799; Baumhoff in F/W/B, AStG, § 1 Rn. 595.3; Lawall, NJW 1997, S. 1742 (1746); Neumann, VGA, S. 558 dürften verlangen, dass die Kapitalgesellschaft die Geschäftschance selbst hätte nutzen können, wenn sie darauf abstellen, ob diese über die finanziellen, organisatorischen und personellen Kapazitäten verfügt oder sich

Beides wäre vorauszusetzen, wenn die verdeckte Gewinnausschüttung im Bereich der Geschäftschancenwahrnehmung einen Treuepflichtverstoß des Gesellschafters erfordern würde[204]. Darauf kommt es jedoch in dem vorliegenden Zusammenhang gerade nicht an, sondern spielt erst dann eine Rolle, wenn im Vorgang der Überlassung der Geschäftschance keine verdeckte Gewinnausschüttung zu erblicken ist[205], jedoch etwa eine Schadensersatzverpflichtung des Gesellschafters in Betracht kommt, so dass in einem erst in zweiter Linie zu untersuchenden „Verzicht" der Gesellschaft auf mögliche Schadensersatzansprüche eine verdeckte Gewinnausschüttung liegen kann[206]. Überzeugenderweise ist von einer eigenen Geschäftschancenlehre im Steuerrecht auszugehen, für die das Zivilrecht allenfalls ergänzend heranzuziehen ist[207]. Damit ist die anfangs aufgeworfene Frage jedoch noch nicht beantwortet.

Weiterführend sind die Ausführungen des BFH[208], nach denen das Rechtsinstitut der verdeckten Gewinnausschüttung es nicht rechtfertigt, einer Kapitalgesellschaft ein Rechtsgeschäft „aufzudrängen", was sie gemessen am Fremdvergleich nicht abgeschlossen hätte. Der BFH verlangt für das Vorliegen einer verdeckten Gewinnausschüttung, dass vor dem Hintergrund des satzungsmäßigen Unternehmensgegenstandes, der tatsächlichen ausgeübten Geschäftstätigkeit der Kapitalgesellschaft, der Risiken, die mit dem Geschäft realistischerweise verbunden sind und der ihr zur Verfügung stehenden finanziellen und sonstigen Mittel ein mit der Kapitalgesellschaft vergleichbarer Dritter gemessen an dem Handeln des ordentlichen und gewissenhaften Geschäftsleiters das Geschäft vorgenommen hätte. Somit kommt es auch nach der Ansicht des BFH darauf an, ob die Kapitalgesell-

---

diese beschaffen kann, um das Geschäft selbst abzuwickeln; s. dazu ferner Buyer, GmbHG 1996, S. 98 (103, 106 f.); Weber-Grellet, DStZ 1998, S. 357 (365).

203 So wird für das Bestehen einer der Kapitalgesellschaft zuzuordnenden konkreten Geschäftschance für erforderlich gehalten, dass diese das Geschäft voraussichtlich abgeschlossen hätte, vgl. Blümich/Rengers, § 8 KStG Rn. 799; Steck, Wettbewerbsverbot, S. 87; Thiel DStR 1993, S. 1801 (1804); Wassermeyer, GmbHR 1993, S. 329 (332).

204 Vgl. Lawall, NJW 1997, S. 1742 (1746); Steck, Wettbewerbsverbot, S. 87 sowie Schumann, StBp 2000, S. 77 (78 ff.), die einen Treuepflichtverstoß des Gesellschafters für erforderlich erachten; vgl. ferner Schön, FS Flume, S. 265 (279), der dann, wenn der Gesellschaft eine Geschäftschance nicht aufgrund einer durchsetzbaren Rechtsposition zuzuordnen ist, sondern lediglich eine Aussicht auf ein günstiges Geschäft besteht, für erforderlich hält, dass der Gesellschafter gegen seine Verhaltenspflichten als Geschäftsführer oder die gesellschaftsrechtliche Treuepflicht verstößt.

205 Das ist z.B. dann der Fall, wenn der Gesellschafter eine der Kapitalgesellschaft zuzuordnende Geschäftschance selbst verwertet, in diesem Zusammenhang jedoch keine der Kapitalgesellschaft zuzurechnende Handlung feststellbar ist.

206 A.A. Lawall, NJW 1997, S. 1742 (1746), nach dem eine verhinderte Vermögensmehrung und somit eine verdeckte Gewinnausschüttung im vorliegenden Zusammenhang nur anzunehmen ist, wenn die Kapitalgesellschaft auf ihr zustehende Ersatzansprüche verzichtet.

207 Vgl. Blümich/Rengers, § 8 KStG Rn. 797; vgl. ferner Frotscher, GmbHR 1998, S. 23 (31); Wassermeyer, GmbHR 1993, S. 639.

208 BFH 12.06.1997 I R 14/96, BB 1997, S. 1829 (1830 f.).

schaft die Geschäftschance selbst wahrnehmen konnte[209], wenn auch erst im Rahmen der Frage, ob die Geschäftschance aus gesellschaftsrechtlichen Gründen nicht wahrgenommen wurde[210]. Jedoch dürften die Fragen des Bestehens einer der Kapitalgesellschaft zuzuordnenden Geschäftschance und der gesellschaftsrechtlichen Veranlassung der Überlassung einer solchen nur schwer zu trennen sein.

Unerheblich ist nach überzeugender Ansicht, ob die Kapitalgesellschaft sonst, d.h. ohne Überlassung an den Gesellschafter, die Geschäftschance voraussichtlich tatsächlich genutzt hätte, solange die Überlassung der Geschäftschance nur aus gesellschaftsrechtlichen Gründen stattfand.

c) Befreiung von einem Wettbewerbsverbot

Tätigt der Gesellschafter Geschäfte unmittelbar mit einem Dritten, ist nach den bisherigen Ausführungen eine lediglich allgemeine Wettbewerbssituation zwischen der Kapitalgesellschaft und einem ihrer Gesellschafter nicht als Ausnutzung einer konkreten Geschäftschance der Kapitalgesellschaft anzusehen. Dieser Sachverhalt führt (noch) nicht zu einer verdeckten Gewinnausschüttung[211]. Jedoch kommt eine verdeckte Gewinnausschüttung dann in Betracht, wenn die Kapitalgesellschaft auf die Forderung eines gesonderten Entgelts für die Befreiung von einem zivilrechtlichen Wettbewerbsverbot verzichtet, obwohl sie ein solches hätte durchsetzen können[212] (verhinderte Vermögensmehrung). In diesem Fall

---

209 Meiner Ansicht nach muss die Kapitalgesellschaft in der Lage sein, das fragliche Geschäft entweder selbst abzuschließen oder die „Geschäftschance" in anderer Weise, insbesondere durch entgeltliche „Überlassung" an einen Dritten, zu verwerten, da es sonst schon an einer Geschäftschance als eine vermögenswerte Position bzw. an einer verhinderten Vermögensmehrung mangelt. Wenn verlangt wird, dass die Kapitalgesellschaft die Geschäftschance selbst hätte wahrnehmen können, so sollte unter der Wahrnehmung einer Geschäftschance auch die entgeltliche Überlassung der Geschäftschance zu verstehen sein. S. zu ähnlichen Überlegungen Buyer, GmbHR 1996, S. 98 (103, 107).

210 Denn die zuvor zitierten Aussagen des BFH beziehen sich m.E. auf die Frage der gesellschaftsrechtlichen Veranlassung.

211 Zur Frage einer verdeckten Gewinnausschüttung im Zusammenhang mit einem Verstoß gegen ein zivilrechtliches Wettbewerbsverbot s. oben B. III.5. a) bb).

212 Vgl. BFH 18.12.1996 I R 26/95, NJW 1997, S. 1804 (1805); Eine verdeckte Gewinnausschüttung bei unentgeltlicher Dispenserteilung vom Wettbewerbsverbot außerhalb von Sachverhaltsgestaltungen ablehnend, in denen die Dispenserteilung als Überlassung einer Geschäftschance an einen Gesellschafter im Sinne der steuerlichen Geschäftschancenlehre zu qualifizieren ist, Steck, Wettbewerbsverbot, S. 127 ff.; vgl. auch Wassermeyer, StVj 1993, S. 208 (218 f.); ähnlich auch Buyer, GmbHR 1996, S. 98 (106 f.). Steck, Wettbewerbsverbot, S. 132 stellt in diesem Zusammenhang zutreffend fest, dass ein Fall der Übertragung oder Überlassung einer Geschäftschance mit der Folge der Annahme einer verdeckten Gewinnausschüttung auch darin zu sehen sein kann, dass der Unternehmensgegenstand der Kapitalgesellschaft zum Zweck der Überlassung der Geschäftschance eingeschränkt wird. Grundsätzlich findet das Institut der verdeckten Gewinnausschüttung jedoch keine Anwendung auf organisationsrechtliche Akte, s. dazu unten B. IV. 3. sowie 3. Kapitel B. V.

stellt die Dispenserteilung eine konkrete Erwerbschance der Kapitalgesellschaft dar[213].

IV. Veranlassung im Gesellschaftsverhältnis

1. Begriff

Nach der Definition der verdeckten Gewinnausschüttung muss die Vermögensminderung oder verhinderte Vermögensmehrung durch das Gesellschaftsverhältnis veranlasst sein[214]. Die gesellschaftsrechtliche Veranlassung, oder gleichbedeutend die „societatis causa", ist das wesentliche Tatbestandsmerkmal der verdeckten Gewinnausschüttung.

Zunächst soll versucht werden, den bedauerlicherweise zu abstrakten Begriff[215] der „societatis causa" näher zu bestimmen.

a) Gesellschaftsrechtliche Veranlassung als „Conditio sine qua non"?

Die im Hinblick auf das eventuelle Vorliegen einer verdeckten Gewinnausschüttung in erster Linie relevanten rechtlichen Beziehungen zwischen einer Kapitalgesellschaft und ihren Gesellschaftern sind darauf zu untersuchen, ob es sich um betrieblich veranlasste schuldrechtliche Beziehungen handelt, die im Besteuerungsverfahren anzuerkennen sind, oder um solche mit gesellschaftsrechtlichem Charakter. Im letzteren Fall sind diese Einflüsse auf den Gewinn und damit das Einkommen der Körperschaft, die aus dem Bereich der Mitglieder stammen, und nicht Ausfluss ihrer betrieblichen Tätigkeit und Ausdruck der wirtschaftlichen Leistungsfähigkeit sind, zu eliminieren, um das zutreffende steuerliche Ergebnis zu ermitteln[216]. Die Auslegung des Tatbestandsmerkmals der gesellschaftsrechtlichen Veranlassung muss sich vor diesem Hintergrund an dessen Funktion orientieren, die Einkommenserzielung von der Einkommensverwendung abzugrenzen. Daher kann unter gesellschaftsrechtlicher Veranlassung nicht verstanden werden, dass das Gesellschaftsverhältnis lediglich conditio sine qua non für die Vermögensminderung oder verhinderte Vermögensmehrung gewesen ist, diese also ohne das Bestehen gesellschaftsrechtlicher Beziehungen nicht eingetreten wäre, sondern es muss durch die Geschäftsbeziehung, für die die gesellschaftsrechtliche

[213] Blümich/Rengers, § 8 KStG Rn. 806. Vgl. im Einzelnen zu der Frage, wann bei einer unentgeltlichen Dispenserteilung eine Qualifikation als verdeckte Gewinnausschüttung ausscheidet BFH 18.12.1996 I R 26/95, NJW 1997, S. 1804 (1805); Blümich/Rengers, § 8 KStG Rn. 806 f.

[214] S. zur Definition der verdeckten Gewinnausschüttung oben A. II.. Der Änderung in der Formulierung des BFH von „Verursachung" zur „Veranlassung" durch das Gesellschaftsverhältnis kommt keine inhaltliche Bedeutung zu, vgl. Steck, Wettbewerbsverbot, S. 149 f. sowie Wassermeyer, DB 1994, S. 1105 (1106, 1109).

[215] Vgl. Frotscher in Widmann, DStJG Bd. 20, S. 205 (215); Wassermeyer, StBJb 1997/98, S. 79 (80); Wassermeyer, GmbHR 1998, S. 157 (158).

[216] Vgl. oben A. I.

Beziehung kausal war, zu Ungunsten der Kapitalgesellschaft die Grenze der Einkommenserzielung zur Einkommensverwendung überschritten worden sein[217]. Andernfalls würde fast jede Leistung einer Kapitalgesellschaft an ihren Gesellschafter zur Annahme einer verdeckten Gewinnausschüttung führen, da diese Leistungsbeziehung in aller Regel in irgendeiner Form „gesellschaftsrechtlich veranlasst“ sein wird[218].

b)Keine Maßgeblichkeit der Motivation des für die Kapitalgesellschaft handelnden Organs

Der von dem BFH verwandte Begriff der „Veranlassung“ könnte darauf hindeuten, dass es bei diesem Tatbestandsmerkmal auf subjektive Elemente wie Wissen und Wollen auf Seiten der für die Körperschaft handelnden Organe ankommt[219]. Des Weiteren könnte vor dem Hintergrund der Bezeichnung der Rechtsfigur als „verdeckte Gewinnausschüttung“ ein auf „Verdeckung“, „Tarnung“ oder „Verschleierung“ abzielendes Verhalten zu verlangen sein. Die zweite aufgeworfene Frage ist unstreitig dahingehend zu beantworten, dass eine verdeckte Gewinnausschüttung keine Absicht voraussetzt, den Gewinn der Körperschaft verdeckt zu verteilen, ihren Jahresgewinn zu schmälern oder die Steuer zu umgehen[220].

Hinsichtlich der zunächst aufgeworfenen Frage stellte der BFH[221] fest, dass keine Einigung der Parteien darüber erforderlich ist, die Zuwendung erfolge mit Rücksicht auf das Gesellschaftsverhältnis. Ob jedoch der Tatbestand der verdeckten Gewinnausschüttung generell kein Vorliegen von Willenselementen seitens der Organe der Kapitalgesellschaft voraussetzt, lässt sich der Rechtsprechung des BFH nicht eindeutig entnehmen und wird auch in der Literatur unterschiedlich beantwortet.

Der BFH entschied in seinen Urteilen vom 16.11.1965[222] und vom 11.10.1977[223], dass sich der Geschäftsleiter zumindest der Möglichkeit der Vor-

---

[217] Vgl. Frotscher in Frotscher/Maas, KStG, Anhang zu § 8 KStG Rn. 98.

[218] Vgl. Frotscher in Frotscher/Maas, KStG, Anhang zu § 8 KStG Rn. 98; Wassermeyer, DB 1994, S. 1105 (1106).

[219] S. zur Frage der Erforderlichkeit subjektiver Tatbestandvoraussetzungen Achenbach in Dötsch/Eversberg/Jost/Witt, KStG, Vor § 8 Rn. 30 ff.; Bauschatz, Verdeckte Gewinnausschüttung, S. 45 ff.; Frotscher in Frotscher/Maas, KStG, Anhang vGA zu § 8 Rn. 102 ff.; Lademann/Staiger, KStG, § 8 Rn. 187; Lange, Verdeckte Gewinnausschüttungen, Rn. 141 ff.; Neumann, VGA, S. 517 ff.; Stolze, Verdeckte Gewinnausschüttung, S. 2, Fn. 9; Herrmann/Heuer/Raupach/Wrede, § 8 KStG Rn. 43.

[220] Vgl. BFH 03.12.1969 I R 107/69, BStBl II 1970, S. 229 (230); BFH 28.01.1992 VIII R 207/85, BStBl 1992, S. 605 (606); Achenbach in Dötsch/Eversberg/Jost/Witt, KStG, Vor § 8 Rn. 30 ff.; Lademann/Staiger, KStG, § 8 Rn. 187; Stolze, Verdeckte Gewinnausschüttung, S. 2 m.w.N.

[221] BFH 03.12.1969 I R 107/69, BStBl II 1970, S. 229 (230).

[222] BFH 16.11.1965 I 302/61, BStBl III 1966, S. 97 (99 f.).

[223] BFH 11.10.1977 VIII R 191/74, BStBl II 1970, S. 109 (110).

teilszuwendung bewusst sein müsse und führte aus[224], dass im Hinblick auf die schwer nachprüfbare subjektive Seite den objektiven Beweisanzeichen eine besondere Bedeutung zukomme. Das Verlangen eines derartigen Bewusstseins dürfte dahingehend zu verstehen sein, dass es letztlich auf einen auf Vorteilszuwendung gerichteten Willen ankommen soll[225]. In späteren Urteilen[226] spricht der BFH im Hinblick auf das Tatbestandsmerkmal der societatis causa von der Zweckrichtung als innerem Vorgang, die nur anhand äußerer Merkmale festgestellt werden könne, die auf ihr Bestehen hindeuten. Im Urteil vom 14.08.1985[227] spricht der BFH von Motiven, die den Geschäftsleiter zu seinem Verhalten bewogen haben. Bezüglich der steuerlichen Behandlung von Risikogeschäften bei Kapitalgesellschaften führt der BFH im Urteil vom 08.07.1998[228] aus, dass es für die steuerliche Zuordnung zur betrieblichen oder gesellschaftsrechtlichen Sphäre entscheidend auf die (subjektive) Interessenlage von Kapitalgesellschaft und Gesellschafter ankomme, wobei sich die persönlichen Neigungen und Interessen des Gesellschafters auf konkrete Umstände und äußere Anzeichen stützen müssten.

Dieser nicht ganz eindeutigen Rechtsprechung dürfte die Beschreibung Frotschers[229] entsprechen, dass das Tatbestandsmerkmal der „Veranlassung" eine Zielgerichtetheit des Handelns der Organe beinhaltet, die Veranlassung also auf dem Willen der Organe bzw. dem mit der Handlung verfolgten Ziel beruht, die Veranlassung als Rechtsgrund der Leistung sich jedoch nur danach bestimmt, was nach außen durch Erklärungen der Organe, den objektiven Sinngehalt und dem Gesamtverhalten der Beteiligten unter Berücksichtigung der maßgebenden Umstände in Erscheinung getreten und somit objektiv als Bestandteil der Leistungsbeziehung anzusehen ist[230]. Die Veranlassung als zielgerichtetes Handeln stellt einen objektivierten, nach außen in Erscheinung getretenen Sachverhalt dar, der durch Auslegung und Wertung zu ermitteln ist[231].

Eine verdeckte Gewinnausschüttung hat daher nicht zur Voraussetzung, dass das Gesellschaftsverhältnis in dem Sinne Motiv für die Handlung der Organe der Gesellschaft gewesen ist, dass die Organe gewusst und gewollt haben, dass ein Vermögensvorteil[232] gewährt wird[233]. Das hat zur Folge, dass eine Veranlassung

---

[224] BFH 11.10.1977 VIII R 191/74, BStBl II 1970, S. 109 (110).

[225] Vgl. Achenbach in Dötsch/Eversberg/Jost/Witt, KStG, Vor § 8 Rn. 30.

[226] BFH 23.05.1984 I R 294/81, BStBl II 1984, S. 673 (675); BFH 07.12.1988 I R 25/82, BStBl II 1989, S. 248 (249); BFH 14.08.1985 I R 149/81, BStBl II 1986 S. 86.

[227] BFH 14.08.1985 I R 149/81, BStBl II 1986, S. 86 (87).

[228] BFH 08.07.1998 I R 123/97, GmbHR 1998, S. 1134 (1136).

[229] Frotscher in Frotscher/Maas, KStG, Anhang vGA zu § 8 Rn. 102; ders. in Widmann, DStJG Bd. 20, S. 205 (223 ff.)

[230] Ähnlich Schön, FS Flume, S. 265 (282).

[231] Vgl. BFH 23.05.1984 I R 294/81, BStBl II 1984, S. 673 (675); BFH 07.12.1988 I R 25/82, BStBl II 1989, S. 248 (249); BFH 14.08.1985 I R 149/81, BStBl II 1986 S. 86.

[232] Zur Frage der Erforderlichkeit eines Vermögensvorteils für den Gesellschafter oder der diesem nahestehenden Person s. unten B. IV. 1. c) aa).

im Gesellschaftsverhältnis auch dann angenommen werden kann, wenn das Organ der Kapitalgesellschaft fahrlässig verkennt, dass es einem Gesellschafter oder einer diesem nahestehenden Person einen Vermögensvorteil zuwendet, da insoweit die Sorgfalt des ordentlichen und gewissenhaften Geschäftsleiters außer Acht gelassen wurde[234]. In diesem Zusammenhang ist auch die oben genannte Aussage des BFH zu sehen, wonach sich der Geschäftsleiter zumindest der Möglichkeit der Vorteilszuwendung bewusst sein müsse: Diese Aussage ist so zu verstehen, dass eine gesellschaftsrechtliche Veranlassung nicht vorliegt, wenn ein ordentlicher und gewissenhafter Geschäftsleiter die Vorteilszuwendung nicht erkennen konnte, dieses Verhalten somit einem Drittvergleich standhält[235]. Subjektive Elemente stellen nach alledem keine Voraussetzungen der verdeckten Gewinnausschüttung dar[236].

c) Gesellschaftsrechtliche Veranlassung als eine einen Vermögensvorteil des Gesellschafters bewirkende Handlung, als auf Zuwendung eines Vermögensvorteils zielgerichtete Handlung oder als Handlung im Interesse des Gesellschafters

Beinhaltet die gesellschaftsrechtliche Veranlassung eine zielgerichtete Handlung der Organe der Gesellschaft, so stellt sich die Frage, ob diese auf die Zuwendung eines Vermögensvorteils des Gesellschafters ausgerichtet sein muss, ob ein Handeln im Interesse des Gesellschafters ausreichend ist, ob eine Veranlassung im Gesellschaftsverhältnis nur bei Bereicherung des Gesellschafters in Betracht kommt, oder ob die gesellschaftsrechtliche Veranlassung ohne eine derartige Einschränkung zu bestimmen ist.

aa) Vermögensvorteil des Gesellschafters

Zunächst ist auf die Frage einzugehen, ob die Beziehung zwischen der Vermögensminderung oder verhinderten Vermögensmehrung bei der Kapitalgesellschaft und einem Gesellschafter, die gesellschaftsrechtliche Veranlassung, nur

---

Verdeckte Gewinnausschüttungen, S. 60 will zwar nicht von „jeglichen subjektiven Voraussetzungen" absehen. Jedoch ergibt sich aus seinen Ausführungen, dass er unter den seiner Ansicht nach erforderlichen subjektiven Voraussetzungen lediglich die Erwägungen des ordentlichen und gewissenhaften Geschäftsleiters des als Leitbild dienenden Unternehmens versteht.

[234] Vgl. Lademann/Staiger, KStG, § 8 Rn. 178; Neumann, VGA, S. 518; Herrmann/Heuer/Raupach/Wrede, § 8 KStG Rn. 43; zum Maßstab des ordentlichen und gewissenhaften Geschäftsleiters s unten B. IV. 2. b).

[235] Vgl. Frotscher in Frotscher/Maas, KStG, Anhang vGA zu § 8 Rn. 104.

[236] Ebenfalls dieser Ansicht sind Achenbach in Dötsch/Eversberg/Jost/Witt, KStG, Vor § 8 Rn. 30 ff.; Bauschatz, Verdeckte Gewinnausschüttung, S. 50 f.; Blümich/Rengers, § 8 KStG Rn. 266; Bommert, Verdeckte Vermögensverlagerungen, S. 24 ff.; Fiedler, Verdeckte Vermögensverlagerungen, S. 47 f.; Frotscher in Frotscher/Maas, KStG, Anhang vGA zu § 8 Rn. 102; ders. in Widmann, DStJG Bd. 20, S. 205 (223 ff.); Habammer, verdeckte Gewinnausschüttung, S. 49; Lademann/Staiger, KStG, § 8 Rn. 187; Neumann, VGA, S. 517 ff.; Steck, KStG, § 8 Anm. 82.

durch einen Vermögensvorteil auf Seiten des Gesellschafters hergestellt werden kann.

Im Gegensatz zur älteren Definition der verdeckten Gewinnausschüttung durch den BFH[237] verlangt die neue Ausformulierung des Tatbestandes[238] nicht mehr, dass dem Gesellschafter ein Vermögensvorteil zugewendet wird, dieser also bereichert ist. Jedoch war schon zur Zeit der Einheitsdefinition von der Rechtsprechung entschieden worden, dass jedenfalls ein Vorteilszufluss beim Gesellschafter keine Voraussetzung für die Annahme einer verdeckten Gewinnausschüttung i.S.d. § 8 III 2 KStG bzw. § 6 I 2 KStG a.F. ist, da diese Norm lediglich verhindern will, „dass der Gewinn der Kapitalgesellschaft durch Vorabführungen an den Gesellschafter mit steuerrechtlicher Wirkung geschmälert wird“[239]. Da sich die neue Begriffsbestimmung im Gegensatz zur Einheitsdefinition nur auf die Einkommensermittlung der Körperschaft nach § 8 III 2 KStG bezieht, ist die Nichterwähnung des Gesellschafters folgerichtig. Die Frage des Zuflusses eines Vermögensvorteils betrifft zunächst lediglich das Problem der zeitlichen Erfassung einer verdeckten Gewinnausschüttung, zum einen bei der Kapitalgesellschaft i.S.d. § 8 III 2 KStG, zum anderen beim Gesellschafter als Einkünfte aus Kapitalvermögen i.S.d. § 20 I Nr.1 Satz 2 EStG[240]. Das wird auch bei den die Neudefinition einführenden Urteilen vom 22.02.1989[241] deutlich, in denen der BFH das Beispiel einer unangemessen hohen Pensionszusage an einen Gesellschafter-Geschäftsführer nennt, auch wenn der BFH in einem der Urteile[242] dieses Beispiel als Beleg dafür anführt, dass die verdeckte Gewinnausschüttung keine Bereicherung des Gesellschafters voraussetze. Als verdeckte Gewinnausschüttung ist die unangemessen hohe Pension bereits zum Zeitpunkt der Zusage, d.h. der Rückstellungsbildung, zu behandeln, während sie als Einkünfte aus Kapitalvermögen des Gesellschafters gemäß § 20 I Nr.1 Satz 2 EStG erst im Zeitpunkt der Auszahlung zu erfassen ist[243]. Eine verdeckte Gewinnausschüttung stellt die Zusage einer unangemessen hohen Pension auch völlig unabhängig davon dar, wann die Auszahlung erfolgt oder ob dies überhaupt jemals geschieht[244]. Jedoch erhält der Gesellschafter bereits durch die Zusage der Pension selbst einen Vermögensvorteil[245]. Da eine verdeckte Gewinnausschüttung i.S.d. § 8 III 2 KStG

---

[237] S. dazu oben A. II.

[238] S. dazu oben A. II.

[239] BFH 03.02.1971 I R 51/66, BStBl II 1971, S. 408 (410).

[240] Vgl. Stolze, Verdeckte Gewinnausschüttung, S. 67.

[241] BFH 22.02.1989 I R 44/85, BStBl II 1989, S. 475 (476) und BFH 22.02.1989 I R 9/85, BStBl II 1989, S. 631 (632).

[242] BFH 22.02.1989 I R 44/85, BStBl II 1989, S. 475 (476).

[243] Vgl. Stolze, Verdeckte Gewinnausschüttung, S. 68.

[244] BFH 22.02.1989 I R 44/85, BStBl II 1989, S. 475 (476) und I R 9/85, BStBl II 1989, S. 631 (633).

[245] Vgl. Habammer, verdeckte Gewinnausschüttung, S. 64; Lange, Verdeckte Gewinnausschüttungen, Rn. 86; Niemann, Beurteilung verdeckter Zuwendungen, S. 59; Stolze, Verdeckte Ge-

schon im Zeitpunkt der Einkommensminderung bei der Kapitalgesellschaft zu erfassen ist, kommt es also auf einen Zufluss eines Vermögensvorteils beim Gesellschafter nicht an. Dadurch ist jedoch noch keine Aussage zu der Frage getroffen, ob nicht das Tatbestandsmerkmal der gesellschaftsrechtlichen Veranlassung eine Bereicherung des Gesellschafters verlangt. Die erforderliche Beziehung zwischen der Vermögensminderung oder verhinderten Vermögensmehrung auf Seiten der Kapitalgesellschaft und dem Gesellschafter, die Veranlassung im Gesellschaftsverhältnis, kann möglicherweise nur durch einen Vermögensvorteil für den Gesellschafter hergestellt werden[246].

Die Problematik des Vermögensvorteils auf Seiten des Gesellschafters wird besonders deutlich in dem speziellen Fall der verdeckten Gewinnausschüttung an Nahestehende[247]. Im Gegensatz zur einfachen verdeckten Gewinnausschüttung, bei welcher die Leistung der Kapitalgesellschaft an einen Gesellschafter regelmäßig einen der Vermögensminderung oder verhinderten Vermögensmehrung entsprechenden Vermögensvorteil des Gesellschafters begründet und der Gesellschafter als Ziel der Leistung nicht zweifelhaft ist, ist bei einer Leistung der Kapitalgesellschaft an einen Nichtgesellschafter nicht ohne weiteres erkennbar, ob zwischen dieser Leistung und der Person des Gesellschafters eine Verbindung in der Form besteht, dass der Gesellschafter das Ziel dieser Leistung ist[248].

Bis zum Urteil des BFH vom 18.12.1996[249] verlangte der BFH als Voraussetzung einer verdeckten Gewinnausschüttung an eine nahestehende Person, dass die Zuwendung an diese einen Vorteil für den Gesellschafter selbst zur Folge hat. Wie Stolze 99[250] darlegt, stellte der Vorteil für den Gesellschafter den Grund dar, die Leistung an die nahestehende Person dem Gesellschafter als verdeckte Gewinnausschüttung zuzurechnen. Bis zur Neudefinition der verdeckten Gewinnausschüttung im Jahr 1989 wurde mit dem Vorteil für den Gesellschafter kein zusätzliches Merkmal für die Erscheinungsform der verdeckten Gewinnausschüttung an Nahestehende, sondern, (auch) ein Tatbestandsmerkmal der einfachen verdeckten Gewinnausschüttung nach der bis dahin geltenden Definition geprüft, (auch) das der Zuwendung eines Vermögensvorteils. Besonders in den Entscheidungen bis zur Rechtsprechungsänderung im Jahr 1996, in denen in den Fällen der Leistung an Dritte noch nicht auf die Voraussetzung des Vorteils für den Gesellschafter verzichtet wurde, wird jedoch, wie Stolze ausführt, deutlich, dass die

---

winnausschüttung, S. 69; Thiel, DStR 1993, S.1801 (1803); a.A. Frotscher in Frotscher/Maas, KStG, Anhang vGA zu § 8 KStG Rn. 268.

[246] Dieser Ansicht ist Stolze, Verdeckte Gewinnausschüttung, S. 66 ff.. Sie sieht, sollte es auf ein subjektives Merkmal nicht ankommen, den Vorteil für den Gesellschafter als alleinigen Inhalt des Tatbestandsmerkmals der gesellschaftsrechtlichen Veranlassung an, vgl. S. 227.

[247] S. dazu oben B. II. 2.

[248] Vg. Stolze, Verdeckte Gewinnausschüttung, S. 66.

[249] BFH 18.12.1996 I R 139/94, BStBl. II 1997, S. 301 mit ausdrücklicher Aufgabe der bisherigen Rechtsprechung auf S. 302.

[250] Stolze, Verdeckte Gewinnausschüttung, S. 52 ff., 65.

Rechtsprechung diese Voraussetzung des Vorteils für den Gesellschafter letztlich der Veranlassung durch das Gesellschaftsverhältnis zuordnete. Die Zuwendung an eine nahestehende Person sollte nach den Aussagen des BFH ein Indiz für die gesellschaftsrechtliche Veranlassung darstellen[251]. Bis zu diesem Zeitpunkt war nach alledem der Schluss möglich, dass die Veranlassung im Gesellschaftsverhältnis (auch bei der einfachen verdeckten Gewinnausschüttung) das Vorliegen eines Vermögensvorteils für den Gesellschafter zur Voraussetzung hat. Mit der genannten Rechtsprechungsänderung durch den BFH[252] im Jahr 1996 wurde einem derartigen Schluss die Grundlage entzogen. Der BFH stellte ausdrücklich fest, dass die Rechtsfolge des § 8 III 2 KStG auch dann eintritt, wenn der Vermögensminderung auf Seiten der Kapitalgesellschaft „eine Vermögensmehrung beim Gesellschafter von 0 DM entspricht“[253]. Zwar spricht der BFH auch nach der Neudefinition der verdeckten Gewinnausschüttung im Jahr 1989 bei der Prüfung der gesellschaftsrechtlichen Veranlassung anhand des Maßstabs des ordentlichen und gewissenhaften Geschäftsleiters von der Zuwendung eines „Vermögensvorteils“[254]. Dennoch dürfte insbesondere im Hinblick auf die dargestellte Rechtsprechungsänderung des BFH zur verdeckten Gewinnausschüttung an Nahestehende davon auszugehen sein, dass eine gesellschaftliche Veranlassung auch dann vorliegen kann, wenn kein Vermögensvorteil für den Gesellschafter besteht, dieser also nicht bereichert ist[255]. Diese Interpretation wird im Rahmen der vorliegenden Arbeit zugrundegelegt.

bb) Auf vermögensmäßige Begünstigung des Gesellschafters zweckgerichtete Handlung oder Handlung im Interesse des Gesellschafters

Der Gesellschafter muss nach dem soeben Dargestellten nicht bereichert sein. Die gesellschaftsrechtliche Veranlassung könnte jedoch voraussetzen, dass die Handlung des Organs der Gesellschaft objektiv eine vermögensmäßige Begünstigung

---

[251] Vgl. die Nachweise bei Stolze, Verdeckte Gewinnausschüttung, S. 58 Fn. 26.

[252] BFH 18.12.1996 I R 139/94, BStBl. II 1997, S. 301.

[253] BFH 18.12.1996 I R 139/94, BStBl. II 1997, S. 301 (302).

[254] Vgl. nur BFH 19.05.1998 I R 36/97, DStR 1998, S. 1381 (1382).

[255] Dieser Ansicht sind ebenfalls Blümich/Rengers, § 8 KStG Rn. 242; Fiedler, Verdeckte Vermögensverlagerungen, S. 44 ff.; Frotscher in Widmann, DStJG Bd. 20, S. 205 (217); ders. in Frotscher/Maas, KStG, UmwStG, Anhang vGA zu § 8 Rn. 53, 99; Gosch, DStR 1998, S. 1550 (1551); Habammer, verdeckte Gewinnausschüttung, S. 67; Kotschenreuther in: Vögele, HdbVerrPr., Rn A 21; Lademann/Staiger, KStG, § 8 Rn. 186, anders jedoch Lademann/Jünger, KStG, § 27 Rn. 159; Steck, Wettbewerbsverbot, S. 144, 154; vgl. des Weiteren die Nachweise in den Fn. 256 f.; a.A. Bommert, Verdeckte Vermögensverlagerungen, S. 23 f.; Lange, Verdeckte Gewinnausschüttungen, Rn. 86, 102; Lange/Reiß, Lehrbuch der KSt, Rn. 209; Kantenwein in MünchHdb.GesR, § 49 Rn. 67, 73 ff.; Scholtz, FR 1990, S. 386 (387); Stolze, Verdeckte Gewinnausschüttung, S. 66 ff., 226 f.; Thiel, DStR 1993, S. 1801 (1803); Uecker, Der Vorteils- Nachteils- Ausgleich, S. 68 ff.; wohl auch Döllerer, Verdeckte Gewinnausschüttungen, S. 31 ff. , 34 ff.. 41 ff.; möglicherweise auch Wassermeyer, StBJb 1997/98, S. 79 (84 f.), s. jedoch andererseits Wassermeyer in Fn. 256.

des Gesellschafters bezweckt[256]. Die Vermögensminderung oder verhinderte Vermögensmehrung müsste dann zumindest die Eignung haben, einen Vermögensvorteil beim Gesellschafter auszulösen, ohne dass dieser jedoch einzutreten braucht[257].

Denkbar ist es jedoch auch, eine zweckgerichtete Begünstigung des Gesellschafters zu verlangen, der keine vermögensmäßige Qualität zukommen muss. So stellt Frotscher darauf ab, dass objektiv die Handlung der Organe zumindest zu einer Vermögensminderung oder verhinderten Vermögensmehrung im Interesse des Gesellschafters führen muss[258], die gesellschaftsrechtliche Veranlassung also (objektiv) eine zweckgerichtete Begünstigung des Gesellschafters beinhaltet[259], wobei auch ein Handeln der Organe im lediglich ideellen Interesse des Gesellschafters ausreichend sein soll[260].

Zunächst ist der Ansicht zuzustimmen, dass die gesellschaftsrechtliche Veranlassung eine zweckgerichtete Begünstigung des Gesellschafters beinhalten muss. Ein Verhalten der Organe der Gesellschaft als verdeckte Gewinnausschüttung zu bewerten, das sich auf eine Schädigung der Kapitalgesellschaft beschränkt, erschiene wenig überzeugend[261]. Des Weiteren erscheint im Hinblick auf die

---

256 Dies wird vertreten von Wassermeyer, FR 1997, S. 563; ders., StBJb 1997/98, S. 79 (84 f.); grundsätzlich zustimmend Achenbach in Dötsch/Eversberg/Jost/Witt, KStG, Vor § 8 Rn. 32; ablehnend Gosch, DStR 1998, S. 1550 (1551); zweifelnd BFH-Beschluss v. 14.07.1998 VIII B 38/98, DB 1998, S. 1994 (1996). Nach Schön (FS Flume, S. 265 (282)) verlangt das Vorliegen der gesellschaftsrechtlichen Veranlassung die Feststellung, „dass die Intention des beanstandeten Vorgangs darauf gerichtet war, im Interesse des Gesellschafters tätig zu sein und ihm oder einer nahestehenden Person Vorteile außerhalb einer offenen Gewinnausschüttung zuzuwenden.“.

257 Vgl. Wassermeyer, FR 1997, S. 563; ähnlich ders. in FR 1989, S. 218 (220) sowie Wagner, Verdeckte Gewinnausschüttungen, S. 30; zustimmend Ahmann, DStZ 1998, S. 495 (499); dies., DStZ 1999, S. 233 (234). Die Voraussetzung der (objektiven) zweckgerichteten Begünstigung des Gesellschafters kommt in Betracht, soweit diese lediglich ein Merkmal auf der Ebene der Gesellschaft darstellt und eine Bereicherung des Gesellschafters gerade nicht verlangt wird. Letzteres ist jedoch im Hinblick auf die Ansicht Wassermeyers nicht ganz eindeutig, wie sie in weiteren Äußerungen zum Ausdruck kommt, vgl. etwa die Beiträge StBJb 1997/98, S. 79 (84 f.); StVj 1993, S. 209 (217 f.). Gleiches gilt für Ahmann, DStZ 1998, S. 495 (499).

258 Frotscher, GmbHR 1998, S. 23 (25); ders. in Frotscher/Maas, KStG, UmwStG, Anhang vGA zu § 8 Rn. 39, 41, 99 ff.; in diesem Sinne möglicherweise auch Schön, FS Flume, S. 265 (282).

259 Frotscher in Widmann, DStJG Bd. 20, S. 205 (215, 224 f.); ders. in Frotscher/Maas, KStG, UmwStG, Anhang vGA zu § 8 Rn. 98 ff.

260 Frotscher in Frotscher/Maas, KStG, Anhang vGA zu § 8 Rn. 39, 41, 59 f.

261 Einer (generellen) Qualifikation von Vorgängen wie die Verursachung von Verlusten durch Missmanagement des Gesellschafter-Geschäftsführers oder durch Geschäfte mit weit überhöhtem Risiko als verdeckte Gewinnausschüttung treten Thiel, DStR 1993, S. 1801 (1803), der das Bestehen eines wirtschaftlichen Vorteils des Gesellschafters für die Annahme einer verdeckten Gewinnausschüttung voraussetzt, sowie Wassermeyer StBJb 1997/98, S. 79 (84 f.); ders., StVj 1993, S. 208 (217 f.), der eine zweckgerichtete, vermögensmäßige Begünstigung bzw. eine auf

Rechtsprechungsänderung des BFH im Bereich der verdeckten Gewinnausschüttung an Nahestehende die Auffassung Frotschers zutreffend, eine lediglich die ideelle Begünstigung des Gesellschafters bezweckende Handlung der Organe der Gesellschaft für ausreichend zu erachten. Da jedoch auch in dem dem hier angesprochenen Urteil zugrundeliegenden Sachverhalt jedenfalls eine Bereicherung der nahestehenden Person nicht zweifelhaft war, dürfte mit Ahmann zu verlangen sein, dass die Vermögensminderung oder verhinderte Vermögensmehrung zumindest aus der Sicht der Kapitalgesellschaft geeignet sein muss, einen Vermögensvorteil der nahestehenden Person (oder des Gesellschafters) auszulösen[262], auch wenn sich die objektiv geplante Zielrichtung der Vermögensverschiebung[263] aus einem lediglich ideellen Interesse eines Gesellschafters ergibt[264]. Unter der Voraussetzung, dass bei einer verdeckten Gewinnausschüttung i.S.d. § 8 III 2 KStG an eine einem Gesellschafter nahestehende Person, bei der nur dieser Nahestehende einen Vermögensvorteil erhält, nicht jedoch der Gesellschafter, der nur einen ideellen Vorteil erlangt, auch eine verdeckte Gewinnausschüttung i.S.d. § 20 I Nr. 1 Satz 2 EStG angenommen werden kann[265], so ließe sich die obige Voraussetzung auch so formulieren, dass die Vermögensminderung oder verhinderte Vermögensmehrung zumindest aus der Sicht der Kapitalgesellschaft geeignet sein muss, bei dem Gesellschafter die Rechtsfolge des § 20 I Nr. 1 Satz 2 EStG auszulösen[266].

Von der Bestimmung des Begriffs der gesellschaftsrechtlichen Veranlassung entsprechend den obigen Ausführungen ist jedoch möglicherweise eine Ausnah-

---

Gewinnverlagerung zugunsten des Gesellschafters zielende Vermögensminderung verlangt, entgegen.

262 Vgl. Ahmann, DStZ 1999, S. 233 (234), die es als überzeugender ansieht, dass die verdeckte Gewinnausschüttung „zumindest dazu geeignet sein muss, beim Gesellschafter oder einer ihm nahestehenden Person – wenn auch erst in Zukunft und nicht auf Dauer – einen Vorteil zu bewirken“.

263 Die Vermögensverschiebung muss hierbei, wie sich aus den bisherigen Ausführungen ergibt, ihr Ziel nicht erreichen; vgl. auch Frotscher/Maas, KStG, UmwStG, Anhang vGA zu § 8 KStG Rn. 53.

264 S. zur Lösung der Problematik der sog. fehlgeschlagenen verdeckten Gewinnausschüttungen anhand des Merkmals der gesellschaftsrechtlichen Veranlassung Frotscher in Frotscher/Maas, KStG, Anhang vGA zu § 8 Rn. 101; ders. in Widmann, DStJG Bd. 20, S. 205 (223 ff.). Vgl. zu dem in diesem Zusammenhang entwickelten „Tigerfall“ ferner Forschungsgruppe Viadrina unter Leitung von Stephan Kudert, BB 1996, S. 2436 (2445); Habammer, verdeckte Gewinnausschüttung, S. 64 ff.; Scholtz, FR 1990, S. 350 ff.; vgl. auch Neumann, VGA, S. 49 m.w.N.

265 Das sei hier dahingestellt. Vgl. dazu Blümich/Sturmann, § 20 EStG Rn. 86; Schumann, StBp 2000, S. 77 (80).

266 Vgl. in diesem Zusammenhang Wassermeyer, DB 2001, S. 2465 (2466), der folgende Aussage trifft: „Sieht man einmal von den Unterschieden beim zeitlichen Zu- und Abfluss ab, so gibt es keine verdeckte Gewinnausschüttung, die die Eignung hat, nur bei der Gesellschaft die Rechtsfolge des § 8 Abs. 3 Satz 2 KStG und beim Gesellschafter nicht die des § 20 Abs. 1 Nr. 1 Satz 2 EStG und umgekehrt auszulösen“.

me für die Fälle zu machen, in denen zur Prüfung der gesellschaftsrechtlichen Veranlassung auf die Unangemessenheit der mit der Kapitalgesellschaft geschlossenen Vereinbarung aus der Sicht des Gesellschafters abzustellen ist[267].

2. Der Fremdvergleich als objektives Prüfungskriterium der Veranlassung im Gesellschaftsverhältnis – Kriterien des Fremdvergleichs

Unter Veranlassung im Gesellschaftsverhältnis ist somit ein Handeln im Interesse des Gesellschafters zu verstehen und beinhaltet eine zweckgerichtete Begünstigung des Gesellschafters. Die gesellschaftsrechtliche Veranlassung ist ein nach außen in Erscheinung tretender, objektivierter Sachverhalt, der durch Auslegung und Wertung[268], durch ein Gewichten der maßgebenden Umstände[269] festzustellen ist. Hierfür bedarf es objektiver Prüfungskriterien[270]. Der BFH stützt sich bei der Prüfung der gesellschaftsrechtlichen Veranlassung auf einen Fremdvergleich, da er grundsätzlich davon ausgeht, dass dann, wenn die der Vermögensminderung oder verhinderten Vermögensmehrung zugrundeliegende Vereinbarung auch zwischen Personen geschlossen worden wäre, die nicht aufgrund der gesellschaftsrechtlichen Beziehung ganz oder zum Teil gleichgerichtete Interessen haben, die Vereinbarung und die damit verbundene Vermögensminderung oder verhinderte Vermögensmehrung nicht gesellschaftsrechtlich veranlasst ist[271]. Das Näheverhältnis zwischen Gesellschafter und Gesellschaft, die sich gerade nicht wie fremde Dritte gegenüberstehen und die damit verbundene Störung des Interessenausgleichsmechanismusses legitimieren den Rückgriff auf den Fremdvergleich[272]. Es kann davon ausgegangen werden, dass von oder mit fremden Dritten keine Einkommensverwendung vereinbart wird[273]. Der Fremdvergleich ist lediglich ein Hilfsmittel, das auf einen entsprechenden Veranlassungszusammenhang schließen lässt[274]. Ihm kommt nur eine indizielle Bedeutung zu[275]. Wie das

---

267 S. dazu unten B. IV. 2. d) aa).
268 Vgl. oben B. IV. 1. b).
269 Scholtz, FR 1990, S. 350 (352).
270 Vgl. nur BFH 17.05.1995 I R 147/93, BStBl II 1996, S. 204 (205).
271 Vgl. BFH 17.05.1995 I R 147/93, BStBl II 1996, S. 204 (205); näher zu den Zielen und zur Durchführung des Fremdvergleichs Wassermeyer, StBJb 1997/98, S. 79 (86 f., 89 ff.).
272 Weber-Grellet, DStZ 1998, S. 357 (358); vgl. ferner Wassermeyer, DB 2001, S. 2465 (2467); s. zur Rechtsgrundlage des Fremdvergleichs Rasch, Konzernverrechnungspreise, S. 26 ff., der als solches das Veranlassungsprinzip benennt; zustimmend Wassermeyer, DB 2001, S. 2465 (2466 f.); vgl. zum Veranlassungsprinzip ferner Bauschatz, Verdeckte Gewinnausschüttung, S. 25 ff., der dieses als Rechtsgrundlage für den Fremdvergleich bzw. als dogmatische Grundlage das Rechtsinstitut jedoch ablehnt, vgl. S. 32 ff., S. 39 ff. m.w.N.. Nach Bauschatz stellt das Fremdvergleichsprinzip die dogmatische Grundlage des Rechtsinstituts der verdeckten Gewinnausschüttung dar.
273 Rasch, Konzernverrechnungspreise, S. 26.
274 Vgl. Wassermeyer, DB 2001, S. 2465 (246 f.).

Merkmal der betrieblichen oder gesellschaftlichen Veranlassung stellt auch das Merkmal des Fremdvergleichs einen auslegungsbedürftigen unbestimmten Rechtsbegriff dar[276]. Dieses Merkmal bedarf der weiteren Konkretisierung durch für die Abgrenzung geeignete Kriterien, die ohne ein zwischen ihnen bestehendes Rangverhältnis, jedoch mit unterschiedlichem Gewicht und insbesondere ohne dass ein einheitlicher Fremdvergleichsmaßstab existiert, jeweils Argumente für oder gegen die Veranlassung im Gesellschaftsverhältnis liefern[277]. Der BFH hat zur Konkretisierung des Fremdvergleichs die folgenden Maßstäbe entwickelt:

Im Regelfall stellt der BFH seit seiner Entscheidung vom 16.03.1967[278] auf den Maßstab des ordentlichen und gewissenhaften Geschäftsleiters ab und prüft, ob ein derartiger Geschäftsleiter die Vereinbarung auch mit einem Nichtgesellschafter getroffen hätte[279]. Daneben greift er auf die Kriterien der Üblichkeit und der Angemessenheit aus der Sicht des Geschäftspartners der Kapitalgesellschaft zurück.

Diese verschiedenen Hilfskriterien sind Teilaspekte des Fremdvergleichs, stellen also keine selbstständigen Maßstäbe dar[280]. Sie bilden keine Tatbestandsmerkmale, sondern sind lediglich dahingehend zu würdigen, ob sie den Rückschluss auf eine Veranlassung durch das Gesellschaftsverhältnis zulassen[281].

Ein weiterer, formaler Maßstab als objektives Prüfungskriterium der Veranlassung im Gesellschaftsverhältnis wurde für die Fälle der Begünstigung eines beherrschenden Gesellschafters entwickelt, wonach es bei einer Leistung der Kapitalgesellschaft an diesen einer klaren, im Voraus getroffenen, zivilrechtlich wirksamen und tatsächlich durchgeführten Vereinbarung bedarf[282]. Auch dieser for-

---

275 BFH 29.10.1997 I R 24/97, BStBl II 1998, S. 573 (575); Frotscher, GmbHR 1998, S. 23 (27) ist jedoch der Ansicht, der BFH verabsolutiere den Fremdvergleich in seiner Entscheidung zur „Nur-Pension" vom 17.05.1995, I R 147/93, BStBl II 1996, S. 204; s. zu diesem Urteil unten B. IV. 2. d).

276 Weber-Grellet, DStZ 1998, S. 357 (362).

277 Vgl. Weber-Grellet, DStZ 1998, S. 357 (362 f.); ähnlich auch Rasch, Konzernverrechnungspreise, S. 47.

278 BFH 16.03.1967 I 261/63, BStBl III 1967, S. 626 (627).

279 Vgl. etwa BFH 17.05.1995 I R 147/93, BStBl II 1996, S. 204 (205); BFH 29.10.1997 I R 24/97, BStBl II 1998, S. 573 (575).

280 Wassermeyer, StBJb 1998/99, S. 157 (167); vgl. auch Forschungsgruppe Viadrina unter Leitung von Stephan Kudert, BB 1996, S. 2436 (2439); Gosch, DStZ 1997, S.1 (2); Kritisch zur Verknüpfung der verschiedenen Merkmale zum Merkmal „Fremdvergleich" Ahmann, DStZ 1998, S. 495 (503).

281 Vgl. BFH 29.10.1997 I R 24/97, BStBl II 1998, S. 573 (575); Ahmann, DStZ 1998, S. 495 (500); Forschungsgruppe Viadrina unter Leitung von Stephan Kudert, BB 1996, S. 2436 (2439).

282 Vgl. BFH 14.03.1990 I R 6/89, BStBl II 1990, S. 795 (796) m.w.N.; BFH 29.10.1997 I R 24/97, BStBl II 1998, S. 573 (575); BFH 24.03.1999 I R 20/98, DB 1999, S. 1783; BFH 28.11.2001 I R 44/00, GmbHR 2002, S. 272.

male Maßstab wird hier als Teilaspekt des Fremdvergleiches angesehen[283]. Diesem Maßstab kommt ebenfalls lediglich eine indizielle Wirkung hinsichtlich der gesellschaftsrechtlichen Veranlassung zu[284].

a) Formaler Maßstab bei Vereinbarungen mit beherrschenden Gesellschaftern

Im Regelfall prüft der BFH die gesellschaftsrechtliche Veranlassung anhand des Hilfsmaßstabes des ordentlichen und gewissenhaften Geschäftsleiters[285], nimmt also eine Angemessenheitsprüfung vor. Handelt es sich jedoch um Beziehungen der Kapitalgesellschaft zu einem beherrschenden Gesellschafter, hat der BFH im Hinblick auf die Anerkennung als schuldrechtliche Rechtsbeziehung erhöhte Anforderungen geschaffen, indem er vor die Angemessenheitsprüfung einen formalen Maßstab schaltete[286]. Bei Nichterfüllung der besonderen formellen Anforderungen fingiert der BFH die gesellschaftsrechtliche Veranlassung[287] und zwar unabhängig von Angemessenheit oder Unangemessenheit der Rechtsbeziehungen[288]. Dieser formale Maßstab kann insoweit auch als Ausfluss des Fremdvergleichs betrachtet werden, als bei Fremden ein diesen formellen Anforderungen entsprechendes Verhalten der Regelfall ist[289]. Es ist demnach die Frage zu stellen, ob die Kapitalgesellschaft ein vergleichbares Geschäft zu denselben formellen Bedingungen auch mit einem Nicht-Gesellschafter abgeschlossen hätte[290]. Daher kann dieser formale Maßstab auch als formeller Fremdvergleich bezeichnet wer-

[283] S. dazu sogleich unten B. IV. 2. a).
[284] Vgl. BFH 23.10.1996 I R 71,/95, BB 1996, S. 2664 (2665 f.); BFH 08.04.1997 I R 39/96, BFH NV 1997, S. 902 (903), sowie sogleich unten B. IV. 2. a).
[285] S. dazu unten B. IV. 2. b).
[286] Vgl. Frotscher in Frotscher/Maas, KStG, Anhang vGA zu § 8 Rn. 116; vgl. ferner Achenbach in Dötsch/Eversberg/Jost/Witt, KStG, § 8 Rn. 149 ff.; Blümich/Rengers, § 8 KStG Rn. 295 ff.; Kotschenreuther in: Vögele, HdbVerrpr., Rn A 33 ff.; Lademann/Staiger, KStG, § 8 Rn. 155 b, 196 ff., 235 a-f; Lange, Verdeckte Gewinnausschüttungen, Rn. 181 ff.; Neumann, VGA, S. 19 ff.; Steck, Wettbewerbsverbot, S. 164 ff.; Stolze, Verdeckte Gewinnausschüttung, S. 27 ff.; Streck, KStG, § 8 Anm. 120 ff.; Herrmann/Heuer/Raupach/Wrede, § 8 KStG Rn. 42.
[287] Frotscher in Frotscher/Maas, KStG, Anhang vGA zu § 8 Rn. 116. Mit den Urteilen vom 23.10.1996 (I R 71,/95, BB 1996, S. 2664 (2665 f.)) und 08.04.1997 (I R 39/96, BFH NV 1997, S. 902 (903)) änderte der BFH seine bisherige Rechtsprechung dahingehend, dass das Fehlen einer klaren, von vornherein abgeschlossenen und/oder zivilrechtlich wirksamen Vereinbarung mit einem beherrschenden Gesellschafter nicht mehr automatisch zu der Annahme einer verdeckten Gewinnausschüttung führt, sondern nur indizielle Wirkung zukommt.
[288] Vgl. statt aller BFH 12.10.1995 I B 46/95, BFH NV 1996, S. 266.
[289] Vgl. Gosch, DStZ 1997, S. 1 (3); Rasch, Konzernverrechnungspreise, S. 43. Auch Wassermeyer, StBJb 1998/99, S. 157 (167) ordnet diesen formalen Maßstab dem Fremdvergleich zu. A.A. Bauschatz, Verdeckte Gewinnausschüttung, S. 73; Forschungsgruppe Viadrina unter Leitung von Stephan Kudert, BB 1996, S. 2436 (2439 f.).
[290] Vgl. Weber-Grellet, DStZ 1998, S. 357 (362 f.).

den. Mit Wassermeyer[291] dürfte davon auszugehen sein, dass der BFH letztlich die Ernstlichkeit[292] der behaupteten Vereinbarung zwischen der Kapitalgesellschaft und dem beherrschenden Gesellschafter bezweifelt, wenn sich nicht beide wie fremde Dritte behandeln[293]. Rechtsfolge ist regelmäßig[294] die Annahme einer totalen verdeckten Gewinnausschüttung[295], d.h. in voller Höhe der Leistung der Gesellschaft.

Die darzustellenden besonderen formellen Anforderungen bei Beziehungen der Kapitalgesellschaft zu einem beherrschenden Gesellschafter wurden für Gesellschaften mit beschränkter Haftung entwickelt und lassen sich vor dem Hintergrund der bestehenden Strukturunterschiede zwischen den Gesellschaftstypen nicht auf Aktiengesellschaften übertragen[296]. Insbesondere unter Berücksichtigung der Stellung und Besetzung des Aufsichtsrates in der Aktiengesellschaft sind nach dem BFH die gesellschaftsrechtlichen Einflussmöglichkeiten eines beherrschenden GmbH-Gesellschafters nicht mit denen eines beherrschenden Aktionärs vergleichbar[297]. Eine Übertragung der besonderen formellen Anforderungen ist nur dann möglich, wenn die Schlussfolgerung rechtfertigende Tatsachen vorliegen, dass die zu beurteilende Vereinbarung durch die Interessen des beherrschenden Aktionärs motiviert ist[298]. Erforderlich ist bei Würdigung aller Umstände des Einzelfalles das Bestehen einer gesteigerten und einseitig durch den beherrschenden Aktionär durchsetzbaren Manipulationsmöglichkeit[299]. Eine Anwendung des für die GmbH entwickelten formellen Fremdvergleichs auf die AG

---

[291] Wassermeyer, DStR 1996, S. 733 (734). Gleicher Ansicht ist ferner Bauschatz, Verdeckte Gewinnausschüttung, S. 73 f., 79.

[292] Vgl. zu dem Problem der Ernstlichkeit B. IV. 2. c).

[293] Vgl. auch Forschungsgruppe Viadrina unter Leitung von Stephan Kudert, BB 1996, S. 2436 (2439).

[294] Eine verdeckte Gewinnausschüttung nicht in der vollen Höhe der Leistung der Gesellschaft kommt bei einer nur teilweise tatsächlich nicht durchgeführten Vereinbarung in Betracht, vgl. Gosch, DStZ 1997, S. 1 (2); vgl. auch Schön, FS Flume, S. 265 (292) sowie BFH 28.11.2001 I R 44/00, GmbHR 2002, S. 272 (273).

[295] Vgl. Bauschatz, Verdeckte Gewinnausschüttung, S. 74; Frotscher in Frotscher/Maas, KStG, Anhang vGA zu § 8 Rn. 269; Gosch, DStZ 1997, S. 1 (2); Hoffmann, DStR 1998, S. 313 (314); Neumann, VGA, S. 155 f.; Schön, FS Flume, S. 265 (283).

[296] Vgl. BFH 15.12.1971 I R 76/68, BStBl II 1972, S. 436 (437); BFH 15.12.1971 I R 5/69, BStBl II 1972, S. 438 (439); vgl. zu diesem Problembereich ferner Achenbach in Dötsch/Eversberg/Jost/Witt, KStG, § 8 Rn. 164; Binz/Sorg, DStR 2001, S. 1457 (1462); Frotscher in Frotscher/Maas, KStG, Anhang vGA zu § 8 Rn. 131; Lange, Verdeckte Gewinnausschüttungen, Rn. 202; Streck/Binneweis, AG 1998, S. 26 ff.

[297] Vgl. BFH 15.12.1971 I R 76/68, BStBl II 1972, S. 436 (437); BFH 15.12.1971 I R 5/69, BStBl II 1972, S. 438 (439 f.); BFH 30.07.1975 I R 110/72, BStBl II 1976, S. 74 (76).

[298] Vgl. BFH 15.12.1971 I R 5/69, BStBl II 1972, S. 438 (440); BFH 30.07.1975 I R 110/72, BStBl II 1976, S. 74 (76).

[299] Streck/Binneweis, AG 1998, S. 26 (28).

bejahte der BFH für den Fall einer Vereinbarung zwischen der Gesellschaft und ihrem Alleinaktionär und Vorstandsvorsitzenden[300].

aa) Rückwirkungs- oder Nachzahlungsverbot

Die erhöhten Anforderungen bestehen zunächst darin, dass es im Verhältnis zu einem beherrschenden Gesellschafter einer klaren, eindeutigen und im Voraus getroffenen Vereinbarung darüber bedarf, ob und in welcher Höhe ein Entgelt bezahlt werden soll[301], sog. Rückwirkungs-[302] oder Nachzahlungsverbot[303]. Der BFH begründet diese Sonderbedingungen damit, dass die Gesellschafter die Wahl haben, Leistungen gegenüber ihrer Gesellschaft sowohl entgeltlich aufgrund schuldrechtlicher Verträge als auch unentgeltlich auf gesellschaftsrechtlicher Ebene zu erbringen[304]. Eine Leistung auf schuldrechtlicher Grundlage führt zum Leistungsaustausch, bei einer Leistung auf gesellschaftsrechtlicher Ebene kommt es zu einer Einlage[305]. Da die steuerlichen Folgen aus beiden Wahlmöglichkeiten verschieden sind, verlangt der BFH, dass rechtzeitig deutlich werden muss, wie der Gesellschafter im konkreten Fall tätig wird[306]. Denn vor dem Hintergrund des fehlenden Interessengegensatzes zwischen der Kapitalgesellschaft und ihren beherrschenden Gesellschaftern besteht die Möglichkeit einer Gewinnmanipulation in der Weise, wie es steuerlich für beide Seiten am günstigsten ist[307].

Eine klare und eindeutige Vereinbarung setzt zunächst die für einen außenstehenden Dritten zweifelsfreie Erkennbarkeit voraus, dass die Leistung aufgrund

---

[300] BFH 30.07.1975 I R 110/72, BStBl II 1976, S. 74 (76).

[301] Vgl. BFH 22.02.1989 I R 9/85, S. 631 (632); BFH 14.03.1990 I R 6/89, BStBl II 1990, S. 795 (796); BFH 04.12.1991 I R 63/90, BStBl II 1992, S. 362 (363); BFH 29.10.1997 I R 24/97, BStBl II 1998, S. 573 (575); BFH 28.11.2001 I R 44/00, GmbHR 2002, S. 272; vgl. ferner die Nachweise in den Fn. 302 f.; zu Einzelheiten s. Achenbach in Dötsch/Eversberg/Jost/Witt, KStG, § 8 Rn. 149, 154 ff., Blümich/Rengers, § 8 KStG Rn. 305 ff.; Frotscher in Frotscher/Maas, KStG, Anhang vGA zu § 8 Rn. 117, 143 ff.; Wochinger, Verdeckte Gewinnausschüttungen, Rn. 49 ff.; zu „echten" und „unechten" Ausnahmen vom Erfordernis einer vorherigen, klaren und eindeutigen Vereinbarung s. Frotscher in Frotscher/Maas, KStG, Anhang vGA zu § 8 Rn. 146 f.; Lange, Verdeckte Gewinnausschüttungen, Rn. 212 ff.; Kotschenreuther in: Vögele, HdbVerrpr., Rn. A 41.

[302] BFH 08.03.1967 I 119/64, BStBl III 1967, S. 372 (373); BFH 23.09.1970 I R 116/66, BStBl II 1971, S. 64 (65).

[303] BFH 28.10.1987 I R 22/84, BFH NV 1989, S. S. 131 (132); BFH 16.12.1987 I R 222/83, BFH NV 1989, S. 103 (104).

[304] Vgl. BFH 31.07.1963 I 164/62, BStBl III 1963, S. 440 (441); BFH 14.03.1989 I R 8/85, BStBl II 1989, S. 633 (634 f.).

[305] Vgl. Becker, StbJb. 1985/86, S. 381 (393).

[306] Vgl. BFH 31.07.1963 I 164/62, BStBl III 1963, S. 440 (441); BFH 14.03.1989 I R 8/85, BStBl II 1989, S. 633 (634 f.).

[307] Vgl. etwa BFH 31.07.1963 I 164/62, BStBl III 1963, S. 440 (441); BFH 22.02.1989 IR 9/85, BStBl II 1989, S. 631 (632).

einer entgeltlichen Vereinbarung mit dem Gesellschafter erbracht wird[308]. Weiterhin ist eine derartige Regelung der Vergütung im Vertrag erforderlich, dass deren Höhe allein durch Rechenvorgänge genau zu ermitteln ist; das Entgelt muss daher zahlenmäßig bestimmt oder zumindest ohne weiteres bestimmbar sein[309]. Ermessensentscheidungen der Geschäftsführer oder der Gesellschafterversammlung dürfen auf die Höhe der Vergütung keinen Einfluss haben[310]. Den Anforderungen einer klaren und eindeutigen Vereinbarung kann auch entsprochen werden, wenn der Inhalt einer an sich mehrdeutigen Vereinbarung durch Auslegung oder Beweiserhebung zweifelsfrei zu ermitteln ist[311]. Auch kann eine ursprünglich bestehende Unklarheit bei Dauerschuldverhältnissen durch beständige tatsächliche Übung[312] und innerhalb einer Geschäftsbeziehung durch sonstige langjährige Praxis[313] beseitigt werden. Eine schriftliche Vereinbarung ist grundsätzlich nicht erforderlich[314]. Gesetzliche Ansprüche der Kapitalgesellschaft gegen ihren beherrschenden Gesellschafter bzw. diesen nahestehende Personen bedürfen keiner klaren und eindeutigen Vereinbarung, da deren Erfüllung zweifelsfrei auf schuldrechtlicher Ebene erfolgt[315]. Ansprüche des Gesellschafters gegen die Kapitalgesellschaft müssen jedoch selbst dann klar, eindeutig und im Vorhinein vertraglich vereinbart werden, wenn ein gesetzlicher Anspruch besteht[316].

Eine im Voraus getroffene Vereinbarung ist dann gegeben, wenn die Vereinbarung im Zeitpunkt der Leistungserbringung durch den Gesellschafter vorliegt bzw. in dem Fall, dass die Gesellschaft ihre Leistung vor dem Gesellschafter erbringt, wenn die Vereinbarung bereits im Zeitpunkt des Eintritts der Vermögensminderung oder verhinderten Vermögensmehrung bei der Kapitalgesellschaft existiert[317].

bb) Zivilrechtliche Unwirksamkeit

Eine Vereinbarung der Kapitalgesellschaft mit einem beherrschenden Gesellschafter muss zivilrechtlich wirksam vereinbart sein[318], d.h. die zivilrechtlichen Vorgaben hinsichtlich der Form, der Vertretung und der Geschäftsfähigkeit müs-

---

308 Vgl. BFH 04.12.1991 I R 63/90, BStBl II 1992, S. 362 (364); BFH 12.10.1995 I R 127/94, DStR 1996, S. 337 (338).
309 Vgl. BFH 21.07.1976 I R 223/74, BStBl II 1976, S. 734.
310 Vgl. BFH 04.12.1991 I R 63/90, BStBl II 1992, S. 362 (364).
311 Vgl. BFH 24.07.1990 VIII R 304/84, BFH/NV 1991, S. 90 (91 f.); BFH 04.12.1991 I R 63/90, BStBl II 1992, S. 362 (364); BFH 24.03.1999 I R 20/98, DB 1999, S. 1783 (1783 f.), dort auch mit Ausführungen zum Auslegungskriterium der „Verkehrssitte".
312 Vgl. BFH 04.12.1991 I R 63/90, BStBl II 1992, S. 362 (364); BFH 25.10.1995 I R 9/95, BFHE 179, S. 270 (273).
313 Vgl. BFH 12.10.1995 I R 127/94, DStR 1996, S. 337 (338).
314 BFH 24.07.1990 VIII R 304/84, BFH/NV 1991, S. 90 (91).
315 Vgl. BFH 30.07.1997 I R 65/96, S. 47 (49).
316 Vgl. BFH 15.10.1997 I R 19/97, BFH/NV 1998, S. 746 (748).
317 BFH 11.12.1991 I R 49/90, BStBl II 1992, S. 434 (436 f.).
318 Vgl. nur BFH 28.11.2001 I R 44/00, GmbHR 2002, S. 272 m.w.N.

sen eingehalten worden sein[319]. Die Voraussetzung der zivilrechtlichen Wirksamkeit steht unabhängig neben dem Erfordernis einer vorherigen, klaren und eindeutigen Vereinbarung[320]. Sie beruht auf der Überlegung, dass ein ordentlicher und gewissenhafter Geschäftsleiter dem Gesellschafter keine Leistungen aufgrund einer nicht wirksamen Vereinbarung erbringen würde[321]. Die zivilrechtliche Unwirksamkeit indiziert nach dem BFH im Allgemeinen eine fehlende Ernsthaftigkeit der schuldrechtlichen Leistungsverpflichtungen[322]. Dies gilt jedoch ausnahmsweise dann nicht, wenn eine im Zeitpunkt des Vertragsschlusses unklare Zivilrechtslage besteht, die Beteiligten den Vertrag unter fachkundiger Beratung geschlossen und auch tatsächlich entsprechend durchgeführt haben[323], wenn sich die Auslegung der einschlägigen bürgerlichrechtlichen Rechtsnormen nach dem Zeitpunkt der Vereinbarung verändert hat[324], oder wenn eine im Zuwendungszeitpunkt klare und eindeutige, aber zivilrechtlich schwebend unwirksame vertragliche Vereinbarung im Einklang mit den zivilrechtlichen Vorgaben rückwirkend Wirksamkeit erlangt[325].

cc) Keine tatsächliche Durchführung

Leistungen an beherrschende Gesellschafter können schließlich auch dann als verdeckte Gewinnausschüttung angesehen werden, wenn diesen zwar eine klare, eindeutige, von vornherein abgeschlossene und zivilrechtlich wirksame Vereinbarung zugrunde liegt, diese aber tatsächlich nicht durchgeführt wird[326]. Dieser Grundsatz gilt jedoch nur dann, wenn das Fehlen der tatsächlichen Durchführung – was die Regel sein wird – darauf schließen lässt, dass die von vornherein abge-

[319] Vgl. im Einzelnen Achenbach in Dötsch/Eversberg/Jost/Witt, KStG, § 8 Rn. 150 ff.; Blümich/Rengers, § 8 KStG Rn. 330 ff.; Frotscher in Frotscher/Maas, KStG, Anhang vGA zu § 8 Rn. 153 ff.; Neumann, VGA, S. 29 ff.

[320] BFH 17.09.1992 I R 89-98/91, BStBl II 1993, S. 141 (142); BFH Beschluss v. 02.03.1994 I B 189/93, BFH/NV 1994, S. 661; BFH 24.07.1996 I R 115/95, BStBl II 1997, S. 138 (140).

[321] Vgl. BFH 17.09.1992 I R 89-98/91, BStBl II 1993, S. 141 (143); BFH 22.11.1995 I R 168/94, BFH/NV 1996, S. 644 (645).

[322] Vgl. BFH 31.05.1995 I R 64/94, FR 1996, S. 72 (73); BFH 16.12.1998 I R 96/95, BFH/NV 1999, S. 1125 (1126 f.).

[323] Vgl. BFH 31.05.1995 I R 64/94, FR 1996, S. 72 (73); BFH 16.12.1998 I R 96/95, BFH/NV 1999, S. 1125 (1126 f.).

[324] Vgl. BFH 17.09.1992 I R 89-98/91, BStBl II 1993, S. 141 (143); BFH 22.11.1995 I R 168/94, BFH/NV 1996, S. 644 (645); BFH 16.12.1998 I R 96/95, BFH/NV 1999, S. 1125 (1126 f.).

[325] BFH 16.12.1998 I R 96/95, BFH/NV 1999, S. 1125 (1126 f.) m.w.N.

[326] Vgl. BFH 28.10.1987 I R 110/83, BStBl II 1988, S. 301 (303); BFH Beschluss v. 28.07.1993 I B 54/93, BFH/NV 1994, S. 345; BFH 02.02.1994 I R 78/92, BStBl II 1994, S. 479 (480); BFH 29.06.1994 I R 11/94, BStBl II 1994, S. 952 (953); BFH 31.05.1995 I S 2/95, BFH/NV 1996, S. 178 (179); BFH 24.07.1996 I R 115/95, BStBl II 1997, S. 138 (139); BFH 11.02.1997 I R 58/96, BFH/NV 1997, S. 803; BFH 28.11.2001 I R 44/00, GmbHR 2002, S. 272; zu Einzelheiten s. Blümich/Rengers, § 8 KStG Rn. 350 ff.; Neumann, VGA, S. 38 ff.; Wochinger, Verdeckte Gewinnausschüttungen, Rn. 80 ff.

schlossene Vereinbarung lediglich die Unentgeltlichkeit der Leistung des Gesellschafters verdecken soll[327], d.h. ein Rückschluss auf das Fehlen einer von Anfang an ernstlich gewollten schuldrechtlichen Verpflichtung möglich ist[328]. Wird eine Vereinbarung in einem Detailpunkt nicht vollzogen, so führt dies nicht ohne weiteres zur Verweigerung der Anerkennung des gesamten Vertrages[329].

b) Der Maßstab des ordentlichen und gewissenhaften Geschäftsleiters – Angemessenheit aus der Sicht der Kapitalgesellschaft

aa) Entwicklung und Inhalt des Maßstabs des ordentlichen und gewissenhaften Geschäftsleiters

Der BFH führte mit seiner Entscheidung vom 16.03.1967[330] das Verhalten des ordentlichen und gewissenhaften Geschäftsleiters als Maßstab für den Fremdvergleich ein. Er formulierte: „Weitere Voraussetzung der verdeckten Gewinnausschüttung ist aber, dass die Übertragung eines Vermögenswertes von der Gesellschaft auf den Gesellschafter ihre wirtschaftliche Ursache im Gesellschaftsverhältnis hat. Das ist der Fall, wenn ein ordentlicher und gewissenhafter Geschäftsleiter (§ 93 Abs. 1 Satz 1 AktG 1965, § 43 Abs. 1 GmbHG) einer Person, die nicht Gesellschafter ist, den Vorteil nicht gewährt hätte“[331]. In den meisten der Folgeurteile blieb jedoch die Voraussetzung der Verursachung im Gesellschaftsverhältnis unerwähnt und wurde durch den Fremdvergleich und das Verhalten des ordentlichen und gewissenhaften Geschäftsleiters verdrängt[332], wodurch deutlich wird, dass sich der BFH bei seiner Beurteilung im Grunde nur auf diese beiden Merkmale stützte und sich der Maßstab des ordentlichen und gewissenhaften Geschäftsleiters wie ein steuergesetzliches Tatbestandsmerkmal verselbstständigte[333]. Seit 1983 mehrten sich die Entscheidungen[334], in denen der BFH zur Um-

---

327 BFH 28.10.1987 I R 110/83, BStBl II 1988, S. 301 (303); BFH Beschluss v. 28.07.1993 I B 54/93, BFH/NV 1994, S. 345 (346); vgl. ferner BFH Beschluss v. 30.03.1994 I B 185/93, S. 164 (164 f.).

328 Vgl. BFH 29.06.1994 I R 11/94, BStBl II 1994, S. 952 (953); BFH Beschluss v. 28.07.1993 I B 54/93, BFH/NV 1994, S. 345. Das Merkmal der tatsächlichen Durchführung ist bei systematischer Betrachtung der Frage nach der „Ernstlichkeit“ einer Vereinbarung (s. zur „Ernstlichkeit“ unten B. IV. 2. c)) zuzuordnen, vgl. Ahmann, DStZ 1998, S. 495 (500); Wassermeyer, DStR 1996, S. 733 (743). Vor diesem Hintergrund muss das Merkmal der tatsächlichen Durchführung nicht zwingend auf beherrschende Gesellschaftsverhältnisse beschränkt sein, vgl. BFH 06.12.1995 I R 88/94, BStBl II 1996, S. 383 (383 f.).

329 BFH Beschluss v. 28.07.1993 I B 54/93, BFH/NV 1994, S. 345 (345 f.).

330 BFH 16.03.1967 I 261/63, BStBl III 1967, S. 626.

331 BFH 16.03.1967 I 261/63, BStBl III 1967, S. 626 (627).

332 Vgl. statt aller BFH 30.07.1975 I R 110/72, BStBl II 1976, S. 74, (75); BFH 06.02.1980 I R 50/76, BStBl II 1980, S. 477 (478); BFH 24.08.1983 I R 16/79, BStBl II 1984, S. 273 (274); zu weiteren Nachweisen s. Pezzer, Verdeckte Gewinnausschüttung, S. 39 Fn. 26.

333 Pezzer, Verdeckte Gewinnausschüttung, S. 40; Pezzer, FR 1996, S. 397.

334 Vgl. z.B. BFH 07.12.1983 I R 70/77, BStBl II 1984, S. 384 (387); BFH 23.5.1984 I R 294/81, BStBl II 1984, S. 673 (675); BFH 23.10.1985 I R 247/81, BStBl II 1986, S. 195 (197);

schreibung der Tatbestandsvoraussetzungen nicht mehr das Verhalten des ordentlichen und gewissenhaften Geschäftsleiters heranzog und herausstellte, dass es für die Qualifizierung einer Leistung der Kapitalgesellschaft als verdeckte Gewinnausschüttung entscheidend darauf ankomme, dass diese mit Rücksicht auf das Gesellschaftsverhältnis (societatis causa) gewährt wurde[335]. Anschließend wurde jedoch in den meisten Urteilen auf den Maßstab des ordentlichen und gewissenhaften Geschäftsleiters zurückgegriffen. Auch nach der Neudefinition der verdeckten Gewinnausschüttung durch die Urteile des BFH vom 01.02.1989[336] und 22.02.1989[337] prüfte der BFH für den größten Teil der entschiedenen Fälle die gesellschaftsrechtliche Veranlassung anhand des Maßstabes des ordentlichen und gewissenhaften Geschäftsleiters[338], wies jedoch in Urteilen aus dem Jahr 1995[339] ausdrücklich darauf hin, dass dieser Maßstab lediglich einen Teilaspekt des Fremdvergleichs darstellt[340].

Der Maßstab des ordentlichen und gewissenhaften Geschäftsleiters ist dem Handelsrecht entlehnt[341]. Es ist der Maßstab der §§ 93 I 1, 317 II AktG, 43 I GmbHG, 34 I GenG[342]. Bei nicht dem Handelsrecht unterliegenden Körperschaftsteuersubjekten ist auf den entsprechenden zivilrechtlichen, bei Betrieben gewerblicher Art auf den entsprechenden öffentlich-rechtlichen Maßstab zurückzugreifen[343]. Der BFH versteht das Handeln des ordentlichen und gewissenhaften Geschäftsleiters in Übereinstimmung mit der gesellschaftsrechtlichen Beurtei-

---

BFH 20.08.1986 I R 283/82, BFH/NV 1987, S. 63 (64); BFH 11.02.1987 I R 177/83, BStBl II 1987, S. 461 (462); BFH 27.07.1988 I R 68/84, BStBl II 1989, S. 57 (58).

335 Vgl. Stolze, Verdeckte Gewinnausschüttung, S. 23 f..

336 BFH 01.02.1989 I R 73/85, BStBl II 1989, S. 522 (523).

337 BFH 22.02.1989 I R 44/85, BStBl II 1989, S. 475 (476) und BFH 22.02.1989 I R 9/85, BStBl II 1989, S. 631 (632 f.). Dies ist seitdem ständige Rspr., vgl. die Nachweise in Stolze, Verdeckte Gewinnausschüttung, S. 24 (Fn. 82) und Lange, Verdeckte Gewinnausschüttungen, Rn. 16, Fn. 3.

338 Vgl. etwa BFH 17.05.1995 I R 147/93, BStBl II 1996, S. 204 (205); BFH 06.12.1995 I R 88/94, BStBl II 1996, S. 383; BFH 29.10.1997 I R 24/97, BStBl II 1998, S. 573 (575); BFH 15.03.2000 I R 74/99, GmbHR 2000, S. 1158; BFH 28.11.2001 I R 44/00, GmbHR 2002, S. 272 (273).

339 Vgl. BFH 17.05.1995 I R 147/93, BStBl II 1996, S. 204 (205); BFH 06.12.1995 I R 88/94, BStBl II 1996, S. 383 (384).

340 Vgl. auch BFH 28.11.2001 I R 44/00, GmbHR 2002, S. 272 (273).

341 Zum Ursprung der Rechtsfigur des ordentlichen und gewissenhaften Geschäftsleiters s. 1. Kapitel B. V. 3. d) aa).

342 Vgl. BFH 16.03.1967 I 261/63, BStBl III 1967, S. 626 (627); BFH 25.11.1976 IV R 38/73, BStBl II 1977, S. 477 (479); BFH 11.10.1989 I R 208/85, BStBl II 1990, S. 88 (89) (Genossenschaft); Baumhoff, Verrechnungspreise für Dienstleistungen, S. 120 f.; Blümich/Rengers, § 8 KStG Rn. 373; Borstell in: Vögele, HdbVerrpr., Rn. E 41; Frotscher in Frotscher/Maas, KStG, Anhang vGA zu § 8 Rn. 176; Klein, BB 1995, S. 225 (226); Wassermeyer in F/W/B, AStG, § 1 Rn. 104.

343 Frotscher in Frotscher/Maas, KStG, Anhang vGA zu § 8 Rn. 176; vgl. ferner Blümich/Rengers, § 8 KStG Rn. 373.

lung[344] als normativ-objektiven Beurteilungsmaßstab[345]. Auf die persönlichen Kenntnisse und Fähigkeiten des konkret handelnden Geschäftsleiters kommt es nicht an[346].

Bei der Prüfung des Fremdvergleichs anhand dieses Maßstabes wird darauf abgestellt, ob der Geschäftsleiter der Kapitalgesellschaft ein Geschäft mit dem Gesellschafter vornahm, das er ohne Verletzung des Sorgfaltsmaßstabs des ordentlichen und gewissenhaften Geschäftsleiters mit einem Dritten nicht hätte vornehmen können[347]. Dieser Maßstab ist zur Untersuchung der gesellschaftsrechtlichen Veranlassung geeignet, da ein ordentliches und gewissenhaftes Handeln eines Geschäftsleiters erfordert, dass dieser sein Verhalten an den (unmittelbaren) Interessen der Gesellschaft ausrichtet und es in diesem Sinne nicht seine Aufgabe ist, im Geschäftsverkehr Handlungen vorzunehmen, die im Interesse der Gesellschafter, nicht aber der Gesellschaft liegen[348]. Hätte ein ordentlicher und gewissenhafter Geschäftsleiter das Geschäft ohne Sorgfaltspflichtverstoß mit dem Gesellschafter vornehmen können, so bedeutet dies, dass der ordentliche und gewissenhafte Geschäftsleiter dieses auch mit einem unabhängigen Dritten, einer Person also, gegenüber der der Geschäftsleiter nur die Eigeninteressen der Gesellschaft verfolgt, abgeschlossen hätte und ferner, dass die Bedingungen des Geschäfts aus der Sicht der Kapitalgesellschaft angemessen waren und der Geschäftsführer nicht die Interessen des Gesellschafters verfolgt haben kann[349].

Auch wenn der Maßstab des ordentlichen und gewissenhaften Geschäftsleiters dem Handelsrecht entliehen ist, so ist dieser im Bereich der steuerlichen verdeckten Gewinnausschüttung kein handelsrechtlicher, sondern ein steuerrechtlicher Maßstab, der demgemäß auch rein steuerrechtlich zu bestimmen ist[350]. Dies ergibt sich aus der unterschiedlichen Funktion dieses Maßstabes im Steuer- und Handelsrecht. Der Hilfsmaßstab des ordentlichen und gewissenhaften Geschäftsleiters dient im Steuerrecht der Abgrenzung der betrieblichen Sphäre der Einkommenserzielung von der nichtbetrieblichen Sphäre der Einkommensverwen-

---

[344] S. dazu 1. Kapitel B. V. 3. d), d) bb).

[345] Vgl. BFH 20.08.1986 I R 282/82, BFH/NV 1987, S. 63 (64); Blümich/Rengers, § 8 KStG Rn. 374; Frotscher in Frotscher/Maas, KStG, Anhang vGA zu § 8 Rn. 178; Wassermeyer, FR 1989, S. 218 (219); ders., DB 1994, S. 1105 (1107).

[346] Frotscher in Frotscher/Maas, KStG, Anhang vGA zu § 8 Rn. 178.

[347] Vgl. BFH 10.01.1973 I R 119/70, BStBl II 1973, S. 322 (323); BFH 25.11.1976 IV R 38/73, BStBl II 1977, S. 477 (479); Frotscher, GmbHR 1998, S. 23 (25); Wassermeyer, DB 1994, S. 1105 (1107).

[348] Vgl. BFH 28.11.1991 I R 13/90, BStBl II 1992, S. 359 (361); Frotscher, GmbHR 1998, S. 23 (25).

[349] Vgl. Frotscher, GmbHR 1998, S. 23 (25, 27); ders. in Frotscher/Maas, KStG, UmwStG, Anhang vGA zu § 8 Rn. 182 f.

[350] Vgl. Blümich/Rengers, § 8 KStG Rn. 373; Borstell in: Vögele, HdbVerrPr., Rn. E 46; Frotscher in Frotscher/Maas, KStG, Anhang vGA zu § 8 Rn. 177; ders. in Widmann, DStJG Bd. 20, S. 205 (228); ders., GmbHR 1998, S. 23 (25); Pezzer FR 1996, S. 379; Wassermeyer in F/W/B, AStG, § 1 Rn. 107.

dung. Dieser Maßstab konkretisiert den Fremdvergleich, auf den der BFH zur Bestimmung der gesellschaftsrechtlichen Veranlassung zurückgreift, er dient also der Bestimmung, wann ein Handeln der Körperschaft ein solches im Interesse des Gesellschafters darstellt[351]. Der Maßstab des ordentlichen und gewissenhaften Geschäftsleiters bzw. gleichbedeutend des ordentlichen und gewissenhaften Geschäftsmannes dient im Rahmen des § 93 AktG bzw. des § 43 GmbHG als Maßstab für die Haftung des Vorstands bzw. des Geschäftsführers auf Schadensersatz[352]. Schutzobjekt des steuerrechtlichen Maßstabes des ordentlichen und gewissenhaften Geschäftsleiters ist die Besteuerung nach der Leistungsfähigkeit, welche im Rahmen des handelsrechtlichen Maßstabes als Schutzobjekt nicht in Betracht kommt[353]. Trotz der noch im Einzelnen aufzuzeigenden Unterschiede[354] bestimmt sich der steuerrechtliche Sorgfaltsmaßstab des ordentlichen und gewissenhaften Geschäftsleiters grundsätzlich nach den zum Gesellschaftsrecht dargestellten Grundsätzen[355]. Insbesondere steht auch dem ordentlichen und gewissenhaften Geschäftsleiter im Steuerrecht ein Spielraum kaufmännischen Ermessens zu[356].

Die Anwendung dieses materiellen Fremdvergleichsmaßstabs führt zu einer nur partiellen verdeckten Gewinnausschüttung[357], d.h. der als angemessen anzusehende Teil der Leistung der Gesellschaft ist steuerlich anzuerkennen[358].

bb) Gegenstand der Angemessenheitsprüfung / Entgelt, Gegenleistung und Vorteilsausgleich

Der ordentliche und gewissenhafte Geschäftsleiter muss im Rahmen seines Entscheidungsprozesses eine Vielzahl verschiedener Faktoren berücksichtigen. Zu diesen Faktoren gehören unproblematisch das Entgelt oder die Gegenleistung bei der Entscheidung über den Abschluss eines gegenseitigen Vertrages. Aber der ordentliche und gewissenhafte Geschäftsleiter kann auch eine Maßnahme ergreifen, bei der er auf später aus dieser Maßnahme resultierende Vorteile hofft[359]. Die

---

[351] Vgl. Frotscher in Frotscher/Maas, KStG, Anhang vGA zu § 8 Rn. 177; ders. in Widmann, DStJG Bd. 20, S. 205 (227 f.); Pezzer 1996, S. 379; Wassermeyer in F/W/B, AStG, § 1 Rn. 107.

[352] S. zur Bedeutung des Maßstabs des ordentlichen und gewissenhaften Geschäftsleiters im Rahmen des § 93 AktG oben 1. Kapitel B. V. 3. d).

[353] Vgl. Frotscher in Widmann, DStJG Bd. 20, S. 205 (227); ders. in Frotscher/Maas, KStG, UmwStG, Anhang vGA zu § 8 Rn. 177; ders., GmbHR 1998, S. 23 (25). Als Schutzobjekte des handelsrechtlichen Maßstabes sind die Gesellschafter, Gläubiger, Arbeitnehmer und die Allgemeinheit zu nennen, vgl. nur Hefermehl in G/E/H/K, § 93 Rn. 10.

[354] S. dazu das 3. Kapitel.

[355] S. dazu oben 1. Kapitel B. V. 3. d).

[356] Vgl. BFH 10.01.1973 I R 119/70, BStBl II 1973, S. 322 (323); Baumhoff, Verrechnungspreise für Dienstleistungen, S. 112.

[357] Gosch, DStZ 1997, S. 1 (2); Hoffmann, DStR 1998, S. 313 (314).

[358] Vgl. BFH 12.10.1995 I R 27/95, DStR 1996, S. 177.

[359] Vgl. Frotscher in Frotscher/Maas, KStG, Anhang vGA zu § 8 Rn. 280.

Wahrscheinlichkeit und der Zeitpunkt des Eintretens des erhofften Vorteils können hier nach den jeweiligen Umständen höchst unterschiedlich ausgestaltet sein.

Es stellt sich vor diesem Hintergrund die Frage, ob besondere Voraussetzungen zu fordern sind, damit ein erwarteter Vorteil bei der Untersuchung des Verhaltens eines ordentlichen und gewissenhaften Geschäftsleiters im Hinblick auf das Steuerrecht berücksichtigt werden kann oder anders ausgedrückt, was den genauen Gegenstand der (steuerlichen) Angemessenheitsprüfung im Hinblick auf die Einbeziehung erwarteter Vorteile ausmacht[360]. Die Frage nach besonderen Anforderungen an einen „Vorteilsausgleich" bedeutet insoweit die Frage nach einer Begrenzung der Maßgeblichkeit des Fremdvergleichs in Form des Vergleichs mit dem Verhalten eines ordentlichen und gewissenhaften Geschäftsleiters.

Bei einem einheitlichen Rechtsgeschäft, insbesondere einem gegenseitigen Vertrag, ist das gesamte Schuldverhältnis unter Einbeziehung aller Faktoren und Bedingungen Gegenstand der Angemessenheitsprüfung[361]. Isolierte Einzelfaktoren hingegen bilden keinen Gegenstand der Angemessenheitsprüfung. Bei gegenseitigen Verträgen sind Leistung und Gegenleistung immer auszugleichen[362]. Ein einheitliches Rechtsgeschäft ist insbesondere, auch bei einem Lauf über eine längere Zeit, bei Dauerrechtsverhältnissen, wie etwa Mietverhältnissen, gegeben[363]. Der Abschluss eines Dauerrechtsverhältnisses kann nur insgesamt vorteilhaft oder nachteilig sein. Dieser Grundsatz der zusammenfassenden Beurteilung aller Faktoren eines einheitlichen Rechtsgeschäfts soll im Folgenden nicht als Vorteilsausgleich[364] bezeichnet werden. Unter Vorteilsausgleich ist vielmehr der Ausgleich von Vorteilen eines Geschäfts mit den Nachteilen eines anderen zu

---

[360] An dieser Stelle geht es nicht um die Frage, ob der Kapitalgesellschaft im Zusammenhang mit ihrem auf das Vorliegen einer verdeckten Gewinnausschüttung zu untersuchendem Verhalten Vorteile zugeflossen sind oder Vorteile erwartet werden, die tatbestandlich eine Vermögensminderung oder verhinderte Vermögensmehrung ausschließen. Vorliegend soll vielmehr der für die Angemessenheitsprüfung maßgebliche Vorgang abgegrenzt, d.h. der genaue Beurteilungsgegenstand festgestellt werden. In diesem Sinne Streck, KStG, § 8 Anm. 92 f.; wohl auch Frotscher in Frotscher/Maas, KStG, Anhang vGA zu § 8 Rn. 280 ff.. Andere stellen die Problematik des „Vorteilsausgleichs" in Zusammenhang mit dem Merkmal der Vermögensminderung oder verhinderte Vermögensmehrung, vgl. etwa Achenbach in Dötsch/Eversberg/Jost/Witt, KStG, § 8 Rn. 184; Döllerer, Verdeckte Gewinnausschüttungen, S. 115 ff.; wohl auch Blümich/Rengers, § 8 KStG Rn. 275, 282 ff.; Bommert, Verdeckte Vermögensverlagerungen, S. 47 f.; s. dazu auch schon oben B. III. 2.

[361] Vgl. Streck, KStG, § 8 Anm. 92; Frotscher in Frotscher/Maas, KStG, Anhang vGA zu § 8 Rn. 281.

[362] Vgl. BFH 08.06.1977 I R 95/75, BStBl II 1977, S. 704 (705).

[363] Vgl. Frotscher in Frotscher/Maas, KStG, Anhang vGA zu § 8 Rn. 281a.

[364] Dieser Vorteilsausgleich im Steuerrecht darf nicht mit den Grundsätzen der Vorteilsausgleichung im bürgerlichen Recht verwechselt werden.

verstehen und setzt daher das Vorliegen von zumindest zwei selbstständigen Rechtsgeschäften voraus[365].

Kein einheitliches Rechtsgeschäft liegt jedoch bei einem Wiederkehrschuldverhältnis vor[366]. Hier bestehen mehrere Rechtsgeschäfte, die durch eine äußere Verknüpfung wie einheitliche Bedingungen oder eine einheitliche Geschäftsbeziehung miteinander verbunden sind[367]. Hier wie auch in anderen Fällen des Bestehens mehrerer selbstständiger Rechtsgeschäfte muss die Frage beantwortet werden, ob und wenn unter welchen Bedingungen diese verschiedenen Rechtsgeschäfte einen einheitlichen Beurteilungsgegenstand im Rahmen der Angemessenheitsprüfung bilden können. Auszugehen ist davon, dass der ordentliche und gewissenhafte Geschäftsleiter bei seiner Entscheidung über den Abschluss eines Geschäfts zu bestimmten Konditionen auch erhoffte Vorteile, die aus diesem Geschäft resultieren können, berücksichtigen wird[368]. Diese Vorteile wären, ohne dass diese später auch einzutreten bräuchten, in die Überprüfung der Angemessenheit des möglicherweise isoliert betrachtet unvorteilhaften Geschäftes miteinzubeziehen, wenn deren Eintreten so hinreichend wahrscheinlich wäre, dass ein ordentlicher und gewissenhafter Geschäftsleiter sie zum Zeitpunkt des Geschäftsabschlusses im Rahmen seiner Entscheidungsfindung berücksichtigen würde. Kann der Geschäftsleiter somit ohne Sorgfaltsverstoß ein isoliert betrachtet unausgewogenes Geschäft abschließen, wenn er diesen Geschäftsabschluss in der Erwartung hinreichend wahrscheinlicher künftiger Vorteile vornimmt, so besteht jedoch die praktische Schwierigkeit in der Feststellbarkeit und Überprüfbarkeit der Kausalität dieser Erwartung für die Entscheidung des Geschäftsleiters über den Geschäftsabschluss, da es sich um einen inneren Vorgang handelt[369]. Vor diesem Hintergrund wurden für das steuerrechtliche Institut der verdeckten Gewinnausschüttung objektive Kriterien geschaffen, deren Erfüllung die Voraussetzung für einen steuerlich anzuerkennenden Vorteilsausgleich ist[370] und die den Beurteilungsgegenstand der Angemessenheitsprüfung eingrenzen. Der BFH stellt insoweit Leitlinien für das Verhalten des ordentlichen und gewissenhaften Ge-

[365] Vgl. Frotscher in Frotscher/Maas, KStG, Anhang vGA zu § 8 Rn. 281, der dieses Begriffsverständnis dadurch begründet, dass bei einem einheitlichen Rechtsgeschäft die Vor- oder Nachteilhaftigkeit nur im Hinblick auf das gesamte Rechtsgeschäft festgestellt werden könne und ein „Ausgleich" daher schon begrifflich nur bei mindestens zwei selbstständigen Rechtsgeschäften möglich sei; so i.E. auch Borstell in: Vögele, HdbVerrpr.„ Rn. E 61 ff.; Döllerer, Verdeckte Gewinnausschüttungen, S. 116; Schnorberger, Verrechnungspreise, S. 230; Sturm, Die verdeckte Gewinnausschüttung, S. 26. Andere verstehen unter Vorteilsausgleich auch den Ausgleich von Leistung und Gegenleistung bei einem gegenseitigen Vertrag; so etwa Streck, KStG, § 8 Anm. 92.

[366] Vgl. Frotscher in Frotscher/Maas, KStG, Anhang vGA zu § 8 Rn. 281a.

[367] Vgl. Frotscher in Frotscher/Maas, KStG, Anhang vGA zu § 8 Rn. 281a.

[368] Vgl. Frotscher in Frotscher/Maas, KStG, Anhang vGA zu § 8 Rn. 282.

[369] Vgl. Frotscher in Frotscher/Maas, KStG, Anhang vGA zu § 8 Rn. 283.

[370] Vgl. Frotscher in Frotscher/Maas, KStG, Anhang vGA zu § 8 Rn. 283.

schäftsleiters auf, die den Umfang der Berücksichtigungsfähigkeit künftiger Vorteile bestimmen.

Zunächst sind nach dem BFH wie in den Fällen eines gegenseitigen Vertrages auch bei mehreren Rechtsgeschäften Leistungen und Gegenleistungen auszugleichen, wenn diese Rechtsgeschäfte so eng zusammenhängen, dass sie wirtschaftlich als einheitliches Geschäft anzusehen sind[371]. Ein wirtschaftlich einheitliches Geschäft setzt insbesondere voraus, dass die Rechtsgeschäfte zur gleichen Zeit abgeschlossen worden sind[372].

Außerhalb eines solchen einheitlichen Geschäftes oder eines gegenseitigen Vertrages dürfen künftige Gegenvorteile in die Angemessenheitsprüfung mit einbezogen werden, wenn zwischen den betreffenden Geschäften eine derartige rechtliche Verknüpfung besteht, dass der künftige Vorteil dem Grund und der Höhe nach gesichert ist[373]. Diese rechtliche Verknüpfung erfordert im Allgemeinen eine im Voraus getroffene Vereinbarung; es genügt jedoch auch eine rechtliche Verknüpfung anderer Art[374]. Es ist keine Vereinbarung im Sinne eines gegenseitigen Vertrages erforderlich. Insbesondere ist ausreichend, wenn der Ausgleich mit den Gegenvorteilen als „Rechtsgrund" für den Abschluss des isoliert betrachtet unausgeglichenen Geschäfts bestimmt wird oder dieser Ausgleich für das Geschäft zumindest die Geschäftsgrundlage bildet, so dass bei späterem Wegfall des Rechtsgrundes oder der Geschäftsgrundlage die entsprechenden zivilrechtlichen Ansprüche ausgelöst werden[375]. Auch eine ständige Übung wird teilweise als ausreichende Verknüpfung angesehen[376].

Bei Vereinbarungen mit einem beherrschenden Gesellschafter müssen hingegen die besonderen formellen Anforderungen erfüllt sein[377], d.h. der Vorteilsaus-

---

[371] Vgl. BFH 08.06.1977 I R 95/75, BStBl II 1977, S. 704 (705). Der BFH behandelt hier, die damals geltende Definition der verdeckten Gewinnausschüttung zugrundelegend, das Problem des Vorteilsausgleichs in zwei Stufen. Zunächst untersucht er auf der ersten Stufe, ob überhaupt ein Vorteil vorliegt. Zu diesem Zweck sind die Leistungen und Gegenleistungen innerhalb eines gegenseitigen Vertrages und eines wirtschaftlich einheitlichen Geschäfts einander gegenüberzustellen und auszugleichen. Übersteigt der Wert der Leistungen der Kapitalgesellschaft den der Gegenleistungen und liegt somit ein Vorteil vor, so stellt der BFH auf der zweiten Stufe die Frage, ob die Kapitalgesellschaft diesen Vorteil bei Anwendung der Sorgfalt eines ordentlichen und gewissenhaften Geschäftsleiters unter sonst gleichen Umständen auch einem Nichtgesellschafter gewährt hätte. Für die Beantwortung dieser Frage gelten die sogleich darzustellenden Grundsätze.

[372] Vgl. BFH 08.06.1977 I R 95/75, BStBl II 1977, S. 704 (705); Lange, Verdeckte Gewinnausschüttungen Rn. 238; Blümich/Rengers, § 8 KStG Rn. 285.

[373] Vgl. BFH 08.06.1977 I R 95/75, BStBl II 1977, S. 704 (705); Der BFH ist der Auffassung, dass ein ordentlicher und gewissenhafter Geschäftsleiter einen Vorteil nur bei Erfüllung dieser Voraussetzung gewähren würde.

[374] Vgl. BFH 08.06.1977 I R 95/75, BStBl II 1977, S. 704 (705).

[375] Vgl. BFH 08.06.1977 I R 95/75, BStBl II 1977, S. 704 (705).

[376] HFRAnm 1977, Entscheidung Nr. 581 (S. 540).

[377] S. zu diesen Anforderungen oben B. IV. 2. a).

gleich wird steuerlich nur bei einer im Voraus getroffenen klaren und eindeutigen Vereinbarung anerkannt[378].

Die Finanzverwaltung erkennt einen Vorteilsausgleich im grenzüberschreitenden Verkehr[379] nur in zeitlichen Grenzen an[380], wobei die diesbezüglichen Anforderungen nicht von der Rechtsprechung gedeckt sein dürften[381].

Die Möglichkeit eines Vorteilsausgleichs ist bei allgemeinen, aus der Zugehörigkeit zu einem Konzern folgenden Vorteilen, den passiven Konzerneffekten, ausgeschlossen[382].

Vollziehen muss sich der Vorteilsausgleich grundsätzlich zwischen der Kapitalgesellschaft und dem Gesellschafter[383]. Ausreichend ist es daher nicht, wenn der aus einem Geschäft für eine Tochtergesellschaft folgende Nachteil durch einen Vorteil für die Muttergesellschaft oder eine Schwestergesellschaft ausgeglichen wird[384]. Jedoch kann die Muttergesellschaft Nachteile in Kauf nehmen, wenn einer Tochter- oder Enkelgesellschaft entsprechende Vorteile gewährt werden[385]. Bei einer verdeckten Gewinnausschüttung an eine nahestehende Person ist im Rahmen des Vorteilsausgleichs zu berücksichtigen, dass diese an den Gesellschafter erfolgt ist und dem Gesellschafter der Vorteil steuerlich zugerechnet wird[386]. Daher sind in einem Vorteilsausgleich neben den von dem Gesellschafter

---

[378] Vgl. BFH 08.06.1977 I R 95/75, BStBl II 1977, S. 704 (705). Eine Angemessenheitsprüfung findet in diesen Fällen jedoch ohnehin nicht statt, vgl. oben B. IV. 2. a).

[379] Vgl. zu den Anforderungen an den Vorteilsausgleich im Bereich des § 1 AStG Borstell in: Vögele, HdbVerrpr., Rn. E 73 ff. sowie Wassermeyer/Baumhoff in F/W/B, AStG, § 1 Rn. 791 ff.; zu der Frage der Übereinstimmung der Anforderungen an den Vorteilsausgleich im Bereich des § 1 AStG und der verdeckten Gewinnausschüttung und dem Problem der möglichen Übertragung des „erweiterten Vorteilsausgleichs" i.S.d. § 1 AStG auf die verdeckte Gewinnausschüttung s. Borstell in: Vögele, HdbVerrpr., Rn. E 76 ff.; Döllerer, Verdeckte Gewinnausschüttungen, S. 122; Wassermeyer/Baumhoff in F/W/B, AStG, § 1 Rn. 797.

[380] Vgl. BMF-Schreiben v. 23.02.1983 (Verwaltungsgrundsätze), BStBl I 1983, S. 218 (223), Tz. 2.3.; kritisch Blümich/Rengers, § 8 KStG Rn. 288; Borstell in: Vögele, HdbVerrpr., Rn. E 94 ff.; Streck, KStG, § 8 Anm. 93; zustimmend und auf inländische Sachverhalte übertragend Achenbach in Dötsch/Eversberg/Jost/Witt, KStG, § 8 Rn. 185.

[381] Vgl. dazu die Ausführungen von Borstell in: Vögele, HdbVerrpr., Rn. E 94 ff.; vgl. auch Döllerer, Verdeckte Gewinnausschüttungen, S. 122 f.; Streck, KStG, § 8 Anm. 93.

[382] Vgl. Döllerer, Verdeckte Gewinnausschüttungen, S. 120 f.; Frotscher in Frotscher/Maas, KStG, Anhang vGA zu § 8 Rn. 285; Jakobs, Internationale Unternehmensbesteuerung, S. 597; Lademann/Staiger, KStG, § 8 Rn. 181.

[383] Vgl. BFH 01.08.1984 I R 99/80, BStBl II 1985, S. 18 (19); Frotscher in Frotscher/Maas, KStG, Anhang vGA zu § 8 Rn. 286; Lademann/Staiger, KStG, § 8 Rn. 181.

[384] Vgl. BFH 01.08.1984 I R 99/80, BStBl II 1985, S. 18 (19); Frotscher in Frotscher/Maas, KStG, Anhang vGA zu § 8 Rn. 286.

[385] Vgl. Frotscher in Frotscher/Maas, KStG, Anhang vGA zu § 8 Rn. 286.

[386] Vgl. Frotscher in Frotscher/Maas, KStG, Anhang vGA zu § 8 Rn. 286; zu der Annahme verdeckter Gewinnausschüttungen an die Muttergesellschaft bei Vorteilszuwendungen zwischen Schwestergesellschaften s. Sturm, Die verdeckte Gewinnausschüttung, S. 24 f.

auch die von der nahestehenden Person gewährten Vorteile miteinzubeziehen[387]. Bei Leistungsbeziehungen zwischen Schwestergesellschaften ist daher ein Vorteilsausgleich möglich, wenn die einen Vorteil gewährende Tochtergesellschaft einen Vorteil von der Muttergesellschaft durch Gegenleistungen der den Vorteil empfangenden anderen Tochtergesellschaft erhält[388]. Die besonderen formellen Anforderungen für Leistungsbeziehungen mit beherrschenden Gesellschaftern sind jedoch nach der Rechtsprechung auch bei dem Vorteilsausgleich im Konzern anzuwenden[389]. Nach diesen von dem BFH formulierten Grundsätzen dürfte jedoch für den Bereich der verdeckten Gewinnausschüttung von der Unzulässigkeit eines allgemeinen Vorteilsausgleichs im Konzern[390] auszugehen sein, d.h. die Vor- und Nachteile zwischen unterschiedlichen Personen derselben Gruppe dürfen nicht generell verrechnet werden[391].

Anzumerken ist letztlich noch, dass die Einordnung des Vorteilsausgleichs in die Fragestellung der Bestimmung des Gegenstandes der Angemessenheitsprüfung einer Klarstellung bedarf. Soweit der BFH feststellt, dass Leistungen und Gegenleistungen innerhalb rechtlich einheitlicher Rechtsgeschäfte oder wirtschaftlich einheitlicher Geschäfte immer auszugleichen sind, beschreibt der BFH unproblematisch den allgemeinen Gegenstand der Angemessenheitsprüfung. Zu einem Vorteilsausgleich kann es nach dem BFH jedoch nur dann kommen, wenn sich im Rahmen dieser, auf der ersten Stufe der Untersuchung vorzunehmenden Angemessenheitsprüfung die Unangemessenheit des einheitlichen Rechtsgeschäfts oder des wirtschaftlich einheitlichen Geschäfts und somit ein Vorteil für den Gesellschafter ergibt. Die in dieser Weise aufgefassten Grundsätze des Vorteilsausgleichs sind nicht anwendbar, wenn sich die Untersuchung der (Un-) Angemessenheit auf ein isoliert betrachtet angemessenes einheitliches Rechtsgeschäft oder ein isoliert betrachtet angemessenes wirtschaftlich einheitliches Geschäft bezieht[392]. Ob etwaige außerhalb eines einheitlichen Rechtsgeschäfts oder

---

[387] Vgl. FG Hamburg v. 11.06.1985, II 165/82, EFG 1986, S. 86 (87); Frotscher in Frotscher/Maas, KStG, Anhang vGA zu § 8 Rn. 286; Streck, KStG, § 8 Anm. 94.

[388] Vgl. Döllerer, Verdeckte Gewinnausschüttungen, S. 121; Sturm, Die verdeckte Gewinnausschüttung, S. 56.

[389] Vgl. Sturm, Die verdeckte Gewinnausschüttung, S. 56; ablehnend Döllerer, Verdeckte Gewinnausschüttungen, S. 120; Sturm, Die verdeckte Gewinnausschüttung, S. 57 f.

[390] Vgl. zum Vorteilsausgleich im Konzern Borstell in: Vögele, HdbVerrpr., Rn. E 98 ff.; Wassermeyer/Baumhoff in F/W/B, AStG, § 1 Rn. 798 f.

[391] Wendet beispielsweise die Tochtergesellschaft T1 der Tochtergesellschaft T2 einen Vorteil zu und erhält von der Tochtergesellschaft T3 einen Vorteil in gleicher Höhe, so ist kein Vorteilsausgleich möglich. Das ist nach Sturm, Die verdeckte Gewinnausschüttung, S. 57 auch die überwiegende Ansicht in der Literatur. Ablehnend Sturm, Die verdeckte Gewinnausschüttung, S. 58; wohl auch Döllerer, Verdeckte Gewinnausschüttungen, S. 121; für den Vorteilsausgleich (auch) im Bereich des § 1 AStG Borstell in: Vögele, HdbVerrpr., Rn. E 99 ff.; Wassermeyer/Baumhoff in F/W/B, AStG, § 1 Rn. 798 f. m.w.N.

[392] Vgl. Frotscher in Frotscher/Maas, KStG, Anhang vGA zu § 8 Rn. 280 f., nach dem unter Vorteilsausgleich „Ausgleich der Nachteile des ungünstigen Geschäfts mit erwarteten Vortei-

eines wirtschaftlich einheitlichen Geschäfts zu erwartende Nachteile zur Unangemessenheit des (Rechts-) Geschäfts führen, bestimmt sich allein anhand des Maßstabs des ordentlichen und gewissenhaften Geschäftsleiters. Insoweit greifen keine objektiven Kriterien, die den Beurteilungsgegenstand der Angemessenheitsprüfung eingrenzen.

cc) Verrechnungspreismethoden zur Konkretisierung des Verhaltens des ordentlichen und gewissenhaften Geschäftsleiters

Zur Konkretisierung des Maßstabs des Verhaltens eines ordentlichen und gewissenhaften Geschäftsleiters im Rahmen der Feststellung der gesellschaftsrechtlichen Veranlassung kommt eine Heranziehung der Durchführung des Fremdvergleichs nach § 1 AStG dienenden Methoden, den sogenannten Verrechnungspreismethoden[393], in Betracht[394]. Nach § 1 AStG sind die „Bedingungen“ einer „Geschäftsbeziehung“ mit den Bedingungen zu vergleichen, „die voneinander unabhängige Dritte unter gleichen oder ähnlichen Verhältnissen vereinbart hätten“. Im Rahmen dieses Fremdvergleichs wird die Angemessenheit der Bedingungen einer Geschäftsbeziehung untersucht, die auf die Höhe der Einkünfte oder

len“ zu verstehen ist. A.A. möglicherweise für den Bereich des § 1 AStG Wassermeyer/Baumhoff in F/W/B, AStG, § 1 Rn. 794, die jedoch von einheitlichen Voraussetzungen des Vorteilsausgleichs im Bereich des § 1 AStG, der verdeckten Gewinnausschüttung und der verdeckten Einlage ausgehen.

393 Unter Verrechnungspreisen sind aus betriebswirtschaftlicher Sicht Wertansätze für Güter und Dienstleistungen zu verstehen, die innerhalb einer Unternehmung oder eines Unternehmensverbundes ausgetauscht werden; s. Baumhoff in F/W/B, AStG, § 1 Rn. 271; vgl. auch Brezing, AG 1975, S. 225; Kaminski, Verrechnungspreisbestimmung, S. 371; Kotschenreuther in: Vögele, HdbVerrpr., Rn. G 5. Konzernverrechnungspreise liegen vor, wenn Lieferungen und Leistungen zwischen einzelnen Teilbereichen einer Unternehmung verrechnet werden, die rechtlich selbstständige Gesellschaften eines Konzerns darstellen; vgl. Baumhoff in F/W/B, AStG, § 1 Rn. 273; Brezing, AG 1975, S. 225; Kaminski, Verrechnungspreisbestimmung, S. 371; Rasch, Konzernverrechnungspreise, S. 1 f.; Scholz, Konzernverrechnungspreise, S. 19; Sieker in Hdb der Konzernfinanzierung, § 28 Rn. 1. Bei diesem Verrechnungspreis handelt es sich um einen effektiv geschuldeten Preis, der aufgrund seiner erfolgsrechnerischen Wirkung den Gegenstand der steuerlichen Untersuchung auf Verlagerungsneutralität bildet; vgl. Baumhoff in F/W/B, AStG, § 1 Rn. 273; Brezing, AG 1975, S. 225; Kotschenreuther in: Vögele, HdbVerrPr., Rn. A 1 ff.; Rasch, Konzernverrechnungspreise, S. 2 ff.; Scholz, Konzernverrechnungspreise, S. 19, 51 ff.. Dieser Begriff des Verrechnungspreises kann mit dem Wort „Bedingungen“ in § 1 I AStG gleichgesetzt werden und bildet den Oberbegriff über die verschiedenen Entgeltarten wie z.B. Waren- oder Lieferpreis, Dienstleistung-, Lizenz-, Leasing-, Nutzungs- oder Know-how-Gebühr, Zins, Pachtentgelt, Avalprovision oder Kostenumlage; s. Baumhoff in F/W/B, AStG, § 1 Rn. 270.

394 Vgl. zum Verhältnis von § 1 AStG zu § 8 III 2 KStG Frotscher, Internationales Steuerrecht, § 15 Rn. 8 f.; Kotschenreuther in: Vögele, HdbVerrPr., Rn. A 151 ff.; Sturm, Die verdeckte Gewinnausschüttung, S. 105 ff.; Wassermeyer in F/W/B, AStG, § 1 Rn. 76 ff., insbesondere 81 ff; ders., IStR 2001, S. 633 ff.; Wochinger, Verdeckte Gewinnausschüttungen, Rn. 1350 ff.

des Gewinns einen Einfluss haben[395]. Das Ziel des Fremdvergleichs besteht in der Ermittlung entweder des bestimmten Preises, den voneinander unabhängige Dritte unter gleichen oder ähnlichen Verhältnissen vereinbart hätten (Fremdvergleichspreis), oder zumindest einer Bandbreite von Fremdvergleichspreisen[396]. Zur Konkretisierung und Durchführung des Fremdvergleichs nach § 1 AStG wurden verschiedene Methoden entwickelt[397]. Die in der Praxis bedeutsamsten Methoden, die auch im internationalen Steuerrecht allgemeine Anerkennung finden, sind die sogenannten Standardmethoden, die im Folgenden dargestellt werden. Zu nennen sind hier die Preisvergleichsmethode (comparable uncontrolled price method), die Wiederverkaufpreismethode (resale price method) sowie die Kostenaufschlagsmethode (cost plus method). Daneben kommen jedoch auch andere Methoden oder auch Mischformen mehrerer Standardmethoden in Betracht[398]. Entwickelt wurden die Standardmethoden hauptsächlich zur Ermittlung

---

[395] Vgl. Bauschatz, Verdeckte Gewinnausschüttung, S. 92; Bilsdorfer, Der steuerliche Fremdvergleich, S. 24.

[396] Vgl. Baumhoff in F/W/B, AStG, § 1 Rn. 376; Bauschatz, Verdeckte Gewinnausschüttung, S. 92.

[397] Ausführlich zu den Methoden zur konkreten Vornahme des Fremdvergleichs nach § 1 AStG, den sogenannten Verrechnungspreismethoden, Andresen, Konzernverrechnungspreise, S. 30 ff.; Baumhoff in F/W/B, AStG, § 1 Rn. 376 ff.; Jakobs, Internationale Unternehmensbesteuerung, S. 872 ff.; Kaminski, Verrechnungspreisbestimmung, S. 26 ff., 89 ff.; Kotschenreuther/Bick in: Vögele, HdbVerrpr., Rn. F 1 ff.; Schaumburg, Internationales Steuerrecht, Rn. 16.304 ff.; zur Bestimmung von Verrechnungspreisen für Dienstleistungen s. unten B. IV. 2. b) cc) (6) sowie Baumhoff, Verrechnungspreise für Dienstleistungen, S. 196 ff.; Engler in: Vögele, HdbVerrPr., Rn. K 104 ff.; Frotscher, Internationales Steuerrecht, § 16 Rn. 16 ff.; Scholz, Konzernverrechnungspreise, S. 109 ff.; zu immateriellen Wirtschaftsgütern s. Engler in Vögele, HdbVerrPr., Rn. L 1 ff.; Frotscher, Internationales Steuerrecht, § 16 Rn. 22 ff.; zur Finanzierung s. Frotscher, Internationales Steuerrecht, § 16 Rn. 28 ff.; zur Verrechnungspreisproblematik bei Personalentsendungen s. Hogh, Entsendung von Führungskräften, S. 95 ff.. Hinzuweisen ist in diesem Zusammenhang auch auf die Verwaltungsgrundsätze zur Einkunftsabgrenzung bei international verbundenen Unternehmen; s. BMF-Schreiben v. 23.02.1983 (Verwaltungsgrundsätze), BStBl I 1983, S. 218. Diese legen für die Finanzbehörden bindend die Auslegung bestimmter Vorschriften des deutschen Steuerrechts, insbesondere der § 8 III 2 KStG und § 1 AStG fest und knüpfen hierbei an den am 16.05.1979 von der OECD verabschiedeten Bericht „über Transfer Pricing and Multinational Enterprises“ an; s. zu diesem Bericht und zu dem OECD-Bericht 1984, zu den Verwaltungsgrundsätzen und zu den OECD-Verrechnungspreisrichtlinien von 1995 Wassermeyer in F/W/B, AStG, § 1 Rn. 56 ff.; vgl. dazu und zum OECD-Musterabkommen Andresen, Konzernverrechnungspreise, S. 57 ff., 75 ff., 80 f.; Kotschenreuther in: Vögele, HdbVerrPr., Rn. B 1 ff.; Rasch, Konzernverrechnungspreise, S. 135, 156 ff., 194 ff.; speziell zu dem 1995-OECD-Bericht zu den Verrechnungspreisen s. Baumhoff/Sieker, IStR 1995, S. 517 ff.; Eggers, DStR 1996, S. 393 ff.; Klein, IStR 1995, S. 546 ff.; Rädler, DB 1995, S. 110 f.; Runge, IStR 1995, S. 505 ff.; Schreiber, IStR 1995, Beihefter Heft 11, S. 3 ff.; Werra, IStR 1995, S. S. 457 ff., 511 ff.

[398] Frotscher in Frotscher/Maas, KStG, Anhang vGA zu § 8 Rn. 272, vgl. auch Bauschatz, Verdeckte Gewinnausschüttung, S. 97; Jakobs, Internationale Unternehmensbesteuerung, S. 872; Schaumburg, Internationales Steuerrecht, Rn. 16.310.

von Fremdvergleichspreisen bei Warenlieferungen[399]. Sie sind jedoch auch für alle anderen Arten des Lieferungs- und Leistungsaustausches anwendbar[400]. Überwiegend wird die Möglichkeit der Heranziehung dieser Methoden im Rahmen der verdeckten Gewinnausschüttung befürwortet[401].

(1) Preisvergleichsmethode

Nach der Preisvergleichsmethode (comparable uncontrolled price method) wird der zwischen den Nahestehenden vereinbarte Preis mit Preisen verglichen, die bei vergleichbaren Geschäften zwischen Fremden im Markt vereinbart worden sind[402]. Das kann zum einen geschehen durch einen äußeren Preisvergleich, bei dem ein Vergleich mit Marktpreisen stattfindet, die anhand von Börsennotierungen, branchenüblichen Preisen oder Abschlüssen unter fremden Dritten festgestellt werden[403]. Zum anderen kann ein innerer Preisvergleich vorgenommen werden, bei dem ein Vergleich mit marktentstandenen Preisen erfolgt, die der Steuerpflichtige oder ein Nahestehender mit Fremden vereinbart hat[404]. Das Hauptproblem bei der Anwendbarkeit der Preisvergleichsmethode ist die Voraussetzung der Vergleichbarkeit der Verhältnisse[405]. Sind die Art und Ausgestaltung

---

399 Vgl. Bauschatz, Verdeckte Gewinnausschüttung, S. 92.

400 Vgl. Baumhoff, Verrechnungspreise für Dienstleistungen, S. 196 f.; Lahodny-Karner, Konzernverrechnungspreise, S. 75; für entgeltfähige Dienstleistungen vgl. Wiedemann/Fleischer in Hdb der Konzernfinanzierung, § 29 Rn. 41.

401 Vgl. BFH 17.10.2001 I R 103/00, BFH/NV 2002, S. 134 (138); s. zu diesem Urteil Andresen, RIW 2002, S. 134 ff.; Baumhoff, IStR 2001, S. 751 ff.; Gosch, StBp 2001, S. 360 ff.; Grützner, StuB 2002, S. 22 ff: vorgehend FG Düsseldorf 08.12.1998 6 K 3661/93, DStRE 1999, S. 787 (789, 791); s. zu dem letztgenannten Urteil Borstell/Prick, IStR 1999, S. 304 ff.; Kuckhoff/Schreiber, IStR 1999, S. 513 ff.; Schnorberger, IStR 1999, S. 523 ff.; zur Heranziehung der Preisvergleichsmethode (Ableitung des Vergleichspreises aus einer Gebührentabelle) s. BFH 23.06.1993 I R 72/92, BStBl II 1993, S. 801 (802 f.); zur Kostenaufschlagsmethode s. FG Saarland 18.12.1996 1 K 257/94, EFG 1997, S. 485 (486); s. zur Heranziehung der Standardmethoden im Rahmen der verdeckten Gewinnausschüttung ferner Bauschatz, Verdeckte Gewinnausschüttung, S. 101 ff.; Blümich/Rengers, § 8 KStG Rn. 505; Frotscher in Frotscher/Maas, KStG, Anhang vGA zu § 8 Rn. 272; Gosch, StBp 2001, S. 360 (362); Rasch, Konzernverrechnungspreise, S. 135; Schaumburg, Internationales Steuerrecht, Rn. 18.111; Schnorberger, Verrechnungspreise, S. 257; Streck, KStG, § 8 Anm. 150 „Lieferverkehr"; Wochinger, Verdeckte Gewinnausschüttungen, Rn. 1358 ff.. Anzumerken ist in diesem Zusammenhang, dass nach Wassermeyer (IStR 2001, S. 633) die verdeckte Gewinnausschüttung in etwa 90% aller Verrechnungspreisfälle in Deutschland einschlägig ist.

402 Vgl. BMF-Schreiben v. 23.02.1983 (Verwaltungsgrundsätze), BStBl I 1983, S. 218 (222), Tz. 2.2.2.

403 Vgl. BMF-Schreiben v. 23.02.1983 (Verwaltungsgrundsätze), BStBl I 1983, S. 218 (222), Tz. 2.2.2.

404 Vgl. BMF-Schreiben v. 23.02.1983 (Verwaltungsgrundsätze), BStBl I 1983, S. 218 (222), Tz. 2.2.2.

405 Vgl. Baumhoff in F/W/B, AStG, § 1 Rn. 396; Lahodny-Karner, Konzernverrechnungspreise, S. 76 f.

der Vergleichsobjekte sowie auch die Nebenbedingungen des Vergleichsgeschäfts mit dem zu beurteilenden Geschäft nicht in allen wesentlichen Einzelheiten vergleichbar, ist ein direkter Preisvergleich nicht möglich[406]. Können die abweichenden Merkmale jedoch durch Korrekturen eliminiert werden, kann ein indirekter Preisvergleich durchgeführt werden[407].

(2) Wiederverkaufpreismethode

Die Wiederverkaufpreis- oder Absatzpreismethode (resale price method) geht von dem Wiederverkaufspreis einer Lieferung oder Leistung des Unternehmens an einen fremden Dritten aus, die zuvor von einem Nahestehenden erbracht worden ist[408]. Von dem Wiederverkaufspreis wird dann auf den Preis zurückgerechnet, der für die Lieferung oder Leistung zwischen den Nahestehenden anzusetzen ist[409] (retrograde Methode). Zu diesem Zweck ist von dem Wiederverkaufspreis ein Abschlag in Höhe der marktüblichen Handelsspanne vorzunehmen[410]. Die Ermittlung der marktüblichen Handelsspanne kann im Wege eines inneren Betriebsvergleichs anhand der Spannen erfolgen, die das betreffende Unternehmen selbst mit fremden Dritten vereinbart hat, oder im Wege eines äußeren Betriebsvergleichs unter Berücksichtigung von vor allem branchenzugehöriger Unternehmen der gleichen Handelsstufe, die die fraglichen Lieferungen oder Leistungen von fremden Dritten beziehen und an fremde Dritte weiterveräußern[411]. Voraussetzung für diese Bestimmung der marktüblichen Handelsspanne ist eine Vergleichbarkeit der Verhältnisse, für deren Feststellung auf die Funktion und das Risiko des Wiederverkäufers abzustellen ist[412]. Ist ein tatsächlicher Fremdvergleich in der Form des inneren oder äußeren Betriebsvergleichs nicht möglich,

---

[406] Vgl. Baumhoff in F/W/B, AStG, § 1 Rn. 396; Jakobs, Internationale Unternehmensbesteuerung, S. 874; Kotschenreuther in: Vögele, HdbVerrPr., Rn. F 7; Schaumburg, Internationales Steuerrecht, Rn.16.305.

[407] Vgl. BMF-Schreiben v. 23.02.1983 (Verwaltungsgrundsätze), BStBl I 1983, S. 218 (222), Tz. 2.2.2.; vgl. zu den an die Vergleichbarkeit der Verhältnisse zu stellenden Anforderungen Baumhoff in F/W/B, AStG, § 1 Rn. 301 ff.; Jakobs, Internationale Unternehmensbesteuerung, S. 874 f.; Kotschenreuther in: Vögele, HdbVerrPr., Rn. F 14 ff.

[408] Vgl. BMF-Schreiben v. 23.02.1983 (Verwaltungsgrundsätze), BStBl I 1983, S. 218 (222), Tz. 2.2.3.

[409] Vgl. BMF-Schreiben v. 23.02.1983 (Verwaltungsgrundsätze), BStBl I 1983, S. 218 (222), Tz. 2.2.3.

[410] Vgl. BMF-Schreiben v. 23.02.1983 (Verwaltungsgrundsätze), BStBl I 1983, S. 218 (222), Tz. 2.2.3.

[411] Vgl. Baumhoff in F/W/B, AStG, § 1 Rn. 422; Bauschatz, Verdeckte Gewinnausschüttung, S. 95; Bick in: Vögele, HdbVerrPr., Rn. F 103; Schaumburg, Internationales Steuerrecht, Rn. 16.307.

[412] Vgl. Bick in: Vögele, HdbVerrPr., Rn. F 113; Lahodny-Karner, Konzernverrechnungspreise, S. 79 f.; Schaumburg, Internationales Steuerrecht, Rn. 16.307 m.w.N.; vgl. auch BMF-Schreiben v. 23.02.1983 (Verwaltungsgrundsätze), BStBl I 1983, S. 218 (222), Tz. 2.2.3. sowie die ausführliche Darstellung von Baumhoff in F/W/B, AStG, § 1 Rn. 424 ff.

kann die Handelsspanne anhand eines hypothetischen Fremdvergleichs festgelegt werden[413].

(3) Kostenaufschlagsmethode

Bei der Kostenaufschlagsmethode (cost plus method) wird der angemessene Preis dadurch ermittelt, dass die Selbstkosten des liefernden oder leistenden Unternehmens um einen angemessenen Gewinnaufschlag erhöht werden[414]. Die relevanten Kosten werden anhand von Kalkulationsmethoden ermittelt, die das liefernde oder leistende Unternehmen auch bei seiner Preispolitik gegenüber Fremden tatsächlich zugrunde legt oder die betriebswirtschaftlichen Grundsätzen entsprechen, wenn keine Lieferungen oder Leistungen gegenüber Fremden erbracht werden[415]. Die Anwendung der Kostenaufschlagsmethode macht sowohl die Ermittlung der Kostenkomponente[416] als auch eines angemessen Gewinnaufschlages[417] erforderlich. Zur Ermittlung des angemessenen Gewinnaufschlags, über dessen Höhe deutliche Meinungsunterschiede bestehen[418], werden verschiedene Orientierungshilfen vorgeschlagen. Genannt werden innere oder äußere Betriebsvergleiche (betriebs- oder branchenübliche Gewinnaufschläge)[419], die Eigenkapitalrendite, die Preisbildungsvorschriften über öffentliche Aufträge oder feste, in Prozentsätzen anzugebende Aufschläge[420].

---

413 Vgl. Baumhoff in F/W/B, AStG, § 1 Rn. 429.

414 Vgl. BMF-Schreiben v. 23.02.1983 (Verwaltungsgrundsätze), BStBl I 1983, S. 218 (223), Tz. 2.2.4.; Baumhoff in F/W/B, AStG, § 1 Rn. 451; Jakobs, Internationale Unternehmensbesteuerung, S. 877, Kaminski, Verrechnungspreisbestimmung, S. 90 f.

415 Vgl. BMF-Schreiben v. 23.02.1983 (Verwaltungsgrundsätze), BStBl I 1983, S. 218 (223), Tz. 2.2.4.

416 Vgl. dazu Baumhoff in F/W/B, AStG, § 1 Rn. 466 ff.; Jakobs, Internationale Unternehmensbesteuerung, S. 877 f.; Kotschenreuther in: Vögele, HdbVerrPr., Rn. F 167 ff.; Lahodny-Karner, Konzernverrechnungspreise, S. 103 ff.

417 Vgl. im Einzelnen Baumhoff in F/W/B, AStG, § 1 Rn. 521 ff.; Kotschenreuther in: Vögele, HdbVerrPr., Rn. F 227 ff.; Lahodny-Karner, Konzernverrechnungspreise, S. 132 ff.

418 Vgl. Baumhoff in F/W/B, AStG, § 1 Rn. 530; Kotschenreuther in: Vögele, HdbVerrPr., Rn. F 233; Lahodny-Karner, Konzernverrechnungspreise, S. 133.

419 Vgl. Baumhoff in F/W/B, AStG, § 1 Rn. 521, 527; Kotschenreuther in: Vögele, HdbVerrPr., Rn. F 234; Lahodny-Karner, Konzernverrechnungspreise, S. 138 ff.; Richardt, Der aktienrechtliche Abhängigkeitsbericht, S. 99; Schaumburg, Internationales Steuerrecht, Rn. 16.308; vgl. ferner BMF-Schreiben v. 23.02.1983 (Verwaltungsgrundsätze), BStBl I 1983, S. 218 (223), Tz. 2.2.4.

420 Vgl. Baumhoff in F/W/B, AStG, § 1 Rn. 526 ff.; Kaminski, Verrechnungspreisbestimmung, S. 104; Lahodny-Karner, Konzernverrechnungspreise, S. 133 ff., 148 ff.; Schaumburg, Internationales Steuerrecht, Rn. 16.308; vgl. ferner Richardt, Der aktienrechtliche Abhängigkeitsbericht, S. 98 f. zur Orientierung an der Kapitalmarktverzinsung und den Preisbildungsvorschriften für öffentliche Aufträge.

(4) Anwendungsbereich und Rangfolge der Standardmethoden

Die Frage des Bestehens einer Rangfolge der genannten Standardmethoden lässt sich nicht einheitlich beantworten. Die Preisvergleichsmethode wird zwar als die Methode angesehen, die aufgrund ihrer Orientierung an den am Markt erzielten oder erzielbaren Preisen als das zweckmäßigste und angemessenste Verfahren darstellt[421]. Des Weiteren wird die Kostenaufschlagsmethode zum Teil als „Ultima-ratio-Methode" angesehen[422].

Gleichwohl ist im Grundsatz von einer Gleichrangigkeit der Standardmethoden auszugehen, d.h. eine starre Reihenfolge in der Anwendung oder eine qualitative Rangfolge der Standardmethoden besteht nicht[423]. Dies liegt darin begründet, dass die Standardmethoden für die Angemessenheitsprüfung der einzelnen Leistungsarten nicht gleichermaßen geeignet sind. Es lässt sich daher nur einzelfallbezogen in der Anwendung der Standardmethoden auf konkrete Fälle von Leistungsbeziehungen eine „qualitative Hierarchie" feststellen[424]. Die Entscheidung, welche Standardmethode bei der zu beurteilenden Leistungsart als anwendbar und sachgerecht anzusehen ist, obliegt im Einzelfall dem ordentlichen und gewissenhaften Geschäftsleiter und kann von Seiten der Finanzverwaltung nur bei Überschreitung des dem Geschäftsleiter zustehenden Ermessensspielraumes beanstandet werden[425].

---

[421] Vgl. Baumhoff in F/W/B, AStG, § 1 Rn. 385; Bauschatz, Verdeckte Gewinnausschüttung, S. 94; Frotscher, Internationales Steuerrecht, § 15 Rn. 16, 32; Rasch, Konzernverrechnungspreise, S. 137; Schaumburg, Internationales Steuerrecht, Rn. 16.309. Auch die Verwaltungsgrundsätze deuten das Primat der Preisvergleichsmethode an, wenn z.B. formuliert wird, dass ein ordentlicher Geschäftsleiter das Verfahren anwenden wird, das den Verhältnissen am Nächsten kommt, unter denen sich auf wirtschaftlich vergleichbaren Märkten Fremdpreise bilden und für das möglichst zuverlässige preisrelevante Daten aus dem tatsächlichen Verhalten der beteiligten nahestehenden Unternehmen bei Fremdgeschäften zur Verfügung stehen; vgl. BMF-Schreiben v. 23.02.1983 (Verwaltungsgrundsätze), BStBl I 1983, S. 218 (223), Tz. 2.4.1., dazu und zu weiteren Beispielen s. Baumhoff in F/W/B, AStG, § 1 Rn. 387. Ähnlicher Auffassung scheint auch die OECD zu sein, s. dazu Borstell in: Vögele, HdbVerrPr., Rn. F 386.

[422] Vgl. die Ausführungen von Kaminski, Verrechnungspreisbestimmung, S. 109.

[423] Vgl. BFH 17.10.2001 I R 103/00, BFH/NV 2002, S. 134 (138); Baumhoff in F/W/B, AStG, § 1 Rn. 388; Frotscher, Internationales Steuerrecht, § 15 Rn. 32; Gosch, StBp 2001, S. 360 (362); Jakobs, Internationale Unternehmensbesteuerung, S. 872; Lahodny-Karner, Konzernverrechnungspreise, S. 89; Rasch, Konzernverrechnungspreise, S. 137; Wiedemann/Fleischer in Hdb der Konzernfinanzierung, § 29 Rn. 21; vgl. ferner BMF-Schreiben v. 23.02.1983 (Verwaltungsgrundsätze), BStBl I 1983, S. 218 (223), Tz. 2.4.1.

[424] Vgl. Baumhoff in F/W/B, AStG, § 1 Rn. 388, der daneben eine jedoch unverbindliche fallgruppenbezogene Hierarchie für sinnvoll erachtet; vgl. ferner BFH 17.10.2001 I R 103/00, BFH/NV 2002, S. 134 (138); Lahodny-Karner, Konzernverrechnungspreise, S. 89 f.

[425] Vgl. BMF-Schreiben v. 23.02.1983 (Verwaltungsgrundsätze), BStBl I 1983, S. 218 (223), Tz. 2.4.1.; Baumhoff in F/W/B, AStG, § 1 Rn. 389; Jakobs, Internationale Unternehmensbesteuerung, S. 872.

Die Preisvergleichsmethode bietet sich insbesondere im Seriengeschäft, bei marktgängigen Dienstleistungen sowie bei Zinsen und Lizenzen an[426]. Die Schwierigkeit im Rahmen der Anwendung dieser Methode besteht jedoch darin, dass häufig eine gleiche oder vergleichbare Geschäftsbeziehung nicht besteht o-der bei potentiell vergleichbaren Geschäftsbeziehungen sich die abweichenden Merkmale nicht eliminieren lassen[427]. Der Preisvergleichsmethode kommt vor diesem Hintergrund trotz der ihr zuerkannten besonderen theoretischen Eignung zur Angemessenheitsprüfung in der Praxis keine überragende Bedeutung zu[428].

Auch wird sich nur in Ausnahmefällen mit der Preisvergleichsmethode ein konkreter Vergleichspreis feststellen lassen, wie etwa im Falle von Börsenpreisen[429]. Regelmäßig lässt sich der Marktpreis nur innerhalb gewisser Bandbreiten festlegen[430]. Vergleichbares gilt auch bei Anwendung der Wiederverkaufpreis- und Kostenaufschlagsmethode[431], so dass die Standardmethoden lediglich Schätzungsmaßstäbe darstellen[432]. Das beruht auf dem Umstand, dass die für das Fremdvergleichsverfahren idealerweise bestehende völlige Gleichartigkeit der Bedingungen des Vergleichstatbestandes praktisch nie vorliegen wird und vor diesem Hintergrund auch Vergleichstatbestände herangezogen werden, die dem fraglichen Geschäft in den wesentlichen Vergleichskriterien lediglich ähnlich sind[433]. Je geringere Anforderungen an die Vergleichbarkeit der wesentlichen

---

[426] Lahodny-Karner, Konzernverrechnungspreise, S. 93.

[427] Vgl. Baumhoff in F/W/B, AStG, § 1 Rn. 411; Bauschatz, Verdeckte Gewinnausschüttung, S. 95; Bick in: Vögele, HdbVerrPr., Rn. F 284; Kaminski, Verrechnungspreisbestimmung, S. 24 f., 27 ff.; Lahodny-Karner, Konzernverrechnungspreise, S. 94; Rasch, Konzernverrechnungspreise, S. 137.

[428] Vgl. die Ausführungen zur Anwendungshäufigkeit der einzelnen Standardmethoden von Baumhoff in F/W/B, AStG, § 1 Rn. 393 sowie Jakobs, Internationale Unternehmensbesteuerung, S. 873; Kaminski, Verrechnungspreisbestimmung, S. 36 f.; Scholz, Konzernverrechnungspreise, S. 235.

[429] Vgl. Andresen, Konzernverrechnungspreise, S. 33; Jakobs, Internationale Unternehmensbesteuerung, S. 874 f.; Schaumburg, Internationales Steuerrecht, Rn. 16.305; Wiedemann/Fleischer in Hdb der Konzernfinanzierung, § 29 Rn. 18.

[430] Vgl. Baumhoff in F/W/B, AStG, § 1 Rn. 412; Frotscher, Internationales Steuerrecht, § 15 Rn. 17; Gosch, StBp 2001, S. 360 (362); Jakobs, Internationale Unternehmensbesteuerung, S. 874 f.; Kotschenreuther in: Vögele, HdbVerrPr., Rn. F 8; Lahodny-Karner, Konzernverrechnungspreise, S. 57, 77; Schaumburg, Internationales Steuerrecht, Rn. 16.305.

[431] Vgl. BFH 17.10.2001 I R 103/00, BFH/NV 2002, S. 134 (138); Baumhoff, IStR 2001, S. 751 (752); Lahodny-Karner, Konzernverrechnungspreise, S. 57; Wiedemann/Fleischer in Hdb der Konzernfinanzierung, § 29 Rn. 21 sowie Rasch, Konzernverrechnungspreise, S. 141 m.w.N.

[432] Rasch, Konzernverrechnungspreise, S. 141; Schaumburg, Internationales Steuerrecht, Rn. 18.113.

[433] Vgl. Andresen, Konzernverrechnungspreise, S. 209; Sieker in Hdb der Konzernfinanzierung, § 28 Rn. 40.

Kriterien gestellt werden, desto größer ist die Streuung der im Wege der Verfahren zur Feststellung des Fremdpreises ermittelten Vergleichswerte[434].

Liegt der zu untersuchende Verrechnungspreis innerhalb der Bandbreite angemessener Verrechnungspreise, ist er als angemessen anzusehen[435].

Die sich bei der Schätzung der Höhe der verdeckten Gewinnausschüttung stellende Folgefrage, ob sich diese Schätzung an der Ober- oder Untergrenze der Bandbreite angemessener Verrechnungspreise zu orientieren hat, ist nach dem BFH in der Form zu beantworten, dass diejenige Ober- bzw. Untergrenze der Bandbreite zu wählen ist, die für den Steuerpflichtigen am günstigsten ist[436]. Diesen Ansatz begründet der BFH mit der Überlegung, dass jeder Preis innerhalb der Bandbreite dem Fremdvergleich entspreche, Unsicherheiten bei der Ermittlung des Fremdvergleichspreises nicht zu Lasten des Steuerpflichtigen gehen könnten und für die Anwendung einer Mittelwertmethode im deutschen Steuerrecht die Rechtsgrundlage fehle[437]. Ein Mittelwert kann nur dann angesetzt werden, wenn er aus Fremdvergleichen abgeleitet werden kann[438]. Eine Einschränkung der „grenzorientierten[439]“ Ausschöpfung der Preisbandbreite bzw. eine Grundlage für die Begrenzung der Bandbreite der als angemessen anzuerkennenden Verrechnungspreise kann sich jedoch aus dem Erfahrungssatz ergeben, dass eine unabhängige Vertriebsgesellschaft auf Dauer keine Produkte vertreiben wird, mit denen sie nur Verluste erzielt[440]. Auch bei Anerkennung von Anlaufverlusten muss nach Ablauf eines überschaubaren Kalkulationszeitraumes mit einem angemessenen Totalgewinn zu rechnen sein[441]. Die Höhe des angemessenen Totalgewinnes ist einzelfallabhängig, kann sich jedoch als Untergrenze an einer angemessenen Eigenkapitalverzinsung bezogen auf die Schätzungszeit orientieren[442].

Hervorzuheben ist, dass nicht jeder Preis, der bei Anwendung einer Standardmethode in die Bandbreite angemessener Fremdvergleichspreise fällt, steuerlich anzuerkennen sein muss. Vielmehr kann die nach einer Standardmethode festgestellte Preisbandbreite durch die Anwendung einer weiteren Methode einzuschränken und zu begrenzen sein[443].

---

[434] Vgl. Andresen, Konzernverrechnungspreise, S. 209.

[435] Vgl. BFH 17.10.2001 I R 103/00, BFH/NV 2002, S. 134 (138); Andresen, RIW 2002, S. 134 (139); Frotscher, Internationales Steuerrecht, § 15 Rn. 17; Jakobs, Internationale Unternehmensbesteuerung, S. 870; Lahodny-Karner, Konzernverrechnungspreise, S. 101; Schaumburg, Internationales Steuerrecht, Rn. 18.113; Wiedemann/Fleischer in Hdb der Konzernfinanzierung, § 29 Rn. 21 sowie Rasch, Konzernverrechnungspreise, S. 141 m.w.N.

[436] BFH 17.10.2001 I R 103/00, BFH/NV 2002, S. 134 (138).

[437] Vgl. BFH 17.10.2001 I R 103/00, BFH/NV 2002, S. 134 (138).

[438] BFH 17.10.2001 I R 103/00, BFH/NV 2002, S. 134 (138).

[439] So Baumhoff, IStR 2001, S. 751 (752).

[440] Vgl. BFH 17.10.2001 I R 103/00, BFH/NV 2002, S. 134 (138 f.).

[441] Vgl. BFH 17.10.2001 I R 103/00, BFH/NV 2002, S. 134 (138 f.).

[442] Vgl. BFH 17.10.2001 I R 103/00, BFH/NV 2002, S. 134 (138).

[443] Vgl. BFH 17.10.2001 I R 103/00, BFH/NV 2002, S. 134 (138 f.).

Die Wiederverkaufpreismethode wird besonders dann als die geeignete Standardmethode angesehen, wenn eine Lieferung oder Leistung ohne oder nur mit unwesentlichen Veränderungen weiter veräußert wird, wie z.B. bei Vertriebsgesellschaften[444].

Der Kostenaufschlagsmethode kommt insbesondere Bedeutung bei konzerninternen Dienstleistungen zu[445], wenn zwischen nahestehenden Unternehmen Halbfabrikate verkauft werden und wenn nahestehende Personen langfristige Abnahme- und Liefervereinbarungen treffen oder Verträge über die Nutzung gemeinsamer Einrichtungen schließen[446]. Kritik hat diese Methode insbesondere deswegen erfahren, weil in diesem Verfahren generell ein sicherer Gewinn unterstellt wird[447]. Des Weiteren ist diese Methode wie auch die Wiederverkaufpreismethode mit dem Problem behaftet, dass sich in der Praxis vielfach zuverlässige Daten zur Bestimmung des angemessenen Aufschlags bzw. Abschlags nur schwer bestimmen lassen[448].

(5) Sonstige Methoden

Die soeben angedeuteten Schwierigkeiten in der praktischen Anwendung und die jeweils nur begrenzten Anwendungsbereiche der recht starren Standardmethoden machen vielfach eine Heranziehung mehrerer oder eine Veränderung und Vermischung der Standardmethoden erforderlich[449]. Daneben werden auch eigenständige Berechnungssysteme in den Verwaltungsgrundsätzen als zulässig angesehen,

---

[444] Vgl. BFH 17.10.2001 I R 103/00, BFH/NV 2002, S. 134 (138); Gosch, StBp 2001, S. 360 (362); Lahodny-Karner, Konzernverrechnungspreise, S. 95 f.; Schaumburg, Internationales Steuerrecht, Rn. 16.309; zu Einzelheiten s. Baumhoff in F/W/B, AStG, § 1 Rn. 441 ff.; Rasch, Konzernverrechnungspreise, S. 137 f.

[445] Baumhoff in F/W/B, AStG, § 1 Rn. 457 f.; Lahodny-Karner, Konzernverrechnungspreise, S. 99 f., 150; Schaumburg, Internationales Steuerrecht, Rn. 18.118.

[446] Vgl. Kaminski, Verrechnungspreisbestimmung, S. 90; Kotschenreuther in: Vögele, HdbVerrPr., Rn. F 164 f.; Lahodny-Karner, Konzernverrechnungspreise, S. 98 ff.

[447] Vgl. Baumhoff in F/W/B, AStG, § 1 Rn. 536; Frotscher, Internationales Steuerrecht, § 15 Rn. 21; Lahodny-Karner, Konzernverrechnungspreise, S. 97, einschränkend S. 143; Rasch, Konzernverrechnungspreise, S. 138; einschränkend Kaminski, Verrechnungspreisbestimmung, S. 118 ff.

[448] Vgl. Kaminski, Verrechnungspreisbestimmung, S. 31, 114 f.; Rasch, Konzernverrechnungspreise, S. 138; Schaumburg, Internationales Steuerrecht, Rn. 18.113. Kaminski, Verrechnungspreisbestimmung, S. 34 f. führt folgende Fälle auf, bei denen die Anwendung der Preisvergleichs- und Wiederverkaufpreismethode in besonderem Maße problematisch ist: Die Fälle von konzernspezifischen Produkten (insbesondere Vorprodukten), von Überlassung von Technologie, Fälle in Wirtschaftszweigen, in denen die verbundenen Unternehmen ein Monopol haben sowie die Fälle einer hohen Integration, die eine Abgrenzung der einzelnen Funktionen als Beitrag zur jeweiligen Transaktion nicht mehr möglich macht.

[449] Vgl. BMF-Schreiben v. 23.02.1983 (Verwaltungsgrundsätze), BStBl I 1983, S. 218 (223), Tz. 2.4.2.; Baumhoff in F/W/B, AStG, § 1 Rn. 541; Bauschatz, Verdeckte Gewinnausschüttung, S. 97; Bick in: Vögele, HdbVerrPr., Rn. F 376 f.; Jakobs, Internationale Unternehmensbesteuerung, S. 872; Schaumburg, Internationales Steuerrecht, Rn. 18.113.

„wenn sie mit angemessener Genauigkeit zu den Ergebnissen führen, die sich bei einem Verhalten wie unter Fremden ergäben“[450].

Den zuvor dargestellten Standardmethoden ist gemeinsam, dass die Angemessenheit der Bedingungen einer Geschäftsbeziehung untersucht werden, die auf die Höhe der Einkünfte oder des Gewinns einen Einfluss haben, wobei die Gewinne selbst gerade nicht als vergleichbare Bedingungen einer Geschäftsbeziehung angesehen werden[451]. Von der Konzeption dieser Methoden unterscheiden sich die sogenannten gewinnorientierten Methoden, bei denen das Ergebnis des Leistungsaustausches, d.h. der geschäftsvorfallbezogene Gewinn oder globale Unternehmensgewinn Gegenstand der Betrachtung ist[452].

Auf eine gewinnorientierte Methode kann in einem eng begrenzten Rahmen hilfsweise zurückgegriffen werden, soweit es sich um eine der transaktionsbezogenen gewinnorientierten Methoden handelt[453]. Das Erfordernis der Transaktionsbezogenheit der Angemessenheitsprüfung ergibt sich aus dem dealing at arm´s length-Grundsatz[454]. Die globale Gewinnaufteilungsmethode, bei der der nicht auf einen bestimmten Geschäftsvorfall bezogene Gesamtgewinn der verbundenen Unternehmen anhand bestimmter Verteilungsschlüssel aufgeteilt wird, kann daher nicht herangezogen werden[455]. Gleiches gilt für die globale Gewinnvergleichsmethode, bei der nicht die Gewinne aus einem einzelnen Geschäftsvorfall, sondern Gesamtgewinne der Unternehmen miteinander verglichen wer-

---

[450] BMF-Schreiben v. 23.02.1983 (Verwaltungsgrundsätze), BStBl I 1983, S. 218 (223), Tz. 2.4.3; vgl. auch Baumhoff in F/W/B, AStG, § 1 Rn. 542; Bauschatz, Verdeckte Gewinnausschüttung, S. 97; Bick in: Vögele, HdbVerrPr., Rn. F 371 ff.

[451] Dies folgt aus dem dealing at arm´s length-Grundsatz, vgl. Baumhoff in F/W/B, AStG, § 1 Rn. 543; Werra, IStR 1995, S. 457 (462).

[452] Vgl. Baumhoff in Schaumburg, Kölner Konzernrechtstage, Rn. 570; vgl. auch Frotscher, Internationales Steuerrecht, § 15 Rn. 24.

[453] Vgl. BMF-Schreiben v. 23.02.1983 (Verwaltungsgrundsätze), BStBl I 1983, S. 218 (224), Tz. 2.4.5, 2.4.6; einschränkend jedoch die Stellungnahme des BMF zum neuen Verrechnungspreisbericht des OECD-Rates, IStR 1995, S. 384 (385); vgl. ferner Jakobs, Internationale Unternehmensbesteuerung, S. 879; Schaumburg, Internationales Steuerrecht, Rn. 16.310, 18.116. Baumhoff in F/W/B, AStG, § 1 Rn. 548 billigt diesen Methoden allenfalls eine Indizwirkung für eine unangemessene Verrechnungspreisgestaltung bzw. die Bedeutung eines Anhaltspunktes für eine weitergehende Überprüfung des Verrechnungspreises zu.

[454] Vgl. Jakobs, Internationale Unternehmensbesteuerung, S. 879; Schaumburg, Internationales Steuerrecht, Rn. 18.116 m.w.N.

[455] Vgl. Baumhoff in Schaumburg, Kölner Konzernrechtstage, Rn. 589; Frotscher, Internationales Steuerrecht, § 15 Rn. 27, 30; Jakobs, Internationale Unternehmensbesteuerung, S. 879 f.. Das Konzept der globalen formelhaften Gewinnaufteilung steht der Gewinnaufteilung anhand des Fremdvergleichsgrundsatzes gegenüber und baut darauf auf, dass der Konzern eine auch für die Frage der Besteuerung zu berücksichtigende wirtschaftliche Einheit darstellt; vgl. Andresen, Konzernverrechnungspreise, S. 38 f.; Baumhoff in Schaumburg, Kölner Konzernrechtstage, Rn. 589; Wiedemann/Fleischer in Hdb der Konzernfinanzierung, § 29 Rn. 22 sowie ausführlich Scholz, Konzernverrechnungspreise, S. 56 ff.; Kaminski, Verrechnungspreisbestimmung, S. 255 ff.

den[456]. In Frage kommt zum einen die geschäftsvorfallbezogene Gewinnaufteilungsmethode (Profit-Split-Methode), nach der der von den verbundenen Unternehmen gemeinsam aus einem bestimmten Geschäft erwartete Gewinn ermittelt und zwischen den Unternehmen so aufgeteilt wird, wie es fremde Dritte vorab aufgrund der erwarteten Gewinnentwicklung vereinbart hätten[457]. Zum anderen ist die transaktionsbezogene Nettomargenmethode zu nennen, nach der ein Vergleich der Nettomargen (Nettogewinn im Verhältnis zu einer Bezugsbasis wie etwa Kosten, Umsätze oder Anlagevermögen), die der Steuerpflichtige aus einem Geschäft mit einem Nahestehenden erzielt hat, mit denjenigen Margen stattfindet, die das fragliche Unternehmen mit Fremden erwirtschaftet hat der die Fremde bei vergleichbaren Geschäftsvorfällen untereinander erwirtschaften[458].

(6) Besonderheiten bei dem Austausch von Dienstleistungen im Konzern

(a) Entgeltfähigkeit konzerninterner Dienstleistungen

Bei der Bestimmung von Verrechnungspreisen für konzerninterne[459] Dienstleistungen[460] sind zwei Problembereiche zu unterscheiden: Zum einen muss die Frage beantwortet werden, in welcher Höhe ein Entgelt für eine Dienstleistung als angemessen anzusehen und welche Verrechnungsform zulässig ist. So kommen für die Dienstleistungsverrechnung im Wege der Einzelabrechnung (nach den direkten Methoden)[461] die bereits dargestellten Methoden zur Ermittlung des an-

---

[456] Vgl. Bick in: Vögele, HdbVerrPr., Rn. F 251 ff., 281 ff.; Frotscher, Internationales Steuerrecht, § 15 Rn. 27 f.; Jakobs, Internationale Unternehmensbesteuerung, S. 879 f.; Scholz, Konzernverrechnungspreise, S. 225 sowie Schaumburg, Internationales Steuerrecht, Rn. 18.116 m.w.N.

[457] Vgl. Baumhoff in F/W/B, AStG, § 1 Rn. 551 ff.; Schaumburg, Internationales Steuerrecht, Rn. 18.116; Scholz, Konzernverrechnungspreise, S. 227; Sieker in Hdb der Konzernfinanzierung, § 28 Rn. 61; Werra, IStR 1995, S. 457 (462); zu Einzelheiten s. Baumhoff in F/W/B, AStG, § 1 Rn. 551 ff.; Kaminski, Verrechnungspreisbestimmung, S. 159 ff.

[458] Baumhoff in F/W/B, AStG, § 1 Rn. 561; Bick in: Vögele, HdbVerrPr., Rn. F 269; Kaminski, Verrechnungspreisbestimmung, S. 135 f.; Sieker in Hdb der Konzernfinanzierung, § 28 Rn. 63; Werra, IStR 1995, S. 457 (463); zu Einzelheiten s. Baumhoff in F/W/B, AStG, § 1 Rn. 561 ff.; Bick in: Vögele, HdbVerrPr., Rn. F 311 ff.

[459] Unter einem Konzern ist im vorliegenden Zusammenhang ein Zusammenschluss rechtlich selbstständiger, eine wirtschaftliche Einheit bildender und daher wirtschaftlich unselbstständiger Unternehmen zu verstehen; vgl. zum Begriff des Konzerns Rasch, Konzernverrechnungspreise, S. 1.

[460] Vgl. zum Dienstleistungsbegriff im Zivilrecht und den Steuergesetzen Engler in: Vögele, HdbVerrPr., Rn. K 4 ff.; vgl. zur Abgrenzung des Dienstleistungsbereiches zu den anderen Leistungsbereichen und hier insbesondere zu dem Bereich der immateriellen Wirtschaftsgüter Baumhoff in F/W/B, AStG, § 1 Rn. 622; zu den verschiedenen Bezeichnungen des Dienstleistungsaustausches zwischen verbundenen Unternehmen („Regieleistungen", „Regiekosten"; „Konzernumlagen") s. Baumhoff in F/W/B, AStG, § 1 Rn. 623 ff.

[461] S. zu den Verrechnungsmodalitäten unten B. IV. 2. b) cc) (6) (b).

gemessenen Verrechnungspreises zur Anwendung[462]. Im Rahmen der auf der Grundlage dieser Methoden erfolgenden Bestimmung des Fremdvergleichspreises wird jedoch unterstellt, dass die fragliche Lieferung oder Leistung überhaupt zu vergüten ist bzw. vergütet werden kann. Genau diese Frage bedarf bei der Erbringung von Dienstleistungen zwischen Konzernunternehmen einer genaueren Untersuchung.

Bei konzerninternen Dienstleistungen kann die Feststellung Schwierigkeiten bereiten, ob die fragliche Leistung für die jeweilige Gliedgesellschaft oder die Muttergesellschaft erbracht worden ist. Innerhalb eines Konzerns werden vielfach Funktionen wie Konzern- bzw. Sparten- oder Ländermanagement, Controlling, Beratung und Verwaltung zentralisiert und die entsprechenden Aufgaben von spezialisierten Konzernabteilungen der Muttergesellschaft oder von separaten Dienstleistungs-Konzerngesellschaften übernommen[463]. Die in diesem Zusammenhang erbrachten Dienstleistungen betreffen in vielen Fällen Aufgabenbereiche, die auch der Muttergesellschaft aufgrund ihrer Stellung als Gesellschafterin in Erfüllung einer Zentralfunktion zuzuordnen sind, wie etwa Tätigkeiten, die mit dem Erwerb und der Verwaltung der Beteiligungen im Zusammenhang stehen oder der Steigerung der Ertragsfähigkeit des Gesamtkonzerns dienen[464]. Dienstleistungen, die dem Geschäftsbetrieb der Muttergesellschaft in deren Eigenschaft als Gesellschafterin zurechenbar sind (sog. Gesellschafteraufwand[465]), sind als Leistungen auf gesellschaftsrechtlicher Basis nicht an die Gliedgesellschaft verrechenbar[466]. Hier ist der zweite Problembereich bei der Verrechnungspreisbestimmung von Dienstleistungen angesiedelt, bei dem es um die Frage der Verre-

---

[462] Vgl. dazu die Ausführungen von Baumhoff in F/W/B, AStG, § 1 Rn. 653 ff.; ders., Verrechnungspreise für Dienstleistungen, S. 196 ff.; Bick/Kotschenreuther in: Vögele, HdbVerrPr., Rn. F 1 ff.; Engler in: Vögele, HdbVerrPr., Rn. K 101 ff.; Scholz, Konzernverrechnungspreise, S. 156 ff.. Die besondere Problematik besteht bei der Bestimmung des angemessenen Verrechnungspreises bei Dienstleistungen zwischen verbundenen Unternehmen darin, dass es sich vielfach um spezielle Ausgestaltungen von Dienstleistungen handelt (sog. konzernspezifische Dienstleistungen), bei denen ein tatsächlicher Fremdvergleich nicht möglich ist, vgl. Baumhoff, in F/W/B, AStG, § 1 Rn. 620, 621.2; Engler in: Vögele, HdbVerrPr., Rn. K 1; Frotscher in Frotscher/Maas, KStG, Anhang vGA zu § 8 Rn. 302 „Dienstleistungen“; Scholz, Konzernverrechnungspreise, S. 135.

[463] Vgl. Jakobs, Internationale Unternehmensbesteuerung, S. 894; vgl. auch BMF-Schreiben v. 23.02.1983 (Verwaltungsgrundsätze), BStBl I 1983, S. 218 (228), Tz. 6.1.; Engler in: Vögele, HdbVerrPr., Rn. K 2; Frotscher, Internationales Steuerrecht, S. 299; Scholz, Konzernverrechnungspreise, S. 133.

[464] Engler in: Vögele, HdbVerrPr., Rn. K 2; Scholz, Konzernverrechnungspreise, S. 133.

[465] S. zu diesem Begriff und zu weiteren möglichen Bezeichnungen Engler in: Vögele, HdbVerrPr., Rn. K 51.

[466] Vgl. Ebenroth, Die Verdeckten Vermögenszuwendungen, S. 219; Engler in: Vögele, HdbVerrPr., Rn. K 2; Jakobs, Internationale Unternehmensbesteuerung, S. 895; Schaumburg, Internationales Steuerrecht, Rn. 18.125; Scholz, Konzernverrechnungspreise, S. 133; vgl. ferner BMF-Schreiben v. 23.02.1983 (Verwaltungsgrundsätze), BStBl I 1983, S. 218 (228 f.), Tz. 6.1.

chenbarkeit von Dienstleistungen dem Grunde nach geht. Dem Grunde nach verrechenbar sind lediglich Dienstleistungen, die innerhalb eines Leistungsaustausches im betrieblichen Bereich erbracht werden und es sich damit um eine schuldrechtliche Beziehung zwischen dem leistenden und dem leistungsempfangenden Unternehmen handelt[467]. Zur Feststellung der Verrechenbarkeit von Dienstleistungen ist danach der Dienstleistungsaustausch in die zwei Bereiche der nicht entgeltpflichtigen Dienstleistungen, die vor dem Hintergrund der gesellschaftsrechtlichen Beziehungen erbracht werden und der schuldrechtlichen Leistungsbeziehungen, die dem Leistungsempfänger in Rechnung zu stellen sind, aufzuteilen[468]. Die traditionelle Dreiteilung der Dienstleistungen in Management-, Kontroll- und Assistenzleistungen mit unterschiedlichen Folgen für die Verrechnung dem Grunde und der Höhe nach wird heute zumeist als ungeeignet abgelehnt[469]. Auch auf die in den Verwaltungsgrundsätzen von 1983 vorgenommene Unterscheidung zwischen gewerblichen Dienstleistungen, Dienstleistungen im Bereich der Forschung und Entwicklung und verwaltungsbezogenen Leistungen[470] kann verzichtet werden, da zum einen die Begriffe nicht überschneidungsfrei definiert sind und zum anderen das Poolumlageverfahren[471] mit der Neufassung der Verwaltungsgrundsätze zu den Umlageverträgen[472] nicht (mehr) auf gewerbliche Dienstleistungen beschränkt ist[473].

Für die Unterscheidung zwischen gesellschafts- und schuldrechtlichen Leistungsbeziehungen kommt es entsprechend dem Prinzip des Fremdvergleichs darauf an, ob eine Dienstleistung auch unter Fremden vergütet worden wäre[474] bzw. ob auch ein ordentlicher und gewissenhafter Geschäftsleiter die Erbringung der

---

467 Vgl. Baumhoff in F/W/B, AStG, § 1 Rn. 632.

468 Vgl. Baumhoff in F/W/B, AStG, § 1 Rn. 630.2 ff. unter Hinweis auf die Vorgehensweise in dem 1995-OECD-Bericht zu den Verrechnungspreisen; vgl. ferner Engler in: Vögele, HdbVerrPr., Rn. K 27 ff.

469 Vgl. zu dieser traditionellen Leistungsdifferenzierung und der an dieser zu übenden Kritik Baumhoff in F/W/B, AStG, § 1 Rn. 627 ff.; ders., Verrechnungspreise für Dienstleistungen, S. 33 ff.; Ebenroth, Die Verdeckten Vermögenszuwendungen, S. 221 ff.; Engel, Konzerntransferpreise, S. 109 ff.; Engler in: Vögele, HdbVerrPr., Rn. K 33 ff.; Kumpf, Steuerliche Verrechnungspreise, S. 235 ff.; vgl. ferner Wiedemann/Fleischer in Hdb der Konzernfinanzierung, § 29 Rn. 30 f. betreffend die Regelungen der §§ 311 ff. AktG.

470 BMF-Schreiben v. 23.02.1983 (Verwaltungsgrundsätze), BStBl I 1983, S. 218 (225, 228), Tz. 3.2., 5., 6.

471 Vgl. dazu B. IV. 2. b) cc) (6) (b) (bb) α).

472 Vgl BMF-Schreiben v. 30.12.1999 (Verwaltungsgrundsätze-Umlage 1999), BStBl I 1999, S. 1122, Tz. 1.1. Abs. 2.

473 Vgl. zu der Unterscheidung der Dienstleistungsarten und der daran zu übenden Kritik Baumhoff in F/W/B, AStG, § 1 Rn. 630.1 ff.; ders., Verrechnungspreise für Dienstleistungen, S. 47 ff.; Engler in: Vögele, HdbVerrPr., Rn. K 15 ff., 21 ff., 40 ff.

474 Vgl. BMF-Schreiben v. 23.02.1983 (Verwaltungsgrundsätze), BStBl I 1983, S. 218 (229), Tz. 6.2.1.; Baumhoff in F/W/B, AStG, § 1 Rn. 633.1; Engel, Konzerntransferpreise, S. 116; Scholz, Konzernverrechnungspreise, S. 135.

Leistung veranlasst oder die Leistung gegen ein Entgelt angenommen hätte[475]. Vor dem Hintergrund, dass es sich bei den zu untersuchenden Dienstleistungen vielfach um konzernspezifische Leistungen handelt, die zwischen fremden Dritten nicht vereinbart werden, stellt sich für die praktische Verrechnungspreisgestaltung die Frage nach Abgrenzungskriterien, die für die Entscheidung über die Verrechenbarkeit dem Grunde nach herangezogen werden können.

Als ein solches Abgrenzungskriterium ist die betriebliche Veranlassung i.S.d. § 4 IV EStG anzusehen, welche für das Problem der Verrechenbarkeit von Dienstleistungen dem Grunde nach ausschlaggebend ist[476]. Eine Aufwendung wird als abzugsfähige Betriebsausgabe anerkannt, wenn sie in einem objektiven Zusammenhang mit dem Betrieb steht und der Steuerpflichtige subjektiv mit dieser Aufwendung den Betrieb fördern will[477]. Nach dem Regelungsziel des Einkommenssteuergesetzes sind Aufwendungen dann als durch eine Einkunftsart veranlasst anzusehen, wenn sie hierzu in einem steuerrechtlich anzuerkennenden wirtschaftlichen Zusammenhang stehen[478]. Die Entscheidung über das Vorliegen eines derartigen Zurechnungszusammenhangs erfordert zum einen die wertende

---

475 Baumhoff in F/W/B, AStG, § 1 Rn. 633.1.

476 Vgl. BMF-Schreiben v. 23.02.1983 (Verwaltungsgrundsätze), BStBl I 1983, S. 218 (220), Tz. 1.4.1.; Baumhoff in F/W/B, AStG, § 1 Rn. 634; ders., Verrechnungspreise für Dienstleistungen, S. 168 ff.; Engel, Konzerntransferpreise, S. 118; Engler in: Vögele, HdbVerrPr., Rn. K 57; Jakobs, Internationale Unternehmensbesteuerung, S. 896; Schaumburg, Internationales Steuerrecht, Rn. 18.125; Scholz, Konzernverrechnungspreise, S. 135 f.. Aus der Sicht des leistungserbringenden Unternehmens ist zu entscheiden, ob die Leistung verrechenbar bzw. entgeltpflichtig ist. Aus der Sicht des leistungsempfangenden Unternehmens ist zu prüfen, ob die Aufwendungen für diese Leistungen als Betriebsausgabe abzugsfähig sind. Beide Entscheidungen müssen aufgrund des Postulats der kongruenten Bewertung des Leistungsflusses nach denselben Kriterien erfolgen; s. dazu Baumhoff in F/W/B, AStG, § 1 Rn. 633.1; ders., Verrechnungspreise für Dienstleistungen, S. 167; vgl. ferner Engel, Konzerntransferpreise, S. 107 f.; einschränkend Engler in: Vögele, HdbVerrPr., Rn. 54 f.. Auch wenn § 8 III 2 KStG und § 1 AStG Spezialvorschriften gegenüber § 4 IV EStG darstellen, kann aufgrund der zwischen gesellschaftsrechtlicher und betrieblicher Veranlassung bestehenden Wechselwirkung § 4 IV EStG als Auslegungshilfe bei § 1 AStG und § 8 III 2 KStG herangezogen werden; vgl. zum Verhältnis von § 8 III 2 KStG bzw. § 1 AStG und dem Betriebsausgabenbegriff Achenbach in Dötsch/Eversberg/Jost/Witt, KStG, § 8 Rn. 143; Kotschenreuther in: Vögele, HdbVerrPr., Rn. A 163 ff; Prinz, StBJb 1997/98, S. 97 (101 ff.).

477 Vgl. BFH 04.07.1990 GrS 2-3/88, BStBl II 1990, S. 817 (823); Blümich/Wacker, § 4 EStG Rn. 252; Crezelius in Kirchhof, EStG, § 4 Rn. 101; Schmidt/Heinicke, EStG, § 4 Rn. 28 ff.; ausführlich Herrmann/Heuer/Raupach/Stapperfend, § 4 EStG Rn. 792 f., 805 ff.. Der BFH vertritt im Streit um die subjektive oder objektive Deutung des Veranlassungsbegriffs die Auffassung, dass der objektive Zusammenhang generelle Voraussetzung für die Anerkennung der Aufwendung als Betriebsausgabe sei, während er in der subjektiven Absicht, den Betrieb zu fördern, kein zwingendes Erfordernis erkennt; vgl. etwa BFH 28.11.80 VI R 193/77, BStBl. II 1981, S. 368 (369); s. zur Darstellung des Streitstandes Blümich/Wacker, § 4 EStG Rn. 252; Schmidt/Heinicke, EStG, § 4 Rn. 30.

478 BFH 04.07.1990 GrS 2-3/88, BStBl II 1990, S. 817 (823).

Bestimmung des die betreffenden Aufwendungen auslösenden Moments und zum anderen die Zuweisung dieses maßgeblichen Bestimmungsgrundes zur einkommensteuerrechtlich relevanten Erwerbssphäre[479]. Bei mittelbar mit dem Betrieb zusammenhängenden Aufwendungen ist für die betriebliche Veranlassung die subjektive Zweckbestimmung des ordentlichen und gewissenhaften Geschäftsleiters maßgeblich[480].

Eindeutig bei der Obergesellschaft betrieblich veranlasst und daher auch nur dort als Betriebsausgaben abzugsfähig sind die Dienstleistungen der Obergesellschaft, die diese vornimmt, um ihre Rechte als Gesellschafterin gegenüber der Gliedgesellschaft wahrzunehmen bzw. deren Tätigkeit zu überwachen (Gesellschafteraufwand)[481].

Zur Konkretisierung des Hauptkriteriums der betrieblichen Veranlassung bestehen ergänzende Hilfskriterien: Zum einen ist dies das Vorliegen einer eindeutigen Abgrenzbarkeit und Messbarkeit der Leistung[482], welches dann als erfüllt anzusehen sein dürfte, wenn der Steuerpflichtige Art und Umfang der Leistung definiert und wenn die Kosten mengenmäßig nachvollziehbar sind[483]. Weitere Indizien oder Hilfskriterien für die betriebliche Veranlassung bilden die grundsätzlich synonym verwendbaren Merkmale, dass die Dienstleistung zum Nutzen, im Interesse, zum Vorteil der empfangenden Konzerngesellschaft erbracht wird oder dieser dient[484], wobei es sich bei den Kriterien Vorteil und Nutzen (benefit

[479] BFH 04.07.1990 GrS 2-3/88, BStBl II 1990, S. 817 (823).

[480] Baumhoff in F/W/B, AStG, § 1 Rn. 634.2; ders., Verrechnungspreise für Dienstleistungen, S. 169 f., 178; Engler in: Vögele, HdbVerrPr., Rn. K 58; vgl. ferner Engel, Konzerntransferpreise, S. 119 f.. Bei diesen Aufwendungen kommt es entscheidend auf die Erwägungen des Steuerpflichtigen an, so dass der Begriff der „Veranlassung" ein subjektives Merkmal enthält, vgl. Baumhoff in F/W/B, AStG, § 1 Rn. 634.2; Engler in: Vögele, HdbVerrPr., Rn. K 58. Der dem Steuerpflichtigen verbleibende subjektive Entscheidungsspielraum ist bei Betriebsausgaben größer als bei Betriebseinnahmen, da der Steuerpflichtige es in der Hand hat, den Betriebsumfang und damit den Umfang der betrieblichen Veranlassung von Aufwendungen zu bestimmen, vgl. Blümich/Wacker, § 4 EStG Rn. 252; Crezelius in Kirchhof, EStG, § 4 Rn. 101; Schmidt/Heinicke, EStG, § 4 Rn. 480. Feststehen muss jedoch, dass eine Aufwendung in tatsächlichem oder wirtschaftlichem Zusammenhang mit konkreter Gewinnerzielungsabsicht angefallen ist und dass gegebenenfalls eine private Mitverursachung unbedeutend ist; s. Schmidt/Heinicke, EStG, § 4 Rn. 28 ff.; s. zu diesem Problembereich auch Blümich/Wacker, § 4 EStG Rn. 252.

[481] Baumhoff in F/W/B, AStG, § 1 Rn. 634.2; Engler in: Vögele, HdbVerrPr., Rn. K 59.

[482] Vgl. BMF-Schreiben v. 23.02.1983 (Verwaltungsgrundsätze), BStBl I 1983, S. 218 (229), Tz. 6.2.2.

[483] Vgl. dazu Engler in: Vögele, HdbVerrPr., Rn. K 62; vgl. ferner Baumhoff in F/W/B, AStG, § 1 Rn. 635.1 f.; ders., Verrechnungspreise für Dienstleistungen, S. 180 f.; Engel, Konzerntransferpreise, S. 131 f.

[484] Vgl. Baumhoff in F/W/B, AStG, § 1 Rn. 635.3 f.; ders., Verrechnungspreise für Dienstleistungen, S. 181 ff; Engler in: Vögele, HdbVerrPr., Rn. K 66; Scholz, Konzernverrechnungspreise, S. 136 f.; s. auch BMF-Schreiben v. 23.02.1983 (Verwaltungsgrundsätze), BStBl I 1983, S. 218 (229), Tz. 6.2.2.

test) um international anerkannte Abgrenzungsmerkmale handelt[485]. Daneben wird darauf abgestellt, ob die Dienstleistung dem Leistungsempfänger eigene Kosten erspart[486].

Auch bei Anwendung der dargestellten Hilfskriterien ist es nicht immer möglich, eine Dienstleistung eindeutig dem betrieblichen[487] oder dem gesellschaftsrechtlichen[488] Bereich zuzuordnen. Eine Dienstleistung kann sowohl im Interesse der Konzernobergesellschaft, im Interesse des Gesamtkonzerns, als auch im Interesse einer (oder mehrerer) Gliedgesellschaft(en) liegen (sog. Mischleistung). In diesen Fällen ist eine Aufteilung der Aufwendungen in einen verrechenbaren und einen nicht verrechenbaren Teil erforderlich[489]. Das Verhältnis für diese Aufteilung dürfte sich aus der Anwendung des für die Verrechenbarkeit dem Grunde nach maßgeblichen Abgrenzungskriteriums der betrieblichen Veranlassung und den der Konkretisierung dieses Merkmals dienenden Hilfskriterien ergeben[490].

---

485 Vgl. Baumhoff in F/W/B, AStG, § 1 Rn. 635.4; Jakobs, Internationale Unternehmensbesteuerung, S. 896; Scholz, Konzernverrechnungspreise, S. 137; vgl. zu dem Problem der expost-Betrachtung bei dem Rückgriff auf den benefit-test Engel, Konzerntransferpreise, S.123 ff.; Engler in: Vögele, HdbVerrPr., Rn. K 65.

486 BMF-Schreiben v. 23.02.1983 (Verwaltungsgrundsätze), BStBl I 1983, S. 218 (229), Tz. 6.2.2.; Ebenroth, Die Verdeckten Vermögenszuwendungen, S. 237 ff.; kritisch Baumhoff in F/W/B, AStG, § 1 Rn. 635.5; Scholz, Konzernverrechnungspreise, S. 138 f.

487 Vgl. zu Beispielen verrechenbarer Dienstleistungen BMF-Schreiben v. 23.02.1983 (Verwaltungsgrundsätze), BStBl I 1983, S. 218 (229), Tz. 6.3.1.; Baumhoff in F/W/B, AStG, § 1 Rn. 637 ff.; ders., Verrechnungspreise für Dienstleistungen, S. 175 ff.; Engler in: Vögele, HdbVerrPr., Rn. K 88; Jakobs, Internationale Unternehmensbesteuerung, S. 898 ff.; Schaumburg, Internationales Steuerrecht, Rn. 18.127 ff.; Scholz, Konzernverrechnungspreise, S. 139 ff.

488 Vgl. zu Beispielen nicht verrechenbarer Dienstleistungen BMF-Schreiben v. 23.02.1983 (Verwaltungsgrundsätze), BStBl I 1983, S. 218 (229), Tz. 6.3.2.; Baumhoff in F/W/B, AStG, § 1 Rn. 636 ff.; ders., Verrechnungspreise für Dienstleistungen, S. 172 f.; Engler in: Vögele, HdbVerrPr., Rn. K 88; Jakobs, Internationale Unternehmensbesteuerung, S. 897 f.; Schaumburg, Internationales Steuerrecht, Rn. 18.126 ff.; Scholz, Konzernverrechnungspreise, S. 145 f.

489 Vgl. Baumhoff in F/W/B, AStG, § 1 Rn. 638; ders., Verrechnungspreise für Dienstleistungen, S. 177; Engler in: Vögele, HdbVerrPr., Rn. K 74; Jakobs, Internationale Unternehmensbesteuerung, S. 900; Scholz, Konzernverrechnungspreise, S. 146; allgemein zu gemischten Aufwendungen s. Herrmann/Heuer/Raupach/Stapperfend, § 4 EStG Rn. 832 ff.

490 S. dazu Baumhoff in F/W/B, AStG, § 1 Rn. 638; ders., Verrechnungspreise für Dienstleistungen, S. 177 f.; Scholz, Konzernverrechnungspreise, S. 146; ähnlich auch Engler in: Vögele, HdbVerrPr., Rn. K 76 ff.. Eine einheitliche und eindeutige Position zu den maßgeblichen Aufteilungskriterien scheint es in der deutschen Lehre derzeit nicht zu geben. Zu Beispielen von Mischleistungen s. Jakobs, Internationale Unternehmensbesteuerung, S. 900 ff.; Scholz, Konzernverrechnungspreise, S. 147 f.

(b) Verrechnungsformen konzerninterner Dienstleistungen

(aa) Einzelabrechnung

Konzerninterne Dienstleistungen können in unterschiedlichen Formen abgerechnet werden. Zunächst ist die Einzelabrechnung (nach den direkten Methoden)[491] zu nennen, bei der jede einzelne Leistung gesondert bewertet und ein Entgelt festgesetzt wird. Zur Bestimmung der Verrechnungspreise im Wege der Einzelabrechnung (nach den direkten Methoden) kann insbesondere auf die dargestellten Standardmethoden zurückgegriffen werden[492].

(bb) Umlageverfahren

Eine gegenüber der Einzelabrechnung (nach den direkten Methoden) vereinfachte Form der Abrechnung besteht darin, ganze Leistungsbündel zusammengefasst zu bewerten und mit einer pauschalisierten Vergütung abzugelten. Diese Abrechungsform soll hier als „Umlageverfahren" bezeichnet werden.

α) Poolumlage

Nach der Neufassung der Verwaltungsgrundsätze für die Prüfung der Einkunftsabgrenzung durch Umlageverträge zwischen international verbundenen Unternehmen[493] ist zwischen zwei zulässigen Umlageverfahren zu differenzieren. Zunächst ist hier die Umlage nach dem „Poolkonzept" oder „Poolgedanken" zu nennen, die von den Verwaltungsgrundsätzen-Umlage 1999 allein umfasst wird und von diesen entgegen der hier vertretenen weiteren Begriffsbestimmung mit dem Begriff der „Umlage" gleichgesetzt wird. Die Umlage nach dem Poolkonzept („Poolumlage") betrifft die Fälle, in denen international verbundene Unternehmen Leistungen im gemeinsamen Interesse, in einem längeren Zeitraum, durch Zusammenwirken in einem Pool erlangen oder erbringen[494]. Die Leistungen erstrecken sich auf Hilfsfunktionen der Poolmitglieder[495]. Die für den Poolzweck entstehenden Aufwendungen werden anhand eines Schlüssels, der sich nach dem Nutzen der Poolmitglieder bestimmt, an diese ohne einen Gewinnaufschlag[496] verteilt[497]. Die in dieser Form verteilten Aufwendungen oder Kosten

---

[491] S. zu dem Problem der direkten und indirekten Methode bei der Einzelabrechnung sogleich unten B. IV. 2. b) cc) (6) (b) (bb) β).

[492] Vgl. die Nachweise in Fn 400.

[493] BMF-Schreiben v. 30.12.1999 (Verwaltungsgrundsätze-Umlage 1999), BStBl I 1999, S. 1122.

[494] BMF-Schreiben v. 30.12.1999 (Verwaltungsgrundsätze-Umlage 1999), BStBl I 1999, S. 1122, Tz. 1.1.

[495] BMF-Schreiben v. 30.12.1999 (Verwaltungsgrundsätze-Umlage 1999), BStBl I 1999, S. 1122, Tz. 1.1.

[496] S. zu der nicht unumstrittenen Frage des Gewinnaufschlages Baumhoff, IStR 2000, S. 693 (702); ders. in F/W/B, AStG, § 1 Rn. 657 f., 668 ff.; Frotscher, Internationales Steuerrecht, § 16 Rn. 61; Kuckhoff/Schreiber, IStR 2000, S. 373 (375 f.); Stock/Kaminski, IStR 1998, S. 7 (9 f.).

sind als eigene originäre Aufwendungen der Poolmitglieder zu behandeln, so dass ein schuldrechtlicher Leistungsaustausch nicht stattfindet[498]. Die Poolumlage stellt eine Art innerbetrieblichen Vorgang dar, die die Verrechnung gemeinschaftlich erbrachter Leistungen einer von den Poolmitgliedern gebildeten Innengesellschaft[499] (Pool) zum Gegenstand hat[500]. Die Poolmitglieder vereinigen Produktionsmittel, Kenntnisse oder Fertigkeiten zur Erstellung einer gemeinsamen Leistung[501]. Der Sinn und Zweck des Pools besteht nicht darin, einen Nutzen durch Leistung an den Pool, sondern durch Teilnahme an dem Pool zu erzielen, indem durch Bündelung von Ressourcen Kosteneinsparungen bzw. Risikoreduzierungen erreicht werden[502]. Im Rahmen des Poolumlageverfahrens wird nicht eine einzelne Leistung, die einem Poolmitglied erbracht wird, abgerechnet. Vielmehr erbringt das Poolmitglied für die Summe der von ihm empfangenden Leistungen eine „Gegenleistung", die in der Summe der insgesamt von diesem Poolmitglied erbrachten Kostenbeiträge besteht, wobei sich „Leistung" und „Gegenleistung" nur bei Betrachtung eines längeren Zeitraumes ausgeglichen gegenüberstehen[503].

Da bei diesem Umlageverfahren nur die anfallenden Kosten umgelegt werden, ein Gewinnaufschlag jedoch nicht erhoben wird, erschiene es konsequent, (nur) diese Umlage als „Kostenumlage" zu bezeichnen[504]. Da jedoch nach dem bisherigen Verständnis Kostenumlagen sowohl nach dem Poolkonzept als auch nach dem noch darzustellenden, einen Gewinnaufschlag berücksichtigenden, „Leistungsaustauschkonzept" („Umlage nach dem Marktgedanke") möglich waren[505], soll im Rahmen dieser Arbeit zwischen „Poolumlagen" und „Leistungsumlagen" differenziert werden, während „Umlage", „Umlageverfahren" und „Konzernumlage" die Oberbegriffe bilden[506].

---

497 BMF-Schreiben v. 30.12.1999 (Verwaltungsgrundsätze-Umlage 1999), BStBl I 1999, S. 1122, Tz. 1.1.

498 Vgl. BMF-Schreiben v. 30.12.1999 (Verwaltungsgrundsätze-Umlage 1999), BStBl I 1999, S. 1122 (1123), Tz. 1.4.; Baumhoff in F/W/B, AStG, § 1 Rn. 626; ders., IStR 2000, S. 693 (694).

499 Vgl. BMF-Schreiben v. 30.12.1999 (Verwaltungsgrundsätze-Umlage 1999), BStBl I 1999, S. 1122, Tz. 1.1.; zu Einzelheiten s. Baumhoff in F/W/B, AStG, § 1 Rn. 661; Kuckhoff/Schreiber, IStR 2000, S. 346 (350); Vögele/Freytag, IStR 2000, S. 249 (251).

500 Vgl. Baumhoff in F/W/B, AStG, § 1 Rn. 626, 647; IDW, WPg. 1999, S. 713 (714). Im Anschluss an den IDW (WPg. 1999, S. 713 (714)) kann bei der Poolumlage von gesellschaftsrechtlich bzw. innerbetrieblich bedingten Eigenleistungen gesprochen werden, die von schuldrechtlich bedingten Fremdleistungen bei der Leistungsumlage zu unterscheiden sind; zu der Leistungsumlage s. sogleich unten B. IV. 2. b) cc) (6) (b) (bb) β).

501 Vgl. Oestreicher, IStR 2000, S. 759 (761).

502 Kuckhoff/Schreiber, IStR 2000, S. 346 (347).

503 Vgl. Frotscher, Internationales Steuerrecht, § 16 Rn. 54.

504 Vgl. Baumhoff in F/W/B, AStG, § 1 Rn. 626, 647; ders., IStR 2000, S. 693 (694).

505 S. dazu die Ausführungen von Baumhoff in F/W/B, AStG, § 1 Rn. 626.

506 So Baumhoff in F/W/B, AStG, § 1 Rn. 626, 647.

In formeller Hinsicht ist Voraussetzung für die steuerliche Anerkennung der Poolumlage der Abschluss eines Umlagevertrages im Vorhinein, der inhaltliche Mindestanforderungen erfüllen muss und bei entsprechendem Handelsbrauch der Schriftform bedarf[507]. Vor dem Hintergrund, dass nach der Konzeption der Poolumlage zwischen den Beteiligten kein Leistungsaustausch erfolgt, sondern im gegenseitigen Nutzen Aktivitäten, Ressourcen oder Fähigkeiten in einer Innengesellschaft zusammengelegt werden, die eine Interessengemeinschaft wirtschaftlich gleichberechtigter Partner darstellt, kann Poolmitglied nur ein solches Unternehmen sein, das aus den Leistungen für sich selbst Vorteile zieht und seinen Anteil an den Ergebnissen der gemeinsamen Tätigkeit nutzt[508]. Diese Voraussetzung kann auch bei einem unabhängigen Unternehmen erfüllt sein, so dass das Poolumlagesystem nicht auf verbundene Unternehmen beschränkt ist[509].

Auch bei Anwendung des Poolumlageverfahrens können nur verrechenbare Dienstleistungen abgerechnet werden. Im Gegensatz zu den Verwaltungsgrundsätzen von 1983 werden die Aufwendungen aller Leistungskategorien für das Poolumlageverfahren zugelassen, d.h. sämtliche konzerninternen Dienstleistungen können Gegenstand einer Poolumlage sein[510]. Für die Ermittlung der Höhe der umlagerelevanten Beträge „sind die tatsächlichen direkten und indirekten Aufwendungen[511], die im wirtschaftlichen Zusammenhang mit der zu erbringenden Leistung stehen[512]", zu ermitteln[513]. Basis für die Aufteilung der umlagefähigen Beträge ist der von dem einzelnen Poolmitglied zu erwartende Nutzen, der anhand betriebswirtschaftlicher Grundsätze und unter Berücksichtigung aller Umstände und Entwicklungen, die vernünftigerweise im Zeitpunkt des Vertragsschlusses vorhersehbar sind, zu ermitteln ist[514]. Die Wahl des Umlageschlüssels

---

[507] BMF-Schreiben v. 30.12.1999 (Verwaltungsgrundsätze-Umlage 1999), BStBl I 1999, S. 1122 (1122, 1125), Tz. 1.3., 5.1.1.; zu den Dokumentations- und Nachweispflichten s. Baumhoff in F/W/B, AStG, § 1 Rn. 677 ff.; Frotscher, Internationales Steuerrecht, § 16 Rn. 67; Kuckhoff/Schreiber, IStR 2000, S. 373 (381 f.).

[508] Vgl. BMF-Schreiben v. 30.12.1999 (Verwaltungsgrundsätze-Umlage 1999), BStBl I 1999, S. 1122, Tz. 1.2.; Baumhoff in F/W/B, AStG, § 1 Rn. 659.4; Oestreicher, IStR 2000, S. 759 (761); Vögele, DB 2000, S. 297; zu Einzelheiten s. Baumhoff, IStR 2000, S. 693 (698 f).

[509] Vgl. Baumhoff, IStR 2000, S. 693 (698); Kuckhoff/Schreiber, IStR 2000, S. 346 (351).

[510] Vgl. BMF-Schreiben v. 30.12.1999 (Verwaltungsgrundsätze-Umlage 1999), BStBl I 1999, S. 1122, Tz. 1.1.

[511] Zu Interpretationen betreffend die Verwendung des Begriffs der „Aufwendungen" statt der „Kosten" s. Baumhoff in F/W/B, AStG, § 1 Rn. 664.1; Kuckhoff/Schreiber, IStR 2000, S. 373 (374).

[512] BMF-Schreiben v. 30.12.1999 (Verwaltungsgrundsätze-Umlage 1999), BStBl I 1999, S. 1122 (1123), Tz. 2.1.

[513] Zu Einzelheiten s. Baumhoff in F/W/B, AStG, § 1 Rn. 662.2 ff.

[514] Vgl. BMF-Schreiben v. 30.12.1999 (Verwaltungsgrundsätze-Umlage 1999), BStBl I 1999, S. 1122 (1124), Tz. 3.1.; s. dazu auch Kuckhoff/Schreiber, IStR 2000, S. 346 (350); dies., IStR 2000, S. 373 (376 f.). S. zur Ermittlung und Quantifizierung der Nutzen Vögele/Scholz, IStR 2000, S. 155 ff.; dies., IStR 2000, S. 557 ff.

hat einzelfallabhängig danach zu erfolgen, welcher Schlüssel der sachgerechteste ist, wobei bei Gleichwertigkeit der Schlüssel die Auswahl im Ermessen des Geschäftsleiters liegt[515].

β) Leistungsumlage

Die von den Verwaltungsgrundsätzen-Umlage 1999 nicht umfasste Umlage nach dem Leistungsaustauschkonzept oder dem Marktgedanken (Leistungsumlage) zeichnet sich dadurch aus, dass im Rahmen eines schuldrechtlichen Leistungsaustauschs eine Muttergesellschaft oder ein anderes Konzernunternehmen Leistungen für einzelne oder alle Unternehmen im Konzern erbringt, die hierbei entstehenden Kosten gesammelt und nach Erhöhung um einen Gewinnaufschlag pauschal im Wege einer Umlage mit Hilfe eines sachgerechten Schlüssels an die leistungsempfangenden Unternehmen verteilt werden[516]. Dieses Umlageverfahren der pauschalen Kostenermittlung und -verteilung unter Berücksichtigung eines Gewinnaufschlags dürfte eine Verrechnungspreisermittlung auf der Grundlage einer modifizierten Kostenaufschlagsmethode darstellen[517] und hat eine Vereinfachungsfunktion[518]. Sie kommt insbesondere dann zur Anwendung, wenn eine Einzelabrechnung der Leistungen innerhalb eines Unternehmensverbundes nicht oder zumindest nicht wirtschaftlich sinnvoll möglich ist[519], während dies für die Poolumlage unerheblich ist[520]. Diese Leistungsumlage dürfte dem in den Verwaltungsgrundsätzen-Umlage 1999 weiterhin zugelassenen Verfahren der „Einzelverrechnung von Leistungen (...) mit Hilfe der (...) indirekten Methode[521]" entsprechen[522] und gegenüber der Einzelabrechnung nunmehr als eine gleichberechtigte Abrechnungsform anzusehen sein[523]. Die Begriffsbestimmung in den Verwaltungsgrundsätzen-Umlage 1999 ist jedoch insoweit missverständlich, als nach dem bisherigen Verständnis unter der direkten Methode die Einzelverrechnung von Leistungen und unter der indirekten Methode das alternativ zur Verrech-

---

515 BMF-Schreiben v. 30.12.1999 (Verwaltungsgrundsätze-Umlage 1999), BStBl I 1999, S. 1122 (1124), Tz. 3.2.; zu Einzelheiten s. Baumhoff in F/W/B, AStG, § 1 Rn. 669 ff.; Frotscher, Internationales Steuerrecht, § 29 Rn. 64 f.; Kuckhoff/Schreiber, IStR 2000, S. 373 (376 ff.).

516 Vgl. Baumhoff in F/W/B, AStG, § 1 Rn. 647, 657.1; ders., IStR 2000, S. 693 (694).

517 Vgl. Baumhoff in F/W/B, AStG, § 1 Rn. 646; Engel, Konzerntransferpreise, S. 195 ff.

518 Baumhoff in F/W/B, AStG, § 1 Rn. 657, 664.3; ders., IStR 2000, S. 693 (694); Kuckhoff/Schreiber, IStR 2000, S. 346 (348); vgl. ferner Stock/Kaminski, IStR 1998, S. 7 (7 ff.).

519 Vgl. Baumhoff, IStR 2000, S. 693 (694); Stock/Kaminski, IStR 1998, S. 7 (8); vgl. ferner die Ausführungen im 3. Kapitel unter B. IV. 6. d) gg) (2).

520 Vgl. Frotscher, Internationales Steuerrecht, § 16 Rn. 54.

521 BMF-Schreiben v. 30.12.1999 (Verwaltungsgrundsätze-Umlage 1999), BStBl I 1999, S. 1122, Tz. 1.

522 Vgl. Baumhoff, IStR 2000, S. 693 (694); wohl auch Kuckhoff/Schreiber, IStR 2000, S. 346 (347); Oestreicher, IStR 2000, S. 759 (762); a.A. Vögele, DB 2000, S. 297 (297, 299).

523 Vgl. Baumhoff, IStR 2000, S. 693 (695); Kuckhoff/Schreiber, IStR 2000, S. 346 (348); Oestreicher, IStR 2000, S. 759 (762); Scholz, Konzernverrechnungspreise, S.199; anders noch die Verwaltungsgrundsätze von 1983, s. dazu Baumhoff, IStR 2000, S. 693 (693, 695); Kuckhoff/Schreiber, IStR 2000, S. 346 (347, 349).

nungsform der Einzelabrechnung bestehende Umlageverfahren verstanden wurde[524]. Aus diesem Grund wird diese in den Verwaltungsgrundsätzen-Umlage 1999 vorgenommene Begriffsbestimmung im Rahmen dieser Arbeit nicht zugrundegelegt.

Auch Leistungsumlagen sollten auf der Grundlage eines Umlagevertrages erfolgen[525]. Bei diesem Umlageverfahren sind wie bei dem Poolumlageverfahren nur verrechenbare Dienstleistungen abrechenbar. Die Ermittlung der umlagerelevanten Kosten hat nach den Verwaltungsgrundsätzen von 1983[526], die für Leistungsumlagen weiterhin anwendbar sind, anhand anerkannter betriebswirtschaftlicher Kostenermittlungsverfahren zu erfolgen[527]. Die Kosten sind nach Erhöhung um einen angemessenen Gewinnaufschlag[528] anhand eines geeigneten Umlageschlüssels zu verteilen[529]. Inhaltlich können an den Umlagevertrag für Leistungsumlagen allenfalls die in Tz. 7.2. der Verwaltungsgrundsätze von 1983[530] aufgestellten Anforderungen gestellt werden[531].

χ) Kostenfinanzierungsverfahren

Steuerlich nicht anerkannt wird das Kostenfinanzierungsverfahren[532]. Bei diesem Verfahren handelt es sich um ein kostenunabhängiges Umlageverfahren, bei der eine pauschalisierte Bezuschussung des leistungserbringenden Konzernunternehmens durch die leistungsempfangenden Unternehmen stattfindet, die sich an einer zuvor festgelegten betriebswirtschaftlichen Bezugsgröße, regelmäßig ein Vomhundertsatz des Umsatzes des leistungsempfangenden Unternehmens, bestimmt[533]. Dieses Verfahren wird abgelehnt, da es das Verursachungsprinzip nur ungenügend berücksichtigt und daher regelmäßig nicht zu der Erstattung der tatsächlich verursachten Kosten führt[534]. Aufgrund der mehr oder weniger willkürli-

---

524 Vgl. Baumhoff in F/W/B, AStG, § 1 Rn. 647.

525 Baumhoff in F/W/B, AStG, § 1 Rn. 659.

526 BMF-Schreiben v. 23.02.1983 (Verwaltungsgrundsätze), BStBl I 1983, S. 218.

527 Vgl. Baumhoff in F/W/B, AStG, § 1 Rn. 664.3; zu Einzelheiten s. ders. in F/W/B, AStG, § 1 Rn. 666; Engel, Konzerntransferpreise, S. 196 ff.

528 S. zum Gewinnaufschlag Engel, Konzerntransferpreise, S. 199 ff.

529 S. zur Bestimmung des Umlageschlüssels Engel, Konzerntransferpreise, S. 203 ff.

530 BMF-Schreiben v. 23.02.1983 (Verwaltungsgrundsätze), BStBl I 1983, S. 218 (230).

531 Vgl. Baumhoff, IStR 2000, S. 693 (696).

532 Vgl. BMF-Schreiben v. 30.12.1999 (Verwaltungsgrundsätze-Umlage 1999), BStBl I 1999, S. 1122 (1124), Tz. 3.1.; Baumhoff in F/W/B, AStG, § 1 Rn. 657.2; ders., Verrechnungspreise für Dienstleistungen, 257; Kuckhoff/Schreiber, IStR 2000, S. 373 (378). Zur in diesem Zusammenhang oft angesprochenen sog. „ITT-Entscheidung" des BGH (BGHZ 65, S. 15) s. Baumhoff, Verrechnungspreise für Dienstleistungen, S. 257; Engel, Konzerntransferpreise, S. 192 f. (Fn. 314); Wiedemann/Fleischer in Hdb der Konzernfinanzierung, § 29 Rn. 27.

533 Vgl. Baumhoff in F/W/B, AStG, § 1 Rn. 657.2.

534 Vgl. Baumhoff in F/W/B, AStG, § 1 Rn. 657.2.

chen Wahl der Schlüsselgröße ermöglicht dieses Verfahren allenfalls eine grobe Schätzung der Kosten[535].

c) Kriterium der „Ernstlichkeit" oder „Ernsthaftigkeit"?

Der BFH hat seine Definition der verdeckten Gewinnausschüttung in neueren Urteilen um den Begriff der mangelnden „Ernstlichkeit" (oder „Ernsthaftigkeit") ergänzt. Er formuliert im Anschluss an die bekannte Definition der verdeckten Gewinnausschüttung, eine gesellschaftsrechtliche Veranlassung könne „auch darin begründet sein, daß das zwischen der Kapitalgesellschaft und ihrem Gesellschafter vereinbarte Rechtsgeschäft zwar von einem ordentlichen und gewissenhaften Geschäftsleiter abgeschlossen worden wäre, daß es jedoch aus anderen Gründen des Fremdvergleichs als von Anfang an nicht ernstlich gewollt anzusehen ist"[536] bzw. ergänzt die Definition leicht abweichend in der Form, eine Veranlassung im Gesellschaftsverhältnis könne „auch darin begründet sein, daß das zwischen der Kapitalgesellschaft und ihrem Gesellschafter abgeschlossene Rechtsgeschäft zwar für die Kapitalgesellschaft günstig ist, jedoch aus Gründen des Fremdvergleichs zu dem Schluß zwingt, daß es von Anfang an nicht ernstlich gewollt war[537]".

Es stellt sich die Frage, ob der BFH mit dem Begriff der „Ernstlichkeit" ein weiteres Hilfskriterium zur Konkretisierung des Fremdvergleichs beschreibt. Dies ist nicht der Fall[538]. Vielmehr ist die „Ernstlichkeit", wie von Ahmann[539] dargelegt, dem Begriff „verdeckt" bei der verdeckten Gewinnausschüttung und daher dem Grundtatbestand der verdeckten Gewinnausschüttung zuzuordnen[540]. Eine „nicht ernstlich vereinbarte schuldrechtliche Verpflichtung der Kapitalgesellschaft" bedeutet nach Ahmann nur eine andere Begrifflichkeit für „verdeckte Gewinnausschüttung"[541]. Gosch[542] beschreibt die Entscheidung, ob eine Vereinbarung als „ernstlich" gelten kann, als das Ergebnis der Untersuchung, ob die zur Konkretisierung des im Rahmen der Prüfung der gesellschaftsrechtlichen Veran-

---

535 Vgl. Baumhoff in F/W/B, AStG, § 1 Rn. 657.2; ders., Verrechnungspreise für Dienstleistungen, S. 257.

536 BFH 06.12.1995 I R 88/94, BStBl II 1996, S. 383 (384).

537 BFH 12.10.1995 I R 127/94, DStR 1996, S. 337; BFH 13.11.1996 I R 53/95, BFH/NV 1997, S. 622 (623).

538 Vgl. Frotscher in Frotscher/Maas, KStG, Anhang vGA zu § 8 Rn. 114. Bauschatz, Verdeckte Gewinnausschüttung, S. 58 ff., insbes. S. 62 f. sieht in der Überprüfung der Ernstlichkeit der Gestaltung hingegen einen eigenständigen Prüfungsschritt, ordnet diesen jedoch der Veranlassungsprüfung nach § 4 IV EStG und somit dem Betriebsausgabenbegriff und nicht der verdeckten Gewinnausschüttung zu.

539 Ahmann, DStZ 1998, S. 495 (500).

540 Im Ergebnis wohl auch Bilsdorfer, Der steuerliche Fremdvergleich, S. 108, 116 f.; a.A. Hoffmann, DStR 1996, S. 735, der „Ernstlichkeit" mit „Üblichkeit" gleichsetzt; vgl. auch ders., GmbHR 1996, S. 664 (666 f.).

541 Vgl. Ahmann, DStZ 1998, S. 495 (500).

542 Gosch, DStZ 1997, S. 1 (2).

lassung geforderten Fremdvergleichs entwickelten Maßstäbe erfüllt sind und weist der „Ernstlichkeit“ die Bedeutung eines Oberbegriffs zu, der durch die verschiedenen Hilfskriterien als Teilaspekte des Fremdvergleichs ausgefüllt und konkretisiert wird. Den letzteren Ausführungen ist jedenfalls insoweit zuzustimmen, als dem Merkmal der Ernstlichkeit in systematischer Hinsicht das Hilfskriterium des formellen Fremdvergleichs betreffend die Vereinbarungen zwischen Kapitalgesellschaften und beherrschenden Gesellschaftern entweder als solches[543], oder zumindest dessen Unterkriterien der zivilrechtlichen Wirksamkeit[544] und der tatsächlichen Durchführung[545] zuzuordnen ist bzw. sind. Gleiches dürfte für die Hilfskriterien der Angemessenheit aus der Sicht des Geschäftspartners der Kapitalgesellschaft[546] und der Üblichkeit[547] gelten, wobei sich aus den einschlägigen Entscheidungen jedoch kein eindeutiges Bild ergibt[548]. Der Feststellung Hoffmanns[549] ist zuzustimmen, dass ein praktikables Beurteilungskriterium für die Feststellung der Ernstlichkeit einer zwischen der Kapitalgesellschaft und ihrem Gesellschafter geschlossenen Vereinbarung nicht erkennbar ist[550].

Schließlich ist darauf hinzuweisen, dass sich die Wertung des BFH im Hinblick auf die „Ernstlichkeit“ einer Vereinbarung lediglich auf das Tatbestandsmerkmal der gesellschaftsrechtlichen Veranlassung und nicht auf den Tatbestand des § 117 BGB bezieht[551]. Wenn die von den Vertragschließenden erstrebten steuerlichen Folgen der geschlossenen Vereinbarung nur bei deren Wirksamkeit eintreten, ist der auf eine Herbeiführung einer Rechtswirkung gerichtete Wille der Parteien vorhanden[552], so dass in den hier interessierenden Fällen regelmäßig

---

[543] So Wassermeyer, DStR 1996, S. 733 (734); Vgl. oben B. IV. 2. a).
[544] Vgl. oben B. IV. 2. a) bb).
[545] Vgl. oben B. IV. 2. a) cc); vgl. auch Ahmann, DStZ 1998, S. 495 (500).
[546] Vgl. unten B. IV. 2. d) aa); in diesem Sinne Gosch, DStZ 1997, S. 1 (3), der zwischen dem erweiterten Fremdvergleich und der Üblichkeit nicht differenziert; wohl auch Ahmann, DStZ 1998, S. 495 (501 f.); ferner Wassermeyer in Widmann, DStJG Bd. 20, S. 253, der die genannte Differenzierung ebenfalls nicht vornimmt; ders., GmbHR 1998, S. 157 (162 f.).
[547] Vgl. unten B. IV. 2. d) bb).
[548] Vgl. dazu insbesondere im Hinblick auf das Verhältnis von Üblichkeit zur Ernstlichkeit Hoffmann, GmbHR 1996, S. 664 (667).
[549] Vgl. Nachweis in Fn 548.
[550] Zu weiteren Sachverhalten, die Zweifel an dem Bestehen einer ernsthaft vereinbarten schuldrechtlichen Verpflichtung der Kapitalgesellschaft begründen s. Ahmann, DStZ 1998, S. 495 (500); Blümich/Rengers, § 8 KStG Rn. 390; Frotscher in Frotscher/Maas, KStG, Anhang vGA zu § 8 Rn. 113.
[551] Wassermeyer, GmbHR 1998, S. 157 (160); ders. in Widmann, DStJG Bd. 20, S. 253; vgl. auch Ahmann, DStZ 1998, S. 495 (500); Schön, FS Flume, S. 265 (287); a.A. wohl Steck, Wettbewerbsverbot, S. 163.
[552] Vgl. BGH NJW-RR 1993, S. 367; Palandt/Heinrichs, § 117 Rn. 5.

kein Scheingeschäft i.S.d. § 117 BGB vorliegen wird[553]. Dennoch ist das vereinbarte Geschäft unter Umständen steuerlich nicht anzuerkennen[554].

d) Erweiteter Fremdvergleich

Der Maßstab des ordentlichen und gewissenhaften Geschäftsleiters, auf welchen der BFH regelmäßig zur Feststellung der gesellschaftsrechtlichen Veranlassung zurückgreift, zeichnet sich dadurch aus, dass ihm eine betriebsinterne Betrachtungsweise nur aus der Sicht der von diesem ordentlichen und gewissenhaften Geschäftsleiter vertretenen Gesellschaft zugrunde liegt[555]. Nicht untersucht wird bei dieser Betrachtungsweise die idealtypische Handlungsweise des Geschäftspartners der Kapitalgesellschaft[556]. Mit dem Urteil des BFH vom 17.05.1995[557] zum Fall einer Nur-Pensionszusage trat ein Wandel in Bezug auf den Fremdvergleich ein[558]. Der BFH erklärt nunmehr ausdrücklich, dass der Fremdvergleich auch aus der Sicht des Dritten vorzunehmen ist. Der Maßstab des ordentlichen und gewissenhaften Geschäftsleiters, durch den der Fremdvergleich nur aus der Sicht der Kapitalgesellschaft gesehen wird, stellt danach nur einen Teilaspekt des Fremdvergleichs dar[559]. Diese Erweiterung des Fremdvergleichs in seiner bisherigen Form um die Sichtweise des Dritten soll hier als erweiterter Fremdvergleich bezeichnet werden. Zwar nahm der BFH schon in einigen früheren Entscheidungen den Fremdvergleich auch aus der Sicht des Dritten vor[560]. In anderen in die Zeit vor dem 17.05.1995 fallenden Urteilen wurde jedoch die Vornahme des Fremdvergleichs auch aus der Sicht des Dritten abgelehnt[561] oder offengelas-

---

553 Vgl. Ahmann, DStZ 1998, S. 495 (500); Frotscher in Frotscher/Maas, KStG, Anhang vGA zu § 8 Rn. 113; Schön, FS Flume, S. 265 (287); zu den Folgen des Vorliegens eines Scheingeschäfts i.S.d. § 117 BGB s. Wassermeyer, GmbHR 1998, S. 157 (160 f.).

554 Frotscher in Frotscher/Maas, KStG, Anhang vGA zu § 8 Rn. 113.

555 Vgl. Baumhoff in F/W/B, AStG, § 1 Rn. 144; Wassermeyer, DB 1994, S. 1105 (1107); s. auch BFH 28.11.2001 I R 44/00, GmbHR 2002, S. 272 (273).

556 Vgl. Rasch, Konzernverrechnungspreise, S. 59.

557 BFH 17.05.1995 I R 147/93, BStBl II 1996, S. 204.

558 Vgl. auch die nachfolgenden Urteile, z.B. BFH 06.12.1995 I R 88/94, BStBl II 1996, S. 383 (384); BFH 19.03.1997 I R 75/96, BStBl II 1997, S. 577 (578); BFH 08.04.1997 I R 66/96, BFH/NV 1997, S. 804 (804 f.); BFH 28.11.2001 I R 44/00, GmbHR 2002, S. 272 (273).

559 Vgl. BFH 17.05.1995 I R 147/93, BStBl II 1996, S. 204 (205); BFH 06.12.1995 I R 88/94, BStBl II 1996, S. 383 (384); BFH 28.11.2001 I R 44/00, GmbHR 2002, S. 272 (273).

560 Hier ist zunächst das Urteil des BFH vom 13.12.1989 (I R 99/87, BStBl II 1990, S. 454 (456)), dessen Rechtsprechung der BFH in dem bereits genannten Urteil vom 17.05.1995 (I R 147/93, BStBl II 1996, S. 204 (205)) fortführen will, zu verweisen. Vgl. des Weiteren BFH 10.05.1967 I 187/64, BStBl III 1967, S. 498; BFH 24.07.1990 VIII R 290/84, BFH/NV 1991, S. 191 (193).

561 BFH 28.10.1987 I R 22/84, BFH/NV 1989, S. 131 (132).

sen[562]. In einer jüngeren Entscheidung des BFH[563] wurde dieser Grundsatz jedoch wieder relativiert[564], ohne ihn jedoch aufzugeben.

aa) Angemessenheit aus der Sicht des Geschäftspartners der Kapitalgesellschaft

Nach dem BFH kann eine Veranlassung im Gesellschaftsverhältnis nunmehr auch dann vorliegen, wenn zwar ein ordentlicher und gewissenhafter Geschäftsleiter der Vereinbarung aufgrund ihrer Vorteilhaftigkeit für die Kapitalgesellschaft zugestimmt hätte, dies jedoch ein gedachter fremder Dritter hinsichtlich einer solchen Vereinbarung nicht getan hätte[565]. Die Einbeziehung der Sichtweise des Dritten in den Fremdvergleich in der Weise, dass untersucht wird, ob auch ein fremder Dritter die Vereinbarung mit der Kapitalgesellschaft getroffen hätte, stellt eine isolierte Angemessenheitsprüfung aus der Sicht des Geschäftspartners der Kapitalgesellschaft dar. Anschaulich wird die Angemessenheitsprüfung, wenn der Geschäftspartner der Kapitalgesellschaft gedanklich durch einen ordentlichen und gewissenhaften Geschäftsleiter ersetzt wird.

Wird die Angemessenheitsprüfung aus der Sicht der Kapitalgesellschaft und diejenige aus der Sicht des Dritten zusammengefasst, lassen sich die für beide Geschäftspartner angemessenen bzw. die für beide oder nur eine Seite unangemessenen Vereinbarungen gedanklich feststellen. Diesem Zweck dient der nach § 1 AStG und Art. 9 I OECD-Musterabkommen geltenden Grundsatz des „dealing at arm's length[566]", wonach darauf abzustellen ist, ob das Vereinbarte von dem abweicht, was unabhängige Dritte unter gleichen oder ähnlichen Umständen vereinbart hätten. Auch der BFH formuliert in einigen seiner Urteile, „eine vGA i.S. des § 8 Abs. 3 Satz 2 KStG kann aber auch dann anzunehmen sein, wenn eine Kapitalgesellschaft mit ihrem Gesellschafter Bedingungen vereinbart, die von denen abweichen, die voneinander unabhängige Dritte unter gleichen oder ähnlichen Verhältnissen vereinbart hätten[567]". Vor dem Hintergrund, dass die Verwei-

[562] BFH 02.12.1992 I R 54/91, BStBl II 1993, S. 311 (312). Im Beschluss vom 30.03.1994 (I B 185/93, BFH/NV 1995, S. 164 (165) bezeichnet der BFH die Frage der maßgeblichen Sichtweise des Fremdvergleichs als „noch klärungsbedürftig".

[563] BFH 19.05.1998 I R 36/97, BStBl II 1998, S. 689 (689 f.). Der BFH stellt hier die lediglich indizielle Wirkung der Feststellung, dass ein Nicht-Gesellschafter der für die Kapitalgesellschaft günstigen Vereinbarung nicht zugestimmt hätte, klar und weist auf die vielfache Kritik an dieser neuen Rechtsprechung hin, ohne sich jedoch mit dieser, mangels Gelegenheit im Streitfall, auseinanderzusetzen.

[564] Vgl. Hoffmann, DStR 1998, S. 1625 (1625 f.).

[565] Vgl. BFH 17.05.1995 I R 147/93, BStBl II 1996, S. 204 (205); BFH 06.12.1995 I R 88/94, BStBl II 1996, S. 383 (384).

[566] Der Begriff „arm's length"-Grundsatz entstammt der Fechtersprache. Zur Gewährleistung eines fairen Wettkampfes müssen sich danach die Fechter auf Waffenlänge, welches den angemessenen Abstand bedeutet, gegenüberstehen. Vgl. dazu Baumhoff in F/W/B, AStG, § 1 Rn. 256.

[567] BFH 19.03.1997 I R 75/96, BStBl II 1997, S. 577 (578); BFH 08.04.1997 I R 66/96, BFH/NV 1997, S. 804 (804 f.); vgl. ferner BFH 06.12.1995 I R 88/94, BStBl II 1996, S. 383

sung auf einen unabhängigen Dritten eines zusätzlichen Bezugspunktes und eines Maßstabes bedarf, das Verhalten unabhängiger Dritter also normiert bzw. konkretisiert werden muss, kann hierbei auch auf die Sorgfalt zweier ordentlicher und gewissenhafter Geschäftsleiter zurückgegriffen werden[568]. Mit dem erweiterten Fremdvergleich nähert sich der BFH der Anwendung des Grundsatzes des „dealing at arm's length“ an[569].

Die Feststellung, dass ein gedachter fremder Dritter der Vereinbarung mit der Kapitalgesellschaft nicht zugestimmt haben würde, führt jedoch nicht zwangsläu-

---

(384); BFH 27.03.2001 I R 40/00, BStBl II 2001, S. 655 (656); BFH 28.11.2001 I R 44/00, GmbHR 2002, S. 272 (273).

568 Vgl. Baumhoff, FS Flick, S. 639 f.; ders. in F/W/B, AStG, § 1 Rn. 145 f.; Becker, DB 1996, S. 1439 (1439 f.); Scholz, Konzernverrechnungspreise, S. 126 f., 131 f.. Die Theorie des doppelten ordentlichen und gewissenhaften Geschäftsleiters wurde bereits 1981 von Flick, JbFSt 1981/82, S. 133 (135), formuliert, der im Zusammenhang mit der Erarbeitung der Verwaltungsgrundsätze zur Einkunftsabgrenzung bei international verbundenen Unternehmen forderte, den vom BFH zur verdeckten Gewinnausschüttung entwickelten ordentlichen und gewissenhaften Geschäftsleiter für die Zwecke der Einkunftsabgrenzung bei international tätigen Unternehmen zu verdoppeln; vgl. zu dieser Theorie des Weiteren Baumhoff, Verrechnungspreise für Dienstleistungen, S. 139 ff.; Borstell in: Vögele, HdbVerrPr., Rn. E 55 ff.

569 Vgl. Forschungsgruppe Viadrina unter Leitung von Stephan Kudert, BB 1996, S. 2436 (2439); Rasch, Konzernverrechnungspreise, S. 125 ff; Schwedhelm, BB 2000, S. 693; Senger/Schulz, DStR 1997, S. 1830 (1840); Wassermeyer, IStR 2001, S. 633 (636). Diese Entwicklung ist in erster Linie auf Wassermeyer zurückzuführen. Wassermeyer, DB 1994, S. 1105 (1107 ff.) formulierte seine Ansicht, dass der Vergleichsmaßstab des ordentlichen und gewissenhaften Geschäftsleiters ohne eine exakte Rechtsgrundlage und statt dieses Maßstabes auf § 1 AStG als Fremdvergleichsmaßstabes abzustellen sei. Der letztere Maßstab sei durch Art. 7 II und Art. 9 I OECD-MA abgedeckt, daher international üblich und 1967 von dem BFH bei der Auslegung der verdeckten Gewinnausschüttung einfach übersehen worden; vgl. auch Wassermeyer in Schaumburg, Kölner Konzernrechtstage, Rn. 656 ff.. Es ist jedoch nicht sicher, ob der BFH mit der Einbeziehung auch der Sichtweise des Dritten in den Fremdvergleich die gleiche Art Zweiseitigkeit verbindet wie Art 9 I OECD-MA, vgl. Andresen, Konzernverrechnungspreise, S. 109; a.A. insoweit Wassermeyer, GmbHR 1998, S. 157 (162). S. zur Frage der (fehlenden) Übereinstimmung dieser BFH-Rechtsprechung mit § 1 AStG Ahmann, DStZ 1998, S. 495 (501); Frotscher in Frotscher/Maas, KStG, Anhang vGA zu § 8 Rn. 191; ders. in Widmann, DStJG Bd. 20, S. 205 (232); ders., GmbHR 1998, S. 23 (27). Ähnlicher Ansicht wie Wassermeyer in DB 1994, S. 1105 ff. ist Bauschatz, Verdeckte Gewinnausschüttung, S. 51 ff., der einen „rein objektiven Prüfungsmaßstab“ anlegen will und den Maßstab des ordentlichen und gewissenhaften Geschäftsleiters verwirft. Auch Pezzer, FR 1996, S. 379 legt die „Beerdigung“ der Rechtsfigur des ordentlichen und gewissenhaften Geschäftsleiters im Rahmen der verdeckten Gewinnausschüttung nahe. Dem widerspricht Becker, DB 1996, S. 1439 (1439 f.), der die Rechtsfigur des ordentlichen und gewissenhaften Geschäftsleiters als Bezugspunkt im Rahmen des Fremdvergleichs für unentbehrlich hält und die auch von ihm befürwortete Berücksichtigung der Sichtweise des Dritten, jedenfalls bei verbundenen Unternehmen, als Aufgreifen der Idee des doppelten ordentlichen und gewissenhaften Geschäftsleiters auffasst und so das Kriterium des ordentlichen und gewissenhaften Geschäftsleiters „rettet“; ähnlich auch Baumhoff, FS Flick, S. 639 ff.; ders. in F/W/B, AStG, § 1 Rn. 144 ff. sowie ders., Verrechnungspreise für Dienstleistungen, S. 139 ff.

fig zur Bejahung der gesellschaftsrechtlichen Veranlassung[570]. Dem Gesellschafter steht es frei, Leistungen gegenüber der Kapitalgesellschaft vollentgeltlich, teilentgeltlich oder völlig unentgeltlich zu erbringen[571]. Ihm ist es daher auch möglich, der Kapitalgesellschaft seine Leistung gegen ein auch eklatant geringeres Entgelt, als es seitens der Kapitalgesellschaft gegenüber fremden Dritten durchsetzbar gewesen wäre, zu erbringen. Dementsprechend formuliert der BFH[572], dass der in der dargestellten Weise erweiterte Fremdvergleich dem Gesellschafter nicht die Möglichkeit nehmen soll, der Kapitalgesellschaft Leistungen unter Marktwert zu erbringen.

Vielfach wird die Einbeziehung auch der Sichtweise des Dritten in den Fremdvergleich anhand der Fragestellung, ob sich ein fremder Dritter auf eine derartige Vereinbarung mit der Gesellschaft eingelassen hätte bzw., ob die vereinbarten Bedingungen von denen abweichen, die voneinander unabhängige Dritte unter gleichen oder ähnlichen Verhältnissen vereinbart hätten, als Üblichkeitskriterium bezeichnet[573]. Teilweise verwendet der BFH den Begriff der Üblichkeit als Synonym für den Begriff des Fremdvergleichs[574] und setzt in anderen Urteilen den Vergleich einer Vereinbarung mit derjenigen Vereinbarung, die voneinander unabhängige Dritte unter gleichen oder ähnlichen Bedingungen getroffen hätten, mit dem Begriff des Fremdvergleichs gleich[575]. In anderen Urteilen bezeichnet der BFH mit Üblichkeit anscheinend die (tatsächliche) statistische Akzeptanz eines Verhaltens[576]. Der BFH scheint demnach, wie von Pezzer[577] als möglich be-

---

[570] Vgl. Bilsdorfer, Der steuerliche Fremdvergleich, S. 105; Gosch, DStZ 1997, S. 1 (6).

[571] Vgl. BFH 10.11.1965 I 178/63 U, BStBl III 1966, S. 73; BFH 14.01.1998 X R 57/93, DStR 1998, S. 887 (890); Tillmann, GmbHR 1993, S. 466 (467 f.).

[572] BFH 17.05.1995 I R 147/93, BStBl II 1996, S. 204 (205).

[573] In dieser Weise könnte etwa BFH 28.10.1987 I R 22/84, BFH/NV 1989, S. 131 (132) zu verstehen sein; gleichsetzend Andresen, Konzernverrechnungspreise, S. 105 f.; Bilsdorfer, Der steuerliche Fremdvergleich, S. 99 ff.; Blümich/Rengers, § 8 KStG Rn. 233, 386; Forschungsgruppe Viadrina unter Leitung von Stephan Kudert, BB 1996, S. 2436 (2439); Gosch, DStZ 1997, S. 1 (5 f.); Schwedhelm, BB 2000, S. 693; Steck, Wettbewerbsverbot, S. 159; Wassermeyer, GmbHR 1998, S. 157 (161 f.); vgl. auch Hoffmann, DStR 1996, S. 729; Rasch, Konzernverrechnungspreise, S. 90 ff.

[574] BFH-Beschluss vom 30.03.1994 I B 185/93, BFH/NV 1995, S. 164 (165). Auch Hoffmann, DStR 1993, S. 714 (715 f.), betrachtet Üblichkeit und Fremdvergleich als materiell identische Begriffe.

[575] Vgl. BFH 08.03.2000 I B 33/98, BFH/NV 2000, S. 990 (991); BFH 28.02.2000, I B 19/99, BFH/NV 2000, S. 990.

[576] Vgl. BFH 15.03.2000 I R 74/99, BStBl II 2000, S. 547 (549); in diesem Sinne wohl auch BFH 23.10.1985 I R 230/82, BFH/NV 1986, S. 490 (491); BFH 02.12.1992 I R 54/91, BStBl II 1993, S. 311 (314); BFH 17.02.1993 I R 3/92, BStBl II 1993, S. 457 (458); BFH 19.05.1993 I R 83/92, BFH/NV 1994, S. 124 (126); BFH 13.07.1994 I R 43/94, BFH/NV 1995, S. 548 (549); BFH 19.03.1997 I R 75/96, BStBl II 1997, S. 577 (578 f.); BFH 08.04.1997 I R 66/96, BFH/NV 1997, S. 804 (805); BFH 28.02.2000 I B 19/99, BFH/NV 2000, S. 990; BFH 08.03.2000 I B 33/98, BFH/NV 2000, S. 990 (991); BFH 15.03.2000 I R 73/99, BFH/NV 2000, S. 1245 (1246); im Urteil vom 27.03.2001 (I R 40/00, BStBl II 2001, S. 655 (656),

zeichnet, dem Begriff der Üblichkeit zwei unterschiedliche Bedeutungen zuzumessen: Zum einen die eines normativen Maßstabs[578], zum anderen die einer statistisch-empirischen Beschreibung der Realität. Im Rahmen dieser Arbeit soll zwischen dem erweiterten Fremdvergleich in Form einer Angemessenheitsprüfung[579] und in Form der Untersuchung der Üblichkeit der Vereinbarung bzw. des Verhaltens des Gesellschafters unterschieden werden. Eine Verhaltensweise soll hier dem allgemeinen Sprachgebrauch entsprechend als unüblich angesehen werden, wenn sie von derjenigen der relevanten Mehrheit im statistischen Sinn abweicht, wenn der Verhaltensweise also keine statistische Akzeptanz zukommt[580].

Aus der Feststellung, dass der zwischen der Kapitalgesellschaft und dem Gesellschafter geschlossenen Vereinbarung ein gedachter fremder Dritter als Geschäftspartner der Gesellschaft nicht zugestimmt hätte, wird teilweise ein Indiz

---

spricht der BFH von der „sich aus den statistischen Daten ergebenden Üblichkeit"; s. zu diesem Urteil auch Fn. 578.

577 Pezzer, FR 1997, S. 684 (685).

578 Von diesem Inhalt des Begriffs der Üblichkeit geht wohl auch „-sch", DStR 1997, S. 1163 aus, wenn formuliert wird, „ die Frage danach, was „üblicherweise" zwischen einer Kapitalgesellschaft und ihrem Gesellschafter verabredet wird, ist im Wege des Nachdenkens zu ermitteln, nicht im Wege der Empirie". Gosch, StBp 1998, S. 53 (54) bemerkt, „daß die „Üblichkeit" dessen, was ein ordentlicher und gewissenhafter Geschäftsleiter für „seine" GmbH mit einem Dritten vereinbaren würde, in erster Linie Ergebnis eines Denkprozesses ist, nicht aber empirisch-quantitativer Ermittlungen". Zum Fremdvergleich als normativer Maßstab ist an dieser Stelle auf das Urteil des BFH vom 27.03.2001 (I R 40/00, BStBl II 2001, S. 655 (656)) hinzuweisen. Der BFH führt aus: „Diese Verbreitung von Überstundenvergütungen lässt zwar den Schluss zu, dass entsprechende Vergütungsvereinbarungen nicht unüblich waren. Die sich aus den statistischen Daten ergebende Üblichkeit lässt allein aber noch nicht erkennen, ob solche Vergütungen dem entsprechen, was fremde Dritte unter Beachtung des Verhaltens eines ordentlichen und gewissenhaften Geschäftsleiters vereinbaren. Der Fremdvergleich erfordert vielmehr auch eine wertende Beurteilung der empirisch gewonnenen Erkenntnisse. Angelegt wird ein normativer Maßstab (s. Pezzer, FR 1997, 684), kein statistischer." Kritisch gegenüber dem Erfordernis der „wertenden Beurteilung" Prühs, DB 2002, S. 114 (115); s. zu diesem Urteil ferner Hofmeister, HFR 2001, S. 1004; Neu, EFG 2001, S. 1518.

579 In diesem Sinne auch Frotscher, GmbHR 1998, S. 23 (27).

580 Vgl. zur Bedeutung des Begriffs der Üblichkeit nach dem allgemeinen Sprachgebrauch Bilsdorfer, Der steuerliche Fremdvergleich, S. 21. Die Unterscheidung zwischen statistischer Akzeptanz einer Verhaltensweise und Angemessenheitsprüfung (erweiterter Fremdvergleich als normativer Maßstab) wird wohl teilweise auch vom BFH vorgenommen, vgl. etwa BFH 19.03.1997 I R 75/96, BStBl II 1997, S. 577 (578 f.); BFH 08.04.1997 I R 66/96, BFH/NV 1997, S. 804 (805); BFH 28.02.2000, I B 19/99, BFH/NV 2000, S. 990; BFH 08.03.2000 I B 33/98, BFH/NV 2000, S. 990 (991); BFH 27.03.2001 I R 40/00, BStBl II 2001, S. 655 (656). Auch in der Literatur wird zum Teil differenziert, vgl. Ahmann, DStZ 1998, S. 495 (500 ff.); Bauschatz, Verdeckte Gewinnausschüttung, S. 64 ff., 74 ff.; Frotscher, GmbHR 1998, S. 23 (27 f.); ders. in Frotscher/Maas, KStG, UmwStG, Anhang vGA zu § 8 Rn. 190 f., 193 ff.; Gosch, StBp 1998, S. 53 (54); Hofmeister, HFR 2001, Nr. 611; Niehues, BB 1998, S. 1452 f.; Pezzer, FR 1997, S. 684 (685); „-sch", DStR 1997, S. 1163, wohl auch Neumayer, WIB 1997, S. 1098 (1099) sowie Schön, FS Flume, S. 265 (289 f.).

dafür hergeleitet, dass die Parteien eine schuldrechtliche Verpflichtung der Kapitalgesellschaft nicht ernsthaft angestrebt haben[581]. Der BFH bezieht sich vielfach jedoch auf die gesellschaftsrechtliche Veranlassung, ohne auf die fehlende Ernstlichkeit einzugehen[582]. Möglicherweise könnte zwischen Unangemessenheit der

---

[581] Vgl. BFH 06.12.1995 I R 88/94, BStBl II 1996, S. 383 (384 f.); in diesem Sinne, wenn auch vorsichtig, Tillmann, GmbHR 1993, S. 466 (467 ff.), jedoch Angemessenheitsprüfung aus der Sicht des Dritten und Üblichkeit gleichsetzend; ferner könnte in diesem Sinne auch Gosch, DStZ 1997, S. 1 (2 ff.) zu verstehen sein, der jedoch ebenfalls nicht zwischen dem Üblichkeitskriterium und der Angemessenheitsprüfung aus der Sicht des Dritten unterscheidet. Im Urteil vom 17.05.1995 (I R 147/93, BStBl II 1996, S. 204 (205)) ging der BFH, wenn auch in diesem Urteil wegen des Verböserungsverbotes nicht relevant, von einer totalen verdeckten Gewinnausschüttung, d.h. einer verdeckten Gewinnausschüttung dem Grunde nach aus, jedoch ohne auf die Frage der Ernstlichkeit Bezug zu nehmen. Dies gilt gleichermaßen für das Urteil des BFH 13.12.1989 (I R 99/87, BStBl II 1990, S. 454 (456)). Ahmann, DStZ 1998, S. 495 (501) und Blümich/Rengers, § 8 KStG Rn. 386 sehen jedoch in den beiden letzten Entscheidungen die Annahme der verdeckten Gewinnausschüttungen in der fehlenden Ernstlichkeit begründet. Kritisch hinsichtlich einer Indizwirkung auf eine fehlende Ernstlichkeit Frotscher in Widmann, DStJG Bd. 20, S. 205 (234 f.); Steck, Wettbewerbsverbot, S. 163 f.; Hoffmann, DStR 1996, S. 729 (732) sowie DStR 1998, S. 313 (317 ff.); Rasch, Konzernverrechnungspreise, S. 93 f.

[582] Dies ist der Fall in den Urteilen des BFH vom 13.12.1989 (I R 99/87, BStBl II 1990, S. 454 (456)) und vom 17.05.1995 (I R 147/93, BStBl II 1996, S. 204 (205)), in denen der BFH, wie in der Fn. 581 dargestellt, zur Annahme einer verdeckten Gewinnausschüttung dem Grunde nach gelangt. Auch in den Urteilen vom 19.03.1997 (I R 75/96, BStBl II 1997, S. 577 (578)) und vom 08.04.1997 (I R 66/96, BFH/NV 1997, S. 804 (804 f.)) geht der BFH nicht auf eine etwaige fehlende Ernstlichkeit ein. In den zuletzt genannten Urteilen geht der BFH von verdeckten Gewinnausschüttungen dem Grunde nach hinsichtlich der Überstundenvergütungen für die GmbH-Gesellschafter-Geschäftsführer aus, vgl. dazu die Beschlüsse des BFH vom 08.03.2000 (I B 33/98, BFH/NV 2000, S. 990 (991)) und vom 28.02.2000 (I B 19/99, BFH/NV 2000, S. 990). Zu den Urteilen ist jedoch anzumerken, dass sie sich zwar bei der Fesststellung der gesellschaftsrechtlichen Veranlassung einleitend darauf stützen, dass eine Indizwirkung für die Veranlassung im Gesellschaftsverhältnis besteht, wenn eine Kapitalgesellschaft mit einem Gesellschafter Bedingungen vereinbart, die von denen abweichen, die voneinander unabhängige Dritte unter gleichen oder ähnlichen Verhältnissen vereinbart hätten. Der BFH gelangt jedoch nicht zur Annahme der gesellschaftsrechtlichen Veranlassung durch die Feststellung, dass sich ein fremder Dritter auf eine derartige Vereinbarung mit der Gesellschaft nicht eingelassen hätte, denn die Risiken der Vereinbarungen gingen zu Lasten der Kapitalgesellschaft. Dass diese Urteile eigentlich damit zu begründen wären, dass sich ein ordentlicher und gewissenhafter Geschäftsleiter anders verhalten hätte, zeigt das ebenfalls zu GmbH-Gesellschafter-Geschäftsführer-Überstundenvergütungen ergangene Urteil des BFH vom 27.03.2001 (I R 40/00, BStBl II 2001, S. 655 (656)), in dem der BFH formuliert: „Der erkennende Senat hält an der Auffassung fest, dass eine Vereinbarung zwischen einer GmbH und ihrem Gesellschafter-Geschäftsführer über die gesonderte Vergütung von Überstunden grundsätzlich nicht dem entspricht, was ein ordentlicher und gewissenhafter Geschäftsleiter einer GmbH mit einem Fremdgeschäftsführer vereinbaren würde, und dass dies die Veranlassung der Vereinbarung durch das Gesellschaftsverhältnis indiziert“. Daher führen diese Urteile hinsichtlich der Frage, ob und in welchen Fällen aus der Feststellung, dass ein fremder Dritter als Geschäftspartner der

Vereinbarung aus der Sicht des Geschäftspartners der Kapitalgesellschaft hinsichtlich der Vertrags- oder tatsächlichen Gestaltung und hinsichtlich der Höhe der Leistungsvergütung zu unterscheiden und nur im ersteren Fall von einer verdeckten Gewinnausschüttung dem Grunde nach, etwa aufgrund mangelnder Ernstlichkeit, auszugehen sein, während die Unangemessenheit aus der Sicht des Geschäftspartners der Kapitalgesellschaft der Höhe nach als im Rahmen der verdeckten Gewinnausschüttung unerheblich anzusehen sein könnte[583]. Darauf ist im Rahmen dieser Arbeit jedoch nicht weiter einzugehen.

Kapitalgesellschaft der zwischen dieser und dem Gesellschafter geschlossenen Vereinbarung nicht zugestimmt hätte, eine totale oder partielle verdeckte Gewinnausschüttung folgt, nicht weiter.

583 Hoffmann, DStR 1998, S. 313 (316) unterscheidet zwischen Unüblichkeit der Vertrags- oder tatsächlichen Gestaltung, die eine totale verdeckte Gewinnausschüttung zur Folge haben könne und Unüblichkeit der Höhe der Leistungsvergütung (üblich wird in diesem Fall mit angemessen gleichgesetzt), was insoweit nur zu einer partiellen verdeckten Gewinnausschüttung führen könne, wobei Hoffmann nicht, wie hier vertreten, zwischen Angemessenheitsprüfung aus der Sicht des Dritten und Üblichkeit als statistische Aussage differenziert. Ähnlich auch Tillmann, GmbHR 1993, S. 466 (467 ff.), der ebenfalls nicht in der hier vertretenen Weise innerhalb des erweiterten Fremdvergleichs differenzierend davon ausgeht, dass eine ihrem ganzen Inhalt nach unübliche Vereinbarung ein Indiz für die fehlende Ernstlichkeit bildet. Dies soll nach Tillmann jedoch auch bei zu Lasten des Gesellschafters festzustellender Unüblichkeit der Höhe nach gelten, wobei diese Aussage in den weiteren Ausführungen (S. 468 f.) relativiert wird. Blümich/Rengers, § 8 KStG Rn. 385 f., der ebenfalls nicht die hier vertretene Differenzierung innerhalb des erweiterten Fremdvergleichs vornimmt, geht davon aus, dass nach der Rechtsprechung des BFH die Unangemessenheit der Höhe nach aus der Sicht des Gesellschafters „unschädlich" ist, jedoch bei „Unüblichkeit dem Grunde nach" eine verdeckte Gewinnausschüttung aufgrund mangelnder Ernstlichkeit anzunehmen sein kann. Für diese Ansicht, soweit mit „Unüblichkeit dem Grunde nach" neben der Unüblichkeit der Vertrags- oder tatsächlichen Gestaltung im statistischen Sinn (s. dazu sogleich unten B. IV. 2. d) bb)) auch die Unangemessenheit der Vertrags- oder tatsächlichen Gestaltung aus der Sicht des Gesellschafters angesprochen ist, spricht, dass zwar auch bei einer Unangemessenheit der Vereinbarung der Höhe nach aus der Sicht des Geschäftspartners der Kapitalgesellschaft das Vorliegen einer ernstlichen Vereinbarung bezweifelt werden könnte, jedoch zu beachten ist, dass es dem Gesellschafter unbenommen ist, Leistungen gegenüber der Kapitalgesellschaft vollentgeltlich, teilentgeltlich oder völlig unentgeltlich zu erbringen; zum letzteren Gesichtspunkt s. die Nachweise in Fn. 571. Weiterhin ist darauf hinzuweisen, dass der BFH in den Urteilen vom 13.12.1989 (I R 99/87, BStBl II 1990, S. 454 (456)), vom 17.05.1995 (I R 147/93, BStBl II 1996, S. 204 (205)) und vom 06.12.1995 I R 88/94, BStBl II 1996, S. 383 (384 f.) eine totale verdeckte Gewinnausschüttung annahm und den diesen Urteilen zugrundliegenden Sachverhalten gemeinsam ist, dass die fragliche Vereinbarung nicht der Höhe nach aus der Sicht des Geschäftspartners der Kapitalgesellschaft unangemessen war, sondern sich ein fremder Dritter aufgrund der Vertrags- oder tatsächlichen Gestaltung nicht auf die zwischen der Kapitalgesellschaft und dem Gesellschafter getroffene Vereinbarung eingelassen hätte. Zu den Urteilen des BFH vom 19.03.1997 (I R 75/96, BStBl II 1997, S. 577 (578)), vom 08.04.1997 (I R 66/1996, BFH/NV 1997, S. 804 (804 f.)) vgl. die Ausführungen in Fn. 582; zur Frage der mangelnden Ernstlichkeit einer Vereinbarung im Falle ihrer Unüblichkeit s. auch die Ausführungen von Bilsdorfer, INF 1996, S. 745 (748 f.), ders., Der steuerliche Fremdvergleich, S. 99 ff., Gosch, DStZ 1997, S. 1 (3 ff.),

Da der BFH mit dem Kriterium, ob auch ein gedachter fremder Dritter der Vereinbarung zugestimmt hätte, auf eine der Kapitalgesellschaft regelmäßig vorteilhafte Vereinbarung abstellt[584] und es jedenfalls nicht auf eine wirtschaftliche Vermögensschädigung der Kapitalgesellschaft ankommt[585], wird teilweise die Vereinbarkeit dieses Kriteriums mit dem Tatbestandsmerkmal der Vermögensminderung oder verhinderten Vermögensmehrung[586] bzw. der Einkommensminderung[587] bestritten. Eine Vermögensminderung liegt jedoch vor und besteht im Fall der zitierten Entscheidung zur Nur-Pension[588] in der für die Pension gebildeten Rückstellung[589].

Problematisch ist jedoch, dass nach den Ausführungen zur Veranlassung im Gesellschaftsverhältnis[590] die gesellschaftsrechtliche Veranlassung eine zweckgerichtete Begünstigung des Gesellschafters, also ein Handeln zumindest im ideellen Interesse des Gesellschafters, erfordert[591] und die Vermögensminderung oder verhinderte Vermögensmehrung zumindest aus der Sicht der Kapitalgesellschaft geeignet sein muss, einen Vermögensvorteil des Gesellschafters oder einer nahestehenden Person auszulösen. Zwischen dem in dieser Weise bestimmten Begriff der gesellschaftsrechtlichen Veranlassung und dem zuvor dargestellten Hilfskriterium des Fremdvergleichs, bei welchem das Vorliegen der gesellschaftsrechtlichen Veranlassung darauf gestützt wird, dass ein gedachter fremder Dritter der Vereinbarung mit der Kapitalgesellschaft nicht zugestimmt haben würde, besteht

---

Hoffmann, DStR 1996, S. 729 ff., 735 und „-sch", DStR 1996, S. 704 (704 f.), die jedoch nicht, wie hier vertreten, zwischen Angemessenheitsprüfung aus der Sicht des Dritten und Üblichkeit als statistische Aussage differenzieren.

584 S. dazu Forschungsgruppe Viadrina unter Leitung von Stephan Kudert, BB 1996, S. 2436 (2439); Schön, FS Flume, S. 265 (287).

585 Vgl. Gosch, DStZ 1997, S. 1 (5).

586 In diesem Sinne Forschungsgruppe Viadrina unter Leitung von Stephan Kudert, BB 1996, S. 2436 (2439 f.); Hoffmann, GmbHR 1996, S. 664 (667); Rasch, Konzernverrechnungspreise, S. 83 ff; Schön, FS Flume, S. 265 (288 f.); Steck, Wettbewerbsverbot, S. 161.

587 Vgl. Frotscher in Frotscher/Maas, KStG, Anhang vGA zu § 8 Rn. 191; ders., GmbHR 1998, S. 23 (27).

588 Vgl. oben Fn. 557.

589 Vgl. Gosch, DStZ 1997, S. 1 (5); Wassermeyer, GmbHR 1998, S. 157 (162 f.); Widmann, in: Borggräfe, JbFSt 1997/98, S. 571 (Aussprache, 578). A.A. ist Rasch, Konzernverrechnungspreise, S. 84 ff., der entgegen der hier vertretenen Auffassung die Unterscheidung zwischen Vermögensminderung/verhinderter Vermögensmehrung und einer (fehlenden) wirtschaftlichen Vermögensschädigung und damit eine Vermögensminderung aufgrund der Rückstellungsverpflichtung ablehnt. Rasch verneint daher in diesem Fall das Vorliegen einer verdeckten Gewinnausschüttung, tritt jedoch gleichwohl überzeugend für eine Veranlassungsprüfung auf der Grundlage des erweiterten Fremdvergleichs im Rahmen der verdeckten Gewinnausschüttung ein, ohne dem BFH jedoch in der Annahme einer totalen verdeckten Gewinnausschüttung zu folgen, vgl. ders, Konzernverrechnungspreise, S. 87 ff., 99 ff.

590 Vgl. oben B. IV. 1.

591 Frotscher in Frotscher/Maas, KStG, Anhang vGA zu § 8 Rn. 191 verneint die finale Ausrichtung der hier angesprochenen Vereinbarungen auf die Begünstigung des Gesellschafters.

ein Widerspruch. Denn ein fremder Dritter wird einer Vereinbarung mit der Kapitalgesellschaft dann nicht zustimmen, wenn sie seinen wirtschaftlichen Interessen nicht förderlich ist. Dieser Widerspruch ließe sich möglicherweise durch die Argumentation lösen, dass bei einer zwischen der Kapitalgesellschaft und einem Gesellschafter getroffenen Vereinbarung, auf die sich ein fremder Dritter nicht als Geschäftspartner der Kapitalgesellschaft eingelassen hätte, von dem Fehlen der Ernsthaftigkeit dieser Vereinbarung auszugehen wäre, so dass sich die Belastung der Kapitalgesellschaft mit der nicht ernstlichen Verpflichtung bzw. die Leistung der Kapitalgesellschaft auf der Grundlage dieser nicht ernstlichen Vereinbarung als Begünstigung des Gesellschafters darstellen würde, da dieser Gesellschafter eigentlich auf gesellschaftsrechtlicher Basis, d.h. unentgeltlich tätig werden wollte. Folgt man dieser Argumentation nicht[592] und lässt sich in diesen Fällen der verdeckten Gewinnausschüttung aufgrund der Unangemessenheit der Vereinbarung aus der Sicht des Geschäftspartners der Kapitalgesellschaft der Sachverhalt auch nicht aufgrund einer anderen Begründung als Handeln im Interesse des Gesellschafters im oben dargelegten Sinne[593] bewerten, so soll im Rahmen dieser Arbeit insoweit von einem Ausnahmefall ausgegangen werden, für den die Bestimmung des Begriffs der gesellschaftsrechtlichen Veranlassung in der dargelegten Weise nicht zutrifft.

bb) Kriterium der Üblichkeit

Als ein weiteres Hilfskriterium als Teilaspekt des Fremdvergleichs[594] ist schließlich das Kriterium der Üblichkeit zu nennen[595]. Gefragt wird nach der Üblichkeit im Sinne der statistischen Akzeptanz der zwischen der Kapitalgesellschaft und dem Gesellschafter getroffenen Vereinbarung[596]. Bei diesem selbstständigen Hilfskriterium der Üblichkeit wird die gesellschaftsrechtliche Veranlassung unabhängig von Angemessenheitserwägungen indiziert[597]. Möglicherweise ist auch

---

[592] Man könnte in dieser Argumentation etwa einen „Zirkelschluss" erkennen.
[593] Vgl. oben IV. 1. c) bb).
[594] Vgl. Ahmann, DStZ 1998, S. 495 (500).
[595] Anzumerken ist, dass die Prüfung der Üblichkeit der Vereinbarung Berührungspunkte mit der Angemessenheitsprüfung aus der Sicht des Geschäftspartners der Kapitalgesellschaft, d.h. der Prüfung, ob auch ein gedachter fremder Dritter der Vereinbarung zugestimmt hätte, aufweist und in der Rechtsprechung und Lehre vielfach keine Differenzierung zwischen der Angemessenheitsprüfung aus der Sicht des Geschäftspartners der Kapitalgesellschaft und der Üblichkeitsprüfung in der hier dargestellten Form stattfindet, vgl. oben B. IV. 2. d) aa) und insbesondere die Nachweise in Fn 573.
[596] S. zu dem Begriff der Üblichkeit oben B. IV. 2. d) aa).
[597] Vgl. Frotscher in Frotscher/Maas, KStG, Anhang vGA zu § 8 Rn. 193; ders., GmbHR 1998, S. 23 (28). Nach den Urteilen des BFH vom 19.03.1997 (I R 75/96, BStBl II 1997, S. 577 (579)) und vom 08.04.1997 (I R 66/96, BFH/NV 1997, S. 804 (805)) soll ausgehend von der Erkenntnis, dass die Unüblichkeit der Vereinbarung „am ehesten erkennen lässt, ob die zu beurteilende Zuwendung durch das Gesellschaftsverhältnis veranlasst ist", der Überprüfung der Üblichkeit der Vereinbarung eine indizielle Wirkung bei der Prüfung zukommen, ob diese dem

hier ähnlich wie bei dem Kriterium der Angemessenheit aus der Sicht des Geschäftspartners der Kapitalgesellschaft hinsichtlich der Rechtsfolge einer unüblichen Vereinbarung zwischen der Üblichkeit dem Grunde und der Höhe nach zu differenzieren und mit Bauschatz[598] bei dem Vorliegen einer dem Grunde nach unüblichen Vereinbarung, d.h. bei unüblichen Bedingungen der Vereinbarung oder unüblicher tatsächlicher Gestaltung, ein Indiz für die mangelnde Ernstlichkeit einer Gestaltung anzunehmen[599]. In diesen Fällen wäre von einer verdeckten Gewinnausschüttung dem Grunde nach auszugehen, während bei der Unüblichkeit der Höhe nach, d.h. wenn die Vergütungshöhe für die Leistung der Kapitalgesellschaft der üblichen Vergütungshöhe nicht entspricht, auf der Grundlage dieses Kriteriums nur eine partielle verdeckte Gewinnausschüttung in Betracht käme[600]. Auf diese Fragestellung kann hier jedoch nicht weiter eingegangen werden.

3. Objektive Prüfungskriterien zur Feststellung der Veranlassung im Gesellschaftsverhältnis außerhalb des Fremdvergleichs?

Der BFH stützt sich bei der Prüfung der gesellschaftsrechtlichen Veranlassung als objektives Prüfungskriterium auf den Fremdvergleich[601], dem er eine indizielle Wirkung zumisst. Es stellt sich die Frage, ob der Fremdvergleich das einzige Hilfskriterium darstellt oder ob die gesellschaftsrechtliche Veranlassung auch anhand anderer Hilfskriterien feststellbar ist.

Diese Frage wird in den Fällen aktuell, in welchen ein Vergleich mit dem (tatsächlichen oder hypothetischen) Verhalten gegenüber oder zwischen Fremden undurchführbar ist, weil es sich um Vereinbarungen handelt, die ihrer Art nach mit einem Nichtgesellschafter nicht abgeschlossen werden können, also nur zwi-

---

Fremdvergleich standhält; vgl. dazu auch BFH 28.02.2000, I B 19/99, BFH/NV 2000, S. 990 und BFH 08.03.2000 I B 33/98, BFH/NV 2000, S. 990 (991); zur Indizwirkung des Hilfskriteriums der Üblichkeit s. auch Gosch, StBp 1998, S. 53 (54); Pezzer, FR 1997, S. 684 (685); „-sch“, DStR 1997, S. 1163.

598 Bauschatz, Verdeckte Gewinnausschüttung, S. 76 ff.

599 Hier ist insbesondere auf das Urteil vom 02.12.1992 (I R 54/91, BStBl II 1993, S. 311 (314)) zu verweisen, in dem der BFH „die Unüblichkeit des Vertragsinhalts als Indiz für das Fehlen einer ernsthaften schuldrechtlichen Vereinbarung“ benennt. Vgl. in diesem Zusammenhang auch die Ausführungen und Nachweise im Rahmen der Darstellung des Hilfskriteriums der Angemessenheit aus der Sicht des Geschäftspartners der Kapitalgesellschaft, insbesondere die Fn. 583; ein Indiz für die fehlende Ernsthaftigkeit der Vereinbarung ablehnend Frotscher in Frotscher/Maas, KStG, Anhang vGA zu § 8 Rn. 195; ders., GmbHR 1998, S. 23 (28).

600 Vgl. zur Folge der totalen verdeckten Gewinnausschüttung bei Unüblichkeit der Vertrags- oder tatsächlichen Gestaltung und zur Folge einer partiellen verdeckten Gewinnausschüttung bei Unüblichkeit der Höhe nach Hoffmann, DStR 1998, S. 313 (316), der jedoch nicht, wie hier vertreten, zwischen Angemessenheit aus der Sicht des Geschäftspartners der Kapitalgesellschaft und Üblichkeit als statistische Aussage differenziert.

601 Unter den Oberbegriff „Fremdvergleich“ wird hier auch der formelle Fremdvergleich (formaler Maßstab bei Vereinbarungen mit beherrschenden Gesellschaftern) gefasst.

schen Kapitalgesellschaft und Gesellschafter denkbar sind[602]. Zu nennen sind hier insbesondere die Gründung oder Liquidation einer Gesellschaft sowie alle Vereinbarungen, die typischerweise in der Satzung geregelt werden[603]. In einigen der angesprochenen Fälle werden keine alternativen Hilfskriterien bemüht und eine verdeckte Gewinnausschüttung wird von vornherein ausgeschlossen. So führen organisationsrechtliche Akte wie etwa Liquidation der Gesellschaft, Änderung des Unternehmensgegenstandes[604] oder Umwandlung zu keiner verdeckten Gewinnausschüttung, da sie grundsätzlich im Belieben der Gesellschafter stehen[605]. In anderen Fällen bemüht der BFH bei der Untersuchung der Veranlassung im Gesellschaftsverhältnis von dem Fremdvergleich abweichende Hilfskriterien. Einige dieser Fälle sollen im Folgenden dargestellt werden.

a) Erstausstattung einer Kapitalgesellschaft

Für den Fall der Erstausstattung einer Kapitalgesellschaft nimmt der BFH eine allgemeine Angemessenheitsprüfung vor[606]. Unter Erstausstattung ist ein Vorgang zu verstehen, durch welchen der Kapitalgesellschaft Wirtschaftsgüter zur Verfügung gestellt werden, die der Erfüllung des Gesellschaftszwecks zu dienen bestimmt sind[607]. Dieser Vorgang kann auf gesellschaftsrechtlicher Grundlage oder schuldrechtlicher Grundlage etwa in Form von Miet-, Pacht- oder Darlehensverträgen erfolgen, wobei den Gesellschaftern grundsätzlich die freie Wahl zusteht, die Wirtschaftsgüter als Eigen- oder Fremdkapital zur Verfügung zu stel-

---

602 Vgl. BFH 07.12.1983 I R 70/77, BStBl II 1984, S. 384 (387); BFH 23.05.1984 I R 294/81, BStBl II 1984, S. 673 (676); BFH 17.10.1984 I R 22/79, BStBl II 1985, S. 69 (71 f.); BFH 14.08.1985 I R 149/81, BStBl II 1986, S. 86 (87); BFH 11.10.1989 I R 12/87, BStBl II 1990, S. 89 (90); Achenbach in Dötsch/Eversberg/Jost/Witt, KStG, § 8 Rn. 140; Blümich/Rengers, § 8 KStG Rn. 372, 481; Döllerer, Verdeckte Gewinnausschüttungen, S. 66; Forschungsgruppe Viadrina unter Leitung von Stephan Kudert, BB 1996, S. 2436 (2440), in welchem Beitrag sich jedoch nur auf den Maßstab des ordentlichen und gewissenhaften Geschäftsleiters bezogen wird; Neumann, VGA, S. 18; Streck, KStG, § 8 Anm. 65; Wassermeyer in F/W/B, AStG, § 1 Rn. 108.

603 Vgl. Wassermeyer, StBJb 1998/99, S. 157 (165); ders. in F/W/B, AStG, § 1 Rn. 108.

604 Hier ist jedoch eine Ausnahme zu machen und die Annahme einer verdeckten Gewinnausschüttung möglich, wenn die Einschränkung oder Änderung des Unternehmensgegenstandes dazu dient, eine der Kapitalgesellschaft zuzuordnende konkrete Geschäftschance einem Gesellschafter zu überlassen; vgl. Buyer, GmbHR 1996, S. 98 (106 f.); Steck, Wettbewerbsverbot, S. 130 ff.; Wassermeyer, StVj 1993, S. 208 (218).

605 Blümich/Rengers, § 8 KStG Rn. 372, 480; vgl. auch Buyer, GmbHR 1996, S. 98 (106); Steck, Wettbewerbsverbot, S. 128 f.; Streck, KStG, § 8 Anm. 65; Wassermeyer, StBJb 1998/99, S. 157 (165 f.); ders. in F/W/B, AStG, § 1 Rn. 108.

606 Vgl. BFH 07.12.1983 I R 70/77, BStBl II 1984, S. 384 (387 f.); BFH 23.05.1984 I R 294/81, BStBl II 1984, S. 673 (675 f.); Streck, GmbHR 1987, S. 104 (106 f.).

607 Frotscher in Frotscher/Maas, KStG, Anhang vGA zu § 8 Rn. 302 „Erstausstattung". Zu der so verstandenen Erstausstattung gehören jedoch nicht Rechtsgeschäfte zwischen den Gesellschaftern über die (künftige) Ausstattung der Kapitalgesellschaft, s. Frotscher, ebenda. S. zur Erstausstattung ferner Schön, FS Flume, S. 265 (280 f.).

len[608]. Der BFH verneint die Anwendbarkeit der Rechtsfigur des ordentlichen und gewissenhaften Geschäftsleiters als Maßstab für den Fremdvergleich „bei Rechtsverhältnissen, die im Zusammenhang mit der Gründung der Kapitalgesellschaft auf diese übergehen bzw. mit dieser zustande kommen", da zum einen „die Kapitalgesellschaft keine von ihr selbst erworbene Position [hat], die der gedachte ordentliche und gewissenhafte Geschäftsleiter den Gesellschaftern entgegenhalten könnte" und „erst durch die Gründung bzw. den Abschluss des zu beurteilenden Rechtsverhältnisses von ihren Gesellschaftern die Grundlage zu wirtschaftlicher Betätigung [erhält][609]" und zum anderen ein derartiges Rechtsverhältnis immer nur mit einem Gesellschafter abgeschlossen wird[610]. Nach dem BFH kann eine Gestaltung der Erstausstattung zur Annahme einer verdeckten Gewinnausschüttung führen, wenn diese in einer Weise konzipiert ist, dass der von der Kapitalgesellschaft zu erwirtschaftende Gewinn auf Dauer über eine Kapitalverzinsung bzw. eine Vergütung für das Risiko des nichteingezahlten Nennkapitals oder einen Mindestgewinn nicht hinausgehen kann[611]. Die Erstausstattung darf demnach nicht derart gestaltet werden, dass alle Risiken bei der Kapitalgesellschaft verbleiben, während auf den Gesellschafter die Chancen übertragen werden[612]. Der BFH nimmt somit bei der Prüfung von Gründungsverhältnissen eine Angemessenheitsprüfung vor[613], ohne auf einen Fremdvergleich zurückzugreifen[614].

Diese für die Erstausstattung dargelegten Grundsätze gelten jedoch nicht für die (erstmalige) Anstellung eines Geschäftsführers, da eine diesbezügliche Vereinbarung auch mit einem Nichtgesellschafter geschlossen werden kann, ein Fremdvergleich also möglich ist[615].

b) Zuwendungen im Zusammenhang mit der Teilnahme an Gesellschafterversammlungen

Eine allgemeine Angemessenheitsprüfung zur Feststellung der gesellschaftsrechtlichen Veranlassung ohne Rückgriff auf das Hilfskriterium des Fremdvergleichs nimmt der BFH ebenfalls in den Fällen von Zuwendungen im Zusammenhang mit der Teilnahme an Gesellschafterversammlungen (Hauptversammlung, Gene-

---

[608] Vgl. Frotscher in Frotscher/Maas, KStG, Anhang vGA zu § 8 Rn. 302 „Erstausstattung"; Neumann, VGA, S. 223.

[609] BFH 23.05.1984 I R 294/81, BStBl II 1984, S. 673 (675).

[610] Vgl. BFH 23.05.1984 I R 294/81, BStBl II 1984, S. 673 (676); vgl. auch BFH 14.08.1985 I R 149/81, BStBl II 1986, S. 86 (87).

[611] Vgl. BFH 23.05.1984 I R 294/81, BStBl II 1984, S. 673; Frotscher in Frotscher/Maas, KStG, Anhang vGA zu § 8 Rn. 302 „Erstausstattung".

[612] Vgl. Frotscher in Frotscher/Maas, KStG, Anhang vGA zu § 8 Rn. „Erstausstattung"; Neumann, VGA, S. 223.

[613] So ausdrücklich BFH 07.12.1983 I R 70/77, BStBl II 1984, S. 384 (387).

[614] Bauschatz, Verdeckte Gewinnausschüttung, S. 83, hält in den genannten Fällen zur Prüfung der Angemessenheit einen Fremdvergleich für möglich und erforderlich.

[615] Vgl. BFH 28.06.1989 I R 89/85, BStBl II 1989, S. 854 (855).

ralversammlung) vor, soweit es die Kosten der Bewirtung[616] und im Fall der Vertreterversammlung bei der Genossenschaft und VVaG den Auslagenersatz gegenüber den Vertretern[617] betrifft. Ansonsten stellt der Ersatz der durch die Teilnahme an der Gesellschafterversammlung (Hauptversammlung, Generalversammlung) verursachten Kosten von vornherein eine verdeckte Gewinnausschüttung dar[618].

c) Erwerb eigener Anteile

Schwierigkeiten bereiten des Weiteren die Fälle des Erwerbs eigener Anteile durch die Kapitalgesellschaft von einem Gesellschafter. Da die eigenen Anteile immer nur von einem Gesellschafter erworben werden können, ist die Prüfung der gesellschaftsrechtlichen Veranlassung jedenfalls nicht mit Hilfe des Fremdvergleichs aus der Sicht der Kapitalgesellschaft möglich. Es kann also nicht gefragt werden, ob ein ordentlicher und gewissenhafter Geschäftsleiter das Geschäft überhaupt oder zu diesen Konditionen auch mit einem Nichtgesellschafter abgeschlossen hätte[619].

An dieser Stelle soll nur auf den handelsrechtlich zulässigen Erwerb eigener Anteile[620] eingegangen und zwischen dem Erwerb eigener GmbH-Anteile oder eigener aktivierbarer Aktien und dem Erwerb nicht aktivierbarer eigener Aktien sowie der Rechtslage bis zum Veranlagungszeitraum 2001 und der Rechtslage ab dem Veranlagungszeitraum 2002 unterschieden werden.

Der Erwerb eigener Anteile stellt bei der Kapitalgesellschaft ein Anschaffungsgeschäft dar bzw. wird steuerlich als Anschaffungsgeschäft behandelt[621].

Werden eigene Aktien, die keinem handelsrechtlichen Aktivierungsverbot[622] unterliegen oder zu aktivierende eigene GmbH-Anteile[623] zu einem überhöhten

---

616 Vgl. BFH 13.11.1991 I R 45/90, BStBl II 1992, S. 429 (432); Frotscher in Frotscher/Maas, KStG, Anhang vGA zu § 8 Rn. 198, 302 „Gesellschafterversammlung".

617 Vgl. BFH 24.08.1983 I R 16/79, BStBl II 1984, S. 273 (274 f.); HFRAnm 1984, Entscheidung Nr. 252 (S. 292).

618 Vgl. BFH 16.12.1955 I 12/55 U, BStBl III 1956, S. 43 (43 f.) zur Genossenschaft.

619 Vgl. Döllerer, Verdeckte Gewinnausschüttungen, S. 66; Geiger/Klingebiel/Wochinger in Dötsch/Eversberg/Jost/Witt, KStG, § 8 KStG n.F. Rn. 43; Lange, Verdeckte Gewinnausschüttungen, Rn. 802. Die Veräußerung eigener Anteile an einen Gesellschafter kann jedoch anhand der dargestellten Hilfskriterien zur Konkretisierung des Fremdvergleichs überprüft werden.

620 Zu einem Fall des handelsrechtlich unzulässigen Erwerbs eigener Aktien s. Urteil vom 16.02.1977 (I R 163/65, BStBl II 1977, S. 572), in dem der BFH eine verdeckte Gewinnausschüttung annahm, weil eine AG unter Verstoß gegen § 71 AktG eigene Aktien zu einem überhöhten Kaufpreis erworben hatte.

621 Das gilt sowohl für den Erwerb eigener GmbH-Anteile als auch für den Erwerb aktivierbarer und nicht aktivierbarer eigener Aktien, vgl. Frotscher in Frotscher/Maas, KStG, Anhang vGA zu § 8 Rn. 302 „Anteile, eigene"; zur GmbH vgl. Neumann, VGA, S. 195 f.; zur AG vgl. BMF v. 02.12.1998, IV C 6 – S 2741 – BStBl I 1998, S. 1509 (1510 f.), Tz. 16, 21; hinsichtlich des Erwerbs nicht zu bilanzierender eigener Aktien zur Einziehung Thiel, DB 1998, S. 1583 (1584).

Kaufpreis erworben, so kann, wie auch in den sonstigen Fällen der Zahlung eines zu hohen Entgelts durch die Kapitalgesellschaft an den Gesellschafter für Lieferungen oder Leistungen, eine verdeckte Gewinnausschüttung vorliegen[624]. Diese

---

[622] Hinsichtlich der Aktivierung eigener Aktien gelten nach dem BMF (BMF v. 02.12.1998, IV C 6 – S 2741 - BStBl I 1998, S. 1509 (1509 f.), Tz. 4 ff.) die folgenden Grundsätze: Eigene Aktien sind grundsätzlich unter dem dafür vorgesehenen Posten im Umlaufvermögen auszuweisen (vgl. § 265 III 2 HGB) und mit den Anschaffungskosten nach § 255 I HGB zu aktivieren. Aktien jedoch, die zur Einziehung erworben werden, dürfen nicht aktiviert werden. Das ist regelmäßig dann der Fall, wenn die Hauptversammlung die Einziehung der Aktien beschlossen hat (§ 71 I Nr. 6 AktG), wenn die Ermächtigung zum Eigenerwerb zum Zwecke der Einziehung erfolgt und es für die Einziehung eines weiteren Hauptversammlungsbeschlusses bedarf, oder wenn die Ermächtigung zum Eigenerwerb zum Zwecke der Einziehung mit der Ermächtigung zur Durchführung der Einziehung verbunden wird. Daneben ist eine Aktivierung auch dann unzulässig, wenn die Ermächtigung zum Eigenerwerb unter dem Vorbehalt steht, dass eine Rückgabe an den Markt eines weiteren Hauptversammlungsbeschlusses bedarf (§ 272 I 5 HGB).

[623] Das soeben dargestellte strenge Aktivierungsverbot für Aktiengesellschaften gilt bei der GmbH nicht. Die erworbenen eigenen GmbH-Anteile sind solange zu aktivieren und im Umlaufvermögen als „Wertpapiere" auszuweisen, wie ihre Verwertung beabsichtigt ist und möglich erscheint, s. Neumann, VGA, S. 196.

[624] Zu dem Problemkomplex des Erwerbs zu aktivierender eigener Anteile s. Blümich/Rengers, § 8 KStG Rn. 488; Frotscher in Frotscher/Maas, KStG, § 8 Rn. 198a, Anhang vGA zu § 8 Rn. 302 „Anteile, eigene"; Geiger/Klingebiel/Wochinger in Dötsch/Eversberg/Jost/Witt, KStG, § 8 KStG n.F. Rn. 30 ff.; Lange, Verdeckte Gewinnausschüttungen, Rn. 800 ff.; Neumann, VGA, S. 194 ff.; Rose, GmbHR 1999, S. 373 (376 f.); Wassermeyer, FS Schmidt, S. 621 (626 f.); Wochinger, Verdeckte Gewinnausschüttungen, Rn. 1686 ff.. Für die Frage, ob in dem Fall, dass dem Gesellschafter gesellschaftsrechtlich bedingt ein Vorteil in Form eines überhöhten Kaufpreises zugewandt wird, eine verdeckte Gewinnausschüttung i.S.d. § 8 III 2 KStG schon in dem Erwerbsvorgang vorliegt, kommt es darauf an, ob sich dieser Erwerbsvorgang zu Lasten des steuerlichen Gewinnes ausgewirkt hat. Hier ist die bilanzielle Behandlung des den überhöhten Kaufpreisanteil ausmachenden Betrages entscheidend. Werden die eigenen Anteile mit den Anschaffungskosten entsprechend dem überhöhten Kaufpreis aktiviert, stellt die hierdurch notwendig werdende Teilwertabschreibung eine verdeckte Gewinnausschüttung i.S.d. § 8 III 2 KStG dar, auch wenn keine „Ausschüttung" im Wortsinne vorliegt, vgl. Achenbach in Dötsch/Eversberg/Jost/Witt, KStG, Stand vor 45. Erg. – Lfg. Juni 2000, Anh. zu § 8 „Gesellschaftsanteile, Eigene Anteile". Andererseits besteht die Möglichkeit, die eigenen Anteile ohne den den überhöhten Kaufpreisanteil ausmachenden Betrag zu aktivieren und den Mehrbetrag gleichzeitig, also schon zum Erwerbszeitpunkt, als verdeckte Gewinnausschüttung i.S.d. § 8 III 2 KStG zu erfassen, vgl. Achenbach in Dötsch/Eversberg/Jost/Witt, KStG, Stand vor 45. Erg.– Lfg. Juni 2000, Anh. zu § 8 „Gesellschaftsanteile, Eigene Anteile". Für die Handelsbilanz wird wohl überwiegend ein Ansatz mit den „überhöhten" Anschaffungskosten befürwortet, vgl. Achenbach in Dötsch/Eversberg/Jost/Witt, KStG, Stand vor 45. Erg.– Lfg. Juni 2000, Anh. zu § 8 „Gesellschaftsanteile, Eigene Anteile". Zumindest steuerlich wird dieser Ansicht jedoch nicht zu folgen sein, und es ist im Ergebnis davon auszugehen, dass die Anschaffungskosten eines Wirtschaftsgutes um eine verdeckte Gewinnausschüttung i.S.d. § 8 III 2 KStG zu mindern sind; in diesem Sinne Neumann, VGA, S. 197; a.A. etwa Achenbach in Dötsch/Eversberg/Jost/Witt, KStG, Stand vor 45. Erg.– Lfg. Juni 2000, Anh. zu § 8 „Gesell-

Aussage gilt für Geschäftsvorfälle bis zum Veranlagungszeitraum 2001 uneingeschränkt. Für die im vorliegenden Zusammenhang zu untersuchenden Geschäftsvorfälle sind jedoch ab dem Veranlagungszeitraum 2002 Besonderheiten zu beachten, auf die im Anschluss an die folgenden Ausführungen zurückzukommen sein wird.

Für die Fälle des Erwerbs eigener Anteile ist wiederum eine Angemessenheitsprüfung, hier in Form der Untersuchung der Angemessenheit des Kaufpreises[625], wesentliches Hilfsmittel, um einen Rückschluss auf die gesellschaftsrechtliche Veranlassung zu ermöglichen. So führt der BFH im Urteil vom 30.04.68[626] aus, dass im Fall des Erwerbs eigener Anteile durch die GmbH zu einem unangemessen hohen Preis insofern eine verdeckte Gewinnausschüttung an den veräußernden Gesellschafter vorliegt[627]. Der BFH geht in diesem Urteil nicht darauf ein, worauf sich eine Prüfung der Angemessenheit des Kaufpreises im Einzelnen zu stützen hat. In einem früheren Urteil vom 16.07.1965 führt der BFH aus, dass der Wert erworbener als auch der veräußerter Anteile nach dem Preis zu bestimmen ist, der im gewöhnlichen Geschäftsverkehr zu erzielen wäre (gemeiner Wert), dem Wert also, den ein Dritter unter üblichen Bedingungen bezahlt und benennt als Anhaltspunkt „zeitnahe Verkaufswerte“[628]. Das BMF[629] sieht bei Aktiengesellschaften den Kaufpreis in der Regel als nicht überhöht, d.h. als angemessen an, wenn die eigenen Anteile über die Börse oder im Tender-Verfahren erworben werden[630]. Sachgerecht erscheint es, mit Wassermeyer[631] im Rahmen dieser Angemessenheitsprüfung darauf abzustellen, was ein fremder Dritter für

---

schaftsanteile, Eigene Anteile“ und wohl auch Rose, GmbHR 1999, S. 373 (377). Vgl. zu den unterschiedlichen Auffassungen der Behandlung in der Handels- und Steuerbilanz Wassermeyer, FR 1993, S. 793 (793 ff.); vgl. zu diesem Problembereich ferner Frotscher in Frotscher/Maas, KStG, Anhang vGA zu § 8 Rn. 220, 224; Lange, Verdeckte Gewinnausschüttungen, Rn. 488 ff.; Neumann, VGA, S. 333 ff.; Niemann, Beurteilung verdeckter Zuwendungen, S. 82 ff.; Wochinger, Verdeckte Gewinnausschüttungen, Rn. 111 ff.

625 Vgl. Wassermeyer, FS Schmidt, S. 620 (627); Frotscher in Frotscher/Maas, KStG, Anhang vGA zu § 8 Rn. 302 „Anteile, eigene“; in diesem Sinn wohl auch Lange, Verdeckte Gewinnausschüttungen, Rn. 802.

626 BFH 30.04.1968 I 194/65, BStBl II 1968, S. 729 (730).

627 Vgl. auch BFH 27.03.1979 VIII R 95/96, BStBl II 1979, S. 553 (554).

628 Vgl. BFH 16.07.1965 VI 71/64 U, BFHE 83, S. 325 (329 f.). Zu einem (weiteren) Fall der Weiterveräußerung eigener Anteile durch die Gesellschaft an einen Gesellschafter zu einem unangemessen niedrigen Preis s. BFH 31.10.1990 I R 47/88, BFHE 162, S. 546. In diesem Urteil, in dem der BFH das Vorliegen einer anderen Ausschüttung i.S.d. § 27 III 2 KStG 1977 zu beurteilen hatte, prüfte dieser die gesellschaftsrechtliche Veranlassung anhand des Maßstabs des ordentlichen und gewissenhaften Geschäftsleiters und begründete die gesellschaftsrechtliche Veranlassung damit, dass ein ordentlicher und gewissenhafter Geschäftsleiter von einem Nichtgesellschafter zumindest den angemessenen Kaufpreis verlangt hätte.

629 BMF v. 02.12.1998, IV C 6 – S 2741 – BStBl I 1998, S. 1509 (1510), Tz. 17.

630 Zum Börsenkurs vgl. auch Frotscher in Frotscher/Maas, KStG, Anhang vGA zu § 8 Rn. 302 „Anteile, eigene“; Kraft/Altvater, NZG 1998, S. 448 (451).

631 Wassermeyer, FS Schmidt, S. 620 (627).

den Erwerb der Anteile von dem veräußernden Gesellschafter zu zahlen bereit gewesen wäre[632]. Aus der Überprüfung der Angemessenheit des Kaufpreises anhand des Maßstabes, was ein fremder Dritter für die Anteile vom veräußernden Gesellschafter gezahlt haben würde[633], ergibt sich, dass bei börsennotierten Anteilen auch ein etwaiger Paketzuschlag zu berücksichtigen ist[634].

Neben diesem Fremdvergleich aus der Sicht des Gesellschafters sind jedoch auch weitere Umstände in die Angemessenheitsprüfung miteinzubeziehen, die für eine betriebliche Veranlassung sprechen können. Dies gilt insbesondere für den Fall, dass es sich bei dem veräußernden Gesellschafter um einen Anteilseigner handelt, der der Kapitalgesellschaft lästig ist[635].

Der BFH geht in seinem Urteil vom 06.12.1995[636] davon aus, dass bei dem Erwerb eigener Anteile im Allgemeinen eine betriebliche Veranlassung auszuscheiden habe. Er sieht es vor dem Hintergrund, dass die Kapitalgesellschaft bei dem Erwerb eigener Anteile zu Lasten ihres Vermögens einen ihr ohnehin schon zustehenden Anteil an Werten erwerbe[637], diesen Erwerb grundsätzlich nicht als Aufgabe eines ordentlichen und gewissenhaften Geschäftsleiters an[638]. Insoweit

---

[632] Vgl. auch BFH 16.07.1965 VI 71/64 U, BFHE 83, S. 325 (329 f.); in diesem Sinne dürften auch Frotscher in Frotscher/Maas, KStG, Anhang vGA zu § 8 Rn. 302 „Anteile, eigene" sowie Wochinger, Verdeckte Gewinnausschüttungen, Rn. 1686 zu verstehen sein, wenn sie auf den Maßstab des „Fremdvergleichs" abstellen.

[633] Aus der Sicht des Gesellschafters ist in den vorliegenden Fällen ein Fremdvergleich möglich, da der Gesellschafter seine Anteile auch an Dritte veräußern kann. Dieser Fremdvergleich aus der Sicht des Gesellschafters unterscheidet sich jedoch von dem bereits dargestellten Hilfskriterium der Angemessenheitsprüfung aus der Sicht des Geschäftspartners der Kapitalgesellschaft, da nicht aus der Feststellung, dass ein gedachter Dritter der Vereinbarung mit der Kapitalgesellschaft nicht zugestimmt haben würde, die gesellschaftsrechtliche Veranlassung der Vereinbarung gefolgert werden soll, sondern gefragt wird, ob die mittels dieses Fremdvergleichs feststellbare Angemessenheit der Vereinbarung für den Gesellschafter Hinweise für die Angemessenheit der Vereinbarung für die Kapitalgesellschaft liefern kann.

[634] Vgl. Frotscher in Frotscher/Maas, KStG, Anhang vGA zu § 8 Rn. 302 „Anteile, eigene".

[635] Bei der Bewertung der Anteile sind daher die Regeln über die Abfindung eines lästigen Gesellschafters anwendbar, vgl. BFH 11.07.1961 I 226/60 U, BStBl III 1961, S. 463 (464 f.); BFH 16.07.1965 VI 71/64 U, BFHE 83, S. 325 (329 f.); BFH 26.10.1995 I B 50/95, BFH/NV 1996, S. 438; Achenbach in Dötsch/Eversberg/Jost/Witt, KStG, Anh. zu § 8 „Lästiger Gesellschafter"; Frotscher in Frotscher/Maas, KStG, Anhang vGA zu § 8 Rn. 302 „Anteile, eigene", „Lästiger Gesellschafter"; Thiel, FS Schmidt, S. 568 (583).

[636] BFH 06.12.1995 I R 51/95, BStBl II 1998, S. 781 (783 f.).

[637] Vgl. dazu auch Wassermeyer, FS Schmidt, S. 621 (622).

[638] Vgl. BFH 06.12.1995 I R 51/95, BStBl II 1998, S. 781 (783 f.). Paus, BB 1998, S. 2138 (2141) hält diese Argumentation nicht für stichhaltig. Er hält der Aussage des BFH, der Erwerb eigener Anteile sei grundsätzlich nicht Angelegenheit eines ordentlichen Geschäftsleiters, entgegen, dass aus zahlreichen Gründen eine derartige Maßnahme sinnvoll sein kann und widerspricht der Darstellung, die Gesellschaft erwerbe eigene Anteile zu „Lasten ihres Vermögens". Mick/Wiese, DStR 1998, S. 1201 (1203) sind der Ansicht, dass die Argumentation des BFH, die eine „Angelegenheit" des ordentlichen Geschäftsleiters grundsätzlich verneint, sich jeden-

scheint der BFH Leitlinien für das Verhalten des ordentlichen und gewissenhaften Geschäftsleiters aufstellen zu wollen[639]. Eine betriebliche Veranlassung des Erwerbs eigener Anteile ist nach Ansicht des BFH nur bei besonderen Konstellationen anzunehmen, wie etwa im Fall des § 71 Nr. 1 AktG[640], bei der Ausführung von Kundenkaufaufträgen durch ein Bankinstitut oder im Fall des Erwerbs von eigenen Aktien, die als Belegschaftsaktien ausgegeben werden[641]. War die Übernahme der Anteile bereits im Gesellschaftsvertrag vorgesehen, so soll im Regelfall von einem gesellschaftsrechtlich veranlassten Erwerb auszugehen sein[642]. Fand der Erwerb der eigenen Anteile danach aus gesellschaftsrechtlichen Gründen statt, kann es zu einer verdeckten Gewinnausschüttung auch im Falle des (gesellschaftsrechtlich veranlassten) Erwerbs eigener Anteile zu einem nicht überhöhten Kaufpreis kommen, wenn bei späterer Wertminderung die Anschaffungskosten auf den niedrigeren Teilwert abgeschrieben werden[643]. Der BFH wertet diesen Abschreibungsbetrag als verdeckte Gewinnausschüttung i.S.d. § 8 III 2 KStG[644]. Gleiches gilt möglicherweise auch dann, wenn die Kapitalgesellschaft die (aus gesellschaftsrechtlichen Gründen erworbenen) eigenen Anteile zu einem

---

falls nicht pauschal auf Aktienrückkäufe nach § 71 Nr. 8 KStG übertragen lasse und vermuten Gleiches auch hinsichtlich der übrigen Fälle des § 71 AktG.

[639] Auf diese Tendenz weist Paus, BB 1998, S. 2138 (2140), hin.

[640] Vgl. BFH 06.12.1995 I R 51/95, BStBl II 1998, S. 781 (784).

[641] Vgl. Thiel, FS Schmidt, S. 568 (580 f.), auf den der BFH in seinem Urteil vom 06.12.1995 (I R 51/95, BStBl II 1998, S. 781 (784)) verweist.

[642] Vgl. BFH 06.12.1995 I R 51/95, BStBl II 1998, S. 781 (784).

[643] Eine Teilwertberichtigung der Anschaffungskosten ist möglich, da der Erwerb eigener Anteile als Anschaffungsgeschäft zu beurteilen ist, vgl. BFH 06.12.1995 I R 51/95, BStBl II 1998, S. 781 (783). Jedoch ist die Möglichkeit der ertragsmindernden Teilwertabschreibung aufgrund der Besonderheiten dieses Wirtschaftsgutes erheblich eingeschränkt und ist insbesondere dann ausgeschlossen, wenn die Wertminderung durch „Verluste" der Kapitalgesellschaft verursacht wurde, vgl. BFH 06.12.1995 I R 51/95, BStBl II 1998, S. 781 (783) sowie Wassermeyer, FS Schmidt, S. 621 (633). Kritisch gegenüber dieser Rechtsprechung Frotscher in Frotscher/Maas, KStG, § 8 Rn. 198 b); Geiger/Klingebiel/Wochinger in Dötsch/Eversberg/Jost/Witt, KStG, § 8 KStG n.F. Rn. 52 ff.; Klingberg, BB 1998, S. 1575 (1578); Paus, BB 1998, S. 2138 (2139).

[644] Vgl. BFH 06.12.1995 I R 51/95, BStBl II 1998, S. 781 (783 f.). Der BFH führt dazu aus, dass der Erwerb der eigenen Anteile aus gesellschaftsrechtlichen Gründen eine Freistellung des früheren Gesellschafters von dem Risiko eines Wertverlustes seiner Beteiligung durch die Kapitalgesellschaft darstelle und bei Verwirklichung dieses Risikos eine effektive Vermögensminderung eintrete, die durch das Gesellschaftsverhältnis veranlasst und somit eine verdeckte Gewinnausschüttung i.S.d. § 8 III 2 KStG gegeben sei, vgl. BFH 06.12.1995 I R 51/95, BStBl II 1998, S. 781 (783). Paus, BB 1998, S. 2138 (2140) kritisiert die der Einstufung späterer Wertminderungen der eigenen Anteile als verdeckte Gewinnausschüttung zugrundeliegende Überlegung des BFH, die Kapitalgesellschaft habe ihrem Gesellschafter das Risiko eines Wertverlustes abgenommen. Er legt, meines Erachtens nach überzeugend, dar, dass das Risiko eines späteren Wertverlustes jedem Erwerbsgeschäft anhafte und dem Risiko der Wertminderung die Chance einer Wertsteigerung gegenüberstehe.

unter den Anschaffungskosten liegenden Wert veräußert, also ein Veräußerungsverlust vorliegt[645].

Ab dem Veranlagungszeitraum 2002 können die genannten Vorgänge steuerneutral sein, da von der Kapitalgesellschaft erzielte Veräußerungsgewinne und –verluste aus Anteilen an Kapitalgesellschaften nach § 8b II KStG 2001 steuerlich nicht zu berücksichtigen sein können und nach § 8b III KStG 2001 auch Teilwertabschreibungen ohne gewinnmindernde Auswirkung bleiben können[646]. Eine verdeckte Gewinnausschüttung scheidet in diesen Fällen mangels Einkommenswirkung aus[647].

Werden eigene Aktien erworben, die handelsrechtlich nicht zu aktivieren sind, so verringert sich durch die Zahlung des Kaufpreises auf der einen und der aufgrund des Maßgeblichkeitsgrundsatzes nicht vorzunehmenden Ausweisung dieser eigenen Anteile in der Steuerbilanz auf der anderen Seite das in der Steuerbilanz der Aktiengesellschaft auszuweisende Betriebsvermögen[648]. Diese Vermögensminderung darf sich jedoch nicht auf den steuerlichen Gewinn der Aktiengesellschaft auswirken, da es sich bei dem Erwerb eigener handelsrechtlich nicht zu aktivierender Aktien um einen gesellschaftsrechtlich veranlassten Rechtsvorgang handelt[649]. Das Vorliegen der Veranlassung im Gesellschaftsverhältnis ist offen-

---

645 Neumann, VGA, S. 197; vgl. dazu auch Geiger/Klingebiel/Wochinger in Dötsch/Eversberg/Jost/Witt, KStG, § 8 KStG n.F. Rn. 57.

646 Vgl. zur Anwendbarkeit von § 8 b II, III KStG auf die Fälle des Erwerbs eigener Anteile Frotscher in Frotscher/Maas, KStG, § 8 Rn. 198 c, § 8b Rn. 43 a; Geiger/Klingebiel/Wochinger in Dötsch/Eversberg/Jost/Witt, KStG, § 8 KStG n.F. Rn. 61, Dötsch/Pung in Dötsch/Eversberg/Jost/Witt, KStG, § 8b KStG n.F. Rn. 16; Seibt, DStR 2000, S. 2061 (2069); Urban, DStR 2001, S. 1059 (1062 f.). Hinzuweisen ist in diesem Zusammenhang auf den BFH-Beschluss vom 06.07.2000 (I B 34/00, BFH/NV 2000, S. 1430 (1431)) zu der im Jahre 1995 geltenden Fassung des § 8b II KStG, in dem der BFH zur Frage der Anwendbarkeit des § 8b II KStG auf verdeckte Gewinnausschüttungen ausführt: „Es liegt in der Konsequenz dieser Rechtsprechung, dass es Sinn und Zweck des § 8 Abs. 3 Satz 2 KStG ist, für Besteuerungszwecke von einem angemessenen Veräußerungserlös auszugehen, wenn Gegenstand einer vGA die Veräußerung der Beteiligung an einer ausländischen Kapitalgesellschaft zu einem unangemessen niedrigen Preis ist. Entsprechend erscheint es folgerichtig, § 8b Abs. 2 KStG nicht nur auf den vereinbarten, sondern auch auf den aus steuerlichen Gründen korrigierten Veräußerungsgewinn anzuwenden.“ S. zu diesem Beschluss „FW“, IStR 2000, S. 683; Kempermann, FR 2000, S. 1136 (1136 f.); Wassermeyer, IStR 2001, S. 633.

647 S. zu der Voraussetzung der Einkommenswirkung unten B. V.. S. zu der Frage, in welchen Fällen nach der neuen Rechtslage bei dem Erwerb zu aktivierender eigener GmbH-Anteile oder eigener Anteile, die keinem handelsrechtlichen Aktivierungsverbot unterliegen, eine verdeckte Gewinnausschüttung § 8 III 2 KStG anzunehmen ist, Geiger/Klingebiel/Wochinger in Dötsch/Eversberg/Jost/Witt, KStG, § 8 KStG n.F. Rn. 62 ff.

648 Vgl. BMF v. 02.12.1998, IV C 6 – S 2741 – BStBl I 1998, S. 1509 (1511), Tz. 21 f.

649 Vgl. BMF v. 02.12.1998, IV C 6 – S 2741 – BStBl I 1998, S. 1509 (1510), Tz. 22.

650 Vgl. hierzu die Ausführungen von Thiel, DB 1998, S. 1583 (1584).

651 Thiel, DB 1998, S. 1583 (1584); vgl. auch Geiger/Klingebiel/Wochinger in Dötsch/Eversberg/Jost/Witt, KStG, § 8 KStG n.F. Rn. 79 f.; Neumann, VGA, S. 199; Wasser-

sichtlich, wenn der Erwerb der eigenen Aktien nach § 71 I Nr. 6 AktG zum Zweck der Einziehung erfolgt, ergibt sich jedoch auch in dem nicht so eindeutigen Fall des Erwerbs nach § 71 I Nr. 8 AktG unter Verwendungsvorbehalt der Hauptversammlung aus dem Zweck des Erwerbs[650]. Der in der Handelsbilanz als Aufwand auszuweisende Betrag ist steuerlich aufgrund der diesbezüglichen Veranlassung im Gesellschaftsverhältnis als verdeckte Gewinnausschüttung i.S.d. § 8 III 2 KStG zu behandeln[651]. Die Einstufung des Aktienerwerbs als einen Vorgang, der insgesamt gesellschaftsrechtlich veranlasst ist, ist unabhängig von der „Angemessenheit des Kaufpreises“ im obigen Sinne, so dass ein etwaiges Abweichen des Kaufpreises vom Börsenkurs nach oben oder unten für das Bestehen der Veranlassung im Gesellschaftsverhältnis keine Rolle spielt[652]. Unter der Geltung des § 8 b III KStG n.F. ist zu beachten, dass dieser grundsätzlich anzuwenden ist, wenn die Einziehung eigener Anteile eine Vermögensminderung zur Folge hat[653]. In diesem Fall scheidet eine verdeckte Gewinnausschüttung wiederum mangels Einkommenswirkung aus.

d) Handelsrechtlich unzulässige Leistungen der Kapitalgesellschaft an ihre Gesellschafter

Schließlich folgt nach dem BFH bei Vereinbarungen, die nur zwischen einer Kapitalgesellschaft und ihrem Gesellschafter denkbar sind und somit nicht anhand des Maßstabs des ordentlichen und gewissenhaften Geschäftsleiters i.S. eines Fremdvergleiches überprüft werden können, aus der handelsrechtlichen Unzuläs-

---

meyer, DStR 1990, S. 158 (160). Zur Nichtherstellung der Ausschüttungsbelastung s. Neumann, VGA, S. 199.

652 Thiel, DB 1998, S. 1583 (1584).

653 S. hierzu Geiger/Klingebiel/Wochinger in Dötsch/Eversberg/Jost/Witt, KStG, § 8 KStG n.F. Rn. 82.

sigkeit einer Leistung der Kapitalgesellschaft an einen Gesellschafter deren gesellschaftsrechtliche Veranlassung[654].

e) Übernahme der Gründungskosten

Auch in den Fällen der Übernahme der Gründungskosten ist an sich der Fremdvergleich als Hilfsmaßstab zur Feststellung der Veranlassung im Gesellschaftsverhältnis untauglich, da eine Übernahme dieser Kosten nur gegenüber Gesellschaftern in Betracht kommen wird. Ausgehend von der Überlegung, dass die Gründungskosten gem. § 26 II AktG, der für die GmbH entsprechend gilt, grundsätzlich von den Gesellschaftern zu tragen sind, es sei denn, die Übernahme dieser Kosten durch die Kapitalgesellschaft und ihre betragsmäßige Höhe ist in der Satzung festgelegt, kommt der BFH dennoch zur Anwendbarkeit dieses Hilfsmaßstabes, indem er darauf abstellt, dass die Übernahme von Aufwand, der zivilrechtlich gesehen nicht von der Kapitalgesellschaft zu tragen ist, auch im Verhältnis zu Nichtgesellschaftern denkbar ist[655].

V. Auswirkung auf die Höhe des Einkommens

Nach der Definition der verdeckten Gewinnausschüttung i.S.d. § 8 III 2 KStG durch den BFH muss sich die Vermögensminderung oder verhinderte Vermögensmehrung auf die Höhe des Einkommens auswirken. Eine Vermögensminderung oder verhinderte Vermögensmehrung ohne Minderung des Einkommens[656] und somit keine verdeckte Gewinnausschüttung i.S.d. § 8 III 2 KStG liegt etwa vor, wenn versteuerte Rücklagen an den Gesellschafter ausgeschüttet werden[657], wenn ein Anspruch auf Investitionszulage oder sonstiger steuerfreier Einnahmen unentgeltlich abgetreten wird[658], wenn eine Beteiligung nach § 8 b II KStG zu einem den Teilwert unterschreitenden Wert an einen Gesellschafter übertragen

[654] Vgl. BFH 26.01.1972 I R 93/70, BStBl II 1972, S. 547 (549); BFH 17.10.1984 I R 22/79, BStBl II 1985, S. 69 (72); vgl. auch BFH 06.04.1976 VIII R 72/70, BStBl II 1976, S. 341 (342), jedoch mit Zulassung einer Ausnahme von diesem Grundsatz; BFH 16.02.1977 I R 163/75, BStBl II 1977, S. 572 (573 f.), mit Rückgriff auf die Denkfigur des ordentlichen und gewissenhaften Geschäftsleiters. Auf diese Denkfigur soll es jedoch nach dem Urteil des BFH vom 17.10.1984 (I R 22/79, BStBl II 1985, S. 69 (72)) in den vorliegenden Fällen nicht ankommen. Vgl. ferner Becker, StbJb. 1985/86, S. 381 (398 ff.); Binz/Sorg, DStR 2001, S. 1457 (1461); Döllerer, Verdeckte Gewinnausschüttungen, S. 66 f.

[655] Vgl. BFH 11.10.1989 I R 12/87, BStBl II 1990, S. 89 (90); vgl. ferner BFH 11.02.1997 I R 42/96, BFH/NV 1997, S. 711; BFH 19.01.2000 I R 24/99, BStBl II 2001, S. 545 (546).

[656] Umgekehrt ist jedoch eine Einkommensminderung immer auch eine Vermögensminderung, vgl. Forschungsgruppe Viadrina unter Leitung von Stephan Kudert, BB 1996, S. 2436 (2437).

[657] Vgl. Frotscher in Frotscher/Maas, KStG, Anhang vGA zu § 8 Rn. 201; Neumann, VGA, S. 5; Lange, Verdeckte Gewinnausschüttungen, Rn. 93; Pezzer, Verdeckte Gewinnausschüttung, S. 62 f.

[658] Vgl. Frotscher in Frotscher/Maas, KStG, Anhang vGA zu § 8 Rn. 201; Neumann, VGA, S. 5.

wird[659], bei nicht abzugsfähigen Betriebsausgaben, die bereits nach § 10 KStG bzw. § 4 V EStG hinzuzurechnen sind[660] oder wenn bei einer Kapitalgesellschaft das Nennkapital unter Verzicht auf ein Aufgabeaufgeld erhöht wird, obwohl wesentliche Reserven vorhanden sind, an denen die neuen Anteile teilhaben[661].

VI. Kein Zusammenhang mit einer offenen Ausschüttung

Eine verdeckte Gewinnausschüttung ist schließlich nur dann anzunehmen, wenn die Vermögensminderung oder verhinderte Vermögensmehrung in keinem Zusammenhang mit einer offenen Ausschüttung steht. Wird ein Vorgang körperschaftsteuerlich als offene Ausschüttung behandelt, mindert er nach § 8 III 1 KStG das Einkommen nicht. Unter „offenen Ausschüttungen" sind Ausschüttungen zu verstehen, die auf einem den gesellschaftsrechtlichen Vorschriften entsprechenden Gewinnverwendungsbeschluss beruhen[662]. Liegt eine in diesem Sinne offene Ausschüttung vor, ist eine Einkommenskorrektur über das Rechtsinstitut der verdeckten Gewinnausschüttung nicht mehr notwendig. Um dies zu verdeutlichen, nahm der BFH das Tatbestandsmerkmal des fehlenden Zusammenhangs mit einer offenen Ausschüttung in die Definition der verdeckten Gewinnausschüttung mit auf[663].

Aus dem dargelegten Verständnis einer offenen Ausschüttung folgt, dass eine verdeckte Gewinnausschüttung vorliegen kann, wenn die Kapitalgesellschaft die Ausschüttung zwar in „offener" Weise vornimmt, der entsprechende Gewinnverwendungsbeschluss jedoch nicht den gesellschaftsrechtlichen Anforderungen genügt[664].

---

659 Veräußerungsgewinne aus einer derartigen Veräußerung wären steuerfrei und würden das Einkommen nicht erhöhen, so dass es keine verdeckte Gewinnausschüttung sein kann, wenn diese Vermögensmehrungen nicht stattfinden, vgl. dazu Frotscher in Frotscher/Maas, KStG, Anhang vGA zu § 8 Rn. 201 entgegen Abschn. 41 V 5 KStR; vgl. auch die Ausführungen zum Erwerb eigener Anteile oben B. IV. 3. c).Wassermeyer (IStR 2001, S. 633 (634)) spricht im Zusammenhang mit der Steuerbefreiung des Veräußerungsgewinnes nach § 8b a.F. und n.F. davon, dass es „steuerfreie vGA" gibt.

660 Vgl. Frotscher in Frotscher/Maas, KStG, Anhang vGA zu § 8 Rn. 212; Habammer, verdeckte Gewinnausschüttung, S. 41.

661 Der Verzicht auf ein Aufgabeaufgeld bedeutet für die Kapitalgesellschaft eine verhinderte Vermögensmehrung, führt jedoch nicht zu einer verdeckten Gewinnausschüttung i.S.d. § 8 III 2 KStG, da die Vermögensmehrung im Falle eines Ausgabeaufgeldes keinen Einfluss auf das Einkommen hätte, sondern eine erfolgsneutrale Einlage darstellen würde, vgl. Achenbach in Dötsch/Eversberg/Jost/Witt, KStG, Vor § 8 Rn. 27, Anh. zu § 8 „Ausgabeaufgeld".

662 Blümich/Rengers, § 8 KStG Rn. 190.

663 Vgl. Steck, Wettbewerbsverbot, S. 172 sowie Forschungsgruppe Viadrina unter Leitung von Stephan Kudert, BB 1996, S. 2436 (2441), dort auch mit Ausführungen zur Rechtfertigung dieses Merkmals. Zur Auslegung dieses ungenau formulierten Merkmals s. Steck, Wettbewerbsverbot, S. 172; s. auch zu möglichen aus der ungenauen Formulierung resultierenden Missverständnissen das Beispiel in Habammer, verdeckte Gewinnausschüttung, S. 43.

664 Steck, Wettbewerbsverbot, S. 172.

VII. Beurteilungszeitpunkt für die verdeckte Gewinnausschüttung

Bei der Beurteilung, ob ein bestimmter Sachverhalt eine verdeckte Gewinnausschüttung darstellt, ist der maßgebliche Beurteilungszeitpunkt der Zeitpunkt, in dem der Geschäftleiter seine Entscheidung trifft und die Kapitalgesellschaft rechtlich bindet[665]. Die Beurteilung erfolgt auf der Grundlage einer ex-ante-Betrachtung. Eine Änderung der Verhältnisse durch erst nachfolgend eintretende Ereignisse bleibt grundsätzlich außer Betracht[666]. Dass die spätere Entwicklung der Verhältnisse grundsätzlich unbeachtlich ist, ergibt sich hinsichtlich der Untersuchung der Veranlassung im Gesellschaftsverhältnis anhand des Maßstabs des ordentlichen und gewissenhaften Geschäftsleiters schon aus dieser Rechtsfigur: Denn ein ordentlicher und gewissenhafter Geschäftsleiter wird nur die Informationen berücksichtigen, die im Zeitpunkt seiner Entscheidung bekannt waren oder bei pflichtgemäßer Sorgfalt bekannt sein mussten.

Beruht eine Leistung der Kapitalgesellschaft auf einem Vertrag, so ist der Zeitpunkt des Abschlusses des Rechtsgeschäfts und des Entstehens der zivilrechtlichen Verpflichtung der Kapitalgesellschaft maßgeblich[667]. Denn ab diesem Zeitpunkt ist der Geschäftsleiter nicht mehr frei in der Entscheidung über den Abschluss eines Geschäfts, sondern zivilrechtlich gebunden[668]. Findet eine Bindung der Kapitalgesellschaft ausnahmsweise aufgrund einer gesetzlichen Regelung oder aufgrund von wirtschaftlichen oder tatsächlichen Zwängen schon zu einem früheren Zeitpunkt statt, so ist dieser für die Beurteilung maßgeblich[669]. Auf den Zeitpunkt des Vertragsschlusses kommt es auch in den Fällen an, in denen rückwirkend für eine Leistung eines zu dem damaligen Zeitpunkt noch nicht beherrschenden Gesellschafters ein Entgelt entrichtet werden soll[670], in denen der Gesellschafter die Beteiligung an der Kapitalgesellschaft vor dem Abfluss an einen Dritten abgetreten hat[671], oder in denen sich die verdeckte Gewinnausschüt-

---

[665] Vgl. Frotscher in Frotscher/Maas, KStG, Anhang vGA zu § 8 Rn. 93.

[666] Vgl. BFH 09.04.1975 I R 166/73, BStBl II 1975, S. 617; Döllerer, Verdeckte Gewinnausschüttungen, S. 67; Frotscher in Frotscher/Maas, KStG, Anhang vGA zu § 8 Rn. 96; Lademann/Staiger, KStG, § 8 Rn. 174.

[667] Vgl. BFH 22.04.1971 I R 144/70, BStBl II 1971, S. 600; BFH 09.04.1975 I R 166/73, BStBl II 1975, S. 617; BFH Beschluss v. 30.08.1995 I B 114/94, BFH/NV 1996, S. 265 (266); BFH 29.5.1996 I R 70/95, BFH/NV 1997, S. 65 (66); Blümich/Rengers, § 8 KStG Rn. 395; Frotscher in Frotscher/Maas, KStG, Anhang vGA zu § 8 Rn. 93; Lademann/Staiger, KStG, § 8 Rn. 174; Lange, Verdeckte Gewinnausschüttungen, Rn. 115.

[668] Vgl. Frotscher in Frotscher/Maas, KStG, Anhang vGA zu § 8 Rn. 93.

[669] Vgl. Frotscher in Frotscher/Maas, KStG, Anhang vGA zu § 8 Rn. 94; s. dort auch zu Beispielsfällen.

[670] Vgl. BFH 03.04.1974 I R 241/71, BStBl II 1974, S. 497 (498); Blümich/Rengers, § 8 KStG Rn. 395.

[671] Vgl. BFH 22.06.1977 I R 171/74, BStBl II 1978, S. 33 (36); BFH 10.11.1993 I R 36/93, BFH/NV 1994, S. 827 (828); Blümich/Rengers, § 8 KStG Rn. 395; Lange, Verdeckte Gewinnausschüttungen, Rn. 115.

tung erst zu einem späteren Zeitpunkt auswirkt[672]. Ein früherer Zeitpunkt ist jedoch auch hier maßgeblich, wenn aufgrund wirtschaftlicher oder tatsächlicher Zwänge schon vor diesem Zeitpunkt eine Bindung der Kapitalgesellschaft stattfindet[673].

Bei Dauerschuldverhältnissen ist auch die nach Vertragschluss folgende Entwicklung der Verhältnisse zu berücksichtigen, wenn das Unterlassen der Kündigung oder der Änderung des Vertrages den als verdeckte Gewinnausschüttung in Betracht kommenden Vorgang darstellt[674]. Maßgeblich sind hier die Verhältnisse in dem Zeitpunkt, in dem eine zivilrechtlich mögliche Beendigung oder Änderung des Vertrages zugunsten der Kapitalgesellschaft durchsetzbar ist[675]. Kommt das Unterlassen des Abschlusses einer an sich gebotenen Vereinbarung als ein als verdeckte Gewinnausschüttung zu bewertender Vorgang in Betracht, so ist der für die Beurteilung maßgebende Zeitpunkt derjenige, in welchem die Vereinbarung hätte getroffen werden müssen[676].

Fehlt ein Vertrag und wurde auch keine gebotene Vereinbarung unterlassen, so ist der für die Beurteilung maßgebliche Zeitpunkt grundsätzlich der Zeitpunkt des Eintritts der Vermögensminderung oder verhinderten Vermögensmehrung[677] bzw. der tatsächlichen Vorteilszuwendung[678] maßgebend[679].

---

672 Vgl. BFH 29.5.1996 I R 70/95, BFH/NV 1997, S. 65 (66); Blümich/Rengers, § 8 KStG Rn. 395; Streck, KStG, § 8 Anm. 83.

673 Vgl. Frotscher in Frotscher/Maas, KStG, Anhang vGA zu § 8 Rn. 95.

674 Vgl. BFH 05.02.1986 I S 15/85, BFH/NV 1986, S. 563 (564) zum Unterlassen einer möglichen Lösung vom Vertragsverhältnis durch Kündigung oder den Einwand des Wegfalls der Geschäftsgrundlage. Eine Möglichkeit der Vertragsänderung kann sich insbesondere aus den Grundsätzen über den Wegfall der Geschäftsgrundlage ergeben, vgl. BFH 29.10.1974 I R 83/73, BFHE 114, S. 471 (474); BFH 13.10.1983 I R 4/81, BStBl II 1984, S. 65 (67).

675 Blümich/Rengers, § 8 KStG Rn. 396; vgl. ferner BFH 29.10.1974 I R 83/73, S. 471 (474) zur Anpassung eines Pachtvertrages nach den Grundsätzen des Wegfalls der Geschäftsgrundlage.

676 Vgl. Blümich/Rengers, § 8 KStG Rn. 397; vgl. auch BFH 04.12.1996 I R 54/95, BFHE 182, S. 123 (128 f.) zum Fall der unterlassenen Vereinbarung eines Aufwendungsersatzanspruchs zuzüglich eines angemessenen Gewinnaufschlages für die verlustverursachende Unterhaltung eines Wirtschaftsgutes im Interesse eines Gesellschafters.

677 Vgl. Frotscher in Frotscher/Maas, KStG, Anhang vGA zu § 8 Rn. 95; Blümich/Rengers, § 8 KStG Rn. 398 und Streck, KStG, § 8 Anm. 85 benennen hier den Zeitpunkt der Einkommensminderung.

678 Blümich/Rengers, § 8 KStG Rn. 398; Streck, KStG, § 8 Anm. 85; vgl. auch Lademann/Staiger, KStG, § 8 Rn. 174.

679 Dieser Zeitpunkt wird nicht immer leicht und eindeutig bestimmbar sein. Bei der Nichtgeltendmachung von Ansprüchen der Kapitalgesellschaft gegenüber einem Gesellschafter, etwa eines zivilrechtlichen Schadensersatzanspruches, wird es auf den Zeitpunkt ankommen, zu dem der fehlende Wille der Kapitalgesellschaft, den Anspruch gegen den Gesellschafter durchzusetzen, für einen Außenstehenden deutlich wird, vgl. Habammer, verdeckte Gewinnausschüttung, S. 62. Dies kann der dann unproblematische Zeitpunkt des Abschlusses eines Erlassvertrages i.S.d. § 397 BGB oder der Zeitpunkt eines in anderer Weise ausgesprochenen „Forde-

VIII. Gegenstand und Wert der verdeckten Gewinnausschüttung

Der Gegenstand und die Höhe der verdeckten Gewinnausschüttung i.S.d. § 8 III 2 KStG bestimmt sich nach der Vermögensminderung oder verhinderten Vermögensmehrung auf Seiten der Kapitalgesellschaft, die auf gesellschaftsrechtlichen Gründen beruht.

1. Gegenstand der verdeckten Gewinnausschüttung bei partieller und bei totaler verdeckter Gewinnausschüttung

Zur Beantwortung der Frage, in welchem Umfang die Vermögensminderung oder verhinderte Vermögensmehrung den Gegenstand der verdeckten Gewinnausschüttung bildet, ist zunächst danach zu differenzieren, ob das fragliche Geschäft bereits dem Grunde nach auf gesellschaftsrechtlicher Basis erfolgt, oder ob die Basis zwar schuldrechtlicher Natur ist, das Geschäft jedoch hinsichtlich der Höhe der Leistung der Gesellschaft von gesellschaftsrechtlichen Erwägungen beeinflusst wird[680].

Ist ein Geschäft schon dem Grunde nach gesellschaftsrechtlich veranlasst, findet es dem Grunde nach steuerlich keine Anerkennung[681]. Das hat zur Folge, dass alle Leistungen der Kapitalgesellschaft, die diese in dem fraglichen Geschäft erbringt, gesellschaftsrechtlich bedingt sind und daher verdeckte Gewinnausschüttungen darstellen, ohne dass es auf das Vorhandensein einer Gegenleistung oder die Angemessenheit von Leistung und Gegenleistung ankommt[682].

Ein Geschäft, das dem Grunde nach auf gesellschaftsrechtlicher Basis beruht, liegt in den Fällen der verdeckten Gewinnausschüttungen vor, in denen die besonderen formellen Anforderungen für Vereinbarungen mit beherrschenden Gesellschaftern nicht beachtet werden[683], in denen das Geschäft aus der Sicht des Geschäftspartners der Kapitalgesellschaft unangemessen ist[684], in denen das Ge-

---

rungsverzichtes" sein; vgl. zu dem Fall der Bewertung des Forderungsverzichts der Kapitalgesellschaft als verdeckte Gewinnausschüttung BFH 14.09.1994 I R 6/94, BStBl II 1997, S. 89 (91), wonach das Nichtausweisen der Forderung in der Bilanz für sich allein jedoch noch keinen Forderungsverzicht begründet. Jedoch kann auch ohne einen Verzicht der Kapitalgesellschaft auf den Anspruch eine verdeckte Gewinnausschüttung anzunehmen sein, wenn die Durchsetzung des Anspruches unterlassen wird, obwohl die Kapitalgesellschaft mutmaßlich ein obsiegendes Urteil erreichen und bei dem Gesellschafter erfolgreich vollstrecken könnte, vgl. BFH 14.09.1994 I R 6/94, BStBl II 1997, S. 89 (91).

680 Vgl. Frotscher in Frotscher/Maas, KStG, Anhang vGA zu § 8 Rn. 268; Neumann, VGA, S. 155 f.

681 Frotscher in Frotscher/Maas, KStG, Anhang vGA zu § 8 Rn. 269.

682 Vgl. Frotscher in Frotscher/Maas, KStG, Anhang vGA zu § 8 Rn. 269; Neumann, VGA, S. 155 f.

683 Vgl. dazu oben B. IV. 2. a).

684 Vgl. dazu oben B. IV. 2. d) aa). An dieser Stelle ist jedoch noch einmal darauf hinzuweisen, dass möglicherweise zwischen Unangemessenheit der Vereinbarung aus der Sicht des Geschäftspartners der Kapitalgesellschaft hinsichtlich der Vertrags- oder tatsächlichen Gestaltung und hinsichtlich der Höhe der Leistungsvergütung zu unterscheiden sein und nur im ersteren Fall von einer verdeckten Gewinnausschüttung dem Grunde nach auszugehen sein

schäft unüblich ist[685] oder in denen dem Geschäft generell keine ernstlich gemeinte Vereinbarung zugrunde liegt[686].

Beruht das Geschäft hingegen dem Grunde nach auf schuldrechtlicher Basis, wobei jedoch die Höhe der Leistung der Kapitalgesellschaft durch das bestehende Gesellschaftsverhältnis beeinflusst wurde, so ist dem Geschäft die steuerliche Anerkennung nicht dem Grunde nach zu versagen. Vielmehr findet eine Aufteilung des Geschäfts statt[687]. Nur der unangemessene Teil der Leistung der Kapitalgesellschaft ist als verdeckte Gewinnausschüttung zu bewerten, während der angemessene Teil der Leistung auf schuldrechtlicher Grundlage erfolgte und steuerlich anzuerkennen ist[688]. Diese Aufteilung ist vorzunehmen in den Fällen, in denen die gesellschaftsrechtliche Veranlassung anhand des Maßstabs des ordentlichen und gewissenhaften Geschäftsleiters festgestellt wird, diese sich also aus einer Angemessenheitsprüfung aus der Sicht der Kapitalgesellschaft ergibt. Der Maßstab für diese Aufteilung ergibt sich aus diesem Maßstab zur Feststellung der gesellschaftsrechtlichen Veranlassung[689]: Als Maßstab ist heranzuziehen, welches Entgelt ein ordentlicher und gewissenhafter Geschäftsleiter von einem Nichtgesellschafter gefordert und erhalten hätte[690].

2. Der Wert der verdeckten Gewinnausschüttung - Beispiele zur Bewertung der verdeckten Gewinnausschüttung

Der soeben genannte Maßstab zur Aufteilung des Geschäfts bei einer partiellen verdeckten Gewinnausschüttung ist zugleich der Maßstab für die Bewertung dieser verdeckten Gewinnausschüttung. Der Betrag der verdeckten Gewinnausschüttung besteht daher in diesen Fällen in der Differenz zwischen dem Entgelt, das

---

könnte, während die Unangemessenheit aus der Sicht des Geschäftspartners der Kapitalgesellschaft der Höhe nach als im Rahmen der verdeckten Gewinnausschüttung unerheblich anzusehen sein könnte.

685 Vgl. dazu oben B. IV. 2. d) bb). Auch hinsichtlich dem Merkmal der Üblichkeit ist anzumerken, dass möglicherweise hinsichtlich der Rechtsfolge einer unüblichen Vereinbarung zwischen der Üblichkeit dem Grunde und der Höhe nach zu differenzieren sein und nur bei dem Vorliegen einer dem Grunde nach unüblichen Vereinbarung von einer totalen verdeckten Gewinnausschüttung auszugehen sein könnte, während bei der Unüblichkeit der Höhe nach eine partielle verdeckte Gewinnausschüttung in Betracht käme.

686 Vgl. dazu oben B. IV. 2. c) sowie Forschungsgruppe Viadrina unter Leitung von Stephan Kudert, BB 1996, S. 2436 (2439); Frotscher in Frotscher/Maas, KStG, Anhang vGA zu § 8 Rn. 269; Hoffmann, GmbHR 1996, S. 664 (665, 667); Rasch, Konzernverrechnungspreise, S. 90; Schön, FS Flume, S. 265 (283).

687 Vgl. Frotscher in Frotscher/Maas, KStG, Anhang vGA zu § 8 Rn. 270.

688 Vgl. Frotscher in Frotscher/Maas, KStG, Anhang vGA zu § 8 Rn. 270; Neumann, VGA, S. 156.

689 Vgl. BFH 06.04.1977 I R 86/75, BStBl II 1977, S. 569 (570); Frotscher in Frotscher/Maas, KStG, Anhang vGA zu § 8 Rn. 271; Streck, KStG, § 8 Anm. 90.

690 BFH 19.03.1975 I R 137/73, BFHE 116, S. 12 (15); BFH 06.04.1977 I R 86/75, BStBl II 1977, S. 569 (570); BFH 20.08.1986 I R 283/82, BFH/NV 1987, S. 63 (64).

ein ordentlicher und gewissenhafter Geschäftsleiter von einem Nichtgesellschafter gefordert und erhalten hätte und dem tatsächlichen Entgelt.

Auch die Bestimmung des Wertes der verdeckten Gewinnausschüttung in den Fällen, in denen das Geschäft dem Grunde nach auf gesellschaftsrechtlicher Basis beruht und daher alle Leistungen der Kapitalgesellschaft, die diese in dem fraglichen Geschäft erbringt, verdeckte Gewinnausschüttungen darstellen, richtet sich danach, welches Entgelt ein ordentlicher und gewissenhafter Geschäftsleiter von einem Nichtgesellschafter gefordert und erhalten hätte[691].

Bringen die Methoden, die der Ausfüllung des zur Feststellung der verdeckten Gewinnausschüttung der Höhe nach anzustellenden Fremdvergleichs dienen, keine hinreichenden Erkenntnisse, kann, abweichend zu der Frage der Veranlassung im Gesellschaftsverhältnis, geschätzt werden[692].

Dasjenige, was ein ordentlicher und gewissenhafter Geschäftsleiter von einem unabhängigen Dritten als Gegenleistung gefordert und erhalten hätte, ist bei der verdeckten Gewinnausschüttung in Form der Hingabe von Einzel-Wirtschaftsgütern i.d.R. der in § 9 BewG definierte gemeine Wert[693], d.h. der Betrag, der im gewöhnlichen Geschäftsverkehr nach der Beschaffenheit des Wirtschaftsgutes erzielbar ist. Das pauschalierende Element in § 9 II 3 BewG ist jedoch unanwendbar[694]. Sind jedoch die tatsächlichen Aufwendungen der Kapitalgesellschaft höher als der gemeine Wert bzw. die erzielbare Vergütung, sind als verdeckte Gewinnausschüttung die tatsächlich entstandenen Kosten oder Aufwendungen anzusetzen[695]. Denn auch dieser den gemeinen Wert bzw. die erzielbare Vergütung überschießende Betrag ist Teil der gesellschaftsrechtlich veranlassten Vermögensminderung, die das Einkommen nicht mindern darf[696]. Ein Gewinnaufschlag ist jedoch nicht anzusetzen, da ein ordentlicher und gewissen-

[691] S. zu Beispielen der Bewertung von verdeckten Gewinnausschüttungen neben den nachfolgenden Ausführungen Achenbach in Dötsch/Eversberg/Jost/Witt, KStG, § 8 Rn. 181 ff.; Blümich/Rengers, § 8 KStG Rn. 405 ff.; Frotscher in Frotscher/Maas, KStG, Anhang vGA zu § 8 Rn. 268 ff.; Lademann/Staiger, KStG, § 8 Rn. 179 f.; Lange, Verdeckte Gewinnausschüttungen, Rn. 261 ff.; Neumann, VGA, S. 157 ff.; Streck, KStG, § 8 Anm. 90; Wochinger, Verdeckte Gewinnausschüttungen, Rn. 92 ff.

[692] Vgl. Andresen, RIW 2002, S. 134 (135, 137); Gosch, StBp 2001, S. 360 (362).

[693] Vgl. BFH 27.11.1974 I R 250/72, BFHE 114, S. 236 (237) zum BewG a.F.; BFH 20.08.1986 I R 283/82, BFH/NV 1987, S. 63 (64).

[694] Vgl. BFH 27.11.1974 I R 250/72, BFHE 114, S. 236 (238) zum BewG a.F.

[695] Vgl. Neumann, VGA, S. 159 f.; Schön, FS Flume, S. 265 (297 f.); Wochinger, Verdeckte Gewinnausschüttungen, Rn. 92.

[696] Ähnlich Neumann, VGA, S. 159; Wochinger, Verdeckte Gewinnausschüttungen, Rn. 92. Dies dürfte auch der Auffassung des BFH entsprechen, der in seinem Urteil v. 28.02.1990 (I R 83/87, BStBl II 1990, S. 649 (651)) bei refinanzierten Darlehen auf die der Kapitalgesellschaft entstandenen Sollzinsen abstellt, während sich bei nicht refinanzierten Darlehen der maßgebliche Betrag innerhalb der Marge zwischen banküblichen Soll- und Habenzinsen bewegt.

hafter Geschäftsleiter diesen in dem hier zugrundeliegenden Fall gegenüber einem unabhängigen Dritten nicht durchsetzen könnte[697].

Besteht die Leistung der Kapitalgesellschaft in der Übertragung eines Betriebes oder Teilbetriebes, ist der Teilwert anzusetzen, da im Geschäftsverkehr ein unabhängiger Dritter u.U. einen Mehrpreis über die Verkehrswerte der einzelnen Wirtschaftsgüter zahlen wird, wenn diese Summe der Einzelwerte geringer ist als der Wert der Gesamtheit der in der betrieblichen Organisation zusammengefassten Wirtschaftsgüter[698].

Bei verdeckten Gewinnausschüttungen in Form von Nutzungsüberlassungen durch die Kapitalgesellschaft ist die erzielbare Vergütung maßgeblich[699], was gewöhnlich der Mittelpreis des Verbraucherorts i.S.v. § 15 BewG ist[700].

Handelt es sich bei den fraglichen Leistungen um Dienstleistungen, für die eine Gebührenordnung besteht, ist der darin enthaltene Wert anzusetzen[701]. Wenn die einzelnen Leistungen nicht mehr feststellbar sind, kann anhand der Personalaufwendungen zuzüglich eines angemessenen Gewinnaufschlages das angemessene Entgelt geschätzt werden[702].

Schließlich ist auf die Verrechnungspreismethoden hinzuweisen, die der Konkretisierung des Maßstabs des Verhaltens eines ordentlichen und gewissenhaften Geschäftsleiters im Rahmen der Feststellung der gesellschaftsrechtlichen Veranlassung aber auch gleichermaßen zur Konkretisierung des Maßstabs, welches Entgelt ein ordentlicher und gewissenhafter Geschäftsleiter von einem Nichtgesellschafter gefordert und erhalten hätte, dienen können[703].

IX. Gemischt veranlasste Aufwendungen

Die Feststellung der gesellschaftsrechtlichen Veranlassung einer Vermögensminderung oder verhinderten Vermögensmehrung bereitet Schwierigkeiten, wenn Aufwendungen vorliegen, die sowohl der betrieblichen als auch der privaten Sphäre des Gesellschafters zuzuordnen sind. Das für den Bereich des Einkommenssteuerrechts auf § 12 Nr. 1 S. 2 EStG gestützte Aufteilungs- und Abzugsverbot für derartige gemischte Aufwendungen findet im Körperschaftsteuerrecht keine Entsprechung[704]. Gemischt veranlasste Aufwendungen sind daher nicht als

---

[697] Vgl. auch Neumann, VGA, S. 159.
[698] Vgl. BFH 07.10.1970 I R 1/68, BStBl II 1971, S. 69 (71).
[699] BFH 06.04.1977 I R 86/75, BStBl II 77, S. 569 (570 f.); vgl. auch BFH 28.02.1990 I R 83/87, BStBl II 1990, S. 649 (651).
[700] Vgl. BFH 06.04.1977 I R 86/75, BStBl II 1977, S. 569 (571).
[701] Vgl. BFH 23.06.1993 I R 72/92, BStBl II 1993, S. 801 (803).
[702] Vgl. BFH 23.06.1993 I R 72/92, BStBl II 1993, S. 801 (804).
[703] Vgl. zu den Verrechnungspreismethoden oben B. IV. 2. b) cc).
[704] Vgl. BFH 07.07.1976 I R 180/74, BStBl II 1976, S. 753 (754); BFH 28.11.1991 I R 13/90, BStBl II 1992, S. 359 (362). In dem letzteren Urteil weist der BFH jedoch darauf hin, dass § 12 Nr.1 S. 2 EStG und § 8 III 2 KStG vergleichbare Zwecke verfolgen und dem parallel gelagerten Gesetzeszweck dieser Vorschriften trotz deren fehlender Deckungsgleichheit vergleichbare Ergebnisse entsprechen können. Vgl. zur Nichtanwendbarkeit des Aufteilungsverbots § 12

Einheit zu behandeln. Vielmehr sind diese Aufwendungen danach aufzuteilen, in welchem Umfang sie die betriebliche Sphäre der Gesellschaft oder die Sphäre des Gesellschafters betreffen[705]. Eine verdeckte Gewinnausschüttung kann daher nur vorliegen, soweit die Aufwendungen der Gesellschaftersphäre zuzuordnen sind. Eine Aufteilung setzt jedoch voraus, dass ein konkret bestimmbarer Teil der Aufwendungen ausschließlich betrieblich veranlasst ist[706]. Ergibt die Prüfung der gesellschaftsrechtlichen Veranlassung anhand einer anzustellenden wertenden und abwägenden Beurteilung der die (gesamten) Aufwendungen auslösenden Momente, dass diese Aufwendungen überwiegend und nicht nur in einem unbedeutenden Maße durch die Gesellschaftersphäre ausgelöst sind, so sind sämtliche Aufwendungen verdeckte Gewinnausschüttungen[707]. Maßgeblich ist, ob sich auch ein ordentlicher und gewissenhafter Geschäftsleiter den Aufwendungen nicht hätte entziehen können oder dieser sich von ihnen einen angemessenen wirtschaftlichen Vorteil versprechen durfte[708]. Aus diesem Maßstab ergibt sich jedoch auch, dass selbst bei im Ganzen nicht überwiegend betrieblich veranlassten Aufwendungen eine verdeckte Gewinnausschüttung ausscheiden muss, wenn der ordentliche und gewissenhafte Geschäftsleiter diese im Hinblick auf die teilweise betriebliche Veranlassung übernommen hätte[709]. Es gelten die allgemeinen Grundsätze der Überprüfung der gesellschaftsrechtlichen Veranlassung[710]. Bei

---

EStG neben den genannten Urteilen ferner Achenbach in Dötsch/Eversberg/Jost/Witt, KStG, § 8 Rn. 186; Frotscher in Frotscher/Maas, KStG, Anhang vGA zu § 8 Rn. 302 „Gemischte Aufwendungen"; Habammer, verdeckte Gewinnausschüttung, S. 67 f.; Wochinger, Verdeckte Gewinnausschüttungen, Rn. 537.

705 Vgl. BFH 07.07.76 I R 180/74, BStBl II 1976, S. 753 (754); Achenbach in Dötsch/Eversberg/Jost/Witt, KStG, § 8 Rn. 186; Frotscher in Frotscher/Maas, KStG, Anhang vGA zu § 8 R. 302 „Gemischte Aufwendungen"; Lange, Verdeckte Gewinnausschüttungen, Rn. 112; Schuck, FR 1992, S. 537 (541).

706 In diesem Sinne BFH 28.11.1991 I R 13/90, BStBl II 1992, S. 359 (362).

707 Vgl. BFH 28.11.1991 I R 13/90, BStBl II 1992, S. 359 (360 f.). In diesem Urteil ging der BFH von einer alle Aufwendungen umfassenden verdeckten Gewinnausschüttung aus, da die in dem 120jährigen Firmenjubiläum begründete betriebliche Mitveranlassung der Aufwendungen des Empfangs hinter den drei der Gesellschaftssphäre des Gesellschafter-Geschäftsführers zuzuordnenden Anlässen des Geburtstages dieses Gesellschafters, dessen 40jährigem Geschäftsjubiläums und dessen 10jährigem Vorsitz in einem Berufsverband zurücktrat und unter Veranlassungsgesichtspunkten verdrängt wurde; kritisch zu diesem Abwägungsergebnis hinsichtlich der die Aufwendungen auslösenden Momente Paus, DStZ 1992, S. 631 (631 f.); Habammer, verdeckte Gewinnausschüttung, S. 68 ff.

708 Vgl. BFH 28.11.1991 I R 13/90, BStBl II 1992, S. 359 (361).

709 Vgl. BFH 07.07.1976 I R 180/74, BStBl II 1976, S. 753 (755) zu Aufwendungen hinsichtlich einer Auslandsreise.

710 Der BFH stellte außer in dem genannten Urteil vom 28.11.1991 (I R 13/90, BStBl II 1992, S. 359) auch in dem Urteil vom 31.07.1990 (I R 62/88, BFHE 162, S. 45), bei der die steuerliche Anerkennung der Übernahme der aus der Trauerfeier für den verstorbenen Gesellschafter-Geschäftsführer resultierenden Aufwendungen in Frage stand (die Witwe des Geschäftsführers erbte alle Anteile), auf den Maßstab des ordentlichen und gewissenhaften Geschäftsleiters ab;

beherrschenden Gesellschaftern ist daher für die Kostenübernahme zusätzlich die Einhaltung der besonderen formellen Anforderungen für Vereinbarungen mit beherrschenden Gesellschaftern erforderlich[711].

kritisch zu diesen Urteilen des BFH und dessen Rechtsprechung als Praktizierung eines faktischen Aufteilungs- und Abzugsverbots für gemischt veranlasste Aufwendungen einordnend Habammer, verdeckte Gewinnausschüttung, S. 69 ff.; vgl. zur Maßgeblichkeit des Maßstabs des ordentlichen und gewissenhaften Geschäftsleiters in Fällen gemischt veranlasster Aufwendungen des Weiteren das zitierte BFH-Urteil vom 07.07.1976 (I R 180/74, BStBl II 1976, S. 753 (754 f.)) sowie auch Wassermeyer, StbJb. 1997/98, S. 79 (84).

[711] Vgl. Wochinger, Verdeckte Gewinnausschüttungen, Rn. 537, der in Rn. 540, 542 jedoch Ausnahmen trotz einer möglicherweise strengeren Auffassung des BFH zulassen will.

3. Kapitel: Überprüfung der Übertragbarkeit der Grundsätze der steuerlichen verdeckten Gewinnausschüttung auf die Nachteilsfeststellung im Rahmen des § 311 I AktG

A. Grundlagen

Anknüpfend an die Ermittlung der für die vorliegende Arbeit relevanten Tatbestandsvoraussetzungen des § 311 I AktG und des steuerlichen Instituts der verdeckten Gewinnausschüttung in den beiden vorhergehenden Kapiteln soll nunmehr festgestellt werden, ob und gegebenenfalls in welchem Umfang die im Rahmen der Untersuchung eines Sachverhalts auf das Vorliegen einer verdeckten Gewinnausschüttung i.S.d. § 8 III 2 KStG zu gewinnenden Erkenntnisse auf die aktienrechtliche Problematik der Nachteilsfeststellung dem Grunde und der Höhe nach übertragen werden können.

Zwar dienen die Regelungen der §§ 311 ff. AktG und das steuerliche Institut der verdeckten Gewinnausschüttung unterschiedlichen Zwecken: Die §§ 311 ff. AktG dienen in erster Linie dem Außenseiterschutz. Die außenstehenden Aktionäre und Gläubiger einer faktisch abhängigen Aktiengesellschaft sollen in ihren an dieser Gesellschaft bestehenden Vermögensinteressen geschützt werden, da die Gefahr besteht, dass das Vermögen der abhängigen Gesellschaft von dem herrschenden Unternehmen für seine außerhalb der Beteiligung an der abhängigen Gesellschaft bestehenden unternehmerischen Interessen verwendet wird[1]. Das Institut der verdeckten Gewinnausschüttung verfolgt hingegen den Schutz des staatlichen Steueranspruchs[2]. Es dient der Ermittlung des zutreffenden steuerlichen Ergebnisses eines Körperschaftsteuersubjekts[3]. Indem jedoch zu diesem Zweck alle Einflüsse auf den Gewinn und damit das Einkommen der Körperschaft zu eliminieren sind, die aus dem Bereich ihrer Mitglieder stammen und nicht Ausfluss ihrer betrieblichen Tätigkeit sind, stellen sich im Steuerrecht in einem wesentlichen Umfang vergleichbare Aufgaben mit denen, die die Regelungen im Aktienrecht betreffend die faktischen Abhängigkeitsverhältnisse zu lösen versuchen. Sowohl die Regelungen der §§ 311 ff. AktG als auch das Rechtsinstitut der verdeckten Gewinnausschüttung versuchen ihre jeweiligen Schutzgüter vor Beeinträchtigungen zu bewahren, die drohen, wenn ein Einzelgesellschafter oder eine Gruppe von Gesellschaftern seine bzw. ihre besondere gesellschaftsrechtlich begründete Macht zur Gestaltung seiner bzw. ihrer Beziehungen zur Kapitalgesellschaft einsetzt.

---

[1] S. hierzu oben 1. Kapitel A. II. 1.
[2] Engel, Konzerntransferpreise, S. 141.
[3] S. hierzu oben 2. Kapitel A. I.

B. Vergleichende Gegenüberstellung der Tatbestandsmerkmale

Um, bei Unterstellung der grundsätzlichen Möglichkeit, herauszufinden, in welchen Fällen und in welchem Umfang im Rahmen der aktienrechtlichen Nachteilsprüfung dem Grunde und der Höhe nach eine Orientierung an dem steuerlichen Institut der verdeckten Gewinnausschüttung möglich ist, sollen nunmehr die tatbestandlichen Anforderungen der verdeckten Gewinnausschüttung denen eines von dem herrschendem Unternehmen veranlassten nachteiligen Verhaltens der abhängigen Gesellschaft i.S.d. § 311 I AktG gegenübergestellt werden.

Soweit der Tatbestand der verdeckten Gewinnausschüttung Anforderungen stellt, die nicht in gleicher Weise in § 311 I AktG vorausgesetzt werden, kann die auf der Nichterfüllung dieser Anforderungen beruhende Verneinung der Verwirklichung einer verdeckten Gewinnausschüttung keine Beurteilungshilfe für die aktienrechtliche Problematik der Nachteilsfeststellung bieten. Eine Orientierung an der steuerlichen Beurteilung von Sachverhalten, bei der eine verdeckte Gewinnausschüttung verneint wird, kommt vor diesem Hintergrund nur bei Ausklammerung dieser Anforderungen aus dem Tatbestand der verdeckten Gewinnausschüttung in Betracht. Die über den relevanten aktienrechtlichen Tatbestand hinausgehenden Anforderungen sollen daher in diesem Teil der Arbeit aufgezeigt und der Umfang dieser Abweichungen herausgearbeitet werden.

Soweit die Beurteilung eines Verhaltens der abhängigen Gesellschaft als nachteilig i.S.d. § 311 I AktG Anforderungen an den der Beurteilung zugrundeliegenden Sachverhalt stellt, deren Erfüllung nicht in gleicher Weise die Voraussetzung der Qualifizierung eines Lebenssachverhalts als verdeckte Gewinnausschüttung bildet, kann das Vorliegen einer verdeckten Gewinnausschüttung allein keinen Rückschluss auf das Bestehen eines Nachteils i.S.d. § 311 I AktG rechtfertigen. Auch die Möglichkeit des Rückgriffs auf das Rechtsinstitut der verdeckten Gewinnausschüttung in Form einer Beurteilungshilfe wäre insoweit im Falle der Feststellung derartiger Anforderungen begrenzt. Im Rahmen der aktienrechtlichen Nachteilsprüfung wäre eine Orientierung an der steuerlichen Beurteilung eines Sachverhalts als verdeckte Gewinnausschüttung vor diesem Hintergrund nur in den Fällen möglich, in denen diese Anforderungen im Rahmen des beurteilenden Sachverhalts entweder keine Rolle spielten oder aber erfüllt wären. Ob und gegebenenfalls in welchem Umfang im Rahmen des Tatbestandsmerkmals des Nachteils i.S.d. § 311 I AktG derartige von den Tatbestandsvoraussetzungen der verdeckten Gewinnausschüttung abweichende Anforderungen bestehen, bildet daher ebenfalls den Untersuchungsgegenstand dieses dritten Teiles der Arbeit.

Unbeachtlich für das Ziel der vorliegenden Arbeit ist, inwieweit darüber hinaus ein von dem herrschenden Unternehmen veranlasstes nachteiliges Verhalten der abhängigen Gesellschaft i.S.d. § 311 I AktG nur bei Erfüllung über die Tatbestandsvoraussetzungen einer verdeckten Gewinnausschüttung hinausgehender Anforderungen angenommen werden kann, da die Existenz in dieser Form über die steuerlichen Tatbestandsvoraussetzungen hinausgehender Anforderungen auf die Möglichkeit einer Orientierung an dem steuerrechtlichem Rechtsinstitut im Rahmen der aktienrechtlichen Nachteilsprüfung keinen Einfluss hat.

Schließlich erfordert die Zielsetzung der vorliegenden Untersuchung, die für die Bestimmung der Höhe der verdeckten Gewinnausschüttung maßgeblichen Grundsätze denen zur Bestimmung der Höhe des Nachteils i.S.d. § 311 I AktG gegenüberzustellen.

I. Der Kreis der beteiligten Personen

Im Rahmen des Tatbestandes des § 311 I AktG müssen im Hinblick auf die Feststellung des Kreises der Personen, deren Beteiligung für die Tatbestandsverwirklichung erforderlich ist, zwei Tatbestandsmerkmale unterschieden werden. Zum einen das Tatbestandsmerkmal der „Veranlassung", das die Beteiligung einer veranlassenden Person und einen Veranlassungsadressaten erfordert. Zum anderen das Tatbestandsmerkmal des nachteiligen Verhaltens als Veranlassungswirkung, d.h. die Vornahme eines für die abhängige Gesellschaft nachteiligen Rechtsgeschäfts oder das Treffen oder Unterlassen einer Maßnahme zu ihrem Nachteil. Die (juristische) Person, die sich im Rahmen dieses Tatbestandsmerkmals nachteilig verhält, ist gleichzeitig der Veranlassungsadressat, die abhängige Gesellschaft. Die Vornahme eines nachteiligen Geschäftsakts kann sich auf das Verhalten „der abhängigen Gesellschaft[4]" beschränken, ohne dass eine Beziehung zu einer weiteren Person erforderlich wäre. Verwirklicht sich das als nachteilig in Betracht kommende Verhalten in einer Beziehung der Kapitalgesellschaft zu einer weiteren Person, so ist deren Identität für die Qualifikation des Verhaltens als nachteilig unbeachtlich.

Die verdeckte Gewinnausschüttung betrifft einen Sachverhalt, an dem auf der einen Seite ein Empfänger der verdeckten Gewinnausschüttung und auf der anderen die Kapitalgesellschaft beteiligt ist. Der Empfänger der verdeckten Gewinnausschüttung kann eine natürliche oder juristische Person oder aber auch eine Personengesellschaft sein, vorausgesetzt, es besteht ein mitgliedschaftliches oder zumindest mitgliedschaftsähnliches Verhältnis zu der Kapitalgesellschaft. Auch bei einer sogenannten verdeckten Gewinnausschüttung an eine nahestehende Person, wenn der Empfänger der zu untersuchenden Leistung der Kapitalgesellschaft ein Dritter ist, muss diese Leistung einem Gesellschafter oder einer Person, die über mitgliedschaftsähnliche Rechte verfügt, zurechenbar sein. Eine verdeckte Gewinnausschüttung an eine Person, die weder Gesellschafter noch Inhaber mitgliedschaftsähnlicher Rechte ist, ist nicht möglich.

Dem Tatbestandsmerkmal der Veranlassung eines Verhaltens der abhängigen Gesellschaft im Rahmen des § 311 I AktG steht, worauf noch einzugehen sein

---

[4] Wer handeln oder eine Handlung unterlassen muss, damit ein Verhalten der abhängigen Gesellschaft angenommen werden kann, wird an späterer Stelle problematisiert und mit der Situation im Rahmen der verdeckten Gewinnausschüttung verglichen; s. dazu unten B. II. 3.

wird[5], keine vergleichbare tatbestandliche Voraussetzung im Rahmen des Rechtsinstituts der verdeckten Gewinnausschüttung gegenüber. Eine Gegenüberstellung von dem Kreis der als Empfänger einer verdeckten Gewinnausschüttung in Betracht kommenden Personen und dem der potentiellen Veranlassenden i.S.d. § 311 I AktG erübrigt sich daher.

Eine ähnliche Lage ergibt sich auch bei der Gegenüberstellung des Kreises der Personen, deren Beteiligung im Rahmen der Tatbestandsverwirklichung der verdeckten Gewinnausschüttung einerseits und im Rahmen der Verwirklichung des Tatbestandsmerkmals des nachteiligen Verhaltens andererseits in Betracht kommt bzw. notwendig ist. Im Rahmen des Tatbestandes des § 311 I AktG ist die Existenz eines dem Personenkreis der möglichen Empfänger einer verdeckten Gewinnausschüttung entsprechenden Personengruppe nicht Voraussetzung der Tatbestandsverwirklichung. Ob der abhängigen Gesellschaft ein Nachteil aufgrund einer (Leistungs-) Beziehung zu einem Gesellschafter, zu einem Dritten oder ohne Beteiligung einer weiteren Person entsteht, ist unbeachtlich, soweit der Nachteil nur auf einem Verhalten der abhängigen Gesellschaft beruht. Das Tatbestandsmerkmal des nachteiligen Verhaltens als Veranlassungswirkung im Rahmen des § 317 I AktG kann sich daher hinsichtlich des insoweit beteiligten Personenkreises auch außerhalb von Sachverhalten verwirklichen, auf die verdeckte Gewinnausschüttungen beschränkt sind. Dies ist ein wesentlicher Unterschied in den Anforderungen an die Verwirklichung des jeweiligen Tatbestandes. Scheitert die Qualifikation eines Verhaltens der Kapitalgesellschaft als verdeckte Gewinnausschüttung an der Existenz eines tauglichen Empfängers einer verdeckten Gewinnausschüttung, kann die auf der Nichterfüllung dieser Anforderung beruhende Verneinung der Verwirklichung einer verdeckten Gewinnausschüttung keine Beurteilungshilfe für die aktienrechtliche Problematik der Nachteilsfeststellung bieten.

Voraussetzung ist im Rahmen beider Tatbestände schließlich das Vorliegen eines zurechenbaren Verhaltens der Körperschaft bzw. Gesellschaft, dessen Qualifikation als verdeckte Gewinnausschüttung i.S.d. § 8 III 2 KStG oder als nachteiliges Verhalten i.S.d. § 311 I AktG in Frage stehen kann. Die Person, bei der ein den Untersuchungsgegenstand der Nachteilsprüfung bildendes Verhalten vorliegen muss (bzw. der Veranlassungsadressat), ist im Rahmen des § 311 I AktG die abhängige Aktiengesellschaft oder Kommanditgesellschaft auf Aktien. Der Tatbestand der verdeckten Gewinnausschüttung i.S.d. § 8 III 2 KStG ist demgegenüber insoweit weiter, als Leistender einer verdeckten Gewinnausschüttung jedes Körperschaftsteuersubjekt sein kann.

[5] S. zu dieser Frage die Ausführungen unter B. III.

II. Die Beeinträchtigung der Vermögenslage der Kapitalgesellschaft

Der Tatbestand der verdeckten Gewinnausschüttung verlangt das Vorliegen einer Vermögensminderung oder verhinderten Vermögensmehrung. Unter Vermögen ist hierbei das Eigenkapital der Steuerbilanz zu verstehen. Durch das Tatbestandsmerkmal der verhinderten Vermögensmehrung wird auch der entgangene Gewinn vom Tatbestand des § 8 III 2 KStG umfasst.

Die Qualifizierung eines Verhaltens der abhängigen Gesellschaft als nachteilig i.S.d. § 311 I AktG setzt eine Verminderung des Gesellschaftsvermögens unter Einbeziehung aller Chancen und Risiken in die Bewertung, oder anders ausgedrückt, eine Minderung oder konkrete Gefährdung der Vermögens- und Ertragslage der abhängigen Gesellschaft voraus. Die bilanzmäßigen Auswirkungen des Geschäftsakts sind hierbei jedoch ohne Bedeutung.

Den angesprochenen Tatbestandsmerkmalen liegt demnach eine unterschiedliche Bestimmung des „Vermögens“ zugrunde, dessen Beeinträchtigung zu untersuchen ist. Trotz der sich aus dieser Abweichung ergebenden und noch darzustellenden Unterschiede verdeutlicht die Gegenüberstellung dieser tatbestandlichen Voraussetzungen eine wesentliche Übereinstimmung in dem auf die Vermögensinteressen der Kapitalgesellschaft bezogenen und gleichzeitig beschränkten Ansatz der zu vergleichenden Tatbestände. Die verdeckte Gewinnausschüttung dient der Ermittlung des „richtigen“, d.h. des steuerbaren Ergebnisses, so dass zu diesem Zweck die Einflüsse auf den Gewinn und damit das Einkommen zu eliminieren sind, die aus dem Bereich ihrer Mitglieder stammen und nicht Ausfluss der betrieblichen Tätigkeit der Körperschaft sind. Eine Beeinträchtigung des Gewinnes und des Einkommens der Kapitalgesellschaft ist nur möglich, wenn deren bilanzielles Vermögen gemindert oder eine Mehrung des bilanziellen Vermögens verhindert wurde. Gleichermaßen beschränken sich die §§ 311 ff. AktG auf den Schutz der Vermögensinteressen der abhängigen Gesellschaft, verfolgen also gerade keinen darüber hinausgehenden Schutz der abhängigen Gesellschaft in wirtschaftlich-organisatorischer Hinsicht.

1. Das Mittel der Vermögensbeeinträchtigung

Der Tatbestand des § 311 I AktG verlangt, dass eine Verhaltensweise der abhängigen Gesellschaft als nachteilig qualifiziert werden kann. Als tatbestandliche Verhaltensweisen werden die Vornahme eines Rechtsgeschäfts oder das Treffen oder Unterlassen einer Maßnahme aufgeführt. Im Rahmen der verdeckten Gewinnausschüttung wird ohne Bezeichnung der tauglichen Handlungsformen nur auf das Vorliegen einer Vermögensminderung oder verhinderten Vermögensmehrung abgestellt. Vor dem Hintergrund, dass unter einer Maßnahme i.S.d. § 311 I AktG umfassend jeder Akt der Geschäftsführung zu verstehen ist, der sich auf die Vermögens- oder Ertragslage der abhängigen Gesellschaft auswirken kann, bewirkt das Erfordernis des Vorliegens eines Rechtsgeschäfts oder einer Maßnahme im Rahmen des § 311 I AktG keine Einschränkung der für eine Qualifizierung als nachteilig i.S.d. § 311 I AktG in Betracht kommenden Verhaltensweisen gegenüber dem Tatbestand der verdeckten Gewinnausschüttung.

2. Das Bestehen einer Vermögensbeeinträchtigung

a) Auswirkungen von bei der Körperschaft eintretenden Vermögensmehrungen

Ein zunächst ins Auge fallender Unterschied zwischen dem steuerrechtlichen Merkmal der Vermögensminderung bzw. der verhinderten Vermögensmehrung und dem des Nachteils, im Aktienrecht verstanden als Minderung oder konkrete Gefährdung der Vermögens- und Ertragslage der abhängigen Gesellschaft, besteht bei der Beurteilung der Auswirkungen etwaiger (Gegen-) Leistungen des Gesellschafters. Im Rahmen der steuerlichen verdeckten Gewinnausschüttung findet nach der im Rahmen dieser Arbeit vertretenen Auffassung[6] in den Fällen, in denen eine Kompensation der bei isolierter Betrachtung des von der Kapitalgesellschaft getätigten Aufwandes bzw. der von dieser erbrachten Leistung bestehenden Vermögensminderung durch (Gegen-) Leistungen des Gesellschafters in Betracht kommt, eine Unterscheidung zwischen Vermögensminderung bzw. verhinderter Vermögensmehrung und der gesellschaftsrechtlichen Veranlassung derselben statt. Im Rahmen des § 311 I AktG erfolgt lediglich die einstufige Prüfung, ob ein nachteiliges Verhalten vorliegt. Die Feststellung, ob das Vermögen der abhängigen Gesellschaft aufgrund eines von ihr vorgenommenen Geschäftsakts vermindert ist, hat daher im Rahmen des § 311 I AktG insbesondere unter Berücksichtigung etwaiger Gegenleistungen zu erfolgen. In den praktischen Auswirkungen ist dieser Unterschied jedoch ohne Bedeutung, da dieser nur das Verhältnis der Tatbestandmerkmale zueinander innerhalb eines feststehenden Tatbestandes betrifft.

Übereinstimmung zwischen dem Tatbestandsmerkmal der Vermögensminderung bzw. verhinderten Vermögensmehrung im Rahmen der verdeckten Gewinnausschüttung und der Voraussetzung der Verminderung des Gesellschaftsvermögens im Rahmen des § 311 I AktG besteht hinsichtlich der Nichtberücksichtigung von Herausgabe- oder Ersatzansprüchen, die ihre Grundlage in dem auf das Vorliegen einer verdeckten Gewinnausschüttung oder eines nachteiligen Verhaltens i.S.d. § 311 I AktG zu untersuchenden Verhaltens haben. Zwar kann in den Fällen, in denen aufgrund eines Verhaltens ein Rückgewähr- oder Ersatzanspruch der Kapitalgesellschaft entsteht und die entsprechende Forderung der Kapitalgesellschaft nach den Grundsätzen ordnungsgemäßer Bilanzierung in der Steuerbilanz in voller Höhe zu aktivieren ist, aufgrund der damit verbundenen Erhöhung des Bilanzvermögens hinsichtlich dieses Verhaltens keine verdeckte Gewinnausschüttung angenommen werden[7]. Nach den Grundsätzen ordnungsgemäßer Buch-

---

[6] S. zu diesem Problembereich 2. Kapitel B. III. 2.

[7] Vgl. oben 2. Kapitel III. 2.

führung erfolgswirksam zu aktivierende Rückgewähr- oder Erstattungsansprüche sind jedoch dann nicht gegeben, wenn es sich bei den Rückgewähr- und Ersatzansprüchen um Ansprüche auf Rückgängigmachung einer verdeckten Gewinnausschüttung handelt, wenn also diese Ansprüche auf einem Verhalten beruhen, das schon als verdeckte Gewinnausschüttung anzusehen ist. Dieses Verhalten muss daher unabhängig von der Frage des Bestehens etwaiger Herausgabe- oder Ersatzansprüche auf das Vorliegen einer verdeckten Gewinnausschüttung hin untersucht werden. Für das aktienrechtliche Problem der Nachteilsfeststellung ist es selbstverständlich, dass ein Verhalten, das den an einen ordentlichen und gewissenhaften Geschäftsleiter zu stellenden Sorgfaltsanforderungen nicht genügt und als solches die Vermögensinteressen der abhängigen Gesellschaft beeinträchtigt, nicht dadurch seine Nachteiligkeit verliert, dass es auch die Grundlage für Rückgewähr- oder Ersatzansprüche bildet.

b) Verhinderte Vermögensmehrung – Begrenzung der steuerlich relevanten Sachverhalte durch die steuerliche Geschäftschancenlehre

Im Rahmen des Tatbestandsmerkmals der verhinderten Vermögensmehrung begrenzt die steuerliche Geschäftschancenlehre den Kreis der als verdeckte Gewinnausschüttung in Betracht kommenden Sachverhalte der unterlassenen Wahrnehmung von Erwerbschancen. Eine verdeckte Gewinnausschüttung auf der Grundlage der steuerlichen Geschäftschancenlehre setzt voraus, dass eine Erwerbsaussicht besteht, die bereits so hinreichend konkretisiert ist, dass ihr ein Vermögenswert zukommt. Des Weiteren muss diese Geschäftschance der Kapitalgesellschaft zuzuordnen sein und diese muss dem Gesellschafter die Wahrnehmung der Geschäftschance (teil-) unentgeltlich überlassen.

Im Hinblick auf den Tatbestand des § 311 I AktG stellt sich die Frage, ob die durch die steuerliche Geschäftchancenlehre dargestellten Begrenzungen der Möglichkeit, den Verzicht auf die Wahrnehmung von Erwerbsaussichten als verdeckte Gewinnausschüttung zu bewerten, gleichermaßen auch die Begrenzungen dafür bilden, wann die Nichtwahrnehmung einer Erwerbsaussicht noch eine Minderung oder konkrete Gefährdung der Vermögens- und Ertragslage und somit ein nachteiliges Verhalten i.S.d. § 311 I AktG darstellen kann.

Übereinstimmung besteht im Rahmen der verdeckten Gewinnausschüttung auf der Grundlage der steuerlichen Geschäftschancenlehre und des Tatbestandes des § 311 I AktG zunächst dahingehend, dass das maßgebliche Verhalten für die Verwirklichung des jeweiligen Tatbestandes das der Kapitalgesellschaft und nicht das des Gesellschafters ist.

Problematisch hingegen ist die Voraussetzung des Bestehens einer vermögenswerten Position im Rahmen der steuerlichen Geschäftschancenlehre. Es muss danach eine Erwerbsaussicht bestehen, die bereits einen derartigen Konkretisierungsgrad erreicht hat, dass ihr ein Vermögenswert zukommt. Nicht jeder Verzicht auf eine noch so vage Möglichkeit der Gewinnerzielung kann eine verhinderte Vermögensmehrung begründen.

Auch der Schutzbereich des § 311 I AktG umfasst die der abhängigen Gesellschaft aufgrund der Einflussnahme des herrschenden Unternehmens entgangenen Gewinne. Eine Unterscheidung zwischen dem entgangenen Gewinn als verhinderte Vermögensmehrung und einer gegenwärtigen Vermögenseinbuße ist jedoch im Hinblick auf das Tatbestandsmerkmal des Nachteils i.S.d. § 311 I AktG, dessen Vorliegen unabhängig von den bilanzmäßigen Auswirkungen des fraglichen Geschäftsakts ist, weder erforderlich noch immer möglich[8].

Unterlässt die abhängige Gesellschaft zugunsten des Gesellschafters den Versuch der Vornahme eines Geschäfts, das eine i.S.d. steuerlichen Geschäftschancenlehre bereits hinreichend konkrete Erwerbsaussicht darstellt, ohne dafür ein (angemessenes) Entgelt zu verlangen, so stellt das Unterlassen der Vereinbarung eines (angemessenen) Entgelts ein Verhalten dar, das den Wert des Vermögens der abhängigen Gesellschaft vermindert[9] und somit nachteilig i.S.d. § 311 I AktG sein kann.

Das maßgebliche Verhalten wird hier jedoch im Gegensatz zu der Situation im Rahmen der verdeckten Gewinnausschüttung regelmäßig das Unterlassen der Wahrnehmung einer Geschäftschance sein, da der Kapitalgesellschaft schon insoweit ein Gewinn entgehen kann. Im Rahmen des § 311 I AktG muss kein Verzicht auf ein (angemessenes) Entgelt für die Überlassung der Geschäftschance konstruiert werden, da das Bestehen eines Nachteils i.S.d. § 311 I AktG, anders als das Vorliegen einer Vermögensminderung bzw. verhinderten Vermögensmehrung i.S.d. verdeckten Gewinnausschüttung, unabhängig von den bilanzmäßigen Auswirkungen des Geschäftsakts ist. Aus diesem unterschiedlichen Ansatzpunkt für das Vorliegen einer verdeckten Gewinnausschüttung und eines Nachteils i.S.d. § 311 I AktG ergibt sich eine Beschränkung der als verdeckte Gewinnaus-

---

[8] Hier ist auf die vergleichbare Situation im Schadensersatzrecht hinzuweisen. § 249 S. 1 BGB umfasst auch den entgangenen Gewinn, so dass § 252 S. 1 BGB nur klarstellende Funktion zukommt, vgl. Palandt/Heinrichs, § 252 Rn. 1; Soergel/Mertens, § 252 Rn. 1. Die Unterscheidung zwischen dem entgangenen Gewinn und der erlittenen Vermögenseinbuße beruht nur auf historischen Gründen, vgl. Staudinger/Schiemann, § 252 Rn. 6. Unter entgangenem Gewinn i.S.d. Schadensersatzrechts sind die Vermögensvorteile zu verstehen, die im Zeitpunkt des schädigenden Ereignisses noch nicht zum Vermögen des Verletzten gehörten, die ihm ohne dieses Ereignis aber zugeflossen wären, s. Palandt/Heinrichs, § 252 Rn. 1. Ist jedoch eine Vermögensmehrung mit hinreichender Sicherheit zu erwarten, so ist diese Chance bereits dem vorhandenen Vermögen zuzurechnen, stellt also selbst bereits einen gegenwärtigen Vermögenswert dar, vgl. Soergel/Mertens, Vor § 249 Rn. 67; Staudinger/Schiemann, § 252 Rn. 6. Die Grenzen zwischen einer erlittenen Vermögenseinbuße und einem entgangenem Gewinn sind fließend, vgl. Soergel/Mertens, Vor § 249 Rn. 67; Staudinger/Schiemann, § 252 Rn. 6. Vgl. zu dem Problem des Vermögenswertes konkretisierter tatsächlicher Erwerbsaussichten im Rahmen der steuerlichen verdeckten Gewinnausschüttung unter Einbeziehung der Erkenntnisse weiterer Rechtsgebiete sowie der Wirtschaftswissenschaft Fleischer, DStR 1999, S. 1249 (1256).

[9] Voraussetzung ist jedoch, dass der abhängigen Gesellschaft die Wahrnehmung oder Verwertung der Geschäftschance möglich sein muss. Hierauf wird im Folgenden noch eingegangen.

schüttung in Betracht kommenden Sachverhalte auf solche, in denen der Geschäftsverkehr bei Vereinbarung der Übertragung oder Überlassung der „Geschäftschance“ zu einer Bewertung dieser Chance gelangen würde, der Chance also i.S.d. der Definition der Geschäftschance nach der steuerlichen Geschäftschancenlehre ein Vermögenswert zukommt. Kommt der Geschäftsverkehr zu keiner Bewertung der „Geschäftschance[10]“, weil das die Gewinnaussicht beinhaltende Geschäft etwa aufgrund des technologischen Vorsprungs der Kapitalgesellschaft gegenüber den Konkurrenzunternehmen nur von dieser Kapitalgesellschaft vorgenommen werden kann, oder ist eine Übertragbarkeit oder Überlassung der „Geschäftschance“ aus tatsächlichen oder rechtlichen Gründen unmöglich, so kann der Chance lediglich aus der Sicht der Kapitalgesellschaft ein Vermögenswert zukommen. Eine verdeckte Gewinnausschüttung auf der Grundlage der steuerlichen Geschäftschancenlehre kommt mangels Vorliegen einer vermögenswerten Position aus der Sicht des Geschäftsverkehrs bei einer Vereinbarung über die Übertragung oder Überlassung der Chance bzw. aufgrund des Ansatzpunktes der verdeckten Gewinnausschüttung bei der (teil-) unentgeltlichen Überlassung der Geschäftschance an einen Gesellschafter nicht in Betracht. Ein nachteiliges Verhalten i.S.d. § 311 I AktG kann hingegen bei Verzicht der abhängigen Gesellschaft auf die Wahrnehmung einer derartigen Chance eindeutig vorliegen. Hier ist ein Sachverhalt angesprochen, der sich durch eine „Schädigung“ der Kapitalgesellschaft auszeichnet, ohne dass damit ein Vorteil des Gesellschafters oder einer ihm nahestehenden Person verbunden ist. Auf dieses Problem wird noch genauer zurückzukommen sein[11].

Der Schutzbereich des § 311 AktG beschränkt sich auch in einer weiteren Hinsicht nicht nur auf Einflussnahmen, die den Verzicht auf eine bereits als vermögenswerte Position i.S.d. Geschäftschancenlehre zu qualifizierende Erwartung einer Vermögensmehrung bewirken. Für die Bewertung des Gesellschaftsvermögens der abhängigen Gesellschaft kommt es insbesondere auch auf die aus der Gegenüberstellung von den Chancen und Risiken sich ergebende künftige Ertragserwartung an. Auch der Entschluss über die Wahrnehmung einer noch wenig konkretisierten Chance, durch ein zukünftiges Geschäft Gewinne zu erzielen, kann je nach Bedeutung dieses Geschäfts für die Bewertung des Gesellschaftsvermögens erheblich sein. Von dem Schutzbereich des § 311 AktG ist gerade auch eine konkrete Gefährdung der Vermögens- und Ertragslage erfasst. Eine derartige konkrete Gefährdung setzt schon im Vorfeld des Verzichts auf bereits als Vermögenswert „herangereifte“ Erwerbsaussichten an, wenn auch hier eine gewisse Wahrscheinlichkeit gefordert werden muss. Je grundlegender die Bedeutung eines zukünftigen Geschäfts für die abhängige Gesellschaft ist, desto gerin-

[10] Eine Geschäftschance i.S.d. steuerlichen Geschäftschancenlehre liegt vorliegend mangels Vermögenswert bei Übertragung oder Überlassung aus der Sicht des Geschäftsverkehrs nicht vor, wie es sich aus den folgenden Ausführungen ergibt.

[11] S. zu diesem Problembereich unten B. IV. 1., 2.

gere Anforderungen können an die Wahrscheinlichkeit des Zustandekommens des Geschäfts und dessen gewinnbringender Durchführung zu stellen sein.

Auch die Voraussetzung, eine Geschäftschance der Kapitalgesellschaft zuordnen zu können, stellt eine engere Grenze dar, als sie im Hinblick auf den Tatbestand des § 311 I AktG zu ziehen ist. Zwar emanzipiert sich die steuerliche Geschäftschancenlehre von der gesellschaftsrechtlichen Geschäftschancenlehre insoweit, als sie meiner Auffassung nach[12] nicht auf die Verletzung der gesellschaftsrechtlichen Treuepflicht des Gesellschafters abhebt, welches nach zivilrechtlichen Grundsätzen zu beurteilen wäre. Sie stellt vielmehr eine eigene steuerliche Lösung des Problems der Tätigkeit des Gesellschafters bzw. Gesellschafter-Geschäftsführers für eigene Rechnung dar, für die das Zivilrecht allenfalls ergänzend heranzuziehen ist. Gleichermaßen gilt auch im Rahmen des Nachteilsbegriffs des § 311 I AktG für den Bereich der im vorliegenden Zusammenhang interessierenden Sachverhalte, dass es auf eine Treuepflichtverletzung des Gesellschafters grundsätzlich nicht ankommt[13], so dass insoweit eine Übereinstimmung zwischen der steuerlichen Geschäftschancenlehre und § 311 I AktG besteht. Einige der in der Literatur genannten materiellen Kriterien zur Zuordnung einer Geschäftschance sind jedoch auf die gesellschaftsrechtliche Treuepflicht zurückzuführen[14]. Inwieweit diese Kriterien im Rahmen der steuerlichen Geschäftschancenlehre anzuerkennen sind, soll im Rahmen dieser Arbeit dahingestellt bleiben. Im Rahmen des § 311 I AktG beschränkt sich jedenfalls der Blick auf die abhängige Gesellschaft. Kann diese ein Gewinne versprechendes Geschäft wahrnehmen, so kommt es nicht darauf an, ob diese Chance nur der Gesellschaft eröffnet ist oder auch dem Zugriff des Gesellschafters oder Dritten offen steht[15] und ob ein Gesellschafter bei Wahrnehmung eines bestimmten Geschäfts seine gesellschaftsrechtliche Treuepflicht verletzen würde. Diese weitergehenden Feststellungen können allenfalls im Einzelfall Bedeutung im Rahmen der Fragestellung erlangen, ob ein ordentlicher und gewissenhafter Geschäftsleiter einer unabhängigen Gesellschaft eine bestimmte Geschäftschance wahrgenommen hätte. Alleinige Voraussetzung ist, und nur insoweit ist die Grenzziehung im Rahmen der steuerlichen Geschäftschancenlehre übertragbar, dass die abhängige Gesellschaft sich in der Lage befinden muss, das durch die „Ge-

---

[12] S. zu dieser in der Lehre nicht eindeutig beantworteten Frage 2. Kapitel B. III. 5. b) dd).

[13] Jedoch wird eine Treuepflichtverletzung in den meisten Fällen eines feststellbaren Nachteils vorliegen.

[14] Das gilt etwa für das Kriterium der besonderen Bedeutung des Geschäfts für die Kapitalgesellschaft, vgl. Steck, Wettbewerbsverbot, S. 82.

[15] Vgl. auch Brezing, AG 1975, S. 225 (227); Döllerer, BB 1967, S. 1437 (1439); Uecker, Der Vorteils- Nachteils- Ausgleich, S. 111; ähnlich auch Richardt, Der aktienrechtliche Abhängigkeitsbericht, S. 101 f. (Fn. 368).

schäftschance[16]" eröffnete, Gewinne versprechende Geschäft selbst (mit oder ohne den Einsatz von Subunternehmern) durchzuführen oder die „Geschäftschance" durch Überlassung oder Übertragung auf einen Dritten gegen ein Entgelt zu verwerten[17]. Ist der abhängigen Gesellschaft die Wahrnehmung oder Verwertung einer „Geschäftschance" nicht möglich, kann ein entsprechendes Unterlassen die Vermögens- und Ertragslage der abhängigen Gesellschaft nicht beeinträchtigen[18]. In diesem Zusammenhang können einige der im Rahmen der steuerlichen Geschäftschancenlehre aufgeführten materiellen Kriterien für die Zuordnung einer Geschäftschance eine Rolle spielen. Diese Blickrichtung, die nur auf die möglichen Auswirkungen eines Verhaltens bei der abhängigen Gesellschaft abzielt, unterscheidet sich von der Betrachtungsweise im Rahmen der verdeckten Gewinnausschüttung. Die steuerliche Geschäftschancenlehre erfasst nur das Überlassen einer Geschäftschance an einen Gesellschafter oder eine diesem nahestehende Person, ohne ein mögliches Entgelt zu verlangen. Nachteilig i.S.d. § 311 I AktG kann hingegen schon die bloße Nichtwahrnehmung einer Chance sein, ohne dass diese dem Gesellschafter oder überhaupt einer anderen Person überlassen wird. Es ist im Rahmen des § 311 I AktG insoweit unbeachtlich, ob eine Konkurrenztätigkeit eines Gesellschafters oder einer diesem nahestehenden Person vorliegt. Hier ist wiederum der Bereich der im Rahmen der steuerlichen verdeckten Gewinnausschüttung problematischen Sachverhalte angesprochen, in denen ein Verhalten der Kapitalgesellschaft vorliegt, das sich auf eine Schädigung der abhängigen Gesellschaft beschränkt oder das zumindest nicht im „Interesse des Gesellschafters" liegt. Zu dieser Problematik wird später Stellung genommen.

Die steuerliche Geschäftchancenlehre führt nach alledem zu einer engeren Begrenzung des Kreises der als verdeckte Gewinnausschüttung in Betracht kommenden Sachverhalte, als sie im Hinblick auf den Tatbestand des § 311 I AktG hinsichtlich des Vorliegens eines nachteiligen Verhaltens zu ziehen ist. Das Vorliegen eines Nachteils i.S.d. § 311 I AktG ist nicht ausgeschlossen, wenn eine Erwerbsaussicht keine vermögenswerte Position i.S.d. steuerlichen Geschäftschancenlehre darstellt, wenn eine Chance nicht auf Dritte übertragbar ist bzw. an

---

[16] Der Begriff der Geschäftschance ist im Rahmen des § 311 AktG insoweit „weiter" als im Rahmen der steuerlichen Geschäftschancenlehre, als die Geschäftschance, wie dargelegt, keine vermögenswerte Position darzustellen braucht.

[17] Anders als im Rahmen der steuerlichen Geschäftschancenlehre, jedenfalls bei Zugrundelegung des hier vertretenen Verständnisses dieser Lehre, kommt es im Rahmen des Tatbestandes des § 311 I AktG auch darauf an, ob die abhängige Gesellschaft das Geschäft „sonst" vorgenommen hätte. Das folgt jedoch aus dem Tatbestandsmerkmal der Veranlassung und bedeutet, dass die abhängige Gesellschaft das Geschäft nicht auch ohne die Einflussnahme des herrschenden Unternehmens unterlassen hätte. Was der konkrete Vorstand der abhängigen Gesellschaft getan oder unterlassen hätte, ist hingegen für die Frage der Qualifikation eines Verhaltens als nachteilig irrelevant.

[18] Zu dieser Feststellung bedarf es nicht einmal eines Rückgriffs auf die Rechtsfigur des ordentlichen und gewissenhaften Geschäftsleiters.

Dritte überlassen werden kann oder wenn eine Geschäftschance der Kapitalgesellschaft nicht i.S.d. Geschäftschancenlehre zuzuordnen ist.

c) Die Erweiterung des Tatbestandes des § 311 I AktG gegenüber dem der verdeckten Gewinnausschüttung durch die Einbeziehung von Beeinträchtigungen der Ertragserwartungen in die Nachteilsfeststellung

Der soeben dargelegte Gesichtspunkt, dass ein Nachteil i.S.d. § 311 I AktG auch in einer Minderung der Ertragsaussichten der abhängigen Gesellschaft bestehen kann, führt zu einer wesentlichen Abweichung des aktienrechtlichen Tatbestandes von dem der steuerlichen verdeckten Gewinnausschüttung, die sich an verschiedenen Tatbestandsmerkmalen aufzeigen lässt.

Betrachtet man das Tatbestandmerkmal der Vermögensminderung oder verhinderten Vermögensmehrung, so zeigt sich, dass der verdeckten Gewinnausschüttung eine rein bilanzielle Betrachtungsweise zugrunde liegt. Für die Feststellung, ob eine Vermögensminderung oder verhinderte Vermögensmehrung eingetreten ist und gegebenenfalls, in welcher Höhe, ist durch Vergleich des bilanziellen Vermögens der Körperschaft vor und nach der vorgenommenen bzw. unterlassenen Handlung festzustellen. Die zu erwartenden zukünftigen materiellen Auswirkungen des fraglichen Verhaltens auf den Geschäftsbetrieb der Kapitalgesellschaft können nur insoweit Berücksichtigung finden, als diese Erwägungen entweder bei einem Leistungsaustausch im Rahmen der Beurteilung der Angemessenheit der Gegenleistung eine Rolle spielen oder aber insoweit, als sich die erwarteten Auswirkungen auf den Geschäftsbetrieb der Kapitalgesellschaft in einer dieser zuzuordnenden hinreichend konkretisierten Geschäftschance manifestieren. Werden etwa unternehmerische Fehl-Entscheidungen über die zukünftige Ausrichtung der Kapitalgesellschaft im Markt getroffen, so wird die Feststellung des Verzichts auf konkretisierbare Geschäftschancen nur selten möglich sein. Ohne konkrete Auswirkungen auf das Eigenkapital in der Steuerbilanz der Kapitalgesellschaft kann jedoch keine verdeckte Gewinnausschüttung vorliegen. Das Bestehen eines Nachteils i.S.d. § 311 I AktG ist hingegen unabhängig von den bilanzmäßigen Auswirkungen des betrachteten Verhaltens. Insbesondere in vielen der mit besonderen Risiken für die abhängige Gesellschaft verbundenen Fälle der Ausrichtung der Geschäftstätigkeit der abhängigen Kapitalgesellschaft auf das herrschende Unternehmen oder ein anderes Konzernunternehmen kann sich eine konkrete Gefährdung der Ertragslage bzw. eine Minderung der Ertragsaussichten der abhängigen Gesellschaft ergeben, ohne dass eine Vermögensminderung oder verhinderte Vermögensmehrung i.S.d. verdeckten Gewinnausschüttung feststellbar wäre.

An dieser Stelle möchte ich noch auf zwei weitere Gesichtspunkte eingehen. Die Voraussetzung im Rahmen des Tatbestandsmerkmals der gesellschaftsrechtlichen Veranlassung, dass sich die fragliche Handlung als eine zweckgerichtete Begünstigung des Gesellschafters darstellen muss, führt, worauf noch zurückzukommen sein wird, zu dem Ausschluss von schlichten Schädigungshandlungen aus dem Tatbestand der verdeckten Gewinnausschüttung[19]. Die Veräußerung eines wichtigen Produktionsmittels zum „angemessen" Marktpreis stellt auch dann keine verdeckte Gewinnausschüttung dar, wenn ein ordentlicher und gewissenhafter Geschäftsleiter das Geschäft nicht vorgenommen hätte, weil er im Falle der Veräußerung Produktionsausfälle zu befürchten hätte, dieser Sachverhalt aber nicht als zweckgerichtete Begünstigung eines Gesellschafters gewertet werden kann. Weiterhin ist auf den Umstand hinzuweisen, dass in dem Fall der Veräußerung des Produktionsmittels zu einem unter dem „angemessenen" Marktpreis liegenden Preis der Betrag der verdeckten Gewinnausschüttung in der Differenz zwischen dem Entgelt, das ein ordentlicher und gewissenhafter Geschäftsleiter von einem Nichtgesellschafter gefordert und erhalten hätte und dem tatsächlichen Entgelt besteht, so dass auch hier die zu erwartenden materiellen Folgewirkungen in Form etwaiger Produktionsausfälle keine Rolle spielen. Im Rahmen der aktienrechtlichen Nachteilsfeststellung dem Grunde und der Höhe nach wären die zu erwartenden Produktionsausfälle hingegen zu berücksichtigen[20].

3. Erforderlichkeit eines der Kapitalgesellschaft zurechenbaren Verhaltens

a) Keine Beschränkung auf ein Handeln oder Unterlassen der Unternehmensleitung

Zunächst ist klarzustellen, dass der Rückgriff auf die Rechtsfigur des ordentlichen und gewissenhaften Geschäftsleiters bei der verdeckten Gewinnausschüttung im Rahmen des Tatbestandsmerkmals der gesellschaftsrechtlichen Veranlassung und bei § 311 I AktG im Rahmen des Tatbestandsmerkmals des Nachteils nicht dazu führt, dass ein Handeln der Unternehmensleitung erforderlich wäre, da lediglich ein der Kapitalgesellschaft zurechenbares Verhalten erforderlich ist, das, wie bereits dargelegt, auch bei Handlungen anderer Personen gegeben sein kann.

b) Übereinstimmende Beurteilung bei Verhalten des Vorstands und des Aufsichtsrates, Abweichungen bei Verhalten der Hauptversammlung sowie eines beherrschenden Gesellschafters

Der Tatbestand der verdeckten Gewinnausschüttung setzt voraus, dass die festgestellte Minderung oder verhinderte Mehrung des Vermögens der Kapitalgesellschaft auf einem dieser Kapitalgesellschaft zurechenbaren Verhalten beruht. Erforderlich ist eine Rechtshandlung oder tatsächliche Handlung der handlungsbefugten Organe der Kapitalgesellschaft oder einer einem solchen Organ gleichzustellenden Person. Das sind zunächst die Geschäftsleiter der Kapitalgesellschaft, sowie bei der GmbH die Gesellschafter in ihrer Gesamtheit und der beherrschen-

[19] S. dazu unten B. IV. 1., 2.
[20] S. dazu unten B. VIII.

de GmbH-Gesellschafter. Gleichermaßen liegt ein der Kapitalgesellschaft zurechenbares Verhalten vor, wenn eine der genannten Personen oder Personengruppen das die Vermögensminderung oder verhinderte Vermögensmehrung verursachende Verhalten einer dritten Person erkennt und duldet. Schließlich sind auch Rechtsakte oder tatsächliche Handlungen eines Gesellschafters oder einer ihm nahestehenden Person der Gesellschaft zurechenbar, wenn die Organe ihnen durch Tun oder Unterlassen die Möglichkeit verschafft haben, über Gesellschaftsvermögen zu disponieren.

Auch § 311 I AktG setzt ein Verhalten der abhängigen Gesellschaft voraus, das als nachteilig qualifiziert werden kann. Steht ein Verhalten des Vorstands der abhängigen Kapitalgesellschaft in Frage, ergeben sich keine Unterschiede zur verdeckten Gewinnausschüttung. Gleiches dürfte für ein Verhalten des Aufsichtsrats der abhängigen Aktiengesellschaft gelten, soweit es im Rahmen des § 311 I AktG von Interesse ist.

Jedoch kann das Verhalten, welches das herrschende Unternehmen veranlasst hat, auch durch Personen verwirklicht werden, die keine handlungsbefugten „Organe" der Kapitalgesellschaft i.S.d. verdeckten Gewinnausschüttung sind. So unterfällt auch das Verhalten eines veranlassten Angestellten als eine dem Vorstand nachgeordnete Stelle dem Tatbestand des § 311 I AktG. Die Frage, ob und wenn, in welchem Umfang es auf die Stellung des Angestellten in der abhängigen Gesellschaft ankommt, ob also etwa eine leitende Funktion des Angestellten zu verlangen ist, soll im Rahmen dieser Untersuchung unbeantwortet bleiben. Auch Beschlüsse der Hauptversammlung der abhängigen Kapitalgesellschaft, die auf der Ausübung des Stimmrechts des herrschenden Unternehmens beruhen, stellen ein taugliches Verhalten der abhängigen Gesellschaft dar; im Rahmen der verdeckten Gewinnausschüttung sind hingegen nur Beschlüsse der Gesellschafterversammlung der GmbH umfasst.

Die verdeckte Gewinnausschüttung stellt jedoch geringere Anforderungen an die „Zurechnung" eines Verhaltens des beherrschenden GmbH-Gesellschafters als der Tatbestand des § 311 I AktG in der vergleichbaren Situation. Zwar gelten diese Grundsätze im Rahmen der verdeckten Gewinnausschüttung nicht für beherrschende Aktionäre. Jedoch sollen im Rahmen der vorliegenden Untersuchung auch die für die GmbH geltenden Grundsätze der verdeckten Gewinnausschüttung hinsichtlich einer Übertragbarkeit auf das Problem der Nachteilsfeststellung im Rahmen des § 311 I AktG untersucht werden. Auch wenn im Rahmen des § 311 I AktG das beherrschende Unternehmen das fragliche, hier auf seine Nachteiligkeit hin zu untersuchende Verhalten der abhängigen Aktiengesellschaft ebenfalls selbst vornehmen kann, so ist jedoch zusätzlich erforderlich, dass die handelnde Person dem Aufsichtsrat oder dem Vorstand der abhängigen Gesellschaft angehört, als (leitende) Angestellte der abhängigen Gesellschaft tätig ist oder dass diese Person die Maßnahme zumindest aufgrund einer Vollmacht für die abhängige Gesellschaft trifft. Ein Handeln eines Aktionärs kann im Hinblick auf den § 311 I AktG nicht schon allein deswegen ein Handeln der abhängigen

Aktiengesellschaft darstellen, weil dem Aktionär eine beherrschende Stellung[21] zukommt.

c) Unterschiede bei der Zurechnung des Verhaltens eines nicht im Sinne der verdeckten Gewinnausschüttung handlungsbefugten Organs der Kapitalgesellschaft oder einer einem solchen Organ gleichzustellenden Person bzw. bei der Zurechnung des Verhaltens Dritter

Nicht ganz eindeutig ist, in welchem Umfang eine Zurechnung bei Rechtsakten oder tatsächlichen Handlungen eines (nicht beherrschenden GmbH-) Gesellschafters oder einer ihm nahestehenden Person im Rahmen der verdeckten Gewinnausschüttung möglich sein soll, wenn die Organe einer solchen Person durch Tun oder Unterlassen die Möglichkeit verschafft haben, über Gesellschaftsvermögen zu disponieren. Umfasst sind jedenfalls Vermögensdispositionen des Gesellschafters bzw. einer nahestehenden Person aufgrund einer „Generalvollmacht", die vom Geschäftsleiter erteilt wurde. Dies soll auch dann gelten, wenn diese Vollmacht zivilrechtlich unwirksam ist, aber dem unwirksam Bevollmächtigten dadurch zumindest tatsächlich eine Stellung als willensbildendes Organ der Kapitalgesellschaft, insbesondere eine dem Geschäftsführer vergleichbare Stellung, zukommt.

Jedenfalls bei einem nachteiligen Verhalten einer Person, die aufgrund einer Vollmacht für die abhängige Gesellschaft handelt, ist eine Tatbestandserfüllung des § 311 I AktG möglich. Anders als im Rahmen der verdeckten Gewinnausschüttung kommt hier das Vorliegen eines der Kapitalgesellschaft zurechenbaren Verhaltens hinsichtlich des Verhaltens jeder bevollmächtigten dritten Person in Betracht, so dass bei entsprechender Einwirkung auf diese durch das herrschende Unternehmen die abhängige Gesellschaft Veranlassungsadressat ist[22]. Gesellschafter oder eine diesem nahestehende Person braucht die bevollmächtigte Person nicht zu sein. Werden die Ausführungen des BFH in den beiden insoweit einschlägigen Urteilen[23], wie hier vertreten, so verstanden, dass die durch ein Verhalten der Organe der Kapitalgesellschaft verschaffte Möglichkeit, über das Vermögen der Kapitalgesellschaft zu disponieren, den Gesellschafter (oder die diesem nahestehende Person) in eine Lage versetzen muss, dass diesem (oder dieser) faktisch eine einem handlungsbefugten „Organ" der Kapitalgesellschaft vergleichbare Stellung zukommt, so ist der Kreis der als Ziel einer Veranlassung tauglichen Personen auch noch insoweit bei § 311 I AktG weiter, als hier eine derartige faktische „organähnliche" Stellung bei einem Bevollmächtigten nicht erforderlich ist.

---

[21] Dies gilt unabhängig davon, ob eine beherrschende Stellung im Sinne der steuerlichen verdeckten Gewinnausschüttung oder im Sinne des Aktienrechts vorliegt.

[22] Vgl. zu diesem Fall MünchKommAktG/Kropff, § 311 Rn. 77.

[23] S. 2. Kapitel Fn. 120.

Fraglich ist jedoch, ob im Rahmen des § 311 I AktG auch eine nur tatsächliche Möglichkeit, über Gesellschaftsvermögen zu disponieren, ausreichen kann.

Handelt im Rahmen des § 311 I AktG ein Gesellschafter, eine im Sinne der verdeckten Gewinnausschüttung nahestehende Person oder ein Dritter zum Nachteil der abhängigen Gesellschaft, jedoch aufgrund einer unwirksamen Vollmacht, so liegt meines Erachtens ein Verhalten der abhängigen Kapitalgesellschaft bei rechtsgeschäftlichem Handeln nur dann vor, wenn diese zumindest nach Rechtscheinsgrundsätzen gebunden wird. Insoweit ist hier eine engere Grenze als im Rahmen der verdeckten Gewinnausschüttung zu ziehen.

Es stellt sich die Frage, ob eine vergleichbare Einschränkung auch bei tatsächlichem Handeln zu gelten hat. Unterschlägt etwa ein unwirksam bevollmächtigter Dritter auf Veranlassung des herrschenden Unternehmens oder unterschlägt eine unwirksam durch die abhängige Gesellschaft bevollmächtigte für das herrschende Unternehmen handelnde Person selbst, so könnte an einem Verhalten der abhängigen Gesellschaft zu zweifeln sein, da hier lediglich eine tatsächliche Einwirkungsmöglichkeit auf das Vermögen der abhängigen Gesellschaft ausgenutzt wird. Dies gilt gleichermaßen bei wirksamer Bevollmächtigung.

Bevor auf diese spezielle Fragestellung eingegangen wird, soll zunächst geklärt werden, welche Realakte welcher Personen ansonsten ein Handeln der abhängigen Gesellschaft darstellen können. Zunächst ist anzumerken, dass im Rahmen des § 311 I AktG, wie auch im Rahmen der verdeckten Gewinnausschüttung, das maßgebliche Verhalten, d.h. der Rechts- oder Realakt, auch in einer strafbaren Handlung liegen kann. Daher kann ein nachteiliges Verhalten auch in einem Diebstahl oder einer Unterschlagung liegen, wenn diese Tat etwa von einem Vorstandsmitglied der abhängigen Gesellschaft auf Veranlassung des herrschenden Unternehmens vorgenommen wurde. Ein Verhalten der abhängigen Aktiengesellschaft i.S.d. § 311 I AktG kann aber auch bei einer Unterschlagungshandlung einer für das herrschende Unternehmen handelnden Person vorliegen[24]. Dies gilt jedenfalls dann, wenn diese Person gleichzeitig dem Aufsichtsrat oder dem Vorstand der abhängigen Gesellschaft angehört oder zumindest als Angestellte[25] eine dem Vorstand nachgeordnete Stelle innehat. Nach dem Schutzzweck der §§ 311 ff AktG ist es jedoch meines Erachtens unerheblich, wenn diese tatsächliche Handlung von einer Person vorgenommen wurde, deren Arbeits-

---

[24] Es sei hier dahingestellt, welche Anforderungen an die handelnde Person zu stellen sind, damit deren Verhalten dem herrschenden Unternehmen zurechenbar ist. Zur Frage des Vorliegens einer Veranlassung i.S.d. § 311 I AktG bei einer personellen Verflechtung in der Form, dass ein Organwalter oder leitender Angestellter des herrschenden Unternehmens zugleich als Organwalter oder leitender Angestellter der abhängigen Gesellschaft tätig ist, s. Habersack in Emmerich/Habersack, Aktien- und GmbH-Konzernrecht, § 311 Rn. 28 m.w.N.

[25] Im Rahmen dieser Arbeit soll offengelassen werden, ob und gegebenenfalls in welcher Form eine qualifizierte Angestelltenposition innerhalb der abhängigen Gesellschaft zu fordern ist.

oder Dienstvertrag oder Bestellung zum Vorstand[26] oder Aufsichtsrat[27] unwirksam ist, solange sie diese Funktion nur tatsächlich ausübt. Das Vermögen der abhängigen Gesellschaft und die daran anknüpfenden Interessen der Außenstehenden sind in diesen Fällen in gleicher Weise und im gleichen Umfang gefährdet. Bei dem in dieser Weise beschränkten Personenkreis, d.h. bei Vorliegen einer zumindest unwirksamen Stellung als Vorstand, Aufsichtsrat oder Angestellter, kann auch das Ausnutzen einer tatsächlichen Einwirkungsmöglichkeit auf das Vermögen der abhängigen Aktiengesellschaft als ein Verhalten dieser Gesellschaft bewertet werden.

Nun ist auf die oben aufgeworfene Frage einzugehen: Meines Erachtens ist bei Realakten wie einer Unterschlagungshandlung durch eine von der abhängigen Gesellschaft bevollmächtigte Person anders als hinsichtlich der jeweiligen Stellung der Mitglieder des vorangehend genannten Personenkreises, bei denen aufgrund ihrer Position in der abhängigen Gesellschaft auch das Ausnutzen einer tatsächlichen Einwirkungsmöglichkeit auf das Vermögen der abhängigen Gesellschaft als ein Verhalten dieser Gesellschaft anzusehen ist, nicht alleine ausreichend, dass eine, wenn auch unwirksame, Vollmacht vorliegt. Ähnlich der bei der verdeckten Gewinnausschüttung dargelegten einschränkenden Voraussetzung in den Fällen, in denen die Organe der Kapitalgesellschaft den Gesellschafter (oder die diesem nahestehende Person) in die Lage versetzen, über das Vermögen der Kapitalgesellschaft zu disponieren, muss auch hier bei Realakten eines Bevollmächtigten eine weitere Voraussetzung gefordert werden. Hat die abhängige Aktiengesellschaft den Dritten unwirksam oder auch wirksam bevollmächtigt, so ist ein durch diese Person vorgenommener Realakt meiner Ansicht nach nur dann als eine Handlung der Kapitalgesellschaft anzusehen, wenn dieser Person etwa aufgrund des Umfangs dieser Vollmacht zumindest faktisch eine Stellung zukommt, die zumindest mit der eines Angestellten[28] (also nicht notwendigerweise der eines Vorstands- oder Aufsichtsratmitglieds) vergleichbar ist. Bei dieser Person muss es sich jedoch, anders als im Rahmen der verdeckten Gewinnausschüttung, weder um einen Gesellschafter oder eine diesem nahestehende Person handeln, noch muss der handelnden Person eine einem im Sinne der verdeckten Gewinnausschüttung handlungsbefugten „Organ“ der Kapitalgesellschaft vergleichbare Stellung zukommen.

---

[26] S. zur fehlerhaften Bestellung von Vorstandsmitgliedern und zu den Regeln über das fehlerhafte Organverhältnis Hüffer, AktG, § 84 Rn. 10; Mertens in KölnKomm z. AktG, § 84 Rn. 29 ff.

[27] S. zur fehlerhaften Bestellung von Aufsichtsratsmitgliedern Hüffer, AktG, § 101 Rn. 17; Mertens in KölnKomm z. AktG, § 101 Rn. 92 ff.

[28] Ob dieser Angestellte ein leitender Angestellter sein muss, soll hier, wie bereits angemerkt wurde, unentschieden bleiben.

III. Veranlassung im Gesellschaftsverhältnis und Veranlassung durch das herrschende Unternehmen

Im Rahmen der verdeckten Gewinnausschüttung ist erforderlich, dass die Vermögensminderung oder verhinderte Vermögensmehrung ihre Grundlage im Gesellschaftsverhältnis hat. Auch im Rahmen des § 311 I AktG wird verlangt, dass der Nachteil seine Ursache im Gesellschaftsverhältnis hat und zwar in dem Gesellschaftsverhältnis zum herrschenden Unternehmen.

Die sprachliche Übereinstimmung der Veranlassung durch das Gesellschaftsverhältnis und der durch das herrschende Unternehmen verdeckt jedoch einen der bei diesen Tatbestandsmerkmalen angelegten wesentlichen Unterschiede der zu vergleichenden Tatbestände. Die Veranlassung im Gesellschaftsverhältnis i.S.d. verdeckten Gewinnausschüttung verlangt eine zweckgerichtete Begünstigung des Gesellschafters, deren Vorliegen objektiv anhand der nach außen in Erscheinung getretenen Umstände festzustellen ist. Die Begünstigung eines Gesellschafters als zielgerichtete Handlung ist ein Merkmal, das sich ausschließlich auf die Kapitalgesellschaft bezieht. Auf ein Verhalten und die Motivation des Gesellschafters als möglicher Empfänger einer verdeckten Gewinnausschüttung kommt es im Rahmen des Tatbestandsmerkmals der gesellschaftsrechtlichen Veranlassung nicht an. Eine Mitwirkung des Gesellschafters ist innerhalb der verdeckten Gewinnausschüttung lediglich dann erforderlich, wenn das Tatbestandsmerkmal der Vermögensminderung oder verhinderten Vermögensmehrung die Entgegennahme einer Leistung seitens des Gesellschafters als Empfänger der verdeckten Gewinnausschüttung voraussetzt. Für das Vorliegen einer verdeckten Gewinnausschüttung ist es ohne Bedeutung, ob ein als Einflussnahmehandlung zu bewertendes Verhalten eines Gesellschafters gegeben ist und ob für das Verhalten, auf dem die Vermögensminderung oder verhinderte Vermögensmehrung seitens der Kapitalgesellschaft beruht, eine Einflussnahme eines Gesellschafters ursächlich war. Nur im Rahmen des § 311 I AktG kommt es darauf an, ob der Willensbildungsprozess innerhalb der Kapitalgesellschaft durch ein Verhalten eines Gesellschafters beeinflusst wurde. Im Rahmen der verdeckten Gewinnausschüttung wird nur das Ergebnis des Willensbildungsprozesses betrachtet, indem eine zweckgerichtete Begünstigung des Gesellschafters gefordert wird. Ungeachtet dessen, dass diese Zielrichtung der Handlung allein anhand äußerer, objektiver Umstände festzustellen ist, kommt es bei der verdeckten Gewinnausschüttung grundsätzlich nicht darauf an, dass eine besondere Stellung des begünstigten Gesellschafters die Entscheidung der Kapitalgesellschaft beeinflusst hat. Im Rahmen des § 311 I AktG ist hingegen die Einflussnahme des herrschenden Unternehmens unverzichtbarer Bestandteil des Tatbestandsmerkmals der Veranlassung. Sowohl diese Einflussnahme, als auch der beherrschende Einfluss müssen ursächlich für das als nachteilig in Betracht kommende Verhalten gewesen sein. Diese Ursächlichkeit ist auch nicht mit einem Handeln „im Interesse des Gesellschafters" i.S.d. verdeckten Gewinnausschüttung vergleichbar, da die Frage der Kausalität keine Wertung beinhaltet, ob ein Verhalten im Interesse eines Gesellschafters liegt oder nicht. An dieser Stelle wird deutlich, dass der Tatbestand des § 311 I AktG einen gegenüber der verdeckten Gewinnausschüttung abweichenden Ansatz verfolgt und an ein Verhalten des herrschenden Unternehmens gegenüber der abhängigen Aktiengesellschaft, genauer, an die Veranlassung eines bestimmten Verhaltens der abhängigen Gesellschaft anknüpft. Die Veranlassung durch das herrschende Unternehmen i.S.d. § 311 I AktG, d.h. die Beschränkung der tatbestandsmäßigen Sachverhalte auf in dieser Weise fremdbestimmtes Verhalten der abhängigen Gesellschaft findet somit im Rahmen der verdeckten Gewinnausschüttung und insbesondere in dem Merkmal der gesellschaftsrechtlichen Veranlassung keine Entsprechung. Der Tatbestand des § 311 I AktG ist insoweit enger als der der verdeckten Gewinnausschüttung.

IV. Veranlassung im Gesellschaftsverhältnis und Nachteiligkeit

Kernstück des anzustellenden Vergleichs zwischen den Tatbeständen der verdeckten Gewinnausschüttung und des § 311 I AktG ist die Gegenüberstellung der Tatbestandsmerkmale der gesellschaftsrechtlichen Veranlassung und des nachteiligen Charakters einer Maßnahme.

1. Keine Übereineinstimmung hinsichtlich der steuerlichen Voraussetzung des Handelns im zumindest ideellen Interesse des Gesellschafters

Ein Nachteil i.S.d. § 311 I AktG ist zu verstehen als abhängigkeitsbedingte Beeinträchtigung der Vermögens- und Ertragslage der abhängigen Gesellschaft. Ein Nachteil liegt danach vor, wenn die in Folge des veranlassten Verhaltens eingetretene Vermögens- und Ertragslage der abhängigen Gesellschaft negativ von der hypothetischen Vermögens- und Ertragslage abweicht, die sich bei gedachter Unabhängigkeit der abhängigen Gesellschaft unter Beachtung der Sorgfalt eines ordentlichen und gewissenhaften Geschäftsleiters durch den Vorstand ergäbe. Der Fremdvergleichsmaßstab des ordentlichen und gewissenhaften Geschäftsleiters einer unabhängigen Gesellschaft als Ausformung einer materiellen Angemessenheitsprüfung ist Bestandteil des Tatbestandsmerkmals „Nachteil“.

Ein Verhalten der Kapitalgesellschaft hat im Sinne der verdeckten Gewinnausschüttung seine Veranlassung im Gesellschaftsverhältnis, wenn dieses Verhalten als zweckgerichtete Begünstigung des Gesellschafters zu bewerten ist[29]. Eine

[29] Von diesem Verständnis der Bestimmung des Begriffs der gesellschaftsrechtlichen Veranlassung ist jedoch möglicherweise eine Ausnahme für die Fälle zu machen, in denen zur Prüfung der gesellschaftsrechtlichen Veranlassung auf die Unangemessenheit der mit der Kapitalgesellschaft geschlossenen Vereinbarung aus der Sicht des Geschäftspartners der Kapitalgesellschaft abzustellen ist. Ist diese Ausnahme zu machen, stellen die entsprechenden Sachverhaltsgestaltungen Sonderfälle dar, deren von den dargestellten Grundsätzen abweichende Behandlung jedenfalls für den Zweck der vorliegenden Untersuchung dann ohne Auswirkungen ist, wenn die in diesen Sonderfällen geltenden Grundsätze auf das Problem der aktienrechtlichen Nachteilsprüfung nicht übertragbar sind. Dass dies der Fall ist, wird unter B. IV. 6. b)

Begünstigung des Gesellschafters besteht auch bei einem Verhalten der Gesellschaft im lediglich ideellen Interesse des Gesellschafters. Die gesellschaftsrechtliche Veranlassung beruht auf dem Willen der Organe bzw. dem mit der Handlung verfolgten Ziel, stellt jedoch einen nach außen in Erscheinung getretenen Sachverhalt dar, der durch Auslegung und Wertung zu ermitteln und rein objektiv zu bestimmen ist.

Die Gegenüberstellung dieser Ausgangspunkte der Tatbestandsmerkmale der gesellschaftsrechtlichen Veranlassung und des Nachteils verdeutlicht erneut den grundsätzlichen Unterschied in der Ausrichtung der Tatbestände. Die verdeckte Gewinnausschüttung umfasst zum Zweck der Abgrenzung der Einkommenserzielung zur Einkommensverwendung nur Vermögensminderungen oder verhinderte Vermögensmehrungen, die als Ziel einen Gesellschafter erkennen lassen. Eine Vermögensbeeinträchtigung, die nicht einmal im ideellen Interesse eines Gesellschafter liegt, kann den Tatbestand der verdeckten Gewinnausschüttung nicht erfüllen. Für den Nachteil i.S.d. § 311 I AktG ist eine Zielrichtung der Vermögensbeeinträchtigung irrelevant, auch wenn das herrschende Unternehmen die abhängige Gesellschaft regelmäßig nur zu Maßnahmen veranlassen wird, die in ihrem Interesse liegen. Auch eine Vermögensbeeinträchtigung, von der niemand materiell oder ideell profitiert oder zu profitieren hofft, kann einen Nachteil darstellen.

Das Bestehen eines zumindest ideellen Interesses eines Gesellschafters an der Vermögensbeeinträchtigung ist somit lediglich im Rahmen der verdeckten Gewinnausschüttung Voraussetzung, nicht jedoch im Rahmen des § 311 I AktG.

2. Keine Übereinstimmung hinsichtlich der steuerlichen Voraussetzung der Möglichkeit eines Vermögensvorteils des Gesellschafters oder einer diesem nahestehenden Person

§ 311 I AktG setzt, wenn schon die Beeinträchtigung der Vermögens- und Ertragslage nicht dem ideellen Interesse einer Person zugeordnet werden muss, erst recht nicht voraus, dass diese Beeinträchtigung einen Vermögensvorteil oder die Möglichkeit eines Vermögensvorteils einer anderen Person beinhalten muss. Für den Tatbestand der verdeckten Gewinnausschüttung wurde hingegen festgestellt, dass allein eine Vermögensschädigung der Kapitalgesellschaft nicht ausreichend ist. Eine Bereicherung oder nur die Möglichkeit einer Bereicherung des Gesellschafters ist zwar nicht erforderlich. Auch muss keine nahestehende Person durch das als verdeckte Gewinnausschüttung verdächtige Verhalten der Kapitalgesellschaft einen Vermögensvorteil erhalten. Bezweckt das zu untersuchende Verhalten jedoch keine vermögensmäßige Begünstigung des Gesellschafters, sondern liegt nur in dessen ideellem Interesse, so muss die Vermögensminderung oder verhinderte Vermögensmehrung zumindest aus der Sicht der Kapitalgesellschaft geeignet sein, einen Vermögensvorteil der nahestehenden Person auszulösen. Die

---

dargestellt. Vor diesem Hintergrund soll hier von der dargestellten Bestimmung des Begriffs der gesellschaftsrechtlichen Veranlassung ausgegangen werden.

Vermögensminderung oder verhinderte Vermögensmehrung muss demnach aus der Sicht der Kapitalgesellschaft zumindest die Eignung haben, einen Vermögensvorteil beim Gesellschafter oder einer diesem nahestehenden Person herbeizuführen, ohne dass dieser jedoch einzutreten braucht.

Auch diese Voraussetzung begrenzt den Kreis der als verdeckte Gewinnausschüttung tauglichen Sachverhalte, ohne dass eine vergleichbare Einschränkung im Rahmen des § 311 I AktG besteht.

3. Die Bedeutung des Fremdvergleichs im Rahmen des § 311 I AktG und der verdeckten Gewinnausschüttung

Eine grundlegende Übereinstimmung lässt sich zunächst hinsichtlich der Funktion des Fremdvergleichs im Rahmen der verdeckten Gewinnausschüttung und der aktienrechtlichen Nachteilsprüfung feststellen. Sowohl im Rahmen der verdeckten Gewinnausschüttung, als auch im Rahmen des § 311 I AktG dient der Fremdvergleich nicht dem Zweck, lediglich die Kausalität des Gesellschaftsverhältnisses im Sinne der conditio sine qua non-Formel festzustellen. Denn im Zweifel ist jedes Geschäft zwischen einem Gesellschafter und der Gesellschaft in diesem Sinne durch das Gesellschaftsverhältnis verursacht. Es wäre höchstwahrscheinlich ohne das Bestehen des Gesellschaftsverhältnisses nicht zustande gekommen. Vielmehr soll mit dem Fremdvergleich festgestellt werden, ob darüber hinaus Überlegungen, die nicht in dem Geschäftsvorfall selbst begründet sind, das Treffen der Vereinbarung und deren Durchführung maßgebend oder zum Teil beeinflusst haben.

Dem Fremdvergleich im Rahmen der verdeckten Gewinnausschüttung und im Rahmen des § 311 I AktG kommt hierbei jedoch ein unterschiedlicher Stellenwert zu. Innerhalb des Tatbestandes des § 311 I AktG ist der Fremdvergleich ein Bestandteil des Tatbestandsmerkmals des nachteiligen Verhaltens. Bei der verdeckten Gewinnausschüttung hingegen indiziert ein vom Fremdvergleich abweichendes Verhalten lediglich das Vorliegen des Tatbestandsmerkmals der Veranlassung im Gesellschaftsverhältnis. Der Fremdvergleich als objektives Prüfungskriterium liefert Hinweise auf die gesellschaftsrechtliche Veranlassung.

Anders als im Rahmen des § 311 I AktG ist der Fremdvergleichsmaßstab im Rahmen der verdeckten Gewinnausschüttung auch nicht vorgegeben. Vielmehr stellt der Fremdvergleich im letzteren Bereich einen unbestimmten und damit auslegungsbedürftigen Rechtsbegriff dar, der durch verschiedene untereinander gleichwertige Untermaßstäbe des Fremdvergleichs konkretisiert wird. Diese verschiedenen Hilfsmaßstäbe des Fremdvergleich sollen in den weiteren Ausführungen daraufhin untersucht werden, ob sie auf die Nachteilsfeststellung im Rahmen des § 311 I AktG übertragen werden können oder ob, und gegebenenfalls inwieweit, diese zumindest Hinweise für die Nachteilsfeststellung liefern können.

4. Die Fremdvergleichskonzeption des § 311 I AktG und das Verhältnis zu anderen Fremdvergleichskonzeptionen

Diese Untersuchung vorbereitend, soll die Konzeption des im Rahmen des § 311 I AktG vorzunehmenden Fremdvergleichs erläutert und den abweichenden Fremdvergleichskonzeptionen, denen Teile der den Fremdvergleich im Rahmen der verdeckten Gewinnausschüttung konkretisierenden Hilfskriterien zuzuordnen sind, gegenübergestellt werden.

Bei den Fremdvergleichskonzeptionen sind zunächst der tatsächliche und der hypothetische Fremdvergleich zu unterscheiden[30].

Bei dem hypothetischen Fremdvergleich (Fremdvergleich im weiteren Sinne) handelt es sich um einen „Ist-Soll"-Vergleich[31]. Der Maßstab des Handelns eines ordentlichen und gewissenhaften Geschäftsleiters einer unabhängigen Gesellschaft stellt einen hypothetischen Fremdvergleichsmaßstab dar. Das tatsächliche Verhalten der abhängigen Gesellschaft wird dem fiktiven Verhalten eines ordentlichen und gewissenhaften Geschäftsleiters gegenübergestellt. Diesem Maßstab liegt eine betriebsinterne Betrachtungsweise nur aus der Sicht der von diesem ordentlichen und gewissenhaften Geschäftsleiter vertretenen Gesellschaft zugrunde. Dieser Fremdvergleichsmaßstab unterscheidet sich insoweit von der Konzeption des hypothetischen Fremdvergleichsmaßstabs, wie er in § 1 AStG formuliert ist: Vergleichstatbestand sind nach dieser Norm die „Bedingungen (...), die voneinander unabhängige Dritte unter gleichen oder ähnlichen Verhältnissen vereinbart hätten"[32]. Hierbei handelt sich um einen betriebsexternen Maßstab, bei dem es für die Nichtführbarkeit des Fremdvergleichs ausreichend ist, dass nur einer der an der Vereinbarung fiktiv beteiligten Dritten diese nicht getroffen hätte. Diese Fremdvergleichsmaßstäbe sind daher nicht identisch. Wie noch im Einzelnen darzulegen sein wird, besteht das wesentliche Problem einer Übertragbarkeit des Maßstabs des Verhaltens zwischen fremden Dritten auf den Fremdvergleichsmaßstab des § 311 I AktG darin, dass Ersterer die Position des Geschäftspartners des fraglichen Unternehmens mit einbezieht.

Bei dem tatsächlichen Fremdvergleich (Fremdvergleich im engeren Sinne) handelt es sich um einen „Ist-Ist"-Vergleich[33]. Zur Ermittlung des Vergleichsmaßstabs greift der tatsächliche Fremdvergleich in seiner Grundform auf tatsäch-

[30] Vgl. zu den verschiedenen Fremdvergleichsmaßstäben, dargestellt für § 1 AStG, Baumhoff in F/W/B, AStG, § 1 Rn. 352 ff.

[31] Vgl. Andresen, Konzernverrechnungspreise, S. 26; Baumhoff in F/W/B, AStG, § 1 Rn. 352; vgl. zum hypothetischen Fremdvergleich im Rahmen des § 1 AStG Baumhoff in F/W/B, AStG, § 1 Rn. 352, 361.

[32] Umstritten ist, ob sich aus der Formulierung „vereinbart hätten" ein Vorrang des hypothetischen vor dem tatsächlichen Fremdvergleich ergibt bzw. in welchem Verhältnis beide Fremdvergleiche generell zueinander stehen; s. dazu Baumhoff in F/W/B, AStG, § 1 Rn. 362.

[33] Vgl. Andresen, Konzernverrechnungspreise, S. 26; Baumhoff in F/W/B, AStG, § 1 Rn. 352; Lahodny-Karner, Konzernverrechnungspreise, S. 54 f.

lich feststellbare Vereinbarungen zurück, die mit oder zwischen Fremden unter identischen Bedingungen zur maßgeblichen Zeit getroffen worden sind.

Da identische Verhältnisse zweier Geschäfte in der Praxis kaum jemals vorliegen, wird der Fremdvergleich in seiner Anwendbarkeit dahingehend erweitert[34], dass Vergleichstatbestände herangezogen werden können, bei denen keine Identität, sondern nur eine Vergleichbarkeit der Verhältnisse besteht[35].

Der tatsächliche Fremdvergleich kann in der Form eines innerbetrieblichen und eines zwischenbetrieblichen Vergleichs vorgenommen werden. Ein innerbetrieblicher Vergleich ist möglich, wenn das Unternehmen oder der Geschäftspartner die gleiche Vereinbarung (Lieferung oder Leistung) unter vergleichbaren Bedingungen tatsächlich auch mit einem Fremden getroffen hat. Der Vergleichstatbestand unterscheidet sich von dem Ausgangstatbestand durch die Substitution des Unternehmens oder des Geschäftspartners durch einen Fremden, wobei es für die praktische Durchführung eines innerbetrieblichen Vergleichs nicht darauf ankommt, ob das Unternehmen oder der Geschäftspartner durch einen Fremden ersetzt wird[36]. Bei dem zwischenbetrieblichen Vergleich erfolgt eine kumulative Substitution sowohl des Unternehmens als auch des Geschäftspartners durch fremde Dritte[37]. Für den zwischenbetrieblichen Vergleich dienen als Vergleichstatbestände Vereinbarungen, die zwischen Fremden unter vergleichbaren Bedingungen tatsächlich getroffen wurden. Des Weiteren ist zwischen direktem und indirektem Vergleich zu unterscheiden[38]. Ersterer ist möglich, wenn Ausgangstatbestand und der Vergleichstatbestand annähernd gleichartig sind, d.h. bei Identität oder zumindest der Ähnlichkeit der für den Vergleich wesentlichen Merkmale der Geschäftsvorfälle. Ungleichartige Geschäfte können dann im Rahmen des tatsächlichen Fremdvergleichs herangezogen werden, wenn der Einfluss der abweichenden Faktoren eliminiert werden kann (indirekter Vergleich).

Die sich nunmehr stellende Frage, welche Bedeutung einem tatsächlichen Fremdvergleich im Rahmen der aktienrechtlichen Nachteilsprüfung zukommen kann, kann zunächst dahingehend beantwortet werden, dass die Angemessenheitsprüfung mittels eines tatsächlichen Fremdvergleichs den hypothetischen Fremdvergleich mit dem Verhalten eines ordentlichen und gewissenhaften Geschäftsleiters nicht zu ersetzen vermag. Soweit als Vergleichstatbestand Verein-

---

[34] S. zu der Erweiterung des Fremdvergleichs in seiner Anwendbarkeit Lahodny-Karner, Konzernverrechnungspreise, S. 54.

[35] Vgl. Baumhoff in F/W/B, AStG, § 1 Rn. 352 ff. zum tatsächlichen Fremdvergleich im Rahmen des § 1 AStG.

[36] Vgl. Baumhoff in F/W/B, AStG, § 1 Rn. 357 zum innerbetrieblichen Vergleich im Rahmen des § 1 AStG; vgl. ferner Scholz, Konzernverrechnungspreise, S. 125.

[37] Vgl. Baumhoff in F/W/B, AStG, § 1 Rn. 358 f. zum zwischenbetrieblichen Vergleich im Rahmen des § 1 AStG.

[38] S. dazu Baumhoff, Verrechnungspreise für Dienstleistungen, S. 97 ff., 104 f.; Lahodny-Karner, Konzernverrechnungspreise, S. 55; Scholz, Konzernverrechnungspreise, S. 117 ff., 124.

barungen herangezogen werden, bei denen lediglich nur eine Vergleichbarkeit der Verhältnisse besteht, lässt sich zur Begründung zunächst das jedoch eher formale Argument anführen, dass den Vergleichstatbestand im Rahmen der aktienrechtlichen Nachteilsprüfung demgegenüber das Verhalten bei fingierter Unabhängigkeit, d.h. ein (hypothetisches) Verhalten unter identischen Umständen, bildet. Bedeutender ist jedoch, dass bei einem tatsächlichen Fremdvergleich selbst im Falle einer völligen Identität der Verhältnisse von Ausgangs- und Vergleichstatbestand lediglich eine dahingehende Vermutung bestehen kann, dass die vom Fremdverhalten abweichende Vereinbarung von einem ordentlichen und gewissenhaften Geschäftsleiter einer unabhängigen Gesellschaft nicht getroffen worden wäre. Denn auch wenn es unwahrscheinlich sein mag, dass das als Vergleichstatbestand herangezogene Verhalten selbst eine Sorgfaltspflichtverletzung im Sinne der §§ 317 II, 93 AktG beinhaltet, so ist dies aber gerade nicht ausgeschlossen. Gleichermaßen kann nicht ausgeschlossen werden, dass sowohl das zu überprüfende Verhalten, als auch das den Vergleichstatbestand bildende Verhalten den im Rahmen des § 311 I AktG zu stellenden Sorgfaltsanforderungen genügt.

In der praktischen Anwendung eines tatsächlichen Fremdvergleichs besteht die wesentliche Schwierigkeit in dem Erfordernis der Vergleichbarkeit der Verhältnisse[39]. Vielfach wird es nicht möglich sein, Vergleichstatbestände zu finden, bei denen die wesentlichen Bedingungen des Geschäfts nur in einem so geringen Umfang abweichen, dass eine Vergleichbarkeit der Verhältnisse gewährleistet ist[40] oder bei denen sich die Unterschiede identifizieren und quantifizieren lassen[41]. Denn gerade Vereinbarungen zwischen verbundenen Unternehmen zeichnen sich vielfach dadurch aus, dass sie auf die speziellen wechselseitigen Bedürfnisse der beteiligten verbundenen Unternehmen ausgerichtet sind und daher zwischen anderen Unternehmen keine Entsprechung finden[42]. Dieses Problem lässt sich neben dem Erfordernis der Vergleichbarkeit der Verhältnisse auch bei dem der Fremdheit der Beteiligten verorten: Vergleichbare Geschäfte werden vielfach nur innerhalb faktischer Abhängigkeits- oder Konzernverhältnisse abgeschlossen, die als Vergleichstatbestand für die aktienrechtliche Nachteilsprüfung gerade ausscheiden[43].

---

[39] S. zu den an die Vergleichbarkeit der Verhältnisse zu stellenden Anforderungen Baumhoff in F/W/B, AStG, § 1 Rn. 296 ff.; Bick in: Vögele, HdbVerrPr., Rn. E 13 ff.; Lahodny-Karner, Konzernverrechnungspreise, S. 50 ff.

[40] Vgl. Baumhoff in F/W/B, AStG, § 1 Rn. 359 zum tatsächlichen Fremdvergleich im Rahmen des § 1 AStG; vgl. ferner Kaminski, Verrechnungspreisbestimmung, S. 24.

[41] Vgl. Kaminski, Verrechnungspreisbestimmung, S. 25.

[42] S. zu diesem Problem im Rahmen der aktienrechtlichen Nachteilsprüfung, wenn der Marktpreis zu Hilfe genommen werden soll, Albach, NB 1966, S. 203 (205) ; Bachelin, in: Rechtsfragen der Handelsgesellschaften, S. 43; Paehler, Zulässigkeit des faktischen Konzerns, S. 115.

[43] Vgl. zum tatsächlichen Fremdvergleich im Rahmen des § 1 AStG Baumhoff in F/W/B, AStG, § 1 Rn. 359.

Ein Beispiel für die im Rahmen des Erfordernisses der Vergleichbarkeit der Verhältnisse bei dem tatsächlichen Fremdvergleich auftretenden Schwierigkeiten bildet die Problematik des Bestehens wirtschaftlicher Verflechtungen zwischen den Geschäftspartnern „abhängige Gesellschaft“ und „herrschendes Unternehmen“. Idealerweise besteht der einzige Unterschied zwischen dem Ausgangs- und dem Vergleichstatbestand in der gesellschaftsrechtlichen Unabhängigkeit der Geschäftspartner, während alle anderen Bedingungen des Geschäftes identisch sind[44]. Für die aktienrechtliche Nachteilsprüfung wäre der Vergleichstatbestand ideal, bei dem lediglich die Umstände nicht vorliegen, die den Abhängigkeitstatbestand i.S.d. § 17 I AktG begründen. Da eine nur wirtschaftliche Abhängigkeit für die Erfüllung des Tatbestandes des § 17 I AktG nicht ausreichend ist, müsste diese auch bei dem Vergleichstatbestand vorliegen. Vergleichbare wirtschaftliche Abhängigkeiten, wie sie in den Fällen des Bestehens einer rechtlichen Abhängigkeit regelmäßig anzutreffen sind, werden zwischen voneinander unabhängigen Dritten eher selten bestehen. Auch werden die Auswirkungen des Fehlens einer entsprechenden wirtschaftlichen Abhängigkeit in der Praxis schwierig zu quantifizieren sein. Die Aussagekraft der Ergebnisse eines tatsächlichen Fremdvergleichs, der ohne Berücksichtigung einer etwaigen wirtschaftlichen Abhängigkeit vorgenommen wurde, wäre daher unabhängig von den dargestellten grundsätzlichen Vorbehalten gegenüber einem tatsächlichen Fremdvergleich schon aus diesen Gründen begrenzt.

5. Der Anwendungsbereich des hypothetischen Fremdvergleichsmaßstabs des Nachteilsbegriffs i.S.d. 311 I AktG und desjenigen der verdeckten Gewinnausschüttung

Bevor auf die einzelnen, innerhalb der verdeckten Gewinnausschüttung Anwendung findenden Hilfskriterien des Fremdvergleichs eingegangen wird, soll zunächst geklärt werden, ob der Fremdvergleich, der durch die angesprochenen Hilfskriterien konkretisiert wird, in seinen personellen Anforderungen von dem im Rahmen der aktienrechtlichen Nachteilsprüfung anzuwendenden Fremdvergleich abweicht.

Der Fremdvergleich im Rahmen der verdeckten Gewinnausschüttung verlangt einen Vergleich mit dem Verhalten von Personen, die nicht aufgrund einer gesellschaftsrechtlichen Beziehung ganz oder zum Teil gleichgerichtete Interessen haben[45]. Bei dem tatsächlichen Fremdvergleich wie auch bei dem hypothetischen Fremdvergleich bildet das Verhalten zwischen gesellschaftsrechtlich nicht miteinander in Beziehung stehenden Personen, also das Verhalten gegenüber oder zwischen fremden Dritten den Vergleichstatbestand. Der hypothetische Fremdvergleichsmaßstab im Rahmen der aktienrechtlichen Nachteilsprüfung verlangt

---

[44] Vgl. Baumhoff in F/W/B, AStG, § 1 Rn. 353 zum tatsächlichen Fremdvergleich im Rahmen des § 1 AStG.

[45] Vgl. dazu oben 2. Kapitel B. IV. 2.

hingegen lediglich die Fiktion der abhängigen Gesellschaft als unabhängig, so dass es für diesen hypothetischen Fremdvergleichsmaßstab unproblematisch ist, auf einen fiktiven Geschäftsvorfall der Gesellschaft mit einem nicht beherrschenden Gesellschafter abzustellen. Diese Fiktion erfährt jedoch dadurch eine Begrenzung, dass das fiktive Verhalten den Sorgfaltsanforderungen an einen ordentlichen und gewissenhaften Geschäftsleiter genügen muss. Das fiktive sorgfaltsgemäße Verhalten gegenüber einem Nichtgesellschafter unterscheidet sich hierbei in seinen qualitativen Anforderungen nicht von dem fiktiven sorgfaltsgemäßen Verhalten gegenüber einem nicht beherrschenden Gesellschafter. Kann auch das fiktive Verhalten gegenüber einem nicht beherrschenden Gesellschafter als Vergleichstatbestand herangezogen werden, ist lediglich der Kreis der potentiellen hypothetischen Vergleichstatbestände erweitert.

6. Übertragbarkeit der den Fremdvergleich im Rahmen der verdeckten Gewinnausschüttung konkretisierenden Hilfsmaßstäbe auf das Problem der Nachteilsfeststellung im Rahmen des § 311 I AktG

Nunmehr soll untersucht werden, ob und gegebenenfalls in welchem Umfang die vom BFH zur Konkretisierung des Fremdvergleichs entwickelten Untermaßstäbe eine Hilfestellung für die Nachteilsfeststellung im Rahmen des § 311 I AktG liefern können.

a) Der Fremdvergleich mit dem Verhalten eines ordentlichen und gewissenhaften Geschäftsleiters

aa) Grundlegende Übereinstimmungen hinsichtlich des Maßstabs des ordentlichen und gewissenhaften Geschäftsleiters im Rahmen der verdeckten Gewinnausschüttung und des § 311 I AktG

Sowohl die Nachteilsfeststellung im Rahmen des § 311 I AktG, als auch der vorliegend betrachtete Hilfsmaßstab zur Feststellung der gesellschaftsrechtlichen Veranlassung im Rahmen der verdeckten Gewinnausschüttung, verlangt einen Vergleich mit dem Verhalten des ordentlichen und gewissenhaften Geschäftsleiters. Dieser Maßstab wird in beiden Rechtsgebieten als normativ-objektiver Beurteilungsmaßstab angesehen, bei welchem es nicht auf die persönlichen Kenntnisse und Fähigkeiten des konkret handelnden Geschäftsleiters ankommt. Insbesondere setzt auch der Nachteilsbegriff i.S.d. § 311 I AktG nur ein objektiv pflichtwidriges Verhalten voraus, so dass eine etwaige Verschuldensunfähigkeit des handelnden Geschäftsleiters oder eine jedoch nur in Ausnahmefällen denkbare subjektive Unzumutbarkeit, sich wie ein ordentlicher und gewissenhafter Geschäftsleiter zu verhalten[46], unbeachtlich ist. Weiterhin findet der Vergleichsmaß-

[46] Unter gewöhnlichen Umständen ist es im Falle einer objektiven Pflichtverletzung dem Vorstandsmitglied auch subjektiv zumutbar, sich entsprechend einem ordentlichen und gewissen-

stab in beiden Regelungen, anders als im Rahmen der Haftungsvorschriften der §§ 93 AktG, 43 GmbHG[47], auch dann Anwendung, wenn das Verhalten einer anderen Person als des in diesem Maßstab in Bezug genommenen „Geschäftsleiters" zu beurteilen ist. Beurteilungsgegenstand ist vielmehr ein (zuzurechnendes) Verhalten der Körperschaft bzw. der abhängigen Gesellschaft, das nicht zwingend ein Verhalten des Geschäftsführers oder des Vorstands erfordert[48].

Auch ist es sowohl für das Bestehen eines Nachteils i.S.d. § 311 I AktG, als auch einer verdeckten Gewinnausschüttung unbeachtlich, wenn in der Zeit nach dem maßgeblichen Beurteilungszeitpunkt Umstände eintreten, die bei der ex-post-Beurteilung das Fehlen eines Schadens der Gesellschaft und somit das Entfallen von Ansprüchen aus § 93 AktG, § 43 GmbHG zur Folge haben. Für die Haftung nach § 317 AktG gilt sogar, dass der Betrag des Nachteils den Mindestschaden bildet[49].

Wie im Gesellschaftsrecht ist auch im Steuerrecht bei der Bestimmung des Sollverhaltens eines ordentlichen und gewissenhaften Geschäftsleiters der Grundsatz unternehmerischen Ermessens zu berücksichtigen und als unternehmerischer Verhaltensmaßstab zur Konkretisierung der Sorgfalt des ordentlichen und gewissenhaften Geschäftsleiters insbesondere auf die Grundregeln ordnungsgemäßer Unternehmensführung zurückzugreifen[50].

---

haften Geschäftsleiter zu verhalten; s. Hefermehl in Geßler/Hefermehl/Eckardt/Kropff, AktG, § 93 Rn. 29; vgl. auch Mertens in KölnKomm z. AktG, § 93 Rn. 98.

[47] Die Verantwortlichkeit eines „Vorstandsmitglieds" nach § 93 AktG setzt voraus, dass diese Person zumindest mit Wissen des Aufsichtsrates die organschaftlichen Befugnisse eines Vorstandsmitglieds ausübt, auch wenn das Bestehen eines rechtswirksamen Anstellungsvertrages und eines rechtswirksamen Bestellungsaktes nicht erforderlich ist; s. Hefermehl in Geßler/Hefermehl/Eckardt/Kropff, AktG, § 93 Rn. 8; vgl. ferner Hüffer, AktG, § 93 Rn. 12; Mertens in KölnKomm z. AktG, § 93 Rn. 8 ff.; zur GmbH s. Scholz/Schneider, GmbHG, § 43 Rn. 14 f.. Zur Gegenüberstellung des Maßstabs des ordentlichen und gewissenhaften Geschäftsleiters im Rahmen der verdeckten Gewinnausschüttung und den Voraussetzungen einer Haftung des Vorstands bzw. der Geschäftsführer auf Schadensersatz gegenüber der Gesellschaft im Rahmen der §§ 93 AktG, 43 GmbHG s. Baumhoff, Verrechnungspreise für Dienstleistungen, S. 125 ff.; Bauschatz, Verdeckte Gewinnausschüttung, S. 55 f.; Borstell in: Vögele, HdbVerrPr., Rn. E 42 ff.; Frotscher in Frotscher/Maas, KStG, Anhang vGA zu § 8 Rn. 176 ff.; Frotscher in Widmann, Besteuerung der GmbH und ihrer Gesellschafter, S. 205 (227 f.); Pezzer, Verdeckte Gewinnausschüttung, S. 41 ff.; Pezzer, FR 1996, S. 379; Scholz, Konzernverrechnungspreise, S. 130; Wassermeyer in F/W/B, AStG, § 1 Rn. 107.

[48] S. dazu schon oben B. II. 3. a).

[49] Vgl. 1. Kapitel B. V. 5.

[50] Zum Steuerrecht vgl. Baumhoff, Verrechnungspreise für Dienstleistungen, S. 124 f.; Borstell in: Vögele, HdbVerrPr., Rn. E 42; Scholz, Konzernverrechnungspreise, S. 130.

bb) Übereinstimmung in der Maßgeblichkeit der Beurteilung auf der Grundlage einer ex-ante-Prognose - Abweichungen in der Bestimmung des maßgeblichen Verhaltens

Schließlich hat sowohl im Rahmen der steuerlichen verdeckten Gewinnausschüttung als auch des § 311 I AktG die Beurteilung, ob sich ein ordentlicher und gewissenhafter Geschäftsleiter anders, und wenn dieses zu bejahen ist, wie er sich verhalten hätte, auf der Grundlage einer ex-ante-Prognose zu erfolgen. Auch bei der Frage, auf welchen genauen Zeitpunkt sich die Beurteilung auf der Grundlage der ex-ante-Prognose zu beziehen hat und gegebenenfalls, welche von mehreren in Betracht kommenden Verhaltensweisen den Gegenstand der Angemessenheitsprüfung bilden muss, besteht im Wesentlichen bei dem Institut der verdeckten Gewinnausschüttung und dem § 311 I AktG Übereinstimmung: Bei der Beurteilung, ob ein bestimmter Sachverhalt eine verdeckte Gewinnausschüttung darstellt, ist der maßgebliche Beurteilungszeitpunkt der Zeitpunkt, in dem der Geschäftleiter seine Entscheidung trifft und sich bindet. Im Rahmen des § 311 I AktG ist maßgeblicher Beurteilungszeitpunkt der Zeitpunkt, in welchem die Willensbildung innerhalb der abhängigen Gesellschaft hinsichtlich der Vornahme oder Unterlassung der Maßnahme zu einem Abschluss gekommen ist. Eine Abweichung zwischen den beiden Regelungen ist meines Erachtens darin feststellbar, dass innerhalb der verdeckten Gewinnausschüttung der Schwerpunkt im Rahmen der Festlegung des Beurteilungszeitpunktes darauf liegt, wann die Vermögensminderung oder verhinderte Vermögensmehrung tatsächlich feststeht und hinreichend sicher ist. So ist etwa im Fall einer vertraglichen Vereinbarung das Entstehen der zivilrechtlichen Verpflichtung der Kapitalgesellschaft maßgeblich. Fehlt ein Vertrag und wurde auch keine gebotene Vereinbarung unterlassen, so ist der für die Beurteilung im Rahmen der verdeckten Gewinnausschüttung maßgebliche Zeitpunkt grundsätzlich der Zeitpunkt des Eintritts der Vermögensminderung oder verhinderten Vermögensmehrung bzw. der tatsächlichen Vorteilszuwendung. Im Rahmen des § 311 I AktG hingegen ist darauf abzustellen, zu welchem Zeitpunkt der Entschluss zur Vornahme oder zum Unterlassen der auf ihre Nachteiligkeit hin zu untersuchenden Maßnahme innerhalb der abhängigen Gesellschaft gefallen ist. Wesentliche Abweichungen sind dennoch kaum zu erwarten, da die beiden durch den unterschiedlichen Ansatzpunkt bestimmten Zeitpunkte regelmäßig so eng beieinander liegen, dass sich die für die Beurteilung maßgeblichen Umstände nicht verändert haben werden. Oftmals werden die Zeitpunkte sogar ganz aufeinander fallen. Das ist der Fall, wenn im Rahmen des § 311 I AktG bei vertraglichen Vereinbarungen erst auf den Moment abzustellen ist, in dem das Verpflichtungsgeschäft wirksam eingegangen wurde, oder wenn bei der Untersuchung von Maßnahmen erst der Zeitpunkt der Vornahme der ersten Ausführungshandlung der Maßnahme maßgeblich ist. Besteht zwischen der Entscheidung der abhängigen Gesellschaft über die Durchführung einer Maßnahme und ihrer tatsächlichen Durchführung ein derartig großer zeitlicher Abstand, dass sich die für die Beurteilung der Nachteiligkeit der Maßnahme maßgeblichen Umstände verändert haben, so kann ein Nachteil auch darin begründet sein, dass die Maßnahme durchgeführt wurde, ohne dass die abhängige Gesellschaft überprüft hat, ob eine veränderte Sachlage zu einer neuen Beurteilung und Entscheidung anhält.

Ein wesentlicher Unterschied hinsichtlich des für die Beurteilung maßgeblichen Zeitpunktes bzw. hinsichtlich der Bestimmung des maßgeblichen, den Beurteilungsgegenstand bildenden Verhaltens, kann sich bei Unterlassungen der Gesellschaft ergeben, wenn das Tatbestandsmerkmal der Veranlassung i.S.d. § 311 I AktG in die Gegenüberstellung miteinbezogen wird. Da im Rahmen der verdeckten Gewinnausschüttung ein mit dieser Veranlassung vergleichbares Tatbestandsmerkmal nicht besteht, ist der für die Beurteilung maßgebliche Zeitpunkt der Zeitpunkt innerhalb des Zeitraumes einer andauernden Unterlassung, in dem die Handlung hätte vorgenommen werden müssen[51]. Bei Überprüfung der gesellschaftsrechtlichen Veranlassung anhand des Maßstabs des ordentlichen und gewissenhaften Geschäftsleiters wird der Zeitpunkt als maßgeblich anzusehen sein, in dem der ordentliche und gewissenhafte Geschäftsleiter die Handlung vorgenommen hätte[52]. Insoweit kann auch ein unbewusst passives Verhalten der Kapitalgesellschaft eine verdeckte Gewinnausschüttung darstellen. Ein i.S.d. § 311 I AktG tatbestandliches veranlasstes (nachteiliges) Verhalten scheidet in diesen Fällen jedoch (noch) aus.

cc) Begrenzungen des Beurteilungsgegenstandes - Ausnahmen von der Maßgeblichkeit des Verhaltens eines ordentlichen und gewissenhaften Geschäftsleiters (einer unabhängigen Gesellschaft)

Sowohl im Rahmen der verdeckten Gewinnausschüttung, als auch im Rahmen der aktienrechtlichen Nachteilsprüfung muss die Frage beantwortet werden, ob ein besonderes Näheverhältnis zwischen der Kapitalgesellschaft und ihrem Geschäftspartner, insbesondere, wenn es sich bei diesem um einen beherrschenden Gesellschafter handelt, es erforderlich und gerechtfertigt erscheinen lässt, von dem Grundsatz der Maßgeblichkeit des Verhaltens eines ordentlichen und gewissenhaften Geschäftsleiters (einer unabhängigen Gesellschaft) dann eine Ausnahme zu machen, wenn es um die Frage der Berücksichtigungsfähigkeit erwarteter „entfernter" Vorteile im Rahmen der Angemessenheitsprüfung geht.

Diese Frage wird im Rahmen der verdeckten Gewinnausschüttung in den Fällen bejaht, in denen sich ein gegenseitiger Vertrag oder ein wirtschaftlich einheitliches Geschäft als unangemessen für die Kapitalgesellschaft darstellt, jedoch ei-

---

[51] Vgl. dazu oben 2. Kapitel B. VII.

[52] In diesem Sinn dürfte der Beschluss des BFH vom 05.02.1986 (I S 15/85, BFH/NV 1986, S. 563 (564)) zu verstehen sein: „Im Streitfall hätte ein ordentlicher und gewissenhafter Geschäftsleiter (...) spätestens den Vertragschluss vom 9. Januar 1974 zum Anlaß genommen, die aus dem Jahre 1959 herrührende Gewinnverteilung zu überprüfen und auf eine Berücksichtigung des nach den unstreitigen Berechnungen in der Einspruchsentscheidung erheblich gestiegenen Wertbeitrages der Klägerin in der stillen Gesellschaft hinzuwirken.".

ne Kompensation des insoweit bestehenden Nachteils[53] durch spätere Vorteile, die aus diesem Geschäft resultieren können, möglich erscheint. Es handelt sich hierbei um die Problematik des Vorteilsausgleichs.

Bei der Untersuchung der Sachverhalte, bei denen die Grundsätze des Vorteilsausgleichs noch keine Anwendung finden und uneingeschränkt von dem Maßstab des Verhaltens eines ordentlichen und gewissenhaften Geschäftsleiters im Rahmen der Angemessenheitsprüfung auszugehen ist, lässt sich feststellen, dass hinsichtlich dieser Sachverhalte auch im Rahmen des § 311 I AktG keine besonderen Grundsätze im Rahmen der Angemessenheitsprüfung eingreifen. Dies ist bei gegenseitigen Verträgen offensichtlich. Aber auch bei dem Vorliegen mehrerer Rechtsgeschäfte, die in einer Weise miteinander verknüpft sind, dass sie wirtschaftlich als einheitliches Geschäft anzusehen sind, also insbesondere auch zur gleichen Zeit abgeschlossen wurden, handelt es sich nicht um die dargestellten, aktienrechtlich problematischen Fälle, in denen im Rahmen der Nachteilsprüfung eine Berücksichtigung erwarteter zukünftiger Vorteile im Rahmen der Angemessenheitsprüfung ausgeschlossen wurde.

Wie soeben angesprochen, kann im Rahmen der aktienrechtlichen Nachteilsprüfung bei bestimmten Sachverhaltsgestaltungen ein Nachteil auch anzunehmen sein, obwohl ein ordentlicher und gewissenhafter Geschäftsleiter einer unabhängigen Gesellschaft ein sich bei isolierter Betrachtung als ungünstig darstellendes Geschäft vornehmen dürfte, weil er mit hinreichender Wahrscheinlichkeit von zumindest einem Ausgleich dieses „Nachteils" durch zukünftige Vorteile ausgehen kann. Ein derartiger Fall ist gegeben, wenn der Abschluss des bei isolierter Betrachtung sich als ungünstig darstellenden Geschäfts zwischen dem herrschenden Unternehmen und der abhängigen Gesellschaft durch die Pflege guter Geschäftsbeziehungen oder durch die Erwartung gerechtfertigt werden soll, dass ein bestimmter, spiegelbildlich mindestens ebenso günstiger Geschäftsabschluss die Folge sein wird und sich die Parteien schon über dessen Abschluss einig sind, ohne dass der Geschäftspartner jedoch rechtlich gebunden ist.

Betrachtet man diese Fälle, die steuerrechtlich dem Problembereich des Vorteilsausgleichs zuzuordnen wären, so ließe sich die Überlegung anstellen, ob hinsichtlich dieser Sachverhalte im Rahmen der aktienrechtlichen Nachteilsprüfung auf die im Steuerrecht an die Zulässigkeit eines Vorteilsausgleichs gestellten Anforderungen zurückgegriffen werden kann. Zu streng, und im Hinblick auf die Maßgeblichkeit des Verhaltens eines hypothetischen ordentlichen und gewissenhaften Geschäftsleiters der abhängigen Gesellschaft als Maßstab einer materiellen Angemessenheitsprüfung auch zu formal, erschiene es, die für die Vereinbarungen mit einem beherrschenden Gesellschafter geltenden besonderen formellen Anforderungen vorauszusetzen, d.h. eine Berücksichtigung der angesprochenen Vorteile von einer im Voraus getroffenen, klaren, zivilrechtlich wirksamen und

[53] Mit dem Begriff des Nachteils ist hier nicht der Nachteilsbegriff des § 311 I AktG angesprochen.

eindeutigen Vereinbarung abhängig zu machen. Sachgerecht erscheint es jedoch, entsprechend den steuerlichen Anforderungen an den Vorteilsausgleich bei nicht beherrschenden Gesellschaftern, die Vorteile in den angesprochenen Sachverhaltskonstellationen nur dann in die Angemessenheitsprüfung mit einzubeziehen, wenn zwischen den fraglichen Geschäften zumindest eine derartige rechtliche Verknüpfung besteht, dass der künftige Vorteil dem Grund und der Höhe nach gesichert ist. Der Ausgleich mit den Gegenvorteilen müsste daher jedenfalls als „Rechtsgrund" für den Abschluss des isoliert betrachtet unausgeglichenen Geschäfts bestimmt werden oder für dieses Geschäft zumindest die Geschäftsgrundlage bilden, so dass bei späterem Wegfall des Rechtsgrundes oder der Geschäftsgrundlage die entsprechenden zivilrechtlichen Ansprüche ausgelöst würden. Diese Frage soll hier jedoch nicht abschließend beantwortet werden.

Diese oder andere für sachgerecht zu befindenden Anforderungen bzw. die Nichtberücksichtigung zukünftiger Vorteile in den dargestellten Sachverhaltskonstellationen im Rahmen der Angemessenheitsprüfung lassen sich jedoch nur vor dem Hintergrund der besonderen Machtverteilung zwischen herrschendem Unternehmen und abhängiger Gesellschaft rechtfertigen. Dieses in dem Abhängigkeitsverhältnis bestehende Ungleichgewicht in der Geschäftsbeziehung zwischen herrschendem Unternehmen und abhängiger Gesellschaft stellt den alleinigen Grund dar, der eine Ausnahme von der Maßgeblichkeit des Verhaltens eines ordentlichen und gewissenhaften Geschäftsleiters einer unabhängigen Gesellschaft zulässig erscheinen lässt. Da die Anforderungen an einen steuerlich anzuerkennenden Vorteilsausgleich auch in Sachverhalten zugrundegelegt werden, die sich nicht in gleicher Weise durch ein entsprechendes Machtverhältnis zwischen den Geschäftspartnern auszeichnen und hinsichtlich eines steuerrechtlich anzuerkennenden Vorteilsausgleichs bei beherrschenden Gesellschaftern[54] strengere Anforderungen gestellt werden, als sie im Rahmen der aktienrechtlichen Problematik vorauszusetzen sein werden, werden im Rahmen der verdeckten Gewinnausschüttung in einem größerem Umfang Ausnahmen von der Maßgeblichkeit des Verhaltens eines ordentlichen und gewissenhaften Geschäftsleiters (einer unabhängigen Gesellschaft) als im Rahmen der aktienrechtlichen Nachteilsprüfung gemacht. Abweichungen lassen sich etwa in den Fällen feststellen, in denen die Berücksichtigungsfähigkeit den steuerlichen Anforderungen an einen Vorteilsausgleich unterliegender zukünftiger, durch einen nur geringfügig an der Kapitalgesellschaft beteiligten Gesellschafter oder durch einer diesem nahestehenden Person zu gewährender Vorteile in Frage steht. In den Fällen, in denen im Rahmen der Angemessenheitsprüfung über die Berücksichtigungsfähigkeit möglicher zukünftiger, der Kapitalgesellschaft zugute kommender, außerhalb von gegenseitigen Verträgen und wirtschaftlich einheitlichen Geschäften zu verortender Vorteile zu entscheiden ist, kann sich somit die steuerliche Angemessenheitsprü-

[54] Gemeint sind hier beherrschende Gesellschafter im Sinne des Steuerrechts.

fung auf einen engeren Beurteilungsgegenstand als im Rahmen der aktienrechtlichen Nachteilsprüfung beziehen[55].

dd) Abweichende Auslegung der Rechtsfigur des ordentlichen und gewissenhaften Geschäftsleiters im Steuerrecht

Die bisher dargestellten Übereinstimmungen hinsichtlich der Rechtsfigur des ordentlichen und gewissenhaften Geschäftsleiters und die Tatsache, dass der BFH den Maßstab des ordentlichen und gewissenhaften Geschäftsleiters dem Handelsrecht entlehnte, dürfen jedoch nicht den Blick darauf verdecken, dass es sich bei diesem Maßstab im Bereich der verdeckten Gewinnausschüttung um einen steuerrechtlichen Maßstab handelt, der auch einer rein steuerrechtlichen Auslegung unterworfen ist.

Es ist daher zu untersuchen, ob die Zweckrichtung des Rechtsinstituts der verdeckten Gewinnausschüttung eine steuerliche Bestimmung des Verhaltens des ordentlichen und gewissenhaften Geschäftsleiters zur Folge hat, die von dem Maßstab des ordentlichen und gewissenhaften Geschäftsleiters im Rahmen des § 311 I AktG abweicht.

Die verdeckte Gewinnausschüttung i.S.d. § 8 III 2 KStG dient der zutreffenden Ermittlung der körperschaftsteuerlichen Bemessungsgrundlage. Ihr gesetzlicher Regelungsgrund besteht darin, sicherzustellen, dass die Körperschaft nach ihrer wirtschaftlichen Leistungsfähigkeit besteuert wird. Eine verdeckte Gewinnausschüttung als Einkommensverwendung darf das Einkommen nicht mindern, weil keine Minderung der wirtschaftlichen Leistungsfähigkeit vorliegt. § 311 I AktG und damit auch der Maßstabs des ordentlichen und gewissenhaften Geschäftsleiters zur Nachteilsfeststellung dienen nicht der Sicherstellung der Besteuerung der Gesellschaft nach ihrer wirtschaftlichen Leistungsfähigkeit. Der Schutzzweck besteht vielmehr darin, die an der abhängigen Gesellschaft bestehenden Vermögensinteressen der außenstehenden Aktionäre und der Gläubiger zu wahren. Zu diesem Zweck soll das Eigeninteresse der abhängigen Gesellschaft geschützt werden. Dem Maßstab des Handelns eines ordentlichen und gewissenhaften Geschäftsleiters kommt im Rahmen im Rahmen des § 311 I AktG eine andere Funktion zu als im Rahmen der verdeckten Gewinnausschüttung, wo dieser Maßstab der Feststellung einer Handlung im Interesse des Gesellschafters und damit der gesellschaftsrechtlichen Veranlassung dient. Daher kann ein Verstoß gegen den handelsrechtlichen Maßstab des ordentlichen und gewissenhaften Geschäftsleiters nur dann zu einer verdeckten Gewinnausschüttung führen, wenn der Sorgfaltspflichtverletzung eine zweckgerichtete Begünstigung des Gesellschafters immanent ist. Für die verdeckte Gewinnausschüttung sind nur die Pflichtver-

[55] Ähnlich Schnorberger, Verrechnungspreise, S. 261, der jedoch den steuerlichen Vorteilsausgleich, anders als hier vorgenommen, dem Nachteilsausgleich i.S.d. § 311 AktG gegenüberstellt. S. zu dieser Gegenüberstellung auch Uecker, Der Vorteils- Nachteils- Ausgleich, S. 113 ff.

letzungen der Verfolgung von Interessen eines Gesellschafters, wie es im Rahmen der Bestimmung des Begriffs der gesellschaftsrechtsrechtlichen Veranlassung dargelegt wurde, relevant[56]. Der Bereich der Sachverhalte, in denen ein Verstoß gegen den steuerrechtlichen Maßstab des ordentlichen und gewissenhaften Geschäftsleiters vorliegt, stellt insoweit nur einen Teilbereich der möglichen Fälle des Verstoßes gegen den Maßstab des ordentlichen und gewissenhaften Geschäftsleiters im Sinne des § 311 I AktG dar[57].

Zu untersuchen bleibt, ob das Steuerrecht über diese Unterschiede[58] hinausgehend abweichende Anforderungen an den ordentlichen und gewissenhaften Geschäftsleiter stellt als das Gesellschaftsrecht. Unterschiede könnten sich in beiden Rechtsgebieten im Hinblick auf die Anforderungen an die Ausrichtung des unternehmerischen Handelns an dem erwerbswirtschaftlichen Prinzip ergeben.

Der BFH sieht als oberste Maxime unternehmerischen Handelns das Ziel der Gewinnerzielung bzw. der Gewinnmaximierung an. Nach ihm ist es die Aufgabe des ordentlichen und gewissenhaften Geschäftsleiters als Geschäftsführer eines Erwerbsunternehmens, „Gewinn zu erzielen und diesen Gewinn nach Möglichkeit zu steigern"[59]. Die Verfolgung anderer, dem Gewinnstreben gegenläufiger Ziele lässt demnach regelmäßig eine gesellschaftsrechtlich bedingte Einflussnahme vermuten[60]. Auch der handelsrechtliche Maßstab des ordentlichen und gewissenhaften Geschäftsleiters verlangt die Beachtung des erwerbswirtschaftlichen Prinzips. Der Vorstand muss primär auf die Erzielung eines angemessenen, zur substantiellen Erhaltung von Kapital und Ertragskraft genügenden Gewinnes bedacht sein, ist jedoch nicht zur Gewinnmaximierung verpflichtet, sondern darf etwa auch über die rechtlichen Bindungen hinaus soziale Interessen verfolgen. Diese Ausführungen zum Maßstab des ordentlichen und gewissenhaften Geschäftsleiters im Handelsrecht beziehen sich auf den Regelfall einer erwerbswirtschaftlich tätigen Kapitalgesellschaft. Bei diesen Gesellschaften bestehen über die dargestellten Unterschiede hinaus keine Abweichungen in den Anforderungen an das Verhalten des ordentlichen und gewissenhaften Geschäftsleiters im Gesellschafts- und Steuerrecht[61].

---

[56] S. zu diesen Unterschieden Frotscher in Frotscher/Maas, KStG, Anhang vGA zu § 8 Rn. 177; Frotscher, GmbHR 1998, S. 23 (25).

[57] Vgl. zu diesem Problembereich bereits oben B. IV. 1., 2.

[58] Auf diese Unterschiede wurde bereits oben B II 1, 2

[59] BFH 16.04.80 I R 75/78, BStBl 1981 II, S. 492; s. auch BFH 28.06.89 I R 89/85, BStBl II 1989, S. 854 (856); BFH 17.02.93 I R 3/92, BStBl II 1993, S. 457 (458); BFH 28.11.2001 I R 44/00, GmbHR 2002, S. 272 (274)

[60] Vgl. Baumhoff, Verrechnungspreise für Dienstleistungen, S. 116, 127 f.; Wassermeyer in F/W/B, AStG, § 1 Rn. 136.

[61] Vgl. auch Becker, DB 1996, S. 1439, der jedoch die aufgezeigten und die noch darzulegenden Einschränkungen nicht vornimmt; gleiches gilt für Herrmann/Heuer/Raupach/Wrede, § 8 KStG Rn. 42; Kaminski, Verrechnungspreisbestimmung, S. 20 f.; vgl. ferner Gail, WPg 1970, S. 237 (240 ff.), der jedoch unterschiedliche Beurteilungen im Gesellschafts- und Steuerrecht nicht ausschließen will; Kritisch Pezzer, Verdeckte Gewinnausschüttung, S. 41 ff.; vgl. zu die-

Hiervon zu trennen sind die Fälle der Non-Profit-Kapitalgesellschaften, d.h. von Gesellschaften ohne erwerbswirtschaftliche Zielsetzung[62]. Als Beispiele möglicher Non-Profit-Gesellschaften sind etwa Gesellschaften zu nennen, die gemeinnützigen Zwecken dienen, Gesellschaften, die bei Aufgaben der öffentlichen Hand im Rahmen formeller Privatisierungsmaßnahmen im Grenzbereich hoheitlicher und gemeinnütziger Aufgabenstellungen oder mit lediglich wirtschaftsnaher, nicht rein erwerbswirtschaftlich ausgerichteter Zwecksetzung eingesetzt werden[63], Holdinggesellschaften und Fördervereinigungen wie Einkaufs- und Verkaufsgesellschaften oder Werbe- und Forschungsgemeinschaften[64]. Obwohl die AG wie auch die GmbH nach den Intentionen des Gesetzgebers als Organisationsform für gewinnorientierte Unternehmen vorgesehen ist und auch der regelmäßige Gesellschaftszweck[65] dieser Gesellschaften in der Gewinnerzielung besteht[66], sind beide Gesellschaftsformen zweckoffen konstruiert[67]. Die Gewinnerzielungsabsicht kann daher ausgeschlossen und die Verfolgung ideeller oder gemeinnütziger Zwecke festgelegt werden[68]. Soll die Kapitalgesellschaft nach

---

sem Problembereich auch die Ausführungen von Döllerer, Verdeckte Gewinnausschüttungen, S. 70 ff., 94, 98 ff., insbesondere 100 f. sowie Döllerer, BB 1967, S. 1437 (1443).

[62] Bei diesen Gesellschaften kann weitergehend zwischen Gesellschaften differenziert werden, die wirtschaftlich, aber ohne Erwerbsabsicht tätig sind und solchen, die nur ideale Zwecke verfolgen; s. dazu Priester, GmbHR 1999, S. 149.

[63] Vgl. Prinz, StbJb. 1997/98, S. 97 (105 f.).

[64] Vgl. Priester, GmbHR 1999, S. 149.

[65] S. zum Begriff des Gesellschaftszwecks und zur Abgrenzung zum Unternehmensgegenstand Hachenburg/Ulmer, GmbHG, § 1 Rn. 5 ff.; Hüffer, AktG, § 23 Rn. 22; Kraft in KölnKomm z. AktG, § 3 Rn. 9 f.; Lutter/Hommelhoff, GmbHG, § 1 Rn. 2; MünchKommAktG/Heider, § 3 Rn. 14 ff.; Scholz/Emmerich, GmbHG, § 1 Rn. 2 f.; Zöllner in KölnKomm z. AktG, § 179 Rn. 112.

[66] Vgl. Priester, GmbHR 1999, S. 149; zur AG vgl. Hüffer, AktG, § 23 Rn. 22; Kraft in KölnKomm z. AktG, § 3 Rn. 9 f.; MünchKommAktG/Heider, § 3 Rn. 15; Schmidt-Hern, Schutz der außenstehenden Aktionäre, S. 99; Tröger, Treupflicht, S. 110 ff.; Zöllner in KölnKomm z. AktG, § 179 Rn. 111; zur GmbH vgl. Hachenburg/Ulmer, GmbHG, § 1 Rn. 9.

[67] Priester, GmbHR 1999, S. 149 (150). Diese Zweckoffenheit ergibt bei der GmbH schon aus dem Wortlaut des § 1 GmbHG, wonach eine GmbH „zu jedem gesetzlich zulässigen Zweck" errichtet werden kann; vgl. zur GmbH des Weiteren Lutter/Hommelhoff, GmbHG, § 1 Rn. 4 f.. Bei der AG folgt dies mittelbar aus § 3 I AktG, wonach die AG ohne Rücksicht auf den Gegenstand des Unternehmens als Handelgesellschaft gilt, vgl. Kraft in KölnKomm z. AktG, § 3 Rn. 5; MünchKommAktG/Heider, § 3 Rn. 4, 17; zu weiteren Begründungsansätzen s. Tröger, Treupflicht, S. 111 ff.

[68] Im Regelfall der erwerbswirtschaftlich tätigen Gesellschaft muss die Satzung den Gesellschaftszweck nicht ausdrücklich erwähnen. Sollen abweichend von den Zweck der Gewinnerzielung andere Zwecke verfolgt werden, muss dies jedoch in der Satzung hinreichend zum Ausdruck kommen; vgl. zur GmbH Hachenburg/Ulmer, GmbHG, § 1 Rn. 9; zur AG vgl. Kraft in KölnKomm z. AktG, § 3 Rn. 10. Bei gänzlichem oder teilweisem Übergang von erwerbswirtschaftlicher zu gemeinnütziger Tätigkeit liegt ein Fall der Zweckänderung mit der Folge der Erforderlichkeit der Zustimmung aller Aktionäre gemäß § 33 I 2 BGB vor; vgl. zur AG Hüffer, AktG, § 23 Rn. 22; § 179 Rn. 33; Kraft in KölnKomm z. AktG, § 3 Rn. 9 f.; MünchKommAktG/Heider, § 1 Rn. 19; Zöllner in KölnKomm z. AktG, § 179 Rn. 114; zur

dem Gesellschaftsvertrag oder anderen Vereinbarungen mit den Gesellschaftern gewinnlos oder nur mit einer geringen Gewinnmarge geführt werden, so prägt der von dem Regelzweck abweichende Gesellschaftszweck auch das gesellschaftsrechtliche Anforderungsprofil des ordentlichen und gewissenhaften Geschäftsleiters einer solchen Gesellschaft, da sich der Geschäftsleiter bei seinen Entscheidungen an den vorgegebenen Unternehmenszielen zu orientieren hat. Aktienrechtlich zulässig und mangels Verstoß gegen die Sorgfalt eines ordentlichen und gewissenhaften Geschäftsleiters auch im Sinne des § 311 I AktG nicht nachteilig ist es daher zum Beispiel, wenn eine als Einkaufsgesellschaft konzipierte AG, deren satzungsmäßiger Zweck lediglich Kostendeckung beinhaltet, ihre Gesellschafter zu Selbstkostenpreisen beliefert.

Im Hinblick auf das Institut der verdeckten Gewinnausschüttung i.S.d. § 8 III 2 KStG ist davon auszugehen, dass die satzungsmäßige Gewinnlosigkeit einer Kapitalgesellschaft im Grundsatz auch steuerlich anerkannt werden kann, da die Gewinnlosigkeit einer Kapitalgesellschaft unabhängig davon, ob sie satzungsmäßig verankert ist oder auf unternehmerischen Fehlentscheidungen beruht, nur dann zu einer verdeckten Gewinnausschüttung führen kann, wenn die Gewinnlosigkeit gesellschaftsrechtlich veranlasst ist[69]. Jedoch folgt das Steuerrecht den gesellschaftsrechtlichen Vorgaben regelmäßig nicht, wenn eine Kapitalgesellschaft[70] gewinnlos geführt werden soll, die eigene Aufgaben durch die Kapitalgesellschaft ausführen lässt, die Gewinnlosigkeit also im Interesse des Gesellschafters liegt[71]. Für die Begründung der gesellschaftsrechtlichen Veranlassung ist es jedoch nicht ausreichend, wenn der Nutzen der Gesellschafter lediglich ei-

KommAktG/Heider, § 1 Rn. 19; Zöllner in KölnKomm z. AktG, § 179 Rn. 114; zur GmbH vgl. Hachenburg/Ulmer, GmbHG, § 1 Rn. 10; Lutter/Hommelhoff, GmbHG, § 53 Rn. 19.

[69] Vgl. BFH 17.11.99 I R 4/99, BFH/NV 2000, S. 1502 (1503).

[70] Die folgenden Ausführungen beziehen sich nur auf Non-Profit-Kapitalgesellschaften, zu deren gesetzlichem Zweck das Erwerbs- und Gewinnstreben gehören; vgl. Achenbach in Dötsch/Eversberg/Jost/Witt, KStG, Anhang zu § 8 „Non-profit-Unternehmen"; vgl. ferner auch den Hinweis in BFH 19.08.98 I R 21/98, BStBl II 1999, S. 99 (101). Hingegen können Erwerbs- und Wirtschaftsgenossenschaften, da diese nicht im eigenen Interesse, sondern im Interesse der Mitglieder handeln, ohne die aufzuzeigenden, für Kapitalgesellschaften geltenden Einschränkungen, als Non-Profit-Unternehmen geführt werden; vgl. BFH 11.10.89 I R 208/85, BStBl II 1990, S. 88 (89). Gleiches gilt für Vereine, vgl. BFH 19.08.98 I R 21/98, BStBl II 1999, S. 99 (101).

[71] Vgl. BFH 03.07.68 I R 83/65, BStBl II 1969, S. 14 (15); BFH 23.05.84 I R 294/81, BStBl II 1984, S. 673 (676); BFH 10.06.87 I R 149/83, BStBl II 1988, S. 25 (27); BFH 02.02.94 I R 78/92, BStBl II 1994, S. 479 (480 f.); vgl. ferner Schön, FS Flume, S. 265 (276). Diese Grundsätze gelten auch, wenn die Kapitalgesellschaft durch Privatisierungsmaßnahmen Aufgaben der öffentlichen Hand erfüllt; vgl. Frotscher in Frotscher/Maas, KStG, Anhang zu § 8 Rn. 302 „Non-Profit-Unternehmen"; vgl. ferner die Ausführungen von Prinz, StbJb. 1997/98, S. 97 (105 ff.; 110 f.), der die insoweit vorherrschende Auffassung jedoch ablehnt.

nen mittelbaren Reflex bildet[72]. Nach dem BFH[73] kann zwar eine GmbH zu jedem gesetzlich zulässigen Zweck errichtet werden; wenn sie sich jedoch am Wirtschaftsleben beteiligt, ist ihre Tätigkeit üblicherweise darauf gerichtet, Gewinn zu erzielen, der eine angemessene Verzinsung des investierten Kapitals erbringt[74]. Die Satzungsbestimmung, dass die Gesellschaft gewinnlos für ihre Gesellschafter arbeiten soll, verhindert die Bewertung des Verzichts auf die Erzielung eines angemessenen Gewinns als verdeckte Gewinnausschüttung nicht[75]. In diesen Fällen weichen die im Steuerrecht an den ordentlichen und gewissenhaften Geschäftsleiter gestellten Anforderungen von denen im Gesellschaftsrecht ab[76].

Eine weitere Abweichung der im Rahmen der steuerlichen verdeckten Gewinnausschüttung an den ordentlichen und gewissenhaften Geschäftsleiter zu stellenden Anforderungen von dem anzulegenden Sorgfaltsmaßstab im Rahmen der Nachteilsfeststellung nach § 311 I AktG kommt in Betracht, wenn das Verhalten des Vorstands einer abhängigen Aktiengesellschaft auf einem gesetzmäßigen Beschluss der Hauptversammlung beruht, den diese im Rahmen ihrer Zuständigkeit erlassen hat. Denn soweit der Vorstand einen derartigen Hauptversammlungsbeschluss nicht pflichtwidrig herbeigeführt hat und sich nicht bei dessen Ausführung unabhängig von dem Inhalt und den Wirkungen des Beschlusses pflichtwidrig verhalten hat, handelt der Vorstand pflichtgemäß i.S.d. § 93 AktG, wenn er, wie es § 83 II AktG in diesen Fällen verlangt, den Beschluss der Hauptversammlung ausführt[77].

---

[72] Vgl. BFH 17.11.99 I R 4/99, BFH/NV 2000, S. 1502 (1503). Die Besonderheit an dem diesem Urteil zugrundeliegenden Sachverhalt, die zur Qualifizierung der satzungsmäßigen Gewinnlosigkeit als betrieblich bedingt führte, lag darin, dass die betroffene GmbH kraft Gesetzes (dem „Absatzfondgesetz“) gewinnlos bleiben musste, vgl. „-sch“, DStRE 2000, S. 1091.

[73] BFH 03.07.68 I 83/65, BStBl II 1969, S. 14 (15).

[74] Der BFH formuliert in seinem Urteil vom 17.11.1999 (I R 4/99, BFH/NV 2000, S. 1502 (1503)), dass eine Kapitalgesellschaft im Grundsatz darauf angelegt sei, Gewinne zu erzielen.

[75] Vgl. BFH 03.07.68 I 83/65, BStBl II 1969, S. 14 (14 f.); Achenbach in Dötsch/Eversberg/Jost/Witt, KStG, Anhang zu § 8 „Non-profit-Unternehmen“; Frotscher in Frotscher/Maas, KStG, Anhang zu § 8 Rn. 302 „Non-Profit-Unternehmen“; Schön, FS Flume, S. 265 (275); a.A. FG Köln 26.11.1998, EFG 1999, S. 398; die zumeist ältere BFH-Rechtsprechung bei Non-Profit-Unternehmen der öffentlichen Hand als Anteilseigner ablehnend Prinz, StbJb. 1997/98, S. 97 (106 f., 110 f.); vgl. zur Abgrenzung der vorliegenden Sachverhalte von den nicht als verdeckte Gewinnausschüttungen zu wertenden Fällen von Anlaufverlusten Achenbach in Dötsch/Eversberg/Jost/Witt, KStG, Anhang zu § 8 „Non-profit-Unternehmen“; Blümich/Rengers, § 8 KStG Rn. 506.

[76] Auf diesen Unterschied der Vergleichsmaßstäbe hinweisend Baumhoff, Verrechnungspreise für Dienstleistungen, S. 128; Borstell in: Vögele, HdbVerrpr., Rn. E 46; Höppner, StBp 1983, S. 121 (126).

[77] Vgl. Hefermehl in Geßler/Hefermehl/Eckardt/Kropff, AktG, § 83 Rn. 10, § 93 Rn. 47; Hüffer, AktG, § 83 Rn. 5, § 93 Rn. 24 ff; Mertens in KölnKomm z. AktG, § 83 Rn. 7, § 93 Rn. 122; zum Handeln des GmbH-Geschäftsführers aufgrund bindender Weisung oder mit Zustimmung eines weisungsberechtigten Organs s. Baumbach/Hueck/Zöllner, GmbHG, § 37 Rn. 10 ff., § 43 Rn. 28 f.; Hachenburg/Mertens, GmbHG, § 37 Rn. 8, 19, § 43 Rn. 69 ff.; Lut-

Die Sorgfaltspflicht, deren Beachtung das Steuerrecht zur Vermeidung einer verdeckten Gewinnausschüttung verlangt, wird hingegen von einem Beschluss der Hauptversammlung nicht berührt. Eine verdeckte Gewinnausschüttung ist daher nicht ausgeschlossen, wenn das Verhalten des Vorstands auf einem gesetzmäßigen Beschluss der Hauptversammlung beruht, den diese im Rahmen ihrer Zuständigkeit erlassen hat.

Für das Problem der Feststellung eines Nachteils i.S.d. § 311 I AktG wurde zwar festgestellt, dass das Anforderungsprofil des ordentlichen und gewissenhaften Geschäftsleiters dem Sorgfaltsmaßstab des § 93 AktG entspricht. Es muss jedoch berücksichtigt werden, dass eine i.S.d. § 311 I AktG tatbestandliche Veranlassung auch durch Ausübung des Stimmrechts in der Hauptversammlung erfolgen kann. Nimmt der Vorstand der abhängigen Gesellschaft eine Maßnahme vor, zu deren Durchführung er von dem herrschenden Unternehmen durch einen Hauptversammlungsbeschluss verpflichtet wurde, so kann dieser Hauptversammlungsbeschluss nicht den Grund dafür bilden, dass ein pflichtwidriges, d.h. gegen die Sorgfalt eines ordentlichen und gewissenhaften Geschäftsleiters einer unabhängigen Gesellschaft verstoßendes Verhalten und damit ein Nachteil im Rahmen dieses Sachverhalts ganz entfällt. Im vorliegenden Fall ist auch der Gesichtspunkt nicht weiterführend, dass eine Ausführungspflicht des Vorstands nach § 83 II AktG mit der Folge des Entfallens einer Pflichtverletzung i.S.d. § 93 AktG im Hinblick auf § 93 IV 1 AktG einen gesetzmäßigen Hauptversammlungsbeschluss voraussetzt. Denn ein gesetzmäßiger Beschluss der Hauptversammlung kann gegeben sein, obwohl dieser von der Verwaltung ein Verhalten verlangt, das ohne den Hauptversammlungsbeschluss eine Pflichtverletzung darstellen würde[78]. Die Lösung dieses Problems ist darin zu suchen, dass ein anderes Verhalten als es im Rahmen der steuerlichen verdeckten Gewinnausschüttung maßgeblich ist, bei der aktienrechtlichen Nachteilsprüfung den Beurteilungsgegenstand bilden muss. Jedenfalls in den Fällen, in denen den Vorstand eine Ausführungspflicht trifft und der Vorstand die Maßnahme dem Beschluss entsprechend ausführt, ohne sich hierbei unabhängig von dem Inhalt und Wirkungen des Beschlusses pflichtwidrig zu verhalten, ist der Beschluss der Hauptversammlung das maßgebliche Verhalten der abhängigen Gesellschaft, das auf seine Nachteiligkeit zu untersuchen ist. Die Maßgeblichkeit des Hauptversammlungsbeschlusses, die auch nur bei ausführungsbedürftigen Maßnahmen problematisch sein kann, ergibt sich daraus, dass zu diesem Zeitpunkt die Willensbildung innerhalb der abhängigen Gesellschaft hinsichtlich der Vornahme oder Unterlassung der Maßnahme zu einem Abschluss gekommen ist. Beschließt die Hauptversammlung hingegen die Vor-

---

ter/Hommelhoff, GmbHG, § 37, Rn. 17 ff., § 43 Rn. 22 f.; Scholz/Schneider, GmbHG, § 37 Rn. 30 ff., § 43 Rn. 95 ff.

[78] S. zur Frage der Gesetzmäßigkeit des Beschlusses im vorliegenden Zusammenhang Hefermehl in Geßler/Hefermehl/Eckardt/Kropff, AktG, § 93 Rn. 48; Hüffer, AktG, § 93 Rn. 25; Mertens in KölnKomm z. AktG, § 93 Rn. 117 ff.

nahme einer vom Vorstand ausführungsbedürftigen Maßnahme, ohne dass eine Ausführungspflicht besteht, so kann auch die Entscheidung des Vorstands, den etwa gesetzwidrigen Beschluss auszuführen, ein nachteiliges Verhalten darstellen. Gleiches gilt selbstverständlich für den Fall, dass der Vorstand trotz Ausführungspflicht den Beschluss der Hauptversammlung nicht durchführt. In beiden Fällen ist eine Pflichtverletzung des Vorstands nicht aufgrund eines Hauptversammlungsbeschlusses ausgeschlossen. Zusammenfassend ist also festzustellen, dass auch dann, wenn das Verhalten des Vorstands einer abhängigen Aktiengesellschaft auf einem gesetzmäßigen Beschluss der Hauptversammlung beruht, den diese im Rahmen ihrer Zuständigkeit erlassen hat, im Rahmen der verdeckten Gewinnausschüttung und der aktienrechtlichen Nachteilsfeststellung die gleichen Anforderungen an das Verhalten des ordentlichen und gewissenhaften Geschäftsleiters zu stellen sind. Unterschiede können sich lediglich im Hinblick auf das den Beurteilungsgegenstand bildende Verhalten und damit auch hinsichtlich des Beurteilungszeitpunktes ergeben.

b) Angemessenheit aus der Sicht des Geschäftspartners der Kapitalgesellschaft

aa) Übertragbarkeit des steuerrechtlichen Maßstabs der Angemessenheit aus der Sicht des Geschäftspartners der Kapitalgesellschaft

Ein weiterer Hilfsmaßstab zur Feststellung der gesellschaftsrechtlichen Veranlassung stellt der Maßstab der Angemessenheit aus der Sicht des Geschäftspartners der Kapitalgesellschaft dar. Zur Durchführung dieses Fremdvergleichs aus der Sicht des Geschäftspartners der Kapitalgesellschaft ist zu untersuchen, ob auch ein gedachter fremder Dritter an Stelle des Gesellschafters der Vereinbarung mit der Kapitalgesellschaft zugestimmt haben würde.

Mit der Fragestellung, ob ein fremder Dritter, oder inhaltlich gleichbedeutend ein fremder ordentlicher und gewissenhafter Geschäftsleiter der Vereinbarung mit der Kapitalgesellschaft nicht zugestimmt hätte, lassen sich Vereinbarungen identifizieren, die sich für den Gesellschafter als unvorteilhaft und unangemessen darstellen. Legt man an Vereinbarungen, die für den Gesellschafter unvorteilhaft und unangemessen sind, den im Rahmen des § 311 I AktG vorgesehenen Maßstab des ordentlichen und gewissenhaften Geschäftsleiters an, so zeigt sich, dass der Maßstab der Angemessenheit aus der Sicht des Geschäftspartners der Kapitalgesellschaft insoweit entweder keinen Hinweis oder nur einen Hinweis gegen das Vorliegen eines Nachteils i.S.d. § 311 I AktG liefern kann.

Im Regelfall wird eine Vereinbarung, die für den einen Geschäftpartner unvorteilhaft ist, für den anderen Geschäftspartner entsprechend oder zumindest überhaupt vorteilhaft sein. Eine für die abhängige Gesellschaft vorteilhafte Vereinbarung, die aufgrund ihrer Vorteilhaftigkeit die Zustimmung eines ordentlichen und gewissenhaften Geschäftsleiters gefunden hätte, kann eine verdeckte Gewinnausschüttung[79], aber keinen Nachteil i.S.d. § 311 I AktG darstellen. Da jedoch demgegenüber auch Sachverhaltsgestaltungen möglich sind, in denen sich die für den einen Geschäftspartner unvorteilhafte Vereinbarung für den anderen Geschäftspartner ebenfalls als unvorteilhaft darstellt, kann umgekehrt aus der Feststellung, ein fremder Dritter hätte die Vereinbarung mit der Kapitalgesellschaft nicht getroffen, auch nicht auf das Fehlen eines Nachteils i.S.d. § 311 I AktG geschlossen werden. Vor dem Hintergrund, dass für die Nachteilsfeststellung im Rahmen des § 311 I AktG allein die Vermögens- und Ertragslage der abhängigen Gesellschaft maßgeblich ist und es daher ausschließlich auf die Perspektive dieser abhängigen Gesellschaft ankommt, kann nach den bisherigen Ausführungen der Fremdvergleich aus der Sicht des Geschäftspartners der Kapitalgesellschaft nicht auf das aktienrechtliche Problem der Nachteilsfeststellung übertragen werden.

Dass sich der Geschäftsabschluss wegen der Unvorteilhaftigkeit für den Gesellschafter nur dadurch erklären lässt, dass der Vertragspartner der Kapitalgesellschaft Gesellschafter ist, ist im Rahmen der Nachteilsfeststellung des § 311 I AktG unbeachtlich. Ein Nachteil i.S.d. § 311 I AktG kann sich auch bei einer Leistungsbeziehung, die aufgrund derartiger Erwägungen als i.S.d. steuerlichen verdeckten Gewinnausschüttung gesellschaftsrechtlich veranlasst anzusehen ist, nur daraus ergeben, dass die Bedingungen dieser Leistungsbeziehung für die Kapitalgesellschaft ungünstig sind. Schutzgegenstand der Regelungen der §§ 311 ff. AktG ist das Eigeninteresse der abhängigen Gesellschaft in vermögensmäßiger Hinsicht. Die wirtschaftlichen Interessen von Geschäftspartnern der Gesellschaft spielen insoweit keine Rolle.

Dieser Gesichtspunkt ist auch für die Beurteilung eines anderen möglichen Ansatzpunktes, der auf der Angemessenheitsprüfung aus der Sicht des Geschäftspartners der Kapitalgesellschaft aufbaut, relevant: Wird der ordentliche und gewissenhafte Geschäftsleiter gedanklich verdoppelt und auf diese Weise der fehlende Interessengegensatz zwischen den beteiligten Unternehmen geschaffen, so könnte sich ein marktkonformer, ausgewogener Preis feststellen lassen[80], von dessen Unterschreitung (wenn das fragliche Unternehmen auf der Anbieterseite steht) bzw. Überschreitung (wenn das fragliche Unternehmen die Leistung nachfragt) auf das Bestehen eines Nachteils zu schließen sein könnte.

Vor der Beantwortung dieser Frage möchte ich zuvor kurz auf die Problematik der Feststellbarkeit eines marktkonformen, ausgewogenen Preises und auf die der Umkehrbarkeit des formulierten Gedankens, d.h. die eines Schlusses von der Vereinbarung eines marktkonformen, ausgewogenen Preises auf das Fehlen eines Nachteils i.S.d. § 311 I AktG, eingehen.

---

[79] Vgl. BFH 17.05.95 I R 147/93, BStBl II 1996, S. 204 (205); BFH 06.12.95 I R 88/94, BStBl II 1996, S. 383 (384).

[80] Vgl. dazu Borstell in: Vögele, HdbVerrPr., Rn. E 57 sowie oben 2. Kapitel IV. 2. d) aa).

Soweit Rückschlüsse aus dem Abweichen von dem marktkonformen und ausgewogenen Preis gezogen werden sollen, ist darauf hinzuweisen, dass die Unvollkommenheit der Märkte, die unendliche Vielgestaltigkeit der möglichen autonomen Verhaltensweisen der Marktteilnehmer sowie die verschiedensten ökonomischen Rahmenbedingungen und Einflussfaktoren die Feststellung eines objektiv richtigen oder gerechten Preises im Sinne einer mathematisch genau fixierbaren Größe in aller Regel unmöglich machen[81]. Bereits die scholastische Philosophie des Mittelalters kam bei dem Versuch der Definition des gerechten Preises (Iustum Pretium) zu der Erkenntnis, dass bei Vorliegen der Bedingungen der vollständigen Konkurrenz der dann ermittelte Marktpreis der gerechte sei, dass aber ausgehend von einer im Allgemeinen bestehenden Unvollkommenheit der Märkte ein gerechter Preis immer nur innerhalb einer gewissen Bandbreite feststellbar ist[82].

Betreffend der Fragestellung der Umkehrbarkeit des oben formulierten Gedankens kann festgestellt werden, dass vor dem Hintergrund der Beschränkung des Schutzzwecks der Regelungen der §§ 311 ff. AktG auf die an der abhängigen Gesellschaft bestehenden Vermögensinteressen der außenstehenden Aktionäre und der Gläubiger der abhängigen Gesellschaft und des Fehlens eines auf die Vermögensinteressen des Geschäftspartners der abhängigen Gesellschaft bezogenen Schutzzwecks ein Nachteil nicht ausgeschlossen ist, wenn ein marktkonformer, ausgewogener Preis vereinbart wurde. Der Nachteil wird zwar vielfach in Höhe der Differenz zwischen der tatsächlichen Vermögens- und Ertragslage und derjenigen, die bei Treffen einer für beide Geschäftspartner ausgewogenen Vereinbarung bestünde, bestehen. Zwingend ist dies jedoch gerade nicht. Denn im Rahmen des § 311 I AktG ist die Vermögens- und Ertragslage als Vergleichstatbestand heranzuziehen, die sich als Folge des Verhaltens eines ordentlichen und gewissenhaften Geschäftsleiters ergeben hätte, d.h. eines Geschäftsleiters, der, primär auf die Interessen der eigenen Gesellschaft bedacht, zuungunsten des Geschäftspartners auch unausgewogene Vereinbarungen durchzusetzen versucht. Ein Nachteil kann daher auch dann bestehen, wenn die Vergütungshöhe im obigen Sinne marktkonform und ausgewogen ist.

Nun zu der Ausgangsfragestellung: Ein Nachteil liegt vor, wenn die Kapitalgesellschaft für ihre Leistung einen Preis vereinbart, der sich unterhalb der Bandbreite marktkonformer, ausgewogener Preise befindet, die durch die gedankliche Verdopplung des ordentlichen und gewissenhaften Geschäftsleiters[83] festgestellt

---

[81] Vgl. Baumhoff, Verrechnungspreise für Dienstleistungen, S. 96; Baumhoff in F/W/B, AStG, § 1 Rn. 297; Hoffmann, RIW 1977, S. 10 (13).

[82] Vgl. Baumhoff, Verrechnungspreise für Dienstleistungen, S. 96; Baumhoff in F/W/B, AStG, § 1 Rn. 297; Hoffmann, RIW 1977, S. 10 (13 f.) sowie Albach, NB 1966, S. 203 (204) mit ausführlicher Darstellung und Zitaten aus der Originär-Literatur.

[83] Hier soll aus Vereinfachungsgründen von einem übereinstimmenden Maßstab des ordentlichen und gewissenhaften Geschäftsleiters im Aktien- und Steuerrecht ausgegangen werden.

wurde[84]. Diese Bandbreite ergibt sich aus der Simulation des Preisbildungsprozesses. Die Bandbreite ausgewogener Preise im dargestellten Sinn bildet einen Soll-Vergleichstatbestand, der weder ganz, noch zum Teil, auf unsachlichen, gesellschaftsrechtlich bedingten Einflussnahmen beruht. Insbesondere ist dieser Vergleichstatbestand nicht durch den beherrschenden Einflusses eines Gesellschafters i.S.d. § 311 I AktG (mit-) bestimmt. Es ist danach zwar zutreffend, dass das Bestehen eines Nachteils feststeht, wenn die Bandbreite im obigen Sinne ausgewogener Preise zuungunsten der Kapitalgesellschaft verlassen wurde. Diese Grenze ist jedoch gerade durch den Preis determiniert, den ein ordentlicher und gewissenhafter Geschäftsleiter noch akzeptieren dürfte, da er jedenfalls eine zuungunsten seiner Kapitalgesellschaft unausgewogene Vereinbarung nicht treffen dürfte. Für das vorliegende Problem lassen sich daher aus der Verdoppelung des ordentlichen und gewissenhaften Geschäftsleiters bzw. aus der Untersuchung, welche Bedingungen voneinander unabhängige Dritte unter gleichen oder ähnlichen Verhältnissen wie im zu beurteilenden Geschäft vereinbart hätten, keine weiterführenden Erkenntnisse ziehen, da für die aktienrechtliche Nachteilsprüfung insoweit allein die untere Begrenzung der Bandbreite marktkonformer, ausgewogener Preise relevant ist, die sich allein nach der Angemessenheitsprüfung aus der Sicht der abhängigen Gesellschaft bestimmt. Außerdem ist darauf hinzuweisen, dass das Unterschreiten der Bandbreite marktkonformer, ausgewogener Preise nur die Feststellung des Bestehens eines Nachteils in der Mindesthöhe der Abweichung von der unteren Begrenzung der Bandbreite ermöglicht. Ein Nachteil kann nach den obigen Ausführungen aber auch schon dann vorliegen bzw. die eigentliche Höhe des Nachteils kann dann umfangreicher sein, wenn der ordentliche und gewissenhafte Geschäftsleiter der als unabhängig fingierten Gesellschaft einen Preis im oberen Bereich oder gar oberhalb der Bandbreite angemessener Preise hätte durchsetzen können.

Die Beschränkung auf eine betriebsinterne Betrachtungsweise aus der Sicht der abhängigen Gesellschaft bedeutet jedoch nicht, dass es auf die Vorstellungen und die Interessenslage des Geschäftspartners gar nicht ankäme. Der ordentliche und gewissenhafte Geschäftsleiter muss im Geschäftsverkehr die Interessen des potentiellen Geschäftspartners in seine Überlegungen mit einfließen lassen, will er zu einem erfolgreichen Geschäftsabschluss gelangen. Er muss berücksichtigen, dass sich der Geschäftspartner üblicherweise nur dann zu der Durchführung eines Geschäfts bereit erklärt, wenn dieser ebenfalls aus der Durchführung einen Vorteil ziehen kann und er seine Interessen somit gewahrt sieht[85]. Diese Form der

[84] Entsprechendes gilt für ein Überschreiten dieser Bandbreite, wenn das fragliche Unternehmen die Leistung nachfragt.

[85] Vgl. auch das Urteil des BFH vom 4.5.1977 (I R 11/75, BStBl II 1977, S. 679 (680)), nach dem im Rahmen der Feststellung einer verdeckten Gewinnausschüttung anhand des Maßstabs des ordentlichen und gewissenhaften Geschäftsleiters zwar in erster Linie darauf abzustellen ist, ob die aus dem Geschäftsabschluss zu erwartenden Gewinne der Kapitalgesellschaft zumindest eine angemessene Verzinsung des eingezahlten Stammkapitals sowie eine Vergütung

Berücksichtigung der Interessen des Dritten unterscheidet sich jedoch insoweit grundsätzlich von derjenigen im Rahmen des erweiterten Fremdvergleichs, als die Perspektive der Beurteilung auf die Sicht der Kapitalgesellschaft beschränkt bleibt. Dass sich auch der ordentliche und gewissenhafte Geschäftsleiter i.d.R. nicht den Bedingungen des Marktes entziehen kann, ist eine Selbstverständlichkeit im Rahmen des Sorgfaltsmaßstabs des ordentlichen und gewissenhaften Geschäftsleiters. Kann sich der ordentliche und gewissenhafte Geschäftsleiter in rechtlich zulässiger Weise diesen üblichen Bedingungen des Marktes entziehen und Vereinbarungen durchsetzen, die für den Geschäftspartner unvorteilhaft sind, so kann und wird er dies in den Grenzen des Vertretbaren auch tun. Eine Angemessenheitsprüfung aus der Sichtweise des Geschäftspartners hat gerade nicht zu erfolgen.

Der Angemessenheitsprüfung aus der Sicht des Dritten kommt auch dann keine größere Bedeutung als bereits dargestellt zu, wenn zwischen Unangemessenheit der Vertrags- oder tatsächlichen Gestaltung und Unangemessenheit der Höhe der Leistungsvergütung zu differenzieren und nur der Unangemessenheit in der ersteren Alternative eine Indizwirkung für die gesellschaftsrechtliche Veranlassung beizumessen sein sollte. Auch für eine Vereinbarung, die aufgrund der in ihr festgelegten Bedingungen, nicht jedoch „ihrer Höhe nach“ für den Geschäftspartner unvorteilhaft ist, gelten die obigen Ausführungen.

Etwas anderes könnte sich jedoch hinsichtlich der Heranziehbarkeit des Maßstabs der Angemessenheit aus der Sicht des Geschäftspartners der Kapitalgesellschaft für die Nachteilsfeststellung vor dem Hintergrund ergeben, dass bei Unangemessenheit der Vertrags- oder tatsächlichen Gestaltung und möglicherweise auch bei Unangemessenheit der Höhe nach aus der Sicht des Geschäftspartners der Kapitalgesellschaft ein Indiz für das Fehlen einer ernstlichen Vereinbarung anzunehmen sein könnte[86]. Die Frage nach der Ernstlichkeit einer Vereinbarung im Rahmen der verdeckten Gewinnausschüttung stellt hierbei kein weiteres Hilfskriterium zur Konkretisierung des Fremdvergleichs dar, sondern ist dem Begriff „verdeckt“ bei der verdeckten Gewinnausschüttung und daher dem Grundtatbestand der verdeckten Gewinnausschüttung zuzuordnen[87].

Für die Nachteilsfeststellung wäre ein derartiges Indiz für die mangelnde Ernstlichkeit der Vereinbarung jedenfalls dann von Interesse, wenn die Feststellung des Fehlens der Ernstlichkeit bedeuten würde, dass ein Scheingeschäft i.S.d. § 117 BGB vorläge. Denn es kann davon ausgegangen werden, dass in den hier zu betrachtenden Sachverhaltsgestaltungen die Erbringung einer Leistung auf-

---

für das auf dem ausstehenden Stammkapital lastende Risiko ermöglichen, die Renditeerwartungen des Gesellschafters jedoch auch zu berücksichtigen sein können, wenn diesem keine angemessenen Einnahmen verbleiben und die Kapitalgesellschaft auf den Geschäftsabschluss angewiesen ist. Vgl. ferner die Ausführungen von Frotscher in Frotscher/Maas, KStG, Anhang vGA zu § 8 Rn. 189.

[86] S. zu dieser Frage oben 2. Kapitel B. IV. 2. d) aa).

[87] Vgl. 2. Kapitel B. IV. 2. c).

grund eines Scheingeschäfts nur in seltenen Ausnahmefällen keinen Verstoß gegen die Sorgfalt des ordentlichen und gewissenhaften Geschäftsleiters darstellen würde. Typischerweise liegt jedoch gerade kein Scheingeschäft im Sinne des § 117 BGB vor, da der auf eine Herbeiführung einer Rechtswirkung gerichtete Wille der Parteien vorhanden ist, wenn die von den Vertragschließenden erstrebten steuerlichen Folgen der geschlossenen Vereinbarung nur bei deren Wirksamkeit eintreten[88].

Soweit die Überprüfung der Ernstlichkeit einer Vereinbarung im Steuerrecht den Zweck verfolgen soll, vermuteten Missbräuchen zu begegnen[89], wenn die Umstände gegen eine ernsthafte schuldrechtliche Verpflichtung der Kapitalgesellschaft sprechen, kann dieser im Rahmen der Nachteilsfeststellung keine entsprechende Bedeutung zukommen. Zur Feststellung, ob ein i.S.d. § 311 I AktG tatbestandlicher Nachteil vorliegt, muss als Vorfrage festgestellt werden, dass die abhängige Gesellschaft eine Verlautbarung des herrschenden Unternehmens als einen an sie gerichteten Verhaltenswunsch interpretiert und sich aufgrund dieser Einflussnahme des herrschenden Unternehmens in der zu beurteilenden Weise verhält, wobei dieses Verhalten durch den beherrschenden Einfluss zumindest mitmotiviert sein muss. Steuerliche Erwägungen der abhängigen Gesellschaft und etwaige diesbezügliche Missbrauchsabsichten spielen für die Nachteilsfeststellung keine Rolle. Die §§ 311 ff. AktG dienen weder der Missbrauchsverhütung im steuerlichen Bereich, noch sollen sie etwaigen Steuersparmodellen entgegenwirken. Auch wenn keine ernsthafte schuldrechtliche Vereinbarung im Sinne der verdeckten Gewinnausschüttung vorliegt und der Gesellschafter nach der steuerlichen Wertung eigentlich eine Leistung auf gesellschaftsrechtlicher Grundlage und somit eine unentgeltliche Leistung beabsichtigt, das Verhalten also nur rein steuerlich motiviert ist, kommt es im Rahmen des § 311 I AktG außerhalb von Scheingeschäften nur auf die materielle Angemessenheit von Leistung und Gegenleistung bei Austauschverhältnissen oder allgemein auf die Auswirkungen einer Maßnahme auf die Vermögens- und Ertragslage der abhängigen Gesellschaft an. Dieser Unterschied der verdeckten Gewinnausschüttung gegenüber dem Tatbestand des § 311 I AktG setzt sich auch bei der Rechtsfolge der Feststellung des Fehlens der Ernstlichkeit fort. Liegt ein Mangel an Ernstlichkeit vor, ist eine verdeckte Gewinnausschüttung dem Grunde nach, d.h. in Höhe des Gesamtbetrages der Leistung der Kapitalgesellschaft anzunehmen[90]. Die Rechtsfolge der Annahme einer totalen verdeckten Gewinnausschüttung kann nicht auf die Bestimmung des Nachteils der Höhe nach übertragen werden, da im Rahmen des § 311 I AktG immer eine materielle Angemessenheitsprüfung zu erfolgen hat.

---

[88] Vgl. dazu 2. Kapitel B. IV. 2. c).

[89] S. zu derartigen Erwägungen im Zusammenhang mit dem Maßstab des erweiterten Fremdvergleichs Borggräfe, StbJb 1997/98, S. 571 (575); Gosch, DStZ 1997, S. 1 (6); Runge, in: Borggräfe StbJb 1997/98, S. 571 (Aussprache, 579 f.); Wassermeyer, DStR 1996, S. 733 (734); Widmann, in: Borggräfe StbJb 1997/98, S. 571 (Aussprache, 578).

[90] Vgl. 2. Kapitel B. IV. 2. c), VIII. 1.

Etwaige Gegenleistungen können nicht völlig aus der Nachteilsprüfung ausgeklammert werden.

Das Gleiche gilt auch dann, wenn ein Indiz auf die mangelnde Ernstlichkeit durch die Angemessenheitsprüfung aus der Sicht des Dritten abzulehnen sein sollte, da gleichwohl Rechtsfolge der Feststellung der Unangemessenheit zumindest der Vertrags- oder tatsächlichen Gestaltung aus der Sicht des Geschäftspartners der Kapitalgesellschaft die Annahme einer totalen verdeckten Gewinnausschüttung ist.

Der Maßstab der Angemessenheit aus der Sicht des Geschäftspartners der Kapitalgesellschaft ist nach alledem nicht auf das Problem der Nachteilsfeststellung im Rahmen des § 311 I AktG übertragbar. Die Beurteilung eines Verhaltens der abhängigen Gesellschaft als nachteilig i.S.d. § 311 I AktG stellt Anforderungen an den der Beurteilung zugrundeliegenden Sachverhalt, deren Erfüllung nicht in gleicher Weise die Voraussetzung der Qualifizierung eines Lebenssachverhalts als verdeckte Gewinnausschüttung bildet, wenn als Hilfsmaßstab zur Feststellung der gesellschaftsrechtlichen Veranlassung auf den Maßstab der Angemessenheit aus der Sicht des Geschäftspartners der Kapitalgesellschaft zurückgegriffen wird.

bb) Der steuerrechtliche Maßstab der Angemessenheit aus der Sicht des Geschäftspartners der Kapitalgesellschaft als Orientierungshilfe

Die Feststellung, dass ein fremder Dritter (bzw. ein ordentlicher und gewissenhafter Geschäftsleiter eines Geschäftspartnerunternehmens) der Vereinbarung mit der Kapitalgesellschaft nicht zugestimmt hätte, beweist nach den obigen Ausführungen weder das Vorliegen noch das Fehlen eines nachteiligen Verhaltens i.S.d. § 311 I AktG. Ausgehend von dem Regelfall, dass eine Vereinbarung, die sich für die eine Partei als unvorteilhaft erweist, sich für die andere Partei, wenn auch nicht spiegelbildlich, so doch zumindest überhaupt als vorteilhaft erweisen wird, kann der genannten Feststellung die Bedeutung eines ersten Hinweises gegen das Vorliegen eines nachteiligen Verhaltens zukommen.

c) Üblichkeit

aa) Übertragbarkeit des steuerrechtlichen Maßstabs der Üblichkeit

Mit dem Kriterium der Unüblichkeit werden Vereinbarungen identifiziert, denen keine statistische Akzeptanz zukommt.

Der Vergleich mit dem üblichen Verhalten, wie er im Rahmen der verdeckten Gewinnausschüttung Anwendung findet, stellt nach der in dieser Arbeit vorgenommenen Definition[91] einen tatsächlichen Fremdvergleich dar. Eine Üblichkeitsbetrachtung im Sinne der Untersuchung der statistischen Akzeptanz eines Verhaltens ist grundsätzlich in Form eines innerbetrieblichen und eines zwischenbetrieblichen Vergleichs möglich. Im Rahmen dieser Arbeit soll das Üb-

---

[91] S. dazu 2. Kapitel B. IV. 2. d) aa), bb).

lichkeitskriterium so bestimmt werden, dass es gleichermaßen den tatsächlichen inner- und zwischenbetrieblichen Vergleich umfasst[92]. Die Begriffe „tatsächlicher Fremdvergleich" und „Üblichkeit" sind hierbei nicht vollständig deckungsgleich. Ein tatsächlicher Fremdvergleich ist theoretisch schon dann möglich, wenn der zu untersuchenden Vereinbarung eine einzige unter vergleichbaren Bedingungen unter Fremden getroffene Vereinbarung gegenübergestellt werden kann. Ein Üblichkeitsurteil im Sinne der steuerlichen verdeckten Gewinnausschüttung setzt eine gewisse Anzahl von unter vergleichbaren Bedingungen mit oder zwischen Fremden getroffenen Vereinbarungen voraus, die eine sinnvolle statistische Aussage und die Bestimmung des Verhaltens der relevanten Mehrheit ermöglicht[93]. Jedoch muss auch der Vergleichstatbestand bei einem tatsächlichen Fremdvergleich generell repräsentativ sein, welches in aller Regel nur dann der Fall ist, wenn dem tatsächlichen Fremdvergleich eine größere Anzahl vergleichbarer Sachverhalte zugrundegelegt wird[94].

Die Frage, ob sich eine Vereinbarung für die abhängige Gesellschaft als unangemessen darstellt, ein ordentlicher und gewissenhafter Geschäftsleiters diese also nicht getroffen hätte, kann nicht allein aufgrund der Feststellung ihrer Üblich- oder Unüblichkeit beantwortet werden. Dies ergibt sich schon daraus, dass jeder Rückgriff auf einen tatsächlichen Fremdvergleich, wie bereits dargestellt[95], mit der Unsicherheit belastet ist, dass das tatsächliche Fremdverhalten bzw. das tatsächliche Verhalten gegenüber einem Fremden dem Maßstab des Verhaltens eines ordentlichen und gewissenhaften Geschäftsleiters nicht standhält oder dass sowohl das Verhalten im Ausgangssachverhalt, als auch das im Rahmen des Vergleichstatbestandes den Sorgfaltsanforderungen der §§ 317 II, 93 AktG genügt. Das gilt auch für das Merkmal der Üblichkeit. Das als Vergleichstatbestand herangezogene tatsächliche Verhalten kann, selbst wenn es von der (relevanten) Mehrheit praktiziert wird, unsorgfältig sein. Gleichermaßen ergibt sich ein Verstoß gegen die Sorgfaltspflichten eines ordentlichen und gewissenhaften Ge-

[92] Möglicherweise bezeichnet der BFH mit dem Merkmal der Üblichkeit, soweit er mit der Feststellung der Üblichkeit eines Verhaltens eine statistische Aussage trifft, nur das Ergebnis eines tatsächlichen zwischenbetrieblichen Vergleichs. Dafür könnte das Urteil des BFH vom 13.07.1994 (I R 43/94, BFH/NV 1995, S. 548 (549)) sprechen, in dem der BFH formuliert: „Das FG kann nach den Grundsätzen des externen Betriebsvergleichs prüfen, ob derartige Leistungen unter Fremden üblich sind, um ggf. aus der Unüblichkeit auf die Veranlassung im Gesellschaftsverhältnis zu schließen". Entsprechendes soll bei Vornahme eines „betriebsinternen Fremdvergleichs", „ob die Klägerin vergleichbare Leistungen gegenüber einem fremden Dritten erbracht oder abgelehnt hat", gelten, ohne dass der BFH diesbezüglich von „Üblichkeit" spricht.

[93] Nach dem Urteil des BFH vom 17.02.1993 (I R 3/92, BStBl II 1993, S. 457 (458)) setzt die Üblichkeitsprüfung „eine repräsentative Anzahl von Vergleichsfällen voraus".

[94] Vgl. Baumhoff in F/W/B, AStG, § 1 Rn. 353; Frotscher, Internationales Steuerrecht, § 15 Rn. 16 zur Preisvergleichsmethode.

[95] Vgl. oben B. IV. 4.

schäftsleiters, worauf sogleich einzugehen sein wird, nicht schon daraus, dass sich die relevante Mehrheit anders verhält.

Eine inhaltliche Übertragbarkeit des Merkmals der Unüblichkeit dem Grunde nach, d.h. des Merkmals einer unüblichen Bedingung der Vereinbarung oder unüblicher tatsächlicher Gestaltung, auf das Problem der aktienrechtlichen Nachteilsprüfung scheidet insbesondere auch vor dem Hintergrund aus, dass das Regelungssystem der §§ 311 ff AktG nicht darauf ausgerichtet ist, ein dem Üblichen entsprechendes Verhalten der abhängigen Gesellschaft sicherzustellen. Schutzgegenstand ist das Eigeninteresse der abhängigen Gesellschaft in vermögensmäßiger Hinsicht. Dieses Eigeninteresse der abhängigen Gesellschaft bleibt unbeeinträchtigt, wenn eine Vereinbarung ihrer Art und Ausgestaltung nach lediglich von derjenigen der relevanten Mehrheit im statistischen Sinn abweicht, ohne dass sich die Bedingungen dieser Vereinbarung für die abhängige Gesellschaft als unausgewogen darstellen. Gerade in faktischen Abhängigkeitsverhältnissen besteht in vielen Fällen ein Bedürfnis zum Abschluss unüblicher Vereinbarungen. So verlangt eine wirtschaftlich zweckmäßige Konzernleitung vor dem Hintergrund der speziellen konzernrechtlichen Aufgabenstellungen regelmäßig eine Ausgestaltung der Beziehungen zwischen herrschendem Unternehmen und abhängiger Gesellschaft in einer Weise, die zwischen rechtlich unabhängigen Gesellschaften keine Entsprechung finden wird. Die vermögensmäßigen Interessen der abhängigen Gesellschaft brauchen dadurch nicht beeinträchtigt zu sein. Eine Koordination der Unternehmenspolitik zwischen abhängiger Gesellschaft und herrschendem Unternehmen im Interesse des Erfolgs des Gesamtkonzerns kann sowohl für das herrschende Unternehmen als auch die abhängige Gesellschaft wirtschaftlich vorteilhaft sein. Schließlich ist darauf hinzuweisen, dass der Gesetzgeber mit den Regelungen der §§ 311 ff. AktG die Möglichkeit der Ausübung einheitlicher Leitung erhalten wollte, auch wenn die maßgeblichen Auslegungskriterien dieses Regelungskomplexes die Schutzinteressen von abhängiger Gesellschaft und den Außenseitern sind.

Abgesehen von diesem Gesichtspunkt, dass die spezielle Situation der Abhängigkeit zu einer zwischen unabhängigen Gesellschaften unüblichen Gestaltung der Beziehungen führen kann und vielfach auch führt, ohne dass die Regelungen der §§ 311 ff AktG nach ihrem Sinngehalt einen Schutz vor in dieser Weise unüblichem Verhalten bezweckten, ergibt sich, wie bereits angesprochen, auch aus der Rechtsfigur des ordentlichen und gewissenhaften Geschäftsleiters als Maßstab zur Feststellung der Nachteiligkeit eines Verhaltens, dass die bloße Unüblichkeit eines Verhaltens für sich allein einen Nachteil nicht begründen kann. Der ordentliche und gewissenhafte Geschäftsleiter muss sich in seinen Entscheidungen an dem Unternehmenswohl orientieren und nicht an der Üblichkeit einer Entscheidung[96]. Auch die Grundsätze ordnungsgemäßer Unternehmensführung ver-

---

[96] Höppner, StBp 1983, S. 121 (126), stellt zutreffend fest, dass es nicht zu den Pflichten eines ordentlichen Geschäftsleiters im Sinne des Gesellschaftsrechts gehört, nur übliche Preise zu

langen gerade nicht, dass sich der Geschäftleiter wie alle anderen Geschäftsleiter vergleichbarer Gesellschaften verhält. Das, gemessen an dem Verhalten der relevanten Mehrheit, unübliche Vorgehen kann betriebswirtschaftlich sinnvoll sein. Die herausragende Qualität einer Geschäftsführung kann sich zudem gerade daraus ergeben, dass von den üblichen Verfahrensweisen der Mitkonkurrenten abgewichen wird, um etwa der Gesellschaft eine bessere Marktposition zu verschaffen oder auch gänzlich neue Märkte zu erschließen. Die Fähigkeit der Unternehmensleitung zu innovativem Denken und innovativen Lösungen ist ein wesentlicher Faktor für den Umfang der in Zukunft zu erwartenden Erträge. Innovatives Verhalten geht, wenn auch nicht zwingend, so doch regelmäßig mit einem Abweichen vom üblichen Verhalten einher. Im Einzelfall kann sich sogar die Pflichtwidrigkeit eines Verhaltens gerade daraus ergeben, dass eine unübliche Geschäftschance nicht ergriffen wird[97]. Eine typisierende und schematische Betrachtung, wie sie im Steuerrecht Anwendung findet, bei der die Ungewöhnlichkeit einer Gestaltung beanstandet wird, kann im Rahmen der aktienrechtlichen Nachteilsprüfung nicht zugrundegelegt werden.

Andresen[98] beschreibt den Hilfsmaßstab der Üblichkeit[99] als eine Art verhaltensbezogenen Fremdvergleich, dessen Einbeziehung in den Fremdvergleich eine Hinwendung von einer Angemessenheitsprüfung zu den eher formalen Kriterien der Feststellung der gesellschaftsrechtlichen Veranlassung beim beherrschenden Gesellschafter bedeutet. Dieser Beurteilung ist hinsichtlich des Merkmals der Üblichkeit dem Grunde nach im oben dargestellten Sinne zuzustimmen. Das wesentliche Problem bei der Übertragbarkeit des formalen Maßstabs bei Vereinbarungen mit beherrschenden Gesellschaftern und des Kriteriums der Üblichkeit dem Grunde nach liegt darin, dass die aktienrechtliche Nachteilsprüfung eine reine materielle Angemessenheitsprüfung darstellt. Auf die Nichtübertragbarkeit des formalen Maßstabs bei Vereinbarungen mit beherrschenden Gesellschaftern wird an späterer Stelle genauer einzugehen sein[100]. Hinsichtlich des Kriteriums der Üblichkeit dem Grunde nach kann jedenfalls festgestellt werden, dass die Entscheidung über das Vorliegen eines Nachteils i.S.d. § 311 I AktG nicht auf der Grundlage einer lediglich auf das Verhalten bezogenen Prüfung erfolgen kann.

Nach diesen Ausführungen zu dem Merkmal der Unüblichkeit dem Grunde nach, ist des Weiteren auf den Hilfsmaßstab der Üblichkeit der Höhe nach einzugehen. Vor dem Hintergrund des Schutzgegenstands der Regelungen der §§ 311 ff. AktG, das Eigeninteresse der abhängigen Gesellschaft in vermögens-

---

vereinbaren; in diesem Sinne auch Borstell in: Vögele, HdbVerrPr., Rn. E 37, 50; Frotscher, GmbHR 1998, S. 23 (28).

[97] Vgl. Frotscher, GmbHR 1998, S. 23 (28).

[98] Andresen, Konzernverrechnungspreise, S. 106 f.

[99] Anzumerken ist jedoch, dass Andresen nicht, wie hier vertreten, zwischen der Angemessenheitsprüfung aus der Sicht des Geschäftspartners der Kapitalgesellschaft und der Üblichkeitsprüfung unterscheidet.

[100] S. dazu B. IV. 6. e).

mäßiger Hinsicht, kann für die Nachteilsprüfung nur die Feststellung relevant werden, dass die zu untersuchende Vereinbarung üblich ist oder dass die vereinbarte Vergütungshöhe „zuungunsten[101]" der abhängigen Gesellschaft von dem Üblichen abweicht.

Zunächst ist festzustellen, dass auch bei Vereinbarung einer Vergütungshöhe, die sich in der Bandbreite des Üblichen bewegt, ein Nachteil i.S.d. § 311 I AktG vorliegen kann. Dies ist der Fall, wenn ein ordentlicher und gewissenhafter Geschäftsleiter eine zugunsten seiner Gesellschaft unübliche Vergütungshöhe hätte durchsetzen können und auch durchgesetzt hätte.

Des Weiteren ist zu der Üblichkeitsbetrachtung anzumerken, dass diese Betrachtung als Vergleich der von der Kapitalgesellschaft mit dem Gesellschafter getroffenen Vereinbarung mit den üblichen, tatsächlich mit einem oder zwischen fremden Dritten abgeschlossenen Vereinbarungen (innerbetrieblicher und zwischenbetrieblicher Vergleich) die typische (übliche) Handlungsweise der fremden Dritten, deren Verhalten von ihren jeweiligen Interessen bestimmt wird, als Partner der Vereinbarung mit einbezieht. Einer Übertragbarkeit dieser Üblichkeitsbetrachtung der Höhe nach auf die aktienrechtliche Problematik der Nachteilsfeststellung steht entgegen, dass die Regelungen der §§ 311 ff. AktG nicht dem Schutz der für das übliche Verhalten fremder Dritter als Partner einer vergleichbaren Vereinbarung verantwortlichen, von dem jeweiligen fremden Dritten verfolgten Interessen dienen. Die Interessen und die daraus sich ergebenden typischen Handlungsweisen fremder Dritter spielen lediglich insoweit eine Rolle, als der ordentliche und gewissenhafte Geschäftsleiter die Interessen des Geschäftspartners wird berücksichtigen müssen, will er zu einem erfolgreichen Geschäftsabschluss gelangen[102].

Weiterhin sind die Gesichtspunkte zu berücksichtigen, dass zum einen die Beurteilung eines Verhaltens als üblich oder unüblich im Rahmen der verdeckten Gewinnausschüttung auch dann getroffen wird, wenn keine vollständige Vergleichbarkeit der Verhältnisse besteht[103] und zum anderen, dass sich in der Praxis die Preise innerhalb unvollkommener Märkte bilden und abhängig sind von Engpässen und Überkapazitäten sowie Präferenzen der Markteilnehmer in örtlicher,

---

[101] Mit der Formulierung „zuungunsten" soll keine Aussage zu der materiellen Angemessenheit der Vereinbarung getroffen werden. Diese Formulierung ist vielmehr so zu verstehen, dass, wenn die abhängige Gesellschaft auf der Anbieterseite steht, die vereinbarte Vergütungshöhe unüblich niedrig ist oder, wenn die abhängige Gesellschaft die Leistung nachfragt, unüblich hoch ist.

[102] S. dazu oben B. IV. b) aa).

[103] Eine derartige Vergleichbarkeit ist in der Praxis auch kaum möglich, wie bereits dargelegt wurde; s. dazu oben B. IV. 4.. Selbst wenn sie im Einzelfall bestünde, ist, wie oben dargestellt, nicht ausgeschlossen, das allein das Verhalten der Kapitalgesellschaft sorgfaltsgemäß ist oder eine Bandbreite sorgfaltsgemäßer Verhaltensweisen besteht, die sowohl das Verhalten der Mehrheit, als auch das unübliche Verhalten Kapitalgesellschaft umfasst.

zeitlicher und auch personeller Hinsicht[104]. Auch diese Erwägungen machen deutlich, dass sich aus dem Merkmal der Unüblichkeit der Höhe nach nur begrenzt Erkenntnisse für die aktienrechtliche Nachteilsprüfung gewinnen lassen[105].

Eine zuungunsten der abhängigen Gesellschaft von dem Üblichen abweichende Vergütungshöhe muss nach alledem keinen Verstoß gegen die Sorgfaltspflicht eines ordentlichen und gewissenhaften Geschäftsleiters beinhalten.

Soweit die Unüblichkeit dem Grunde oder der Höhe nach ein Indiz für das Fehlen einer ernsthaften schuldrechtlichen Vereinbarung bildet und die Rechtsfolge der Feststellung einer unüblichen Vereinbarung in der Annahme einer totalen verdeckten Gewinnausschüttung bestehen soll[106], gelten die obigen Ausführungen zum Maßstab der Angemessenheit aus der Sicht des Geschäftspartners der Kapitalgesellschaft[107] entsprechend.

Der Hilfsmaßstab der Üblichkeit kann nach alledem nicht auf die aktienrechtliche Problematik der Nachteilsfeststellung übertragen werden. Die Beurteilung eines Verhaltens der abhängigen Gesellschaft als nachteilig i.S.d. § 311 I AktG stellt Anforderungen an den der Beurteilung zugrundeliegenden Sachverhalt, deren Erfüllung nicht in gleicher Weise die Voraussetzung der Qualifizierung eines Lebenssachverhalts als verdeckte Gewinnausschüttung bildet, wenn die gesellschaftsrechtliche Veranlassung anhand dieses Hilfsmaßstabes der Üblichkeit festgestellt wird.

bb) Der steuerrechtliche Maßstab der Unüblichkeit der Höhe nach als Orientierungshilfe

Soweit es das Merkmal der Unüblichkeit dem Grunde nach betrifft, lässt sich dem Kriterium der Unüblichkeit aufgrund der obigen Ausführungen nicht einmal ein Hinweis auf das Vorliegen einer nachteiligen Vereinbarung entnehmen. Anders ist jedoch die Bedeutung des Merkmals der Unüblichkeit der Höhe nach für den Fall einzuschätzen, dass die vereinbarte Höhe der Vergütung zuungunsten

---

[104] Albach, NB 1966, S. 203 (205); vgl. ferner Paehler, Zulässigkeit des faktischen Konzerns, S. 115.

[105] Zu der Möglichkeit der abhängigen Gesellschaft, ohne Sorgfaltspflichtverletzung von dem tatsächlichen Marktpreis abweichende Preise zu vereinbaren, s. insbesondere die Ausführungen von Paehler, Zulässigkeit des faktischen Konzerns, S. 115 ff.; Richardt, Der aktienrechtliche Abhängigkeitsbericht, S. 69 ff.; s. ferner Adler/Düring/Schmalz, § 311 Rn. 49; Albach, NB 1966, S. 203 (205); Bachelin, in: Rechtsfragen der Handelsgesellschaften, S. 43 f.; Emmerich/Sonnenschein/Habersack, Konzernrecht, § 25 II 3. a) bb) (S. 411); Habersack in Emmerich/Habersack, Aktien- und GmbH-Konzernrecht, § 311 Rn. 55; Haesen, Der Abhängigkeitsbegriff, S. 106 f.; Hüffer, AktG, § 311 Rn. 31; Koppensteiner in KölnKomm z. AktG, § 311 Rn. 38; Krieger in MünchHdb.GesR, § 53 Rn. 71; MünchKommAktG/Kropff, § 311 Rn. 165 ff.; Leo, AG 1965, S. 352 (357 f.); Neuhaus, DB 1970, S. 1913 (1918); Strohn, Verfassung der AG, S. 86; Uecker, Der Vorteils- Nachteils- Ausgleich, S. 62 f., 124; v. Godin/Wilhelmi, AktG, § 311 Anm. 3; Winkhaus, Der Bericht des Vorstandes einer Aktiengesellschaft, S. 83 ff.

[106] S. zu dieser Frage die Ausführungen oben 2. Kapitel B. IV. 2. d) bb).

[107] S. oben B. IV. 6. b) aa).

der abhängigen Gesellschaft von dem Üblichen abweicht. Der Feststellung eines Abweichens von der üblichen Vergütungshöhe zuungunsten der abhängigen Gesellschaft kann zwar, wie dargestellt, nicht die Bedeutung beigemessen werden, dass ein nachteiliges Verhalten i.S.d. § 311 I AktG vorliegt. Eine derartige Feststellung liefert jedoch einen Hinweis auf eine möglicherweise vorliegende Unausgewogenheit der Leistungsbeziehungen zu Lasten der abhängigen Gesellschaft, macht also eine Vereinbarung im Hinblick auf eine mögliche Nachteiligkeit i.S.d. § 311 I AktG verdächtig: Zwischen herrschendem Unternehmen und der abhängigen Gesellschaft besteht ein Näheverhältnis, welches den bei autonom motivierten Vereinbarungen zwischen Fremden gegebenen Interessenausgleichsmechanismus beeinträchtigt[108]. Dies gilt insbesondere dann, wenn feststeht, dass das herrschende Unternehmen seinen beherrschenden Einfluss benutzt hat, um die abhängige Gesellschaft zu dem Treffen einer Vereinbarung zu veranlassen. Es besteht daher die Gefahr, dass Überlegungen, die nicht in dem Geschäftsvorfall selbst begründet sind, das Treffen der Vereinbarung und deren Durchführung maßgebend oder zum Teil beeinflusst haben. Weicht die auf Veranlassung des herrschenden Unternehmens vereinbarte Vergütungshöhe zuungunsten der abhängigen Gesellschaft von derjenigen ab, die tatsächlich zwischen Personen üblich ist, die nicht aufgrund einer gesellschaftsrechtlichen Beziehung oder einer der Veranlassung i.S.d. § 311 I AktG entsprechenden Beeinflussung ganz oder zum Teil gleichgerichtete Interessen verfolgen, so spricht eine gewisse Wahrscheinlichkeit für das Vorliegen einer zuungunsten der abhängigen Gesellschaft bestehenden Unangemessenheit der Vereinbarung. Anders als im Rahmen der Anwendung des Maßstabes der Üblichkeit bei der verdeckten Gewinnausschüttung kann im Rahmen des § 311 I AktG grundsätzlich auch darauf abgestellt werden, dass eine Vereinbarung der üblichen Vereinbarung zwischen einer Gesellschaft mit nicht beherrschenden Gesellschaftern entspricht bzw. von dieser abweicht. In diesen Fällen ist jedoch besonderes Augenmerk darauf zu richten, ob das vergleichbare Verhalten gegenüber den Minderheitsaktionären den Sorgfaltsanforderungen der §§ 317 II, 93 AktG genügt und insbesondere keine aktienrechtlich unzulässige verdeckte Vermögensverlagerung (auch) an die Minderheitsaktionäre vorliegt.

Schwierigkeiten bereitet die Frage, welche Aussagekraft der Feststellung der Vereinbarung einer unüblich niedrigen Vergütungshöhe zuungunsten der abhängigen Gesellschaft im Rahmen der aktienrechtlichen Nachteilsprüfung beizumessen ist. Dies lässt sich nicht einheitlich beantworten. Es wird von einer umso größeren Bedeutung auszugehen sein, je weniger die Personen, die die für das Üblichkeitsurteil relevante Mehrheit bilden, tatsächlich in ihren Entscheidungen einem Fremdeinfluss unterliegen, der den zwischen Fremden idealerweise bestehenden Interessengegensatz beeinträchtigt. Die Aussagekraft eines Üblichkeitsurteils ist des Weiteren davon abhängig, in welchem Maße die Verhältnisse, unter

[108] S. zu diesem Problembereich bereits oben 2. Kapitel B. IV. 2.

denen die für das Üblichkeitsurteil betrachteten zwischen Fremden getroffenen Vereinbarungen zustande gekommen sind, mit den nicht in der rechtlichen Abhängigkeit selbst begründeten Verhältnissen des Ausgangssachverhalts vergleichbar sind.

Je mehr sich die maßgeblichen Verhältnisse des zu beurteilenden Sachverhalts und der den Vergleichstatbestand bildenden Sachverhalte einer vollständigen Vergleichbarkeit nähern und je größer die Sicherheit ist, dass die festgestellte übliche Vergütungshöhe unbeeinträchtigt von nicht in dem fraglichen Geschäften selbst begründeten unsachlichen, insbesondere gesellschaftsrechtlich bedingten Erwägungen ist, desto eher wird von einer indiziellen Bedeutung der Feststellung einer der Höhe nach zuungunsten der abhängigen Gesellschaft unüblichen Vereinbarung für die aktienrechtliche Nachteilsprüfung auszugehen sein und desto höhere Anforderungen werden an die Darlegung zu stellen sein, die besonderen Umstände des Einzelfalls würden ein derartiges Abweichen von der üblichen Vergütungshöhe rechtfertigen.

Vor dem Hintergrund der wesentlichen Bedeutung der möglichst umfassenden Vergleichbarkeit der Verhältnisse für die Aussagekraft des tatsächlichen Fremdvergleichs ist in der praktischen Anwendung eine Üblichkeitsbetrachtung in Form eines innerbetrieblichen Vergleichs, bei dem nur der Geschäftspartner der Kapitalgesellschaft durch einen Fremden ersetzt wird, dem zwischenbetrieblichen Vergleich überlegen. Ein Grund ist darin zu sehen, dass die Ermittlung der für die Vornahme des Vergleichs relevanten Daten, eine wesentliche Schwierigkeit im Rahmen des tatsächlichen Fremdvergleichs, bei einem innerbetrieblichen Vergleich weniger Probleme aufwirft[109]. Wichtiger ist jedoch, dass ein derartiger innerbetrieblicher Vergleich eine größere Gewähr für die Vergleichbarkeit der Verhältnisse bietet, da er die abhängige Gesellschaft in den Vergleichstatbestand mit einbezieht[110].

d) Verrechnungspreismethoden

Im Folgenden soll kurz auf die Frage einer möglichen Orientierung an den der Durchführung des Fremdvergleichs nach § 1 AStG dienenden Verrechnungspreismethoden im Rahmen der aktienrechtlichen Nachteilsprüfung eingegangen werden[111]. Die Verrechnungspreismethoden dienen der Feststellung angemesse-

---

[109] Vgl. Baumhoff in F/W/B, AStG, § 1 Rn. 357 zum innerbetrieblichen Vergleich im Rahmen des § 1 AStG.

[110] Vgl. Baumhoff in F/W/B, AStG, § 1 Rn. 357 zum innerbetrieblichen Vergleich im Rahmen des § 1 AStG.

[111] Hinsichtlich der allgemeinen, nicht auf das vorliegende Problem der aktienrechtlichen Nachteilsprüfung bezogenen Kritik an den Konzeptionen der einzelnen Verrechnungspreismethoden und hinsichtlich der Schwierigkeiten in der praktischen Anwendung der Verrechnungspreismethoden wird auf die einschlägige Fachliteratur verwiesen, s. Kaminski, Verrechnungspreisbestimmung, S. 28 f., 31 ff., 106 ff., 120 ff.; 135 ff., 155 ff., 194 ff. sowie die Literaturnachweise im 2. Kapitel unter B. IV. 2. b) cc), insbesondere in Fn. 397.

ner, verlagerungsneutraler Verrechnungspreise. Da jedoch im Rahmen des § 311 I AktG eine betriebsinterne Betrachtungsweise aus der Sicht der abhängigen Gesellschaft zu erfolgen hat, spielt die Angemessenheit der Vereinbarung aus der Sicht des Geschäftspartners der abhängigen Gesellschaft nur insoweit eine Rolle, als der ordentliche und gewissenhafte Geschäftsleiter im Geschäftsverkehr die Interessen des potentiellen Geschäftspartners in seine Überlegungen mit einfließen lassen muss, will er zu einem erfolgreichen Geschäftsabschluss gelangen[112]. Kann ein ordentlicher und gewissenhafter Geschäftsleiter der als unabhängig fingierten Gesellschaft einen aus der Sicht seines Geschäftspartners nach einer Verrechnungspreismethode unangemessen Preis durchsetzen, so wird er dies in den Grenzen des Vertretbaren auch machen. Auch wenn der zu beurteilende Preis mit dem nach einer Verrechnungspreismethode festgestellten angemessenen Fremdvergleichspreis übereinstimmt, ist daher das Vorliegen eines Nachteils i.S.d. § 311 I AktG nicht ausgeschlossen. Aus dem gleichen Grund kann auch die Nachteilshöhe i.S.d. § 311 I AktG oberhalb derjenigen liegen, die bei Zugrundelegung des nach einer Verrechnungspreismethode bestimmten angemessenen Fremdvergleichspreises festzustellen wäre. Eine nach den Verrechnungspreismethoden bestehende unangemessen niedrige Vergütungshöhe für die Leistung der abhängigen Gesellschaft kann daher grundsätzlich nur Hinweise auf das Vorliegen und die Höhe eines möglichen Nachteils i.S.d. § 311 I AktG liefern. Inwieweit dies bei den einzelnen Verrechnungspreismethoden anzunehmen ist, soll im Folgenden, jedoch nur in knapper Form, angesprochen werden. Eine Analyse der einzelnen Verrechnungspreismethoden im Hinblick auf ihre Eignung in Theorie und Praxis zur Ermittlung der Preise, die voneinander unabhängige Dritte unter gleichen oder ähnlichen Verhältnissen vereinbart hätten (Fremdvergleichspreise) soll jedoch nicht Gegenstand dieser Arbeit sein. Insoweit wird auf die einschlägige steuerliche Literatur verwiesen[113].

aa) Preisvergleichsmethode

Die Preisvergleichsmethode stellt auf zwischen Fremden tatsächlich vereinbarte Preise ab. Diese Standardmethode stellt sowohl in der Form des inneren Preisvergleichs (innerbetrieblicher Vergleich) als auch in der Form des äußeren Preisvergleichs (zwischenbetrieblicher Vergleich) einen tatsächlichen Fremdvergleich dar, so dass dem Abweichen von dem nach dieser Methode festgestellten Fremdvergleichspreis allenfalls ein indizielle Bedeutung im Hinblick auf das Vorliegen eines Nachteils i.S.d. § 311 I AktG zukommen kann. Vor dem Hintergrund, dass der zu Vergleichszwecken im Rahmen der Preisvergleichsmethode herangezogene, zwischen Fremden am Markt bei vergleichbaren Geschäften vereinbarte Preis repräsentativ sein muss[114] und es sich daher regelmäßig bei dem Vergleichspreis

---

[112] Vgl. dazu schon oben B. IV. 6. b) aa).
[113] S. dazu 2. Kapitel B. IV. 2. b) cc), insbesondere Fn. 397.
[114] Vgl. dazu oben B. IV. 6. c) aa).

um den üblichen Preis i.S.d. Üblichkeitskriteriums[115] handelt, kann hinsichtlich der Frage des Rückgriffs auf die Preisvergleichsmethode im Rahmen der aktienrechtlichen Nachteilsprüfung im Wesentlichen auf die Ausführungen zu dem Merkmal der Unüblichkeit der Höhe nach[116] verwiesen werden.

bb) Wiederverkaufspreismethode

Die Wiederverkaufspreismethode ist, da sie der Ermittlung eines hypothetischen Vergleichspreises dient, dem hypothetischen Fremdvergleich zuzuordnen[117], auch wenn sie Elemente des tatsächlichen und des hypothetischen Fremdvergleichs kombiniert[118]. Die Eignung der Wiederverkaufspreismethode, Hinweise auf einen möglichen Nachteil i.S.d. § 311 I AktG zu liefern, ist insbesondere davon abhängig, ob die abhängige Gesellschaft bei dem zu beurteilenden Geschäft selbst der Wiederverkäufer ist. Ist sie dies nicht und ist also der von der abhängigen Gesellschaft vereinbarte Verkaufspreis auf seine Angemessenheit hin zu überprüfen, so besteht das wesentliche Problem darin, dass die für die retrograde Ermittlung des Marktpreises vorzunehmende Bestimmung der marktüblichen Handelsspanne nur die Verhältnisse des Wiederverkäufers berücksichtigt. Es wird mittels eines auf die Wiederverkaufsmarge bezogenen Fremdvergleichs der für den Wiederverkäufer angemessene Einkaufspreis bestimmt. Ob dieser Preis auch den für die verkaufende abhängige Gesellschaft angemessenen Verkaufspreis darstellt, wird jedoch auch maßgeblich von den unternehmensinternen Faktoren innerhalb der abhängigen Gesellschaft abhängen, die in den hier betrachteten Anwendungsfällen der Wiederverkaufspreismethode unberücksichtigt bleiben.

Aussagekräftiger erscheint die Wiederverkaufspreismethode vor diesem Hintergrund in den Fällen, in denen die abhängige Gesellschaft Wiederverkäufer und der von der abhängigen Gesellschaft vereinbarte Einkaufspreis hinsichtlich seiner Angemessenheit zu überprüfen ist. Die Ermittlung der marktüblichen Handelsspanne kann mittels eines tatsächlichen Fremdvergleichs im Wege des äußeren oder, falls möglich, des in der praktischen Anwendung vorzuziehenden inneren Betriebsvergleichs[119] oder mittels eines hypothetischen Fremdvergleichs stattfinden. Bei der Heranziehung von üblichen bzw. durchschnittlichen Handelsspannen im Rahmen eines tatsächlichen Fremdvergleichs ist zu berücksichtigen, dass sich einerseits ein ordentlicher und gewissenhafter Geschäftsleiter durchaus bei sachlicher Rechtfertigung mit einer geringeren Wiederverkaufsmarge begnügen darf

---

[115] Vgl. dazu 2. Kapitel B. IV. 2. d) bb).

[116] S. dazu oben B. IV. 6. c) aa), bb).

[117] Vgl. zur Zuordnung zum hypothetischen Fremdvergleich Lahodny-Karner, Konzernverrechnungspreise, S. 56.

[118] Vgl. Baumhoff in F/W/B, AStG, § 1 Rn. 384. Nach Baumhoff, ebenda, stellt die Wiederverkaufspreismethode eine Kombination von tatsächlichem und hypothetischem Fremdvergleich dar.

[119] S. zu den Vorteilen des inneren Betriebsvergleichs in der praktischen Anwendung des tatsächlichen Fremdvergleichs oben B. IV. 6. c) bb).

und dass andererseits ein ordentlicher und gewissenhafter Geschäftsleiter möglicherweise eine größere Wiederverkaufsmarge als in den tatsächlichen Vergleichstatbeständen vorliegend erreicht hätte. Insoweit kann auf die Ausführungen zur vergleichbaren Problematik im Rahmen des Üblichkeitskriteriums[120] verwiesen werden.

cc) Kostenaufschlagsmethode

Die Kostenaufschlagsmethode ist wie die Wiederverkaufspreismethode dem hypothetischen Fremdvergleich zuzuordnen[121]. Ähnlich der Wiederverkaufspreismethode in den Fällen des Geschäftspartners der abhängigen Gesellschaft in der Position des Wiederverkäufers ist die Kostenaufschlagsmethode in den Fällen problematisch, in denen die abhängige Gesellschaft der Abnehmer der Lieferung oder Leistung ist, da diese Methode dann nur die Verhältnisse des Geschäftspartners der abhängigen Gesellschaft berücksichtigt.

Vor diesem Hintergrund erscheint diese Methode im Hinblick auf die aktienrechtliche Nachteilsfeststellung aussagekräftiger, wenn die abhängige Gesellschaft die Position des Anbieters einnimmt. Wird zur Ermittlung des Gewinnaufschlages auf einen tatsächlichen Fremdvergleich zurückgegriffen, werden vielfach Abweichungen im Gewinnaufschlag gerechtfertigt sein[122]. Ein besonderes Problem der Kostenaufschlagsmethode ist insbesondere darin zu erblicken, dass diese Methode generell einen sicheren Gewinn des liefernden oder leistenden Unternehmens unterstellt[123]. Da ein ordentlicher und gewissenhafter Geschäftsleiter, will er zu einem Geschäftsabschluss gelangen, in seine Preisgestaltung auch die jeweiligen Nachfrageverhältnisse miteinbeziehen muss, kann ein Gewinn im Rahmen der aktienrechtlichen Nachteilsprüfung nicht von vornherein fingiert werden.

dd) Sonstige Methoden

Auch die transaktionsbezogene Nettomargenmethode kann Hinweise auf das mögliche Vorliegen eines Nachteils i.S.d. § 311 I AktG liefern. Ihr liegt jedoch eine einseitige Betrachtungsweise insoweit zugrunde, als nur die Gewinnsituation eines der an dem Geschäftsvorfall beteiligten Unternehmen Berücksichtigung findet[124]. Die Aussagekraft der Ergebnisse dieser Methode ist daher zunächst davon abhängig, dass die Verhältnisse gerade der abhängigen Gesellschaft Berücksichtigung finden. Wie bei der Kostenaufschlagsmethode, bei der mit Gewinnaufschlag die Nettogewinnmarge betrachtet wird und bei der Wiederverkaufspreis-

---

[120] S. dazu oben B. IV. 6. c) aa), bb).

[121] Vgl. zur Einordnung als hypothetischer Fremdvergleich Baumhoff in F/W/B, AStG, § 1 Rn. 384, 459; Lahodny-Karner, Konzernverrechnungspreise, S. 56.

[122] S. zu vergleichbaren Überlegungen bereits B. IV. 6. c), d) aa), d) bb).

[123] Vgl. Baumhoff in F/W/B, AStG, § 1 Rn. 536; Kaminski, Verrechnungspreisbestimmung, S. 31 f.; Rasch, Konzernverrechnungspreise, S. 138.

[124] Vgl. Bick in: Vögele, HdbVerrPr., Rn. F 271.

methode, bei der auf die Bruttogewinnmarge abgestellt wird, findet auch bei der transaktionsbezogenen Nettomargenmethode die Betrachtung einer Gewinnmarge statt. Vor diesem Hintergrund hat die Anwendung der transaktionsbezogenen Nettomargenmethode entsprechend den Grundsätzen der Kostenaufschlags- und Wiederverkaufspreismethode zu erfolgen[125], so dass insoweit im Wesentlichen auf die dortigen Ausführungen verwiesen werden kann. Zur geschäftsvorfallbezogenen Gewinnaufteilungsmethode ist anzumerken, dass diesem Verfahren eine zweiseitige Betrachtungsweise zugrunde liegt, so dass zwar die Aussagekraft dieser Methode anders als bei der Wiederverkaufs-, Kostenaufschlags- und transaktionsbezogenen Nettomargenmethode davon unbeeinträchtigt bleibt, ob sich die abhängige Gesellschaft bei dem zu untersuchenden Geschäftsvorfall auf der Nachfrage- oder Anbieterseite befindet, diese Konzeption der zweiseitigen Betrachtungsweise jedoch im Widerspruch zu derjenigen im Rahmen der aktienrechtlichen Nachteilsprüfung steht, die durch eine Beschränkung auf die betriebsinterne Betrachtungsweise aus der Sicht der abhängigen Gesellschaft geprägt ist[126].

Vor dem Hintergrund, dass die §§ 311 ff. AktG ein System des Einzelausgleichs beinhalten, nach dem jedes Rechtsgeschäft und jede Maßnahme gesondert darauf untersucht werden muss, ob eine Benachteiligung der abhängigen Gesellschaft vorliegt, können schließlich nur transaktionsbezogene Methoden eine Orientierungshilfe für die aktienrechtliche Nachteilsprüfung bieten, bei denen ein einzelner Geschäftsvorfall Gegenstand der Angemessenheitsprüfung ist. Wie im Rahmen des § 1 AStG, scheidet daher auch im Rahmen des § 311 I AktG die Anwendung der globalen Gewinnaufteilungs- und globalen Gewinnvergleichsmethode aus[127].

ee) Zusammenfassende Beurteilung der Bedeutung der Verrechnungspreismethoden für die aktienrechtliche Nachteilsprüfung

Wie die bisherigen Ausführungen gezeigt haben, können die Verrechnungspreismethoden allenfalls eine Beurteilungshilfe für die aktienrechtliche Nachteilsfeststellung bieten. Eine Indizwirkung für das Vorliegen eines Nachteils wird sich hierbei aus den Erkenntnissen der Anwendung einer einzelnen Standardmethode nur selten ergeben. Eine derartige indizielle Bedeutung des Abweichens vom Fremdvergleichspreis für die aktienrechtliche Nachteilsprüfung kommt etwa bei der Preisvergleichsmethode in den Fällen in Betracht, in denen ein hoher Grad der Vergleichbarkeit der Verhältnisse vorliegt. In der Praxis wird dies jedoch selten der Fall sein, denn regelmäßig existieren keine Vergleichspreise oder die Um-

---

[125] Vgl. Bick in: Vögele, HdbVerrPr., Rn. F 269; Kaminski, Verrechnungspreisbestimmung, S. 136.

[126] S. zu diesem Problembereich bereits oben B. IV. 4., 6. b) aa).

[127] Die aus der Anwendung dieser Methode resultierenden Ergebnisse können jedoch Anlass dafür sein, die einzelnen Geschäftsvorfälle auf möglicherweise vorliegende Nachteile hin zu untersuchen; s. dazu die sogleich folgenden Ausführungen.

stände weichen derart ab, dass keine zuverlässigen Anpassungen vorgenommen werden können.

Je nach Art des zu untersuchenden Geschäftsvorfalls, je nach Möglichkeit, die entsprechenden Vergleichsdaten in ausreichender Quantität und Qualität zu erlangen und zum Teil auch abhängig davon, ob die abhängige Gesellschaft auf der Anbieter- oder Nachfrageseite steht, werden die einzelnen Verrechnungspreismethoden unterschiedlich praktikabel und für die aktienrechtliche Nachteilsprüfung unterschiedlich aussagekräftig sein. Vor dem Hintergrund, dass die einzelnen Standardmethoden in aller Regel nur zu einer Bandbreite von Preisen gelangen und sich die Bandbreiten verschiedener anwendbarer Verrechnungspreismethoden regelmäßig nicht decken werden, können die Ergebnisse der nach den Umständen des Einzelfalls anwendbaren Verrechnungspreismethoden, die insbesondere auch kombiniert und verändert werden können bzw. müssen, regelmäßig nur in der Gesamtschau mit den weiteren Umständen und Besonderheiten des zu beurteilenden Geschäftsvorfalls, deren vollständige Berücksichtigung die Verrechnungspreismethoden in der praktischen Anwendung nicht leisten können, die Schlussfolgerung rechtfertigen, dass die Vornahme eines Geschäftes gegen die Sorgfalt eines ordentlichen und gewissenhaften Geschäftsleiters verstößt.

Andererseits ist regelmäßig ein Nachteil i.S.d. § 311 I AktG auch nicht allein deswegen ausgeschlossen, weil sich der vereinbarte Preis innerhalb der Bandbreite der Preise befindet, die sich unter Zugrundelegung einer einzelnen, ermessensfehlerfrei für anwendbar und sachgerecht befundenen Standardmethode ergibt. Insbesondere können die Ergebnisse gleichfalls anwendbarer Methoden zur Verrechnungspreisbestimmung eine Begrenzung der anhand einer Methode festgestellten Preisbandbreite bewirken. Insoweit sind die Ausführungen des BFH[128] auch für die aktienrechtliche Beurteilung zutreffend.

Die verschiedenen nach Art des Geschäftsvorfalls und den Umständen des Einzelfalls anwendbaren Methoden zur Verrechnungspreisbestimmung bilden nach alledem in unterschiedlicher Bedeutung jeweils Teilaspekte der Überlegungen, die ein ordentlicher und gewissenhafter Geschäftsleiter anzustellen hat.

Ebenfalls in Übereinstimmung mit der Auffassung des BFH zur entsprechenden Fragestellung im Rahmen der verdeckten Gewinnausschüttung[129] ist hinsichtlich der Bestimmung des Nachteils i.S.d. § 311 I AktG dem Grunde und der Höhe nach grundsätzlich der Preis innerhalb einer Bandbreite angemessener Verrechnungspreise relevant, der für die abhängige Gesellschaft am ungünstigsten ist. Denn ein Nachteil liegt nur insoweit vor, wie der vereinbarte Preis von demjenigen abweicht, den ein ordentlicher und gewissenhafter Geschäftsleiter einer unabhängigen Gesellschaft (noch) vereinbart hätte.

---

[128] Vgl. BFH 17.10.01 I R 103/00, BFH/NV 2002, S. 134 (138 f.); s. zu diesem Urteil ferner die Ausführungen im 2. Kapitel unter B. IV. 2. b) cc) (4).

[129] S. dazu 2. Kapitel B. IV. 2. b) cc) (4).

Vereinbart die abhängige Gesellschaft einen Preis, der sich außerhalb der Bandbreite der Preise befindet, die nach nur einer einzigen der Verrechnungspreismethoden bestimmt wurde und die Aussagekraft aufgrund der zuvor gemachten Ausführungen damit begrenzt ist, so bietet dieses Abweichen jedoch einen Anlass, den fraglichen Geschäftsvorfall auf das Vorliegen eines Nachteils i.S.d. § 311 I AktG gezielt zu untersuchen. Gleiches gilt für die globale Gewinnaufteilungs- und globale Gewinnvergleichsmethode, wenn auch wegen der insbesondere in der mangelnden Einzelaktsbezogenheit begründeten geringen Aussagekraft für die Beurteilung eines einzelnen Geschäftsvorfalls nur in eindeutigen Fällen. Bei der Frage nach dem hypothetischen Verhalten des ordentlichen und gewissenhaften Geschäftsleiters einer gewinnorientierten Kapitalgesellschaft ist schließlich in die Abwägung mit einzubeziehen, ob die vereinbarten Verrechnungspreise zur Gewinnerzielung geeignet sind[130].

Im aktienrechtlichen Schrifttum ist die Orientierung an den steuerlichen Standardmethoden der Verrechnungspreisbestimmung als Anhaltspunkt zur Feststellung und Bemessung eines Nachteils anerkannt oder es wird, ohne Rückgriff auf das Steuerrecht, (auch) auf mit den steuerlichen Standardmethoden vergleichbare Ansätze zurückgegriffen[131]. Soweit vorhanden, soll hierbei der Marktpreis für die

---

[130] Vgl. zu diesem Gesichtspunkt im Rahmen der Prüfung einer verdeckten Gewinnausschüttung BFH 17.10.01 I R 103/00, BFH/NV 2002, S. 134 (139) sowie die Ausführungen im 2. Kapitel unter B. IV. 2. b) cc) (4). Zutreffend sind auch die Ausführungen, dass eine unabhängige Vertriebsgesellschaft auf Dauer keine Produkte vertreiben wird, mit denen sie nur Verluste erzielt, so dass auch bei Anerkennung von Anlaufverlusten ein nach Ablauf eines überschaubaren Kalkulationszeitraumes angemessener Totalgewinn zu erwarten sein muss, s. auch dazu 2. Kapitel B. IV. 2. b) cc) (4). Aktienrechtlich erscheint es jedoch nicht überzeugend, pauschal bei einer Vertriebsgesellschaft, die Produkte einer ihr nahestehenden Produktionsgesellschaft vertreibt und drei Jahre lang nur ins Gewicht fallende Verluste erzielt, die Unangemessenheit des vereinbarten Verrechnungspreises zu vermuten. Auf das aktienrechtliche Problem der Nachteilsfeststellung der Höhe und dem Grunde nach ist insbesondere die Verfahrensweise nicht übertragbar, deren Anwendung der BFH zur Schätzung der verdeckten Gewinnausschüttung der Höhe nach im Falle der Nichtentkräftung der vorgenannten Vermutung anregt. Offen ist jedoch, ob dieses sogleich darzustellende Verfahren auch bei der Feststellung der Tatbestandvoraussetzungen der verdeckten Gewinnausschüttung Anwendung finden soll, vgl. Andresen, RIW 2002, S. 134 (140). Nach dem angesprochenen Verfahren kann die Höhe der verdeckten Gewinnausschüttung für die fraglichen Veranlagungszeiträume auf der Basis eines Gewinnvergleichs ermittelt werden, indem die Differenz zwischen dem erklärten Verlust und dem als angemessen anzusehenden Totalgewinn (Fremdvergleichsgewinn) bezogen auf einen überschaubaren Kalkulationszeitraum festgestellt und dieser Unterschiedbetrag auf die betrachteten Veranlagungszeiträume verteilt wird, vgl. BFH 17.10.01 I R 103/00, BFH/NV 2002, S. 134 (138 f.). Einer derart groben Schätzmethode kann für die zu untersuchende aktienrechtliche Problematik der Feststellung der Nachteiligkeit eines einzelnen Geschäftsakts allenfalls die Bedeutung eines ersten Hinweises zukommen.

[131] Vgl. zur Anwendung der steuerlichen Standardmethoden bzw. vergleichbarer Ansätze im Rahmen der Überprüfung der Nachteiligkeit eines Verhaltens i.S.d. § 311 I AktG Adler/Düring/Schmalz, § 311 Rn. 48 ff.; Brezing, AG 1975, S. 225 (227 f., 231); Emme-

von der abhängigen Gesellschaft erbrachte Leistung oder ein für diese Leistung vorliegendes besseres Angebot eines Dritten den primären Beurteilungsmaßstab bilden.

ff) Teilweise Orientierungsmöglichkeit an den steuerlichen Grundsätzen der Verrechenbarkeit dem Grunde nach bei konzerninternen Dienstleistungen – insbesondere betreffend den Rückhalt im Konzern

Im Bereich der verdeckten Gewinnausschüttung und des § 1 AStG muss bei konzerninternen Dienstleistungen die Frage der Verrechenbarkeit dem Grunde nach beantwortet werden, bevor die Verrechnungspreismethoden zur Feststellung des Fremdvergleichspreises Anwendung finden können bzw. eine Verrechnung im Wege einer Leistungs- oder Poolumlage[132] stattfinden kann. Auch im Hinblick auf die aktienrechtliche Problematik der Nachteilsfeststellung stellt sich bei der Erbringung von Dienstleistungen an die abhängige Gesellschaft durch das herrschende Unternehmen oder anderer Unternehmen des Unternehmensverbundes die Frage, ob ein ordentlicher und gewissenhafter Geschäftsleiter einer unabhängigen Gesellschaft für diese Dienstleistung überhaupt ein Entgelt zu entrichten bereit gewesen wäre. Vielfach nimmt das herrschende Unternehmen neben den mit der Leitung der verbundenen Unternehmung zusammenhängenden Aufgaben auch Aufgaben der abhängigen Gesellschaft war oder lässt sie durch andere assoziierte Unternehmen wahrnehmen, wobei eine Trennung der Aufgabenbereiche in der Praxis nicht immer leicht und im Hinblick auf sich überschneidende Aufgabenbereiche nicht immer möglich ist. Welcher durch eine Aufgabenwahrnehmung verursachte Aufwand in welcher Höhe von dem ordentlichen und gewissenhaften Geschäftsleiter einer unabhängigen Gesellschaft übernommen worden wäre, wird vielfach nur schwierig zu beurteilen sein. Der abstrakte Hinweis auf den Vergleich mit dem Verhalten eines ordentlichen und gewissenhaften Geschäftsleiters einer unabhängigen Gesellschaft ist bei der Angemessenheitsprüfung unternehmensverbundsinterner Leistungen vielfach nicht weiterführend, weil Leistungen zu beurteilen sein können, die generell nur in Abhängigkeitsver-

---

rich/Sonnenschein/Habersack, Konzernrecht, § 25 II 3 a) aa), bb), cc) (S. 410 ff.); Habersack in Emmerich/Habersack, Aktien- und GmbH-Konzernrecht, § 311 Rn. 55 f.; Hüffer, AktG, § 311 Rn. 31 ff.; Kaminski, Verrechnungspreisbestimmung, S. 368 f., 391; Koppensteiner in Köln-Komm z. AktG, § 311 Rn. 38 ff.; Krag, BB 1988, S. 1850 (1852 f.); Krieger in MünchHdb.GesR, § 53 Rn. 71; MünchKommAktG/Kropff, § 311 Rn. 164 ff.; Paehler, Zulässigkeit des faktischen Konzerns, S. 113 ff., 128 ff.; Papagiannis, Der faktische Aktienkonzern, S. 57 ff.; Raiser, Kapitalgesellschaften, § 53 Rn. 25 (S. 858); Richardt, Der aktienrechtliche Abhängigkeitsbericht, S. 68 ff., 85 ff., 97 f., 98 ff., 105; Röhrkasten, Verdeckte Gewinnausschüttung, S. 84 f.; Schnorberger, Verrechnungspreise, S. 261 f.; Stahl, Das Verbot der Benachteiligung, S. 43 ff.; Strohn, Verfassung der AG, S. 86 f.; Wiedemann/Fleischer in Hdb der Konzernfinanzierung, § 29 Rn. 17 ff.. Zu Mängeln der mit der steuerlichen Wiederverkaufspreis- und der Kostenaufschlagsmethode vergleichbaren aktienrechtlichen Methoden s. Kaminski, Verrechnungspreisbestimmung, S. 369.

[132] S. zu den letztgenannten Verrechnungsformen sogleich unten B. IV. 6. d) gg) (2), (3).

hältnissen in Betracht kommen. Ist ein Fremdvergleich nicht grundsätzlich ausgeschlossen, so scheitert die Anwendung eines tatsächlichen Fremdvergleichs oftmals an dem Fehlen vergleichbarer Leistungen zwischen unabhängigen Gesellschaften. Vor diesem Hintergrund besteht auch bei den Regelungen der §§ 311 ff. AktG ein Bedürfnis für präzise Hilfskriterien, die das hypothetische Verhalten eines ordentlichen und gewissenhaften Geschäftsleiters konkretisieren können[133].

Für die aktienrechtliche Nachteilsprüfung erscheint ebenfalls eine Berücksichtigung des Nutzens oder des Vorteils für die abhängige Gesellschaft bzw. ihres Interesses[134] als Hilfskriterium sachgerecht, wobei es wie im Steuerrecht wegen der Maßgeblichkeit der ex-ante-Betrachtung nur auf den zu erwartenden Nutzen oder Vorteil ankommen kann[135].

Daneben wird auch für die Entgeltfähigkeit einer Dienstleistung im Hinblick auf das Vorliegen eines Nachteils i.S.d. § 311 I AktG zu verlangen sein, dass die fragliche Leistung oder auch der Leistungsbereich hinreichend konkretisierbar, abgrenzbar bzw. isolierbar ist und der Umfang der erbrachten Leistungen deutlich wird, wobei jedoch wie im Steuerrecht bei unternehmensverbundsspezifischen, nicht marktgängigen und nicht marktfähigen Dienstleistungen die Anforderungen nicht zu hoch zu stellen sein werden.

Die Ersparnis eigener Kosten kann nur insoweit für die aktienrechtliche Beurteilung eine Rolle spielen, als dieses Merkmal mit dem des Vorteiles übereinstimmt. Ersetzt die erbrachte Dienstleistung Tätigkeiten des Leistungsempfängers, die bei diesem Kosten verursacht hätten, so stellt die Leistungserbringung einen Vorteil oder Nutzen für die abhängige Gesellschaft dar[136]. Soweit das Merkmal der Ersparnis eigener Kosten auf der Grundlage einer ex-post-Betrachtung geprüft wird[137], ist dieses für das Bestehen eines Nachteils i.S.d. § 311 I AktG unbeachtlich. Auf den tatsächlichen Erfolg der Dienstleistung im Sinne eines eingetretenen Vorteils, Nutzens oder eben auch einer Kostenersparnis kommt es nicht an. Des Weiteren ist dieses Hilfskriterium dann wenig hilfreich,

---

[133] S. zu Einzelheiten des hier angesprochenen Problembereiches die Ausführungen von Wiedemann/Fleischer in Hdb der Konzernfinanzierung, § 29 Rn. 29 ff.

[134] S. zu dem Rückgriff auf diese Kriterien im Rahmen der aktienrechtlichen Nachteilsprüfung Habersack in Emmerich/Habersack, Aktien- und GmbH-Konzernrecht, § 311 Rn. 49; MünchKommAktG/Kropff, § 311 Rn. 199; Wiedemann/Fleischer in Hdb der Konzernfinanzierung, § 29 Rn. 34 ff.

[135] S. zur Maßgeblichkeit der ex-ante-Betrachtung bei der vorliegenden Frage im Rahmen des § 1 AStG bzw. der verdeckten Gewinnausschüttung Baumhoff in F/W/B, AStG, § 1 Rn. 635.4; Engler in: Vögele, HdbVerrPr., Rn. K 66; Scholz, Konzernverrechnungspreise, S. 137 f.

[136] S. zu diesen Überlegungen im Rahmen des § 1 AStG bzw. der verdeckten Gewinnausschüttung Baumhoff in F/W/B, AStG, § 1 Rn. 635.5; ders, Verrechnungspreise für Dienstleistungen, S. 183 f.

[137] Vgl. Baumhoff, Verrechnungspreise für Dienstleistungen, S. 184 m.w.N., der das Kriterium der Kostenersparnis nur im Rahmen einer ex-post-Betrachtung für anwendbar erachtet; abweichend jedoch ders. in F/W/B, AStG, § 1 Rn. 635.5.

wenn die erbrachte Dienstleistung nicht dem Zweck der Kostenersparnis dienen, sondern die Erträge erhöhen soll[138].

Keine grundsätzlichen Bedenken bestehen schließlich an der Orientierung an dem Merkmal der betrieblichen Veranlassung i.S.d. § 4 IV EStG, welches bei der steuerrechtlichen Beurteilung der Verrechenbarkeit dem Grunde nach als das maßgebliche Kriterium angesehen wird[139]. Zwar enthält der Begriff der betrieblichen Veranlassung insbesondere bei mittelbarer betrieblicher Veranlassung eine subjektive Komponente, bei der es auf die Erwägungen des Steuerpflichtigen ankommt, die grundsätzlich unabhängig davon maßgeblich sind, ob die Aufwendungen notwendig, üblich oder zweckmäßig sind[140]. Diesbezüglich ist jedoch zum einen darauf hinzuweisen, dass das Kriterium der betrieblichen Veranlassung zur Beurteilung der Verrechenbarkeit einer Dienstleistung dem Grunde nach herangezogen wird und eine verdeckte Gewinnausschüttung, wie auch im Falle einer Orientierung am Steuerrecht ein Nachteil i.S.d. § 311 I AktG, nicht durch die Feststellung der betrieblichen Veranlassung einer (zum Beispiel ihrer Höhe nach unangemessen) Aufwendung ausgeschlossen wird. Zum anderen dürfte davon auszugehen sein, dass die Aussage, der Steuerpflichtige sei in der Ausformung seiner betrieblichen Sphäre nicht auf das allgemein Notwendige, Übliche oder Angemessene beschränkt, nur die steuerliche Anerkennung außergewöhnlicher unternehmerischer Maßnahmen ausdrücken will[141]. Nach überzeugender Auffassung hat der Steuerpflichtige nur einen Ermessensspielraum, der durch den Maßstab des ordentlichen und gewissenhaften Geschäftsleiters begrenzt wird[142].

---

[138] S. zu diesen Überlegungen im Rahmen des § 1 AStG bzw. der verdeckten Gewinnausschüttung Baumhoff in F/W/B, AStG, § 1 Rn. 635.5; ders., Verrechnungspreise für Dienstleistungen, S. 184; Engel, Konzerntransferpreise, S. 135; Kumpf, Steuerliche Verrechnungspreise, S. 245; Scholz, Konzernverrechnungspreise, S. 139.

[139] Auf eine ausführliche Auseinandersetzung mit dieser Problemstellung wird im Rahmen der vorliegenden Arbeit verzichtet.

[140] Der BFH formuliert in seinem Urteil vom 04.03.1986 (VIII R 188/84, BStBl II 1986, S. 373 (374)) im Zusammenhang mit der Frage der Anerkennung als Betriebsausgabe, dass „der Steuerpflichtige frei entscheiden (kann), welche Aufwendungen er für seinen Betrieb machen will. Die Höhe der Aufwendungen, ihre Notwendigkeit, ihre Üblichkeit und ihre Zweckmäßigkeit sind für die Anerkennung als Betriebsausgabe grundsätzlich ohne Bedeutung“.

[141] So Blümich/Wacker, § 4 EStG Rn. 252.

[142] Vgl. Baumhoff, Verrechnungspreise für Dienstleistungen, S. 169 f., 178; ders. in F/W/B, AStG, § 1 Rn. 634.2; Engel, Konzerntransferpreise, S. 119 f.; Engler in: Vögele, HdbVerrPr., Rn. K 58; s. zu diesem Problembereich ferner Blümich/Wacker, § 4 EStG Rn. 252; Schmidt/Heinicke, EStG, § 4 Rn. 30. Problematisch kann bei der aktienrechtlichen Nachteilsprüfung die Orientierung an dem Merkmal der betrieblichen Veranlassung in den Fällen der mittelbaren betrieblichen Veranlassung dann sein, wenn der Steuerpflichtige Aufwendungen trifft, die seinem Willen nach nicht dem Betrieb zu dienen bestimmt sind, ein ordentlicher und gewissenhafter Geschäftsleiter einer unabhängigen Gesellschaft hier jedoch zu dem gegenteiligen Ergebnis gelangen würde. In diesem Fall wären die Aufwendungen nicht betrieblich veranlasst und somit dem Grunde nach nicht verrechenbar. Gleichwohl könnte es sich um eine im Hinblick auf § 311 I AktG entgeltfähige Dienstleistung handeln.

Eine im Wesentlichen übereinstimmende steuerliche und aktienrechtliche Beurteilung dürfte sich auch bei der Untersuchung der Entgeltfähigkeit von Mischleistungen ergeben. Erfolgt eine Dienstleistung sowohl im Interesse des herrschenden Unternehmens als auch im Interesse der abhängigen Gesellschaft und ist der Aufwand daher bei beiden Unternehmen betrieblich veranlasst, erfolgt steuerrechtlich eine Aufteilung des Aufwandes etwa entsprechend des Grades des Interesses an der Dienstleistung[143]. Übertragen auf die aktienrechtliche Problematik wäre es (auch) als nachteilig i.S.d. § 311 I AktG anzusehen, wenn bei derartigen Mischleistungen die abhängige Gesellschaft den gesamten Aufwand zu tragen hätte. Hier kann auf die Ausführungen des ersten Kapitels dieser Arbeit verwiesen werden, wonach ein ordentlicher und gewissenhafter Geschäftsleiter einer unabhängigen Gesellschaft unternehmerische Funktionen nur dann ausgliedern wird, wenn die dadurch entstehenden Kostenvorteile auch seiner Gesellschaft zugute kommen, so dass die Vereinbarung der Zentralisierung von unternehmerischen Funktionen im Unternehmensverbund dann nachteilig ist, wenn nach dieser die abhängige Gesellschaft nicht an den Synergieeffekten partizipiert[144].

Im Folgenden soll noch auf einen besonderen Fall der steuerlich nicht verrechenbaren Leistungen, den sog. „Rückhalt im Konzern“, eingegangen werden. Unter Konzernrückhalt sind nach der vorzugswürdigen engeren Begriffsbestimmung diejenigen Vorteile zu verstehen, die sich bei völliger Passivität der Konzernleitung allein aus der Einbeziehung in den Unternehmensverbund ergeben, d.h. der Rückhalt im Konzern ist mit den passiven Konzerneffekten gleichzusetzen[145]. Diese wirtschaftlichen Vorteile werden ganz überwiegend mit verschiedenen Begründungen als nicht verrechenbar bzw. nicht entgeltfähig angesehen[146]. So wird angeführt, dass bei der Verrechnung des Konzernrückhalts der Besteuerung ein fiktiver Erfolg zugrunde gelegt würde, dass bei dem Konzernrückhalt

---

143 S. zu Beispielen für die Aufteilung betreffend Koordinierungsleistungen Baumhoff in F/W/B, AStG, § 1 Rn. 642; ders., Verrechnungspreise für Dienstleistungen, S. 190; Engler in: Vögele, HdbVerrPr., Rn. K 76 ff. (79); Jakobs, Internationale Unternehmensbesteuerung, S. 900 f.; Scholz, Konzernverrechnungspreise, S. 147 f.

144 S. dazu 1. Kapitel B. V. 6. a) aa).

145 S. zu dieser Begriffsbestimmung Baumhoff in F/W/B, AStG, § 1 Rn. 641; ders., Verrechnungspreise für Dienstleistungen, S. 187; Engel, Konzerntransferpreise, S. 153; Engler in: Vögele, HdbVerrPr., Rn. K 86; Wiedemann/Fleischer, § 29 Rn. 38. Als Beispiele derartiger Vorteile lassen sich etwa die erhöhte Kreditwürdigkeit, verbilligte Einkaufsmöglichkeiten, Risikostreuung, verbesserte Absatzmöglichkeiten, leichtere Gewinnung von Arbeitskräften infolge größerer Aufstiegschancen, das Recht zur Führung des Konzernnamens etc. nennen; vgl. zu Beispielen Baumhoff in F/W/B, AStG, § 1 Rn. 641; Engel, Konzerntransferpreise, S. 153 f.; Wiedemann/Fleischer, § 29 Rn. 38.

146 Vgl. BMF-Schreiben v. 23.02.1983 (Verwaltungsgrundsätze), BStBl I 1983, S. 218 (229), Tz. 6.3.2; Baumhoff in F/W/B, AStG, § 1 Rn. 641; ders., Verrechnungspreise für Dienstleistungen, S. 187 f.; Engel, Konzerntransferpreise, S. 154 f.; Engler in: Vögele, HdbVerrPr., Rn. K 86; Schaumburg, Internationales Steuerrecht, Rn. 18.126; Scholz, Konzernverrechnungspreise, S. 150 f.

kein Leistungsaustausch vorliege und dass eine Verrechnung aufgrund fehlender Erfassbarkeit und Quantifizierbarkeit nicht in Betracht komme oder deswegen abzulehnen sei, weil davon auszugehen sei, dass jedes Konzernmitglied in der Regel soviel zum Konzernrückhalt beitrage, wie es seinerseits vom Rückhalt profitiere, so dass sich die entsprechenden Leistungen und Gegenleistungen ausglichen[147]. Soweit im steuerlichen Schrifttum vertreten wird, über die Verrechenbarkeit des Konzernrückhalts im Einzelfall zu entscheiden, die Verrechenbarkeit also nicht generell abgelehnt wird, ist dies auf eine Ausweitung der Definition gegenüber der dargestellten Begriffsbestimmung des Konzernrückhalts zurückzuführen[148].

Die im Steuerrecht vorherrschende Auffassung der fehlenden Entgeltfähigkeit des Konzernrückhalts ist auch für die aktienrechtliche Beurteilung zutreffend[149]. So wie ein von dem herrschenden Unternehmen auszugleichender Nachteil i.S.d. § 311 I AktG nicht in den negativen Auswirkungen gesehen werden kann, die sich allein aus der Einbeziehung in den Unternehmensverbund ergeben, diese negativen Auswirkungen also von der abhängigen Gesellschaft nach den §§ 311 ff. AktG hinzunehmen sind, so darf die abhängige Gesellschaft auf der anderen Seite für diejenigen Vorteile, die sich für sie bei völliger Passivität des herrschenden Unternehmens allein aus der Einbeziehung in den Unternehmensverbund ergeben, kein Entgelt entrichten. Neben dem hier angedeuteten aktienrechtlichen Symmetrieargument[150] sprechen gegen die Entgeltfähigkeit des Konzernrückhalts die schon in der steuerrechtlichen Lehre genannten Argumente, dass die (positiven) passiven Konzerneffekte regelmäßig nicht erfassbar und quantifizierbar genug sind, als dass ein ordentlicher und gewissenhafter Geschäftsleiter der abhängigen Gesellschaft ein Entgelt entrichten würde, dass der Konzernrückhalt keine

---

147 Vgl. zu den verschiedenen Argumentationslinien Baumhoff in F/W/B, AStG, § 1 Rn. 641; Scholz, Konzernverrechnungspreise, S. 150 f. mit zahlreichen Nachweisen.

148 Baumhoff in F/W/B, AStG, § 1 Rn. 641; ders., Verrechnungspreise für Dienstleistungen, S. 188; Engel, Konzerntransferpreise, S. 153; Engler in: Vögele, HdbVerrPr., Rn. K 87; Scholz, Konzernverrechnungspreise, S. 151.

149 Vgl. zur Nachteiligkeit der Entrichtung eines Entgelts durch die abhängige Gesellschaft für den Rückhalt im Konzern Emmerich/Sonnenschein/Habersack, Konzernrecht, § 25 II 2. c) (S. 408); MünchKommAktG/Kropff, § 311 Rn. 201; Wiedemann/Fleischer, § 29 Rn. 38 f.. Zur fehlenden Eignung positiver passiver Konzerneffekte zum Vorteilsausgleich i.S.d. § 311 AktG s. Adler/Düring/Schmalz, § 311 Rn. 62; Emmerich/Sonnenschein/Habersack, Konzernrecht, § 25 IV. 2. (S. 416); Habersack in Emmerich/Habersack, Aktien- und GmbH-Konzernrecht, § 311 Rn. 52; Hüffer, AktG, § 311 Rn. 39; MünchKommAktG/Kropff, § 311 Rn. 215; Wiedemann/Strohn, AG 1979, S. 113 (120); Wiedemann/Fleischer, § 29 Rn. 39.

150 S. dazu Wiedemann/Fleischer, JZ 2000, S. 159 (160) sowie 1. Kapitel B. V. 6. a) aa), bb) Fn. 330. Ob der abhängigen Gesellschaft positiv ein Anspruch auf Teilhabe an dem Konzernrückhalt, d.h. ein Anspruch auf Nutzung der entsprechenden wirtschaftlichen Vorteile zusteht, sei hier dahingestellt.

eigenständige Leistung eines bestimmten Unternehmens darstellt[151] und dass der Umfang der wirtschaftlichen Vorteile in Form von passiven Konzerneffekten regelmäßig dem Beitrag der abhängigen Gesellschaft zum Konzernrückhalt entsprechen oder nahe kommen wird oder eine Differenz des Nutzens zumindest kaum zu quantifizieren ist. Schließlich ergäbe sich das zuvor gefundene Ergebnis auch daraus, wenn sich etwa auf der Grundlage der Treuepflicht des herrschenden Gesellschafters ein genereller Anspruch der abhängigen Gesellschaft (bzw. der außenstehenden Gesellschafter) auf Teilhabe an den positiven passiven Konzerneffekten begründen ließe[152].

Entsprechend dem Vorgehen im Steuerrecht muss auch für die aktienrechtliche Beurteilung in jedem Einzelfall geprüft werden, ob der der abhängigen Gesellschaft zugeflossene Vorteil nicht doch auf ein Tätigwerden des herrschenden Unternehmens oder eines beauftragten verbundenen Unternehmens zurückzuführen ist, so dass der Vorteil nicht als positive passive Konzernwirkung, sondern als eine eigenständige und nach den allgemeinen Grundsätzen entgeltfähige Leistung zu qualifizieren ist[153].

Beruht etwa die erhöhte Kreditwürdigkeit der abhängigen Gesellschaft alleine auf der Bedeutung des Gesamtkonzerns, ist dieser Vorteil als positive passive Konzernwirkung nicht entgeltfähig. Wird die Kreditwürdigkeit jedoch durch eine Konzernbürgschaft oder eine verpflichtende Patronatserklärung der Obergesellschaft erhöht, liegt eine eigenständige Leistung vor, die im Interesse der begünstigten Gliedgesellschaft liegt und daher entgeltfähig ist[154].

Ein weiteres Beispiel lässt sich für die verbilligte Einkaufsmöglichkeit bilden. Beruht diese lediglich auf der Bedeutung des Gesamtkonzerns, ist die Entgeltfähigkeit zu verneinen. Sind jedoch die günstigeren Bedingungen auf die Tätigkeit einer zentralen Beschaffungsabteilung zurückzuführen, die die Nachfrage aller Konzerngesellschaften bündelt, sind die Kosten den begünstigten Konzerngesellschaften zuzuordnen und daher verrechenbar[155].

---

[151] Vgl. zu dem Argument des Fehlens einer eigenständigen Leistung Baumhoff, Verrechnungspreise für Dienstleistungen, S. 188.

[152] S. zu dieser Frage 1. Kapitel B. V. 6. a) aa).

[153] Vgl. Baumhoff in F/W/B, AStG, § 1 Rn. 641; ders., Verrechnungspreise für Dienstleistungen, S. 188 f.; Engel, Konzerntransferpreise, S. 155; Scholz, Konzernverrechnungspreise, S. 151; zur aktienrechtlichen Beurteilung s. Wiedemann/Fleischer in Hdb der Konzernfinanzierung, § 29 Rn. 39.

[154] Vgl. Baumhoff in F/W/B, AStG, § 1 Rn. 641; Engel, Konzerntransferpreise, S. 155; Scholz, Konzernverrechnungspreise, S. 151; zur aktienrechtlichen Beurteilung vgl. Wiedemann/Fleischer in Hdb der Konzernfinanzierung, § 29 Rn. 39; s. hinsichtlich der Anwendbarkeit des § 1 AStG im Zusammenhang mit einer harten Patronatserklärung (mit Eigenkapitalersatzfunktion) im Konzern ohne Forderung einer Bürgschaftsprovision BFH 29.11.2000 I R 85/99, IStR 2001, S. 318 f.

[155] Vgl. Engel, Konzerntransferpreise, S. 155; Scholz, Konzernverrechnungspreise, S. 151.

Schließlich soll noch auf das Urteil des BFH vom 09.08.2000[156] hingewiesen werden, in dem der BFH die Abzugsfähigkeit dem Grunde nach von Lizenzzahlungen für ein dem Konzernnamen gleichlautendes Warenzeichen, auch wenn dies zumindest zum Teil gleichermaßen Bestandteil der Firma des Lizenznehmers ist, bejaht. Der BFH unterscheidet in diesem Zusammenhang zwischen der Erhebung einer Lizenz für das Recht, den Konzernnamen in der Firma zu führen und einer Lizenz für das Recht, den Konzernnamen als Warenzeichen zu verwenden[157]. Die Überlassung des ersteren Rechtes ergibt sich aus dem Konzernrückhalt[158], während das Nutzungsrecht an einem Warenzeichen nach Auffassung des BFH einen vermarktungsfähigen Eigenwert besitzen kann, so dass das geschützte Warenzeichen grundsätzlich entgeltfähig ist[159].

Insgesamt kann festgehalten werden, dass die zur Feststellung der Verrechenbarkeit dem Grunde nach im Steuerrecht anwendbaren Kriterien eine praktikable Hilfestellung zur Lösung der steuerrechtlichen Problematik bilden, die zu differenzierten Lösungen führen und auch in dem oben abgesteckten Rahmen für die aktienrechtliche Problematik der Nachteilsfeststellung eine wertvolle Beurteilungshilfe bieten[160], wobei jedoch noch auf Einschränkungen hinzuweisen ist, die sich aus dem Aktienrecht ergeben. Eine Entgeltfähigkeit unternehmensverbundsinterner Dienstleistungen kommt aktienrechtlich dann nicht in Betracht, wenn diese Dienstleistungen Aufgaben betreffen, deren Wahrnehmung durch das herrschende Unternehmen oder andere Unternehmen des Unternehmensverbundes als unzulässig einzustufen ist[161]. Das ist der Fall, wenn das herrschende Unterneh-

---

156 BFH 09.08.2000 I R 12/99, BStBl II 2001, S. 140; s. zu diesem Urteil Borstell/Wehnert, IStR 2001, S. 127; Voigt/Borstell, IStR 2001, S. 55; Pezzer, FR 2001, S. 248.

157 Vgl. BFH 09.08.2000 I R 12/99, BStBl II 2001, S. 140 (141).

158 Vgl. Borstell/Wehnert, IStR 2001, S. 127 (128).

159 Vgl. BFH 09.08.2000 I R 12/99, BStBl II 2001, S. 140 (141 f.).

160 Beispielhaft sei hier noch auf die differenzierenden Aussagen zu den sog. Kontrollleistungen hingewiesen, s. dazu Baumhoff in F/W/B, AStG, § 1 Rn. 634.2, 635.4, 636.3, 635.7, 642 f.; Engel, Konzerntransferpreise, S. 147 f., 151 f.; Engler in: Vögele, HdbVerrPr., Rn. K 59, Schaumburg, Internationales Steuerrecht, Rn. 18.127 (Fn. 494); Scholz, Konzernverrechnungspreise, S. 147 f.; s. zur Beurteilung von Kontrollleistungen im Hinblick auf das Vorliegen eines Nachteils i.S.d. § 311 I AktG Wiedemann/Fleischer in Hdb der Konzernfinanzierung, § 29 Rn. 37.

161 Unzutreffend ist jedoch die Auffassung von Wiedemann/Strohn, AG 1979, S. 113 (118 f.), eine Dienstleistung schon deswegen als nicht entgeltfähig und somit die Entrichtung eines Entgelts als nachteilig i.S.d. § 311 I AktG anzusehen, wenn diese Leistung nur von einem Unternehmen des Unternehmensverbundes erbracht werden kann, nicht jedoch von einem fremden Dritten. Die §§ 311 ff AktG bezwecken nicht, die Inanspruchnahme nur solcher Leistungen gegen ein Entgelt zuzulassen, die auch zwischen unabhängigen Dritten erbracht werden können. Auch wenn bei einer Vereinbarung ein Vergleich mit dem Verhalten bei fiktiver Unabhängigkeit nicht möglich ist, kann diese materiell angemessen sein; s. zu Sachverhaltskonstellationen, in denen ein Vergleich mit dem Verhalten bei fiktiver Unabhängigkeit nicht möglich ist 1. Kapitel B. V. 6. a); zu der an der Auffassung von Wiedemann und Strohn zu übenden

men im Hinblick auf § 76 I AktG unentziehbare Leitungsaufgaben an sich zieht[162]. Gleiches dürfte dann zu gelten haben, wenn durch die Wahrnehmung der Aufgabe durch das herrschende Unternehmen die Funktionsvoraussetzungen der §§ 311, 317 AktG aufgehoben werden, soweit nicht schon die Delegation der fraglichen Aufgabe als solche als nachteilig i.S.d. § 311 I AktG anzusehen ist[163]. Des Weiteren ist eine Dienstleistung auch dann als nicht entgeltfähig anzusehen, wenn deren Erbringung der Erfüllung einer – ohne Vergütung zu erbringenden - gesellschaftsrechtlichen Pflicht des Leistenden dient[164], wobei jedoch eine Konzernleitungspflicht gegenüber der abhängigen Gesellschaft gerade nicht besteht[165].

gg) Teilweise Übertragbarkeit der für konzerninterne Dienstleistungen im Steuerrecht geltenden Grundsätze über die Abrechnungsmodalitäten

Im Folgenden soll auf die Frage einer Orientierungsmöglichkeit an den steuerrechtlichen Grundsätzen hinsichtlich der Verrechnungsformen konzerninterner Dienstleistungen eingegangen werden. Vor dem Hintergrund der Komplexität des Problembereichs der Abrechnungsmodalitäten betreffend konzerninterne Dienstleistungen und des Schwerpunkts der vorliegenden Arbeit in der Überprüfung der Orientierungsmöglichkeit an dem Rechtsinstitut der steuerlichen verdeckten Gewinnausschüttung i.S.d. § 8 III 2 KStG im Grundsätzlichen, sollen zu diesem Problembereich nur einige die wesentlichen Grundsätze betreffende Ausführungen gemacht werden.

(1) Einzelabrechnung

Unproblematisch ist im Hinblick auf die Frage der Nachteiligkeit i.S.d. § 311 I AktG einer Verrechnungsform die Einzelabrechnung von Dienstleistungen im Unternehmensverbund oder bei dem Leistungsaustausch mit Dritten. Soweit eine Einzelabrechnung möglich ist, wird diese Verrechnungsform in aller Regel den Sorgfaltsanforderungen an einen ordentlichen und gewissenhaften Geschäftsleiter einer unabhängigen Gesellschaft gerecht. Insbesondere steht die Abrechnungsform der Einzelabrechnung nicht im Widerspruch zum dem den Regelungen der §§ 311 ff. AktG zugrundeliegenden System des Einzelausgleichs, wonach jedes Rechtsgeschäft und jede Maßnahme gesondert darauf untersucht werden muss,

---

Kritik s. die ausführlichen und überzeugenden Ausführungen von Engel, Konzerntransferpreise, S. 144 f.

[162] S. hierzu die Ausführungen von Wiedemann/Fleischer in Hdb der Konzernfinanzierung, § 29 Rn. 32; Wiedemann/Strohn, AG 1979, S. 113; MünchKommAktG/Kropff, § 311 Rn. 199 f.

[163] S. zu den hier in Betracht kommenden Sachverhalten und der Frage der Qualifikationsmöglichkeit als nachteilig i.S.d. § 311 I AktG 1. Kapitel B. V. 6. b).

[164] S. zu diesem Ansatz Wiedemann/Fleischer in Hdb der Konzernfinanzierung, § 29 Rn. 33; Wiedemann/Strohn, AG 1979, S. 113 (118 f.).

[165] S. zu der Frage des Bestehens einer Konzernleitungspflicht 1. Kapitel B. III. 1. a).

ob eine Benachteiligung der abhängigen Gesellschaft vorliegt und gegebenenfalls, ob dieser Nachteil ausgeglichen wurde.

(2) Leistungsumlage

Der Dienstleistungsverkehr zwischen verbundenen Unternehmen zeichnet sich vielfach durch eine hohe Komplexität aus[166]. Von der Spitzeneinheit oder speziellen Dienstleistungsgesellschaften können zahlreiche Leistungen verschiedenster Art erbracht werden, die zudem auch eng miteinander verflochten und daher nur schwer differenzierbar sein können[167]. Soweit in derartigen Fällen eine exakte Einzelerfassung der Leistungen technisch überhaupt möglich ist, würde diese genaue Erfassung oftmals eine aufwendige, mit einem erheblichen Kostenaufwand verbundene Organisation erfordern[168]. Ähnliche Probleme kann die Ermittlung der einer einzelnen Leistung zuzuordnenden Kosten aufwerfen[169]. Als Beispielsfall für die der Einzelabrechnung anhaftenden Schwierigkeiten wird etwa die (Dauer-) Beratungsleistung genannt, bei der der Aufwand einer Einzelabrechnung jeder einzelnen Beratungstätigkeit außer Verhältnis zu der bei einer Pauschalvergütung zu befürchtenden Ungenauigkeit stehe[170]. Ist danach die für eine Einzelabrechnung erforderliche eindeutige Abgrenzbarkeit und Messbarkeit der Leistung innerhalb eines Unternehmensverbundes nicht oder zumindest nicht wirtschaftlich sinnvoll möglich, so bleibt dem ordentlichen und gewissenhaften Geschäftsleiter nur der Rückgriff auf ein pauschalisierendes Abrechnungsverfahren, d.h. eine Leistungsumlage als eine lediglich vereinfachte Form der Dienstleistungsverrechnung, bei der nicht jede einzelne Dienstleistung abgerechnet wird, sondern ganze Dienstleistungsbündel bewertet und vergütet werden. Der Erkenntnis, dass bei der Dienstleistungsverrechnung vielfach allein ein derartiges Umlageverfahren den zumindest wirtschaftlich zweckmäßigen Abrechnungsmodus darstellt, entspricht, dass die Konzernumlage als die in der Praxis am weites-

166 Zu multinationalen Unternehmensverbindungen s. Engel, Konzerntransferpreise, S. 193; Scholz, Konzernverrechnungspreise, S. 197.

167 Vgl. Engel, Konzerntransferpreise, S. 193; Scholz, Konzernverrechnungspreise, S. 197; vgl. ferner Kumpf, Steuerliche Verrechnungspreise, S. 264 f., jeweils zu multinationalen Unternehmensverbindungen.

168 Vgl. Baumhoff, Verrechnungspreise für Dienstleistungen, S. 195 f.; ders., IStR 2000, S. 693 (695); ders. in F/W/B, AStG, § 1 Rn. 650; Engel, Konzerntransferpreise, S. 193; Scholz, Konzernverrechnungspreise, S. 197, jeweils zu multinationalen Unternehmensverbindungen; vgl. zu diesem Problembereich ferner Oestreicher, IStR 2000, S. 759 (760).

169 Vgl. Engel, Konzerntransferpreise, S. 193, Kumpf, Steuerliche Verrechnungspreise, S. 265, jeweils zu multinationalen Unternehmensverbindungen.

170 Vgl. Baumhoff, IStR 2000, S. 693 (695).

ten verbreitete Abrechnungsform für Dienstleistungen angesehen werden kann[171], die auch zwischen Fremden Anwendung findet[172].

Kann nach den bisherigen Ausführungen zwar die Entscheidung für die Abrechnung in Form der Leistungsumlage dem Sorgfaltsmaßstab des Verhaltens eines ordentlichen und gewissenhaften Geschäftsleiters entsprechen, so hat die Geschäftsführung jedoch aufgrund der spezifischen Gefahren des Umlageverfahrens keine uneingeschränkte Wahlfreiheit zwischen Einzelabrechnung und Umlageverfahren. Der ordentliche und gewissenhafte Geschäftsleiter wird berücksichtigen, dass das pauschalisierende Umlageverfahren seiner Natur nach zu größeren Ungenauigkeiten führt[173] und die Auflockerung des Zusammenhangs zwischen der Vergütung und der erbrachten Einzelleistung gegenüber der Einzelabrechnung die Gefahr der Doppelverrechnung von Leistungen erhöht[174]. Diese Gefahren wird der ordentliche und gewissenhafte Geschäftsleiter einer unabhängigen Gesellschaft[175] den Vorteilen gegenüberzustellen haben, die sich aus der Einsparung des mit der Einzelabrechnung verbundenem, oftmals beträchtlichen Verwaltungsaufwandes ergeben. Überzeugend erscheint es, davon auszugehen, dass die Wahl des Umlageverfahrens nur dann als den Sorgfaltsanforderungen an einen ordentlichen und gewissenhaften Geschäftsleiter entsprechend anzusehen ist, wenn allein diese Abrechnungsmodalität dem Wesen des zu untersuchenden Dienstleistungsverkehrs innerhalb des Unternehmensverbundes gerecht wird, weil die Einzelabrechnung nicht möglich oder unwirtschaftlich ist[176]. Diese Vor-

---

171 Vgl. zur Verbreitung der Konzernumlage Engel, Konzerntransferpreise, S. 192; Scholz, Konzernverrechnungspreise, S. 193, jeweils m.w.N.

172 Vgl. Baumhoff, Verrechnungspreise für Dienstleistungen, S. 196; ders., IStR 2000, S. 693 (695); Kumpf, Steuerliche Verrechnungspreise, S. 265; Engel, Konzerntransferpreise, S. 194 f.

173 Vgl. Baumhoff, IStR 2000, S. 693 (695); Engel, Konzerntransferpreise, S. 193, Scholz, Konzernverrechnungspreise, S. 196.

174 Scholz, Konzernverrechnungspreise, S. 198.

175 Bzw. der hypothetische ordentliche und gewissenhafte Geschäftsleiter der abhängigen Gesellschaft, wenn bei den betreffenden Dienstleistungen ein Vergleich mit dem Verhalten bei fingierter Unabhängigkeit nicht möglich ist.

176 Vgl. Baumhoff, Verrechnungspreise für Dienstleistungen, S. 196; Kumpf, Steuerliche Verrechnungspreise, S. 265 sowie Engler 86, S. 193 f. m.w.N.. Die Frage der Gleichrangigkeit von Einzelabrechnung und Umlageverfahren war schon im älteren steuerrechtlichen Schrifttum heftig umstritten, vgl. dazu die Nachweise in Baumhoff, Verrechnungspreise für Dienstleistungen, S. 194 f.; vgl. auch BMF-Schreiben v. 23.02.1983 (Verwaltungsgrundsätze), BStBl I 1983, S. 218 (230), Tz. 7.1.1., wonach eine Konzernumlage immer dann zugelassen werden soll, wenn das Entgelt für Dienstleistungen nur zusammengefasst bewertet werden kann oder die Ermittlung der den einzelnen Leistungen gesondert zuzurechnenden Kosten schwierig ist. Nach der neuen Haltung der Finanzverwaltung und der zustimmenden Äußerungen im neueren Schrifttum scheint steuerlich nunmehr die Leistungsumlage als gleichberechtigte Verrechnungsform gegenüber der Einzelverrechnung anzusehen sein. Hinsichtlich der aktienrechtlichen Beurteilung der Zulässigkeit des Umlageverfahrens von einem Subsidiaritätsverhältnis des Umlageverfahrens gegenüber der Einzelabrechnung ausgehend Wiedemann/Fleischer in Hdb der Konzernfinanzierung, § 29 Rn. 25.

aussetzung wird jedoch in einem beträchtlichen Umfang bei dem unternehmensverbundsinternen Dienstleistungsverkehr erfüllt sein.

Strengere Anforderungen und Anwendungsvoraussetzungen für eine Leistungsumlage können jedoch nicht mit dem Hinweis auf die den §§ 311 ff. AktG zugrundeliegende Konzeption des Einzelausgleichs, das auf einer Angemessenheitsprüfung jeder einzelnen Maßnahme der abhängigen Gesellschaft und jedes von dieser abgeschlossenen Rechtsgeschäfts aufbaut, verlangt werden. Zwar setzt der im Rahmen der Leistungsumlage zur Durchführung des Nachteilsprüfung vorzunehmende Fremdvergleich, wie dargestellt, nicht auf der Ebene der einzelnen Leistung an. Vielmehr stellt die Vereinbarung eines einheitlichen Entgelts für ein Leistungsbündel den für die Nachteilsprüfung maßgeblichen Untersuchungsgegenstand dar, bei dem „lediglich" zu untersuchen ist, ob ein ordentlicher und gewissenhafter Geschäftsleiter einer unabhängigen Gesellschaft insbesondere in Anbetracht der Risiken und Unzulänglichkeiten einer Leistungsumlage, eine eben solche mit diesem Inhalt vereinbart hätte. Die Wahl eines Leistungsbündels als Beurteilungsgegenstand ist jedoch allein in dem hypothetischen Verhalten eines ordentlichen und gewissenhaften Geschäftsleiters einer unabhängigen Gesellschaft begründet. Des Weiteren ist jede einzelne pauschal abgerechnete Dienstleistung als angemessen vergütet anzusehen, wenn die Wahl der Leistungsumlage als Abrechnungsform und ihre konkrete Ausgestaltung keine Sorgfaltspflichtverletzung darstellt. Eine Ausnahme von der Maßgeblichkeit des Verhaltens eines ordentlichen und gewissenhaften Geschäftsleiters einer unabhängigen Gesellschaft dürfte für die vorliegenden Fälle nicht gerechtfertigt sein. Gleichwohl erscheint eine großzügige Auslegung des Ermessenspielraumes der Geschäftsleitung bei der Entscheidung über die Abrechnungsmodalität nicht angebracht, da die spezifischen Gefahren eines Umlageverfahrens in ungleich stärkerem Maße zwischen einer abhängigen Gesellschaft und einem herrschenden Unternehmen sich zu verwirklichen drohen, als bei der Durchführung dieser Abrechnungsmodalität zwischen fremden Dritten.

Welche Anforderungen im Einzelnen an das Leistungsumlageverfahren betreffend entgeltfähiger Dienstleistungen zu stellen sind, d.h. insbesondere, wie die umlagefähigen Kosten und der angemessene Gewinnaufschlag zu bemessen und anhand welches Schlüssels auf die Leistungsempfänger zu verteilen sind, hat sich nach dem hypothetischen Verhalten eines ordentlichen oder gewissenhaften Geschäftsleiters einer unabhängigen Gesellschaft bzw. dem des ordentlichen und gewissenhaften Geschäftsleiters der abhängigen Gesellschaft bei Unmöglichkeit des Vergleichs mit dem Verhalten bei fingierter Unabhängigkeit zu richten. Dieses Verhalten sollte im Wesentlichen in der steuerrechtlichen Literatur und der Steuerrechtsprechung eine zutreffende Konkretisierung erfahren haben. Hinsichtlich letzterer Aussage ist jedoch eine Einschränkung insoweit zu machen, als steuerlich besondere formale Anforderungen und Dokumentationserfordernisse zugrundegelegt werden[177]. Nur soweit sich diese Anforderungen aus dem hypothetischen Verhalten eines ordentlichen und gewissenhaften Geschäftsleiters ableiten lassen, etwa aus Gründen der Beweissicherung[178], ist deren Erfüllung auch aktienrechtlich relevant. Eine auf Einzelheiten der steuerlich für die Leistungsumlage geltenden Grundsätze eingehende Untersuchung soll im Rahmen dieser Arbeit nicht vorgenommen werden.

Ein Nachteil i.S.d. § 311 I AktG ist bei Vereinbarung bzw. Durchführung einer Leistungsumlage dann anzunehmen, wenn ein ordentlicher und gewissenhafter Geschäftsleiter diese Abrechnungsmodalität nicht gewählt oder die Leistungsumlage nicht in dieser Form und Ausgestaltung vereinbart hätte und die Vermögens- und Ertragslage der abhängigen Gesellschaft durch die Vereinbarung bzw. deren Durchführung zumindest konkret gefährdet ist.

(3) Poolumlage

Während die Einzelabrechnung (nach den direkten Methoden) von Dienstleistungen und die Leistungsumlage abrechnungstechnische Alternativen der Leistungserstellung sind, steht die Poolumlage gegenüber den zuvor genannten Abrechnungsformen für eine ökonomische Alternative der Leistungserstellung[179]. Bei Zugrundelegung des Poolgedankens werden die Leistungen der Poolmitglieder an den Pool als Innengesellschaft erbracht, um aus der Teilnahme an dem Pool, nicht jedoch aus der Leistung an den Pool, einen Nutzen zu ziehen. Bei der Leistungsumlage als nur abrechnungstechnische Alternative zu der Einzelabrechnung nach den direkten Methoden ist hingegen nach der Rechtsfigur des ordentlichen und gewissenhaften Geschäftsleiters davon auszugehen, dass das leistungserbringende Unternehmen in seiner Eigenschaft als Dienstleistungsunternehmen durch die Leistungserbringung unmittelbar einen Gewinn erzielen will.

Die Vereinbarung einer derartigen Umlage nach dem Poolgedanken, nach welcher mehrere verbundene Unternehmen als gleichberechtigte Partner bei gemeinschaftlichem Risiko einen gemeinsamen Zweck der Beschaffung, Entwicklung oder Herstellung von Wirtschaftsgütern, Dienstleistungen oder Rechten verfolgen und mangels unternehmerischen Risikos für das leistungserbringende Unternehmen ausschließlich die umzulegenden Aufwendungen auf die Poolmitglieder verteilt werden, ein Gewinnaufschlag auf diese also entfällt[180], kann dem

---

[177] Vgl. Wiedemann/Fleischer in Hdb der Konzernfinanzierung, § 29 Rn. 26.

[178] Vgl. zur Rechtfertigung derartiger Anforderungen durch die Rechtsfigur des ordentlichen und gewissenhaften Geschäftsleiters Kuckhoff/Schreiber, IStR 2000, S. 373 (382); s. dazu auch Baumhoff in F/W/B, AStG, § 1 Rn. 659.2; Frotscher, Internationales Steuerrecht, § 16 Rn. 66.

[179] Vgl. Oestreicher, IStR 2000, S. 759 (762).

[180] Kritisch gegenüber der Auffassung der Unzulässigkeit eines Gewinnaufschlages, die von der Finanzverwaltung vertreten wird, äußern sich Frotscher, Internationales Steuerrecht, § 16 Rn. 61 f; Kuckhoff/Schreiber, IStR 1998, S. 1 (3); Stock/Kaminski, IStR 1998, S. 7 (9 f.). Auf die Problematik der Berücksichtigung einer Verzinsung des eingesetzten Eigenkapitals bei der Ermittlung der Aufwendungen soll im Rahmen dieser Arbeit nicht eingegangen werden; s. zu

Verhalten eines ordentlichen und gewissenhaften Geschäftsleiters entsprechen: Dem insbesondere international aufgrund des Wegfalls von Handelsgrenzen und Handelsschranken und der zunehmenden Verbreitung neuer Techniken und Kommunikationsmöglichkeiten ständig anwachsendem (internationalen) Wettbewerbsdruck kann einerseits mit Unternehmenszusammenschlüssen, andererseits aber auch mit dem die Selbständigkeit der Beteiligten wahrenden Zusammenschluss von Unternehmen zu einem Interessenverbund in Form eines Pools entgegnet werden[181]. Können durch Zusammenschluss zu Letzterem Kosten und/ oder Risiken minimiert und der Gewinn maximiert werden, indem bestimmte Tätigkeiten gebündelt und zentralisiert bzw. Risiken auf mehrere Unternehmen verteilt werden[182], so ist die Vereinbarung des Poolumlageverfahrens wie für eine unabhängige Gesellschaft auch für die abhängige Gesellschaft eine grundsätzlich zulässige unternehmerische Entscheidung. Diese Entscheidung über die Teilnahme an einem Poolumlageverfahren kann als eine „make or buy-Entscheidung“ angesehen werden, so dass sich ein ordentlicher und gewissenhafter Geschäftsleiter zu der Teilnahme an einem Pool dann entschließen wird, wenn es günstiger erscheint, die Leistung durch das Zusammenwirken mit den Poolmitgliedern selbst zu erstellen (make), als sie am Markt oder von einem anderen verbundenen Unternehmen zu beziehen (buy)[183]. Hinsichtlich der Effizienz dieser Form der unternehmensverbundsinternen Zusammenarbeit nach dem Poolkonzept kann als Anhaltspunkt davon ausgegangen werden, dass die Wahrscheinlichkeit der Realisierung von Skalenvorteilen, die bei einer klassischen Leistungsaustauschbeziehung nicht zu erwarten sind, umso höher ist, je größer die Notwendigkeit spezifischer Anlagegüter oder speziell ausgebildeter Fachkräfte ist[184]. Die Herstellung standardisierter Leistungen zeichnet sich hingegen durch einen geringeren Kooperations- und Anpassungsbedarf aus, so dass die Vereinbarung eines Poolumlageverfahrens über die Erstellung dieser Leistungen keine dieses Verfahren rechtfertigenden Vorteile erwarten lässt[185].

Die Regelungen in einem Poolumlageverfahren müssen entsprechend den Ausführungen zur Leistungsumlage[186] und übereinstimmend mit der Auffassung im Steuerrecht dem hypothetischen Verhalten eines ordentlichen und gewissenhaften Geschäftsleiters entsprechen. Maßgebend für die aktienrechtliche Beurteilung der Nachteiligkeit eines Poolumlageverfahrens ist, was ein ordentlicher und

---

dieser Frage etwa Baumhoff in F/W/B, AStG, § 1 Rn. 668.4; Oestreicher, IStR 2000, S. 759 (764 ff.).

[181] Vgl. Kuckhoff/Schreiber, IStR 2000, S. 346.

[182] Vgl. Kuckhoff/Schreiber, IStR 2000, S. 346 (346, 351).

[183] S. ausführlich zu den hier nur ansatzweise dargestellten Überlegungen Oestreicher, IStR 2000, S. 759 (763, 766).

[184] Vgl. zu dieser auf Erkenntnissen der „Transaktionskostentheorie“ aufbauenden Aussage Oestreicher, IStR 2000, S. 759 (764).

[185] Vgl. Oestreicher, IStR 2000, S. 759 (764, 767 f.).

[186] S. dazu oben B. IV. 6. d) gg) (2).

gewissenhafter Geschäftsleiter einer unabhängigen Gesellschaft für die aus dem Umlagesystem zu erwartenden Vorteile aufzuwenden bereit gewesen wäre, so dass es entscheidend auf ein angemessenes Verhältnis des Umlagebeitrages zu dem zu erwartenden Nutzen aus der Teilnahme an dem Umlageverfahren ankommt[187]. Einen tatsächlichen Fremdvergleichsmaßstab kann das Verhalten von rechtlich unabhängigen Unternehmen bilden, die symbiotische Partnerschaften in Form von Kooperationen, strategischen Allianzen, Joint Ventures oder Netzwerken eingehen[188].

Die Sorgfaltsmäßigkeit der Entscheidung über die Wahl der Abrechnungsform nach dem Poolgedanken ist anders als die über die Vereinbarung einer Leistungsumlage nicht davon abhängig, ob eine Einzelabrechnung nach den direkten Methoden nicht möglich oder unwirtschaftlich ist[189], da die Poolumlage, wie bereits angemerkt, im Gegensatz zu der Leistungsumlage keine abrechnungstechnische, sondern eine ökonomische Alternative der Leistungserstellung darstellt. Es ergeben sich jedoch aus der Natur des Poolumlageverfahrens besondere Anforderungen, deren Erfüllung Voraussetzung dafür ist, dass die Entscheidung über den Zusammenschluss zu einem Pool dem Sorgfaltsmaßstab des ordentlichen und gewissenhaften Geschäftsleiters entspricht. Neben der Frage der Effizienz der unternehmensverbundsinternen Zusammenarbeit nach dem Poolgedanken in der betreffenden Entscheidungssituation ist insbesondere zu beachten, dass der Poolgedanke entsprechend der Regelung in den Verwaltungsgrundsätzen-Umlage 1999[190] gleichgerichtete Interessen der Poolmitglieder erfordert, d.h. dass die Poolmitglieder die Leistungen für den Pool in wirtschaftlich gleicher Weise nutzen müssen. Diese Voraussetzung kann problematisch sein, wenn ein Pool zwischen dem herrschenden Unternehmen und der abhängigen Gesellschaft in Frage steht[191].

Mit der Bestimmung der Maßgeblichkeit des von dem einzelnen Poolmitglied zu erwartenden Nutzens für die Aufteilung des umlagefähigen Aufwandes[192] und der Anforderung, dass der im Einzelfall sachgerechteste Umlageschlüssel auszuwählen ist, beschreiben die Verwaltungsgrundsätze-Umlage 1999[193] grundsätz-

---

[187] Vgl. zu den entsprechenden Anforderungen im Steuerrecht BMF-Schreiben v. 30.12.1999 (Verwaltungsgrundsätze-Umlage 1999), BStBl I 1999, S. 1122 (1124), Tz. 3.1; Kuckhoff/Schreiber, IStR 2000, S. 373; Oestreicher, IStR 2000, S. 759 (766).
[188] Vgl. Oestreicher, IStR 2000, S. 759 (767).
[189] S. dazu Frotscher, Internationales Steuerrecht, § 16 Rn. 54.
[190] S. BMF-Schreiben v. 30.12.1999 (Verwaltungsgrundsätze-Umlage 1999), BStBl I 1999, S. 1122, Tz. 1.2.
[191] S. zu diesem Problembereich Baumhoff in F/W/B, AStG, § 1 Rn. 659.4; Vögele, DB 2000, S. 297 (297, 299).
[192] S. zur Unterscheidung zwischen Leistungsumlage und Poolumlage bei der Kostenverrechnung Baumhoff in F/W/B, AStG, § 1 Rn. 666.
[193] Vgl. BMF-Schreiben v. 30.12.1999 (Verwaltungsgrundsätze-Umlage 1999), BStBl I 1999, S. 1122 (1124), Tz. 3.1.

lich auch für die aktienrechtliche Problematik der Nachteilsfeststellung zutreffend das hypothetische Verhalten eines ordentlichen und gewissenhaften Geschäftsleiters. Insbesondere gilt auch im Hinblick auf die aktienrechtlich vorzunehmende Angemessenheitsprüfung, dass die Höhe des auf ein Poolmitglied entfallenden Umlagebeitrages insoweit begrenzt wird, als ein ordentlicher und gewissenhafter Geschäftsleiter des Leistungsempfängers dem Leistenden nur ein solches Entgelt entrichten würde, das nicht die Höhe des Aufwandes übersteigt, der bei Erledigung dieser Leistung durch den eigenen Betrieb oder ein fremdes Dienstleistungsunternehmen angefallen wäre[194]. Hinsichtlich der Frage der aktienrechtlichen Relevanz der für die steuerliche Anerkennung einer Poolumlage vorausgesetzten formalen Anforderungen und Dokumentationserfordernisse kann auf die Ausführungen zur Leistungsumlage verwiesen werden[195].

Ein Nachteil i.S.d. § 311 I AktG ist bei Vereinbarung bzw. Durchführung einer Poolumlage dann anzunehmen, wenn ein ordentlicher und gewissenhafter Geschäftsleiter diese Abrechnungsmodalität nicht gewählt oder die Poolumlage nicht in dieser Form und Ausgestaltung vereinbart hätte und die Vermögens- und Ertragslage der abhängigen Gesellschaft durch die Vereinbarung bzw. deren Durchführung zumindest konkret gefährdet ist.

(4) Kostenfinanzierungsverfahren

Entsprechend der steuerrechtlichen Beurteilung[196] ist auch aktienrechtlich davon auszugehen, dass ein ordentlicher und gewissenhafter Geschäftsleiter eine Abrechnung nach dem Kostenfinanzierungsverfahren aufgrund des nur im Zufallsfall erreichbaren Leistungsgleichgewichts nicht wählen würde[197]. Da aufgrund der zu erwartenden Über- bzw. Unterdeckungen der verursachten Kosten die Vermögens- und Ertragslage der abhängigen Gesellschaft konkret gefährdet werden würde, stellt die Vereinbarung des Kostenfinanzierungsverfahrens einen Nachteil i.S.d. § 311 I AktG dar.

e) Der formale Maßstab bei Vereinbarungen mit beherrschenden Gesellschaftern

Im Rahmen der verdeckten Gewinnausschüttung kann zur Feststellung der gesellschaftsrechtlichen Veranlassung auch auf einen formalen Maßstab als objektives

---

[194] Vgl. zu dieser Aussage hinsichtlich der steuerrechtlichen Beurteilung Baumhoff in F/W/B, AStG, § 1 Rn. 658; Kuckhoff/Schreiber, IStR 2000, S. 373 (377).

[195] S. dazu oben B. IV. 6. d) gg) (2). Angemerkt sei an dieser Stelle jedoch, dass sich insbesondere im Hinblick auf die Aussagen in dem BFH-Urteil vom 17.10.2001 (I R 103/00, BFH/NV 2002, S. 134 (137 f.)) zu Dokumentationserfordernissen die Frage nach der Rechtsgrundlage der in den Verwaltungsgrundsätzen-Umlage 1999 festgelegten Dokumentations- und Nachweispflichten stellt, vgl. Baumhoff, IStR 2001, S. 751 (752).

[196] S. dazu 2. Kapitel B. IV. 2. b) cc) (6) (bb) χ).

[197] Zur Ablehnung des Kostenfinanzierungsverfahrens im Aktienrecht s. Wiedemann/Fleischer in Hdb der Konzernfinanzierung, § 29 Rn. 27.

Prüfungskriterium zurückgegriffen werden, nach welchem bei einer Leistung der Kapitalgesellschaft an einen beherrschenden Gesellschafter auf das (Nicht-) Vorliegen einer klaren, im Voraus getroffenen, zivilrechtlich wirksamen und tatsächlich durchgeführten Vereinbarung abgestellt wird[198]. Es stellt sich die Frage, ob nicht auch im Rahmen der Untersuchung eines Verhaltens auf das Vorliegen eines Nachteils i.S.d. § 311 I AktG über die für die Beurteilung der Angemessenheit einer Vereinbarung relevanten Umstände hinaus auch formelle Gesichtspunkte zu berücksichtigen sind. Im Rahmen der verdeckten Gewinnausschüttung dienen die formalen Anforderungen einer klaren und eindeutigen und im Voraus getroffenen, zivilrechtlich wirksamen Vereinbarung bei Vereinbarungen mit beherrschenden Gesellschaftern dem Zweck, dass von vornherein nach außen verdeutlicht wird, ob Leistungen, die die Kapitalgesellschaft an ihren beherrschenden Gesellschafter erbringt, auf gesellschaftsrechtlicher oder auf schuldrechtlicher Grundlage erbracht werden[199]. Dadurch soll steuerlich motivierten nachträglichen Gewinnmanipulationen entgegengewirkt und das allgemeine steuerliche Ordnungsprinzip durchgesetzt werden, dass steuerlich maßgebliche Tatbestände nicht im Nachhinein rückwirkend umgestaltet werden können[200].

Auch das Aktienrecht steht teilweise vor ähnlichen Problemen, wenn eine unklare, rückwirkende oder unwirksame Vereinbarung zwischen der faktisch abhängigen Gesellschaft und dem herrschenden[201] Unternehmen bzw. auf dessen Veranlassung getroffen und/oder auf ihrer Grundlage eine Leistung der faktisch abhängigen Gesellschaft erbracht wird. Die geschilderten Vereinbarungen eröffnen schon grundsätzlich Manipulationsmöglichkeiten. Handelt es sich zudem um Vereinbarungen mit bzw. auf Veranlassung von herrschenden Unternehmen, so besteht im Besonderen die Gefahr, dass das herrschende Unternehmen bei dem Abschluss einer derartigen Vereinbarung oder deren Durchführung seine außerhalb der Beteiligung an der abhängigen Gesellschaft liegenden unternehmerischen Interessen in den Vordergrund stellen kann, da der zwischen fremden Vertragspartnern übliche Interessensausgleich nicht gewährleistet ist.

Für vorbeugende formale Anforderungen an eine Vereinbarung, die sich nicht auf Erwägungen zur Beurteilung der Angemessenheit der Vereinbarung zurückführen lassen, besteht jedoch keine Rechtsgrundlage. Insoweit gilt der Grundsatz der Vertragsfreiheit auch für die vertraglichen Beziehungen zwischen der Aktiengesellschaft und ihrem beherrschenden Gesellschafter. Das von den §§ 311 ff

---

198 S dazu 2. Kapitel B. IV. 2. a).

199 Vgl. Kotschenreuther in: Vögele, HdbVerrPr., Rn. A 34.

200 Vgl. Bommert, Verdeckte Vermögensverlagerungen, S. 28; Döllerer, Verdeckte Gewinnausschüttungen, S. 104; Frotscher in Frotscher/Maas, KStG, Anhang vGA zu § 8 Rn. 116 ff., 143 ff. sowie 2. Kapitel B. IV. 2. a) aa).

201 Im Rahmen dieser Arbeit ist es nicht erforderlich, darauf einzugehen, ob und inwieweit die an die „Beherrschung" zu stellenden Anforderungen bei der Frage der Qualifizierung eines Gesellschafters als beherrschend im steuerrechtlichen Sinn mit denen der Qualifizierung eines Unternehmen als beherrschend im aktienrechtlichen Sinn übereinstimmen.

AktG vorgesehene Instrument zur Aufdeckung und die Grundlage zur Verhinderung von schädigenden Einflussnahmen durch das herrschende Unternehmen ist die Prüfung der Angemessenheit der fraglichen Vereinbarung oder Leistung. Ist eine Rechtsbeziehung zwischen der abhängigen Gesellschaft und ihrem Geschäftspartner auf das Vorliegen eines Nachteils i.S.d. § 311 I AktG hin zu untersuchen, so erfolgt eine Prüfung, ob die Bedingungen der Rechtsbeziehung für die abhängige Gesellschaft angemessen sind. Diese Prüfung stellt eine materielle Angemessenheitsprüfung dar. Bei der Frage, ob sich ein ordentlicher und gewissenhafter Geschäftsleiter einer unabhängigen Gesellschaft in gleicher Weise oder anders als die abhängige Gesellschaft verhalten hätte, sind lediglich die Umstände in die Untersuchung mit einzubeziehen, die auf die Vermögens- und Ertragslage der abhängigen Gesellschaft einen Einfluss haben können. Das sind insbesondere die Bedingungen, die für die Beurteilung der Werthaltigkeit einer Leistung oder Gegenleistung relevant sind. Ein Abweichen der abhängigen Gesellschaft von dem Verhalten unabhängiger Gesellschaften ist demnach für die aktienrechtliche Nachteilsprüfung insoweit von vornherein unbeachtlich, wie ein Einfluss auf die Vermögens- und Ertragslage der abhängigen Gesellschaft ausgeschlossen ist. Nicht das Verhalten als solches ist, sondern nur die im Hinblick auf das Gesellschaftsvermögen wertmäßigen Auswirkungen eines Verhaltens sind Untersuchungsgegenstand und können einen Nachteil i.S.d. § 311 I AktG begründen. Diese materielle Angemessenheitsprüfung im Rahmen der aktienrechtlichen Nachteilsfeststellung unterscheidet sich daher im Ansatz von der Überprüfung einer Vereinbarung anhand eines rein verhaltensbezogenen, formalen Maßstabs, wie er bei der Untersuchung der gesellschaftsrechtlichen Veranlassung im Rahmen der verdeckten Gewinnausschüttung bei Vereinbarungen mit beherrschenden Gesellschaftern zugrundegelegt wird. Die insoweit geltenden steuerlichen formellen Anforderungen spielen für die aktienrechtliche Nachteilsprüfung grundsätzlich keine Rolle.

Das gilt auch dann, wenn bei Nichterfüllung der besonderen formalen Anforderungen auf die fehlende Ernstlichkeit im steuerrechtlichen Sinn der (behaupteten) Vereinbarung zwischen der Kapitalgesellschaft und dem beherrschenden Gesellschafter zu schließen sein sollte[202].

Zwar können teilweise vergleichbare Anforderungen an eine Vereinbarung wie im Rahmen der verdeckten Gewinnausschüttung bei Vereinbarungen mit beherrschenden Gesellschaftern auch für das Nichtvorliegen eines Nachteils i.S.d. § 311 I AktG an eine Vereinbarung zu stellen sein. Der Ansatzpunkt zur Begründung der Anforderungen ist hierbei jedoch ein anderer. So wird etwa das im Rahmen der verdeckten Gewinnausschüttung formale Erfordernis der zivilrechtlichen Wirksamkeit einer Vereinbarung in der Regel auch im Rahmen der aktienrechtlichen Nachteilsprüfung zu verlangen sein, damit eine auf dieser Vereinba-

202 Vgl. zu dieser Frage die Ausführungen oben B. IV. 6 b) aa); zu der Frage der Ernstlichkeit bei der formellen verdeckten Gewinnausschüttung s. 2. Kapitel B. IV. 2. a), a) bb), a) cc), c).

rung beruhende Leistung der abhängigen Gesellschaft nicht als nachteilig einzustufen ist. Denn ein ordentlicher und gewissenhafter Geschäftsleiter wird in der Regel keine Leistung auf der Grundlage einer unwirksamen Vereinbarung erbringen[203]. Hätte ein ordentlicher und gewissenhafter Geschäftsleiter die Leistung aus diesem Grund unterlassen, besteht ein Nachteil unabhängig davon, ob die (unwirksam vereinbarte) Leistung und Gegenleistung ihrem Wert nach in einem angemessen Verhältnis standen. Auch wird ein ordentlicher und gewissenhafter Geschäftsleiter darauf bedacht sein, Vereinbarungen zu treffen, bei denen klar und eindeutig ist, ob es sich um eine entgeltliche Vereinbarung handelt und gegebenenfalls, in welcher Höhe ein Entgelt zu entrichten ist, soweit sich aus einer solchen Vereinbarung entweder das Risiko einer zu Lasten der abhängigen Gesellschaft unangemessen hohen Gegenleistung ergibt oder möglicherweise eine Gegenleistung erbracht werden muss, obwohl ein ordentlicher und gewissenhafter Geschäftsleiter für die vereinbarte Leistung generell keine Gegenleistung erbringen würde. Auch die Vereinbarung oder das Erbringen einer Vergütung für eine zurückliegende Zeit ohne vorherige Vereinbarung kann den Sorgfaltsanforderungen der §§ 317 II, 93 AktG zuwiderlaufen.

Eine schematische Anwendung etwaiger aus den dargestellten Fällen abzuleitender „Grundsätze“ für das regelmäßige sorgfaltsgemäße Verhalten eines Geschäftsleiters verbietet sich jedoch für die gesellschaftsrechtliche Beurteilung. Es kommt auf die Umstände des Einzelfalles an. Maßgeblich ist allein, ob das Verhalten der abhängigen Gesellschaft sorgfaltspflichtwidrig ist und die Vermögens- und Ertragslage der abhängigen Gesellschaft vermindert oder konkret gefährdet. Vor diesem Hintergrund lassen sich die im Steuerrecht von der Rechtsprechung für Vereinbarungen mit beherrschenden Gesellschaftern entwickelten formalen Anforderungen regelmäßig nicht auf Erwägungen einer materiellen Angemessenheitsprüfung zurückführen und sind daher für die aktienrechtliche Problematik der Nachteilsfeststellung grundsätzlich ohne Bedeutung. Dieses veranschaulichen auch die folgenden Beispiele: Das Erbringen einer Leistung durch die abhängige Gesellschaft aufgrund einer Vereinbarung, die nicht klar und eindeutig ist, die an einem Wirksamkeitsmangel leidet und/oder nicht im Voraus getroffen wurde, widerspricht den an einen ordentlichen und gewissenhaften Geschäftsleiter zu stellenden Sorgfaltsanforderungen regelmäßig dann nicht, wenn sie dadurch einen gesetzlichen Vergütungsanspruch (in gleicher Höhe) erfüllt[204]. Insbesondere rückwirkende Vereinbarungen und Korrekturen sind auch zwischen Fremden in der Praxis weder ungewöhnlich[205], noch von vornherein sorgfaltswidrig, wie

[203] S. zu dieser Argumentationsführung im Rahmen der verdeckten Gewinnausschüttung oben 2. Kapitel B. IV. 2. a) bb).

[204] Vgl. auch die in der steuerrechtlichen Literatur an der Rechtsprechung des BFH zum formellen Fremdvergleich geübte Kritik, z.B. Döllerer, Verdeckte Gewinnausschüttungen, S. 107; Frotscher in Frotscher/Maas, KStG, Anhang vGA zu § 8 Rn. 172; Kotschenreuther in: Vögele, HdbVerrPr., Rn. A 43 ff.

[205] Vgl. Lempenau, FS Schmidt, S. 605 (609).

schon der Hinweis auf das Institut des Wegfalls der Geschäftsgrundlage belegt[206]. Ein Nachteil hinsichtlich der Vereinbarung einer rückwirkenden Vergütung der Leistung des herrschenden Unternehmens oder einer anderen Person wird regelmäßig nur bei materieller Unausgewogenheit von Leistung und Gegenleistung oder in den Fällen der aufgedrängten Bereicherung anzunehmen sein[207]. Schließlich ist es für die Beurteilung der Nachteiligkeit einer Vereinbarung regelmäßig irrelevant, wenn diese Vereinbarung tatsächlich nicht durchgeführt wird. Zwar kann ein etwa mit dem beherrschenden Unternehmen geschlossener Vertrag trotz des Fehlens einer nach seinem Inhalt beurteilten Nachteiligkeit insgesamt als nachteilig i.S.d. § 311 I AktG anzusehen sein, wenn es sich um ein Scheingeschäft i.S.d. § 117 BGB handelt. Selbst wenn jedoch aus dem Fehlen der tatsächlichen Durchführung eines Vertrages zu schließen sein sollte, dass die vertragliche Vereinbarung im steuerlichen Sinn nicht ernstlich gemeint war, so wird in aller Regel gerade kein Scheingeschäft i.S.d. § 117 BGB vorliegen[208]. Wird ein zivilrechtlich wirksamer, inhaltlich ausgewogener Vertrag nicht oder nicht so durchgeführt, wie es vereinbart war, so kommt daher das spätere, im Zusammenhang mit der Nichtdurchführung der Vereinbarung stehende Verhalten als nachteiliges Verhalten in Betracht, nicht jedoch der Abschluss des Vertrages oder die Leistungserbringung, soweit sie der Erfüllung des Vertrages dient und nicht aus besonderen Umständen als nachteilig anzusehen ist.

Der im Rahmen der verdeckten Gewinnausschüttung bei Vereinbarungen mit beherrschenden Gesellschaftern zur Feststellung der gesellschaftsrechtlichen Veranlassung eingreifende formale Maßstab kann nach alledem im Rahmen der aktienrechtlichen Nachteilsprüfung grundsätzlich keine Rolle spielen, da nach diesem die für die Annahme eines Nachteils i.S.d. § 311 I AktG an ein Verhalten zu stellenden Anforderungen nicht erfüllt sein müssen.

7. Übertragbarkeit der objektiven Prüfungskriterien zur Feststellung der gesellschaftsrechtlichen Veranlassung außerhalb des Fremdvergleichs

Der BFH nimmt in den Fällen, in denen der im Rahmen der Prüfung der gesellschaftsrechtlichen Veranlassung anzustellende Fremdvergleich nicht möglich ist, weil das fragliche Geschäft mit einem Nicht-Gesellschafter nicht abgeschlossen werden kann[209] und eine verdeckte Gewinnausschüttung dennoch nicht von vorn-

[206] Vgl. Bommert, Verdeckte Vermögensverlagerungen, S. 35.

[207] S. zum Fehlen eines „Rückwirkungsverbotes" im Zivilrecht Bommert, Verdeckte Vermögensverlagerungen, S. 35 f.; Gail, WPg 1970, S. 237 (239); Lempenau, FS Schmidt, S. 605 (609 ff.); Zacher, DStR 1994, S. 138 (139).

[208] S. dazu 2. Kapitel B. IV. 2. c).

[209] Der formale Maßstab für Vereinbarungen mit beherrschenden Gesellschaftern sei hier ausgeklammert.

herein ausgeschlossen ist[210], die Feststellung der gesellschaftsrechtlichen Veranlassung anhand von objektiven Kriterien außerhalb des Fremdvergleichs vor. Diese Kriterien sollen im Folgenden auf ihre Übertragbarkeit auf die aktienrechtliche Problematik hin untersucht werden. An dieser Stelle sei noch einmal darauf hingewiesen, dass der im Rahmen der aktienrechtlichen Nachteilsprüfung vorzunehmende Fremdvergleich nicht bereits dann ausgeschlossen ist, wenn das fragliche Geschäft nur mit einem Gesellschafter abgeschlossen werden kann. Vergleichsmaßstab kann auch das ordentliche und gewissenhafte Verhalten eines Geschäftsleiters etwa gegenüber einem Kleinaktionär bilden. Der aktienrechtliche Vergleichsmaßstab, sorgfaltsgemäßes Verhalten bei fingierter Unabhängigkeit, ist erst dann ausgeschlossen, wenn der fragliche Geschäftsakt nur bei einer abhängigen Gesellschaft möglich ist.

a) Erstausstattung einer Kapitalgesellschaft

Ausgeschlossen ist zunächst die Übertragung der allgemeinen Angemessenheitsprüfung, die der BFH in den Fällen der Untersuchung der Erstausstattung einer Kapitalgesellschaft zugrundelegt. Rechtsverhältnisse, die im Zusammenhang mit der Gründung einer Kapitalgesellschaft auf diese übergehen bzw. mit dieser zustande kommen, unterliegen nicht dem Anwendungsbereich des § 311 I AktG, da hier kein von einem herrschenden Unternehmen bei einer bereits abhängigen Gesellschaft veranlasstes Verhalten zu beurteilen ist, sondern vielmehr nur eine ungünstige Lage der betrachteten Gesellschaft festgestellt werden kann, die bereits im Rahmen ihrer Gründung als abhängige Gesellschaft geschaffen wurde.

Liegt eine Gestaltung der Erstausstattung in der Weise vor, die alle Risiken bei der Kapitalgesellschaft verbleiben lässt, während auf den Gesellschafter die Chancen übertragen werden, so dass diese Gestaltung die Annahme einer verdeckten Gewinnausschüttung rechtfertigt, so könnte zur aktienrechtlichen Beurteilung außerhalb der §§ 311 ff. AktG ein Blick auf die abzusehende Rechtsprechungsänderung zum „qualifiziert faktischen GmbH-Konzern“ [211] eine Hilfe bieten. Bei der GmbH kann unter Umständen in den genannten Fällen ein Verstoß gegen das Verbot der Existenzgefährdung und somit ein Anspruch auf der Grundlage des sich in der Entwicklung befindenden neuen, konzernunabhängigen Haftungskonzeptes in Betracht kommen. Denn ein Verstoß gegen das Verbot der Existenzgefährdung soll u.a. vorliegen bei „Satzungs- oder Vertragsgestaltungen, die auf eine ungleiche Verteilung von Chancen und Risiken, von Kosten und Gewinn auf verschiedene von demselben Gesellschafter beherrschte Unternehmen angelegt sind, sofern sie einem von ihnen, dem sog. Aschenputtel, nach vernünftigem kaufmännischen Ermessen von vornherein die Fähigkeit vorenthalten,

---

[210] S. zu den Fällen, in denen die verdeckte Gewinnausschüttung von vornherein nicht in Betracht kommt, 2. Kapitel B. IV. 3. sowie unten B. V.

[211] S. dazu 1. Kapitel B. V. 6. b) am Ende.

die normalen Risiken seines Geschäftsbetriebs zu bestehen.[212]" Ob, inwieweit, unter welchen Voraussetzungen und auf welcher dogmatischen Grundlage ein vergleichbarer Anspruch auch im Aktienrecht zu begründen ist, soll hier jedoch dahingestellt bleiben.

b) Zuwendungen im Zusammenhang mit der Teilnahme an Gesellschafterversammlungen

Anders sind im Grundsatz die Überlegungen, die der BFH bei Zuwendungen im Zusammenhang mit der Teilnahme an Gesellschafterversammlungen anstellt, zu beurteilen. Auch im Hinblick auf das aktienrechtliche Problem der Nachteilsfeststellung wird davon auszugehen sein, dass ein ordentlicher und gewissenhafter Geschäftsleiter Zuwendungen an Aktionäre im Zusammenhang mit der Teilnahme an der Hauptversammlung im Wesentlichen nur im Hinblick auf eine angemessene Bewirtung tätigen und die sonstigen dem Gesellschafter durch die Teilnahme an der Hauptversammlung verursachten Kosten nicht ersetzen würde. Die Zugrundelegung einer festen Angemessenheitsgrenze durch den BFH[213] im Rahmen seiner allgemeinen Angemessenheitsprüfung der Bewirtungskosten stellt jedoch eine im Hinblick auf die im Rahmen der aktienrechtlichen Nachteilsfeststellung vorzunehmende Einzelfallbeurteilung nicht übertragbare Pauschalisierung dar.

c) Übernahme der Gründungskosten

Für die Problematik der aktienrechtlichen Nachteilsprüfung bedeutender erscheinen jedoch die Aussagen des BFH im Zusammenhang mit der Übernahme der Gründungskosten durch die Kapitalgesellschaft, wenn die Übernahme dieser Kosten und ihre betragsmäßige Höhe in der Satzung nicht festgelegt wurden. Zunächst kann festgestellt werden, dass die Übernahme dieser Kosten durch die abhängige Gesellschaft nach ihrer Eintragung gleichfalls einen Nachteil i.S.d. § 311 I AktG darstellt. Interessant ist bei der angesprochenen Entscheidung, dass der BFH zur Feststellung der gesellschaftsrechtlichen Veranlassung unter anderem darauf abstellt, dass ein Aufwand von der Kapitalgesellschaft übernommen wurde, der zivilrechtlich gesehen nicht von dieser zu tragen war. Diese Argumentation greift in aller Regel auch bei der aktienrechtlichen Problematik der Nachteilsfeststellung. Diese Überlegung kann bei entsprechenden Sachverhalten insbesondere dann die wesentliche Beurteilungshilfe bilden, wenn, wie etwa im Fall der Überprüfung einer Steuerumlage bei Vorliegen eines gewerbesteuerlichen Organschaftsverhältnisses[214], der im Rahmen der Nachteilsprüfung vorzuneh-

---

[212] Röhricht, FS 50 Jahre BGH, 2000, S. 83 (S. 107) im Rahmen seiner Reinterpretation des TBB-Urteils (BGHZ 122, S. 123 ff.); vgl. dazu ferner Burgard, WuB C. § 13 GmbHG 1.02, S. 149 (152); Mülbert, DStR 2001, S. 1937 (1940).

[213] Vgl. BFH 13.11.91 I R 45/90, BStBl II 1992, S. 429 (432).

[214] S. zu dieser Sachverhaltskonstellation 1. Kapitel B. V. 6. a) bb).

mende Vergleich mit dem Verhalten bei fiktiver Unabhängigkeit undurchführbar ist.

d) Handelsrechtlich unzulässige Leistungen der Kapitalgesellschaft an ihre Gesellschafter

Übertragbar ist schließlich auch das Prüfungskriterium der handelsrechtlichen Unzulässigkeit einer Leistung der Kapitalgesellschaft an einen Gesellschafter bei Vereinbarungen, die nur zwischen einer Kapitalgesellschaft und ihrem Gesellschafter denkbar sind, denn selbstverständlich würde ein ordentlicher und gewissenhafter Geschäftsleiter einer unabhängigen Gesellschaft derartige Leistungen grundsätzlich[215] nicht vornehmen.

e) Erwerb eigener Anteile

Die Grundsätze, die für das Vorliegen einer verdeckten Gewinnausschüttung im Fall des Erwerbs eigener Anteile durch die Kapitalgesellschaft gelten, sind in Ausschnitten hinsichtlich der Überlegungen zum Erwerb eigener Aktien, die keinem handelsrechtlichen Aktivierungsverbot unterliegen und dem Erwerb zu aktivierender eigener GmbH-Anteile für die Beurteilung der aktienrechtlichen Problematik von Bedeutung, jedoch mit Einschränkungen insoweit, als sie die Rechtslage ab dem Veranlagungszeitraum 2002 betreffen: Auch für die Frage, ob ein ordentlicher und gewissenhafter Geschäftsleiter einer unabhängigen Gesellschaft den eigenen Anteil zu dem fraglichen Kaufpreis erworben hätte, wird nicht unberücksichtigt bleiben können, was ein fremder Dritter für die Anteile vom veräußernden Gesellschafter zu zahlen bereit gewesen wäre und ob dieser insbesondere einen Paketzuschlag gewährt hätte[216]. Anzumerken ist jedoch, dass aufgrund der vielfältigen Einflussfaktoren auf den Börsenpreis auch dieser unangemessen hoch sein kann, so dass ein ordentlicher und gewissenhafter Geschäftsleiter nicht generell den Börsenpreis entrichten würde. Fraglich ist, ob der ordentliche und gewissenhafte Geschäftsleiter bei der Vereinbarung des Kaufpreises den etwaigen Umstand in seine Überlegungen zur Höhe des Kaufpreises miteinbeziehen darf, dass es sich um einen der Kapitalgesellschaft lästigen Gesellschafter handelt, dessen Anteile erworben werden sollen. Die Zahlung eines überhöhten Kaufpreises stellt eine verbotene Einlagenrückgewähr und damit grundsätzlich eine Sorgfaltspflichtverletzung des Vorstands nach § 93 III Nr. 1 AktG dar. Auch wenn der Erwerb der eigenen Anteile nach § 71 I Nr. 1 AktG gerechtfertigt werden könn-

---

[215] Im Ausnahmefall kann jedoch etwa die Vornahme einer verbotenen Einlagenrückgewähr eine sorgfaltsgemäße Handlungsweise des Vorstands darstellen, vgl. zu einem Beispielssachverhalt Lutter, FS 40 Jahre Der Betrieb, S. 193 (202 ff.).

[216] Auf die Frage, inwieweit ein Paketzuschlag bei dem Erwerb eigener Anteile, auf die nicht mehr als 10% des Grundkapitals entfallen, gerechtfertigt ist, soll hier nicht weiter eingegangen werden.

te[217], so gilt dies nicht für die Zahlung eines unangemessen hohen Preises[218]. Nur in besonders gelagerten Fällen dürfte vor diesem Hintergrund die Zahlung eines die angemessene Höhe übersteigenden Kaufpreises, um einen lästigen Gesellschafter zum Verkauf seiner Anteile zu bewegen, ein sorgfaltsgemäßes Verhalten des Vorstands darstellen[219].

Soweit der BFH bei dem Erwerb eigener Anteile zu einem angemessenen Kaufpreis infolge eines späteren Wertverlustes zu der Annahme einer verdeckten Gewinnausschüttung gelangt, kann dieser Ansicht für die aktienrechtliche Problematik der Nachteilsfeststellung nicht gefolgt werden. Unzutreffend erscheint schon die Aussage des BFH, der Erwerb eigener Anteile sei grundsätzlich nicht Aufgabe des ordentlichen und gewissenhaften Geschäftsleiters. Ein derartiger Grundsatz ist im Hinblick auf die nicht unbedeutende Anzahl der Gründe, die einen Erwerb eigener Anteile rechtfertigen und sinnvoll erscheinen lassen[220], nicht überzeugend. Selbst wenn trotz Beachtung der Voraussetzungen des § 71 AktG und insbesondere der Zahlung eines angemessenen Kaufpreises ein ordentlicher und gewissenhafter Geschäftsleiter den Erwerb eigener Anteile nicht vorgenommen haben würde, so kann das Vorliegen eines Nachteils i.S.d. § 311 I AktG jedenfalls nicht wie das einer verdeckten Gewinnausschüttung i.S.d. § 8 III 2 KStG dadurch begründet werden, dass die Kapitalgesellschaft ihren früheren Gesellschafter von dem Risiko eines Wertverlustes seiner Beteiligung freigestellt hat und eine spätere Wertminderung der Anteile eintritt, die eine Teilwertabschreibung zur Folge hat. Denn sowohl die Risiken künftiger Wertverluste als auch die Chancen künftiger Wertsteigerungen finden Eingang in die Beurteilung der Angemessenheit des Kaufpreises[221]. Maßgeblich für die Beurteilung der Nachteiligkeit des Erwerbs eigener Anteile sind allein die Umstände zum Zeitpunkt des Erwerbs. Für das Bestehen eines Nachteils müssen in den hier problematisierten Fällen besondere Umstände vorliegen, die trotz Angemessenheit des Kaufpreises eine Minderung oder konkrete Gefährdung der Vermögens- und Ertragslage begründen.

---

[217] Auf diese Frage soll im Rahmen dieser Arbeit nicht weiter eingegangen werden. Von der h.M. wird beispielsweise der Erwerb eigener Aktien nach § 71 I Nr. 1 AktG zwecks Abkaufs von Anfechtungsklagen, auch wenn diese missbräuchlich sind, als unzulässig angesehen, vgl. Hüffer, AktG, § 71 Rn. 10 m.w.N.

[218] Windbichler in Timm: Missbräuchliches Aktionärsverhalten, S. 35 (38).

[219] Auf dieses Problem soll im Rahmen dieser Arbeit nicht weiter eingegangen werden. Hinzuweisen ist an dieser Stelle auf die Ausführungen von Lutter, FS 40 Jahre Der Betrieb, S. 193 (202 ff.) zu der Frage der Möglichkeit von Ausnahmen zu § 93 III Nr. 1 AktG im Zusammenhang mit missbräuchlichen Anfechtungsklagen.

[220] Vgl. zu den Ausnahmen von dem Erwerbsverbot betreffend eigene Anteile Raiser, Kapitalgesellschaften, § 19 Rn. 14 ff. (S. 318 ff.) sowie Hüffer, AktG, § 71 Rn. 7 ff. m.w.N.

[221] Vgl. insoweit auch die Kritik an dem hier in Bezug genommenen BFH-Urteil von Paus, BB 1998, S. 2138 (2139 f.).

Die genannten Überlegungen zum Vorliegen einer verdeckten Gewinnausschüttung im Zusammenhang mit dem Erwerb eigener Aktien, die keinem handelsrechtlichen Aktivierungsverbot unterliegen und dem Erwerb zu aktivierender eigener GmbH-Anteile spielen ab dem Veranlagungszeitraum 2002 für das Problem der verdeckten Gewinnausschüttung dann keine Rolle mehr, wenn der Sachverhalt mit Veräußerungsgewinnen und -verlusten aus Anteilen an Kapitalgesellschaften, die von Körperschaften erzielt werden bzw. entsprechend mit Teilwertabschreibungen im Zusammenhang steht und diese Vorgänge nach § 8b II, III KStG n.F. keine steuerliche Wirkung entfalten. Denn in diesen Fällen liegt schon mangels Einkommenswirkung keine verdeckte Gewinnausschüttung vor. Eine Orientierung an den steuerlichen Grundsätzen der verdeckten Gewinnausschüttung i.S.d. § 8 III 2 KStG scheidet daher insoweit für die aktienrechtliche Problematik der Nachteilsfeststellung aus.

Gleiches gilt hinsichtlich des KStG a.F. für die steuerliche Behandlung des Erwerbs eigener Aktien, die nach handelsbilanziellen Grundsätzen nicht zu aktivieren sind. Denn die durch den Erwerb der eigenen Anteile erfolgende Verminderung des Aktivvermögens ist aufgrund der Einstufung als ein Vorgang, der unabhängig von der Höhe des gezahlten Kaufpreises insgesamt gesellschaftsrechtlich veranlasst ist, steuerneutral zu behandeln. Unter Geltung des § 8 b KStG n.F. können zudem aus der steuerlichen Beurteilung hinsichtlich des Vorliegens einer verdeckten Gewinnausschüttung für die aktienrechtliche Problematik keine Erkenntnisse gewonnen werden, wenn eine verdeckte Gewinnausschüttung schon mangels Einkommenswirkung ausscheidet, weil hinsichtlich der im Zusammenhang mit dem Erwerb der eigenen Aktien stehenden Vermögensminderung § 8 b III KStG n.F. zur Anwendung gelangt.

f) Zusammenfassende Beurteilung der Bedeutung der objektiven Prüfungskriterien zur Feststellung der gesellschaftsrechtlichen Veranlassung außerhalb des Fremdvergleichs für die aktienrechtliche Nachteilsprüfung

Die dargestellten Ergebnisse zeigen, dass kein einheitliches Prüfungskriterium zur Feststellung der gesellschaftsrechtlichen Veranlassung bei Vereinbarungen, die nur mit einem Gesellschafter getroffen werden können, besteht, welches auf das aktienrechtliche Problem der Nachteilsprüfung übertragen werden könnte. Soweit in den Fällen, in denen bei Undurchführbarkeit des im Rahmen der Veranlassungsprüfung durchzuführenden Fremdvergleichs eine verdeckte Gewinnausschüttung durch den Rückgriff auf eine allgemeine Angemessenheitsprüfung festgestellt wird, lässt sich eine Aussage zur Übertragbarkeit auf die aktienrechtliche Problematik jeweils nur im Hinblick auf den Einzelfall treffen.

V. Die Grenzen der verdeckten Gewinnausschüttung im Organisationsrecht der Gesellschafter

Der von dem Rechtsinstitut der verdeckten Gewinnausschüttung abweichende Regelungszweck der §§ 311 ff. AktG, Schutz der Vermögensinteressen der außenstehenden Aktionäre und der Gläubiger der abhängigen Gesellschaft, führt zu einer teilweise abweichenden Beurteilung der Anwendbarkeit des aktienrechtlichen und des steuerrechtlichen Tatbestandes auf Sachverhalte, die das Organisationsrecht der Gesellschafter betreffen.

Das Institut der verdeckten Gewinnausschüttung findet grundsätzlich keine Anwendung auf organisationsrechtliche Akte wie Entscheidungen über die Kapitalausstattung, Satzungs- oder Zweckänderungen, die Liquidation der Gesellschaft oder deren Verschmelzung, Spaltung oder Umwandlung[222]. Die Gesellschafter sind im Hinblick auf das Rechtsinstitut der verdeckten Gewinnausschüttung frei, über die Organisation der Gesellschaft, den Umfang ihrer Tätigkeit und die Existenz der Gesellschaft zu entscheiden[223]. Ihre Entscheidungen werden auch als für das Steuerrecht verbindlich hingenommen.

Das Regelungskonzept der §§ 311 ff. AktG findet zwar in vielen Fällen, jedoch keineswegs grundsätzlich, seine Grenze im Organisationsrecht der Gesellschafter. Bestehen für den fraglichen Sachverhalt keine speziellen außenseiterschützenden Normen, muss anhand der Frage der Beeinträchtigung der zu schützenden Interessen der außenstehenden Aktionäre und der Gläubiger der abhängigen Gesellschaft entschieden werden, ob die §§ 311 ff. AktG auf den Hauptversammlungsbeschluss anwendbar sind. § 311 I AktG ist vor diesem Hintergrund bei Beschlüssen über eine Verschmelzung, Spaltung oder Vermögensübertragung nach dem UmwG bzw. § 179 a AktG anwendbar. Insbesondere können auch über die Überlassung einer konkreten Geschäftschance im steuerrechtlichen Sinn hinaus eine Änderung des Unternehmensgegenstandes und möglicherweise im Ausnahmefall auch ein Beschluss über die Liquidation der Gesellschaft ein veranlasstes nachteiliges Verhalten darstellen. Auch wenn organisationsrechtliche Entscheidungen grundsätzlich im Belieben des Gesellschafters stehen und daher steuerrechtlich grundsätzlich hingenommen werden, so kann nach den obigen Ausführungen die von dem Institut der verdeckten Gewinnausschüttung abweichende, auf die Vermögensinteressen der Außenseiter bezogene Schutzrichtung der §§ 311 ff AktG gleichwohl zu der Bewertung des fraglichen Verhaltens als Nachteil bzw. als Veranlassung zu einem nachteiligen Verhalten führen.

---

[222] Vgl. zu diesem Problembereich Blümich/Rengers, § 8 KStG Rn. 372; Buyer, GmbHR 1996, S. 98 (106); Gosch, DStR 1995, S. 1863; Schulze-Osterloh, FR 1993, S. 73 (82); Steck, Wettbewerbsverbot, S. 128 f.; Streck, KStG, § 8 Anm. 65; Wassermeyer, StVj 1993, S. 208 (218 ff.); ders. in F/W/B, AStG, § 1 Rn. 108; ders., StbJb 1998/99, S. 157 (165 f.); s. dazu ferner 2. Kapitel B. IV. 3.; s. dort auch zur Ausnahme in dem Fall, dass die Einschränkung oder Änderung des Unternehmensgegenstandes dazu dient, eine der Kapitalgesellschaft zuzuordnende konkrete Geschäftschance einem Gesellschafter zu überlassen.

[223] Steck, Wettbewerbsverbot, S. 129; Streck, KStG, § 8 Anm. 65.

VI. Keine Übertragbarkeit der steuerlichen Voraussetzungen der Einkommenswirkung und des Fehlens eines Zusammenhangs mit einer offenen Ausschüttung

Die Definitionsbestandteile der Voraussetzungen der „Auswirkung auf die Höhe des Einkommens“ und des „fehlenden Zusammenhangs mit einer offenen Ausschüttung“ lassen sich allein aus dem Regelungszweck des Rechtsinstituts der verdeckten Gewinnausschüttung erklären und sind daher bei dem Tatbestand des § 311 I AktG ohne Bedeutung. Durch diese Voraussetzungen werden Sachverhalte aus dem Tatbestand der verdeckten Gewinnausschüttung ausgeschlossen, die ein veranlasstes nachteiliges Verhalten i.S.d. § 311 I AktG darstellen können, wie etwa der die Grundlage für eine offene Ausschüttung bildende Gewinnverwendungsbeschluss der Hauptversammlung einer Aktiengesellschaft, der Erwerb eigener handelsrechtlich zu aktivierender Aktien zu einem unangemessen niedrigen Preis bei Anwendbarkeit des § 8b III KStG n.F. oder das unentgeltliche Abtreten eines Anspruchs auf Investitionszulage oder sonstiger steuerfreier Einnahmen.

VII. Subjektive Elemente der Tatbestände

Der Tatbestand der verdeckten Gewinnausschüttung stellt keine besonderen subjektiven Voraussetzungen an den Gesellschafter oder die für die Kapitalgesellschaft handelnde Person. Das gilt auch, soweit zur Feststellung der gesellschaftsrechtlichen Veranlassung auf die Rechtsfigur des ordentlichen und gewissenhaften Geschäftsleiters zurückgegriffen wird. Dieser bildet einen normativ-objektiven Beurteilungsmaßstab. Auf ein Verschulden kommt es im Rahmen der steuerlichen Beurteilung nicht an.

Auch die Integration des § 317 II AktG in den Nachteilsbegriff im Rahmen des § 311 I AktG führt zu keinen besonderen subjektiven Anforderungen, die an das herrschende Unternehmen bzw. an die für dieses handelnde Person oder an die für die abhängige Gesellschaft handelnde Person zu stellen wären. Der Nachteilsbegriff setzt, anknüpfend an den Sorgfaltsmaßstab des § 93 AktG, eine objektive Sorgfaltspflichtverletzung voraus, ohne dass im Gegensatz zu dem Haftungstatbestand des § 93 AktG ein Verschulden der handelnden Person zu verlangen ist.

Im Rahmen des Tatbestandes des § 311 I AktG beinhaltet lediglich das Tatbestandsmerkmal der Veranlassung subjektive Anforderungen an die für die beteiligten Unternehmen handelnden Personen. Auf Seiten der abhängigen Aktiengesellschaft ist es erforderlich, dass diese aufgrund des Erfordernisses der Kausalität der Einflussnahme und des beherrschenden Einflusses erkennt, dass das herrschende Unternehmen sie zu einem Verhalten zu bestimmen versucht und sie muss weiterhin zumindest auch im Hinblick auf den beherrschenden Einfluss des herrschenden Unternehmen handeln, d.h. das Verhalten der abhängigen Gesellschaft muss durch den beherrschenden Einfluss mitmotiviert sein. Diese subjektiven Anforderungen, wie auch diejenigen, die der Veranlassungsbegriff an das herrschende Unternehmen bzw. an die für das herrschende Unternehmen handelnde Person stellt, sind vor dem Hintergrund des Ziels der vorliegenden Arbeit nicht von Bedeutung, da der Erfüllung dieser oder vergleichbaren Anforderungen für die Frage der Qualifikation eines Verhaltens als verdeckte Gewinnausschüttung keine Bedeutung zukommt und eine Auswirkung auf die Möglichkeit der Orientierung an diesem steuerrechtlichem Rechtsinstitut im Rahmen der aktienrechtlichen Nachteilsprüfung somit ausgeschlossen ist.

VIII. Gegenstand und Wert der verdeckten Gewinnausschüttung und des Nachteils

Beruht ein Geschäft dem Grunde nach auf gesellschaftsrechtlicher Basis, sind alle Leistungen der Kapitalgesellschaft, die diese in dem fraglichen Geschäft erbringt, gesellschaftsrechtlich bedingt und stellen daher verdeckte Gewinnausschüttungen dar. Unerheblich ist insoweit, ob eine Gegenleistung des Gesellschafters vorliegt und diese zur Leistung der Gesellschaft in einem angemessenen Verhältnis steht. Vor dem Hintergrund der Maßgeblichkeit des Verhaltens eines ordentlichen und gewissenhaften Geschäftsleiters kann sich hingegen der Gegenstand des Nachteils i.S.d. § 311 I AktG grundsätzlich nicht lediglich isoliert aus den von der Kapitalgesellschaft im Rahmen eines Geschäfts erbrachten Leistungen ergeben. Aktienrechtlich ist die Annahme einer „totalen Nachteiligkeit" eines Verhaltens, die eine ausnahmslose Ausklammerung etwaiger (Gegen-) Leistungen eines Gesellschafters aus der Angemessenheitsprüfung zur Folge hätte, nicht zu begründen. In die Angemessenheitsprüfung sind alle im Zusammenhang mit dem fraglichen Geschäftsakt stehenden Umstände mit einzubeziehen, die ein ordentlicher und gewissenhafter Geschäftsleiter einer unabhängigen Gesellschaft seiner Entscheidung zugrunde gelegt hätte. Ausnahmen hiervon lassen sich nur in besonderen Fällen rechtfertigen[224], die jedoch mit dem vorliegenden steuerlichen Problembereich, der gesellschaftsrechtlichen Veranlassung dem Grunde nach, in keiner Hinsicht in einem vergleichbarem Zusammenhang stehen. Sollte auch bei einer der Höhe nach unüblichen Vereinbarung eine totale verdeckte Gewinnausschüttung anzunehmen sein[225], so ist die sich hieraus ergebende Bestimmung des Gegenstandes der verdeckten Gewinnausschüttung vor dem Hintergrund der obigen Ausführungen für die aktienrechtliche Bestimmung der Nachteilshöhe ohne Belang, wenn der Feststellung des Abweichens von der üblichen Vergütungshöhe zuungunsten der abhängigen Gesellschaft die Bedeutung eines Hinweises auf das Vorliegen eines Nachteils i.S.d. § 311 I AktG beigemessen wird.

---

[224] S. zu Einschränkungen in der Anwendung des Vergleichsmaßstabs des ordentlichen und gewissenhaften Geschäftsleiters einer unabhängigen Gesellschaft die Ausführungen im 1. Kapitel unter B. V. 6. a) cc).

[225] Möglicherweise ist hinsichtlich der Rechtsfolge einer unüblichen Vereinbarung zwischen der Üblichkeit dem Grunde und der Höhe nach zu differenzieren und nur bei dem Vorliegen einer dem Grunde nach unüblichen Vereinbarung von einer totalen verdeckten Gewinnausschüttung auszugehen, während bei der Unüblichkeit der Höhe nach eine partielle verdeckte Gewinnausschüttung in Betracht käme. Vgl. dazu 2. Kapitel B. IV. 2. d) bb).

Bei der Bestimmung des Wertes der verdeckten Gewinnausschüttung und des Nachteils i.S.d § 311 I AktG werden sich in den meisten Fällen keine Unterschiede ergeben. So wird auch im Rahmen der Feststellung der Nachteilshöhe in der Regel der Betrag für die Berechnung maßgeblich sein, der etwa im Fall eines Nachteils im Zusammenhang mit der Hingabe von Einzel-Wirtschaftsgütern nach der Beschaffenheit des Wirtschaftsgutes im gewöhnlichen Geschäftsverkehr erzielbar ist oder der sich bei Nutzungsüberlassungen aus der durch die Kapitalgesellschaft erzielbaren Vergütung ergibt.

Abweichungen ergeben sich jedoch dann, wenn der Wert des Gesellschaftsvermögens nicht nur in dem Umfang vermindert wurde, der der Differenz zwischen dem Entgelt, das ein ordentlicher und gewissenhafter Geschäftsleiter von einem Nichtgesellschafter gefordert und erhalten hätte, und dem tatsächlichen Entgelt, entspricht. Die Nachteilshöhe richtet sich allein nach dem Umfang der tatsächlichen Beeinträchtigung der Vermögens- und Ertragslage der abhängigen Gesellschaft. Wird etwa ein Wirtschaftsgut zu einem unangemessen niedrigen Preis an einen Gesellschafter veräußert, beschränkt sich die Höhe des Nachteils nicht auf die Differenz zu dem nach der Beschaffenheit des Wirtschaftsgutes im gewöhnlichen Geschäftsverkehr erzielbaren Preis, wenn darüber hinaus aufgrund der Veräußerung zukünftige negative materielle Auswirkungen auf den Geschäftsbetrieb der Kapitalgesellschaft mit hinreichender Sicherheit zu erwarten sind. So kann die Veräußerung eines wichtigen Produktionsmittels das Eintreten von Produktionsausfällen zur Folge haben, die bei Bestimmung der Nachteilshöhe zu berücksichtigen sind.

Die hier angesprochenen Unterschiede sind jedoch zutreffender bei den steuerlichen Tatbestandsmerkmalen der Vermögensminderung oder verhinderten Vermögensmehrung und der gesellschaftsrechtlichen Veranlassung zu verorten[226]: Die materiellen Folgewirkungen eines Geschäftsakts können nur dann eine verdeckte Gewinnausschüttung begründen, wenn der Geschäftsakt insoweit eine Minderung oder verhinderte Mehrung des Eigenkapitals der Steuerbilanz beinhaltet und gleichzeitig als eine zweckgerichtete Begünstigung eines Gesellschafters gewertet werden kann. Ist dies nicht der Fall, bleiben im Rahmen der verdeckten Gewinnausschüttung die materiellen Folgewirkungen eines Geschäftsakts unberücksichtigt, so dass sich vor diesem Hintergrund aus der Begrenzung des als verdeckte Gewinnausschüttung zu bewertenden Sachverhalts gegenüber dem als nachteilig zu bewertenden Sachverhalt die entsprechenden Unterschiede in der Höhe der verdeckten Gewinnausschüttung und des Nachteils ergeben.

---

[226] S. dazu die Ausführungen zur Erweiterung des Tatbestandes des § 311 I AktG gegenüber dem der verdeckten Gewinnausschüttung durch die Einbeziehung von Beeinträchtigungen der Ertragserwartungen in die Nachteilsfeststellung, oben II. 2. c).

C. Würdigung der vergleichenden Gegenüberstellung der Tatbestandsmerkmale

Die Gegenüberstellung der im Rahmen der vorliegenden Arbeit relevanten Tatbestandsmerkmale des § 311 I AktG – ein von dem herrschenden Unternehmen veranlasstes nachteiliges Verhalten der abhängigen Gesellschaft - und der Tatbestandsmerkmale einer verdeckten Gewinnausschüttung i.S.d. § 8 III 2 KStG führte zu dem Ergebnis, dass vielfältige, in allen Tatbestandsmerkmalen zu verortende Abweichungen im Hinblick auf die Beurteilung von Lebenssachverhalten als verdeckte Gewinnausschüttung i.S.d. § 8 III 2 KStG einerseits und als Nachteil i.S.d. § 311 I AktG andererseits bestehen können. Das Aufzeigen der zwischen beiden Tatbeständen bestehenden Abweichungen verdeutlichte jedoch gleichzeitig, dass außerhalb dieser Unterschiede in einem beträchtlichem Umfang die steuerrechtliche Beurteilung eines Sachverhalts mit der im Aktienrecht übereinstimmt. In vielen Fällen können daher die steuerlichen Grundsätze zur Feststellung einer verdeckten Gewinnausschüttung i.S.d. § 8 III 2 KStG eine Orientierungsmöglichkeit zur Feststellung und Bemessung eines Nachteils bieten[227]. Dies gilt grundsätzlich gleichermaßen für die Nachteilsermittlung bei Rechtsgeschäften und bei Maßnahmen. Jedoch wird insbesondere bei Akten der Geschäftsführung außerhalb von Rechtsgeschäften - einem Bereich, in welchem die aktienrechtliche Nachteilsfeststellung im besonderen Maße mit Schwierigkeiten behaftet ist - eine Orientierung an dem Institut der verdeckten Gewinnausschüttung vielfach an den weitergehenden steuerlichen tatbestandlichen Anforderungen scheitern.

Abschließend kann formuliert werden, dass aus dem Vorliegen oder Nichtvorliegen einer verdeckten Gewinnausschüttung Erkenntnisse für die aktienrechtliche Nachteilsfeststellung gewonnen werden können, wenn zum Ersten eine Prüfung vorgenommen wird, worauf sich die Annahme oder Ablehnung der Erfüllung des Tatbestandes der verdeckten Gewinnausschüttung begründet und zum Zweiten festgestellt werden kann, dass sich insoweit die in diesem Kapitel der Arbeit aufgezeigten Abweichungen in den Tatbestandsmerkmalen nicht auf die Möglichkeit der Orientierung an dem steuerrechtlichen Institut auswirken.

[227] In Betracht kommt ferner, dass die Grundsätze der steuerlichen verdeckten Gewinnausschüttung i.S.d. § 8 III 2 KStG auch im Rahmen des Tatbestandsmerkmals der Veranlassung i.S.d. § 311 I AktG eine Hilfestellung bieten können. Die hinsichtlich dieses Tatbestandsmerkmals zugunsten der Außenseiter eingreifenden Beweiserleichterungen sind nach überzeugender Auffassung davon abhängig zu machen, dass das nachteilige Verhalten der abhängigen Gesellschaft dem herrschenden oder einem anderen verbundenen Unternehmen Vorteile brachte; s. dazu das 1. Kapitel unter B. III. 3.. In diesem Zusammenhang kann das Bestehen einer verdeckten Gewinnausschüttung i.S.d. § 8 III 2 KStG von Bedeutung sein: Denn auch wenn eine verdeckte Gewinnausschüttung nicht voraussetzt, dass dem Gesellschafter ein Vermögensvorteil zugewendet wird, so stellt dies doch den Regelfall verdeckter Gewinnausschüttungen dar.

Zusammenfassung der wesentlichen Ergebnisse in Thesen

Das steuerrechtliche Rechtsinstitut der verdeckten Gewinnausschüttung i.S.d. § 8 III 2 KStG dient trotz des abweichenden Regelungszwecks in nicht unerheblichem Umfang der Bewältigung von Aufgaben, die sich in vergleichbarer Form im Rahmen der aktienrechtlichen Nachteilsfeststellung i.S.d. § 311 I AktG stellen. Ziel der vorliegenden Arbeit war es vor diesem Hintergrund festzustellen, ob und gegebenenfalls inwieweit das steuerrechtliche Institut der verdeckten Gewinnausschüttung eine Orientierungsmöglichkeit zur Feststellung und Bemessung eines Nachteils bieten kann. Zu diesem Zweck wurden die im vorliegenden Zusammenhang maßgeblichen Tatbestandsmerkmale des § 311 I AktG und die des Instituts der verdeckten Gewinnausschüttung i.S.d. § 8 III 2 KStG in den ersten beiden Kapiteln einer genauen Analyse unterzogen und einander anschließend im dritten Kapitel gegenübergestellt.

1. Kapitel: Die für die Untersuchung relevanten Tatbestandsmerkmale des § 311 I AktG

1. Dem Regelungssystem der §§ 311 – 318 AktG kommt eine Schutz- und Privilegierungsfunktion zu. Einerseits dienen die Regelungen der §§ 311 ff. AktG dem Schutz der Vermögensinteressen der außenstehenden Aktionäre und der Gläubiger der abhängigen Gesellschaft davor, dass das Vermögen der abhängigen Gesellschaft zum Nachteil dieser Außenseiter vom herrschenden Unternehmen für seine eigenen Belange verwendet wird. Der Schutz dieser Vermögensinteressen der Außenseiter erfolgt in mittelbarer Weise dadurch, dass die abhängige Gesellschaft durch die Regelungen der §§ 311 ff. AktG vermögensmäßig im Ergebnis so gestellt werden soll, als ob diese weiterhin unabhängig im gemeinsamen Interesse der Gesellschafter geführt würde. Andererseits wird das herrschende Unternehmen privilegiert, indem es die §§ 311, 317 AktG dem herrschenden Unternehmen ermöglichen, seine gesellschaftsfremden Interessen zu Lasten der abhängigen Gesellschaft bei Ausgleich der daraus entstehenden Nachteile durchzusetzen und dieser Ausgleich auch in zeitlich gestreckter Form erfolgen kann. Das zwischen der Schutz- und der Privilegierungsfunktion bestehende Spannungsverhältnis ist dahingehend aufzulösen, dass maßgeblicher Auslegungsmaßstab der §§ 311 ff. AktG die Anforderungen eines effektiven Außenseiterschutzes und nicht die Erfordernisse einheitlicher Leitung sind.

2. Der Schutzgegenstand der §§ 311 ff. AktG ist das Eigeninteresse der abhängigen Gesellschaft. Dieses Eigeninteresse beinhaltet keinen über das reine Vermögensinteresse hinausgehenden wirtschaftlich-organisatorischen Aspekt.

3. Eine Veranlassung setzt voraus, dass für das Verhalten der abhängigen Gesellschaft eine Einflussnahme des herrschenden Unternehmens sowie dessen beherrschender Einfluss zumindest mitursächlich waren.

4. Für die Beurteilung, ob und in welchem Umfang ein Rechtsgeschäft oder eine Maßnahme nachteilig ist, ist der Zeitpunkt der Vornahme des Rechtsgeschäfts bzw. der Maßnahme maßgeblich. Die Feststellung eines Nachteils erfolgt auf der Grundlage einer ex-ante-Betrachtung.

5. Ein Nachteil i.S.d. § 311 I AktG liegt vor, wenn die in Folge des veranlassten Verhaltens eingetretene Vermögens- und Ertragslage der abhängigen Gesellschaft negativ von der hypothetischen Vermögens- und Ertragslage abweicht, die sich bei gedachter Unabhängigkeit der abhängigen Gesellschaft unter Beachtung der Sorgfaltspflicht aus § 93 AktG durch den Vorstand ergeben würde.

6. Zur Konkretisierung dieser Sorgfalt des ordentlichen und gewissenhaften Geschäftsleiters ist auf die Grundregeln ordnungsgemäßer Unternehmensführung zurückzugreifen. Im Rahmen der Entscheidung über eine Sorgfaltspflichtverletzung muss berücksichtigt werden, dass dem ordentlichen und gewissenhaften Geschäftsleiter ein unternehmerischer Ermessensspielraum zusteht.

7. In besonderen Fällen können Verhaltensweisen als nachteilig anzusehen sein, die bei der Anwendung der allgemeinen Grundsätze der Nachteilsfeststellung nicht als nachteilig zu qualifizieren sind. Dies kommt in Betracht, wenn die abhängige Gesellschaft bei fingierter Unabhängigkeit auf von der Situation bei Abhängigkeit abweichende rechtliche Rahmenbedingungen treffen würde, wenn eine Vereinbarung zwischen dem herrschenden Unternehmen und der abhängigen Gesellschaft letztere nicht an dem Konzernerfolg teilhaben lässt, oder wenn die abhängige Gesellschaft eine Maßnahme deshalb trifft, weil sie das spätere Eintreten aus dieser Maßnahme resultierender, von dem herrschenden Unternehmen zu gewährender Vorteile erhofft.

8. Eine Maßnahme ist jedoch nicht allein deswegen als nachteilig anzusehen, weil ihre Vornahme die Funktionsfähigkeit der §§ 311 ff AktG insoweit beeinträchtigt, dass die abhängige Gesellschaft nicht mehr als unabhängig zu fingieren, eine Veranlassung nicht mehr feststellbar oder eine wirtschaftlich negative Folge keiner bestimmten veranlassten Maßnahme zuzuordnen ist. In diesen Fällen erscheint es überzeugend, außerhalb des Regelungssystems der §§ 311 ff. AktG Rechtsfolgen zum Schutz der Außenseiter daran anzuknüpfen, dass das herrschende Unternehmen durch eine Einzelmaßnahme oder mittels einer Vielzahl „dauernder und umfassender" Leitungsmaßnahmen die weitere Funktionsfähigkeit des Einzelausgleichsystems der §§ 311 ff. AktG beseitigt.

2. Kapitel: Die verdeckte Gewinnausschüttung im Sinne des § 8 III 2 KStG

1. Die verdeckte Gewinnausschüttung i.S.d. § 8 III 2 KStG dient der Trennung der Einkommensverwendung von der Einkommenserzielung. Sie stellt einen unbestimmten Rechtsbegriff dar, der durch den BFH seit der Neudefinition in den

Urteilen vom 1.2.1989 (I R 73/85, BStBl. II 1989, S. 522 (523)) und vom 22.2.1989 (I R 44/85, BStBl. II 1989, S. 475 (476)) in ständiger Rechtsprechung dahingehend ausgefüllt wird, dass unter einer verdeckten Gewinnausschüttung eine Vermögensminderung oder verhinderte Vermögensmehrung zu verstehen ist, die durch das Gesellschaftsverhältnis veranlasst ist, sich auf die Höhe des Einkommens auswirkt und in keinem Zusammenhang mit einer offenen Ausschüttung steht.

2. Leistender der verdeckten Gewinnausschüttung kann jedes Körperschaftsteuersubjekt sein, dem ein Handeln in schuldrechtlicher Form möglich ist und mitgliedschaftsrechtliche Beziehungen zu anderen Personen (Anteilsinhabern) unterhält. Der Empfänger einer verdeckten Gewinnausschüttung kann sein, wer ein mitgliedschaftliches oder mitgliedschaftsähnliches Verhältnis zu der Kapitalgesellschaft hat, bei der die Vermögensminderung oder verhinderte Vermögensmehrung eintritt. Die Leistung, welche die Vermögensminderung oder verhinderte Vermögensmehrung bei der Kapitalgesellschaft zur Folge hat, muss hierbei nicht unmittelbar an den Gesellschafter, sondern kann auch an einen Dritten erfolgen.

3. Eine Vermögensminderung oder verhinderte Vermögensmehrung ist gegeben, wenn ohne Vornahme der fraglichen Handlung bzw. bei Vornahme der unterlassenen Handlung das Vermögen der Körperschaft höher gewesen wäre, als es tatsächlich ist. Unter „Vermögen" ist hierbei das Eigenkapital der Steuerbilanz zu verstehen. Aufgrund der Gleichstellung von Vermögensminderung und verhinderter Vermögensmehrung erfasst der Schutzbereich der verdeckten Gewinnausschüttung auch steuerlich der Körperschaft zuzuordnende Chancen der Vermögensmehrung, die einen wirtschaftlich eigenständigen Wert besitzen.

4. Das Vorliegen einer Vermögens- und Einkommensminderung wird nicht dadurch beeinträchtigt, dass die Kapitalgesellschaft einen Rückgewähr- oder Ersatzanspruch gegen den Gesellschafter aus der verdeckten Gewinnausschüttung einbucht und geltend macht. Verdeckte Gewinnausschüttungen können grundsätzlich nicht mit steuerlicher Wirkung rückgängig gemacht werden.

5. Die Vermögensminderung oder verhinderte Vermögensmehrung muss auf einer Handlung beruhen, die der ausschüttenden Körperschaft nach der maßgeblichen steuerrechtlichen Wertung zurechenbar ist.

6. Ob die unterlassene Wahrnehmung einer Erwerbschance als verdeckte Gewinnausschüttung bewertet werden kann, bestimmt sich nach der steuerlichen Geschäftschancenlehre. Eine verdeckte Gewinnausschüttung auf der Grundlage der steuerlichen Geschäftschancenlehre setzt voraus, dass eine Erwerbsaussicht besteht, die bereits so hinreichend konkretisiert ist, dass ihr ein Vermögenswert zukommt. Des Weiteren muss die Geschäftschance der Kapitalgesellschaft zuzuordnen sein und die Kapitalgesellschaft muss dem Gesellschafter die Wahrnehmung der Geschäftschance (teil-) unentgeltlich überlassen.

7. Das Tatbestandsmerkmal, dem im Rahmen der vorliegenden Arbeit eine wesentliche Bedeutung zukommt, ist das der Veranlassung im Gesellschaftsver-

hältnis. Unter Veranlassung im Gesellschaftsverhältnis ist ein Handeln im Interesse des Gesellschafters zu verstehen und beinhaltet eine zweckgerichtete Begünstigung des Gesellschafters. Eine solche Begünstigung setzt voraus, dass das Verhalten der Gesellschaft zumindest im ideellen Interesse des Gesellschafters liegt. Jedoch muss die Vermögensminderung oder verhinderte Vermögensmehrung zumindest aus der Sicht der Kapitalgesellschaft auch geeignet sein, einen Vermögensvorteil des Gesellschafters oder einer ihm nahestehenden Person auszulösen.

8. Trotz der Begriffsbestimmung der gesellschaftsrechtlichen Veranlassung als zweckgerichtete Begünstigung, stellt diese einen nach außen in Erscheinung getretenen Sachverhalt dar, der durch Auslegung und Wertung zu ermitteln und rein objektiv zu bestimmen ist. Hierfür bedarf es eines objektiven Prüfungskriteriums. Ein solches stellt der Fremdvergleich dar, auf den sich der BFH bei der Prüfung der gesellschaftsrechtlichen Veranlassung stützt, dem jedoch nur eine indizielle Bedeutung zukommt. Der Fremdvergleich stellt im Rahmen der verdeckten Gewinnausschüttung einen unbestimmten und damit auslegungsbedürftigen Rechtsbegriff dar, der durch verschiedene untereinander gleichwertige Untermaßstäbe des Fremdvergleichs konkretisiert wird.

9. Regelmaßstab ist hierbei der Vergleich mit dem Verhalten eines ordentlichen und gewissenhaften Geschäftsleiters. Dieser Maßstab ist dem Handelsrecht entlehnt. Es ist der Maßstab der §§ 93 I 1, 317 II AktG, 43 I GmbHG, 34 I GenG, der von dem BFH in Übereinstimmung mit der gesellschaftsrechtlichen Beurteilung als normativ-objektiver Beurteilungsmaßstab verstanden wird. Die Beurteilung, ob sich ein ordentlicher und gewissenhafter Geschäftsleiter anders und in welcher Form er sich verhalten hätte, hat auf der Grundlage einer ex-ante-Prognose zu erfolgen. Aus der Funktion dieses Maßstabes im Steuerrecht - Abgrenzung der betrieblichen Sphäre der Einkommenserzielung von der nichtbetrieblichen Sphäre der Einkommensverwendung – ergibt sich jedoch, dass dieser Maßstab im Bereich der steuerlichen verdeckten Gewinnausschüttung rein steuerrechtlich zu bestimmen ist.

10. Der Vergleich mit dem Verhalten eines ordentlichen und gewissenhaften Geschäftsleiters erfährt eine Einschränkung, wenn die Einbeziehung künftiger Gegenvorteile in die Angemessenheitsprüfung in Frage steht, die zu der Leistung der Kapitalgesellschaft nicht in dem Verhältnis eines gegenseitigen Vertrages oder eines wirtschaftlich einheitlichen Geschäfts stehen. Derartige Vorteile fließen nur dann in die Angemessenheitsprüfung mit ein, wenn zwischen den betreffenden Geschäften eine derartige rechtliche Verknüpfung besteht, dass der künftige Vorteil dem Grund und der Höhe nach gesichert ist.

11. Zur Konkretisierung des Maßstabs des Verhaltens eines ordentlichen und gewissenhaften Geschäftsleiters können die der Durchführung des Fremdvergleichs nach § 1 AStG dienenden Methoden, die sogenannten Verrechnungspreismethoden, herangezogen werden. Zu nennen sind hier neben den Standardmethoden (Preisvergleichsmethode, Wiederverkaufspreismethode, Kostenauf-

schlagsmethode) und deren Mischformen die geschäftsvorfallbezogene Gewinnaufteilungsmethode sowie die transaktionsbezogene Nettomargenmethode.

12. Besonderheiten gelten bei der Bestimmung von Verrechnungspreisen für konzerninterne Dienstleistungen. Bei diesen muss zunächst über die Verrechenbarkeit dem Grunde nach entschieden werden. Als maßgebliches Abgrenzungskriterium wird hierbei auf die betriebliche Veranlassung i.S.d. § 4 IV EStG zurückgegriffen, die durch ergänzende Hilfskriterien konkretisiert wird. Sind konzerninterne Dienstleistungen verrechenbar, kommen als Verrechnungsformen die Einzelabrechnung nach den direkten Methoden sowie die Verrechnung im Wege eines Umlageverfahrens in Form der Pool- oder Leistungsumlage in Betracht. Steuerlich nicht anerkannt wird das Kostenfinanzierungsverfahren.

13. Als ein weiterer Hilfsmaßstab zur Konkretisierung des Fremdvergleichs neben dem Regelmaßstab des Verhaltens eines ordentlichen und gewissenhaften Geschäftsleiters ist die Angemessenheitsprüfung aus der Sicht des Geschäftspartners der Kapitalgesellschaft zu nennen. Untersucht wird, ob auch ein fremder Dritter die Vereinbarung mit der Kapitalgesellschaft getroffen hätte. Wird diese Frage verneint, indiziert dies die Veranlassung im Gesellschaftsverhältnis.

14. Neben diesem Maßstab bezieht auch das Hilfskriterium der Üblichkeit die Sicht des Dritten in den Fremdvergleich mit ein. Bei diesem Hilfsmaßstab wird nach der Üblichkeit im Sinne der statistischen Akzeptanz der zwischen der Kapitalgesellschaft und dem Gesellschafter getroffenen Vereinbarung gefragt. Eine festgestellte Unüblichkeit indiziert die gesellschaftsrechtliche Veranlassung unabhängig von Angemessenheitserwägungen.

15. Ein Hilfskriterium des Fremdvergleichs bildet schließlich auch der formelle Fremdvergleich, wonach es bei einer Leistung der Kapitalgesellschaft an einen beherrschenden Gesellschafter einer klaren, im Voraus getroffenen, zivilrechtlich wirksamen und tatsächlich durchgeführten Vereinbarung bedarf. Bei Nichterfüllung der besonderen formellen Anforderungen wird die gesellschaftsrechtliche Veranlassung unabhängig von Angemessenheit oder Unangemessenheit der Rechtsbeziehungen fingiert.

16. Kein weiteres Hilfskriterium zur Konkretisierung des Fremdvergleichs wird mit dem Begriff der „Ernstlichkeit“ beschrieben. Die „Ernstlichkeit“ ist vielmehr dem Begriff „verdeckt“ bei der verdeckten Gewinnausschüttung und daher dem Grundtatbestand der verdeckten Gewinnausschüttung zuzuordnen.

17. In manchen Fällen ist ein Vergleich mit dem (tatsächlichen oder hypothetischen) Verhalten gegenüber oder zwischen Fremden nicht durchführbar, weil es sich um Vereinbarungen handelt, die ihrer Art nach mit einem Nichtgesellschafter nicht abgeschlossen werden können. Während bei organisationsrechtlichen Akten in der Regel eine verdeckte Gewinnausschüttung von vornherein ausgeschlossen ist, wird in anderen Fällen eine verdeckte Gewinnausschüttung unter Rückgriff auf objektive, der Feststellung der Veranlassung im Gesellschaftsverhältnis dienende Prüfungskriterien außerhalb des Fremdvergleichs angenommen.

18. Der maßgebliche Zeitpunkt für die auf der Grundlage einer ex-ante-Betrachtung erfolgende Beurteilung, ob ein bestimmter Sachverhalt eine verdeckte Gewinnausschüttung darstellt, ist grundsätzlich der Zeitpunkt, in dem der Geschäftleiter seine Entscheidung trifft und die Kapitalgesellschaft rechtlich bindet. Im Falle des Unterlassens ist der Zeitpunkt maßgeblich, zu dem hätte gehandelt werden müssen. Außerhalb dieser Fälle ist der für die Beurteilung maßgebliche Zeitpunkt grundsätzlich der Zeitpunkt des Eintritts der Vermögensminderung oder verhinderten Vermögensmehrung bzw. der tatsächlichen Vorteilszuwendung.

19. In welchem Umfang die Vermögensminderung oder verhinderte Vermögensmehrung den Gegenstand der verdeckten Gewinnausschüttung bildet, ist davon abhängig, ob das fragliche Geschäft bereits dem Grunde nach gesellschaftsrechtlich veranlasst ist. In diesem Fall bilden alle Leistungen der Kapitalgesellschaft, die diese in dem fraglichen Geschäft erbringt, unabhängig von dem Bestehen einer Gegenleistung oder der Angemessenheit von Leistung und Gegenleistung die verdeckte Gewinnausschüttung. Beruht das Geschäft hingegen dem Grunde nach auf schuldrechtlicher Basis, wobei jedoch die Höhe der Leistung der Kapitalgesellschaft durch das bestehende Gesellschaftsverhältnis beeinflusst wurde, so ist nur der unangemessene Teil der Leistung der Kapitalgesellschaft als verdeckte Gewinnausschüttung zu bewerten.

20. Der Betrag der verdeckten Gewinnausschüttung bestimmt sich nach dem Entgelt, das ein ordentlicher und gewissenhafter Geschäftsleiter von einem Nichtgesellschafter gefordert und erhalten hätte. Dieses Entgelt ist bei der verdeckten Gewinnausschüttung in Form der Hingabe von Einzel-Wirtschaftsgütern in der Regel der in § 9 BewG definierte gemeine Wert.

3. Kapitel: Überprüfung der Übertragbarkeit der Grundsätze der steuerlichen verdeckten Gewinnausschüttung auf die Nachteilsfeststellung im Rahmen des § 311 I AktG

In diesem Kapitel wurde untersucht, ob und gegebenenfalls in welchem Umfang sich die Grundsätze der steuerlichen verdeckten Gewinnausschüttung auf die Nachteilsfeststellung im Rahmen des § 311 I AktG übertragen lassen. Zu diesem Zweck wurde versucht zu ermitteln, in welchem Umfang einerseits der Tatbestand der verdeckten Gewinnausschüttung Anforderungen an den der Beurteilung zugrundeliegenden Sachverhalt stellt, die nicht in gleicher Weise in § 311 I AktG vorausgesetzt werden und in welchem Umfang andererseits die Beurteilung eines Verhaltens der abhängigen Gesellschaft als nachteilig i.S.d. § 311 I AktG Anforderungen an den betreffenden Sachverhalt stellt, deren Erfüllung nicht in gleicher Weise die Voraussetzung der Qualifizierung eines Lebenssachverhalts als verdeckte Gewinnausschüttung bildet. Schließlich wurden die für die Bestimmung der Höhe der verdeckten Gewinnausschüttung maßgeblichen Grundsätze und diejenigen zur Bestimmung der Höhe des Nachteils i.S.d. § 311 I AktG auf bestehende Abweichungen hin untersucht. Die wesentlichen Ergebnisse dieser Untersuchung werden im Folgenden dargestellt.

1. Zunächst ergibt die Gegenüberstellung des Kreises der Personen, deren Beteiligung im Rahmen der Tatbestandsverwirklichung der verdeckten Gewinnausschüttung einerseits und im Rahmen der Verwirklichung des Tatbestandsmerkmals des nachteiligen Verhaltens andererseits möglich bzw. notwendig ist, dass im Rahmen des Tatbestandes des § 311 I AktG keine Beteiligung eines Angehörigen einer dem Personenkreis der möglichen Empfänger einer verdeckten Gewinnausschüttung entsprechenden Personengruppe Voraussetzung der Tatbestandsverwirklichung ist.

2. Die bilanzmäßigen Auswirkungen eines Geschäftsakts sind für die Qualifizierung als Minderung oder konkrete Gefährdung der Vermögens- und Ertragslage der abhängigen Gesellschaft und somit für die Qualifizierung als nachteilig i.S.d. § 311 I AktG ohne Bedeutung, während bei der verdeckten Gewinnausschüttung im Rahmen des Tatbestandsmerkmals des Vorliegens einer Vermögensminderung oder verhinderten Vermögensmehrung unter Vermögen das Eigenkapital der Steuerbilanz zu verstehen ist.

3. Aufgrund der Begrenzungen durch die steuerliche Geschäftschancenlehre unterfallen dem Tatbestand der verdeckten Gewinnausschüttung in einem geringeren Umfang Sachverhalte des Verzichts auf die Wahrnehmung von Erwerbsaussichten, als Rahmen des § 311 I AktG diese Sachverhalte Nachteile i.S.d. § 311 I darstellen können. Die Erfüllung des Tatbestandes des § 311 I AktG ist nicht ausgeschlossen, wenn eine Erwerbsaussicht keine vermögenswerte Position i.S.d. steuerlichen Geschäftschancenlehre darstellt, wenn eine Chance nicht auf Dritte übertragbar ist bzw. an Dritte überlassen werden kann oder wenn eine Geschäftschance der Kapitalgesellschaft nicht i.S.d. Geschäftschancenlehre zuzuordnen ist.

4. Dem Tatbestand der verdeckten Gewinnausschüttung unterfallen nicht im gleichen Umfang Verhaltensweisen, die lediglich eine Minderung der Ertragsaussichten der Kapitalgesellschaft beinhalten. Die für dieses Ergebnis verantwortlichen über den Tatbestand des § 311 I AktG hinausgehenden Anforderungen lassen sich in verschiedenen Tatbestandsmerkmalen verorten. Im Rahmen des Tatbestandsmerkmals der Vermögensminderung oder verhinderten Vermögensmehrung führt die Voraussetzung der Erforderlichkeit einer konkreten Auswirkung des Geschäftsakts auf das Eigenkapital in der Steuerbilanz der Kapitalgesellschaft und im Rahmen des Tatbestandsmerkmals der gesellschaftsrechtlichen Veranlassung die Voraussetzung, dass sich die fragliche Handlung als eine zweckgerichtete Begünstigung des Gesellschafters qualifizieren lassen muss, zu einer Begrenzung dieses Tatbestandes gegenüber dem des § 311 I AktG. Auch die Höhe der verdeckten Gewinnausschüttung kann von der des entsprechenden Nachteils abweichen, da bei Bestimmung der Nachteilshöhe in größerem Umfang die zu erwartenden materiellen Folgewirkungen eines Geschäftsakts zu berücksichtigen sind.

5. Beide betrachteten Tatbestände setzen das Vorliegen eines der Kapitalgesellschaft zurechenbaren Verhaltens voraus: Im Rahmen der verdeckten Gewinn-

ausschüttung muss die festgestellte Vermögensminderung oder verhinderte Vermögensmehrung auf einem dieser Kapitalgesellschaft zurechenbaren Verhalten beruhen, und § 311 I AktG setzt ein Verhalten der abhängigen Gesellschaft voraus, das als nachteilig qualifiziert werden kann. Bei der Frage, wann ein zurechenbares Verhalten der Kapitalgesellschaft vorliegt, sind jedoch Unterschiede festzustellen. Bei dem Tatbestand des § 311 I AktG kann von einem zurechenbaren Verhalten der Kapitalgesellschaft auch dann auszugehen sein, wenn kein handlungsbefugtes „Organ" der Kapitalgesellschaft i.S.d. verdeckten Gewinnausschüttung handelt, und ein für die Tatbestandsverwirklichung des § 311 I AktG taugliches Verhalten der Kapitalgesellschaft liegt auch bei einem Hauptversammlungsbeschluss der abhängigen Kapitalgesellschaft vor. Ferner kommt als Veranlassungsadressat im Rahmen des § 311 I AktG bei einem Handeln aufgrund einer Vollmacht jeder bevollmächtigte Dritte in Betracht, unabhängig davon, ob es sich um einen Gesellschafter oder eine diesem nahestehende Person handelt und eine „organähnliche" Stellung vorliegt. Gleiches gilt auch bei tatsächlichem Handeln einer solchen Person mit der Einschränkung, dass ein i.S.d. § 311 I AktG tatbestandliches Verhalten nur dann vorliegt, wenn der handelnden Person zumindest faktisch eine Stellung zukommt, die zumindest mit der eines Angestellten vergleichbar ist. Andererseits wird bei rechtsgeschäftlichen Handlungen eines unwirksam Bevollmächtigten anders als im Rahmen der verdeckten Gewinnausschüttung ein tatbestandliches Verhalten der Kapitalgesellschaft nur dann anzunehmen sein, wenn diese zumindest nach Rechtsscheinsgrundsätzen gebunden wird. Schließlich stellt das Handeln eines Aktionärs im Hinblick auf den § 311 I AktG nicht schon allein deswegen ein Handeln der abhängigen Aktiengesellschaft dar, weil dem Aktionär eine beherrschende Stellung zukommt.

6. Grundsätzliche Abweichungen der beiden Tatbestände ergeben sich aufgrund des steuerlichen Merkmals der gesellschaftsrechtlichen Veranlassung: Lediglich im Rahmen der verdeckten Gewinnausschüttung ist Voraussetzung, dass ein zumindest ideelles Interesse eines Gesellschafters an der Vermögensminderung oder verhinderten Vermögensmehrung feststellbar ist und dass die Vermögensbeeinträchtigung aus der Sicht der Kapitalgesellschaft zumindest die Eignung hat, einen Vermögensvorteil beim Gesellschafter oder einer diesem nahestehenden Person herbeizuführen, ohne dass dieser jedoch einzutreten braucht.

7. Die Gegenüberstellung des aktienrechtlichen und des steuerrechtlichen Fremdvergleichsmaßstabs des Verhaltens eines ordentlichen und gewissenhaften Geschäftsleiters ergibt zunächst im Grundsatz eine wesentliche Übereinstimmung hinsichtlich Inhalt, Anwendungsbereich und Beurteilungszeitpunkt. Abweichungen können sich jedoch daraus ergeben, dass innerhalb der verdeckten Gewinnausschüttung der Schwerpunkt im Rahmen der Festlegung des Beurteilungszeitpunktes darauf liegt, wann die Vermögensminderung oder verhinderte Vermögensmehrung hinreichend sicher feststeht, während im Rahmen des § 311 I AktG darauf abzustellen ist, zu welchem Zeitpunkt der Entschluss zur Vornahme oder zum Unterlassen der auf ihre Nachteiligkeit hin zu untersuchenden Maßnahme

innerhalb der abhängigen Gesellschaft gefallen ist. Eine bedeutendere Abweichung hinsichtlich des für die Beurteilung maßgeblichen Zeitpunktes bzw. hinsichtlich der Bestimmung des maßgeblichen, den Beurteilungsgegenstand bildenden Verhaltens, kann sich bei dem Unterlassen einer Maßnahme durch die Gesellschaft ergeben, wenn das Tatbestandsmerkmal der Veranlassung i.S.d. § 311 I AktG in die Gegenüberstellung miteinbezogen wird: Eine verdeckte Gewinnausschüttung kann auch ein unbewusst passives Verhalten der Kapitalgesellschaft darstellen, während ein i.S.d. § 311 I AktG tatbestandliches veranlasstes (nachteiliges) Verhalten jedoch in einem solchen Fall (noch) ausscheidet.

8. In den Fällen, in denen im Rahmen der Angemessenheitsprüfung die Berücksichtigungsfähigkeit möglicher zukünftiger, der Kapitalgesellschaft zugute kommender, außerhalb von gegenseitigen Verträgen und wirtschaftlich einheitlichen Geschäften zu verortender Vorteile in Frage steht, kann sich die steuerliche Angemessenheitsprüfung anhand des Maßstabs des Verhaltens eines ordentlichen und gewissenhaften Geschäftsleiters (einer unabhängigen Gesellschaft) auf einen engeren Beurteilungsgegenstand als diejenige im Rahmen der aktienrechtlichen Nachteilsprüfung beziehen.

9. Die Rechtsfigur des ordentlichen und gewissenhaften Geschäftsleiters ist im Steuerrecht teilweise abweichend vom Gesellschaftsrecht auszulegen. Ein Verstoß gegen den handelsrechtlichen Maßstab des ordentlichen und gewissenhaften Geschäftsleiters kann nur dann zu einer verdeckten Gewinnausschüttung führen, wenn der Sorgfaltspflichtverletzung eine zweckgerichtete Begünstigung des Gesellschafters, wie sie das steuerliche Tatbestandsmerkmal der gesellschaftsrechtlichen Veranlassung voraussetzt, immanent ist. Ferner folgt das Steuerrecht den gesellschaftsrechtlichen Vorgaben regelmäßig in den Fällen nicht, in denen eine sich am Wirtschaftsleben beteiligende Kapitalgesellschaft gewinnlos geführt werden soll und der Gesellschafter eigene Aufgaben durch die Kapitalgesellschaft ausführen lässt, die Gewinnlosigkeit also im Interesse des Gesellschafters liegt.

10. Die Beurteilung eines Verhaltens der abhängigen Gesellschaft als nachteilig i.S.d. § 311 I AktG stellt Anforderungen an den der Beurteilung zugrundeliegenden Sachverhalt, deren Erfüllung nicht in gleicher Weise die Voraussetzung der Qualifizierung eines Lebenssachverhalts als verdeckte Gewinnausschüttung bildet, wenn als Hilfsmaßstab zur Feststellung der gesellschaftsrechtlichen Veranlassung auf den Maßstab der Angemessenheit aus der Sicht des Geschäftspartners der Kapitalgesellschaft zurückgegriffen wird. Die Feststellung, dass ein fremder Dritter (bzw. ein ordentlicher und gewissenhafter Geschäftsleiter eines Geschäftspartnerunternehmens) der Vereinbarung mit der Kapitalgesellschaft nicht zugestimmt hätte, kann im Gegenteil einen Anhaltspunkt dafür bilden, dass ein nachteiliges Verhalten i.S.d. § 311 I AktG nicht besteht.

11. Auch die Annahme einer verdeckten Gewinnausschüttung im Falle der Feststellung der gesellschaftsrechtlichen Veranlassung unter Rückgriff auf das Hilfskriterium der Üblichkeit dem Grunde oder der Höhe nach kann erfolgen,

obwohl die Annahme eines Nachteils i.S.d. § 311 I AktG die Erfüllung weiterer Anforderungen an den der Beurteilung zugrundeliegenden Sachverhalt stellt. Die Feststellung, dass eine zuungunsten der abhängigen Gesellschaft unüblich niedrige Vergütungshöhe vereinbart wurde, kann jedoch einen Hinweis auf das Vorliegen eines Nachteils i.S.d. § 311 I AktG darstellen.

12. Im Rahmen der Überprüfung der Angemessenheit einer Vereinbarung anhand der Verrechnungspreismethoden erfolgt keine vollständige Untersuchung des Vorliegens all derjenigen Anforderungen, die für die Annahme eines Nachteils i.S.d. § 311 I AktG erfüllt sein müssen. Die Verrechnungspreismethoden können aber eine Beurteilungshilfe für die aktienrechtliche Nachteilsfeststellung bieten. Abhängig von der Art des zu untersuchenden Geschäftsvorfalls und der Möglichkeit, die entsprechenden Vergleichsdaten in ausreichender Quantität und Qualität zu erlangen sowie zum Teil auch abhängig davon, ob die abhängige Gesellschaft auf der Anbieter- oder Nachfrageseite steht, werden diese Methoden hierbei unterschiedlich praktikabel und für die aktienrechtliche Nachteilsprüfung unterschiedlich aussagekräftig sein. Die verschiedenen nach Art des Geschäftsvorfalls und den Umständen des Einzelfalls anwendbaren Methoden zur Verrechnungspreisbestimmung bilden in unterschiedlicher Bedeutung jeweils Teilaspekte der Überlegungen, die ein ordentlicher und gewissenhafter Geschäftsleiter anzustellen hat.

13. Die bei konzerninternen Dienstleistungen zur Beurteilung des Vorliegens einer verdeckten Gewinnausschüttung Anwendung findenden Grundsätze für die Feststellung der Verrechenbarkeit dem Grunde nach berücksichtigen im Wesentlichen die Anforderungen, die an eine Vereinbarung für die Annahme eines Nachteils i.S.d. § 311 I AktG zu stellen sind. Insbesondere können die steuerlichen Überlegungen zur Verrechenbarkeit des sog. „Rückhalts im Konzern“ eine wertvolle Beurteilungshilfe für die aktienrechtliche Nachteilsprüfung bieten. Abweichungen ergeben sich zum einen insoweit, als das steuerliche Hilfskriterium der Ersparnis eigener Kosten auf der Grundlage einer ex-post-Betrachtung geprüft wird. Zum anderen ist aktienrechtlich eine Entgeltfähigkeit unternehmensverbundinterner Dienstleistungen dann ausgeschlossen, wenn diese Aufgaben betreffen, deren Wahrnehmung durch das herrschende Unternehmen oder andere Unternehmen des Unternehmensverbundes als unzulässig einzustufen ist, oder wenn die Erbringung der betreffenden Aufgaben der Erfüllung einer – ohne Vergütung zu erbringenden - gesellschaftsrechtlichen Pflicht des Leistenden dient.

14. Die steuerrechtlichen Grundsätze hinsichtlich der Beurteilung von Verrechnungsformen konzerninterner Dienstleistungen im Hinblick auf das Vorliegen einer verdeckten Gewinnausschüttung stellen in einem wesentlichen Umfang auch eine für die aktienrechtliche Nachteilsprüfung zutreffende Konkretisierung des Verhaltens eines ordentlichen und gewissenhaften Geschäftsleiters dar. Einschränkungen sind insbesondere insoweit zu machen, als steuerlich besondere

formale Anforderungen und Dokumentationserfordernisse zugrundegelegt werden.

15. Dem im Rahmen der verdeckten Gewinnausschüttung bei Vereinbarungen mit beherrschenden Gesellschaftern zur Feststellung der gesellschaftsrechtlichen Veranlassung eingreifenden rein verhaltensbezogenen, formalen Maßstab kommt im Rahmen der aktienrechtlichen Nachteilsprüfung grundsätzlich keine Bedeutung zu. Die Nachteilsfeststellung im Rahmen des § 311 I AktG hat auf der Grundlage einer materiellen Angemessenheitsprüfung zu erfolgen.

16. Keine einheitliche Aussage über die Bedeutung für die aktienrechtliche Nachteilsprüfung lässt sich hinsichtlich der unterschiedlichen objektiven Kriterien außerhalb des Fremdvergleichs treffen, auf die der BFH zur Feststellung der gesellschaftsrechtlichen Veranlassung in den Fällen zurückgreift, in denen die Durchführung eines Fremdvergleichs nicht möglich ist, weil das fragliche Geschäft mit einem Nicht-Gesellschafter nicht abgeschlossen werden kann und eine verdeckte Gewinnausschüttung dennoch nicht von vornherein ausgeschlossen ist. Hier kann eine Beurteilung jeweils nur im Hinblick auf den Einzelfall vorgenommen werden.

17. Das Institut der verdeckten Gewinnausschüttung findet grundsätzlich keine Anwendung auf organisationsrechtliche Akte, während die Regelungen der §§ 311 ff. AktG zwar in vielen Fällen, jedoch keineswegs grundsätzlich ihre Grenze im Organisationsrecht der Gesellschafter finden. Die Anwendbarkeit der §§ 311 ff. AktG auf einen Hauptversammlungsbeschluss ist bei Fehlen spezieller außenseiterschützender Normen hinsichtlich des fraglichen Sachverhalts davon abhängig zu machen, ob und inwieweit eine Beeinträchtigung zu schützender Interessen der außenstehenden Aktionäre und der Gläubiger der abhängigen Gesellschaft zu befürchten ist.

18. Durch die Voraussetzungen der „Auswirkung auf die Höhe des Einkommens“ und des „fehlenden Zusammenhangs mit einer offenen Ausschüttung“, die sich allein aus dem Regelungszweck des Rechtsinstituts der verdeckten Gewinnausschüttung erklären lassen, werden Sachverhalte aus dem Anwendungsbereich der verdeckten Gewinnausschüttung ausgeschlossen, die ein nachteiliges Verhalten i.S.d. § 311 I AktG darstellen können.

19. Den Grundsätzen der Bestimmung des Gegenstandes der verdeckten Gewinnausschüttung bei bereits dem Grunde nach auf gesellschaftsrechtlicher Basis erfolgenden Geschäften kann im Rahmen der Problematik der aktienrechtlichen Nachteilsfeststellung keine Bedeutung zukommen. Soweit sich der Gegenstand der verdeckten Gewinnausschüttung mit dem des Nachteils im Rahmen des zu beurteilenden Lebenssachverhalts, insbesondere auch hinsichtlich der materiellen Folgewirkungen eines Geschäftsakts, deckt, erfolgt die Bestimmung des Wertes der verdeckten Gewinnausschüttung im Wesentlichen übereinstimmend mit der Bestimmung der Höhe des Nachteils i.S.d. § 311 I AktG.

Literaturverzeichnis

Adler/Düring/Schmalz, Rechnungslegung und Prüfung der Unternehmen, Kommentar zum HGB, AktG, GmbHG, PublG nach den Vorschriften des Bilanzrichtlinien-Gesetzes, Teilband 4, 6. Auflage, Stuttgart 1996 (zit.: Adler/Düring/Schmalz)

Ahmann, Karin-Renate, Zehn Jahre „neue" vGA: Quo vadis?, DStZ 1998, S. 495

Ahmann, Karin-Renate, Ist eine verdeckte Gewinnausschüttung eine verdeckte Gewinnausschüttung?, DStZ 1999, S. 233

Albach, Horst, Die Rechtsverhältnisse verbundener Unternehmen, NB 1966, S. 203

Altmeppen, Holger, Gesellschafterhaftung und „Konzernhaftung" bei der GmbH, NJW 2002, S. 321

Andresen, Ulf, Konzernverrechnungspreise für multinationale Unternehmen: Paradigmenwechsel bei der steuerlichen Einkünfteabgrenzung, Wiesbaden 1999 (zit.: Andresen, Konzernverrechnungspreise)

Andresen, Ulf, Fremdvergleichsgrundsatz und verdeckte Gewinnausschüttung – Neuorientierung bei der internationalen Einkünfteabgrenzung, RIW 2002, S. 134

Bachelin, Herwig, Der konzernrechtliche Minderheitenschutz; die Stellung des außenstehenden Aktionärs in Unternehmensverbindungen, in: Heft 19 der Schriftenreihe Rechtsfragen der Handelsgesellschaften, Köln 1969 (zit.: Bachelin, in: Rechtsfragen der Handelsgesellschaften)

Bälz, Ulrich, Einheit und Vielheit im Konzern, in: Festschrift für Ludwig Raiser, Tübingen 1974, S. 287 (zit.: Bälz, FS Raiser)

Bälz, Ulrich, Verbundene Unternehmen, AG 1992, S. 277

Baumbach, Adolf / Hueck, Alfred, Gesetz betreffend die Gesellschaften mit beschränkter Haftung, Kommentar, 17. Auflage, München 2000 (zit.: Baumbach/Hueck/Bearbeiter, GmbHG)

Baumhoff, Hubertus, Verrechnungspreise für Dienstleistungen, Köln 1986 (zit.: Baumhoff, Verrechnungspreise für Dienstleistungen)

Baumhoff, Hubertus, Konzernverrechnungspreise, in: Schaumburg (Hrsg.), Kölner Konzernrechtstage, Steuerrecht und steuerorientierte Gestaltungen im Konzern, Köln 1998 (zit.: Baumhoff in Schaumburg, Kölner Konzernrechtstage)

Baumhoff, Hubertus, Plädoyer für einen einheitlichen Fremdvergleichsmaßstab im deutschen Außensteuerrecht zur Beurteilung internationaler Verrechnungspreise, in: Festschrift für Hans Flick zum 70. Geburtstag, Köln 1997, S. 639 (zit.: Baumhoff, FS Flick)

Baumhoff, Hubertus, Die Verrechnung von Leistungen zwischen verbundenen Unternehmen mit Hilfe von Konzernumlagen (Teil I, II), IStR 2000, S. 693, 731

Baumhoff, Hubertus, Anmerkung zum BFH-Urteil v. 17.10.2001, I R 103/00, IStR 2001, S. 751

Baumhoff, Hubertus / Sieker, Klaus, Ausgewählte Verrechnungspreisprobleme im Lichte des neuen OECD-Berichts, IStR 1995, S. 517

Bauschatz, Peter, Verdeckte Gewinnausschüttung und Fremdvergleich im Steuerrecht der GmbH: §§ 8 Abs. 3 S. 2; 8a KStG, Berlin 2001 (zit.: Bauschatz, Verdeckte Gewinnausschüttung)

Becker, Helmut, Der ordentliche Geschäftsleiter – Wachsender Einfluß oder abklingende Bedeutung?, StbJb. 1985/86, S. 381

Becker, Helmut, Der ordentliche Geschäftsleiter – im deutschen und ausländischem Recht, in: Festschrift für Georg Döllerer, Düsseldorf 1988, S. 17 (zit.: Becker, FS Döllerer)

Becker, Helmut, Der ordentliche Geschäftsleiter – Ist sein Grab schon geschaufelt?, DB 1996, S. 1439

Beuthien, Volker, Art und Grenzen der aktienrechtlichen Haftung herrschender Unternehmen für Leitungsmachtmissbrauch, DB 1969, S. 1781

Bilsdorfer, Peter, Der steuerliche Fremdvergleich bei Vereinbarungen unter nahestehenden Personen, Saarbrücken 1996 (zit.: Bilsdorfer, Der steuerliche Fremdvergleich)

Bilsdorfer, Peter, Der Fremdvergleich im Bereich der Körperschaftsteuer – Teil II, INF 1996, S. 745

Binz, Mark / Sorg, Martin H., Die verdeckte Gewinnausschüttung nach der Unternehmenssteuerreform, DStR 2001, S. 1457

Bitter, Georg, Der Anfang vom Ende des „qualifiziert faktischen GmbH-Konzerns“ – Ansätze einer allgemeinen Missbrauchshaftung in der Rechtsprechung des BGH -, WM 2001, S. 2133

Blümich, Einkommensteuergesetz, Körperschaftsteuergesetz, Gewerbesteuergesetz, Kommentar, München, Loseblatt, Stand: 73. Lfg. Januar 2002 (zit.: Blümich/Bearbeiter)

Bode, Thomas, Abhängigkeitsbericht und Kostenlast im einstufigen faktischen Konzern, AG 1995, S. 261

Bommert, Rainer, Verdeckte Vermögensverlagerungen im Aktienrecht, Köln, Berlin, Bonn, München 1989 (zit.: Bommert, Verdeckte Vermögensverlagerungen)

Borggräfe, Joachim, Verdeckte Gewinnausschüttung, verdeckte Einlage, Verrechnungspreise – Erörterung ausgewählter gesellschaftlicher und steuerrechtlicher Probleme –, I. Verdeckte Gewinnausschüttung, 1. Unüblichkeit als Kriterium für eine vGA, JbFSt 1997/98, S. 571

Borstell, Thomas / Prick, Michael, Grundsatzentscheidung zu anonymen Vergleichsdaten in der Prüfung von Verrechnungspreisen, IStR 1999, S. 304
Borstell, Thomas / Wehnert, Oliver, Lizenzzahlungen im Konzern, IStR 2001, S. 127
Brachvogel, Gerrit, Leitungsmacht und Verantwortlichkeit im Konzern, Diss. München 1967 (zit.: Brachvogel, Leitungsmacht und Verantwortlichkeit)
Brezing, Klaus, Konzernverrechnungspreise in betriebswirtschaftlicher, aktienrechtlicher und steuerrechtlicher Sicht, AG 1975, S. 225
Brüggemeier, Gert, Die Einflußnahme auf die Verwaltung einer Aktiengesellschaft, Zur Struktur und zum Verhältnis der §§ 117 und 317 AktG, AG 1988, S. 93
Burgard, Ulrich, Aufgabe der Rechtsprechung zum qualifiziert faktischen GmbH-Konzern; Bestandsschutz der Einpersonen-GmbH durch Verbot der Existenzgefährdung, WuB C. § 13 GmbHG 1.02, S. 149
Busse, Daniel, Binnenhaftung der Vorstandsmitglieder einer Aktiengesellschaft, JURA 2000, S. 337
Buyer, Christoph, Verdeckte Gewinnausschüttung bei Verletzung der gesellschafter- und mitgliedschaftlichen Treuepflichten, GmbHR 1996, S. 98

Cahn, Andreas, Verlustübernahme und Einzelausgleich im qualifiziert faktischen Konzern, ZIP 2001, S. 2159

Decher, E. Christian, Personelle Verflechtungen im Aktienkonzern, Loyalitätspflicht und qualifiziert faktischer Konzern, Heidelberg 1990 (zit.: Decher, Personelle Verflechtungen)
Döllerer, Georg, Fragen der verdeckten Gewinnausschüttung der Aktiengesellschaft, BB 1967, S. 1437
Döllerer, Georg, Verdeckte Gewinnausschüttungen und verdeckte Einlagen bei Kapitalgesellschaften, 2. Auflage, Heidelberg 1990 (zit.: Döllerer, Verdeckte Gewinnausschüttungen)
Dornemann, Michael, Der Abhängigkeitsbericht: Betrachtung unter Berücksichtigung der gesetzgeberischen Konzepte im AktG von 1965 sowie der Anwendbarkeit, Diss. Berlin 1974 (zit.: Dornemann, Der Abhängigkeitsbericht)
Dötsch, Ewald / Eversberg, Horst / Jost, Werner F. / Witt, Georg, Kommentar zum Körperschaftsteuergesetz, Ordner 3 , §§ 1 – 14 KStG 1999, Loseblatt, 45. Lfg. Juni 2002 (zit.: Bearbeiter in Dötsch/Eversberg/Jost/Witt, KStG)
Druey, Jean Nicolas, „Konzernvertrauen“, in: Festschrift für Marcus Lutter, Köln 2000, S. 1069 (zit.: Druey, FS Lutter)
Duden, Konrad, Die Diskussion über das Konzernrecht, BB 1957, S. 1230.
Duden, Konrad, Zum Referentenentwurf eines Aktiengesetzes, BB 1958, S. 1101.

Ebenroth, Carsten Thomas, Die Verdeckten Vermögenszuwendungen im transnationalen Unternehmen, Bielefeld 1979 (zit.: Ebenroth, Die Verdeckten Vermögenszuwendungen)

Eggers, Winfried, Die neuen OECD-Guidelines zu den internationalen Verrechnungspreisen – Entstehungsgeschichte und Hintergründe, DStR 1996, S. 393

Emmerich, Volker / Sonnenschein, Jürgen / Habersack, Mathias, Konzernrecht: Das Recht der Verbundenen Unternehmen bei Aktiengesellschaft, GmbH, Personengesellschaften, Genossenschaft, Verein und Stiftung; ein Studienbuch, 7. Auflage München 2001 (zit.: Emmerich/Sonnenschein/Habersack, Konzernrecht)

Emmerich, Volker / Sonnenschein, Jürgen, Konzernrecht: Das Recht der Verbundenen Unternehmen bei Aktiengesellschaft, GmbH, Personengesellschaften, Genossenschaft, Verein und Stiftung; ein Studienbuch, 6. Auflage München 1997 (zit.: Emmerich/Sonnenschein, Konzernrecht, 6. Auflage)

Emmerich, Volker / Habersack, Mathias, Aktien- und GmbH-Konzernrecht, 2. Auflage, München 2001 (zitiert: Bearbeiter in Emmerich/Habersack, Aktien- und GmbH-Konzernrecht)

Engel, Clemens J., Konzerntransferpreise im internationalen Steuerrecht: Implikationen der Gewinnabgrenzung multinationaler Unternehmen unter besonderer Berücksichtigung der Konzerndienstleistungen, Köln 1986 (zit.: Engel, Konzerntransferpreise)

Eschenbruch, Klaus, Konzernhaftung: Haftung der Unternehmen und der Manager, Düsseldorf 1996 (zit.: Eschenbruch, Konzernhaftung)

Feddersen, Dieter, Gewerbesteuerumlage im faktischen Konzern, ZGR 2000, S. 523

Fiedler, Stefan, Verdeckte Vermögensverlagerungen bei Kapitalgesellschaften, Köln 1994 (zit.: Fiedler, Verdeckte Vermögensverlagerungen)

Fischer, Eduard, Rechtsschein und Wirklichkeit im Aktienrecht, Rechtspolitische Betrachtungen zu einer Reform des Aktiengesetzes, AcP 154 (1955), S. 85

Fischer, Curt Ed., Die „Grundrechte" für den Einzelaktionär und für Minderheiten, DB 1958, S. 1263

Fleischer, Holger, Konzernvertrauenshaftung und corporate advertising – ein aktueller Streifzug durch die schweizerische Spruchpraxis zum Konzernaußenrecht, NZG 1999, S. 685

Fleischer, Holger, Konzernrechtliche Vertrauenshaftung, ZHR 163 (1999), S. 461

Fleischer, Holger, Verdeckte Gewinnausschüttung: Die Geschäftschancenlehre im Spannungsfeld zwischen Gesellschafts- und Steuerrecht, DStR 1999, S. 1249

Fleischer, Holger, Unternehmensspenden und Leitungsermessen des Vorstands im Aktienrecht, AG 2001, S. 171

Flick, Hans, Deutsche Verwaltungsgrundsätze zu internationalen Verrechnungspreisen aus der Sicht der Unternehmen, JbFSt 1981/82, S. 133

Flick, Hans / Wassermeyer, Franz / Baumhoff, Hubertus, (hrsg. von Franz Wassermeyer und Detlef J. Piltz,) Außensteuerrecht, Loseblatt, 6. Auflage, Köln 1999, Stand: 49. Lfg. November 2001, Band 1, §§ 1 – 9 AStG (zit.: Bearbeiter in F/W/B, AStG)

Flume, Werner, Die abhängige Aktiengesellschaft und die Aktienrechtsreform, DB 1959, S. 190

Flume, Werner, Allgemeiner Teil des Bürgerlichen Rechts, Erster Band, Zweiter Teil, Die juristische Person, Berlin, Heidelberg, New York, Tokyo 1983 (zit.: Flume, AT I/2)

Frotscher, Gerrit, Verdeckte Gewinnausschüttung, in: Siegfried Widmann (Hrsg.): Besteuerung der GmbH und ihrer Gesellschafter, DStJG Band 20, Köln 1997, S. 205 (zit.: Frotscher in Widmann, DStJG Bd. 20)

Frotscher, Gerrit, Tendenzen im Recht der Verdeckten Gewinnausschüttung, GmbHR 1998, S. 23

Frotscher, Gerrit, Internationales Steuerrecht, München 2001 (zit.: Frotscher, Internationales Steuerrecht)

Frotscher, Gerrit / Maas, Ernst, Körperschaftsteuergesetz, Umwandlungssteuergesetz, Kommentar, Freiburg im Breisgau, Loseblatt, Stand: 67. Lfg. 6/2002 (zit.: Bearbeiter in Frotscher/Maas, KStG, UmwStG)

„FW“, Anmerkung zum BFH-Beschl. v. 6.7.2000, I B 34/00, IStR 2000, S. 683

Gail, Winfried, Aktienrechtliche Rückgewähr von Einlagen und steuerliche verdeckte Gewinnausschüttung – Gemeinsamkeiten und Unterschiede, WPg 1970, S. 237

Gansweid, Wolfgang, Gemeinsame Tochtergesellschaften im deutschen Konzern- und Wettbewerbsrecht, 1. Auflage, Baden-Baden 1976 (zit.: Gansweid, Gemeinsame Tochtergesellschaften)

Geßler, Ernst, Der Schutz der abhängigen Gesellschaft, in: Festschrift für Walter Schmidt, Berlin 1959 (zit.: Geßler, FS Walter Schmidt)

Geßler, Ernst, Probleme des neuen Konzernrechts, DB 1965, S. 1691, 1729

Geßler, Ernst, Die Rechtsverhältnisse verbundener Unternehmen, NB 1966, S. 198

Geßler, Ernst, Leitungsmacht und Verantwortlichkeit im faktischen Konzern, in: Festschrift für Harry Westermann, Karlsruhe 1974, S. 145 (zit.: Geßler, FS Westermann)

Geßler, Ernst / Hefermehl, Wolfgang / Eckardt, Ulrich / Kropff, Bruno, Aktiengesetz Kommentar, Band II, §§ 76 – 147, München 1973 f., Band VI, §§ 291 – 410, München 1994 (zit.: Bearbeiter in Geßler/Hefermehl/Eckardt/Kropff, AktG)

Girgensohn, W., Der Minderheitenschutz im Entwurf des neuen Aktiengesetzes, AG 1959, S. 29

Goerdeler, Reinhard, Geschäftsbericht, Konzerngeschäftsbericht und "Abhängigkeitsbericht" aus der Sicht des Wirtschaftsprüfers, Wpg 1966, S. 124

Goette, Wulf, Anmerkung zum BGH-Beschl. v. 20.3.2000, II ZR 322/98, DStR 2000, S. 1066

Goette, Wulf, Anmerkung zum BGH-Urteil v. 17.9.2001, II ZR 178/99, DStR 2001, S. 1857

Götz, Heinrich, Leitungssorgfalt und Leitungskontrolle der Aktiengesellschaft hinsichtlich abhängiger Unternehmen, ZGR 1998, S. 524

Gosch, Dietmar, Wettbewerbsverbot und vGA – Anmerkungen zur Änderung der BFH-Rechtsprechung durch das Urteil vom 30.8.1995, I R 155/94, DStR 1995, S. 1863

Gosch, Dietmar, Der BFH und der Fremdvergleich, DStZ 1997, S. 1

Gosch, Dietmar, Wettbewerbsverbot, Geschäftschancenlehre und verdeckte Gewinnausschüttung: Checkliste und Prüfungsschema, DStR 1997, S. 442

Gosch, Dietmar, Anmerkung zum BFH-Beschluß vom 14.07.1998, DStR 1998, S. 1550

Gosch, Dietmar, Anmerkung zu den BFH-Urteilen vom 19.03.1997 – I R 75/96, 08.04.1997 – I R 66/96 und 27.06.1997 – VI R 12/97, StBp 1998, S. 53

Gosch, Dietmar, Anmerkungen zum BFH-Urteil vom 17.10.2001 – I R 103/00, StBp 2001, S. 360

Großkommentar zum Aktiengesetz, 1. Band, 2. Halbband, §§ 76 – 147, 3. Auflage, Berlin, New York 1973, 4. Band, §§ 291 – 410, 3. Auflage, Berlin, New York 1975 (zit.: Bearbeiter in Großkomm, AktG)

Grützner, Dieter, Probleme bei der Bestimmung angemessener Verrechnungspreise bei grenzüberschreitenden Beziehungen – Anmerkungen zum BFH-Urteil vom 17.10.2001 -, StuB 2002, S. 22

Haarmann, Wilhelm, Produktionsverlagerung, Markt- und Markenüberlassung, in: Bericht über die Steuerfachtagung 1996 des Instituts der Wirtschaftsprüfer in Deutschland e.V., Düsseldorf 1997, S. 59 (zit.: Haarmann, IDW-Steuerfachtagung 1996)

Haarmann, Wilhelm, Verdeckte Gewinnausschüttung, verdeckte Einlage, Verrechnungspreise – Erörterung ausgewählter gesellschaftsrechtlicher und steuerrechtlicher Probleme -, I. Verdeckte Gewinnausschüttung, 3. Geschäftschancenlehre, JbFSt 1997/98, S. 590

Habammer, Christoph, Die verdeckte Gewinnausschüttung, Tatbestandsermittlung, Rechtsfolgenprobleme und Rückgewähr, Regensburg 1995 (zit.: Habammer, verdeckte Gewinnausschüttung)

Hachenburg, Max, GmbH-Gesetz, Großkommentar, hrsg. von Peter Ulmer, 8. Auflage, Erster Band, Allgemeine Einleitung; §§ 1. 34, Berlin, New York 1992, Zweiter Band, §§ 35 – 52, Berlin, New York 1997 (zit.: Hachenburg/Bearbeiter, GmbHG)

Haesen, Wilfried, Der Abhängigkeitsbericht im faktischen Konzern, Köln (u.a.) 1971 (zit.: Haesen, Der Abhängigkeitsbegriff)
Heermann, Peter W., Unternehmerisches Ermessen, Organhaftung und Beweislastverteilung, ZIP 1998, S. 761
Heermann, Peter W., Wie weit reicht die Pflicht des Aufsichtsrates zur Geltendmachung von Schadensersatzansprüchen gegen Mitglieder des Vorstands?, AG 1998, S. 201
Henze, Hartwig, Prüfung- und Kontrollaufgaben des Aufsichtsrates in der Aktiengesellschaft, NJW 1998, S. 3309
Henze, Hartwig, Aktuelle Rechtsprechung des BGH zum Aktienrecht, BB 2000, S. 2053
Henze, Hartwig, Aktienrecht, Höchstrichterliche Rechtsprechung, 4. Auflage, Köln 2000 (zit.: Henze, HRR AktienR)
Herrmann, Carl / Heuer, Gerhard / Raupach, Arndt, Einkommens- und Körperschaftsteuergesetz, Kommentar, Loseblatt, 21. Auflage, Köln 1996, Stand: 206. Lfg. Juni 2002 (zit.: Herrmann/Heuer/Raupach/Bearbeiter)
Hoffmann, Jochen, Das GmbH-Konzernrecht nach dem „Bremer Vulkan" – Urteil, NZG 2002, S. 68
Hoffmann, Wolf-Dieter, Der Preisvergleich als vorrangige Methode zur Prüfung des angemessenen Verrechnungspreises im internationalen Konzern, RIW 1977, S. 10
Hoffmann, Wolf-Dieter, Die „unübliche" Vergütung als verdeckte Gewinnausschüttung – Anmerkungen zum BFH-Urteil vom 2.12.1992, I R 54/91, DStR 1993, S. 395, 714
Hoffmann, Wolf-Dieter, Der wirtschaftliche Vorteil für die Kapitalgesellschaft als verdeckte Gewinnausschüttung, DStR 1996, S. 729
Hoffmann, Wolf-Dieter, Dublik zu Wassermeyer, DStR 1996, S. 735
Hoffmann, Wolf-Dieter, Mangelnde Ernsthaftigkeit als neues Kriterium der verdeckten Gewinnausschüttung, GmbHR 1996, S. 664
Hoffmann, Wolf-Dieter, Das Telos der verdeckten Gewinnausschüttung und die Rechtsprechung des Bundesfinanzhofs, DStR 1998, S. 313
Hoffmann, Wolf-Dieter, Frischer Wind vom BFH zur verdeckten Gewinnausschüttung?, DStR 1998, S. 1625
Hoffmann-Becking, Michael, Der qualifiziert faktische AG–Konzern, Tatbestand und Abwehransprüche, in: Peter Ulmer (Hrsg.), Probleme des Konzernrechts: Symposium zum 80. Geburtstag von Wolfgang Schilling, Heidelberg 1989, S. 68 (zit.: Hoffmann-Becking, in: Probleme des Konzernrechts)
Hofmeister, Ferdinand, Anmerkung zum BFH-Urteil vom 27.03.2001 – I R 40/00, HFR 2001, Nr. 611
Hogh, Matthias, Internationale Entsendung von Führungskräften, Bielefeld 2000 (zit.: Hogh, Entsendung von Führungskräften)

Hommelhoff, Peter, Die Konzernleitungspflicht: zentrale Aspekte eines Konzernverfassungsrechts, Köln, Berlin, Bonn, München 1982 (zit.: Hommelhoff, Konzernleitungspflicht)

Hommelhoff, Peter, Praktische Erfahrungen mit dem Abhängigkeitsbericht, Ergebnisse einer rechtstatsächlichen Umfrage, ZHR 156 (1992), S. 295

Hopt, Klaus J., Die Haftung von Vorstand und Aufsichtsrat, in.: Festschrift für Ernst-Joachim Mestmäcker, Baden-Baden 1996 (zit.: Hopt, FS Mestmäcker)

Horn, Norbert, Die Haftung des Vorstands der AG nach § 93 AktG und die Pflichten des Aufsichtsrats, ZIP 1997, S. 1129

Höppner, Horst-Dieter, Der neue Verrechnungspreis-Erlaß – Grundsätzliche Probleme aus der Sicht der Verwaltung, StBp 1983, S. 121

Hüffer, Uwe, Aktiengesetz, 5. Auflage, München 2002 (zit.: Hüffer, AktG)

IDW, Stellungnahme zu dem Entwurf der "Grundsätze für die Prüfung der Einkunftsabgrenzung durch Umlageverträge zwischen international verbundenen Unternehmen" vom 30.06.1999, WPg. 1999, S. 713

Immenga, Ulrich, Schutz abhängiger Gesellschaften durch Bindung oder Unterbindung beherrschenden Einflusses, ZGR 1978, S. 269

Jakobs, Otto H. (Hrsg.), Internationale Unternehmensbesteuerung, Handbuch zur Besteuerung deutscher Unternehmen mit Auslandsbeziehungen, 4. Auflage, München 1999 (zit.: Jakobs, Internationale Unternehmensbesteuerung)

Kaiser, Johannes, Die verdeckte Gewinnausschüttung in der GmbH – Ein Beitrag zu den gesellschaftsrechtlichen Sanktionen - , ZGR 1989, S. 71

Kallmeyer, Harald, Umwandlungsgesetz, Kommentar, 2. Auflage, Köln 2001 (zit.: Bearbeiter in Kallmeyer, UmwG)

Kaminski, Bert, Verdeckte Gewinnausschüttungen und Geschäftschancenlehre, SteuerStud 1998, S. 318

Kaminski, Bert, Verrechnungspreisbestimmung bei fehlendem Fremdvergleichspreis, Neuwied, Kriftel 2001 (zit.: Kaminski, Verrechnungspreisbestimmung)

Kellmann, Christof, Schadensersatz und Ausgleich im faktischen Konzern, BB 1969, S. 1509

Kellmann, Christof, Zum „faktischen Konzern", Auslegungsfragen und Reformüberlegungen, ZGR 1974, S. 220

Kempermann, M., Kommentar zum BFH-Beschl. v. 6.7.2000 - I B 34/00, FR 2000, S. 1136

Kiehne, Hans-Erich, Konzernwirkungen und aktienrechtlicher Minderheitenschutz im faktischen Konzern, DB 1974, S. 321

Kiethe, Kurt, Ansprüche der Aktiengesellschaften bei Schädigung durch herrschende Unternehmen und Leitungsorgane, WM 2000, S. 1182

Kindler, Peter, Unternehmerisches Ermessen und Pflichtenbindung, ZHR 162 (1998), S. 101

Kirchhof, Paul (Hrsg.), EStG-KompaktKommentar, Einkommensteuergesetz, Heidelberg 2001 (zit.: Bearbeiter in Kirchhof, EStG)

Kirchner, Christian, Ökonomische Überlegungen zum Konzernrecht, ZGR 1985, S. 214

Klein, Manfred, Verdeckte Gewinnausschüttungen bei Lieferbeziehungen im internationalen Konzern, BB 1995, S. 225

Klein, Theo, OECD-Verrechnungspreis-Richtlinien: In der Praxis eher hilfreich als behindernd, IStR 1995, S. 546

Kleindiek, Detlef, Strukturvielfalt im Personengesellschafts-Konzern; Rechtsformspezifische und rechtsformübergreifende Aspekte des Konzernrechts, Köln, Berlin, Bonn, München 1991 (zit.: Kleindiek, Strukturvielfalt)

Kleindiek, Detlef, Steuerumlagen im gewerbesteuerlichen Organkreis – Anmerkungen aus aktienrechtlicher Perspektive, DStR 2000, S. 559

Klingberg, Dietgard, Der Aktienrückkauf nach dem KonTraG aus bilanzieller und steuerlicher Sicht, BB 1998, S. 1575

Knobbe-Keuk, Brigitte, Bilanz- und Unternehmenssteuerrecht, 9. Auflage, Köln 1993 (zit.: Knobbe-Keuk, Bilanz- und Unternehmenssteuerrecht)

Kölner Kommentar zum Aktiengesetz, Band 6, §§ 291 – 328, 1. Auflage, Köln, Berlin, Bonn, München 1985, Band 1, §§ 1 – 75, 2. Auflage, Köln, Berlin, Bonn, München 1988; Band 2, §§ 76 – 117, 2. Auflage, Köln, Berlin, Bonn, München 1996, Band 5/1, §§ 179 – 240, 2. Auflage, Köln, Berlin, Bonn, München 1995, Band 6, §§ 291 – 328, 2. Auflage, Köln, Berlin, Bonn, München 1987 (zit.: Bearbeiter in KölnKomm z. AktG)

Koppensteiner, Hans-Georg, "Faktischer Konzern" und Konzentration, ZGR 1973, S. 9

Kraft, Gerhard / Altvater, Christian, Die zivilrechtliche, bilanzielle und steuerliche Behandlung des Rückkaufs eigener Aktien, NZG 1998, S. 448

Krag, Joachim, Konzepte für die Durchführung von Sonderprüfungen gem. § 315 AktG, BB 1988, S. 1850

Krieger, Gerd, Kann die Praxis mit TBB leben?, ZGR 1994, S. 375

Krieger, Gerd, Die rechtlichen Haftungsrisiken im Konzern, in: Handbuch der Konzernfinanzierung, hrsg. von Marcus Lutter, Eberhard Scheffler, Uwe H. Schneider, Köln 1998 (zit.: Krieger in Hdb der Konzernfinanzierung)

Kronstein, Heinrich, Die Anwendbarkeit der §§ 311 ff. AktG über die Verantwortlichkeit im "faktischen Konzern" bei mehrstufigen Unternehmensverbindungen, BB 1967, S. 637

Kropff, Bruno, Konzernrechtliche Vorschriften im Referentenentwurf eines Aktiengesetzes, NJW 1959, S. 173

Kropff, Bruno, Das Konzernrecht des Aktiengesetzes 1965, BB 1965, S. 1281

Kropff, Bruno, Der "faktische Konzern" als Rechtsverhältnis, DB 1967, S. 2147

Kropff, Bruno, Zur Konzernleitungspflicht, ZGR 1984, S. 112

Kropff, Bruno, Ausgleichspflichten bei passiven Konzernwirkungen?, in: Festschrift für Marcus Lutter, Köln 2000, S. 1133 (zit.: Kropff, FS Lutter)

Kübler, Friedrich / Schmidt, Reinhard H., Gesellschaftsrecht und Konzentration, Berlin 1988 (zit.: Kübler/Schmidt, Gesellschaftsrecht und Konzentration)

Kuckhoff, Harald / Schreiber, Rolf, Kommentierung zu Kapitel VIII der OECD-Guidelines 1995: Kostenumlagen, IStR 1998, S. 1

Kuckhoff, Harald / Schreiber, Rolf, Quo vadis Fremdvergleich?, IStR 1999, S. 513

Kuckhoff, Harald / Schreiber, Rolf, Die neuen Verwaltungsgrundsätze zu den Umlageverträgen (Teil I, II), IStR 2000, S. 346, 373

Kumpf, Wolfgang, Steuerliche Verrechnungspreise in internationalen Konzernen. Möglichkeiten zur Präzisierung des Dealing-at-arm´s-length-Prinzips, Frankfurt, Deventer 1976 (zit.: Kumpf, Steuerliche Verrechnungspreise)

Kurzwelly, Jens-Peter, Die Rechtsprechung des Bundesgerichtshofes zur Aktiengesellschaft in den Jahren 1998 und 1999, AG 2000, S. 337

Lademann: Kommentar zum Körperschaftsteuergesetz, Stuttgart, München, Hannover, Berlin, Weimar, Dresden, Loseblatt, Stand: 29. Lfg. Januar 2001 (zit.: Lademann/Bearbeiter, KStG)

Lahodny-Karner, Andrea, Konzernverrechnungspreise im nationalen und internationalen Steuerrecht, Wien 1988 (zit.: Lahodny-Karner, Konzernverrechnungspreise)

Lange, Joachim, Verdeckte Gewinnausschüttungen, Systematische Darstellung der Voraussetzungen und Auswirkungen, 7. Auflage, Berlin 1998 (zit.: Lange, Verdeckte Gewinnausschüttungen)

Lange, Joachim / Reiß, Wolfram, Lehrbuch der Körperschaftsteuer, 8. Auflage, Berlin 1996 (zit.: Lange/Reiß, Lehrbuch der KSt)

Lawall, Lars, Verdeckte Gewinnausschüttungen und Geschäftschancenlehre im GmbH-Recht, NJW 1997, S. 1742

Lempenau, Gerhard, Verdeckte Gewinnausschüttung an beherrschende Gesellschafter - Gesellschaftsrechtliches Strukturprinzip oder steuerrechtliches Sonderrecht? in: Ertragsbesteuerung, Zurechnung – Ermittlung – Gestaltung, Festschrift für Ludwig Schmidt, München 1993 (zit.: Lempenau, FS Schmidt)

Leo, Hans-Christoph, Die Einmann-AG und das neue Konzernrecht, AG 1965, S. 352

Lieb, Manfred, Abfindungsansprüche im (qualifizierten?) faktischen Konzern, in Festschrift für Marcus Lutter, Köln 2000, S. 1151 (zit.: Lieb, FS Lutter)

Luchterhandt, Hans Friedrich, Leitungsmacht und Verantwortlichkeit im faktischen Konzern, ZHR 133 (1970), S. 1

Lutter, Marcus, Die zivilrechtliche Haftung in der Unternehmensgruppe, ZGR 1982, S. 244

Lutter, Marcus, Zur Abwehr räuberischer Aktionäre, in: Festschrift 40 Jahre Der Betrieb, Stuttgart 1988, S. 193 (zit.: Lutter, FS 40 Jahre Der Betrieb)

Lutter, Marcus, Haftung aus Konzernvertrauen?, in: Gedächtnisschrift für Brigitte Knobbe-Keuk, Köln 1997, S. 229 (zit.: Lutter, GS Knobbe-Keuk)

Lutter, Marcus, Treupflichten und ihre Anwendungsprobleme, ZHR 162 (1998), S. 164

Lutter, Marcus, Haftung und Haftungsfreiräume des GmbH-Geschäftsführers, 10 Gebote an den Geschäftsführer, in: VGR (Hrsg.), Gesellschaftsrecht in der Diskussion, VGR Band 1 (1999), Köln 1999, S. 87 (zit.: Lutter in VGR, Bd. 1 (1999), S. 87)

Lutter, Marcus, Entwicklung und Fortbildung des Rechts durch Entscheidung: Der Bundesgerichtshof und das Aktienrecht, in: 50 Jahre Bundesgerichtshof, Festgabe aus der Wissenschaft, Band II., Handels- und Wirtschaftsrecht, Europäisches und Internationales Recht, München 2000, S. 321 (zit.: Lutter, FS (Wissenschaft) 50 Jahre BGH, Band II)

Lutter, Marcus, Umwandlungsgesetz, Kommentar, 2. Auflage, Köln 2000 (zit.: Bearbeiter in Lutter, UmwG)

Lutter, Marcus, Grenzen zulässiger Einflußnahme im faktischen Konzern, Nachbetrachtung zum Mannesmann/Vodafone-Takeover, in: Festschrift für Martin Peltzer zum 70. Geburtstag, Köln 2001, S. S. 241 (zit.: Lutter, FS Peltzer)

Lutter, Marcus / Hommelhoff, Peter, GmbH-Gesetz: Kommentar, 15. Auflage, Köln 2000 (zit.: Lutter/Hommelhoff, GmbHG)

Luttermann, Claus, Unternehmensfinanzierung, Geschäftsleiterpflicht und Haftkapital bei Kapitalgesellschaften, BB 2001, S. 2433

Marchand, Gerhart: Abhängigkeit und Konzernzugehörigkeit von Gemeinschaftsunternehmen, Diss. Berlin 1983

Martens, Klaus-Peter, Die existenzielle Wirtschaftsabhängigkeit, Köln, Berlin, Bonn, München 1979 (zit.: Martens, Existenzielle Wirtschaftsabhängigkeit)

Maul, Silja, Anmerkung zum BGH-Urteil vom 1.3.1999, NZG 1999, S. 660

Mechnig, Stephan, Wettbewerbsverbot und verdeckte Gewinnausschüttung, Diss. Mannheim 1995 (zit.: Mechnig, Wettbewerbsverbot)

Mertens, Hans-Joachim, Verpflichtung der Volkswagen AG, einen Bericht gemäß § 312 AktG über ihre Beziehungen zum Land Niedersachsen zu erstatten?, AG 1996, S. 241

Mestmäcker, Ernst-Joachim, Zur Systematik des Rechts der verbundenen Unternehmen im neuen Aktiengesetz, in: Festgabe für Heinrich Kronstein, Karlsruhe 1967, S. 129 (zit.: Mestmäcker, FS Kronstein)

Mick, Marcus / Wiese, Götz, Erwerb eigener Anteile und § 50 c) EStG, DStR 1998, S. 1201

Möhring, Philipp, Zur Systematik der §§ 311, 317 AktG, in: Festschrift für Wolfgang Schilling, Berlin, New York 1973, S. 253 (zit.: Möhring, FS Schilling)

Mülbert, Peter O, Aktiengesellschaft, Unternehmensgruppe und Kapitalmarkt, Die Aktionärsrechte bei Bildung und Umbildung einer Unternehmensgruppe zwischen Verbands- und Anlegerschutzrecht, München 1995 (zit.: Mülbert, Aktiengesellschaft)

Mülbert, Peter O., Unternehmensbegriff und Konzernorganisationsrecht, ZHR 163 (1999), S. 1
Mülbert, Peter O., Abschied von der „TBB"-Haftungsregel für den qualifiziert faktischen Konzern, DStR 2001, S. 1937
Müller, Klaus, Die Haftung der Muttergesellschaft für die Verbindlichkeiten der Tochtergesellschaft im Aktienrecht, ZGR 1977, S. 1
Müller, Welf, Verdeckte Gewinnausschüttungen im Zivil- und Steuerrecht, in: Franz Wassermeyer (Hrsg.): Grundfragen der Unternehmensbesteuerung, DStJG Band 17, Köln 1994, S. 289 (zit.: W. Müller in Wassermeyer, DStJG Bd. 17)
Müller, Welf, Die Begrenzung der Zulässigkeit von Steuerumlagen im Aktienkonzern durch die Vorschriften des Aktiengesetzes, in: Festschrift für Heinrich Beisse, Düsseldorf 1997, S. 363 (W. Müller, FS Beisse)
Münchener Handbuch des Gesellschaftsrechts, hrsg. v. Michael Hoffmann-Becking, Band 4, Aktiengesellschaft, 2. Auflage, München 1999 (zit.: Bearbeiter in MünchHdb.GesR)
Münchener Kommentar zum Aktiengesetz, hrsg. v. Bruno Kropff und Johannes Semler, Band 1, §§ 1 – 53, Band 8, §§ 278 – 328, 2. Auflage, München 2000 (zit.: MünchKommAktG/Bearbeiter)

Neu, Heinz, Anmerkung zum BFH-Urteil v. 27.3.2001 I R 40/00, EFG 2001, S. 1518
Neuhaus, Jürgen, Die Grenzen der Konzernleitungsgewalt im faktischen Konzern und der Nachteilsbegriff des § 311 AktG 65, DB 1970, S. 1913
Neumann, Ralf, VGA und verdeckte Einlagen von A – Z, Köln 2001 (zit.: Neumann, VGA)
Neumayer, Jochen, Anmerkung zum BFH-Urteil vom 19.03.1997 – I R 75/96, WIB 1997, S. 1098
Niehues, Karl, Das Ende der Gehaltsumfragen, BB 1998, S. 1452
Niemann, Ursula, Zur handelsrechtlichen und steuerrechtlichen Beurteilung verdeckter Zuwendungen von Kapitalgesellschaften an Gesellschafter und der sich daraus ergebenden Rückgewähransprüche, in: Institut „Finanzen und Steuern", Nr. 304, Bonn 1991 (zit.: Niemann, Beurteilung verdeckter Zuwendungen)

Oestreicher, Andreas, Neufassung der Verwaltungsgrundsätze zur Prüfung der Einkunftsabgrenzung durch Umlageverträge zwischen international verbundenen Unternehmen, IStR 2000, S. 759

Paehler, Otto Heinrich, Die Zulässigkeit des faktischen Konzerns, Nachteilsfeststellung gemäß § 311 AktG, Diss. Bielefeld 1972 (zit.: Paehler, Zulässigkeit des faktischen Konzerns)

Palandt, Bürgerliches Gesetzbuch, 61. Auflage, München 2002 (zit.: Palandt/Bearbeiter)
Papagiannis, Ioannis, Der faktische Aktienkonzern, Eine kritische Würdigung, Diss. Münster 1993, Münster, Hamburg 1993 (zit.: Papagiannis, Der faktische Aktienkonzern)
Paus, Bernhard, Anmerkung zu BFH 28.11.91 I R 13/90, DStZ 1992, S. 631
Paus, Bernhard, Teilwertabschreibung und verdeckte Gewinnausschüttung bei eigenen Anteilen, BB 1998, S. 2138
Pentz, Andreas, Die Rechtsstellung der Enkel-AG in einer mehrstufigen Unternehmensverbindung, Frankfurt am Main, Berlin, Bern, New York, Paris, Wien 1994 (zit.: Pentz, Rechtsstellung der Enkel-AG)
Petersen, Jens, Unternehmenssteuerrecht und bewegliches System: Betriebsaufspaltung, Mitunternehmerschaft, verdeckte Gewinnausschüttung, Berlin 1999 (zit.: Petersen, Unternehmenssteuerrecht)
Pezzer, Heinz-Jürgen, Die verdeckte Gewinnausschüttung im Körperschaftsteuerrecht: Erfassung, Voraussetzungen, Rechtsfolgen, Rückgängigmachung, Köln 1986 (zit.: Pezzer, Verdeckte Gewinnausschüttung)
Pezzer, Heinz-Jürgen, Zur Dogmatik der verdeckten Gewinnausschüttung – Anmerkungen zum BFH-Urteil vom 6.12.1995, FR 1996, S. 379
Pezzer, Heinz-Jürgen, Anmerkung zum BFH-Urteil vom 19.03.1997 – I R 75/96, FR 1997, S. 684
Pezzer, Heinz-Jürgen, Kommentar zum BFH-Urteil v. 9.8.2000 – I R 12/99, FR 2001, S. 248
Pleyer, Klemens, Aktienrecht und Unternehmenskonzentration, AG 1959, S. 8, 39
Priester, Hans-Joachim, Nonprofit-GmbH – Satzungsgestaltung und Satzungsvollzug, GmbHR 1999, S. 149
Prinz, Ulrich, Gewinnlosigkeit, Liebhaberei und verdeckte Gewinnausschüttung bei Kapitalgesellschaften, StbJb. 1997/98, S. 97
Prühs, Hagen, Gesellschaftsrechtliche Probleme internationaler Unternehmen, AG 1973, S. 395
Prühs, Hagen, Überstundenvergütungen für GmbH-Gesellschafter-Geschäftsführer – Anmerkungen zum BFH-Urteil vom 27.3.2001 I R 40/00-, DB 2002, S. 114
Pyszka, Tillmann, Verdeckte Gewinnausschüttungen bei Gewerbesteuerumlagen im Organkreis, GmbHR 1999, S. 646
Pyszka, Tillmann, Gewerbesteuerumlage im faktischen Konzern, GmbHR 1999, S. 812

Rädler, Albert J., Stellungnahme zu dem Entwurf des OECD-Berichts über Verrechnungspreise, DB 1995, S. 110
Raiser, Thomas, Recht der Kapitalgesellschaften, 3. Auflage München 2001 (zit.: Raiser, Kapitalgesellschaften)

Ranft, Eckart, Aktuelle Fragen zur Besteuerung von Kapitalgesellschaften, StbJb. 1972/73, S. 269

Rasch, Harold, Gewinnabführungs- und Weisungsverträge im Referentenentwurf eines Aktiengesetzes, BB 1959, S. 165.

Rasch, Harold, Reichen die Vorschriften des Steuerrechts – unter Berücksichtigung des Gesellschaftsrechts – aus, um Vermögensbewegungen zwischen verbundenen Unternehmen vollständig und befriedigend zu regeln?, Gutachten G zum 49. Deutschen Juristentag, Verhandlungen des 49. Deutschen Juristentags, Band I Teil G, München 1972 (zit.: Rasch, Gutachten G zum 49. Deutschen Juristentag, Bd. I)

Rasch, Stephan, Konzernverrechungspreise im nationalen, bilateralen und europäischen Steuerrecht, Köln 2001 (zit.: Rasch, Konzernverrechnungspreise)

Rehbinder, Eckard, Die amerikanischen Restriktionen für Direktinvestitionen in Europa und das deutsche Kollisionsrecht, AWD (heute RIW) 1969, S. 346

Rehbinder, Eckard, Gesellschaftsrechtliche Probleme mehrstufiger Unternehmensverbindungen, ZGR 1977, S. 581

Rehbinder, Eckard, Peter Hommelhoff, Die Konzernleitungspflicht, ZHR 147 (1983), S. 464

Reul, Jürgen, Die Pflicht zur Gleichbehandlung der Aktionäre bei privaten Kontrolltransaktionen, Tübingen 1991 (zit.: Reul, Gleichbehandlung der Aktionäre)

Reuter, Dieter, Die Personengesellschaft als abhängiges Unternehmen, ZHR 146 (1982), S. 1

Richardt, Harald, Der aktienrechtliche Abhängigkeitsbericht unter ökonomischen Aspekten, Wiesbaden 1974 (zit.: Richardt, Der aktienrechtliche Abhängigkeitsbericht)

Rittner, Fritz, Konzernorganisation und Privatautonomie, AcP 183 (1983), S. 295

Rödder, Thomas, Aktuelle Problemfälle verdeckter Gewinnausschüttung im Konzern, StbJb. 1997/98, S. 115

Röhricht, Volker, Die aktuelle höchstrichterliche Rechtsprechung zum Gesellschaftsrecht, in: VGR (Hrsg.), Gesellschaftsrecht in der Diskussion, VGR Band 2 (2000), Köln 2000, S. 3 (zit.: Röhricht in VGR, Bd. 2 (2000), S. 87)

Röhricht, Volker, Die GmbH im Spannungsfeld zwischen wirtschaftlicher Dispositionsfreiheit ihrer Gesellschafter und Gläubigerschutz, in: 50 Jahre Bundesgerichtshof, Festschrift aus Anlass des fünfzigjährigen Bestehens von Bundesgerichtshof, Bundesanwaltschaft und Rechtsanwaltschaft beim Bundesgerichtshof, Köln 2000 (zit.: Röhricht, FS 50 Jahre BGH)

Röhrkasten, Burkhard, Die Verdeckte Gewinnausschüttung im Gesellschafts- und Steuerrecht, Hamburg 1976 (zit.: Röhrkasten, Verdeckte Gewinnausschüttung)

Römermann, Volker / Schröder, Henning, Aufgabe des qualifiziert faktischen GmbH-Konzerns, Das „Bremer Vulkan"-Urteil des BGH vom 17.9.2001, GmbHR 2001, S. 1015

Rose, Gerd, Verdeckte Gewinnausschüttungen im Zusammenhang mit eigenen GmbH-Anteilen, GmbH 1999, S. 373

Runge, Berndt, Quo vadis, internationaler Verrechnungspreis, cui bono, neuer OECD-Verrechnungspreisbericht, IStR 1995, S. 505

Runge, Berndt, in: Borggräfe, Joachim: Verdeckte Gewinnausschüttung, verdeckte Einlage, Verrechnungspreise – Erörterung ausgewählter gesellschaftlicher und steuerrechtlicher Probleme -, I. Verdeckte Gewinnausschüttung, 1. Unüblichkeit als Kriterium für eine vGA, JbFSt 1997/98, S. 571

Säcker, Jürgen, Zur Problematik von Mehrfachfunktionen im Konzern, ZHR 151 (1987), S. 59

„-sch", Anmerkung zum BFH-Urteil vom 19.03.1997 – I R 75/96, DStR 1997, S. 1163

„-sch", Anmerkung zum BFH-Urteil vom 06.12.1995, I R 88/94, DStR 1996, S. 704

„-sch", Anmerkung zum BFH-Urteil vom 17.11.1999, I R 4/99, DStRE 2000, S. 1091

Schäffer, Fritz, Selbstfinanzierung und Konzernrecht, AG 1959, S.57

Schaumburg, Harald, Internationales Steuerrecht, 2. Auflage, Köln 1998 (Schaumburg, Internationales Steuerrecht)

Schmidt, Karsten, Gesellschaftsrecht, 3. Auflage, Köln, Berlin, Bonn, München 1997 (zit.: K. Schmidt, Gesellschaftsrecht)

Schmidt, Karsten, Konzernunternehmen, Unternehmensgruppe und Konzern-Rechtsverhältnis – Gedanken zum Recht der verbundenen Unternehmen nach §§ 15 ff., 291 ff. AktG-, in: Festschrift für Marcus Lutter, Köln 2000, S. 1167 (zit.: K. Schmidt, FS Lutter)

Schmidt, Karsten, Gesellschafterhaftung und „Konzernhaftung" bei der GmbH; Bemerkungen zum „Bremer Vulkan"-Urteil des BGH vom 17.9.2001, NJW 2001, S. 3577

Schmidt, Ludwig, Einkommenssteuergesetz, Kommentar, 20. Auflage, München 2001 (zit.: Schmidt/Bearbeiter, EStG)

Schmidt-Hern, Karsten, Schutz der außenstehenden Aktionäre im faktischen Konzern, Berlin 2001 (zit.: Schmidt-Hern, Schutz der außenstehenden Aktionäre)

Schmitt, Joachim / Hörtnagl, Robert / Stratz, Rolf-Christian: Umwandlungsgesetz, Umwandlungssteuergesetz, 3. Auflage, München 2001 (zit.: Bearbeiter in Schmitt/Hörtnagl/Stratz, UmwG, UmwStG)

Schneider, Uwe H., Konzernleitung als Rechtsproblem, BB 1981, S. 249

Schneider, Uwe H. / Singhof, Bernd, Nachteilszufügung im Konzern durch Gewerbesteuerumlage, WuB II A., § 317 AktG 1.99, S. 727

Schnorberger, Stephan, Das Problem unangemessener Verrechnungspreise im internationalen Konzern, Aachen 1998 (zit.: Schnorberger, Verrechnungspreise)

Schnorberger, Stephan, Unzulässigkeit gewinnvergleichender Verrechnungspreismethoden in Deutschland ?, IStR 1999, S. 523

Scholtz, Rolf-Detlev, Der Tigerfall – ein Beitrag zur verdeckten Gewinnausschüttung, FR 1990, S. 350

Scholtz, Rolf-Detlev, Die neue Definition der verdeckten Gewinnausschüttung im Körperschaftsteuerrecht – kein Beitrag zur Vereinfachung des Steuerrechts, FR 1990, S. 386

Scholz, Franz, Kommentar zum GmbH-Gesetz, Band 1, §§ 1- 44, Anhang Konzernrecht, 9. Auflage, Köln 2000 (zit.: Scholz/Bearbeiter, GmbHG)

Scholz, Karl, Konzernverrechnungspreise für Dienstleistungen, Wien 1999 (zit.: Scholz, Konzernverrechnungspreise)

Schön, Wolfgang, Die Verdeckte Gewinnausschüttung – eine Bestandsaufnahme, in: Festgabe für Werner Flume zum 90. Geburtstag, Berlin Heidelberg New York 1998, S. 265 (zit.: Schön, FS Flume)

Schreiber, Rolf, Vergleich der (endgültigen) Verrechnungspreisrichtlinien (Deutschland – OECD – USA), IStR 1995, Beihefter Heft 11, S. 3

Schubert, Werner, Zur Berichtspflicht über Beziehungen zu verbundenen Unternehmen nach dem neuen Aktienrecht, BFuP 1966, S. 223

Schuck, Stephan, Veranlassung und Privatsphäre im Körperschaftsteuerrecht, FR 1992, S. 537

Schulze-Osterloh, Joachim, Ersatzansprüche gegen Gesellschafter und verdeckte Gewinnausschüttung im Recht der GmbH unter besonderer Berücksichtigung von Verstößen gegen Wettbewerbsverbote, FR 1993, S. 73

Schumann, Helmut, Die verdeckte Gewinnausschüttung – ein „Dauerbrenner“, StBp 2000, S. 77

Schwedhelm, Rolf, Aktuelle Probleme der verdeckten Gewinnausschüttung, BB 2000, S. 693

Seibt, Christoph H., Unternehmenskauf und –verkauf nach dem Steuersenkungsgesetz, DStR 2000, S. 2061

Semler, Johannes, Doppelmandats-Verbund im Konzern, Sachgerechte Organisation oder rechtlich unzulässige Verflechtung, in: Festschrift für C. Stiefel, München 1987, S. 719 (zit.: Semler, FS Stiefel)

Semler, Johannes, Leitung und Überwachung der Aktiengesellschaft, Die Leitungsaufgabe des Vorstands und die Überwachungsaufgabe des Aufsichtsrates, 2. Auflage, Köln, Berlin, Bonn, München 1996 (zit.: Semler, Leitung und Überwachung)

Senger, Günter / Schulz, Katrin, Das Rechtsinstitut der verdeckten Gewinnausschüttung – Notwendigkeit einer grundlegenden Reform, DStR 1997, S. 1830

Seydel, Eberhard, Konzernbildungskontrolle bei der Aktiengesellschaft, Baden-Baden 1995 (zit.: Seydel, Konzernbildungskontrolle)

Sieker, Klaus, Die Praxis der konzerninternen Verrechnungspreise, Konzernumlagen sowie verdeckte Gewinnausschüttung im Konzern, in: Handbuch der

Konzernfinanzierung, hrsg. von Marcus Lutter, Eberhard Scheffler, Uwe H. Schneider, Köln 1998, § 28 (zit.: Sieker in Hdb der Konzernfinanzierung)
Simon, Stefan, Zulässigkeit von Gewerbesteuerumlagen nach der Belastungsmethode im Lichte der zivilrechtlichen Rechtsprechung, DStR 2000, S.431
Simon, Stefan, Zur Ausgestaltung von Gewerbesteuerumlagen, DStR 2000, S. 537
Soergel, Bürgerliches Gesetzbuch, Band 2, Schuldrecht I (§§ 214- 432), 12. Auflage, Stuttgart, Berlin, Köln 1991 (zit.: Soergel/Bearbeiter)
Stahl, Karl Eberhard, Das Verbot der Benachteiligung abhängiger Aktiengesellschaften, Ein Beitrag zur Konkretisierung des Begriffs „Nachteil" in § 311 des Aktiengesetzes unter Berücksichtigung von Anregungen aus dem Recht der Vereinigten Staaten, München 1972 (zit.: Stahl, Das Verbot der Benachteiligung)
Staudinger, Julius von, Kommentar zum Bürgerlichen Gesetzbuch, 2. Buch, Recht der Schuldverhältnisse. §§ 249-254, 13. Bearbeitung, Berlin 1998 (zit.: Staudinger/Bearbeiter)
Stebut, Dietrich von, Literatur, Lutz Strohn, Die Verfassung der Aktiengesellschaft im faktischen Konzern, ZHR 143 (1979), S. 256
Steck, Dieter, Wettbewerbsverbot und verdeckte Gewinnausschüttung bei der GmbH unter besonderer Berücksichtigung des Einflusses des Zivilrechts auf das Steuerrecht, Tübingen 1999 (zit.: Steck, Wettbewerbsverbot)
Stein, Ursula, Konzernherrschaft durch EDV? – Gesellschaftsrechtliche und konzernrechtliche Probleme der EDV- Auslagerung auf ein konzernverbundenes Unternehmen-, ZGR 1988, S. 163
Stein, Ursula, Haftung aus in Anspruch genommenen Marktvertrauen?, in: Festschrift für Martin Peltzer zum 70. Geburtstag, Köln 2001, S. S. 557 (zit.: Stein, FS Peltzer)
Stock, Friedhelm / Kaminski, Bert, Anmerkungen zum Gewinnaufschlag bei Konzernumlagen, IStR 1998, S. 7
Stolze, Marie-Theres, Verdeckte Gewinnausschüttung und nahestehende Person, Köln 1999 (zit.: Stolze, Verdeckte Gewinnausschüttung)
Streck, Michael, Verdeckte Gewinnausschüttungen und verdeckte Einlagen in der Steuerpraxis, GmbHR 1987, S. 104
Streck, Michael, Körperschaftsteuergesetz, 5. Auflage, München 1997 (zit.: Streck, KStG)
Streck, Michael / Binneweis, Burkhard, Sonderbedingungen im (Steuer-)Recht der verdeckten Gewinnausschüttungen auch für den beherrschenden Aktionär?, AG 1998, S. 26
Strohn, Lutz, Die Verfassung der AG im faktischen Konzern. Zur Harmonisierung der §§ 311 ff. AktG mit den allgemeinen Bestimmungen des Aktienrechts; Köln (u.a.) 1977 (zit.: Strohn, Verfassung der AG)

Sturm, Wolfgang, Die verdeckte Gewinnausschüttung im europäischen Konzern, Bergisch-Gladbach (u.a.) 1994 (zit.: Sturm, Die verdeckte Gewinnausschüttung)

Thiel, Jochen, Wirtschaftsgüter ohne Wert: Die eigenen Anteile der Kapitalgesellschaft, in: Ertragsbesteuerung: Zurechnung, Ermittlung, Gestaltung, Festschrift für Ludwig Schmidt zum 65. Geburtstag, München 1993, S. 568 (zit.: Thiel, FS Schmidt)

Thiel, Jochen, Die verdeckte Gewinnausschüttung im Spannungsfeld zwischen Zivil- und Steuerrecht, DStR 1993, S. 1801

Thiel, Jochen, Bilanzielle und steuerrechtliche Behandlung eigener Aktien nach der Neuregelung des Aktienerwerbs durch das KonTraG, DB 1998, S. 1583

Tillmann, Bert, Unüblichkeit der Vereinbarung – ein neues Kriterium der verdeckten Gewinnausschüttung?, GmbHR 1993, S. 466

Tries, Hermann-Josef, Verdeckte Gewinnausschüttungen im GmbH-Recht: Gesellschaftsrechtliche Schranken und Rechtsfolgen unter Hervorhebung des Sondervorteilsverbots, Köln 1991 (zit.: Tries, Verdeckte Gewinnausschüttungen)

Tröger, Tobias, Treupflicht im Konzernrecht, Köln, Berlin, Bonn, München 2000 (Tröger, Treupflicht)

Uecker, Peter, Der Vorteils- Nachteils- Ausgleich beim Abhängigkeitsbericht, Düsseldorf 1972 (zit.: Uecker, Der Vorteils- Nachteils- Ausgleich)

Ulmer, Peter, Aktienrechtliche Beherrschung durch Leistungsbeziehungen?, ZGR 1978, S. 457

Ulmer, Peter, Zur Haftung der abordnenden Körperschaft nach § 31 BGB für Sorgfaltsverstöße des von ihr benannten Aufsichtsratsmitglieds, in: Festschrift für Walter Stimpel, Berlin, New York 1985, S. 705 (zit.: Ulmer, FS Stimpel)

Ulmer, Peter, Die Aktionärsklage als Instrument zur Kontrolle des Vorstands- und Aufsichtsratshandelns, ZHR 163 (1999), S. 290

Ulmer, Peter, Von „TBB“ zu „Bremer Vulkan“ – Revolution oder Evolution?, Zum Bestandsschutz der abhängigen GmbH gegen existenzvernichtende Eingriffe ihres Alleingesellschafters, ZIP 2001, S. 2021

Urban, Bernd, Steuerfreiheit bei der Veräußerung eigener Anteile einer Kapitalgesellschaft nach § 8b Abs. 2 KStG n.F. gegeben?, DStR 2001, S. 1059

Viadrina, Forschungsgruppe, Verdeckte Gewinnausschüttung: BFH-Definition und Ansätze zur Behandlung des Tigerfalls, BB 1996, S. 2436

Vögele, Alexander (Hrsg.), Handbuch der Verrechnungspreise. Betriebswirtschaft. Steuerrecht. OECD- und US- Verrechnungspreisrichtlinien, München 1997 (zit.: Bearbeiter in: Vögele, HdbVerrpr.)

Vögele, Alexander, Prüfungsgrundsätze für Umlageverträge international verbundener Unternehmen, DB 2000, S. 297

Vögele, Alexander / Freytag, Ulf, Kernbereiche der neuen Prüfungsgrundsätze zu Kostenumlagen, IStR 2000, S. 249 (zu den 2000-OECD-Umlage-Vwanweisungen)
Vögele, Alexander / Scholz, Christian M., Nutzen-Analyse im Rahmen der neuen Kostenumlagegrundsätze: Ein methodischer Überblick, IStR 2000, S. 155
Vögele, Alexander / Scholz, Christian M., Nutzenanalyse im Rahmen eines Umlagevertrages – Ermittlung des Umlageschlüssels auf der Basis geplanter Kosteneinsparungen, IStR 2000, S. 557
Voigt, Rüdiger / Borstell, Thomas, Anmerkung zum BFH-Urteil v. 9. 8. 2000, I R 12/99, IStR 2001, S. 55

Wagner, Klaus-R., Verdeckte Gewinnausschüttungen und verdeckte Einlagen bei Kapitalgesellschaften, Heidelberg 2000 (zit.: Wagner, Verdeckte Gewinnausschüttungen)
Wassermeyer, Franz, 20 Jahre BFH-Rechtsprechung zu Grundsatzfragen der verdeckten Gewinnausschüttung, FR 1989, S. 218
Wassermeyer, Franz, Verdeckte Gewinnausschüttungen und verdeckte Einlagen, DStR 1990, S. 158
Wassermeyer, Franz, Die Konkurrenz zwischen verdeckter Gewinnausschüttung und Bilanzrecht, FR 1993, S. 793
Wassermeyer, Franz, Der Erwerb eigener Anteile durch eine Kapitalgesellschaft - Überlegungen zur Rechtsprechung des I. Senats des BFH, in: Ertragsbesteuerung: Zurechnung, Ermittlung, Gestaltung; Festschrift für Ludwig Schmidt zum 65. Geburtstag, München 1993, S. 621 (zit.: Wassermeyer, FS Schmidt)
Wassermeyer, Franz, Das Wettbewerbsverbot des Gesellschafters und des Gesellschafter-Geschäftsführers einer GmbH, GmbHR 1993, S. 329
Wassermeyer, Franz, Replik von Prof. Dr. Franz Wassermeyer, Richter am BFH, München, GmbHR 1993, S. 639
Wassermeyer, Franz, Die vGA rechtssystematisch gesehen, StVj 1993, S. 208
Wassermeyer, Franz, Der Fremdvergleich als Tatbestandsmerkmal der verdeckten Gewinnausschüttung, DB 1994, S. 1105
Wassermeyer, Franz, Replik zu Hofmann, DStR 1996, S. 733
Wassermeyer, Franz, Die neuere BFH-Rechtsprechung zu Verstößen gegen ein Wettbewerbsverbot durch den Gesellschafter-Geschäftsführer einer GmbH, DStR 1997, S. 681
Wassermeyer, Franz, Diskussion zu dem Referat von Dr. Gerrit Frotscher, in: Siegfried Widmann: Besteuerung der GmbH und ihrer Gesellschafter, DStJG Band 20, Köln 1997, S. 253 (zit.: Wassermeyer in Widmann, DStJG Bd. 20)
Wassermeyer, Franz, Risikogeschäfte durch den Gesellschafter-Geschäftsführer für Rechnung der Kapitalgesellschaft, FR 1997, S. 563
Wassermeyer, Franz, Veranlassung im Gesellschaftsverhältnis, StBJb 1997/98, S. 79

Wassermeyer, Franz, Einige Grundsatzüberlegungen zur verdeckten Gewinnausschüttung, GmbHR 1998, S. 157

Wassermeyer, Franz, Aktuelle Streitfragen zur grenzüberschreitenden verdeckten Gewinnausschüttung und zur verdeckten Einlage, in: Schaumburg (Hrsg.), Kölner Konzernrechtstage, Steuerrecht und steuerorientierte Gestaltungen im Konzern, Köln 1998 (zit.: Wassermeyer in Schaumburg, Kölner Konzernrechtstage)

Wassermeyer, Franz, Anmerkung zum BFH-Beschluß vom 14.07.1998, DB 1998, S. 1997

Wassermeyer, Franz, Mehrere Fremdvergleichsmaßstäbe im Steuerrecht?, StBJb 1998/99, S. 157

Wassermeyer, Franz, Verdeckte Gewinnausschüttung: Veranlassung, Fremdvergleich und Beweisrisikoverteilung, DB 2001, S. 2465

Wassermeyer, Franz, Einkünftekorrekturnormen im Steuersystem, IStR 2001, S. 633

Weber-Grellet, Heinrich, Entwicklungen im Bereich der verdeckten Gewinnausschüttung, DStZ 1998, S. 357

Weisser, Johannes, Wahrnehmung von Geschäftschancen des Unternehmens durch Alleingesellschafter-Geschäftsführer als verdeckte Gewinnausschüttung?, GmbHR 1997, S. 429

Werder, Axel von, Management: Mythos oder regelgeleitete Kunst des Möglichen?, DB 1995, S. 2177

Werder, Axel von / Maly, Werner / Pohle, Klaus / Wolff, Gerhardt, Grundsätze ordnungsgemäßer Unternehmensleitung (GoU) im Urteil der Praxis, DB 1998, S. 1193

Werner, Winfried, Der erste Kommentar zum Aktiengesetz, AG 1967, S. 122

Werner, Winfried, Gewinnverwendung im Konzern, in: Festschrift für Walther Stimpel zum 68. Geburtstag am 29. November 1985, Berlin, New York 1985 (zit.: Werner, FS Stimpel)

Werra, Matthias, Der 1995-OECD-Bericht zu den Verrechnungspreisen (Teil I, II), IStR 1995, S. 457, 511

Widmann, Siegfried, in: Borggräfe, Joachim: Verdeckte Gewinnausschüttung, verdeckte Einlage, Verrechnungspreise – Erörterung ausgewählter gesellschaftlicher und steuerrechtlicher Probleme -, I. Verdeckte Gewinnausschüttung, 1. Unüblichkeit als Kriterium für eine vGA, JbFSt 1997/98, S. 571

Wiedemann, Herbert / Fleischer, Holger, Das Recht der konzerninternen Verrechnungspreise, Konzernumlagen und verdeckte Gewinnausschüttungen im Konzern, in: Handbuch der Konzernfinanzierung, hrsg. von Marcus Lutter, Eberhard Scheffler, Uwe H. Schneider, Köln 1998, § 29 (zit.: Wiedemann/Fleischer in Hdb der Konzernfinanzierung)

Wiedemann, Herbert / Fleischer, Holger, Anmerkung zum BGH- Urteil vom 1.3.1999, JZ 2000, S. 159

Wiedemann, Herbert / Hirte, Heribert: Konzernrecht, in: 50 Jahre Bundesgerichtshof, Festgabe aus der Wissenschaft, Band II, München 2000, S. 337 (zit.: Wiedemann/Hirte, FS (Wissenschaft) 50 Jahre BGH, Band II)
Wiedemann, Herbert / Strohn, Lutz, Die Zulässigkeit einer Konzernumlage im Aktienrecht, AG 1979, S. 113
Wilhelmi, Hans, Das neue Aktiengesetz, AG 1965, S. 153
Wilhelmi, Sylvester, Aktiengesetz vom 6. September 1965, Kommentar, begründet von Freiherr von Godin und Dr. Hans Wilhelmi, 4. Auflage, neubearbeitet von Sylvester Wilhelmi, Band II, §§ 179 – 410, Berlin, New York 1971 (zitiert: v. Godin/Wilhelmi, AktG)
Windbichler, Christine, Missbräuchliche Aktionärsklagen einschließlich Abfindungsregelungen, in: Timm (Hrsg), Missbräuchliches Aktionärsverhalten, RWS-Forum 4, Köln 1990, S. 35 (zit.: Windbichler in Timm: Missbräuchliches Aktionärsverhalten)
Winkhaus, Eckard, Der Bericht des Vorstandes einer Aktiengesellschaft über Beziehungen zu verbundenen Unternehmen unter besonderer Berücksichtigung des Problems der Ausgleichspflicht und der Einfluss von Rahmenverträgen, welche die Geschäftsbeziehungen zwischen herrschender und abhängiger Gesellschaft regeln, auf die Berichterstattungspflicht und den Berichtsumfang, Diss. Münster 1967 (zitiert: Winkhaus, Der Bericht des Vorstandes einer Aktiengesellschaft)
Wochinger, Peter, Verdeckte Gewinnausschüttungen und verdeckte Einlagen, 3. Auflage, Bonn 1995 (zit.: Wochinger, Verdeckte Gewinnausschüttungen)
Würdinger, Hans, Aktienrecht und das Recht der verbundenen Unternehmen, eine systematische Darstellung, 4. Auflage, Karlsruhe 1981 (zit.: Würdinger, Aktienrecht)

Zacher, Thomas, Verdeckte (Gewinn-) Ausschüttungen in der GmbH aus zivilrechtlicher Sicht, DStR 1994, S. 138
Zeidler, Finn, Zentrales Cashmanagement in faktischen Aktienkonzernen – Gesellschaftsrechtliche Probleme und Lösungen, Köln (u.a.) 1999 (zit.: Zeidler, Zentrales Cashmanagement)
Ziemons, Hildegard, Die Haftung der Gesellschafter für Einflußnahmen auf die Geschäftsführung der GmbH, Köln, Berlin, Bonn, München 1996 (zit.: Ziemons, Haftung der Gesellschafter)
Zöllner, Wolfgang, Qualifizierte Konzernierung im Aktienrecht, in: Gedächtnisschrift für Brigitte Knobbe-Keuk, Köln 1997, S. 369 (zit.: Zöllner, GS Knobbe-Keuk)
Zöllner, Wolfgang, Treupflichtgesteuertes Aktienkonzernrecht, ZHR 162 (1998), S. 235